경희대학교 H&T애널리틱스센터 외식기업 분석 보고서

외식기업 경영분석 2018

최규완 | 장수청 | 방도형 | 서현우

BUSINESS ANALYSIS OF KOREAN FOOD SERVICE COMPANY

경희대학교 출판문화원

이 책을 펴내며

우리나라 외식산업은 지속적으로 성장해왔습니다. 하지만 경기 침체와 공급과잉에 따른 어려움도 함께 겪었습니다. 외식업 종사자가 우리나라 취업자의 약 9% 이상을 차지하고, 외식 사업체의 비중이 전체 산업의 20%에 이를 만큼 국내 산업에서 중요한 부분을 차지하고 있지만 사업체의 무분별한 난립과 그에 따른 과당경쟁이 날로 심해져 폐업률이 창업률만큼 높아지고 있습니다. 가정간편식 시장의 성장으로 2020년대 들어 외식에 대한 소비자의 수요가 감소할 것으로 예상되고 있음에도 창업을 하는 식당은 꾸준히 증가하고 있어 공급과잉 문제가 해결될 기미를 보이지 않고 있습니다. 게다가 최저임금 인상 및 근로시간 감축으로 인한 식당의 수익성 악화로 자영업자인 식당 업주들의 어려움이 더욱더 가중되고 있습니다.

위기의 상황을 어떻게 극복해야 할까요? 해결 방법을 찾기 전에 문제를 정확히 파악하는 것이 중요합니다. 그러려면 먼저 필요한 정보를 모아야 합니다.

이 책은 공시된 정보를 파악할 수 있는 외식기업들의 경영 상태를 분석한 책입니다. 외부 감사대상 법인과 상장법인(총 113개)에 대한 기본적인 재무제표를 제시하고 해당 기업들의 수익성, 안전성 그리고 활동성 등을 파악할 수 있는 다양한 재무분석을 제시함으로써 외식기업의 경영 상태를 한눈에 파악할 수 있도록 했습니다.

대학의 공공성과 ㈜오뚜기의 사회적 책임 수행을 기반으로 하여 정기적으로 본 책자를 발간함으로써 외식산업에서 정보의 부족과 불균형에 따른 사회적 비효율을 완화시키는 데 기여하고자 합니다. 부디 본 책자가 경영상 부진이나 정체로 어려움을 겪고 있는 여러 외식사업체에 유용한 돌파구를 찾아주고, 새로운 이정표를 제안하는 역할을 할 수 있기를 기대합니다. 끝으로 본 책자가 발행되는 데 많은 격려와 지원을 해 주신 ㈜오뚜기 함영준 회장님께 감사의 뜻을 전합니다.

외식기업 경영분석 2018 저자 일동

일러두기

- 이 책은 2017년 데이터를 분석한 것으로, 최근 10년간의 변화추이를 한눈에 볼 수 있다.
- 외부 감사대상 법인과 상장 법인(총 113개)에 대한 기본적인 재무제표를 제시한다.
- 수익성, 성장성, 안정성, 활동성 등을 파악할 수 있는 다양한 재무분석을 실시한다.
- 지표 해설을 부록에 첨부하여 내용 이해를 돕는다. 263쪽~269쪽 참조

이 책은 외식산업의 발전을 기원하는 오뚜기 재단의 지원으로
발간되었습니다.

차례

표 목록

그림 목록

I. 분석 개요

1. 분석 목적

- 국내 외식산업은 양적 규모에 비해 질적 수준을 대변하는 정보인프라가 매우 부족하다. 그리하여 타 산업에 비해 정보의 부족에서 오는 산업 비효율성이 매우 큰 편이다.
  - ○ 최근 공공기관 DB와 상용서비스를 하는 기관 DB 등에서 외식기업의 재무자료를 원시데이터의 형태로 제공하고 있음에도 외식 이해관계자들의 활용도가 매우 낮은 수준이다. 이는 자료를 해석할 수 있는 수준으로 가공하지 않았기 때문이다.
  - ○ 현재 외식기업들이 표준산업분류체계 내 다양한 업종군에 산재하고 있으며, 이로 인해 실질적인 감사 대상 외식기업을 정확히 확인할 수 없는 실정이다.
- 외식산업 내에는 다양한 업종이 존재하지만, 각 업종에 속한 기업의 경영성과를 정확히 측정해 비교할 수 있는 정보시스템이 체계화되어 있지 않다. 그리하여 외식업 경영자의 직관적 경험이나 제한된 자료원에 의존해 기업의 주요 의사결정을 실시할 수밖에 없는 상황이다.
- 외식기업의 경영분석을 체계적으로 실시할 수 있는 틀을 마련하고, 이를 통해 외식산업 직간접 이해관계자의 합리적 경영을 위한 의사결정에 도움을 주고자 이 책을 발간한다.
  - ○ 외식산업은 타 산업 분야에 비해 기업 경영분석 정보가 매우 부족하고 제한적이다. 그리하여 이해관계자 간에 정보의 비대칭이 발생하며, 이는 비효율적 투자나 산업의 사회적 실패비용을 증가시키고 있다.
- 외식기업에 대한 경영분석 자료를 주기적으로 제공함으로써 타 산업과의 비교, 산업 내 기업 간의 비교 등을 통해 외식기업의 현 경영성과와 재무상태 등을 파악할 수 있도록 한다.

2. 외식산업의 개념 및 범위

- 광의의 개념에서 외식산업은 '식사를 조리해서 제공하는 식품제조업, 도매상에게 사들여 소비자에게 직접 판매하는 소매업, 서비스 산업적 성격이 강한 복합산업'으로 정의한다.
- 협의의 개념에서 외식산업은 '식품 또는 그 자재를 중앙공급식으로 공급받아 신속하고 저렴한 가격으로 음식을 제공하며 셀프서비스 방식을 도입하여 운영을 간소화하고, 메뉴의 통일과 대규모 체인 전개 등을 실시하는 서비스산업'으로 정의한다. 본 분석에서는 외식산업의 의미를 협의의 개념에 한정한다.
- 통계청의 한국표준산업분류표에 따르면, 외식업은 음식점업과 주점업으로 구분되며, 음식점업은 한식 음식점업, 외국식 음식점업, 기관 구내식당업, 출장 및 이동 음식점업, 기타 간이 음식점업으로 구분되고 주점업 및 비알코올 음료점업은 주점업, 비알코올 음료점업으로 구분된다.

[표 1-1] 음식점 및 주점업의 분류(표준산업분류 10차 개정, 2017)

대분류	중분류	소분류	세분류	세세분류
숙박 및 음식점업	음식점 및 주점업 (56)	음식점업 (561)	한식 음식점업	한식 일반 음식점업
				한식 면 요리 전문점
				한식 육류 요리 전문점
				한식 해산물 요리 전문점
			외국식 음식점업	중식 음식점업
				일식 음식점업
				서양식 음식점업
				기타 외국식 음식점업
			기관 구내식당업	기관 구내식당업
			출장 및 이동 음식점업	출장 음식 서비스업
				이동 음식점업
			기타 간이 음식점업	제과점업
				피자, 햄버거, 샌드위치 및 유사 음식점업
				치킨 전문점
				김밥 및 기타 간이 음식점업
				간이 음식 포장 판매 전문점
		주점 및 비알코올 음료점업 (562)	주점업	일반 유흥 주점업
				무도 유흥 주점업
				생맥주 전문점
				기타 주점업
			비알코올 음료점업	커피 전문점
				기타 비알코올 음료점업

3. 외식기업의 특성

- 국내 외식기업은 2017년 외부 감사 대상 법인 110개, 상장기업 3개로, 10년 동안 크게 성장했지만 최근 성장의 한계를 경험하고 있다. 대부분의 외식기업들은 여전히 영세함을 극복하지 못하고 있으며, 산업 역시 성숙도가 낮은 상황이다.
  - ○ 2015년 외부 감사대상 법인 115개에서 2016년 110개, 2017년 110개로 최근 2년간 5개가 감소했고, 많은 기업에서 자본투입의 비효율성, 수익성 악화 등이 관측됐다. 많은 기업들이 성장한계를 경험하고 있는 것으로 볼 수 있다.
  - ○ 또한 외식기업들은 외부 모니터링이 제대로 작동하지 않아 소유주의 불합리한 의사결정이 빈번하게 발생할 수밖에 없는 취약한 기업 지배 구조를 가지고 있다.
- 국내 외식기업은 현재 프랜차이즈 형태와 비프랜차이즈 형태로 양분되어 있다. 과거 프랜차이즈 산업의 확장으로 프랜차이즈 기업의 성장성이 비프랜차이즈 기업에 비해 높게 나타났으나 최근 기업들이 무분별하게 가세하면서 역성장을 보이고 있다.
- 대부분의 국내 외식기업은 해외에서 브랜드를 가져온 경우를 제외하고 거의 다브랜드 사업 전개방식을 채택하고 있다.
  - ○ 단일 브랜드 중심인 미국의 사업 전개 방식과는 차이가 있다. 그 이유는 국내 시장이 매우 제한적이고, 국내에서 성공한 브랜드가 해외로 확장하기 어렵기 때문이다.

4. 조사 및 분석 방법

- 본 자료는 (사)한국상장회사협의회의KOCOinfo에서 제공하는 상장법인KOSPI, KOSDAQ, KONEX 및 외부 감사 대상 법인에 대한 기업정보를 바탕으로 작성한 것이다.
  - ○ 분석에 활용된 Data는 KOCOinfo에서 제공하는 TS2000 DB를 활용해 수집한 것이다.
- 기존 외식기업 분류가 실제 사업영역과 맞지 않는 부분이 있어 본 보고서에서는 한국 표준산업분류체계10차에 의거해 재분류에 따른 및 분석을 실시했다.
- 재무비율 지표는 일부 기업의 이상치Outlier로 인해 지표에 편의Bias가 발생한다. 이를 고려해 이상치가 존재하는 지표에 대해 Winsorizing[1] 을 실시했다.

1 Winsorizing : 자료의 분포에서 양극단에 발생하는 이상치(Outlier)를 설정된 범위에서 끌어오는 방법으로, 본 분석에서는 95% 범위를 벗어나는 양측 이상치에 대해 95% 범위의 임계치로 끌어온 후 평균값을 구한다.

5. 분석 대상

가. 2017년 분석 대상 외식기업

[표 1-2] 분석 대상 외식기업(2017년 기준)

구분	기업명	상장 여부	업종 구분	프랜차이즈 여부	단일·다브랜드	국내외 브랜드
1	(주)티에스푸드앤시스템	AUD	56192	FR	SB	FB
2	(주)김가네	AUD	56194	FR	MB	DB
3	(주)놀부	AUD	56111	FR	MB	DB
4	(주)더본코리아	AUD	56300	FR	MB	DB
5	(주)동바오	AUD	56121	NFR	SB	DB
6	(주)리치빔	AUD	56193	FR	SB	DB
7	(주)멕시카나	AUD	56193	FR	SB	DB
8	(주)밀탑	AUD	56229	NFR	SB	DB
9	(주)보나비	AUD	56191	NFR	SB	DB
10	(주)브레댄코	AUD	56191	FR	SB	DB
11	(주)삼양에프앤비	AUD	56123	NFR	MB	DB
12	(주)새벽집	AUD	56111	NFR	SB	DB
13	(주)송추가마골	AUD	56111	NFR	MB	DB
14	(주)신라명과	AUD	56191	FR	MB	DB
15	(주)신정	AUD	56113	NFR	SB	DB
16	(주)신화아이푸드	AUD	56300	NFR	MB	DB
17	(주)에스앤에스컴퍼니	AUD	56300	FR	MB	DB
18	(주)에스엠에프앤비디벨롭먼트	AUD	56123	NFR	SB	DB
19	(주)에스엠엔터프라이즈	AUD	56123	NFR	MB	DB
20	(주)엔타스	AUD	56300	NFR	MB	DB
21	(주)엔타스에스디	AUD	56111	NFR	MB	DB
22	(주)엘브이아이파트너스	AUD	56300	NFR	MB	DB
23	(주)엘에프푸드	AUD	56122	FR	MB	DB
24	(주)오투스페이스	AUD	56194	FR	SB	DB
25	(주)웰푸드시스템	AUD	56194	NFR	MB	DB
26	(주)이디야	AUD	56221	FR	SB	DB
27	(주)이바돔	AUD	56111	FR	MB	DB
28	(주)장충동왕족발	AUD	56111	FR	SB	DB
29	(주)재원푸드	AUD	56191	FR	SB	DB
30	(주)전한	AUD	56113	NFR	SB	FB
31	(주)제너시스비비큐	AUD	56193	FR	MB	DB
32	(주)젠푸드	AUD	56122	FR	SB	DB
33	(주)준코	AUD	56212	FR	SB	DB
34	(주)차우	AUD	56111	NFR	MB	DB
35	(주)채선당	AUD	56111	FR	MB	DB
36	(주)캘리스코	AUD	56122	FR	SB	FB
37	(주)커피빈코리아	AUD	56221	NFR	SB	FB

구분	기업명	상장 여부	업종 구분	프랜차이즈 여부	단일·다브랜드	국내외 브랜드
38	(주)코리아델로스케이디	AUD	56193	FR	SB	DB
39	(주)탐앤탐스	AUD	56221	FR	SB	DB
40	(주)파리크라상	AUD	56191	FR	MB	DB
41	(주)페리카나	AUD	56193	FR	SB	DB
42	(주)푸드죤	AUD	56192	FR	SB	DB
43	(주)피에스타	AUD	56114	NFR	SB	DB
44	(주)한국일오삼	AUD	56193	FR	MB	DB
45	(주)한솥	AUD	56111	FR	SB	DB
46	(주)할리스에프앤비	AUD	56221	FR	MB	DB
47	(주)핫시즈너	AUD	56194	FR	SB	DB
48	(주)혜인식품	AUD	56300	FR	MB	DB
49	씨제이푸드빌(주)	AUD	56300	FR	MB	DB
50	갓파크리에이트코리아(주)	AUD	56113	NFR	SB	FB
51	교촌에프앤비(주)	AUD	56193	FR	MB	DB
52	로쏘 주식회사	AUD	56191	NFR	MB	DB
53	롯데지알에스(주)	AUD	56300	FR	MB	DB
54	리치푸드(주)	AUD	56219	FR	MB	DB
55	버자야에이치알카페코리아 주식회사	AUD	56123	NFR	SB	FB
56	본아이에프(주)	AUD	56111	FR	MB	DB
57	본촌인터내셔날(주)	AUD	56193	NFR	SB	DB
58	비알코리아(주)	AUD	56229	FR	MB	FB
59	사과나무 주식회사	AUD	56221	FR	SB	DB
60	석파랑	AUD	56111	NFR	SB	DB
61	세한 주식회사	AUD	56123	NFR	SB	DB
62	스무디킹코리아(주)	AUD	56229	FR	SB	FB
63	아모제푸드(주)	AUD	56300	NFR	MB	DB
64	에렉스에프앤비(주)	AUD	56300	NFR	MB	FB
65	(주)에스플러스인터내셔널	AUD	56123	NFR	MB	DB
66	엠즈씨드(주)	AUD	56221	NFR	SB	FB
67	원앤원(주)	AUD	56111	FR	MB	DB
68	(주)고품질	AUD	56111	NFR	SB	DB
69	(주)다도글로벌	AUD	56221	FR	SB	DB
70	(주)키친보리에	AUD	56113	NFR	MB	DB
71	(주)덕용푸드시스템	AUD	56111	NFR	MB	DB
72	주식회사 디딤	KDQ	56113	FR	MB	DB
73	(주)마세다린	AUD	56193	FR	MB	DB
74	(주)만석닭강정	AUD	56193	NFR	SB	DB
75	(주)부자되세요	AUD	56113	NFR	SB	DB
76	(주)비케이알	AUD	56192	FR	SB	FB
77	(주)삼원가든	AUD	56113	NFR	SB	DB
78	(주)설빙	AUD	56229	FR	SB	DB
79	(주)스타벅스커피코리아	AUD	56221	NFR	SB	FB

다음 페이지에 계속

구분	기업명	상장 여부	업종 구분	프랜차이즈 여부	단일·다브랜드	국내외 브랜드
80	(주)식의	AUD	56123	NFR	MB	DB
81	(주)썬앳푸드	AUD	56300	NFR	MB	DB
82	(주)아모제에프앤엘	AUD	56123	NFR	MB	DB
83	(주)안스	AUD	56191	NFR	SB	DB
84	(주)에땅	AUD	56192	FR	MB	DB
85	(주)에이치앤디이	AUD	56199	FR	MB	DB
86	(주)엔타시스템	AUD	56300	NFR	MB	DB
87	(주)엠에프지코리아	AUD	56123	NFR	SB	DB
88	(주)엠파이어에프앤비	AUD	56123	NFR	SB	DB
89	(주)온누리푸드시스템	AUD	56111	FR	MB	DB
90	(주)이비가푸드	AUD	56121	FR	SB	DB
91	(주)이원	AUD	56219	FR	SB	DB
92	(주)이도감농업회사법인	AUD	56111	FR	MB	DB
93	(주)제이알더블유	AUD	56123	NFR	SB	FB
94	(주)죠스푸드	AUD	56194	FR	MB	DB
95	(주)즐거운세상	AUD	56300	FR	MB	DB
96	(주)지앤푸드	AUD	56193	FR	MB	DB
97	(주)카페베네	AUD	56221	FR	SB	DB
98	(주)케이에프씨코리아	AUD	56192	FR	SB	FB
99	(주)터존	AUD	56123	NFR	SB	DB
100	(주)토다이코리아	AUD	56122	NFR	SB	FB
101	(주)푸른에프앤디	AUD	56122	FR	MB	DB
102	(주)프랜푸드	AUD	56193	FR	SB	DB
103	(주)하누소	AUD	56113	FR	SB	DB
104	(주)현성에프엔티	AUD	56123	NFR	MB	DB
105	청오디피케이(주)	AUD	56192	FR	SB	FB
106	커피스미스에프씨(주)	AUD	56221	FR	MB	FB
107	한국파파존스(주)	AUD	56192	FR	SB	FB
108	한서외식산업(주)	AUD	56111	NFR	MB	DB
109	한우리외식산업(주)	AUD	56111	NFR	MB	DB
110	(주)케이비엠	AUD	56194	FR	SB	DB
111	(주)하남에프앤비	AUD	56113	FR	SB	DB
112	(주)엠피그룹	KDQ	56192	FR	MB	DB
113	해나로푸드서비스(주)	KDQ	56193	FR	SB	DB

※ 표에 사용된 기호의 의미는 다음과 같다.

기업 규모 – KSE(유가증권 상장법인), KDQ(코스닥 상장법인), AUD(외부 감사 대상 법인)
프랜차이즈 – FR(프랜차이즈 기업), NFR(비프랜차이즈 기업)
단일·다브랜드 – SB(단일 브랜드 보유 기업), MB(다브랜드 보유 기업)
국내외브랜드 – DB(국내 브랜드 보유 기업), FB(해외 브랜드 보유 기업)
업종구분 – 56111(한식 일반 음식점업), 56112(한식 면 요리 전문점업), 56113(한식 육류 요리 전문점업), 56114(한식 해산물 요리 전문점업), 56121(중식 음식점업), 56122(일식 음식점업), 56123(서양식 음식점업), 56129(기타 외국식 음식점업), 56191(제과점업), 56192(피자, 햄버거, 샌드위치 및 유사 음식점업), 56193(치킨 전문점), 56194(김밥 및 기타 간이 음식점업), 56199(간이 음식 포장판매 전문점업), 56211(일반 유흥주점업), 56212(무도 유흥 주점업), 56213(생맥주 전문점업), 56219(기타 주점업), 56221(커피 전문점업), 56229(기타 비알코올 음료점업), 56300(다업종업)

[표 1-3] 외식기업 보유 브랜드

구분	기업명	현재 보유 브랜드	브랜드 수(개)	매장 수(개)
1	(주)티에스푸드앤시스템	파파이스(83)	1	83
2	(주)김가네	김가네(493), 치킨방앗간(6)	2	499
3	(주)놀부	놀부보쌈(197), 놀부부대찌개(379), 놀부옛날통닭(42), 공수간(32), 놀부화덕족발(11), 놀부유황오리(3), 놀부항아리갈비(11), 맑은설렁탕담다(4), 숯불에장닭(2), 오색찬연(1)	10	682
4	(주)더본코리아	백종원의원조쌈밥집(32), 한신포차(117), 새마을식당(156), 본가(89), 빽다방(560), 홍콩반점(212), 미정국수0410(18), 백'S비어(33), 역전우동(87), 돌배기집(65), 백철판(14), 성성식당(2), 절구미집(1), 마카오반점(1), 대한국밥(2), 원키친(2), 리춘시장(1), 백's 비어(1), 백'S비빔밥(9), SEOUL KITCHEN(1), 본가Express(3), 백철판(2)	22	1,408
5	(주)동바오	남산동보성(1)	1	1
6	(주)리치빔	피자나라치킨공주(354)	1	354
7	(주)멕시카나	멕시카나(740)	1	740
8	(주)밀탑	밀탑(22)	1	22
9	(주)보나비	아티제(63)	1	63
10	(주)브레댄코	브래댄코(69)	1	69
11	(주)삼양에프앤비	세븐스프링스(7), 세븐스프링스블랙(2), 카페세븐스프링스(1), 카페파크7(1)	4	11
12	(주)새벽집	새벽집(2)	1	2
13	(주)송추가마골	송추가마골(9), 송추가마골 인 어반(9), 카페1981(5), 송추가마골 반상(6), 송추가마골 익스프레스(1), 가마골백숙(1), 오핀로스터리(1)	7	32
14	(주)신라명과	신라명과(27), 링바볼(1)	2	28
15	(주)신정	신정(1)	1	1
16	(주)신화아이푸드	우설화(6), 천지연(23), 송도이동갈비(16), 서현궁(2), 동백궁(1), 산삼청각(1), 청담본갈비(1), 블루가든(6), 서현궁불고기&이동숯불갈비(1), 서현불고기(1), 소나무향기(1), 긴자(11), 하누선수(1), 하인선생(1), 취홍(1),	15	73
17	(주)에스앤에스컴퍼니	서가앤쿡(97), 소싯적(10), 토끼정(31)	3	138
18	(주)에스엠에프앤비디벨롭먼트	SMTseoul(1), SMT 플레이 그라운드(1) ,SMT 펜트하우스(1)	3	3
19	(주)에스엠엔터프라이즈	바이킹스(5), 바이킹스워프(2), 랍스터마켓(4), 봉마르켓(1), 쌩메종(1), 빅가이즈랍스터(4), 빅가이즈크랩(3), 어촌계(3)	8	23
20	(주)엔타스,(주)엔타스에스디, (주)덕용푸드시스템, 주식회사 엔타스시스템	경복궁(35), 삿뽀로(34), 고구려(9), 한양(1), 팬차이나(2), 선한정식(1), 샤브젠(2), 부자냉면부자만두(1), 92Lab(1), 녹돈당(2), 갓포삿뽀로(1), CODE BROWN(1), 경복궁BLACK(2), 삿뽀로BLACK(1), 경복궁불고기(3)	15	96
21	(주)엘브이아이파트너스	주유별장(4), 코바치(3), 켄켄(2), 배터리파크(2), 보버라운지(1), 라디오베이(1), 스티키팟(1), 쁘띠발롱(1), 플로이(1)	9	16
22	(주)엘에프푸드	하코야(41), 크라제버거(6), 마키노차야(2)	3	49
23	(주)오투스페이스	감탄떡볶이(391)	1	391
24	(주)웰푸드시스템	우마이델리(1), 쇼군(1), 얌차(4), 해야(1), 프레쉬윌(4)	5	11
25	(주)이디야	이디야커피(2200)	1	2,200
26	(주)이바돔	이바돔감자탕(150), 제주도야지판(14), 이바돔쭈꾸미와해물아구찜(1)	3	165

다음 페이지에 계속

구분	기업명	현재 보유 브랜드	브랜드 수(개)	매장 수(개)
27	(주)장충동왕족발	장충동왕족발(135)	1	135
28	(주)재원푸드	앤티앤스프레즐(219)	1	219
29	(주)전한	강강술래(10), 주향천리(1)	2	11
30	(주)제너시스비비큐	bbq(1521), 닭익는마을(20), 도리마루(2), 참숯바베큐치킨(27), 우쿠야(77), 올떡볶이(164)	6	1,811
31	(주)젠푸드	히노아지(31)	1	31
32	(주)준코	준코뮤직타운(108)	1	108
33	(주)차우	로즈힐(3), 전골이야기(1), 88전골(1)	3	5
34	(주)채선당	채선당SHABU(100), 샤브보트(22), 채선당행복가마솥밥(2), 채선당플러스(50), 채선당M(25), 자연한그릇(4), 채선당샤브샤브&불고기쌈밥(8), 포앤반세오(1), 채선당샤브샤브&철판쭈꾸미(4), 채선당샤브샤브&편백나무찜(1)	10	217
35	(주)캘리스코	사보텐(59)	1	59
36	(주)커피빈코리아	커피빈(292)	1	292
37	(주)코리아델로스케이디	치킨매니아(249)	1	249
38	(주)탐앤탐스	탐앤탐스(409), 탐앤탐스 해외(86)	1	495
39	(주)파리크라상	파리바게트(3575), 파리크라상(30), 파스쿠찌(472), 잠바주스(23), 라그릴리아(14), 퀸즈파크(2), 패션5(1), 퀸즈파크(2), 스트리트(3), 베라(2), 라브리(1), 디퀸즈(1)	12	4,126
40	(주)페리카나	페리카나치킨(1162)	1	1,162
41	(주)푸드죤	피자마루(626)	1	626
42	(주)피에스타	피에스타(1)	1	1
43	(주)한국일오삼	처갓집양념치킨(1021), 처갓집플러스케이준치킨(43)	2	1,064
44	(주)한솥	한솥도시락(680)	1	680
45	(주)할리스에프앤비	할리스커피(539), 디초콜릿커피(38), 커피클럽(1)	3	578
46	(주)핫시즈너	동대문엽기떡볶이(457)	1	457
47	(주)혜인식품	네네치킨(1167), 네네피자(66)	2	1,233
48	씨제이푸드빌(주)	뚜레쥬르(1340), 빕스(79), 더플레이스(18), 계절밥상(54), 제일제면소(25), 빕스버거(1), 엔그릴(1), 주스솔루션(5), 비비고(13), 투썸플레이스(939)	9	2,475
49	갓파크리에이트코리아(주)	갓파스시(6)	1	6
50	교촌에프앤비(주)	교촌치킨(1038), 담김쌈(1)	2	1,039
51	로쏘 주식회사	성심당(4), 케익부띠끄(3), 옛맛솜씨(1), 플라잉팬(1), 테라스키친(1), 삐아또(1), 우동야(1), 오븐스토리(1)	8	13
52	롯데지알에스(주)	롯데리아(1448), 엔제리너스커피(701), 크리스피크림도넛(135), 티지아이프라이데이스(29), 빌라드샬롯(6), 더푸드하우스(10)	6	2,329
53	리치푸드(주)	뉴욕야시장(147), 피쉬앤그릴(627), 치르치르(74), 치르비어369(10), 짚동가리쌩주(71), 히토기라쿠(21)	6	950
54	버자야에이치알 카페코리아(주)	하드록카페(2)	1	2
55	본아이에프(주)	본죽(1304), 본죽&비빔밥카페(306), 본도시락(349), 본설렁탕(28), 본우리반상(5), 본비빔밥(6)	6	1,998
56	본촌인터내셔날(주)	본촌치킨(168)	1	168
57	비알코리아(주)	베스킨라빈스(1383), 던킨도너츠(702)	2	2,085

구분	기업명	현재 보유 브랜드	브랜드 수(개)	매장 수(개)
58	사과나무 주식회사	커피베이(400)	1	400
59	석파랑	석파랑(1)	1	1
60	세한 주식회사	스테이지28(1)	1	1
61	스무디킹코리아(주)	스무디킹(111)	1	111
62	아모제푸드(주) (주)아모제에프앤엘	푸드캐피탈(6), 카페아모제(19), 첫번째미우(2), 오리엔탈다이닝(2), 삼국열전(2) 엘레나키친(2), 오므토토마토(6), Som.C(1)	8	40
63	에렉스에프앤비(주)	P.F.CHANG's(8), PEIWEI(8), 마쯔가제(1), 이화원(1), 홍보석(4), 만남스낵(1), 후와후와(1)	7	24
64	(주)에스플러스인터내셔널	베이크하우스(3), 에스플러스갤러리(3), 꼴라메르까토(2), 소셜테이블(1), 비마이키친(1)	5	10
65	엠즈씨드(주)	폴바셋(106)	1	106
66	원앤원(주)	원할머니보쌈족발(232), 박가부대찌개(140), 족발중심(2), 모리샤브(5), 툭툭치킨(1)	5	380
67	(주)고품질	정식당(1)	1	1
68	(주)다도글로벌	카페드롭탑(239)	1	239
69	(주)키친보리에	대도식당(1)	1	1
70	(주)디딤	마포갈매기(299), 고래식당(23), 고래감자탕(14), 연안식당(29), 차돌6키로(10), 맛있는술집여기미술관(81), 애플삼겹살(5), 호랭이돌곱창(3), 백제원(4), 도쿄하나(6), 오백년장어(1), 한라담(4), 더반상(1), 우도광횟집(1)	14	481
71	(주)마세다린	가마로강정(128), 사바사바(40)	2	168
72	(주)만석닭강정	만석닭강정(3)	1	3
73	(주)부자되세요	창고43(14)	1	14
74	주식회사 비에이치씨	bhc치킨(1439)	1	1,439
75	(주)비케이알	버거킹(266)	1	266
76	(주)삼원가든	삼원가든(1)	1	1
77	(주)설빙	설빙(452)	1	452
78	(주)스타벅스커피코리아	스타벅스(1151)	1	1,151
79	(주)식의	플로렌스(12), 보일드브로커리(2)	2	14
80	(주)썬앳푸드	시추안하우스(3), 비스트로서울(2), 텍사스데브라질(1), 모던룰랑(2), 식당돈(1)	5	9
81	(주)안스	안스베이커리(9)	1	9
82	(주)에땅	피자에땅(268), 오븐에빠진닭(225), 아또아(3), 돈돈부리부리(3)	4	499
83	(주)에이치앤디이	나우(3), 더블드림스(1), 통빱(4)	3	8
84	(주)엠에프지코리아	매드포갈릭(39)	1	39
85	(주)엠파이어에프앤비	폴라렉스뷔페(1)	1	1
86	(주)온누리푸드시스템	온누리누룽지백숙(2), 온누리진흙구이(3), 온누리장작구이(15)	3	20
87	(주)이비가푸드	이비가짬뽕(94)	1	94
88	(주)이원	투다리(1374), 토대력(41)	2	1,415
89	(주)이도감농업회사법인	불고기브라더스(11), 철판&부대찌개브라더스(2)	2	13
90	(주)제이알더블유	온더보더(9)	1	9

다음 페이지에 계속

구분	기업명	현재 보유 브랜드	브랜드 수(개)	매장 수(개)
91	(주)죠스푸드	죠스떡볶이(281), 바르다김선생(164)	2	445
92	(주)지앤푸드	굽네치킨(1015)	1	1,015
93	(주)카페베네	카페베네(515)	1	515
94	(주)케이에프씨코리아	KFC(196)	1	196
95	(주)터존	터존부페(1)	1	1
96	(주)토다이코리아	토다이(7)	1	7
97	(주)푸른에프앤디	아오키카츠쿠라(8), 아오키교자(2)	2	10
100	(주)프랜푸드	땅땅치킨(306)	1	306
101	(주)하누소	하누소(8), 하누소갈비살(2)	2	10
102	(주)현성에프엔티	돈페(4), 타노시미(2), 그리씨니비엔날레(1), 타니비엔날레(1)	4	8
103	청오디피케이(주)	도미노피자(442)	1	442
104	커피스미스에프씨(주)	커피스미스(90), 커피스미스드래프트(7)	2	97
105	한국파파존스(주)	파파존스피자(138)	1	138
106	한서외식산업(주)	한우리(12), 소나무(1), 보다(1), 한우리한정식(1)	4	15
107	(주)케이비엠	고봉민김밥(656)	1	656
108	(주)하남에프앤비	하남돼지집(213)	1	213
109	(주)엠피그룹	마노핀(37), 미스터피자(311)	2	348
110	해마로서비스(주)	맘스터치(1120)	1	1,120

※ 표에 표시된 외식기업명, 브랜드명 그리고 브랜드 수는 조사 시점에 따라 상이할 수 있음.

나. 상장 여부별 분류

- 2016년 대비 14개 기업이 외부 감사 대상 법인에서 제외되어 분석 대상에 포함되지 않았다. 2017년 신규 추가된 기업은 15개이며, 전체 분석 대상의 수는 1개 증가했다.
- 2017년 외부 감사 대상 법인이었던 '㈜디딤'이 코스닥 상장을 하면서 종전까지 2개를 유지하던 코스닥 상장기업이 3개가 됐다.

[표 1-4] 외식기업 현황 : 상장 여부별 (단위: 개)

구분	2007	2008	2009	2010	2011	2012	2013	2014	2015	2016	2017
코스닥 상장	2	2	2	2	2	2	2	2	2	2	3
외부 감사 대상	40	41	44	60	69	81	92	99	115	110	110

다. 업종별 분류

- 한국표준산업분류체계[10차]를 기준으로 살펴보면, 한식 일반 음식점업이 전년과 동일한 18개로 가장 많은 수를 차지했다.
- 전년 대비 감소한 업종은 '한식 육류 요리점업', '서양식 음식점업', '간이 음식 포장판매 전문점업', '생맥주 전문점업', '기타 주점업', '기타 비알코올 음료점업'이다.
- '생맥주 전문점'은 '와바 WABAR'로 알려진 ㈜인토외식산업과 '와라와라 WARAWARA'로 알려진 ㈜에프앤디파트너스 2개 기업이 있었으나 지난 해 두 기업 모두 자산 감소로 인해 제외된 것으로 보인다.

[표 1-5] 외식기업 현황 : 세부 업종별 (단위: 개)

구분	2007	2008	2009	2010	2011	2012	2013	2014	2015	2016	2017
한식 일반 음식점업	7	7	8	13	14	14	14	17	19	18	18
한식 육류 요리 전문점	3	3	3	5	7	7	7	7	8	9	9
한식 해산물 요리 전문점	–	–	–	–	–	–	–	–	1	1	1
중식 음식점업	–	–	–	–	–	2	2	2	2	2	2
일식 음식점업	3	3	5	6	5	5	5	5	6	5	5
서양식 음식점업	2	2	1	1	3	7	8	11	15	14	13
제과점업	2	2	2	3	3	3	4	4	5	4	7
피자, 햄버거, 샌드위치 및 유사 음식점업	7	7	6	6	7	8	8	8	8	8	8
치킨 전문점	3	3	3	5	6	8	10	11	12	12	14
김밥 및 기타 간이 음식점업	2	2	2	3	3	3	4	4	4	4	5
간이 음식 포장 판매 전문점	1	1	1	1	1	1	2	2	2	2	1
무도 유흥 주점업	–	–	1	1	1	1	1	1	1	1	1
생맥주 전문점업	–	–	–	1	1	2	2	2	2	2	–
기타 주점업	2	2	2	2	2	2	2	2	3	3	2
커피 전문점	4	4	5	7	8	9	11	11	12	10	10
기타 비알코올 음료점업	2	2	2	2	2	2	4	4	5	5	4
다업종업	4	5	5	7	8	9	10	10	12	12	13

- 외식기업의 수에 비해 분류 수가 많아 업종을 재분류했다. 그 결과는 [표 1-6]과 같다.
- 2016년 대비 제과점이 가장 두드러지게 증가했으며, 그 외에도 치킨 전문점, 김밥 및 기타 간이 음식점업, 다업종업 기업이 증가했다.
- 2016년 대비 분석 대상의 수가 감소한 업종은 서양식 음식점업, 비알코올 음료점업, 기타 주점업이다.

- 주점업의 부진이 두드러진다. 전체 업종 중 주점업이 가장 어려움을 겪은 것으로 분석됐다.

[표 1-6] 외식기업 현황 : 세부 업종 재분류별

(단위: 개)

구분	2007	2008	2009	2010	2011	2012	2013	2014	2015	2016	2017
한식 음식점업	10	10	11	18	21	21	21	24	28	28	28
중식 음식점업	-	-	-	-	-	2	2	2	2	2	2
일식 음식점업	3	3	5	6	5	5	5	5	6	5	5
서양식 음식점업	2	2	1	1	3	7	8	11	15	14	13
제과점업	2	2	2	3	3	3	4	4	5	4	7
피자, 햄버거, 샌드위치 및 유사 음식점업	7	7	6	6	7	8	8	8	8	8	8
치킨 전문점	3	3	3	5	6	8	10	11	12	12	13
김밥, 분식, 기타 간이 및 포장 음식점업	3	3	3	4	4	4	6	6	6	6	7
주점업	2	2	3	4	4	5	5	5	6	6	3
비알코올 음료점업	6	6	7	9	10	11	15	15	17	15	14
다업종업	4	5	5	7	8	9	10	10	12	12	13

라. 프랜차이즈 운영 여부별 분류

- 2017년 분석 대상 외식기업 113개 중 65개 기업이 프랜차이즈를 운영하고 있으며, 이 가운데 48개 기업이 직영 형태로 운영하고 있는 것으로 나타났다.
- 전년 대비 프랜차이즈 운영 기업의 수가 급감한 반면, 비프랜차이즈 기업의 수는 증가해 프랜차이즈의 비중이 점차 줄어들고 있는 것을 알 수 있다.

[표 1-7] 외식기업 현황 : 프랜차이즈 운영 여부별

(단위: 개)

구분	2007	2008	2009	2010	2011	2012	2013	2014	2015	2016	2017
프랜차이즈	33	34	37	47	51	57	64	67	73	70	65
비프랜차이즈	0	0	0	16	20	26	30	34	44	42	48

마. 보유 브랜드 수별 분류

- 2017년 분석 대상 외식기업 중 단일 브랜드를 운영하는 기업이 59개, 다브랜드를 운영하는 기업이 54개로 나타났다.
- 다브랜드 기업의 수가 단일 브랜드 기업의 수보다 항상 높게 나타나다가 2017년 단일 브랜드

기업의 수가 다브랜드 기업 수를 역전한 것을 알 수 있다.

[표 1-8] 외식기업 현황 : 보유 브랜드의 수별

(단위: 개)

구분	2007	2008	2009	2010	2011	2012	2013	2014	2015	2016	2017
단일 브랜드	17	17	19	25	30	36	43	45	58	54	59
다브랜드	25	26	27	38	41	47	51	55	58	57	54

바. 보유 브랜드 국적별 분류

- 2017년 분석 대상 외식기업 중 국내 브랜드를 운영하는 기업이 95개, 해외 브랜드를 국내에 들여와 운영하는 기업이 18개로 나타났다.
- 전년 대비 큰 차이는 없으며, 국내 브랜드만 운영하는 기업의 수가 1개 늘어났다.

[표 1-9] 외식기업 현황 : 보유 브랜드 국적별

(단위: 개)

구분	2007	2008	2009	2010	2011	2012	2013	2014	2015	2016	2017
국내 브랜드	32	33	34	48	54	66	76	82	96	94	95
해외 브랜드	10	10	12	15	17	17	18	19	21	18	18

II. 외식기업 경영분석 주요 결과

1. 2017년 주요 재무지표 요약

■ 2017년 한국 외식기업 경영분석 대상에 포함된 외식기업 중 2017년 매출액이 가장 높은 기업은 ㈜파리크라상으로 나타났으며, ㈜스타벅스커피코리아, 씨제이푸드빌㈜, 롯데지알에스㈜ 비알코리아㈜ 등이 그 뒤를 이었다.

○ ㈜파리크라상은 2016년에 이어 2017년 매출성과 1위를 차지한 국내 최대 규모의 외식기업이다. 전년 대비 매출액이 소폭 역성장했고, 수익성이 높은 수준은 아니지만 매출 규모 자체가 커서 당기순이익이 높게 나타났다.

○ 매출액 상위 기업 중 ㈜스타벅스커피코리아는 두드러지는 기업이다. 당사는 전년 대비 높은 매출액성장률과 준수한 수익성을 나타내고 있으며, 작년에 씨제이푸드빌㈜에 이어 3위를 차지했다가 올해 씨제이푸드빌㈜를 넘어서면서 2위 기업으로 올라섰다.

○ 상위 기업 중 상대적으로 경영성과가 저조한 기업은 씨제이푸드빌㈜, 롯데지알에스㈜ 다. 씨제이푸드빌㈜은 수익성이 크게 저조하여 큰 규모의 당기순손실을 기록했으며, 성장이 정체되어 있다. 씨제이푸드빌㈜는 2018년 초 투썸플레이스 사업 부문을 물적 분할함으로써 유동성을 확보하고자 했으나 당사의 핵심사업 부문이자 이익기여도가 높은 주요 브랜드를 매각하면서 매출 및 영업실적 부진을 면치 못했다.

○ 한편, 롯데지알에스㈜는 매출액 규모는 크지만 수익성이 현저히 떨어지고, 매출액도 크게 역성장하고 있는 것으로 나타났다.

■ 2017년 분석 대상 외식기업 중 수익성이 가장 우수한 기업은 ㈜터존이며 이어 본촌인터내셔날㈜, ㈜푸드죤, ㈜혜인식품, ㈜마세다린이 뒤를 잇는다.

○ ㈜터존이 수익성은 매우 높은데 당사 매출실적은 분석 대상 기업 중 가장 낮은 것으로 나타났다. 이는 당사가 경영성과의 부진을 겪고 있는 상황에서 유형자산 처분에 따른 이익이 커 단기적으로 수익성이 증가한 것으로, 올해 순이익률이 급격히 감소할 것으로 예상된다.

- 성장성이 가장 우수한 기업은 ㈜준코이며, ㈜피에스타, ㈜엘에프푸드, ㈜재원푸드, ㈜비케이알 등이 뒤를 잇는다.
  - ㈜준코는 2015년까지 매출액이 꾸준히 역성장을 하다가 2016년부터 다시 회복하고 있는 추세이다. 2015년까지 급격한 매출감소를 겪으면서 2016년, 2017년 기저효과로 높은 매출성장률을 기록한 것으로 보이며 향후 성장률이 점차 둔화될 것으로 보인다.
- 활동성이 가장 우수한 기업으로는 2016년에 이어 교촌에프앤비㈜가 선정되었고, ㈜지앤푸드, 한국파파존스㈜, 본아이에프㈜, ㈜제너시스비비큐가 그 뒤를 이었다.
  - 활동성이 높은 기업을 살펴보면, 상위 5개 기업 중 치킨 전문점 3개로, 교촌에프앤비㈜, ㈜지앤푸드, ㈜제너시스비비큐이며, 나머지 2개 기업도 프랜차이즈 비중이 높은 브랜드에 속한다.
  - 프랜차이즈 운영기업의 경우, 자산 규모가 상대적으로 적지만 브랜드력이 있는 경우에 높은 매출을 창출할 수 있어 활동성이 높게 나타낸 것으로 판단된다.
- 2017년 부채비율이 가장 높은 기업은 ㈜다도글로벌이며, 이어 ㈜티에스푸드앤시스템, ㈜동바오, 석파랑, ㈜아모제에프앤엘이 뒤를 잇는다.
  - 전반적으로 매출액 순위가 낮은 기업의 부채비율이 높게 나타나는데, 낮은 매출성과로 인해 부채비율이 증가한 것으로 보이며, 해당 기업들의 생존을 위해서는 무엇보다 재무 안정성 확보가 중요할 것으로 판단된다.
  - 한편, 부채비율이 기록되지 않은 기업이 많은데, 해당 기업들은 부진한 영업실적이 지속되면서 완전한 자본잠식에 빠져 자본이 마이너스가 된 기업들이다. ㈜카페베네를 포함해 12개 기업이 여기에 해당하는데 ㈜신정을 제외한 전 기업이 당기순손실을 기록하고 있어 경영성과의 부진을 겪고 있는 것을 짐작할 수 있다.

[표 2-1] 2017년 주요 재무지표 현황

순위	기업명	매출액 (백만 원)	당기 순이익 (백만 원)	총자산 (백만 원)	수익성				성장성		활동성		레버리지 비율	
					매출액 순이익률 (%)	순위	총자산 순이익률 (%)	순위	매출액 성장률 (%)	순위	총자산 회전율 (회)	순위	부채 비율 (%)	순위
1	(주)파리크라상	1,774,316	32,570	1,308,943	1.84	59	2.59	57	−0.16	66	1.41	49	91.69	56
2	주식회사 스타벅스커피코리아	1,263,460	90,516	601,788	7.16	27	16.33	12	25.99	9	2.28	16	86.54	59
3	씨제이푸드빌(주)	1,258,938	−40,229	630,083	−3.20	86	−6.76	97	0.68	60	2.12	24	987.49	9
4	롯데지알에스 주식회사	907,066	−31,190	1,125,513	−3.44	87	−2.75	88	−4.41	81	0.8	83	94.71	54
5	비알코리아(주)	523,102	33,667	498,909	6.44	31	6.94	36	2.85	52	1.08	71	20.00	94

다음 페이지에 계속

순위	기업명	매출액 (백만 원)	당기 순이익 (백만 원)	총자산 (백만 원)	수익성				성장성		활동성		레버리지 비율	
					매출액 순이익률 (%)	순위	총자산 순이익률 (%)	순위	매출액 성장률 (%)	순위	총자산 회전율 (회)	순위	부채 비율 (%)	순위
6	(주)비케이알	345,851	-4,159	312,938	-1.20	82	-1.39	81	36.61	5	1.15	65	112.98	48
7	교촌에프앤비(주)	318,848	3,573	63,442	1.12	68	5.84	42	9.52	29	5.21	1	125.72	46
8	(주)제너시스 비비큐	235,317	16,764	81,892	7.12	28	21.52	7	7.08	38	3.02	5	137.66	42
9	해마로푸드 서비스(주)	223,574	10,310	101,909	4.61	40	11.65	24	10.75	26	2.53	11	80.56	62
10	청오디피케이(주)	219,784	23,190	178,612	10.55	17	13.18	22	4.53	47	1.25	56	51.18	76
11	(주)이디야	184,125	15,376	105,342	8.35	21	15.91	13	19.92	15	1.91	28	110.29	51
12	(주)더본코리아	174,085	5,982	84,998	3.44	45	7.66	32	-0.45	68	2.23	20	71.16	66
13	본아이에프(주)	172,786	5,682	53,458	3.29	47	10.67	27	6.71	40	3.24	4	67.65	69
14	주식회사 케이 에프씨코리아	161,379	-18,827	72,327	-11.67	100	-25.03	107	-8.84	90	2.15	22	559.71	14
15	(주)지앤푸드	159,075	10,423	52,364	6.55	30	21.78	6	8.24	31	3.32	2	101.28	53
16	(주)커피빈코리아	157,666	4,303	163,301	2.73	54	2.69	55	7.97	32	0.98	75	163.17	37
17	(주)할리스 에프앤비	140,862	12,479	101,144	8.86	18	12.10	23	9.52	28	1.37	51	51.58	75
18	(주)에이치앤디이	115,329	1,777	71,517	1.54	61	2.44	58	6.03	42	1.58	42	57.62	72
19	(주)놀부	101,544	-6,874	106,412	-6.77	92	-6.19	96	-15.64	98	0.91	79	88.93	57
20	(주)한솥	91,233	6,333	43,717	6.94	29	15.66	17	-2.37	74	2.26	18	81.63	61
21	(주)탐앤탐스	82,387	4,606	69,985	5.59	34	6.65	38	-5.20	84	1.19	59	197.92	29
22	아모제푸드(주)	82,239	3,712	42,449	4.51	41	7.39	33	5.83	43	1.64	38	203.58	27
23	(주)엠피그룹	81,521	-15,558	64,136	-19.09	103	-19.04	105	-16.01	99	1	74	343.53	20
24	(주)토다이코리아	79,980	-5,556	67,048	-6.95	93	-8.17	100	5.64	45	1.18	61	261.95	24
25	(주)엠에프지 코리아	79,652	2,277	36,119	2.86	51	6.51	39	2.97	51	2.28	17	79.99	63
26	(주)캘리스코	78,647	896	35,456	1.14	67	2.65	56	23.17	11	2.33	15	132.56	43
27	엠즈씨드(주)	75,676	936	44,599	1.24	64	2.15	60	15.79	18	1.74	33	154.68	39
28	원앤원(주)	74,744	678	54,044	0.91	73	1.25	69	-0.78	69	1.37	52	67.12	70
29	(주)준코	69,531	-7,103	52,692	-10.21	97	-14.16	102	81.96	1	1.39	50	681.20	12
30	(주)덕용푸드 시스템	69,323	5,135	58,757	7.41	24	8.26	30	2.74	53	1.11	69	41.84	80
31	(주)즐거운세상	68,395	1,918	160,300	2.80	53	1.32	67	2.02	55	0.47	96	373.74	19
32	(주)보나비	67,163	-1,914	41,921	-2.85	85	-4.78	93	11.77	25	1.00	34	105.71	34
33	(주)디딤	65,877	2,422	53,913	2.44	55	4.49	46	-	-	1.22	57	70.17	67
34	(주)전한	64,290	1,535	33,863	2.39	56	4.69	45	2.69	54	1.96	27	183.84	35
35	(주)신화아이푸드	61,809	7,571	67,336	12.25	14	11.54	25	28.47	8	0.94	77	159.95	38
36	(주)엔타스	61,678	6,946	90,130	11.26	16	6.51	40	-3.95	77	0.58	93	460.15	16
37	(주)이바돔	61,451	-692	55,446	-1.13	81	-1.30	80	-7.96	87	1.15	66	251.80	25
38	(주)케이비엠	57,172	1,930	24,047	3.38	46	8.22	31	-0.91	70	2.43	13	35.31	84
39	(주)엔타스 시스템	56,999	1,757	49,139	3.08	49	3.62	49	0.46	61	1.17	63	127.72	44
40	(주)송추가마골	56,382	3,407	23,729	6.04	32	17.85	8	29.40	7	2.95	6	188.72	32

순위	기업명	매출액 (백만 원)	당기 순이익 (백만 원)	총자산 (백만 원)	수익성				성장성		활동성		레버리지 비율	
					매출액 순이익률 (%)	순위	총자산 순이익률 (%)	순위	매출액 성장률 (%)	순위	총자산 회전율 (회)	순위	부채 비율 (%)	순위
41	(주)멕시카나	56,020	4,708	37,292	8.40	20	14.94	19	7.41	37	1.78	32	62.94	71
42	(주)혜인식품	55,534	14,280	97,827	25.71	4	15.51	18	−2.16	73	0.60	91	6.47	98
43	(주)리치빔	54,874	8,409	24,355	15.32	9	37.73	2	7.56	36	2.46	12	33.69	86
44	(주)한국일오삼	54,613	6,377	50,116	11.68	15	15.88	14	12.52	22	1.36	53	57.26	73
45	(주)채선당	51,665	1,445	19,715	2.80	52	7.32	35	−17.20	101	2.62	7	72.65	65
46	(주)핫시즈너	49,914	2,963	22,490	5.94	33	14.00	21	15.36	19	2.36	14	38.57	82
47	(주)카페베네	46,069	−38,883	32,236	−84.40	111	−65.36	113	−39.84	110	0.77	85	−	−
48	(주)페리카나	44,596	1,565	20,432	3.51	44	9.16	28	1.70	57	2.61	8	86.02	60
49	에렉스 에프앤비(주)	42,375	114	20,007	0.27	75	0.59	74	10.68	27	2.18	21	486.90	15
50	로쏘 주식회사	42,345	5,946	39,929	14.04	11	15.87	15	4.16	48	1.13	67	22.52	91
51	(주)재원푸드	40,389	3,009	20,204	7.45	23	16.79	9	37.31	4	2.25	19	46.01	79
52	(주)삼원가든	39,885	−850	49,198	−2.13	84	−1.70	82	−8.00	88	0.80	84	86.69	58
53	(주)에땅	39,857	1,881	54,384	4.72	38	3.50	50	−19.31	104	0.74	86	113.46	47
54	(주)신라명과	38,680	−425	23,451	−1.1	80	−1.82	83	7.80	35	1.66	37	110.91	49
55	(주)키친보리에	38,246	427	35,944	1.12	69	1.19	70	7.96	33	1.06	72	93.75	55
56	(주)프랜푸드	35,965	330	18,579	0.92	72	1.85	63	−0.23	67	2.01	25	188.11	33
57	한국파파존스(주)	34,912	84	10,684	0.24	76	0.78	73	6.23	41	3.26	3	1186.73	7
58	(주)에스앤에스 컴퍼니	34,373	5,551	36,155	16.15	8	16.49	11	21.76	13	1.02	73	30.85	87
59	(주)김가네	33,013	348	25,414	1.05	71	1.70	65	9.00	30	1.61	41	716.91	11
60	(주)죠스푸드	29,913	174	32,981	0.58	74	0.53	75	−12.02	94	0.91	78	437.97	17
61	(주)젠푸드	28,964	1,379	20,956	4.76	37	6.76	37	−11.52	93	1.42	48	110.35	50
62	(주)부자되세요	27,952	3,696	24,136	13.22	13	15.69	16	12.35	23	1.19	58	69.50	68
63	(주)엘에프푸드	26,679	−1,479	119,160	−5.54	90	−1.93	85	43.92	3	0.35	100	8.18	96
64	(주)제이알더블유	26,172	323	11,160	1.23	65	3.13	53	15.90	17	2.53	10	249.42	26
65	(주)장충동왕족발	23,468	357	30,835	1.52	63	1.27	68	3.74	50	0.84	81	202.44	28
66	(주)오투스페이스	23,250	−161	12,763	−0.69	79	−1.24	79	−0.99	71	1.80	30	26.10	89
67	(주)다도글로벌	22,972	−118	19,181	−0.51	78	−0.60	78	1.73	56	1.18	62	4548.36	1
68	(주)하남에프앤비	22,911	1,077	15,846	4.7	39	7.38	34	−5.49	85	1.57	44	166.95	36
69	(주)티에스푸드 앤시스템	22,377	−2,169	12,132	−9.69	95	−16.25	103	−13.61	96	1.68	35	3111.31	2
70	(주)브레댄코	21,934	−285	8,535	−1.30	83	−3.34	90	0	65	2.57	9	−	−
71	(주)삼양에프앤비	21,482	−8,012	9,787	−37.30	109	−60.69	111	−12.58	95	1.63	40	−	−
72	리치푸드(주)	20,915	409	17,792	1.96	58	2.30	59	−3.12	76	1.17	64	21.70	92
73	스무디킹 코리아(주)	20,225	22	12,630	0.11	77	0.17	77	0.13	62	1.63	39	54.16	74
74	(주)식의	20,021	307	8,877	1.53	62	3.28	52	−17.00	100	2.14	23	127.67	45
75	한우리외식 산업(주)	19,444	1,400	24,105	7.20	26	6.01	41	5.80	44	0.84	80	20.34	93

다음 페이지에 계속

순위	기업명	매출액 (백만 원)	당기 순이익 (백만 원)	총자산 (백만 원)	수익성				성장성		활동성		레버리지 비율	
					매출액 순이익률 (%)	순위	총자산 순이익률 (%)	순위	매출액 성장률 (%)	순위	총자산 회전율 (회)	순위	부채 비율 (%)	순위
76	사과나무 주식회사	19,285	400	10,602	2.07	57	3.71	48	14.72	20	1.79	31	276.71	23
77	(주)이비가푸드	17,696	986	11,747	5.57	35	8.28	29	-7.04	86	1.49	46	104.66	52
78	(주)코리아델로스 케이디	17,543	-882	10,128	-5.03	89	-7.97	98	-22.22	106	1.58	43	195.88	30
79	(주)에스엠엔터 프라이즈	17,322	208	10,328	1.20	66	2.00	62	1.34	59	1.67	36	315.11	22
80	(주)엔타스에스디	15,943	1,398	12,086	8.77	19	11.11	26	-4.51	82	1.27	54	143.77	41
81	갓파크리에이트 코리아(주)	15,429	1,119	7,772	7.25	25	14.45	20	3.74	49	1.99	26	1094.07	8
82	(주)썬앳푸드	14,935	-2,069	34,617	-13.86	101	-5.79	95	-9.35	92	0.42	98	7.60	97
83	(주)엘브이아이 파트너스	14,924	-1,691	9,713	-11.33	99	-17.66	104	-4.28	80	1.56	45	-	-
84	(주)만석닭강정	13,839	2,716	8,750	19.63	7	23.27	4	-9.16	91	1.19	60	39.73	81
85	(주)마세다린	12,802	2,658	3,674	20.77	5	22.94	5	-32.79	109	1.10	70	-	-
86	커피스미스 에프씨(주)	12,581	393	12,002	3.12	48	3.46	51	5.19	46	1.11	68	415.05	18
87	(주)이도감 농업회사법인	12,479	-4,125	5,535	-33.05	108	-60.90	112	-30.54	108	1.84	29	-	-
88	(주)설빙	11,771	426	21,009	3.62	43	2.02	61	22.76	12	0.56	94	29.27	88
89	본촌 인터내셔날(주)	11,373	4,491	17,642	39.49	2	28.03	3	16.17	16	0.71	87	78.67	64
90	(주)웰푸드시스템	11,068	-387	8,360	-3.50	88	-4.45	91	-17.26	102	1.27	55	1354.25	6
91	(주)푸드죤	10,633	2,760	17,633	25.96	3	16.52	10	7.95	34	0.64	88	49.43	78
92	(주)푸른에프앤디	10,085	1,386	29,786	13.74	12	4.97	44	-4.66	83	0.36	99	4.86	99
93	(주)온누리푸드 시스템	10,004	814	16,432	8.14	22	5.09	43	-18.34	103	0.63	89	4.61	100
94	(주)새벽집	9,617	103	29,074	1.07	70	0.35	76	-4.21	79	0.33	103	147.89	40
95	(주)밀탑	9,298	-2,772	5,639	-29.81	107	-42.81	109	14.02	21	1.44	47	-	-
96	(주)안스	9,288	162	9,660	1.74	60	1.70	66	1.43	58	0.98	76	659.88	13
97	(주)피에스타	8,842	-1,773	16,498	-20.05	104	-10.37	101	48.70	2	0.52	95	-	-
98	버자야에이치알 카페코리아 주식회사	8,816	-3,294	9,810	-37.37	110	-30.69	108	21.64	14	0.82	82	190.23	31
99	(주)하누소	7,969	408	13,721	5.12	36	2.99	54	-2.65	75	0.58	92	333.91	21
100	한서외식산업(주)	7,610	-449	23,821	-5.90	91	-1.89	84	6.98	39	0.32	104	13.00	95
101	(주)에스플러스 인터내셔널	5,839	-552	25,888	-9.45	94	-1.97	87	12.09	24	0.21	107	33.77	85
102	(주)엠파이어 에프앤비	5,492	-544	11,933	-9.90	96	-4.48	92	-15.32	97	0.45	97	-	-
103	(주)신정	4,268	128	6,997	2.99	50	1.82	64	0	63	0.61	90	-	-
104	세한 주식회사	3,938	-1,031	13,911	-26.18	106	-8.04	99	25.84	10	0.31	105	38.23	83
105	(주)이원	3,885	-643	11,273	-16.54	102	-5.62	94	-8.11	89	0.34	101	746.76	10
106	(주)동바오	3,804	161	19,302	4.25	42	0.84	72	-1.18	72	0.20	108	2280.02	3
107	(주)아모제 에프앤엘	3,042	629	16,216	20.67	6	3.80	47	-65.71	111	0.18	109	1600.46	5

순위	기업명	매출액 (백만 원)	당기 순이익 (백만 원)	총자산 (백만 원)	수익성				성장성		활동성		레버리지 비율	
					매출액 순이익률 (%)	순위	총자산 순이익률 (%)	순위	매출액 성장률 (%)	순위	총자산 회전율 (회)	순위	부채 비율 (%)	순위
108	(주)에스엠에프앤비디벨롭먼트	2,577	-4,328	6,932	-167.93	112	-57.58	110	-20.09	105	0.34	102	-	-
109	(주)차우	2,462	-547	32,261	-22.20	105	-1.93	86	-22.55	107	0.09	111	0.50	101
110	석파랑	2,389	-268	8,751	-11.23	98	-3.03	89	-4.15	78	0.27	106	1787.55	4
111	(주)현성에프엔티	1,264	-2,406	9,747	-190.37	113	-21.19	106	-71.23	112	0.11	110	-	-
112	(주)고품질	624	94	18,809	14.99	10	1.00	71	0	64	0.07	112	23.63	90
113	(주)터존	528	9,712	18,376	1839.47	1	56.57	1	30.53	6	0.03	113	49.97	77

2. 수익성·성장성 분석

- 2017년 외식기업의 경영성과를 살펴보기 위해 매출액순이익률과 매출액성장률을 바탕으로 Matrix를 구성했다.
  - ○ 수익성과 성장성의 편차가 크기 때문에 평균값Mean이 아닌 중앙값Median을 기준으로 4개의 사분면으로 구분해 외식기업 전체를 살펴본다.
  - ○ 각 사분면에 위치한 외식기업들을 구체적으로 살펴보기 위해 각 중앙값Median을 기준으로 각 사분면에 위치한 기업들의 수익성과 성장성을 각각 4개의 영역으로 구분해 분석했다.
  - ○ 2차원 공간에 Mapping한 기업은 각 기업의 구분번호로 사분면에 나타냈으며, 구분번호는 [표 2-2]와 같다.
- 수익성과 성장성을 기준으로 전체 외식기업의 분포를 나타낸 그래프는 [그림 2-1]과 같다.
  - ○ ㈜터존의 경우 2017년 수익성매출액순이익률이 1800%를 넘어서는 것으로 나타났는데, 이는 당사의 매출성과가 부진한데 반해 2017년 유형자산 처분에 따른 이익이 많아 발생한 수치이므로 이상치Outlier로 판단하고 제외했다.

[표 2-2] 2017년 분석 대상 기업 목록

구분	기업명	구분	기업명
1	(주)티에스푸드앤시스템	39	(주)탐앤탐스
2	(주)김가네	40	(주)파리크라상
3	(주)놀부	41	(주)페리카나
4	(주)더본코리아	42	(주)푸드죤
5	(주)동바오	43	(주)피에스타
6	(주)리치빔	44	(주)한국일오삼
7	(주)멕시카나	45	(주)한솥
8	(주)밀탑	46	(주)할리스에프앤비
9	(주)보나비	47	(주)핫시즈너
10	(주)브레댄코	48	(주)혜인식품
11	(주)삼양에프앤비	49	씨제이푸드빌(주)
12	(주)새벽집	50	갓파크리에이트코리아(주)
13	(주)송추가마골	51	교촌에프앤비(주)
14	(주)신라명과	52	로쏘 주식회사
15	(주)신정	53	롯데지알에스(주)
16	(주)신화아이푸드	54	리치푸드(주)
17	(주)에스앤에스컴퍼니	55	버자야에이치알카페코리아 주식회사
18	(주)에스엠에프앤비디벨롭먼트	56	본아이에프(주)
19	(주)에스엠엔터프라이즈	57	본촌 인터내셔날(주)
20	(주)엔타스	58	비알코리아(주)
21	(주)엔타스에스디	59	사과나무 주식회사
22	(주)엘브이아이파트너스	60	석파랑
23	(주)엘에프푸드	61	세한 주식회사
24	(주)오투스페이스	62	스무디킹코리아(주)
25	(주)웰푸드시스템	63	아모제푸드(주)
26	(주)이디야	64	에렉스에프앤비(주)
27	(주)이바돔	65	(주)에스플러스인터내셔널
28	(주)장충동왕족발	66	엠즈씨드(주)
29	(주)재원푸드	67	원앤원(주)
30	(주)전한	68	(주)고푼질
31	(주)제너시스비비큐	69	주식회사 다도글로벌
32	(주)젠푸드	70	(주)키친보리에
33	(주)준코	71	(주)덕용푸드시스템
34	(주)차우	72	주식회사 디딤
35	(주)채선당	73	(주)마세다린
36	(주)캘리스코	74	(주)만석닭강정
37	(주)커피빈코리아	75	(주)부자되세요
38	(주)코리아델로스케이디	76	(주)비케이알

구분	기업명	구분	기업명
77	(주)삼원가든	96	(주)지앤푸드
78	(주)설빙	97	(주)카페베네
79	(주)스타벅스커피코리아	98	(주)케이에프씨코리아
80	(주)식의	99	(주)터존
81	(주)썬앳푸드	100	(주)토다이코리아
82	(주)아모제에프앤엘	101	(주)푸른에프앤디
83	(주)안스	102	(주)프랜푸드
84	(주)에땅	103	(주)하누소
85	(주)에이치앤디이	104	(주)현성에프엔티
86	(주)엔타스시스템	105	청오디피케이(주)
87	(주)엠에프지코리아	106	커피스미스에프씨(주)
88	(주)엠파이어에프앤비	107	한국파파존스(주)
89	(주)온누리푸드시스템	108	한서외식산업(주)
90	(주)이비가푸드	109	한우리외식산업(주)
91	(주)이원	110	(주)케이비엠
92	(주)이도감농업회사법인	111	(주)하남에프앤비
93	(주)제이알더블유	112	(주)엠피그룹
94	(주)죠스푸드	113	해마로푸드서비스(주)
95	(주)즐거운세상		

■ 4개의 사분면 중 수익성과 성장성이 모두 상대적으로 높은 1사분면에 속한 기업들을 살펴보면, [그림 2-2]와 같다.

○ 1사분면에 위치한 기업 중에서도 성과가 우수한 기업은 본촌인터내셔날㈜, ㈜에스앤에스컴퍼니, ㈜신화푸드, ㈜부자되세요, ㈜한국일오삼 등이 있다.

■ 성장성은 상대적으로 높은 반면, 수익성이 상대적으로 낮은 2사분면에 속한 기업들을 살펴보면, [그림 2-3]과 같다.

○ 성장성은 높지만 수익성이 저조한 기업은 왼쪽 상단에 위치해 있으며, 버자야에이치알카페코리아 주식회사, ㈜피에스타, ㈜준코, 세한 주식회사, ㈜엘에프푸드, ㈜밀탑 등이 있다.

○ 2사분면에 속한 기업 중 매출액 성장률도 높고, 상대적으로 수익성이 우수한 기업은 ㈜캘리스코, 엠즈씨드㈜, ㈜제이알더블유 등이 있다.

■ 성장성과 수익성 모두 상대적으로 낮은 3사분면에 속한 기업들을 살펴보면, [그림 2-4]와 같다.

○ 3사분면 내에서도 상대적으로 성과가 부진한 기업들은 왼쪽 하단에 위치하고 있으며, 주식회사 현성에프앤티, ㈜카페베네, ㈜이도감농업회사법인, ㈜에스엠에프앤비디벨롭먼트 등이 있다.

■ 수익성은 상대적으로 높은 반면, 성장성은 상대적으로 낮은 4사분면에 속한 기업들을 살펴보면, [그림 2-5]와 같다.

○ 4사분면 내에 위치한 기업들 중에는 수익률 수준은 상대적으로 높은데 매출 규모가 역성장하고 있는 기업들이 다수 분포하고 있다.

○ 특히, ㈜마세다린, ㈜만석닭강정, ㈜아모제에프앤엘, ㈜온누리푸드시스템 등은 높은 수익률에도 매출액이 역성장하는 대표적인 기업이다. .

[그림 2-1] 2017년 수익성·성장성 Matrix

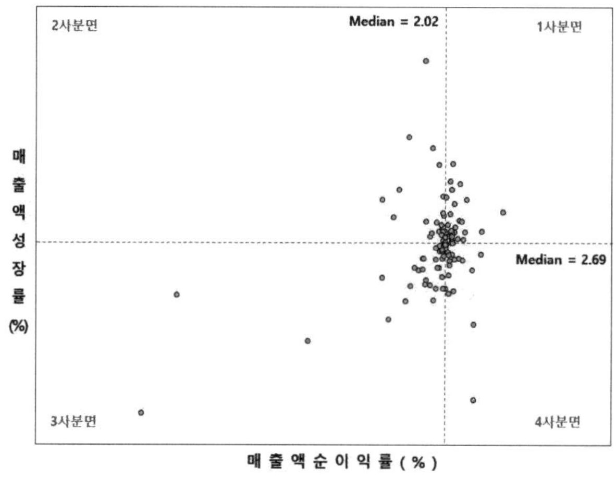

[그림 2-2] 수익성·성장성 분석 – 1사분면

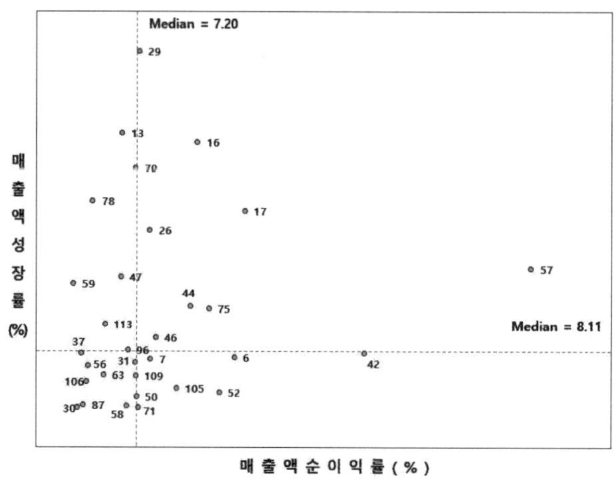

[그림 2-3] 수익성·성장성 분석 – 2사분면

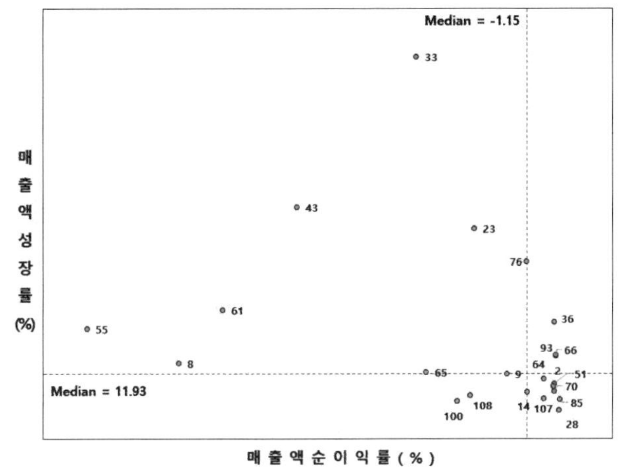

[그림 2-4] 수익성·성장성 분석 – 3사분면

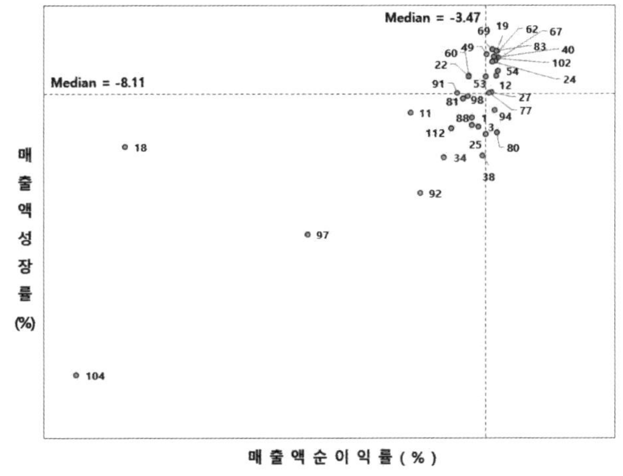

[그림 2-5] 수익성·성장성 분석 – 4사분면

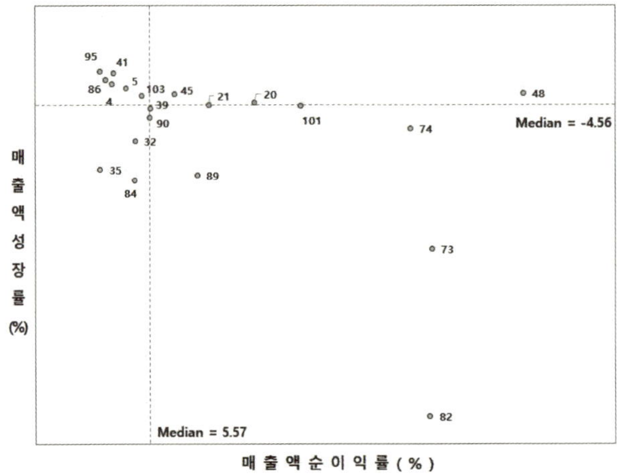

3. 수익성·활동성 분석

- 활동성은 기업에 투하된 자산 및 자본의 활발한 운용 정도를 판단하는 지표로, 자산 활용의 효율성을 판단할 수 있다. 따라서 수익성과 함께 살펴봄으로써 효율적으로 자산을 운용하여 수익성이 좋은 기업과 그렇지 못한 기업을 상대적으로 비교할 수 있다.
- 2017년 외식기업의 수익성과 활동성을 기준으로 성과를 살펴보기 위해 매출액순이익률과 총자산회전율을 2차원 공간에Mapping한 결과는 [그림 2-6]과 같다
  - ○ 총자산회전율은 큰 이상치가 없으며, 골고루 분포하고 있는 것으로 나타났다.
- 수익성과 활동성이 모두 상대적으로 높은 1사분면에 위치한 기업들은 [그림 2-7]과 같다.
  - ○ 1사분면에서도 특히 수익성과 활동성이 모두 높은 기업은 ㈜지앤푸드, ㈜리치빔, ㈜제너시스 비비규 등이 있다.
- 활동성은 상대적으로 높으나 수익성은 상대적으로 낮은 2사분면에 위치한 기업들은 [그림 2-8]과 같다.
  - ○ 2사분면에서 상대적으로 활동성이 높은데도 수익성이 낮은 기업은 ㈜이도감농업회사법인, ㈜케이에프씨코리아, 씨제이푸드빌㈜ 등이 있다.

- 수익성과 활동성이 모두 상대적으로 낮은 3사분면에 위치한 기업들은 [그림 2-9]과 같다.
  - 3사분면에서도 특히 수익성과 활동성 성과가 부진한 기업은 ㈜현성에프엔티, ㈜에스엠에프앤비디벨롭먼트, ㈜차우, 세한 주식회사, ㈜이원, ㈜썬앳푸드 등이 있다.
- 수익성은 상대적으로 높은 반면 활동성이 낮은 높은 4사분면에 위치한 기업들은 [그림 2-10]과 같다.
  - 4분면에서도 특히 수익성은 높지만 활동성이 낮은 기업들은 본촌인터내셔날㈜, ㈜푸드죤, ㈜혜인식품, 주식회사 아모제에프엔엘, ㈜고품질, ㈜온누리푸드시스템 등이 있다.

[그림 2-6] 2017년 수익성·활동성 Matrix

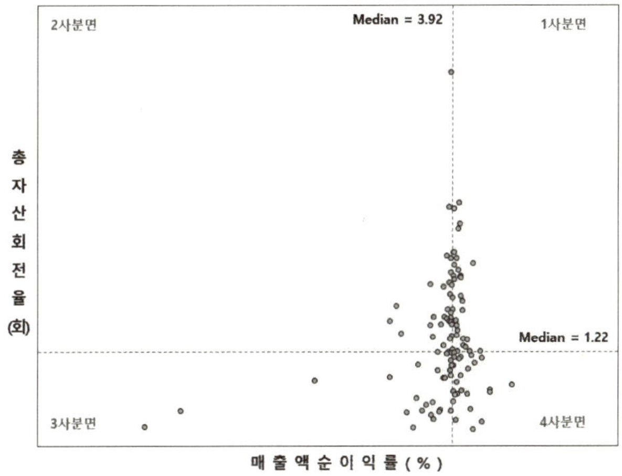

[그림 2-7] 수익성·활동성 분석 – 1사분면

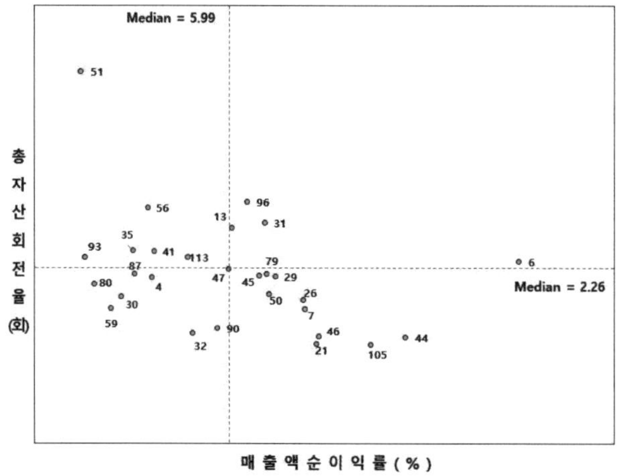

[그림 2-8] 수익성·활동성 분석 – 2사분면

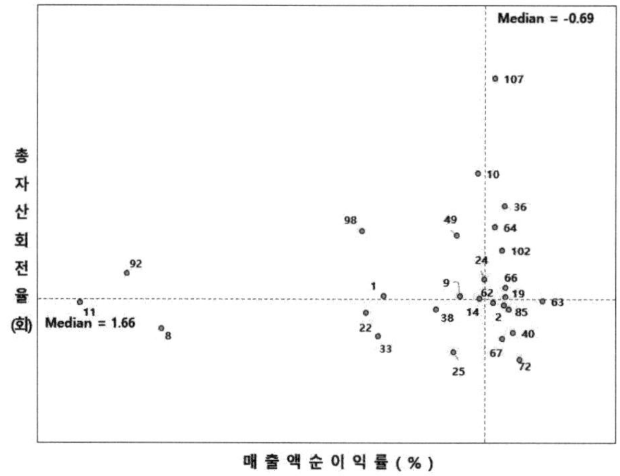

[그림 2-9] 수익성·활동성 분석 – 3사분면

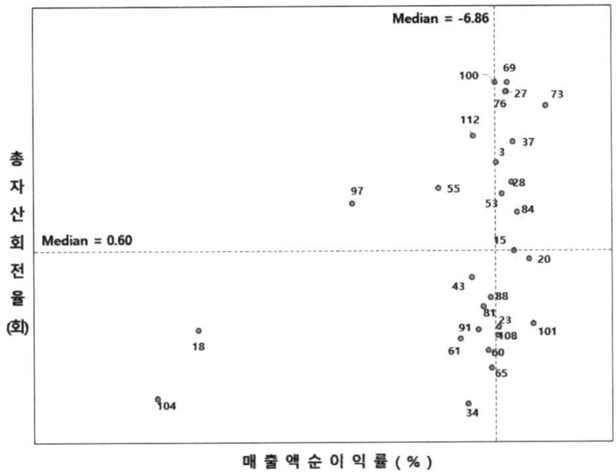

[그림 2-10] 수익성·활동성 분석 – 4사분면

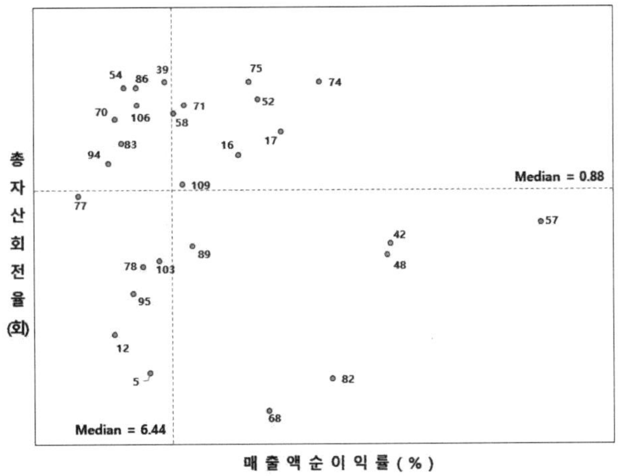

III. 외식기업 재무비율 분석

1. 재무비율 분석

■ 재무제표 자료를 이용해 산정되는 재무비율은 다양하며, 분석 의도에 따라 다양하게 변형시켜 사용할 수 있다.

■ 본 분석에는 한국은행에서 매년 발간하는 『기업경영분석』의 재무비율 정의를 따랐다.

○ 재무비율의 정의는 부록 내용 참조.

■ 다양한 재무비율이 제공하는 정보의 의미를 기준으로 성장성비율, 수익성비율, 레버리지 비율, 유동성비율, 활동성비율, 생산성비율, 부가가치의 구성으로 구분해 분석했다.

2. 성장성비율

■ 성장성비율은 일정 기간 중 외식기업의 경영규모 및 경영성과가 얼마나 향상되었는지를 나타내는 비율로, 잠재 성장 가능성, 미래수익 발생능력 및 이익실현 가능성, 시장의 경쟁적 지위 등의 정보를 제공한다.

가. 외식기업 전체

■ 외식기업과 제조기업 무두 총자산성장률의 최근 10년간 전체적인 추이가 점차 둔화되고 있는 것으로 나타났다.

○ 제조업의 경우 2010년부터 자산증가율이 둔화된데 반해, 외식업은 증감을 반복하다가 2014년 정점을 찍은 후 대폭 감소하고 있다.

■ 외식기업의 매출액증가율이 매년 제조기업을 상회하는 수준이었으나 2016년 대비 2017년 외식기업의 매출액증가율이 대폭 감소하면서 제조기업보다 낮아져 처음으로 결과가 역전됐다.

[표 3-1] 성장성비율 : 전체

(단위: %)

비율	2007	2008	2009	2010	2011	2012	2013	2014	2015	2016	2017
외식업 평균											
총자산증가율	10.50	13.62	11.64	10.57	14.01	11.10	9.50	14.75	6.91	7.94	4.05
매출액증가율	9.49	27.24	14.74	24.87	23.72	8.65	12.34	6.44	8.81	27.18	2.29
제조업 평균											
총자산증가율	7.77	17.20	8.60	10.14	9.94	4.27	6.02	5.47	4.76	5.67	4.01
매출액증가율	6.85	17.57	3.29	22.49	12.81	4.09	4.78	4.84	3.96	3.06	6.20

[그림 3-1] 총자산증가율 : 전체

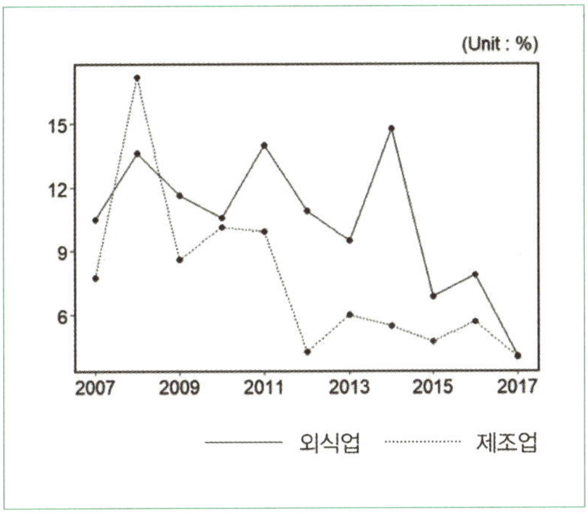

[그림 3-2] 매출액증가율 : 전체

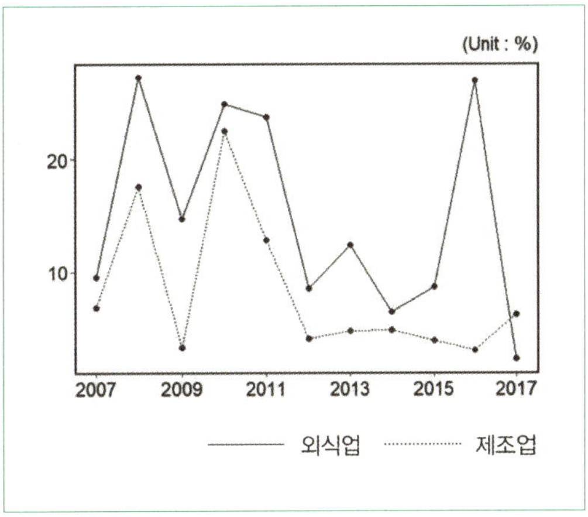

나. 세부 업종별

- 한식 음식점업의 총자산증가율은 2008년 이후 지속적으로 감소하고 있으며, 매출액증가율은 큰 폭의 상승과 하락을 반복하다가 2015년 이후 급격한 감소 추세를 보이고 있다.
- 2012년부터 중식 음식점업에 외감법인이 등장해 총자산증가율이 최근 2년간 역성장하고 있으며, 매출액 역시 역성장하고 있다.
- 2009년 일식 음식점업의 총자산증가율이 성장세로 돌아선 후 2017년까지 증가율 폭에는 변화가 있지만 꾸준히 성장해오고 있다. 매출액성장율 역시 꾸준히 증가해 2013년 잠시 역성장한 이후로는 다시 꾸준히 증가하는 추세를 보이고 있다.
- 서양식업의 총자산성장율은 정체기에 있으며, 2013년 이후 소폭이지만 꾸준한 증가 추세를 보이다가 2017년 역성장하고 있다.

- 제과점업의 총자산증가율은 한때 역성장했으나 2015년부터 꾸준히 소폭 증가하고 있다. 매출액증가율의 증가폭에 변화가 있으며, 2016년보다 큰 폭으로 감소했으나 매출액 규모는 여전히 성장하고 있다.
- 피자, 햄버거, 샌드위치 및 유사 음식점업의 총자산증가율은 증감을 반복한다. 2013년 역성장한 바 있고, 2017년 다시 역성장하고 있다. 매출액증가율 역시 큰 폭의 증감을 반복하고 있는데, 2015년부터 지속적으로 역성장하고 있다.
- 치킨 전문점은 총자산증가율과 매출액증가율 모두 큰 폭으로 증감을 반복하고 있으나 꾸준한 규모로 성장하고 있다.
- 김밥, 분식, 기타 간이 및 포장 음식점업의 총자산증가율과 매출액증가율 모두 큰 폭으로 증감을 반복하면서 역성장해왔고, 이를 통해 해당 업종의 경기 변화가 상대적으로 심하다는 것을 알 수 있다.
- 주점업은 총자산증가율과 매출액증가율 모두 저성장 추세를 유지하다가 2015년 큰 폭의 역성장을 기록했고, 2016년 큰 폭의 성장세를 기록했다. 이는 2015년 저점을 찍은 것에 대한 기저효과로 보이며, 이에 대한 근거로 2017년 다시 성장률이 큰 폭으로 감소한 것을 들 수 있다.
- 비알코올 음료점업의 총자산증가율과 매출액증가율 모두 최근 10년간 꾸준한 하락세 나타내고 있다. 총자산증가율은 2017년 역성장했고, 매출액증가율은 2016년 큰 폭으로 상승했으나 2017년 다시 큰 폭으로 감소하고 있다.
- 다업종 기업의 총자산증가율은 일정 수준을 유지하다가 2014년 정점을 찍고 다시 감소하는 추세를 나타내고 있다. 매출액증가율 역시 2014년 이후 감소하는 추세를 나타내고 있다.

[표 3-2] 외식기업의 성장성비율 : 세부 업종별

(단위: %)

비율	2007	2008	2009	2010	2011	2012	2013	2014	2015	2016	2017
한식 음식점업											
총자산증가율	9.25	23.29	5.03	11.16	13.55	11.75	6.45	10.48	5.93	9.81	3.58
매출액증가율	7.46	30.71	1.00	9.28	25.47	10.90	6.92	9.12	47.47	8.86	-0.58
중식 음식점업											
총자산증가율	-	-	-	-	-	0.00	-2.59	0.22	3.35	-7.60	-1.41
매출액증가율	-	-	-	-	-	0.00	-1.02	-2.87	61.21	-10.06	-4.11
일식 음식점업											
총자산증가율	-1.40	-9.53	8.34	32.45	12.62	7.71	5.53	23.03	19.74	7.42	51.12
매출액증가율	259.09	430.63	21.37	186.75	78.91	10.10	-4.72	9.24	19.77	4.89	11.03
서양식 음식점업											
총자산증가율	-	19.90	-	-	0.00	-2.07	3.62	4.38	5.67	4.81	-5.10
매출액증가율	-	38.53	-	-	0.00	-2.16	55.88	-2.04	14.13	110.43	-7.03
제과점업											
총자산증가율	13.35	8.99	5.84	-2.38	2.55	-0.88	9.89	5.59	9.49	9.76	9.13
매출액증가율	12.51	13.24	6.46	49.76	15.98	1.60	11.90	3.23	1.99	44.62	8.36
피자, 햄버거, 샌드위치 및 유사 음식점업											
총자산증가율	7.46	1.36	38.20	13.91	6.55	10.65	-0.43	20.08	11.77	23.15	-3.86
매출액증가율	-2.67	7.29	242.03	10.45	5.79	-1.25	120.15	1.92	-3.17	-3.61	-0.86
치킨 전문점											
총자산증가율	13.22	10.80	10.10	6.46	21.80	4.77	4.79	20.39	9.22	8.14	12.02
매출액증가율	5.44	6.99	17.75	5.17	7.17	4.38	14.33	5.12	10.40	8.27	1.43
김밥, 분식, 기타 간이 및 포장 음식점업											
총자산증가율	-3.30	16.50	14.32	-3.19	19.56	8.87	26.29	2.26	3.23	4.78	9.45
매출액증가율	-2.40	21.92	18.14	7.73	18.66	9.29	-2.39	12.91	2.10	-5.61	0.00
주점업											
총자산증가율	2.84	6.73	-0.04	0.35	19.37	20.70	12.21	2.63	-15.93	81.76	2.31
매출액증가율	1.89	6.62	-2.39	-10.93	64.14	53.26	9.36	-11.70	-21.50	104.91	22.24
비알코올 음료점업											
총자산증가율	26.05	32.46	27.03	14.97	18.83	25.69	19.25	16.10	10.18	4.40	-0.86
매출액증가율	16.41	38.95	28.28	28.12	16.27	12.01	11.24	17.52	4.94	67.78	7.55
다업종업											
총자산증가율	13.25	10.93	5.04	14.93	12.86	18.00	16.91	37.46	7.88	7.20	3.05
매출액증가율	19.44	9.07	13.15	12.80	16.67	16.46	9.69	6.80	7.07	10.55	3.44

[그림 3-3] 성장성 : 한식 음식점업

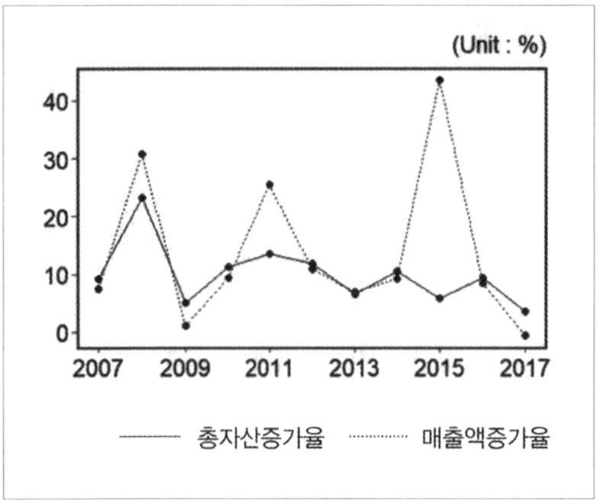

[그림 3-4] 성장성 : 중식 음식점업

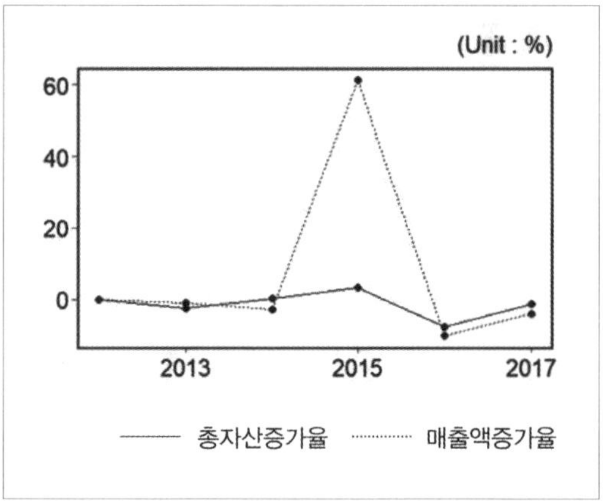

[그림 3-5] 성장성 : 일식 음식점업

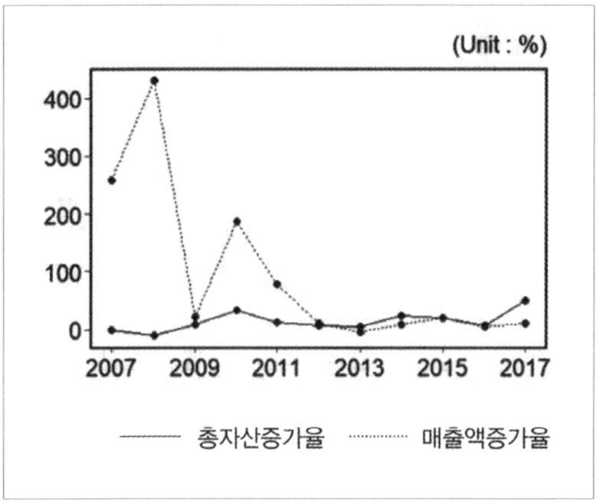

[그림 3-6] 성장성 : 서양식 음식점업

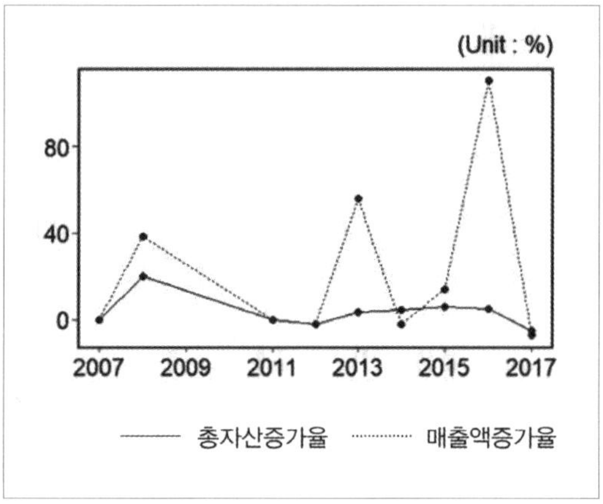

[그림 3-7] 성장성 : 제과점업

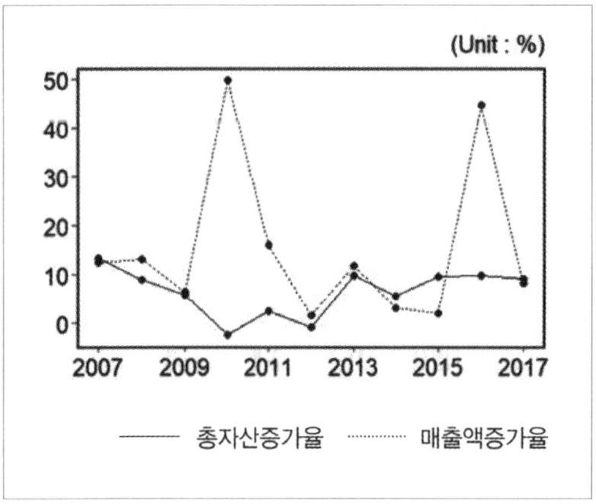

[그림 3-8] 성장성 : 피자, 햄버거, 샌드위치 및 유사 음식점업

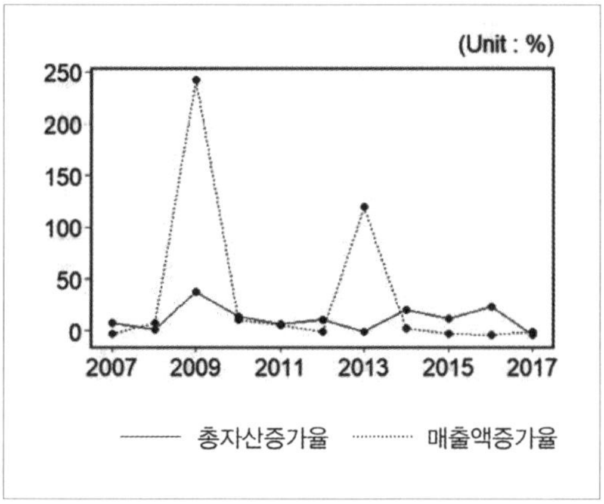

[그림 3-9] 성장성 : 치킨 전문점

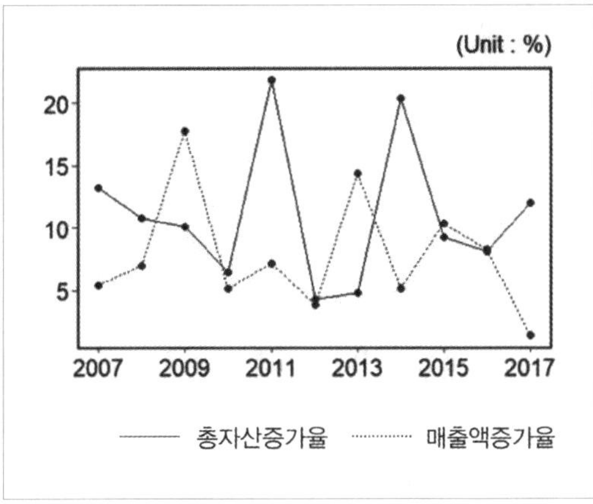

[그림 3-10] 성장성 : 김밥, 분식, 기타 간이 음식점업

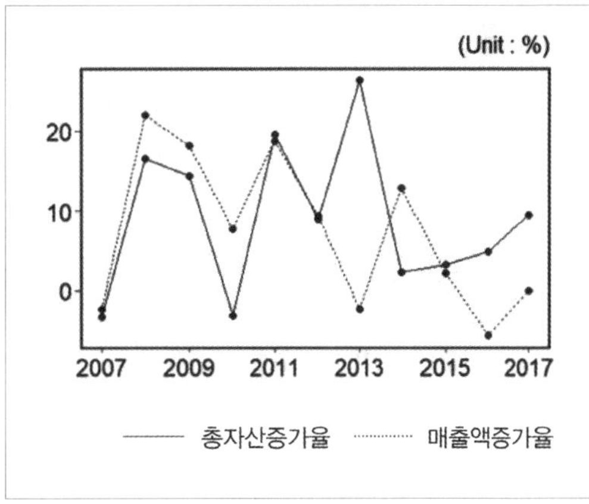

[그림 3-11] 성장성 : 주점업

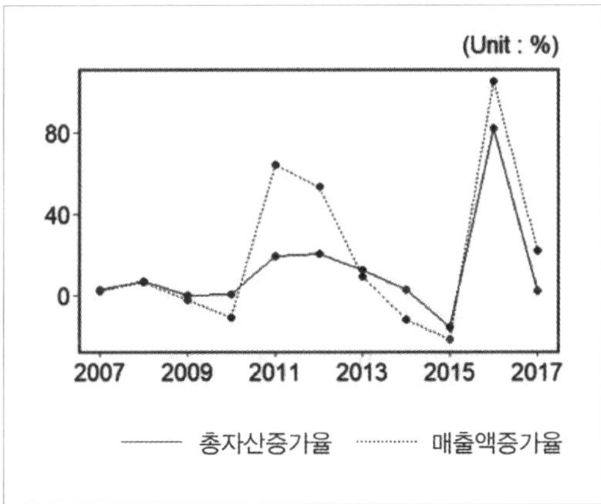

[그림 3-12] 성장성 : 비알코올 음료점업

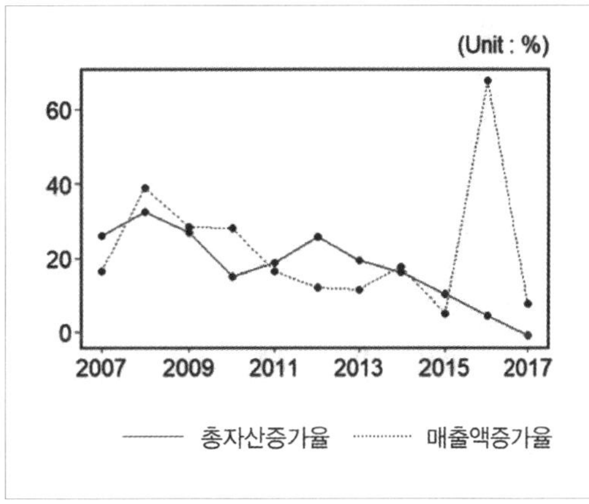

[그림 3-13] 성장성 : 다업종업

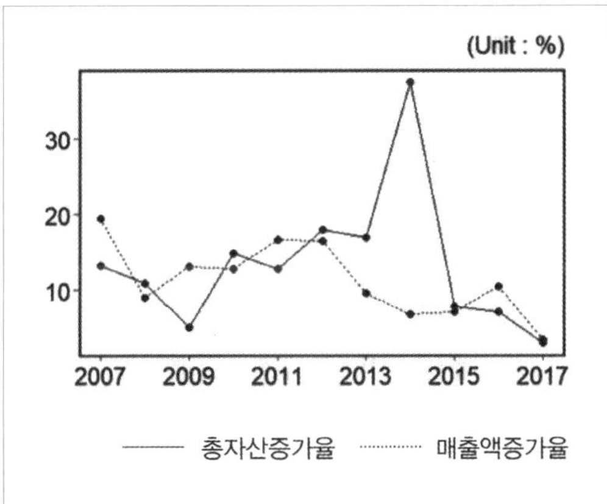

다. 프랜차이즈 운영 여부별

- 프랜차이즈 운영기업의 총자산증가율이 일정 수준을 유지하다가 점차 감소하는 추세를 보이는 반면, 비프랜차이즈 운영기업의 총자산증가율은 큰 폭의 증가와 감소를 반복하다가 2014년부터 지속적으로 하락해 2017년 역성장했다.
- 프랜차이즈 운영기업은 2008년 이후 지속적으로 매출액증가율이 감소하고 있는 반면, 비프랜차이즈 운영기업은 큰 폭의 증가와 하락을 나타내다가 2016년 정점을 찍고 다시 2017년 큰 폭으로 하락했다.

[표 3-3] 외식기업의 성장성비율 : 프랜차이즈 운영 여부별 (단위: %)

비율	2007	2008	2009	2010	2011	2012	2013	2014	2015	2016	2017
프랜차이즈											
총자산증가율	9.93	13.14	15.86	10.05	14.08	13.19	11.57	12.33	7.65	10.38	7.35
매출액증가율	15.45	41.03	24.79	21.82	14.32	5.08	10.87	5.17	2.8	5.83	1.82
비프랜차이즈											
총자산증가율	12.52	15.37	-1.74	15.29	13.43	8.53	7.32	20.64	5.61	7.29	-1.12
매출액증가율	10.06	10.44	3.64	25.73	41.89	14.65	15.15	9.87	18.5	46.5	1.89

[그림 3-14] 총자산증가율 : 프랜차이즈 여부

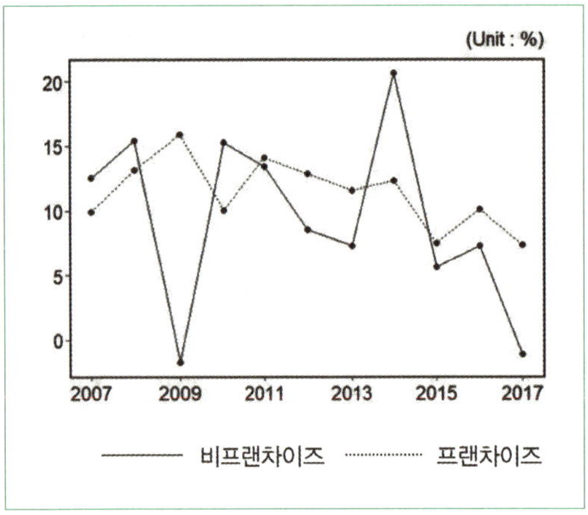

[그림 3-15] 매출액증가율 : 프랜차이즈 여부

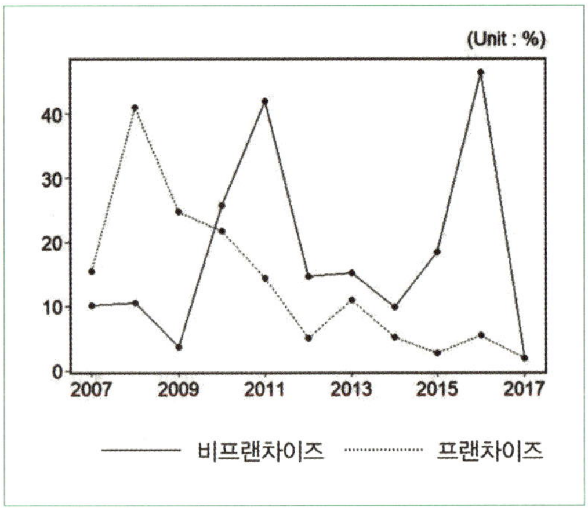

라. 보유 브랜드 수별

- 단일 브랜드 기업과 다브랜드 기업 모두 총자산증가율 변동이 매우 심하게 나타났다. 다브랜드 기업의 경우 2014년 이후 꾸준히 성장률이 감소하고 있는 것으로 나타났고, 단일 브랜드

기업의 경우 증가와 감소를 반복한 것으로 나타났다. 2017년에 단일 브랜드 기업이 다브랜드 기업과 유사한 수준의 성장률을 나타내고 있다.

- 다브랜드의 매출액증가율은 2008년부터 꾸준히 감소하는 추세를 보이다가 2017년 역성장한 반면, 단일 브랜드의 매출액증가율은 2010년 이후 감소하다가 2016년 다시 큰 폭으로 증가, 2017년 다시 큰 폭으로 감소한 것으로 나타났다.

[표 3-4] 외식기업의 성장성비율 : 보유 브랜드 수별

(단위: %)

비율	2007	2008	2009	2010	2011	2012	2013	2014	2015	2016	2017
단일 브랜드 운영											
총자산증가율	6.01	19.28	11.17	15.30	10.77	11.61	7.86	12.84	4.62	11.28	4.31
매출액증가율	40.60	12.17	15.17	56.94	26.90	11.15	16.48	5.57	10.37	58.88	6.30
다브랜드 운영											
총자산증가율	12.89	10.38	11.40	8.67	16.51	10.34	11.83	17.53	9.21	7.38	3.97
매출액증가율	8.00	50.83	30.98	10.74	17.98	7.26	9.84	6.77	6.72	0.61	-2.55

[그림 3-16] 총자산증가율 : 보유 브랜드 수

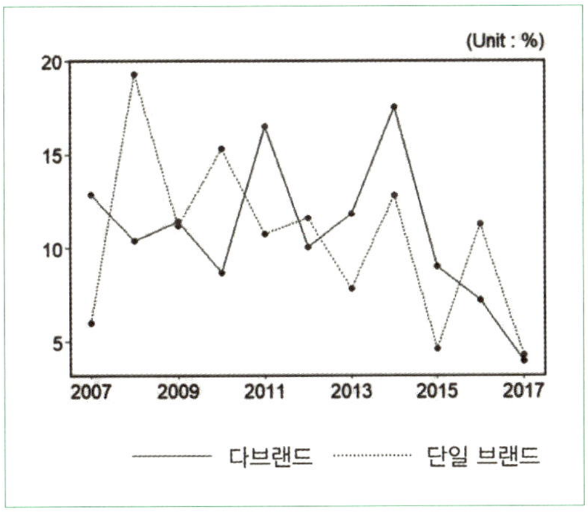

[그림 3-17] 매출액증가율 : 보유 브랜드 수

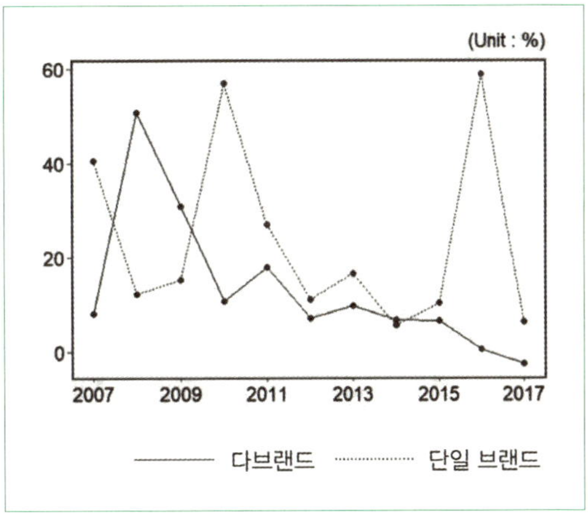

마. 국내외 브랜드 여부별

- 전반적으로 국내 브랜드만 운영하는 기업의 총자산증가율은 소폭의 상승과 하락을 반복하면서 장기적으로는 감소하는 추세를 나타내고 있다. 반면, 해외 브랜드를 운영하는 기업은 큰 폭으로 상승과 하락을 반복해왔으며, 2017년 총자산증가율이 2016년 대비 큰 폭으로 하락했다.

- 국내 브랜드만 운영하는 기업의 매출액증가율은 상대적으로 안정적으로 증가하는 반면, 해외 브랜드를 운영하는 기업의 매출액증가율은 큰 폭의 변동을 나타내다가 2016년 이후 대폭 감소했다. 그럼에도 국내 브랜드 운영기업에 비해서는 높은 수준의 성장률을 보이고 있다.

[표 3-5] 외식기업의 성장성비율 : 국내외 브랜드 여부별

(단위: %)

비율	2007	2008	2009	2010	2011	2012	2013	2014	2015	2016	2017
국내 브랜드											
총자산증가율	9.44	13.94	13.80	9.61	14.90	11.44	10.72	14.14	6.64	7.02	4.19
매출액증가율	14.05	35.02	21.18	12.40	21.04	7.18	11.55	4.55	9.00	16.97	0.93
해외 브랜드											
총자산증가율	15.03	12.65	4.80	18.09	10.05	11.42	3.92	18.80	8.00	15.23	3.36
매출액증가율	9.48	21.03	13.08	92.74	26.82	13.34	52.22	13.94	9.70	93.19	9.10

[그림 3-18] 총자산증가율 : 국내외 브랜드 여부

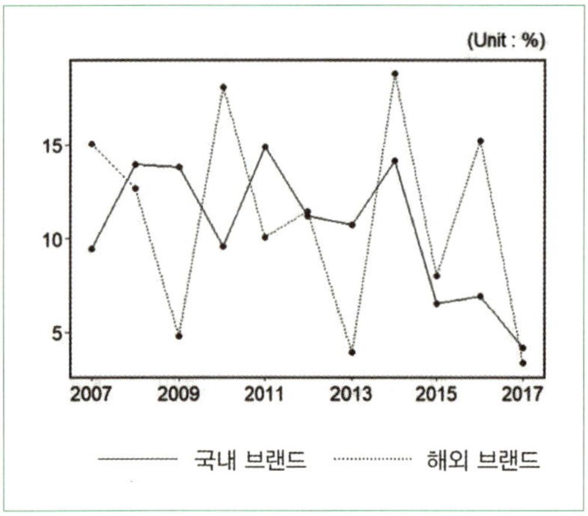

[그림 3-19] 매출액증가율 : 국내외 브랜드 여부

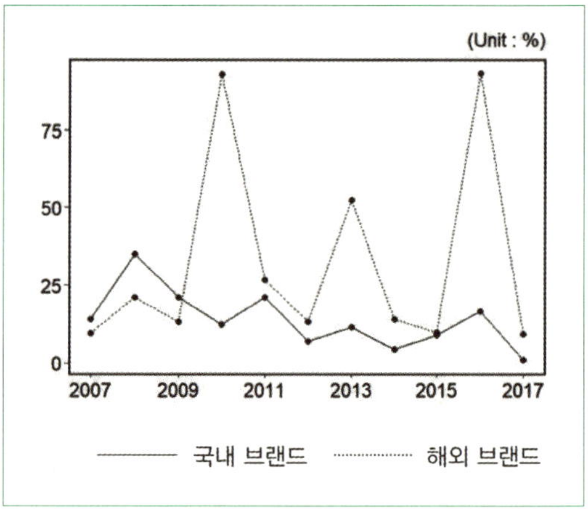

3. 수익성비율

가. 외식기업 전체

- 수익성비율은 투자 자본에 대한 경영성과의 정도 및 비용을 보전하고 이익을 낼 수 있는 능력에 관한 정보를 제공해주는 재무비율로, 투자자, 경영자, 채권자 등 이해관계자들이 의사결정을 할 때 가장 중요한 정보로 활용된다.
- 투자이익을 측정할 때 손익계산서상의 회계이익을 이용하기 때문에 기업의 실질적인 현금흐름과 차이가 있을 수 있다. 그러나 수익성비율이 한 기업 내에서 정기적으로 측정되고 타 기업과의 수익성비율 산출 방식이 동일한 경우에는 유용한 정보이다.
- [표 3-6]과 [그림 3-20]~[그림3-23]은 외식업의 총자산순이익률, 자기자본순이익률, 매출액영업이익률, 매출액순이익률을 계산한 것으로, 이때 상대적인 비교지표는 제조업 전체에 대한 해당 비율이다.
- 외식업의 수익성지표는 2014년을 기점으로 모두 큰 폭으로 감소하고 있다.
- 구체적으로 살펴보면 외식업의 총자산순이익률은 상대적으로 큰 폭의 증가와 하락을 반복하다가 2014년부터 꾸준히 하락세를 보이고 있다. 상대적으로 외식업이 제조업보다 높은 총자산순이익률을 나타내다가 2017년 처음으로 역전되었다.
- 제조업의 자기자본순이익률은 일정한 수준 지속적으로 성장한데 반해, 외식업은 2007년을 기점으로 대폭 성장하다가 감소하는 추세를 보였다. 그러다가 2017년에 다시 제조업을 앞서고 있다.
- 외식업의 매출액영업이익률은 2010년 이후 꾸준히 하락하고 있으며, 2015년 한때 제조업보다 낮은 수준까지 하락했으나 다시 증가했다.
- 외식업의 매출액순이익률은 제조업 대비 꾸준히 높은 성장률을 나타내고 있었으나 2015년부터 순손실을 기록하고 있으며 2017년에는 제조업 역시 순손실을 기록하면서 두 산업 모두 부진을 면치 못하고 있다.

[표 3-6] 수익성비율 : 전체

(단위: %)

비율	2007	2008	2009	2010	2011	2012	2013	2014	2015	2016	2017
외식업 평균											
총자산순이익률	5.08	3.26	7.00	10.79	8.22	7.82	6.35	8.12	3.27	3.27	1.02
자기자본순이익률	−10.57	3.91	23.97	27.31	23.27	20.48	12.85	23.12	2.81	4.85	7.26
매출액영업이익률	5.79	4.32	4.02	6.24	5.76	5.68	5.28	4.98	1.58	2.67	2.50
매출액순이익률	3.12	1.54	4.13	3.60	4.20	4.16	2.90	3.46	−0.22	−0.13	−0.09
제조업 평균											
총자산순이익률	3.87	1.71	3.02	3.93	3.42	2.91	3.07	2.39	2.50	2.87	1.78
자기자본순이익률	9.77	3.55	6.69	10.56	9.56	7.79	7.90	5.98	6.62	7.49	3.99
매출액영업이익률	2.28	2.35	2.63	3.08	2.88	1.91	2.19	1.75	1.86	2.03	1.22
매출액순이익률	1.42	0.23	0.52	1.03	0.94	0.34	0.93	0.26	0.39	0.57	−0.43

[그림 3-20] 총자산순이익률 : 전체

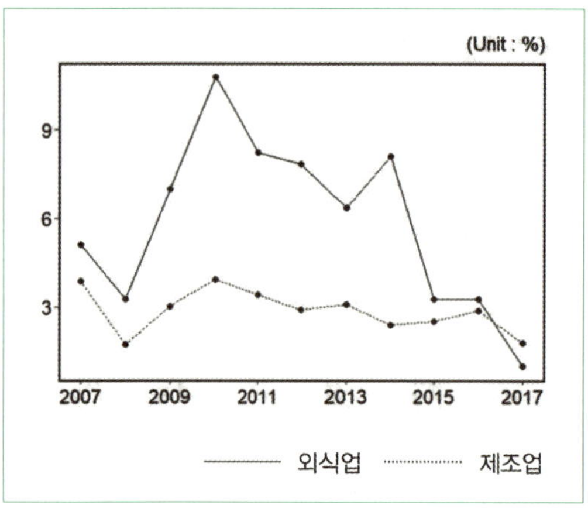

[그림 3-21] 자기자본순이익률 : 전체

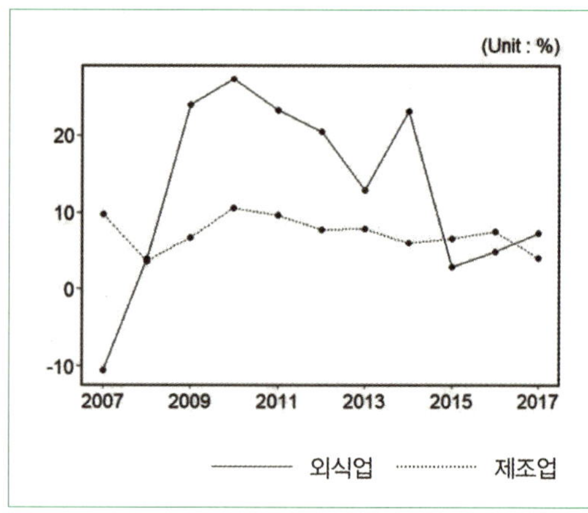

[그림 3-22] 매출액영업이익률 : 전체

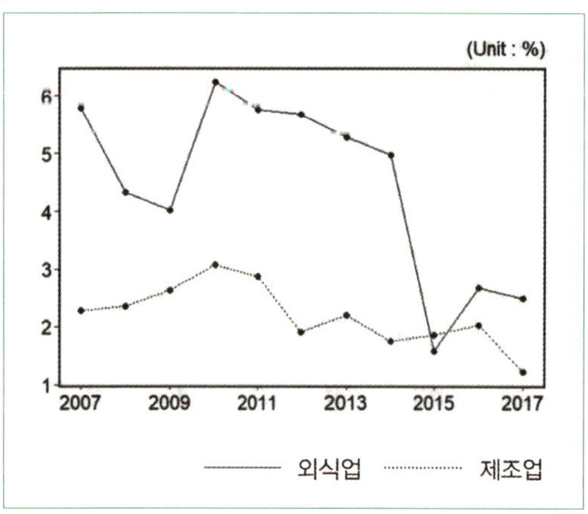

[그림 3-23] 매출액순이익률 : 전체

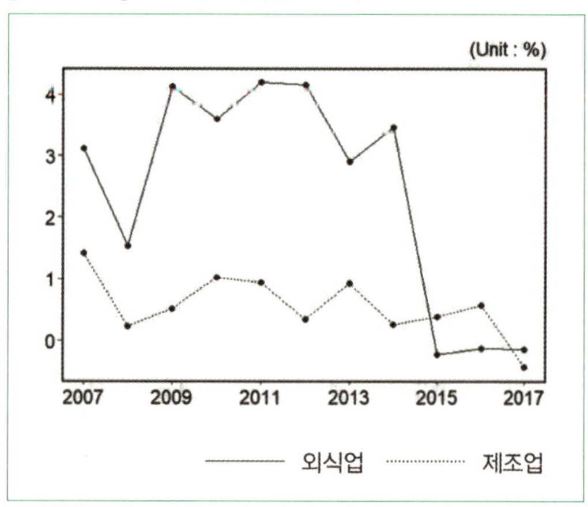

나. 세부 업종별

- 한식 음식점업은 자기자본순이익률의 변동폭이 상대적으로 크고, 그 외 수익성지표들은 일정한 수준으로 유지되고 있는 것으로 나타났다.
- 중식 음식점업 역시 자기자본순이익률의 변동폭이 큰 반면, 나머지 수익성지표들은 일정 수준 유지되고 있다. 두드러지는 점은 중식 음식점업의 매출액영업이익률은 지속적으로 감소하지만 매출액순이익률은 최근 증가한 것이다.
- 일식 음식점업의 수익성지표들은 모두 2008년 큰 성과 부진을 나타냈다가 상승세를 보였으나 2013년 다시 한 번 성과 부진을 나타냈다. 이후 다시 회복세를 보이고는 있으나 전반적으로 수익성 성과가 저조한 상태이다.
- 서양식 음식점업은 자기자본순이익률의 변동폭이 매우 크며, 전반적으로 수익성지표에서 성과 부진을 나타내고 있다. 2017년 서양식 음식점업의 매출액순이익률이 높은 폭으로 증가했으나 이는 일부 기업이 유형자산을 대규모 매각하면서 취한 이익의 효과로 일시적인 지표 상승효과가 나타난 것이다.
- 제과점업은 2009년 전반적인 수익성지표의 최저점을 기록한 후 지속적으로 수익성이 개선되었고, 2014년 이후 꾸준히 일정 수준의 수익성을 나타내고 있다.
- 피자, 햄버거, 샌드위치 및 유사 음식점업은 2007년과 2008년 순손실을 기록할 정도로 수익성과가 저조했으나 이후 회복하여 지속적으로 일정 수준의 수익성을 나타냈다. 하지만 2016년부터 악화되면서 2017년 매출액영업이익률을 제외한 모든 지표에서 마이너스를 나타냈다.
- 치킨 전문점은 최근 수년 간 모든 수익성지표가 꾸준히 증가하고 있어 타 업종 대비 상대적으로 수익성 성과가 높다.
- 김밥, 분식, 기타 간이 및 포장 음식점업의 경우, 2014년까지 꾸준히 수익성이 증가하다가 2014년을 기점으로 점차 악화되고 있는 것으로 나타났다.
- 주점업종은 전체 업종 중 수익성이 가장 저조한 것으로 나타났다. 2007년 이후 지속적으로 하락하던 수익성은 2011년부터 다시 개선되는 듯했으나 2014년부터 모든 수익성지표가 마이너스를 나타내고 있다. 수익성 악화는 점점 더 심해지고 있다.
- 비알코올 음료점업 역시 지속적으로 수익성이 악화되고 있으며, 2015년부터는 지속적으로 순손실을 기록하고 있다.
- 다업종업은 전반적으로 수익성의 증감을 반복하고 있고, 전체적으로 2010년대 초반 대비 수익성 성과가 저조한 상황이지만 타 업종에 비해서는 우수한 성과를 내고 있다.

[표 3-7] 외식기업의 수익성비율 : 세부 업종별

(단위: %)

비율	2007	2008	2009	2010	2011	2012	2013	2014	2015	2016	2017
한식 음식점업											
총자산순이익률	5.36	6.39	14.01	15.84	6.90	6.63	4.55	1.20	9.03	5.87	2.79
자기자본순이익률	-33.27	7.81	31.90	32.18	20.37	17.93	-1.45	13.66	18.90	14.51	24.34
매출액영업이익률	8.10	6.59	6.59	7.22	3.88	5.97	5.53	4.62	6.05	4.47	4.39
매출액순이익률	2.87	3.16	16.46	3.70	3.29	5.18	3.28	1.38	9.33	2.53	0.26
중식 음식점업											
총자산순이익률	-	-	-	-	-	0.94	0.81	5.23	8.27	4.92	4.56
자기자본순이익률	-	-	-	-	-	55.87	52.63	52.59	64.38	30.32	20.45
매출액영업이익률	-	-	-	-	-	14.53	19.55	13.63	14.22	12.27	11.96
매출액순이익률	-	-	-	-	-	2.31	3.96	3.54	6.64	5.44	4.91
일식 음식점업											
총자산순이익률	0.73	-5.81	-0.51	6.82	10.65	7.40	-0.60	1.88	-0.72	2.60	0.95
자기자본순이익률	-0.95	-17.60	2.07	19.49	20.32	17.47	-0.16	2.66	3.13	5.66	-0.11
매출액영업이익률	5.92	-5.23	-0.73	5.52	10.07	3.53	-3.87	1.94	0.70	1.76	1.62
매출액순이익률	5.28	-4.70	2.21	7.57	9.07	2.71	-4.66	1.89	-2.15	2.15	1.28
서양식 음식점업											
총자산순이익률	15.60	13.46	-	-	16.85	3.38	2.91	0.60	-10.46	-12.85	-9.50
자기자본순이익률	39.39	31.50	-	-	159.44	-669.22	-37.72	14.18	-657.59	-4.26	19.06
매출액영업이익률	5.72	7.72	-	-	24.38	0.53	-0.39	-4.05	-65.03	-17.60	-31.13
매출액순이익률	3.76	5.15	-	-	16.00	-2.55	-0.53	-1.12	-72.92	-24.35	65.35
제과점업											
총자산순이익률	4.47	4.00	-11.83	-6.21	-4.04	-1.54	-0.29	22.01	4.99	8.74	3.87
자기자본순이익률	10.68	9.79	6.44	10.30	3.56	3.79	1.41	28.79	17.65	15.73	6.84
매출액영업이익률	3.18	2.47	-16.46	-5.60	-3.05	-1.23	-0.25	6.35	6.42	6.23	4.29
매출액순이익률	2.48	2.17	-15.66	-6.28	-2.79	-1.05	-0.31	5.82	4.64	4.36	2.72
피자, 햄버거, 샌드위치 및 유사 음식점업											
총자산순이익률	-6.42	-3.18	8.18	9.84	7.65	11.14	6.78	5.34	1.94	1.86	-3.41
자기자본순이익률	-119.15	-44.71	27.89	26.18	18.77	18.85	14.26	11.57	5.32	-2.07	-30.52
매출액영업이익률	2.18	1.28	5.14	6.26	3.77	4.18	4.40	3.19	1.45	4.34	1.76
매출액순이익률	-0.56	-2.30	3.36	3.97	3.07	8.37	3.32	2.64	0.93	2.11	-0.20
치킨 전문점											
총자산순이익률	12.11	-9.04	4.66	11.25	11.39	6.00	11.29	9.79	12.07	16.81	15.90
자기자본순이익률	22.17	8.70	25.75	43.28	35.47	17.79	20.45	38.37	33.68	30.14	25.71
매출액영업이익률	4.75	0.40	3.13	4.75	5.50	6.41	5.80	7.51	7.19	11.25	10.28
매출액순이익률	2.51	-5.09	1.79	2.06	4.12	2.47	3.62	4.58	4.90	8.04	10.02

비율	2007	2008	2009	2010	2011	2012	2013	2014	2015	2016	2017
김밥, 분식, 기타 간이 및 포장 음식점업											
총자산순이익률	2.58	2.21	4.20	18.56	8.68	10.50	9.41	19.94	5.46	3.77	1.99
자기자본순이익률	6.70	4.33	12.75	29.49	11.54	17.00	31.32	35.29	9.64	-5.43	-1.65
매출액영업이익률	2.63	2.65	2.52	8.00	6.39	8.10	8.71	7.13	6.18	2.00	1.45
매출액순이익률	0.97	0.92	2.18	6.01	4.54	6.51	3.89	5.75	1.49	1.78	0.79
주점업											
총자산순이익률	11.80	9.15	9.65	3.56	5.55	10.08	13.14	-0.08	3.01	-2.26	-5.82
자기자본순이익률	51.11	30.02	38.42	4.90	12.81	28.55	30.16	-1.86	6.32	-11.37	-41.81
매출액영업이익률	9.36	6.62	3.59	4.20	1.10	0.46	12.64	-0.98	-1.14	-2.65	-3.16
매출액순이익률	4.08	3.64	7.14	-0.26	1.97	6.33	10.10	-1.87	3.40	-6.17	-8.36
비알코올 음료점업											
총자산순이익률	10.26	9.19	7.73	6.89	12.92	12.64	9.47	16.87	1.60	0.69	-2.10
자기자본순이익률	78.05	29.92	22.07	21.49	36.45	29.70	32.62	62.59	-8.16	-29.65	10.06
매출액영업이익률	10.13	9.67	8.42	10.45	9.01	7.26	6.70	11.50	2.24	2.69	4.75
매출액순이익률	6.42	5.40	4.58	4.40	5.97	4.94	4.80	8.09	-0.93	-0.52	-3.42
다업종업											
총자산순이익률	5.90	14.19	13.46	13.35	9.16	11.80	5.07	13.77	1.94	2.95	3.13
자기자본순이익률	14.88	19.56	28.64	28.75	19.01	26.92	6.81	19.87	4.84	-1.16	9.73
매출액영업이익률	3.94	6.02	7.49	9.45	9.44	8.91	6.40	6.26	4.55	5.89	4.93
매출액순이익률	4.14	6.08	8.29	6.04	5.84	6.29	3.88	18.57	1.27	2.21	3.50

[그림 3-24] 수익성 : 한식 음식점업

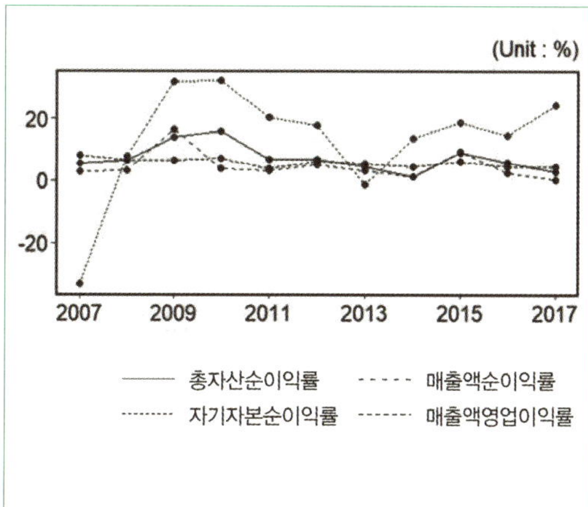

[그림 3-25] 수익성 : 중식 음식점업

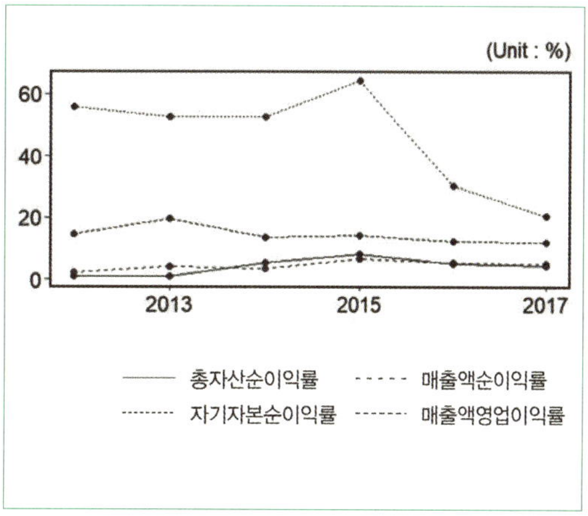

[그림 3-26] 수익성 : 일식 음식점업

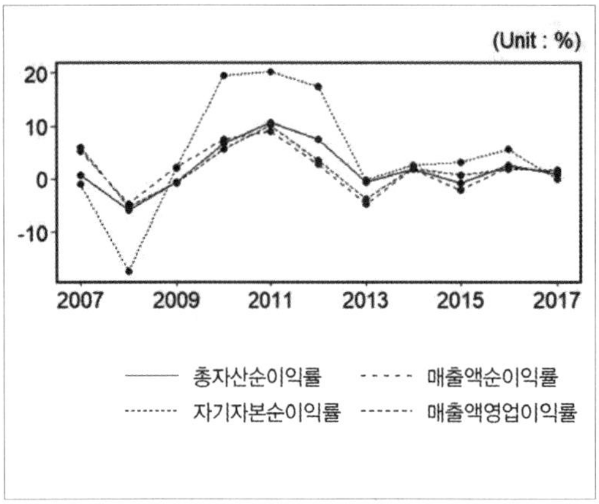

[그림 3-27] 수익성 : 서양식 음식점업

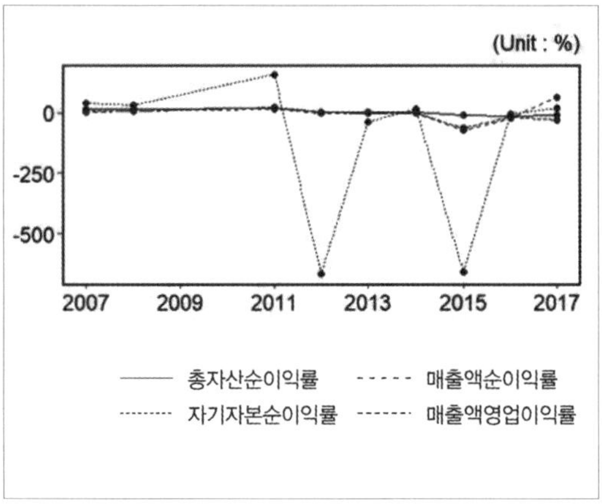

[그림 3-28] 수익성 : 제과점업

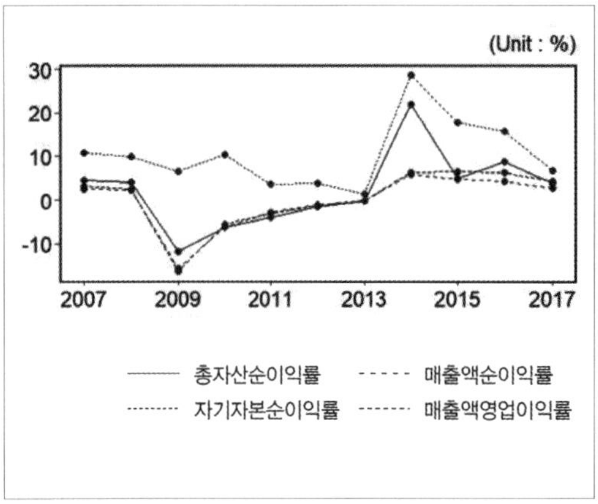

[그림 3-29] 수익성 : 피자, 햄버거, 샌드위치 및 유사 음식점업

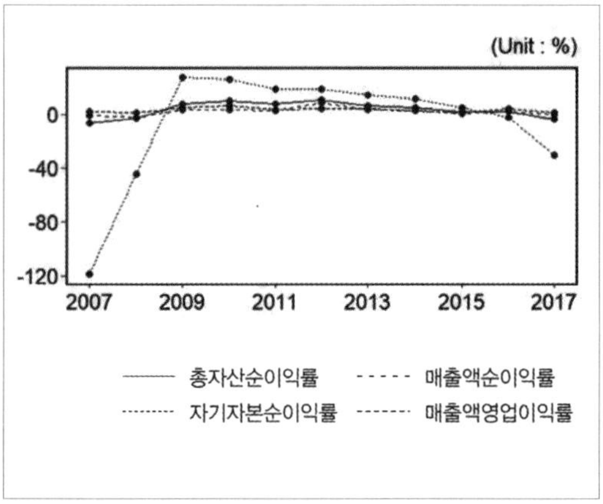

[그림 3-30] 수익성 : 치킨 전문점

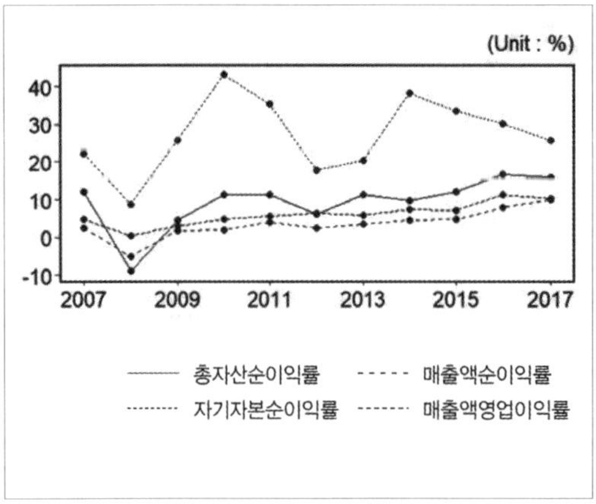

[그림 3-31] 수익성 : 김밥, 분식, 기타 간이 음식점업

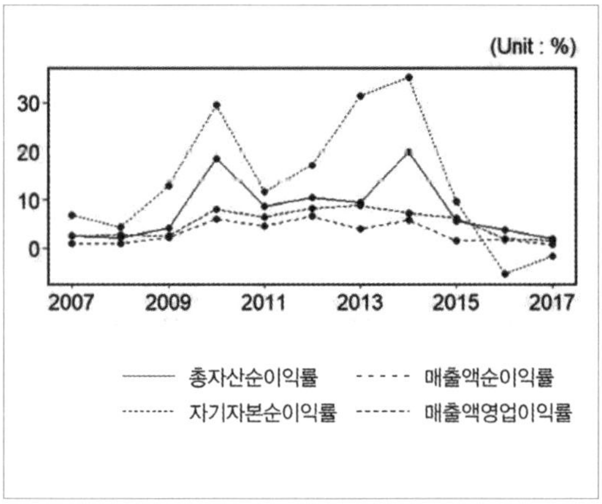

[그림 3-32] 수익성 : 주점업

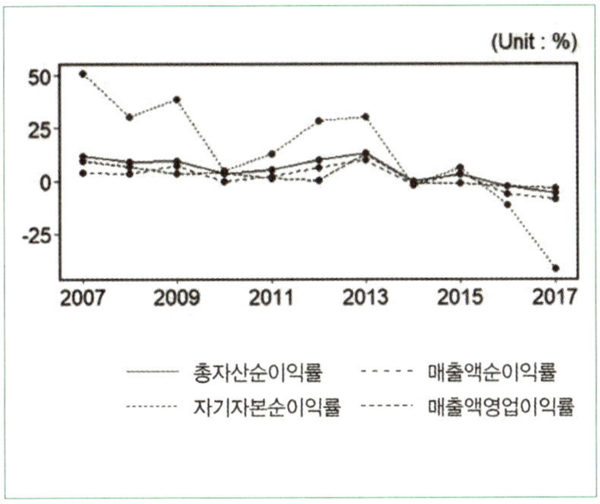

[그림 3-33] 수익성 : 비알코올 음료점업

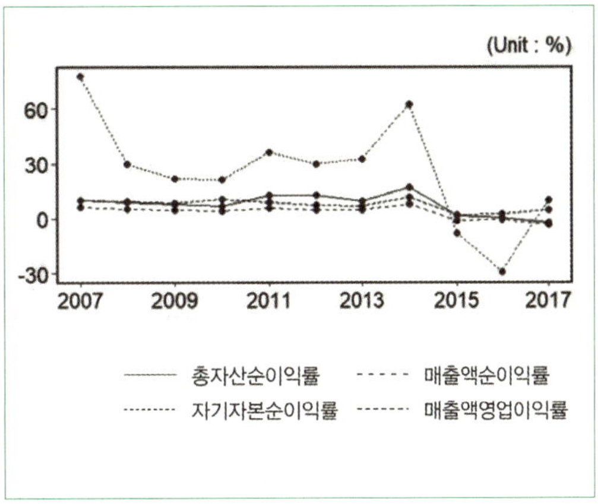

[그림 3-34] 수익성 : 다업종업

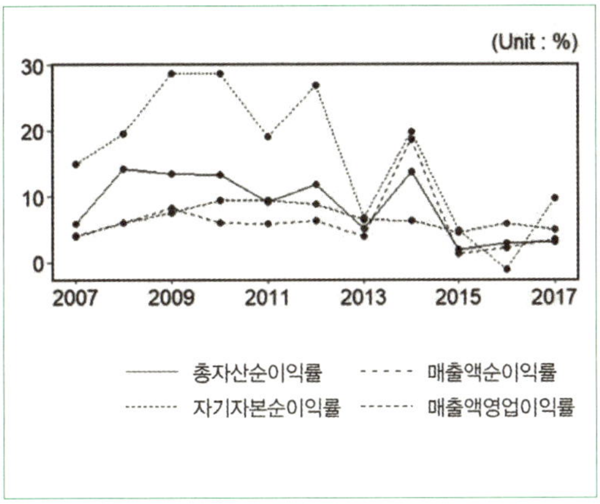

다. 프랜차이즈 운영 여부별

- 2009년까지는 비프랜차이즈 운영기업의 총자산순이익률이 높게 나타났으나 2010년부터 2017년까지 프랜차이즈 운영기업의 수익성이 상대적으로 높게 나타났다. 특히 2012년부터 점차 격차가 벌어졌고, 2015년부터 비프랜차이즈 운영기업의 총자산순이익률이 마이너스를 기록하고 있다.
- 프랜차이즈 운영기업과 비프랜차이즈 운영기업 모두 자기자본순이익률의 변동폭이 크다.
- 2012년까지 비프랜차이즈 운영기업의 매출액영업이익률이 소폭 더 높았으나 2013년 역전되어 프랜차이즈 운영기업의 매출액영업이익률이 더 높게 나타났다. 반면 2013년부터 비프랜차이즈 운영기업의 매출액영업이익률이 꾸준히 감소해, 2015년에는 큰 폭으로 감소했다. 2016년

다시 큰 폭으로 회복했으나 2017년 들어 소폭 하락하며 여전히 영업손실을 기록하고 있다.

- 2012년까지 비프랜차이즈 운영기업의 매출액순이익율이 높았으나 2013년부터 비프랜차이즈 운영기업의 성과가 매우 부진한 것으로 나타났다. 프랜차이즈 운영기업은 매출액순이익률이 매년 일정한 수준으로 나타나는 반면, 비프랜차이즈 운영기업은 2015년부터 순손실을 기록하고 있다.

[표 3-8] 외식기업의 수익성비율 : 프랜차이즈 운영 여부별 (단위: %)

비율	2007	2008	2009	2010	2011	2012	2013	2014	2015	2016	2017
프랜차이즈											
총자산순이익률	3.86	2.86	5.61	11.33	8.01	8.65	8.33	9.92	5.97	5.61	2.97
자기자본순이익률	-21.51	1.54	23.29	30.28	19.05	21.03	16.94	25.36	7.29	5.85	2.98
매출액영업이익률	5.39	3.59	3.80	6.28	4.97	5.27	6.14	6.18	4.13	4.51	3.87
매출액순이익률	2.25	0.83	2.92	3.70	3.36	3.54	3.60	3.83	2.61	2.50	2.08
비프랜차이즈											
총자산순이익률	8.37	5.48	13.13	10.08	8.78	7.12	3.19	4.94	-0.68	-0.64	-0.64
자기자본순이익률	21.43	11.65	23.12	18.85	33.53	-45.71	-4.75	21.74	-1.63	4.75	14.46
매출액영업이익률	7.21	6.49	4.32	7.44	7.04	6.59	4.29	2.99	-15.57	-0.35	-2.31
매출액순이익률	5.41	3.76	17.32	4.78	5.99	5.05	2.21	3.70	-18.97	-3.75	-5.95

[그림 3-35] 총자산순이익률 : 프랜차이즈 여부

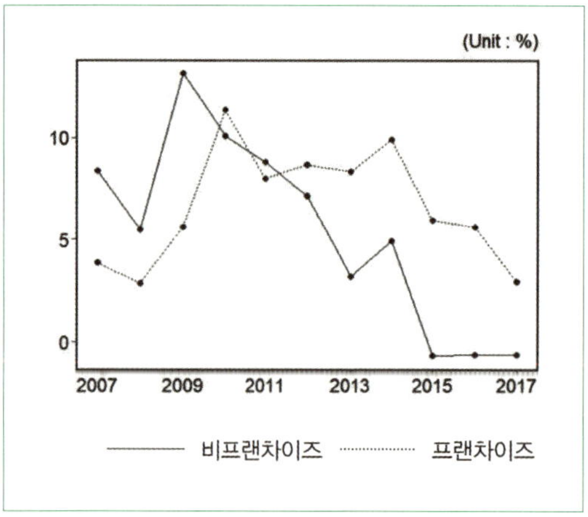

[그림 3-36] 자기자본순이익률 : 프랜차이즈 여부

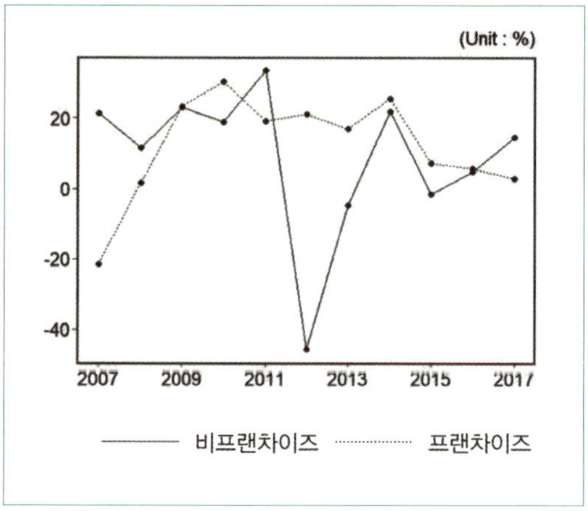

[그림 3-37] 매출액영업이익률 : 프랜차이즈 여부

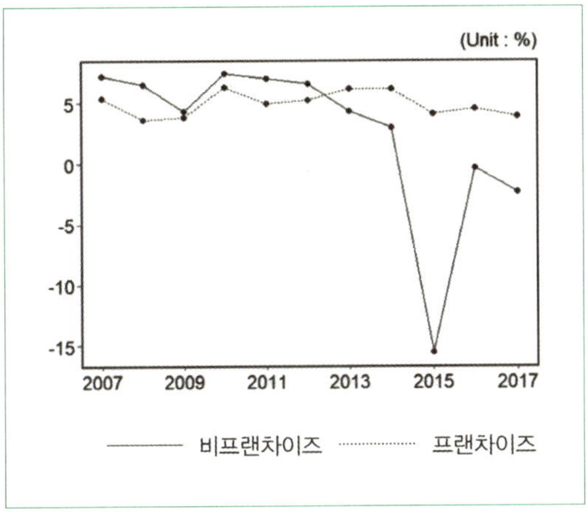

[그림 3-38] 매출액순이익률 : 프랜차이즈 여부

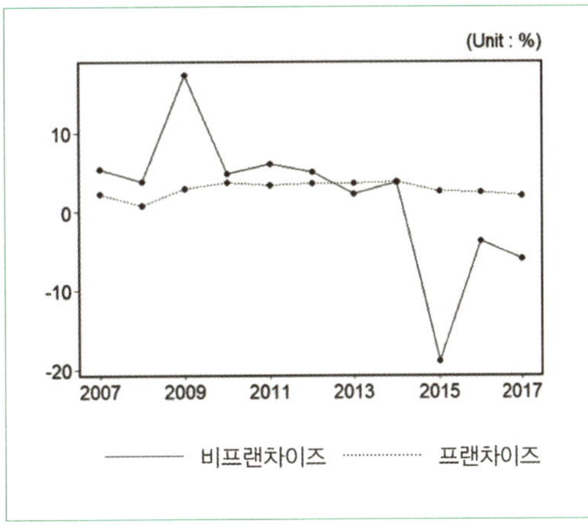

라. 보유 브랜드 수별

- 다브랜드 운영기업의 총자산순이익률은 2010년까지 지속적으로 성장하다가 이후 꾸준히 감소하는 추세를 나타낸 반면, 단일 브랜드 운영기업의 총자산순이익률은 2012년까지 꾸준히 증가해 2012년 이후 다브랜드 기업 대비 상대적으로 높게 나타났으나 두 기업 모두 2014년을 기점으로 꾸준히 하락하고 있다.
- 단일 브랜드 운영기업과 다브랜드 운영기업 모두 전반적으로 자기자본순이익률의 폭이 크게 나타나고 있으며, 지난 10년간 다브랜드 운영기업은 감소하는 반면, 단일 브랜드 운영기업은 개선되는 양상을 보이고 있다.
- 다브랜드 운영기업은 매출액영업이익률과 매출액순이익률이 모두 지속적으로 감소하는 추세를 보이고 있는 반면, 단일 브랜드 운영기업은 상승과 하락을 반복하다가 2015년 급격히 수익성이 악화되고, 다시 큰 폭으로 회복했다. 하지만 2015년부터 꾸준히 순손실을 기록하고 있어 다브랜드 운영기업에 비해 상대적으로 수익성이 저조한 상황이다.

[표 3-9] 외식기업의 수익성비율 : 보유 브랜드 수별

(단위: %)

비율	2007	2008	2009	2010	2011	2012	2013	2014	2015	2016	2017
단일 브랜드											
총자산순이익률	2.38	-0.59	3.78	5.79	6.90	8.64	7.25	8.86	3.11	4.03	1.09
자기자본순이익률	-34.64	-8.81	19.18	22.78	26.35	-3.36	20.40	29.42	-33.56	7.56	6.13
매출액영업이익률	4.71	4.41	2.50	2.71	3.12	5.64	6.19	6.01	-8.13	3.33	4.15
매출액순이익률	1.45	-0.11	1.92	-0.11	1.19	3.97	3.49	3.35	-12.14	-0.54	-0.98

다음 페이지에 계속

비율	2007	2008	2009	2010	2011	2012	2013	2014	2015	2016	2017
						다브랜드					
총자산순이익률	7.33	5.87	10.19	13.18	9.15	7.74	5.90	7.38	3.48	2.92	1.96
자기자본순이익률	13.27	12.34	26.93	29.50	19.20	19.78	5.78	19.94	6.80	3.57	8.67
매출액영업이익률	6.81	4.25	4.98	7.85	7.59	5.76	3.94	4.08	1.92	2.16	1.62
매출액순이익률	4.35	2.62	7.24	5.19	6.57	4.10	2.60	3.63	1.48	0.62	0.74

[그림 3-39] 총자산순이익률 : 보유 브랜드 수

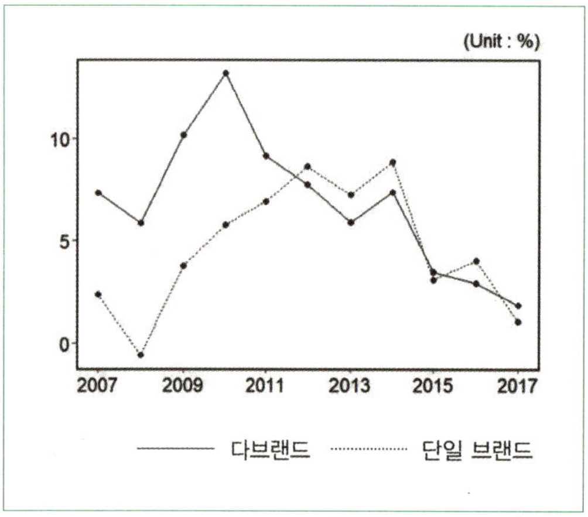

[그림 3-40] 자기자본순이익률 : 보유 브랜드 수

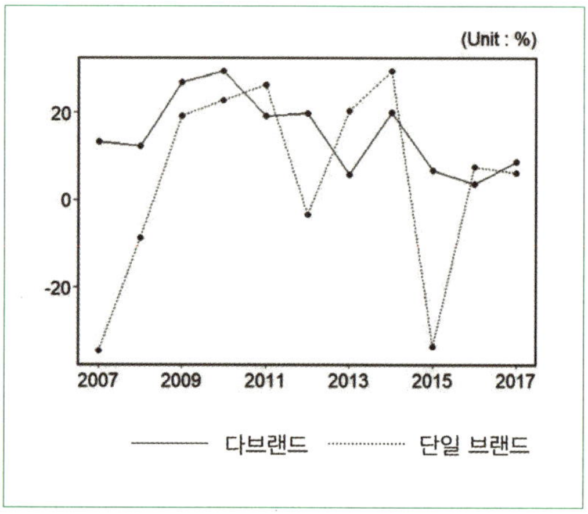

[그림 3-41] 매출액영업이익률 : 보유 브랜드 수

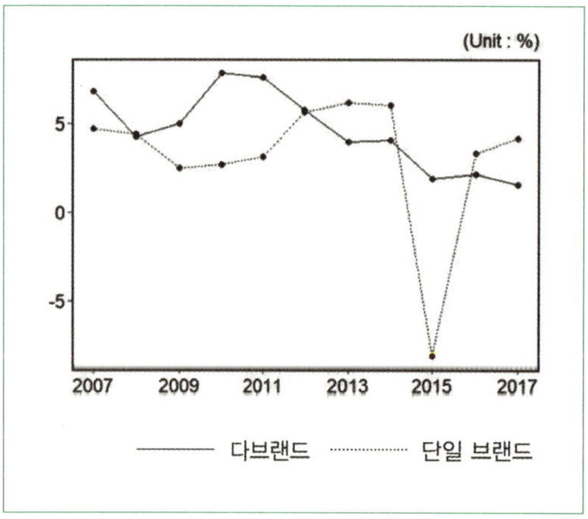

[그림 3-42] 매출액순이익률 : 보유 브랜드 수

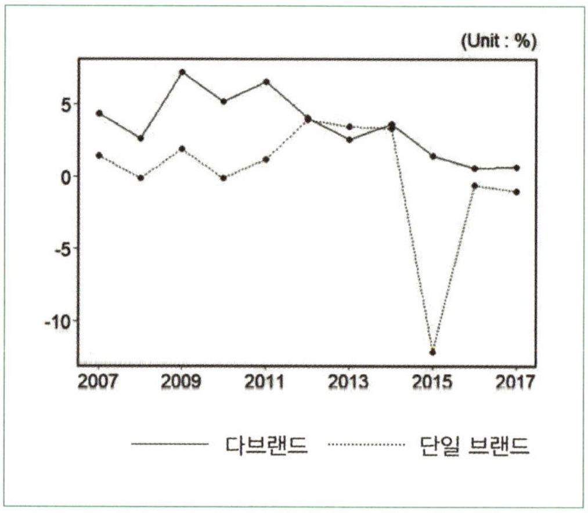

마. 국내외 브랜드 여부별

- 보유 브랜드의 국적에 따라 큰 차이는 없으며, 국내 브랜드만 운영하는 기업과 해외 브랜드를 운영하는 기업 모두 변동폭이 크게 나타나고 있으나 지속적인 감소 추세를 보이고 있다.
- 해외 브랜드를 운영하는 기업은 2015년부터 꾸준히 순손실을 기록하고 있으며, 국내 브랜드만 운영하는 기업 역시 2014년 이후 지속적으로 수익성이 악화되어 2017년 순손실을 기록했다.

[표 3-10] 외식기업의 수익성비율 : 국내외 브랜드 여부별 (단위: %)

비율	2007	2008	2009	2010	2011	2012	2013	2014	2015	2016	2017
국내 브랜드											
총자산순이익률	7.47	3.82	7.03	12.21	8.50	8.16	6.74	9.62	3.57	3.93	1.35
자기자본순이익률	18.92	11.49	24.91	29.20	24.01	20.77	13.10	26.17	1.35	5.21	8.58
매출액영업이익률	6.97	4.32	3.57	7.21	6.40	6.09	5.61	5.41	2.37	3.14	3.01
매출액순이익률	3.98	1.48	4.49	3.99	4.79	4.08	3.39	4.50	0.33	0.20	-0.53
해외 브랜드											
총자산순이익률	-3.96	2.32	7.52	6.54	7.31	6.84	4.32	2.00	1.90	0.75	-0.48
자기자본순이익률	-86.52	-26.49	19.18	15.96	19.34	15.23	7.30	9.78	6.80	2.84	33.27
매출액영업이익률	2.09	4.37	5.40	3.46	3.22	3.56	4.10	2.71	-0.52	1.68	1.00
매출액순이익률	0.63	1.84	4.78	2.41	2.13	4.47	2.03	0.99	-1.35	-0.18	-0.75

[그림 3-43] 총자산순이익률 : 국내외 브랜드 여부

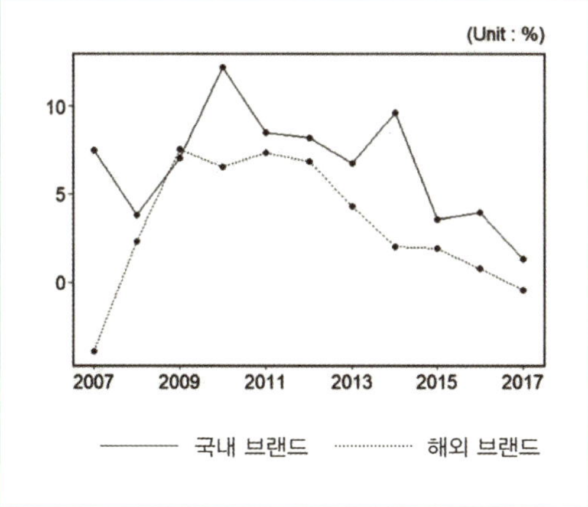

[그림 3-44] 자기자본순이익률 : 국내외 브랜드 여부

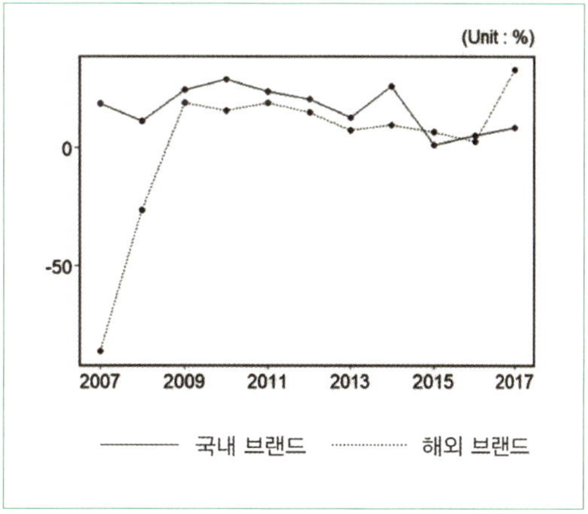

[그림 3-45] 매출액영업이익률 : 국내외 브랜드 여부

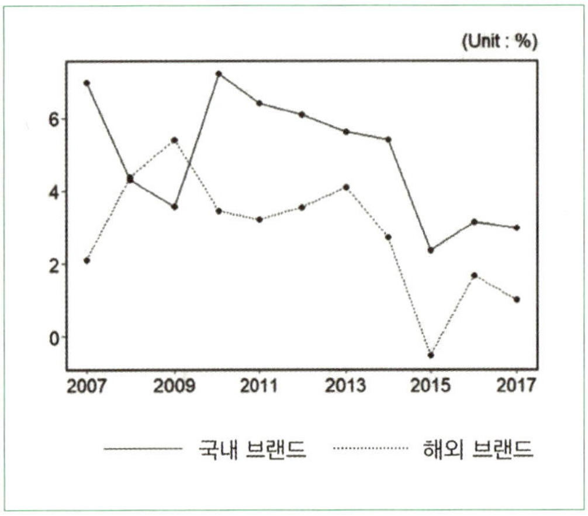

[그림 3-46] 매출액순이익률 : 국내외 브랜드 여부

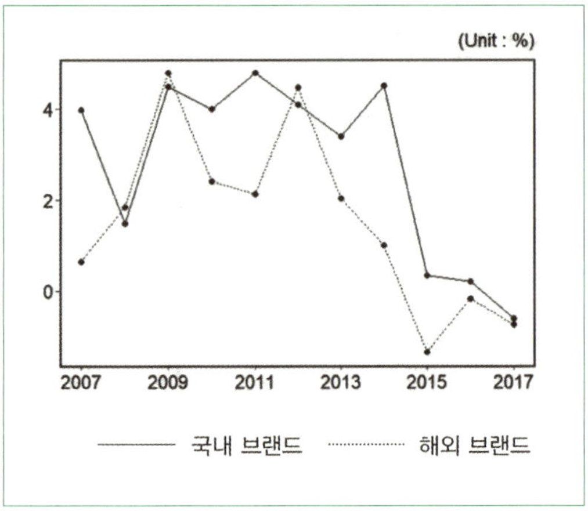

4. 레버리지 비율

가. 외식기업 전체

- 레버리지 비율은 기업의 재무위험을 측정하는 척도 중 하나로 타인 자본 의존에 따른 장기적 지급능력을 평가하는 지표이다.
  - ○ 타인 자본 사용에 따른 재무위험을 평가하는 레버리지 비율에는 부채비율, 이자보상비율, 비유동비율, 고정장기적합률 등이 있다.
- [표 3-11]과 [그림 3-47]~[그림 3-50]은 외식업 평균에 대한 연도별 부채비율, 이자보상비율, 비유동비율, 비유동장기적합률을 계산한 것으로, 이때 벤치마크는 제조업 전체에 대한 해당 비율이다.
- 외식업은 제조업에 비해 레버리지 비율이 높아 타인자본에 많이 의존하고 있기 때문에 재무위험에 많이 누출되어 있다.
- 2009년부터 2011년까지를 제외하면 전반적으로 제조업에 비해 부채비율이 높은 것으로 나타났다. 제조업은 일정 수준 부채비율이 유지되는데 반해, 외식업은 큰 폭으로 변동하고 있고, 2015년에는 부채비율이 약 1150%에 달해 타인자본 의존도가 비정상적으로 높은 것을 알 수 있다. 이는 몇몇 기업에 부채비율이 높은 외식기업이 포함되었기 때문이다. 이 외에 비유동비율, 비유동장기적합률 역시 외식업이 제조업에 비해 훨씬 높은 수준을 보이고 있다.

[표 3-11] 레버리지 비율: 전체

(단위: %)

비율	2007	2008	2009	2010	2011	2012	2013	2014	2015	2016	2017
외식업 평균											
부채비율	434.87	386.50	234.12	196.86	220.71	440.51	601.86	352.35	1149.99	486.12	248.18
이자보상비율	10.64	23.29	8.68	371.01	15.30	13.44	28.06	14.63	10.24	154.39	29.94
비유동비율	363.94	310.46	248.75	214.64	230.05	346.09	585.44	321.33	1108.83	458.77	263.03
비유동장기적합률	141.83	135.59	142.70	135.23	134.37	127.27	131.84	147.78	133.84	130.83	133.96
제조업 평균											
부채비율	267.49	236.64	257.61	253.07	256.58	253.90	253.10	252.64	253.70	242.09	221.85
이자보상비율	19.75	15.26	16.06	18.21	20.31	15.98	24.68	21.32	31.76	39.95	37.74
비유동비율	187.45	175.45	191.28	187.65	185.80	191.78	191.30	197.09	205.20	196.52	184.24
비유동장기적합률	96.87	96.56	99.68	97.31	97.35	96.53	95.69	97.01	97.31	95.47	98.28

[그림 3-47] 부채비율 : 전체

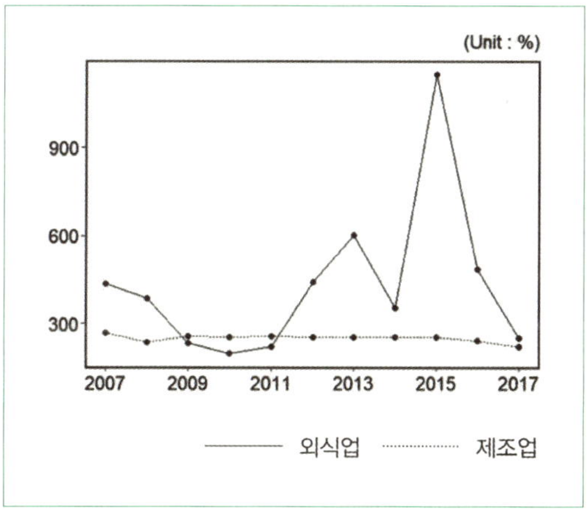

[그림 3-48] 이자보상비율 : 전체

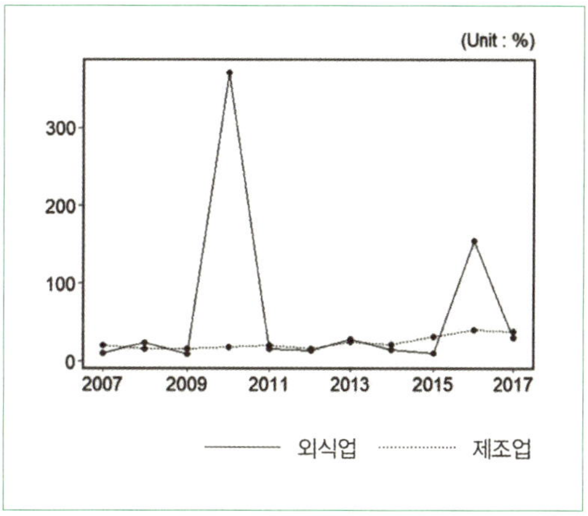

[그림 3-49] 비유동비율 : 전체

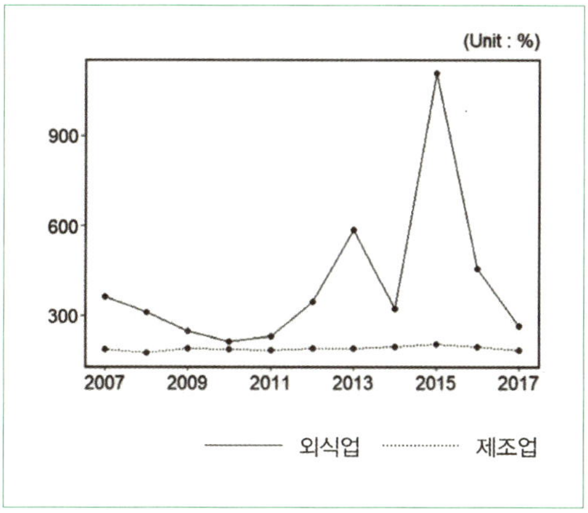

[그림 3-50] 비유동장기적합률 : 전체

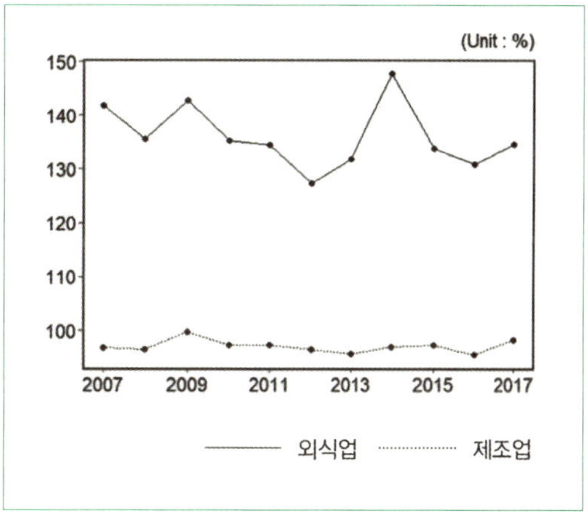

나. 세부 업종별

- 최근 10년간 외식업의 레버리지 비율은 증감을 반복했으며, 레버리지 비율은 세부 업종에 따라 차이가 있다.
- 한식업의 경우 이자보상비율의 변동폭이 매우 큰 것으로 나타났는데, 이는 일부 한식 음식점업의 영향이 과도하게 미친 것이므로 해석에 주의를 요할 필요가 있다. 한식업은 지난 10년간 부채비율과 비유동비율, 비유동장기적합률 모두 점차 하락하며, 재무 건전성이 확보되는 듯했으나 2017년 다시 소폭 증가하는 추세를 보였다.
- 부채비율이 매우 높았던 중식 음식점업, 서양식 음식점업은 지속적으로 부채 규모를 감축시키고 있긴 하지만 여전히 높은 수준의 부채비율이 유지되고 있으며 피자, 햄버거, 샌드위치 및 유사 음식점업은 2016년 대비 부채비율이 약 2배가량 증가한 것을 알 수 있다.
- 상대적으로 2017년에 재무안정성이 가장 저조한 업종은 중식 음식점업과 서양식 음식점업인 것으로 나타났다. 해당 업종들은 부채비율, 비유동비율, 비유동장기적합률 모두 타 업종에 비해 높은 수준인데 반해, 이자보상비율은 낮은 것을 알 수 있다.

[표 3-12] 외식기업의 레버리지 비율 : 세부 업종별 (단위: %)

비율	2007	2008	2009	2010	2011	2012	2013	2014	2015	2016	2017
한식 음식점업											
부채비율	314.81	477.35	252.42	290.54	223.26	237.54	325.09	174.71	170.17	134.29	173.53
이자보상비율	4.78	9.21	12.71	248029.14	8.92	11.32	45.74	-655.11	7.49	3675.65	2976.98
비유동비율	339.46	383.69	282.65	312.61	249.04	259.48	352.16	207.82	209.14	171.18	198.41
비유동장기적합률	264.23	191.08	181.85	178.82	144.73	145.41	151.67	132.58	114.44	108.80	131.91
중식 음식점업											
부채비율	-	-	-	-	-	5846.90	7158.54	3613.64	2180.85	1514.60	1192.34
이자보상비율	-	-	-	-	-	1.23	1.31	3.45	18.91	15.89	15.75
비유동비율	-	-	-	-	-	5715.02	7111.05	3619.66	2204.22	1577.74	1260.26
비유동장기적합률	-	-	-	-	-	104.61	106.01	116.05	127.67	115.96	111.40
일식 음식점업											
부채비율	132.59	223.42	123.65	130.41	116.79	99.18	108.40	141.14	96.72	92.73	101.06
이자보상비율	1.00	1.77	-1.66	4.66	39.46	15.70	20.10	3.32	-89.78	19.31	44.49
비유동비율	186.25	258.08	169.60	195.56	175.06	155.99	161.14	192.51	136.09	143.13	157.75
비유동장기적합률	102.55	118.72	126.12	158.85	136.40	127.74	130.34	136.37	104.55	111.79	114.98
서양식 음식점업											
부채비율	152.53	120.39	-	-	846.00	24550.31	2534.94	920.73	8626.09	3771.35	176.86
이자보상비율	5.72	7.70	-	-	3.88	3.01	4.79	3.65	-5.36	-4.00	-2.79
비유동비율	230.88	182.18	-	-	813.50	24080.24	2278.90	931.67	7093.38	3398.60	204.57
비유동장기적합률	154.94	134.27	-	-	167.53	210.78	349.97	368.20	382.30	282.11	164.87

비율	2007	2008	2009	2010	2011	2012	2013	2014	2015	2016	2017
제과점업											
부채비율	136.53	123.28	80.79	57.88	56.83	51.79	73.26	53.65	233.95	176.03	149.85
이자보상비율	9.83	4.91	-0.54	9.62	-5.04	-12.00	-6.70	-10.72	20304.65	4510.80	84.07
비유동비율	173.92	156.84	103.72	84.79	93.75	90.60	123.99	102.77	283.70	213.00	173.54
비유동장기적합률	126.47	120.49	79.45	68.28	77.15	72.08	106.98	88.47	99.74	94.48	82.98
피자, 햄버거, 샌드위치 및 유사 음식점업											
부채비율	818.10	2934.07	209.52	163.35	359.43	301.71	289.35	294.30	309.50	297.02	648.98
이자보상비율	69.09	29.40	22.14	133.87	798.23	1395.07	644.77	30.20	4.82	21.78	14.00
비유동비율	545.09	1360.36	189.58	148.45	204.98	179.94	180.19	213.36	235.36	242.61	518.59
비유동장기적합률	119.88	119.25	137.24	106.00	105.00	90.93	102.00	106.53	117.11	123.16	164.55
치킨 전문점											
부채비율	473.75	59.73	685.21	352.42	307.85	664.20	762.28	487.17	343.76	138.70	91.95
이자보상비율	9.17	883.84	8.50	23.28	10.83	11.65	17.31	23.18	409.98	571.81	36.24
비유동비율	243.61	43.59	434.30	278.40	238.19	419.55	708.12	390.70	313.16	152.92	114.33
비유동장기적합률	72.70	37.96	133.61	125.19	111.52	110.96	145.72	137.01	132.71	108.46	93.77
김밥, 분식, 기타 간이 및 포장 음식점업											
부채비율	141.57	160.63	191.33	125.74	158.33	137.69	182.99	152.46	170.20	294.10	425.55
이자보상비율	7.65	9.00	2.62	5.21	6.45	3.25	5.41	36.78	26.46	38.30	-659.03
비유동비율	216.72	233.11	235.78	157.51	180.30	159.34	200.14	165.71	182.03	287.32	337.44
비유동장기적합률	153.82	188.20	198.41	139.67	162.25	146.78	130.61	110.61	117.03	130.95	132.60
주점업											
부채비율	270.25	201.52	300.59	315.33	269.99	228.22	172.74	203.23	131.81	316.90	493.12
이자보상비율	6.87	5.26	5.01	9.51	15.62	41.53	52.68	23.83	38.15	9.81	18.02
비유동비율	270.40	224.35	347.07	368.63	291.34	224.94	184.52	193.30	162.51	368.46	536.90
비유동장기적합률	110.98	107.25	113.77	220.99	163.20	146.36	118.13	167.76	156.22	341.19	288.31
비알코올 음료점업											
부채비율	938.98	284.73	308.47	171.49	162.22	190.98	293.15	476.98	233.67	840.39	340.31
이자보상비율	22.77	19.03	16.00	266.66	15.58	8.08	7.36	31.94	8.97	10.56	400.47
비유동비율	754.77	292.08	300.71	191.40	185.27	195.39	194.65	299.42	225.09	637.34	295.53
비유동장기적합률	130.87	140.67	153.10	124.76	124.88	113.40	92.69	154.27	118.20	153.96	151.85
다업종업											
부채비율	158.42	178.43	146.02	190.92	198.01	200.38	187.59	259.89	364.66	539.05	220.16
이자보상비율	4.96	13.79	5.96	1001.85	9.64	11.05	8.02	1.31	-1.03	-271.25	11.15
비유동비율	217.79	221.03	194.17	243.55	243.79	230.98	222.62	270.34	345.53	486.38	234.83
비유동장기적합률	147.23	141.37	150.45	140.86	165.76	127.99	126.75	149.56	141.43	168.95	143.39

[그림 3-51] 레버리지 : 한식 음식점업

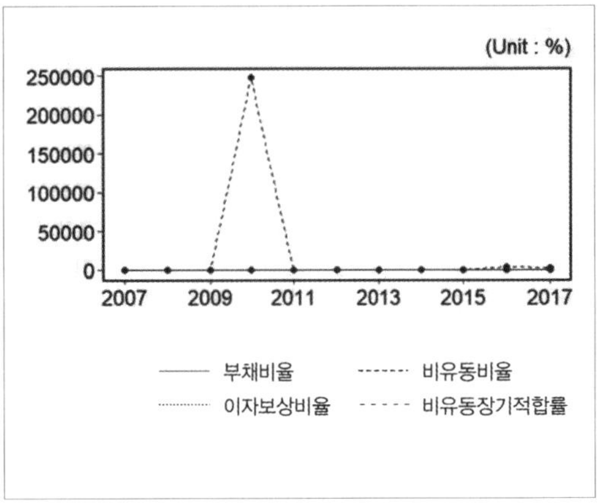

[그림 3-52] 레버리지 : 중식 음식점업

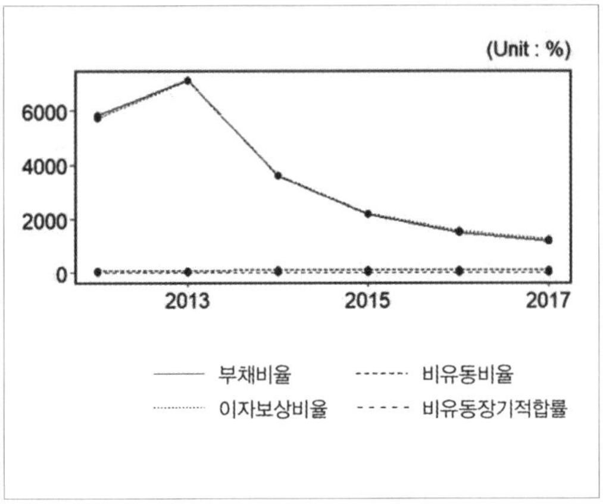

[그림 3-53] 레버리지 : 일식 음식점업

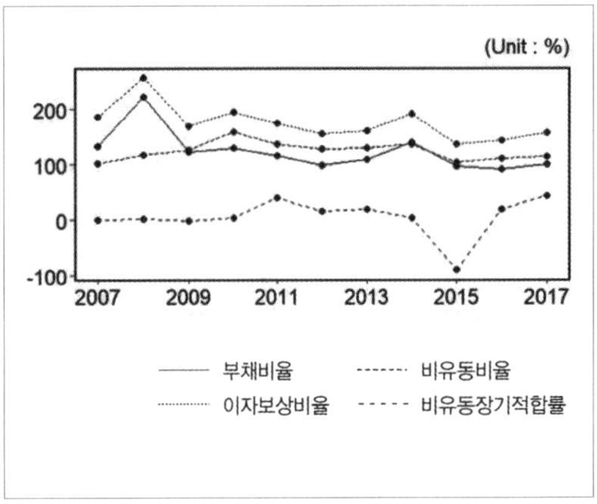

[그림 3-54] 레버리지 : 서양식 음식점업

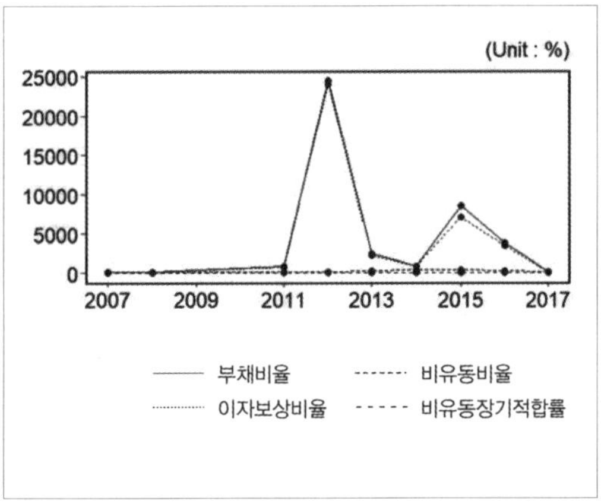

[그림 3-55] 레버리지 : 제과점업

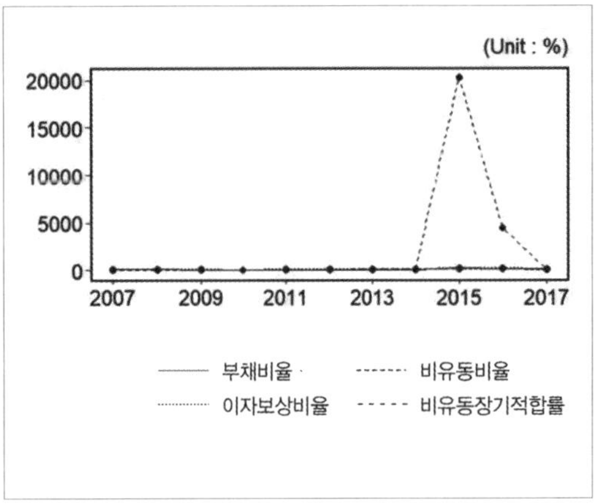

[그림 3-56] 레버리지 : 피자, 햄버거, 샌드위치 및 유사 음식점업

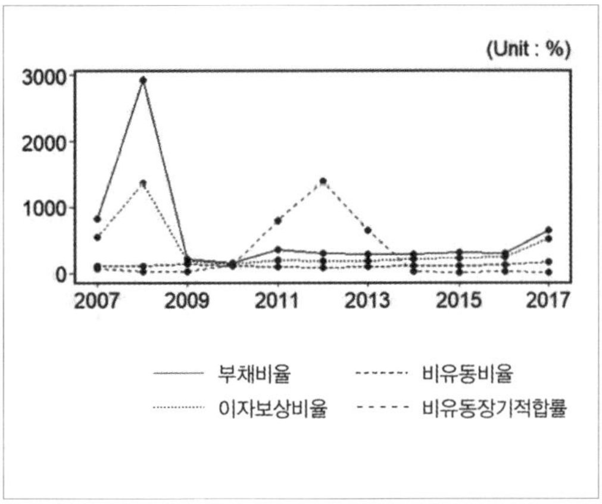

[그림 3-57] 레버리지 : 치킨 전문점

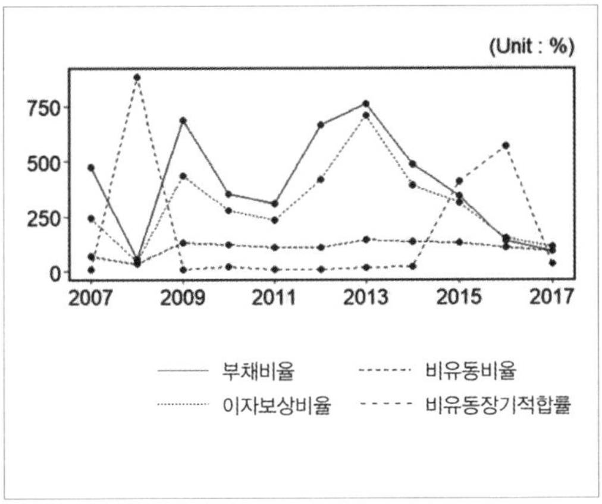

[그림 3-58] 레버리지 : 김밥, 분식, 기타 간이 음식점업

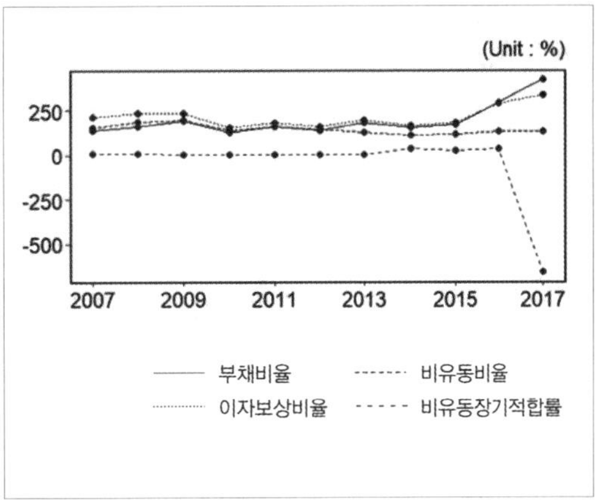

[그림 3-59] 레버리지 : 주점업

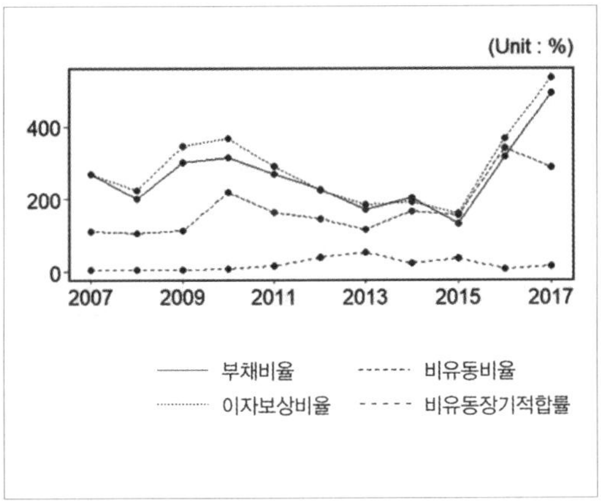

[그림 3-60] 레버리지 : 비알코올 음료점업

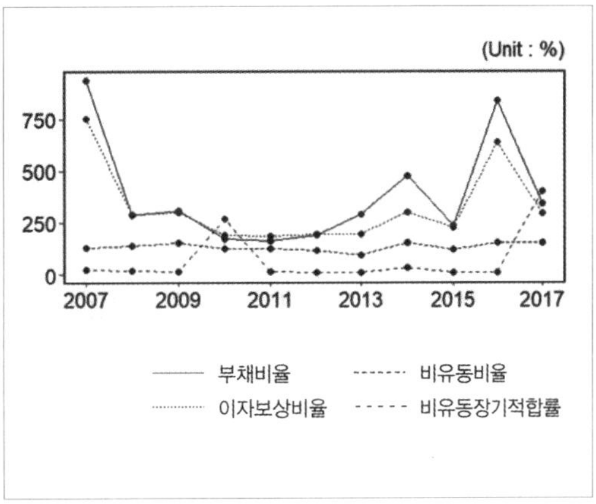

[그림 3-61] 레버리지 : 다업종업

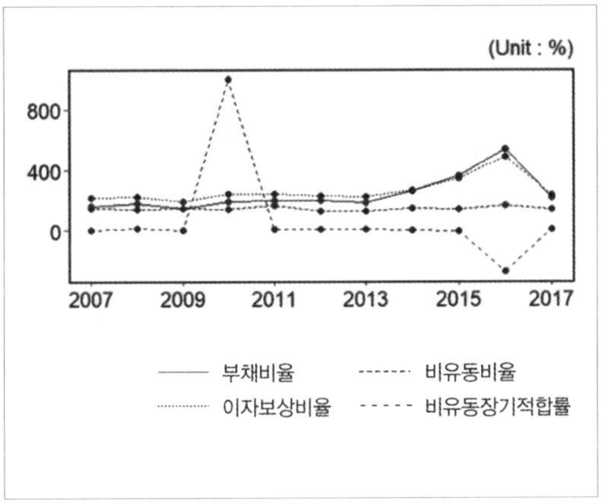

다. 프랜차이즈 운영 여부별

- 프랜차이즈 운영기업에 비해 비프랜차이즈 운영기업의 부채비율 변동폭이 훨씬 크고, 전반적으로 더 높은 수준을 유지해왔으나 2017년에 유사한 수준으로 나타났다.
- 프랜차이즈 운영기업의 이자보상비율이 높은 반면 부채비율, 비유동비율, 비유동장기적합률 모두 비프랜차이즈 운영기업이 전반적으로 높게 나타났다. 재무안정성 측면에서는 비프랜차이즈 운영기업이 상대적으로 저조한 것으로 평가할 수 있다.

[표 3-13] 외식기업의 레버리지 비율 : 프랜차이즈 운영 여부별

(단위: %)

비율	2007	2008	2009	2010	2011	2012	2013	2014	2015	2016	2017
프랜차이즈											
부채비율	523.88	557.63	265.50	205.88	229.27	237.19	224.04	245.79	270.92	249.29	236.32
이자보상비율	13.68	59.32	9.48	22586.22	36.80	24.16	32.86	24.18	16.60	190.34	165.57
비유동비율	409.32	376.41	261.49	210.35	215.00	214.98	200.82	218.34	256.59	244.60	229.56
비유동장기적합률	133.67	120.30	138.06	128.67	123.90	113.07	119.54	119.14	119.14	127.17	122.87
비프랜차이즈											
부채비율	175.91	191.77	148.24	252.64	196.15	2964.64	1245.37	720.05	2332.44	1145.25	265.73
이자보상비율	9.38	8.08	7.21	64.14	10.59	8.18	18.58	-111.01	-0.03	4.61	16.77
비유동비율	239.77	242.76	211.77	312.2	252.83	2942.93	1196.13	698.55	1966.22	1136.1	287.22
비유동장기적합률	178.07	189.13	178.96	180.63	155.05	152.85	167.54	220.17	154.59	138.16	153.18

[그림 3-62] 부채비율 : 프랜차이즈 여부

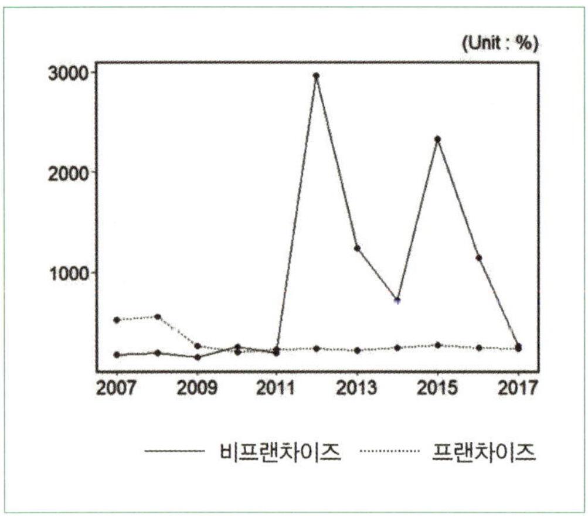

[그림 3-63] 이자보상비율 : 프랜차이즈 여부

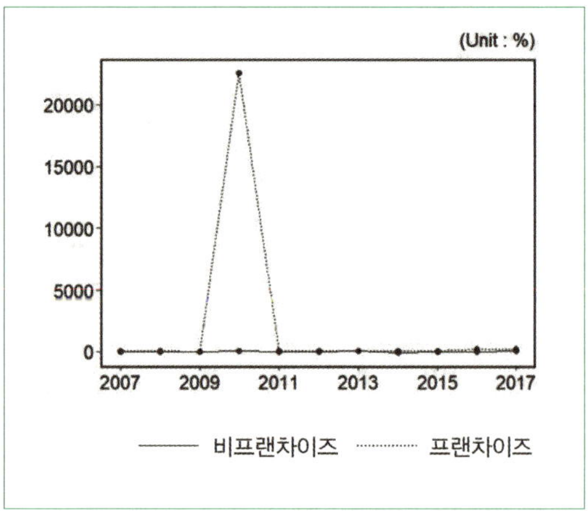

[그림 3-64] 비유동비율 : 프랜차이즈 여부

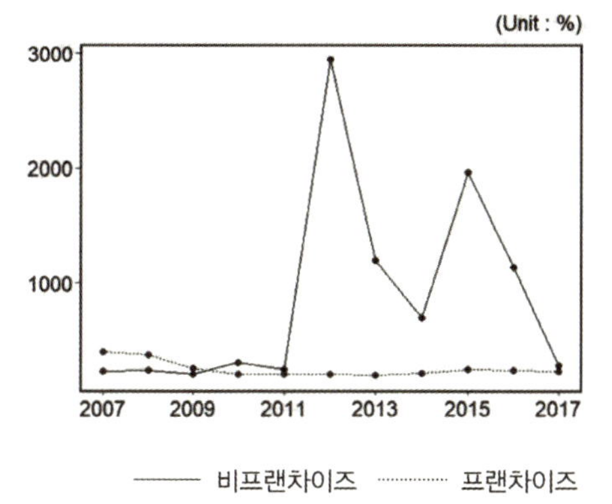

[그림 3-65] 비유동장기적합률 : 프랜차이즈 여부

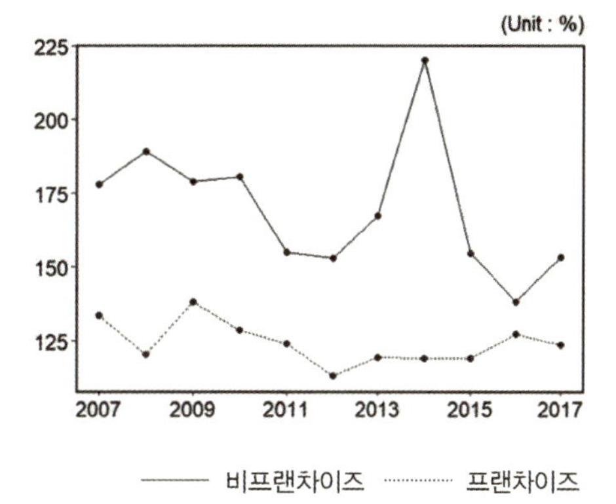

라. 보유 브랜드 수별

- 단일 브랜드 기업이 다브랜드 기업에 비해 전반적으로 레버리지 비율의 변동성이 크고, 높은 수준을 유지하는 것으로 나타났다.
- 최근 10년간 단일 브랜드 기업의 부채비율은 큰 폭의 증감을 반복한 반면, 다브랜드 기업은 상대적으로 일정 수준의 부채비율을 나타냈다. 또한, 단일 브랜드 기업의 부채비율은 증감을 반복하면서도 다브랜드 기업에 비해 매우 높은 수준을 나타내고 있다.

[표 3-14] 외식기업의 레버리지 비율 : 보유 브랜드 수별

(단위: %)

비율	2007	2008	2009	2010	2011	2012	2013	2014	2015	2016	2017
단일 브랜드											
부채비율	584.48	1163.56	286.91	197.81	248.30	1523.78	855.68	672.62	1658.48	533.65	337.70
이자보상비율	4.82	172.38	8.90	96.95	103.72	126.42	54.43	16.69	11.95	22.19	14.08
비유동비율	458.05	666.85	301.07	217.85	240.47	1468.71	796.98	618.04	1565.50	457.11	337.65
비유동장기적합률	151.86	156.30	150.58	132.53	132.78	132.17	125.10	161.04	131.62	123.19	143.78
다브랜드											
부채비율	309.81	188.29	199.67	211.21	206.18	194.80	273.59	225.42	344.67	425.06	183.70
이자보상비율	18.04	16.33	9.08	42040.52	16.06	14.45	27.74	0.69	8.69	1070.94	263.53
비유동비율	316.83	203.81	211.26	223.99	216.75	221.17	292.07	225.10	343.45	409.74	194.93
비유동장기적합률	145.93	127.45	142.45	137.62	136.21	122.85	135.77	135.32	136.19	138.02	120.54

[그림 3-66] 부채비율 : 보유 브랜드 수

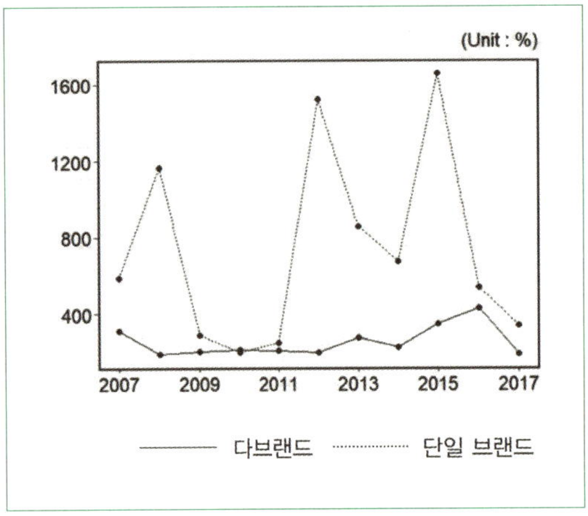

[그림 3-67] 이자보상비율 : 보유 브랜드 수

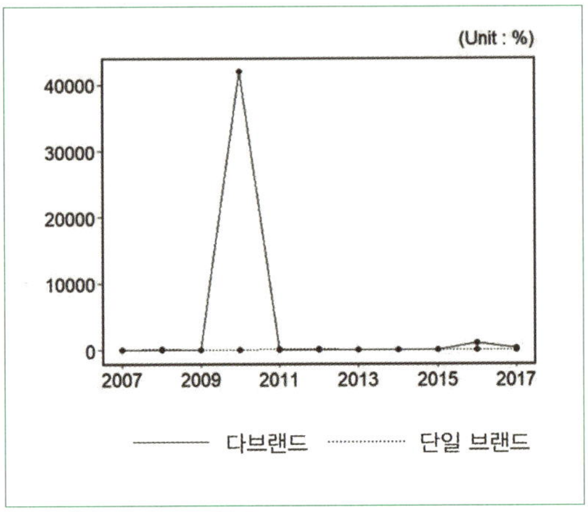

[그림 3-68] 비유동비율 : 보유 브랜드 수

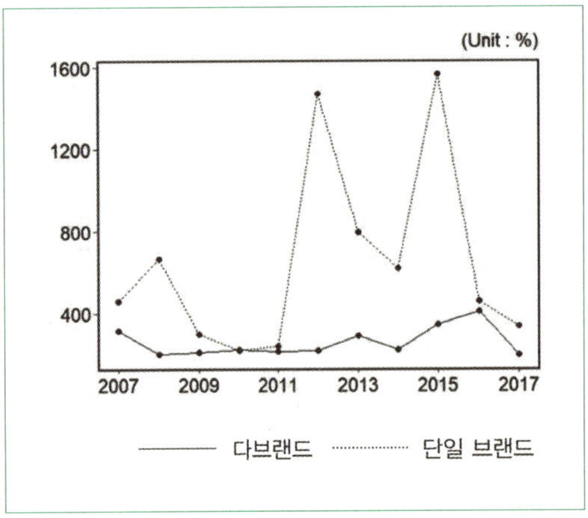

[그림 3-69] 비유동장기적합률 : 보유 브랜드 수

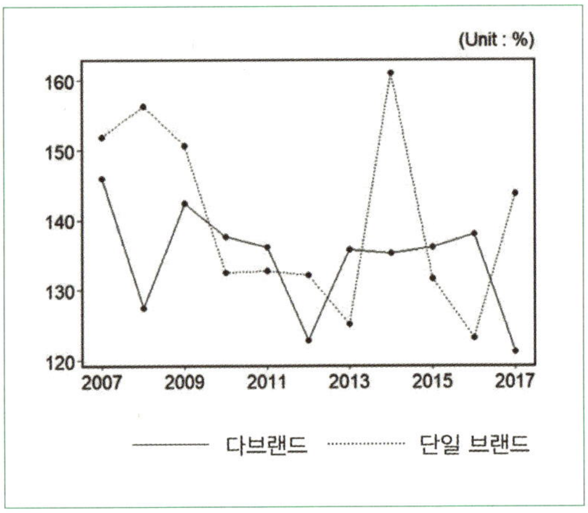

마. 국내외 브랜드 여부별

- 최근 10년간 국내 브랜드 기업의 부채비율은 지속적으로 증가하다가 2015년부터 다시 감소한 반면, 해외 브랜드 기업의 부채비율은 2008년 큰 폭으로 증가했다가 감소해 전반적으로 국내 브랜드 기업에 비해 낮은 수준을 유지해왔다. 2017년 역전되어 브랜드의 국내외 여부에 따라 성과가 차이난다고 보기는 어렵다.
- 비유동비율 역시 부채비율과 유사한 추이를 나타내고 있다.

[표 3-15] 외식기업의 레버리지 비율 : 국내외 브랜드 여부별

(단위: %)

비율	2007	2008	2009	2010	2011	2012	2013	2014	2015	2016	2017
국내 브랜드											
부채비율	348.58	231.23	264.20	216.39	226.34	469.66	664.04	399.68	1430.31	581.77	213.11
이자보상비율	12.80	45.96	7.46	3703.99	12.85	11.96	22.65	14.57	28.31	304.64	20.86
비유동비율	333.32	237.06	268.70	224.90	236.07	401.27	654.32	369.50	1340.78	513.27	235.35
비유동장기적합률	145.75	132.05	144.07	137.57	134.04	130.49	129.79	151.89	139.41	134.75	129.78
해외 브랜드											
부채비율	664.37	2158.84	145.44	118.07	230.42	318.58	327.63	233.58	197.09	202.04	428.32
이자보상비율	6.42	9.18	14.51	188.99	374.75	693.35	322.52	15.17	2.17	11.27	241.51
비유동비율	499.51	1067.82	184.19	168.67	204.28	235.38	254.46	228.49	201.14	203.56	375.09
비유동장기적합률	147.09	153.55	144.11	131.82	135.12	121.03	131.04	152.75	120.68	122.54	175.47

[그림 3-70] 부채비율 : 국내외 브랜드 여부

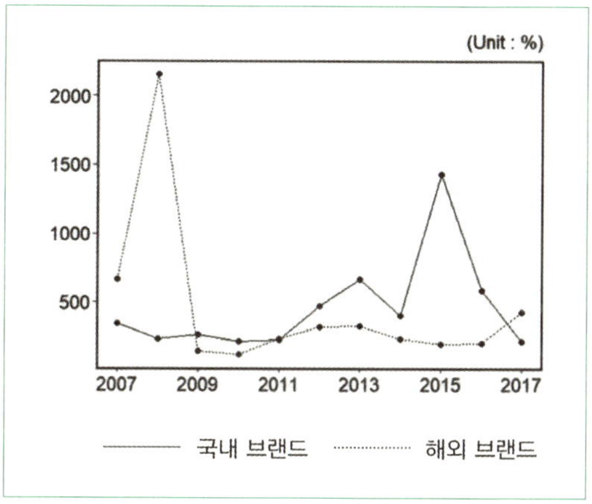

[그림 3-71] 이자보상비율 : 국내외 브랜드 여부

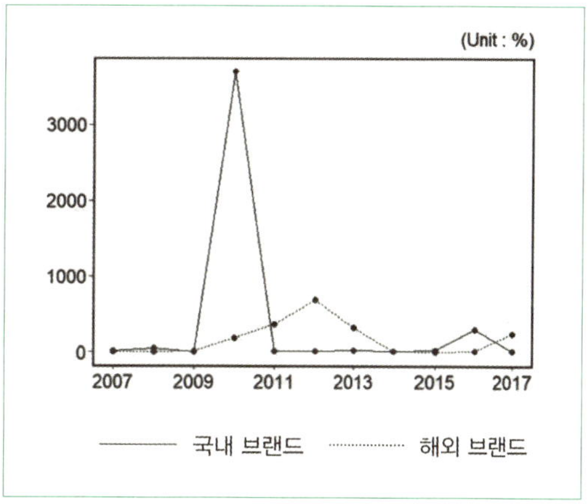

[그림 3-72] 비유동비율 : 국내외 브랜드 여부

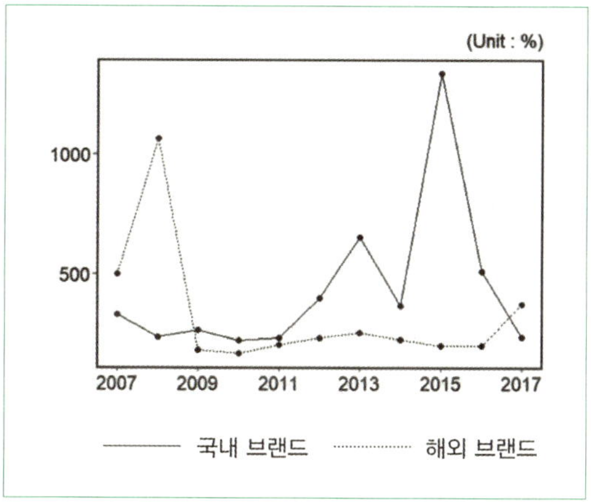

[그림 3-73] 비유동장기적합률 : 국내외 브랜드 여부

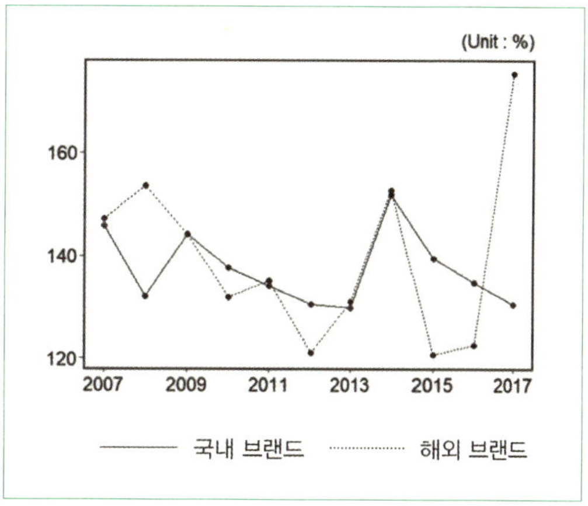

5. 유동성비율

가. 외식기업 전체

- 유동성비율은 기업의 재무 위험을 측정하는 척도 중 하나로 기업의 채무이행능력지급능력을 평가하는 데 사용되는 지표이다.
  - ○ 기업의 단기지급능력을 평가하는 유동성비율에는 유동비율, 당좌비율, 현금비율이 있다.
- 외식업의 유동성비율은 제조업의 유동성비율에 비해 전반적으로 낮은 추이를 보였으나 점차 격차가 좁아지고 있다.
  - ○ 외식업의 단기부채에 대한 채무지불능력이 제조업에 비해 상대적으로 낮다는 것을 알 수 있다. 실제로 단기채무능력이 낮다는 것은 영업이 악화된 상황이 닥치면 쉽게 부도를 맞게 될 수 있다는 것을 의미한다. 외식업의 영세성은 이러한 단기채무능력을 떨어뜨리는 원인이 될 수 있다.
  - ○ 하지만 이러한 차이가 점차 극복되고 있어 외식업의 단기부채 대응능력이 개선된 것으로 판단할 수 있다.
- 당좌비율 역시 제조업보다 외식업이 다소 낮게 나타났으나, 2014년 이후에는 지속적으로 증가하여 2017년에는 거의 유사한 수준으로 나타났다.
- 현금비율의 경우 외식업이 제조업보다 더 높게 나타났으며, 외식업이 제조업에 비해 평균적으로 약 2배 이상 상회하는 것으로 나타났다. 이러한 결과는 업계 특성상 현금의 유입이 많고 회전이 빠르기 때문인 것으로 볼 수 있다.

[표 3-16] 유동성비율 : 전체 (단위: %)

비율	2007	2008	2009	2010	2011	2012	2013	2014	2015	2016	2017
외식업 평균											
유동비율	83.85	69.90	65.02	96.94	89.79	101.15	96.36	103.96	144.31	144.89	158.26
당좌비율	70.16	57.50	53.59	83.58	72.38	85.00	85.74	93.28	130.53	129.98	144.04
현금비율	24.50	21.86	25.28	32.19	24.06	24.99	22.87	22.18	25.56	26.29	25.94
제조업 평균											
유동비율	164.59	158.84	157.73	152.01	153.26	164.45	169.46	171.91	175.13	182.91	188.39
당좌비율	124.95	118.24	120.71	114.03	112.97	122.50	128.70	130.94	134.18	141.47	145.76
현금비율	9.58	10.56	11.17	10.54	10.75	11.47	12.51	12.86	14.41	15.05	15.17

[그림 3-74] 유동비율 : 전체

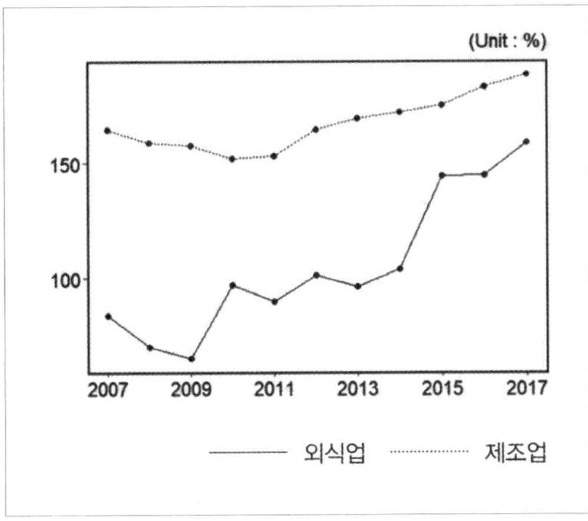

[그림 3-75] 당좌비율 : 전체

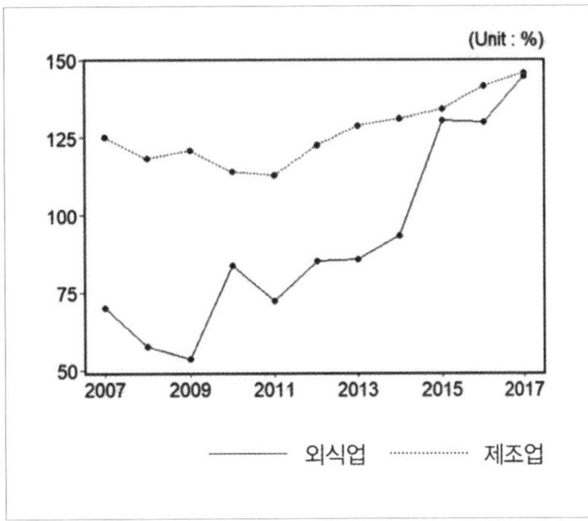

[그림 3-76] 현금비율 : 전체

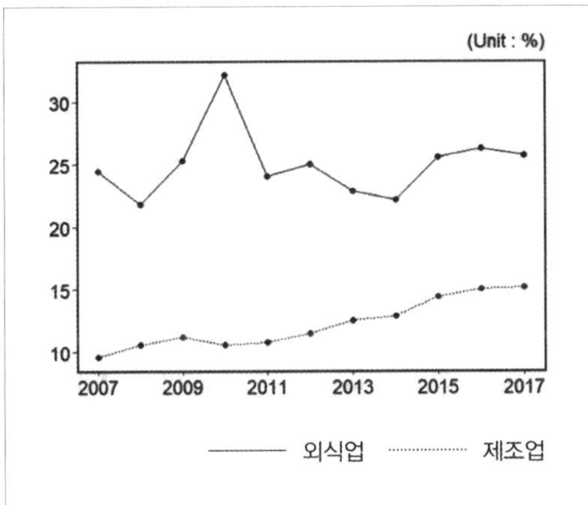

나. 세부 업종별

- 2017년 기준 한식 음식점업, 중식 음식점업, 치킨 전문점업, 피자, 햄버거, 샌드위치 및 유사 음식점업, 김밥, 분식, 기타 간이 및 포상 음식점업의 현금비율이 평균보다 높게 나타났으며, 유동부채 대비 현금을 많이 보유해 유동성이 우수한 것으로 판단된다.
  - ○ 특히 한식 음식점업의 경우, 지난 10년간의 현금비율이 외식업 평균 현금비율보다 꾸준히 높게 나타났다.
  - ○ 피자, 햄버거, 샌드위치 및 유사 음식점업의 현금비율은 2011년 이후 꾸준히 평균을 상회했다.

○ 비알코올 음료점업의 경우 평균보다 현금비율이 10%이상 낮은 것으로 보아 현금성 단기 채무지불능력이 약한 것으로 판단된다.

■ 한식 음식점업, 서양식 음식점업, 제과점업, 치킨 전문점의 유동비율이 평균을 상회하는 것으로 나타났다.

○ 특히 중식 음식점업의 경우 2017년 유동비율이 37.30%, 당좌비율 32.51%, 현금비율 48.92%로 타 업종에 비해 단기채무능력이 부진한 것을 알 수 있다.

[표 3-17] 외식기업의 유동성비율 : 세부 업종별

(단위: %)

비율	2007	2008	2009	2010	2011	2012	2013	2014	2015	2016	2017
한식 음식점업											
유동비율	55.83	52.11	59.89	138.21	95.77	117.82	109.43	149.14	201.86	235.97	238.32
당좌비율	50.53	42.82	53.39	123.09	77.49	98.37	97.86	132.18	180.49	208.78	226.69
현금비율	34.27	28.09	37.52	40.88	33.64	34.47	23.39	24.62	37.27	34.48	37.19
중식 음식점업											
유동비율	–	–	–	–	–	47.91	26.77	26.25	33.41	28.59	37.30
당좌비율	–	–	–	–	–	40.10	21.32	22.15	27.29	23.59	32.51
현금비율	–	–	–	–	–	19.04	50.24	34.78	56.44	33.56	48.92
일식 음식점업											
유동비율	223.97	99.13	52.73	57.58	131.92	111.29	68.06	74.11	109.55	127.13	150.46
당좌비율	191.26	54.30	19.35	21.94	58.29	40.95	31.39	28.01	73.69	60.23	72.11
현금비율	28.81	22.86	16.58	19.39	12.71	16.76	13.20	11.36	23.27	19.39	17.95
서양식 음식점업											
유동비율	20.92	45.11	–	–	28.78	29.08	35.38	33.20	153.50	85.92	160.06
당좌비율	18.00	42.61	–	–	28.76	24.60	30.12	24.73	141.02	79.45	155.68
현금비율	8.69	10.06	–	–	34.34	29.64	20.20	20.33	17.68	23.03	17.78
제과점업											
유동비율	88.06	99.43	65.65	148.41	91.42	92.77	83.97	138.30	138.67	195.92	190.85
당좌비율	75.39	85.26	56.07	138.34	78.41	79.75	69.95	124.41	128.83	183.51	177.07
현금비율	22.76	10.85	19.26	42.89	18.38	27.00	13.90	11.76	15.20	15.64	16.28
피자, 햄버거, 샌드위치 및 유사 음식점업											
유동비율	129.94	277.94	79.64	95.41	103.39	134.65	108.54	95.55	83.90	76.21	89.15
당좌비율	109.50	225.43	69.25	85.34	90.30	119.27	95.84	82.49	71.11	64.26	79.58
현금비율	14.63	21.56	23.68	26.94	24.79	34.74	35.60	33.11	26.68	31.80	30.02
치킨 전문점											
유동비율	127.98	87.83	79.14	77.90	107.32	96.54	86.31	74.43	98.34	205.58	188.30
당좌비율	119.36	75.88	72.50	71.86	96.72	83.47	79.31	63.09	85.72	190.42	170.18
현금비율	35.21	18.24	17.47	25.22	23.25	17.95	21.14	28.28	23.43	40.51	34.49

비율	2007	2008	2009	2010	2011	2012	2013	2014	2015	2016	2017
김밥, 분식, 기타 간이 및 포장 음식점업											
유동비율	31.91	21.99	36.16	105.89	97.79	139.44	114.13	150.59	121.94	125.41	129.25
당좌비율	22.73	15.62	30.22	82.23	73.44	127.43	105.76	145.46	116.73	118.10	122.17
현금비율	32.96	36.72	60.19	55.12	43.74	35.08	40.33	21.87	23.15	17.59	26.44
주점업											
유동비율	67.30	75.53	65.89	53.24	75.64	95.43	112.36	137.54	191.67	97.95	99.75
당좌비율	59.92	69.23	61.63	49.06	69.00	90.15	107.82	130.11	186.58	92.57	93.56
현금비율	29.12	33.66	25.96	32.23	25.29	5.00	3.49	3.53	6.37	4.67	4.07
비알코올 음료점업											
유동비율	83.69	64.55	72.00	83.13	78.73	91.48	122.58	113.38	122.12	115.42	113.47
당좌비율	69.62	45.59	55.10	65.57	60.18	73.40	110.34	102.43	107.28	100.57	99.68
현금비율	15.07	13.82	11.50	19.85	13.61	14.91	21.85	22.74	17.51	14.56	14.15
다업종업											
유동비율	37.16	57.06	64.47	53.94	58.53	90.64	107.35	128.17	185.53	154.15	173.29
당좌비율	32.60	51.23	58.98	48.65	53.46	85.98	101.87	124.76	181.37	149.49	168.29
현금비율	11.70	15.84	19.85	24.22	11.94	17.97	18.93	17.20	24.53	23.44	21.82

[그림 3-77] 유동성비율 : 한식 음식업점

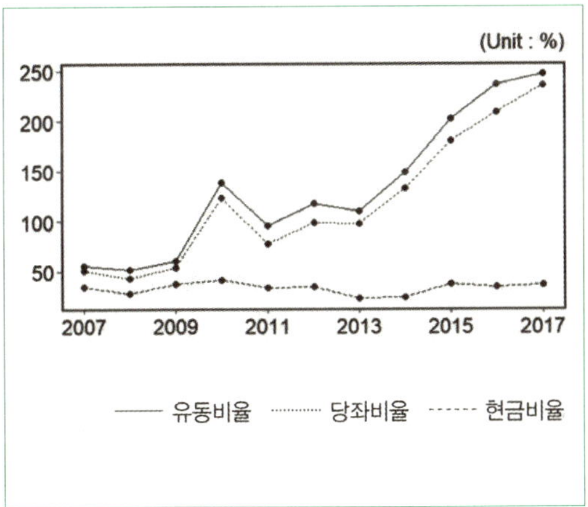

[그림 3-78] 유동성비율 : 중식 음식업점

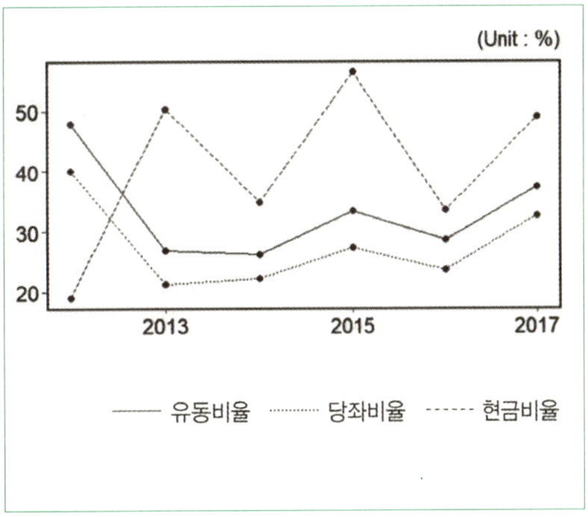

[그림 3-79] 유동성비율 : 일식 음식업점

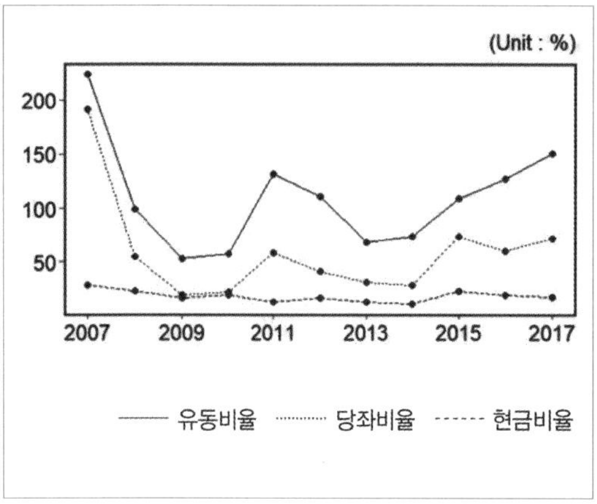

[그림 3-80] 유동성비율 : 서양식 음식업점

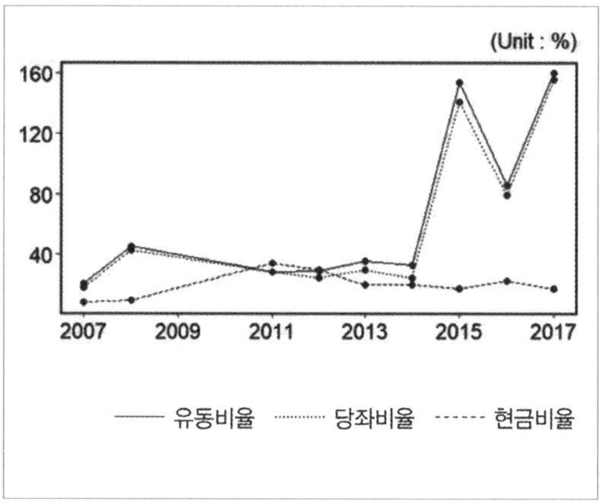

[그림 3-81] 유동성비율 : 제과점업

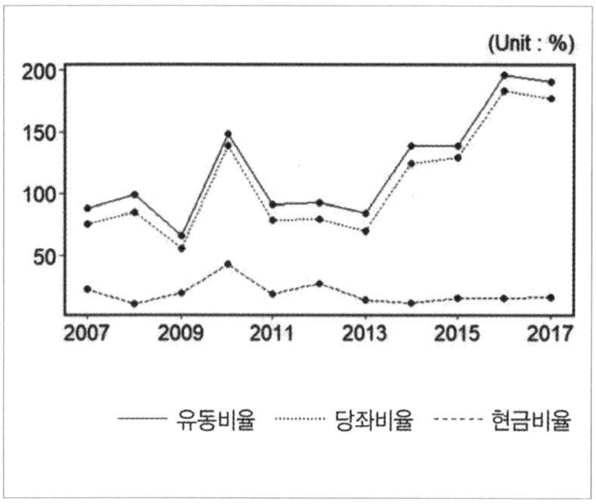

[그림 3-82] 유동성비율 : 피자, 햄버거, 샌드위치 및 유사 음식점업

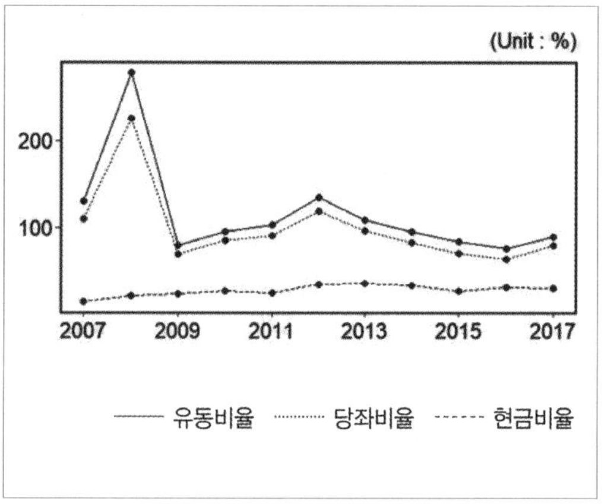

[그림 3-83] 유동성비율 : 치킨 전문점

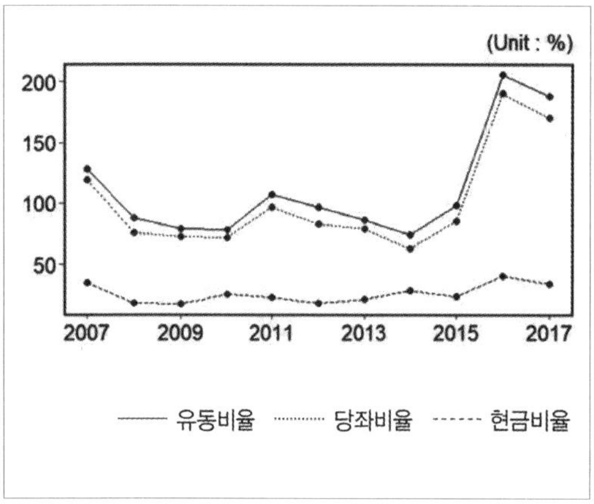

[그림 3-84] 유동성비율 : 김밥, 분식, 기타 간이 음식점업

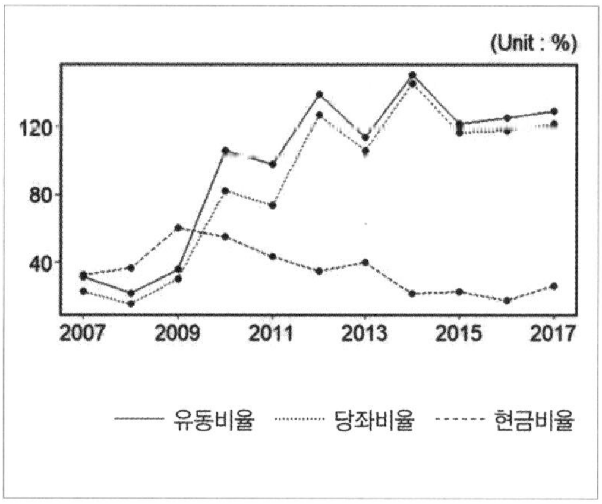

[그림 3-85] 유동성비율 : 주점업

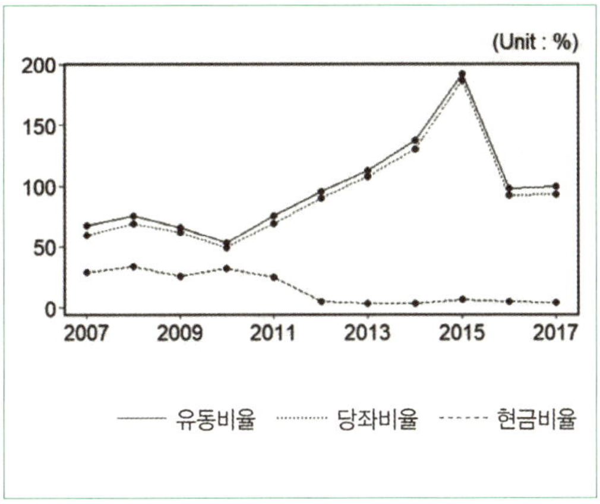

[그림 3-86] 유동성비율 : 비알코올 음료점업

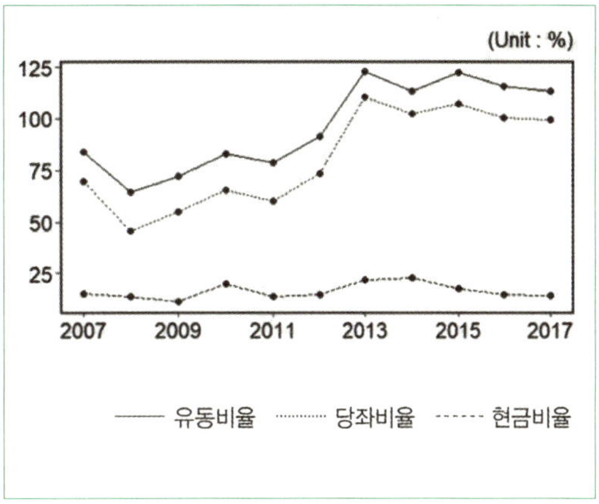

[그림 3-87] 유동성비율 : 다업종업

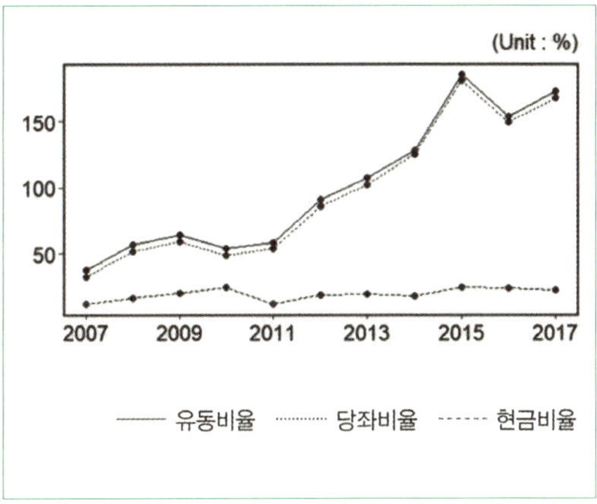

다. 프랜차이즈 운영 여부별

- 최근 10년간 외식업체의 유동성비율은 프랜차이즈 운영 여부에 따른 차이가 별로 없는 것으로 보인다.
  - ○ 2017년 현금비율을 기준으로 보면 비프랜차이즈가 프랜차이즈보다 유동부채 대비 현금을 적게 보유해 유동성이 다소 낮은 것을 알 수 있다.

[표 3-18] 외식기업의 유동성비율 : 프랜차이즈 운영 여부별

(단위: %)

비율	2007	2008	2009	2010	2011	2012	2013	2014	2015	2016	2017
프랜차이즈											
유동비율	102.26	90.01	71.22	89.89	100.01	117.98	112.98	122.88	132.30	135.79	150.66
당좌비율	86.49	73.30	57.65	73.18	79.57	98.00	98.87	108.92	116.58	118.72	131.48
현금비율	23.22	22.19	24.03	27.84	21.57	22.79	22.81	23.48	25.07	27.49	27.70
비프랜차이즈											
유동비율	34.60	38.15	44.06	102.94	62.95	64.23	68.54	72.25	175.97	156.05	169.98
당좌비율	28.79	31.74	38.68	97.08	58.40	58.75	63.45	66.29	167.94	149.56	164.13
현금비율	26.27	20.80	29.41	42.79	29.54	29.06	22.82	20.64	26.15	24.61	23.51

[그림 3-88] 유동비율 : 프랜차이즈 여부

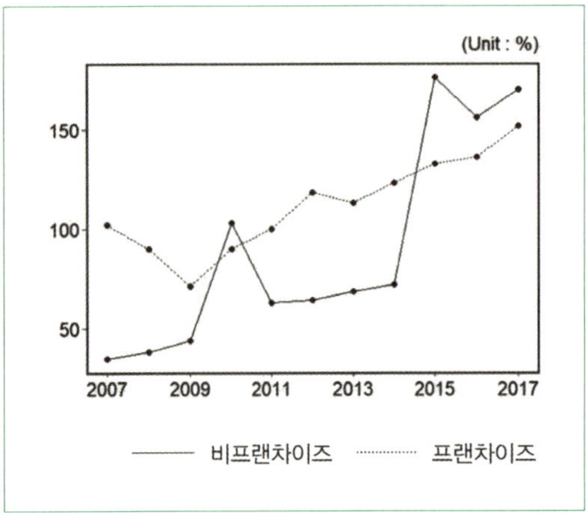

[그림 3-89] 당좌비율 : 프랜차이즈 여부

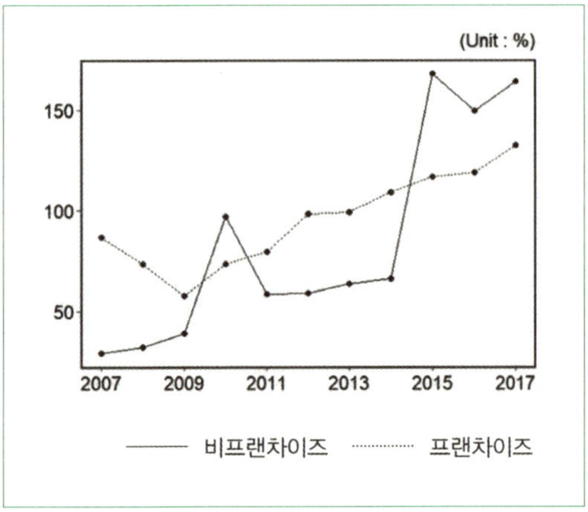

[그림 3-90] 현금비율 : 프랜차이즈 여부

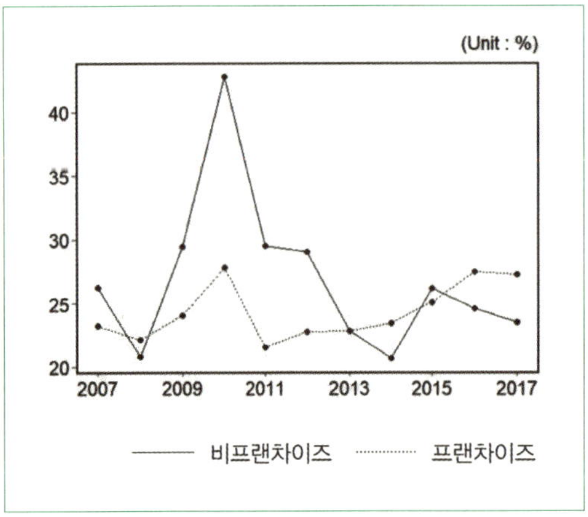

라. 보유 브랜드 수별

- 최근 5년간 다브랜드의 유동비율이 단일 브랜드의 유동비율보다 높게 나타났다.
  - ○ 2017년 기준 단일 브랜드와 다브랜드의 유동비율 격차는 약 60% 정도이다.
- 당좌비율의 경우 역시 다브랜드가 단일 브랜드보다 높게 나타났다.
- 현금비율의 경우, 단일 브랜드와 다브랜드가 현금비율이 유사한 수준으로 나타났다.

[표 3-19] 외식기업의 유동성비율 : 보유 브랜드 수별

(단위: %)

비율	2007	2008	2009	2010	2011	2012	2013	2014	2015	2016	2017
단일 브랜드 운영											
유동비율	57.92	51.08	40.37	93.15	72.86	85.41	79.85	79.53	110.38	122.11	123.30
당좌비율	48.94	41.75	33.81	84.05	62.86	75.96	71.36	71.76	99.67	111.09	112.18
현금비율	24.45	18.98	22.00	37.83	26.95	30.90	25.22	24.67	26.69	26.87	26.62
다브랜드 운영											
유동비율	102.11	98.22	81.17	96.30	106.78	115.70	112.26	132.79	170.54	166.98	184.81
당좌비율	86.71	79.70	66.69	81.07	82.29	91.92	99.41	115.66	153.21	145.44	167.83
현금비율	23.66	23.42	27.29	28.90	21.78	20.01	20.75	20.34	24.40	25.81	25.24

[그림 3-91] 유동비율 : 보유 브랜드 수

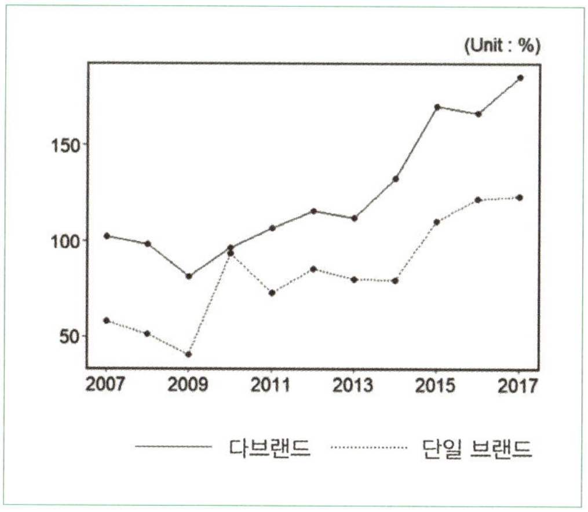

[그림 3-92] 당좌비율 : 보유 브랜드 수

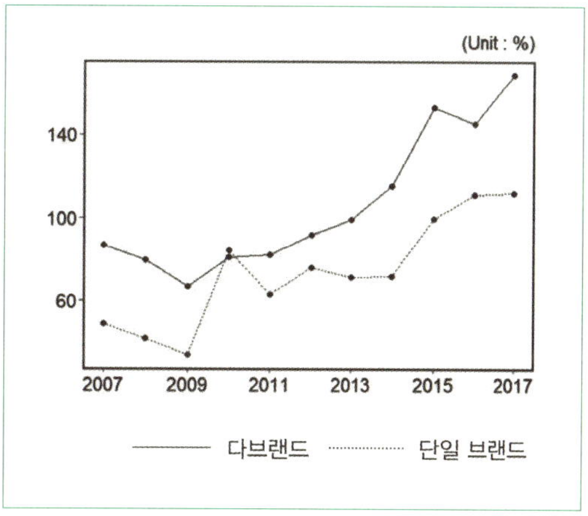

[그림 3-93] 현금비율 : 보유 브랜드 수

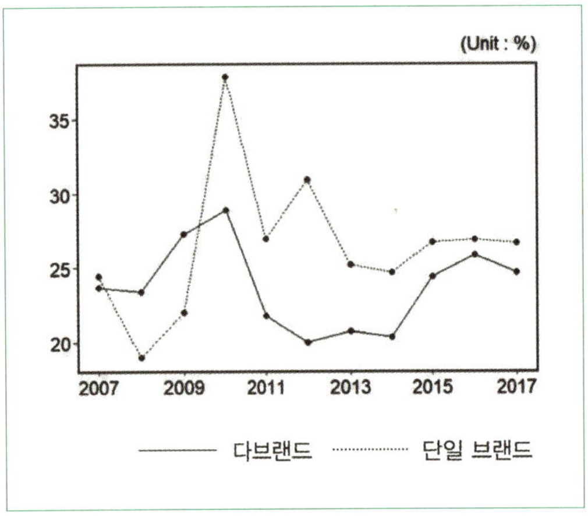

마. 국내외 브랜드 여부별

- 유동비율은 국내 브랜드가 약 2배가량 높게 나타나 국내 브랜드 기업의 단기 채불지불능력이 높다는 것을 짐작할 수 있다.
  - ○ 국내 브랜드의 경우 2013년 이후 현금비율이 상승하고 있는 추세이다. 이를 통해 단기 채불지불능력이 상승하고 있는 것을 짐작할 수 있다.

[표 3-20] 외식기업의 유동비율 : 국내외 브랜드 여부별

(단위: %)

비율	2007	2008	2009	2010	2011	2012	2013	2014	2015	2016	2017
국내 브랜드											
유동비율	88.10	79.06	68.08	94.45	95.55	102.20	97.93	113.20	151.64	163.00	175.81
당좌비율	74.54	65.84	56.96	81.90	76.51	85.42	87.90	102.12	138.36	144.31	161.94
현금비율	26.83	22.20	26.59	31.77	24.09	24.23	20.70	21.37	25.09	26.14	26.54
해외 브랜드											
유동비율	69.90	62.70	53.17	97.30	70.65	99.04	91.46	65.83	103.58	74.45	78.63
당좌비율	58.26	46.94	41.82	83.27	58.21	82.16	78.87	54.39	87.29	58.59	65.03
현금비율	14.90	20.67	19.73	33.16	23.06	28.70	33.02	26.30	28.01	27.03	22.80

[그림 3-94] 유동비율 : 국내외 브랜드 여부

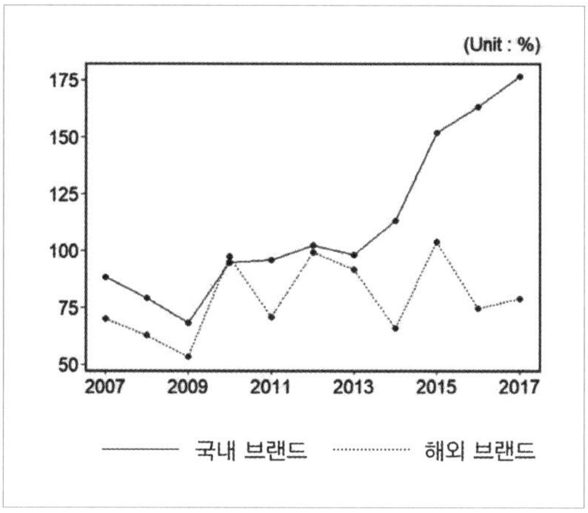

[그림 3-95] 당좌비율 : 국내외 브랜드 여부

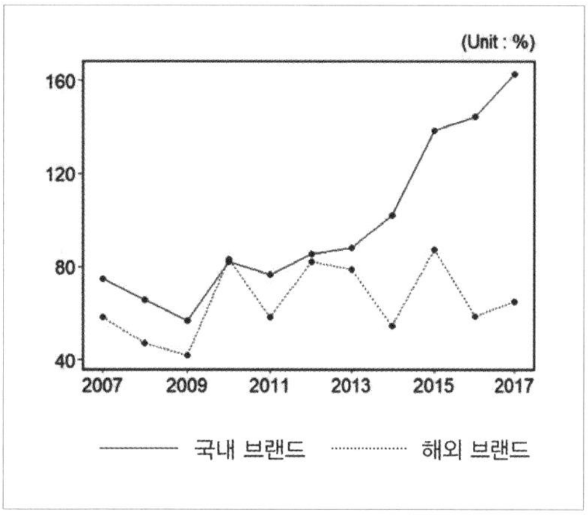

[그림 3-96] 현금비율 : 국내외 브랜드 여부

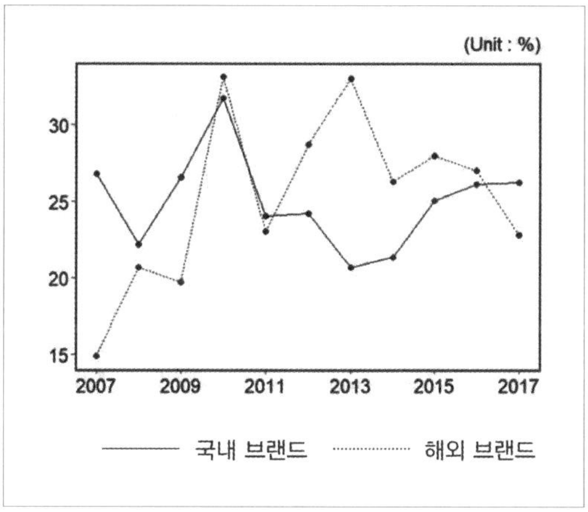

6. 활동성비율

가. 외식기업 전체

- 기업은 영업활동을 수행하기 위해 매출채권, 재고자산, 유형자산 등에 투자하고, 이렇게 투자된 자산들은 생산·판매·관리 활동을 거치면서 매출과 이익을 창출하게 된다.
- 동일한 매출액을 달성하면서도 이에 필요한 매출채권, 재고자산, 고정자산 등에 과도하게 투자하는 기업도 있다. 그러나 이와 같이 각종 자산에 과도하게 투자하는 기업은 자금 순환도 원활하지 못하다.
- 활동성비율은 매출액과 이를 뒷받침하기 위해 투자된 각종 자산들과의 관계를 측정해 이들 자산이 얼마나 효율적으로 이용되고 있는가를 평가하는 재무비율이다.
- [표 3-21]과 [그림3-97]~[그림3-100]은 외식업 평균에 대한 연도별 총자산회전율, 자기자본회전율, 비유동자산회전율, 재고자산회전율을 계산한 것으로, 이때 벤치마크는 제조업 전체에 대한 해당 비율이다.
  - ○ 외식업은 제조업에 비해 자산 이용의 효율성을 나타내는 총자산회전율이 높은 것으로 조사되었는데, 이는 외식업이 제조업에 비해 적은 자산으로 많은 매출을 달성하고 있다는 것을 의미한다. 그러나 이 지표로 수익성이 높다고 판단하기는 힘들다.
  - ○ 외식업의 재고자산회전율이 제조업의 재고자산회전율보다 4배 이상 높은 것으로 나타났는데, 이는 산업의 특성상 외식업이 상품과 같은 유형적 재고를 적게 가지고 있기 때문이다.

[표 3-21] 활동성비율 : 전체 (단위: %)

비율	2007	2008	2009	2010	2011	2012	2013	2014	2015	2016	2017
외식업 평균											
총자산회전율	2.25	1.81	1.70	2.23	2.00	1.91	1.93	1.78	1.56	1.49	1.35
자기자본회전율	11.76	6.31	5.55	6.64	6.42	6.71	8.38	7.56	6.33	5.34	3.97
비유동자신회진율	4.44	3.11	2.74	3.99	3.28	3.08	3.28	3.40	2.73	2.72	2.38
재고자산회전율	97.79	73.64	85.10	137.59	131.40	116.18	147.78	152.44	140.80	94.55	99.74
제조업 평균											
총자산회전율	1.47	1.26	1.17	1.27	1.30	1.21	1.20	1.13	1.10	1.06	1.00
자기자본회전율	5.42	4.11	4.23	4.30	4.46	4.19	4.06	3.91	3.77	3.48	3.05
비유동자산회전율	4.08	3.49	3.18	3.47	3.55	3.20	3.15	2.88	2.75	2.69	2.52
재고자산회전율	27.58	21.80	22.01	23.35	24.09	22.69	23.72	23.26	23.64	25.29	21.35

[그림 3-97] 총자산회전율 : 전체

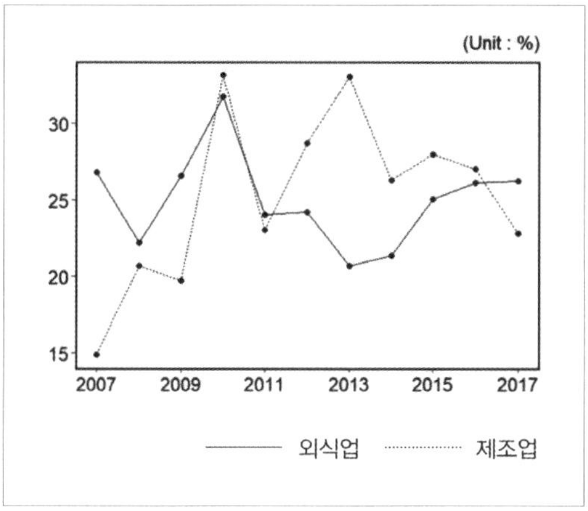

[그림 3-98] 자기자본회전율 : 전체

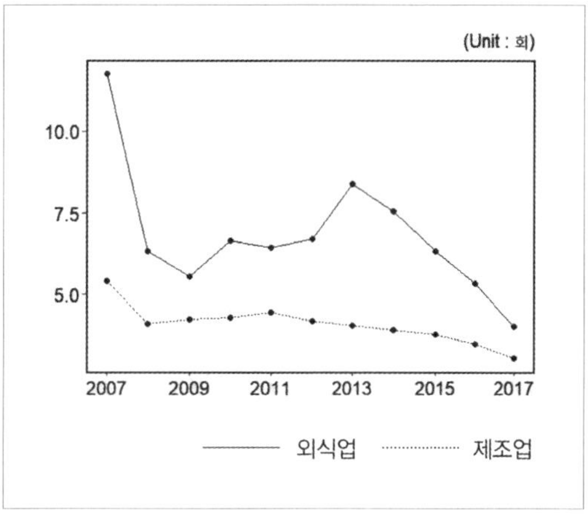

[그림 3-99] 비유동자산회전율 : 전체

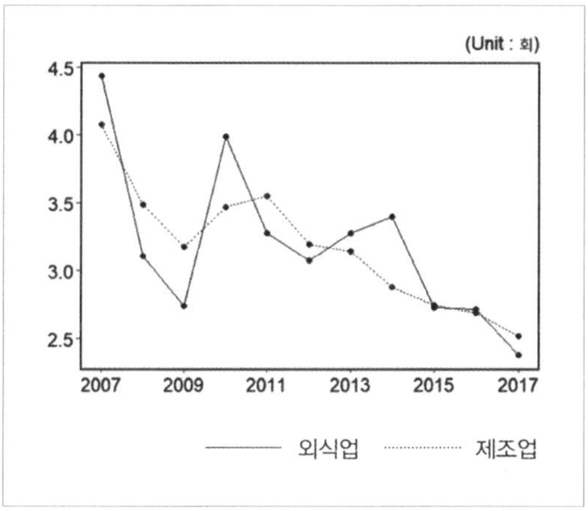

[그림 3-100] 재고자산회전율 : 전체

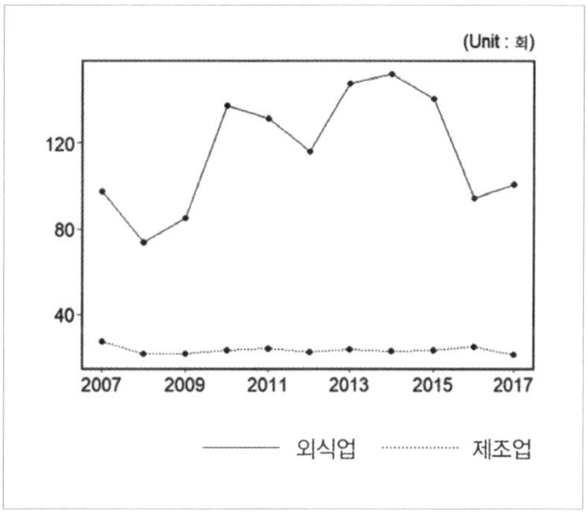

나. 세부 업종별

- 2017년 기준 제과점업, 치킨 전문점, 피자, 햄버거, 샌드위치 및 유사 음식점업, 김밥, 분식, 기타 간이 및 포장 음식점업의 총자산회전율이 평균을 상회하여 해당 업종이 보유하고 있는 자산이 매출 창출에 보다 효율적으로 이용됐다고 볼 수 있다.
  - ㅇ 특히 치킨 전문점의 총자산회전율은 10년간 가장 높은 수준을 유지하고 있는데, 이는 치킨 전문점업 대부분이 프랜차이즈화되고 시스템화된 것과 연관이 있는 것으로 해석된다. 프랜차이즈의 총자산회전율은 비프랜차이즈의 총자산회전율보다 높다.
  - ㅇ 피자, 햄버거, 샌드위치 및 유사 음식점업 역시 지난 10년간 평균을 상회했다.

- 중식 음식점업, 제과점업, 피자, 햄버거, 샌드위치 및 유사 음식점업, 다업종업의 재고자산회전율은 2017년 기준 평균을 상회했으며, 업종별로 상품의 차이가 있어 상대적으로 차이가 크다.
- 2017년 기준 한식 음식점업, 중식 음식점업, 피자, 햄버거, 샌드위치 및 유사 음식점업, 치킨 전문점, 김밥, 분식, 기타 간이 및 포장 음식점업, 주점업, 비알코올 음료점업, 다업종업의 자기자본회전율은 평균을 상회하고 있다.
- 치킨 전문점은 모든 지표에서 활동성이 뛰어나고 자금순환이 원활한 것으로 나타났으며, 일식업과 주점업은 상대적으로 활동성지표가 낮게 나타났다.

[표 3-22] 외식기업의 활동성비율 : 세부 업종별 (단위: %)

비율	2007	2008	2009	2010	2011	2012	2013	2014	2015	2016	2017
한식 음식점업											
총자산회전율	2.08	1.62	1.33	2.38	1.79	1.54	1.49	1.58	1.51	1.43	1.18
자기자본회전율	7.03	4.50	5.10	6.83	5.78	4.94	5.18	4.57	4.10	3.16	4.69
비유동자산회전율	3.82	2.60	2.00	4.60	3.06	2.55	2.41	2.68	2.44	2.38	1.94
재고자산회전율	184.44	99.20	105.20	178.17	155.31	135.73	109.08	91.61	112.66	95.55	93.08
중식 음식점업											
총자산회전율	–	–	–	–	–	0.41	0.20	0.92	0.98	0.82	0.84
자기자본회전율	–	–	–	–	–	24.15	13.29	14.17	9.77	5.72	4.29
비유동자산회전율	–	–	–	–	–	0.42	0.21	0.99	1.09	0.92	0.91
재고자산회전율	–	–	–	–	–	63.88	38.69	108.64	74.19	64.31	123.36
일식 음식점업											
총자산회전율	0.39	0.75	0.92	1.32	1.55	1.61	1.45	1.32	1.21	1.19	1.11
자기자본회전율	1.22	2.09	2.28	3.57	3.82	3.57	3.08	3.10	2.74	2.60	2.55
비유동자산회전율	0.49	1.01	1.11	1.57	1.86	2.03	1.87	1.67	1.64	1.67	1.50
재고자산회전율	10.51	37.22	52.61	71.06	60.33	57.12	38.98	33.34	42.87	36.81	31.24
서양식 음식점업											
총자산회전율	4.15	2.62	–	–	1.05	1.10	2.11	1.49	1.12	1.06	0.97
자기자본회전율	10.48	6.12	–	–	9.97	95.59	81.58	11.22	47.19	18.57	2.32
비유동자산회전율	4.54	3.02	–	–	1.23	1.31	2.71	1.79	1.34	1.27	1.20
재고자산회전율	347.06	245.27	–	–	12352.48	1278.27	892.70	677.82	322.75	70.74	75.19
제과점업											
총자산회전율	1.81	1.84	1.52	1.75	1.71	1.70	1.77	2.19	1.44	1.77	1.66
자기자본회전율	4.19	4.22	2.80	2.71	2.53	2.28	3.04	3.31	3.15	4.30	3.22
비유동자산회전율	2.71	2.80	2.20	2.88	2.56	2.38	2.71	4.42	2.47	4.11	3.26
재고자산회전율	43.56	39.05	69.79	114.30	137.53	161.64	50.94	78.22	122.44	76.71	293.78

비율	2007	2008	2009	2010	2011	2012	2013	2014	2015	2016	2017
피자, 햄버거, 샌드위치 및 유사 음식점업											
총자산회전율	2.70	2.06	2.74	2.43	2.42	1.98	2.39	2.28	2.02	1.59	1.46
자기자본회전율	20.79	16.35	8.72	6.85	11.61	9.22	10.53	10.20	10.05	7.96	9.21
비유동자산회전율	6.76	4.46	5.33	4.64	4.94	4.17	4.94	4.06	3.38	2.64	2.34
재고자산회전율	77.18	58.80	69.34	68.28	61.16	50.29	65.61	61.66	53.93	486.61	151.99
치킨 전문점											
총자산회전율	3.72	2.35	2.51	4.05	3.06	2.95	2.93	2.71	2.78	2.47	2.19
자기자본회전율	20.15	3.20	93.19	16.52	12.26	10.09	15.94	11.16	9.28	6.55	4.45
비유동자산회전율	56.66	7.73	6.29	7.38	5.63	4.84	6.61	4.83	5.36	5.30	4.48
재고자산회전율	88.70	56.08	61.56	161.47	114.07	91.94	135.67	117.13	111.70	97.45	98.97
김밥, 분식, 기타 간이 및 포장 음식점업											
총자산회전율	2.70	2.14	2.21	2.66	2.35	2.32	2.22	2.47	1.93	1.93	1.58
자기자본회전율	7.08	5.15	5.88	5.79	5.71	5.89	6.97	5.80	4.72	8.08	6.24
비유동자산회전율	3.01	2.40	2.62	6.55	4.19	4.15	3.96	6.88	5.16	4.54	4.33
재고자산회전율	137.93	88.27	86.33	62.84	48.18	50.13	1538.35	1265.02	217.84	84.83	69.35
주점업											
총자산회전율	2.38	1.47	1.17	0.92	1.16	1.37	1.19	0.98	0.79	0.93	0.98
자기자본회전율	10.16	4.79	4.33	2.62	3.38	3.74	2.64	2.04	1.61	2.43	4.10
비유동자산회전율	3.75	2.44	1.83	1.52	1.77	2.30	2.21	2.24	2.43	1.40	1.37
재고자산회전율	76.54	52.62	424.76	205.15	54.82	86.72	30.95	44.59	34.55	22.24	19.72
비알코올 음료점업											
총자산회전율	2.11	1.67	1.66	1.77	2.07	2.15	2.06	1.60	1.45	1.37	1.36
자기자본회전율	28.15	7.69	6.56	5.63	5.89	5.75	7.38	14.58	5.53	5.07	5.21
비유동자산회전율	2.96	2.29	2.34	2.64	3.10	4.75	4.89	4.11	2.70	2.40	2.45
재고자산회전율	59.73	40.66	50.76	55.13	46.79	43.65	110.84	175.26	113.32	68.68	66.03
다업종업											
총자산회전율	1.73	2.04	1.83	2.11	1.89	2.14	1.73	1.54	1.34	1.22	1.21
자기자본회전율	4.67	5.09	4.95	5.77	5.39	6.56	4.93	4.51	5.48	4.94	4.08
비유동자산회전율	2.06	3.01	2.62	2.75	2.34	3.28	2.53	2.72	2.28	1.96	1.88
재고자산회전율	126.11	105.65	86.02	234.99	171.65	146.78	190.05	240.68	307.23	264.03	208.84

[그림 3-101] 활동성 : 한식 음식점업

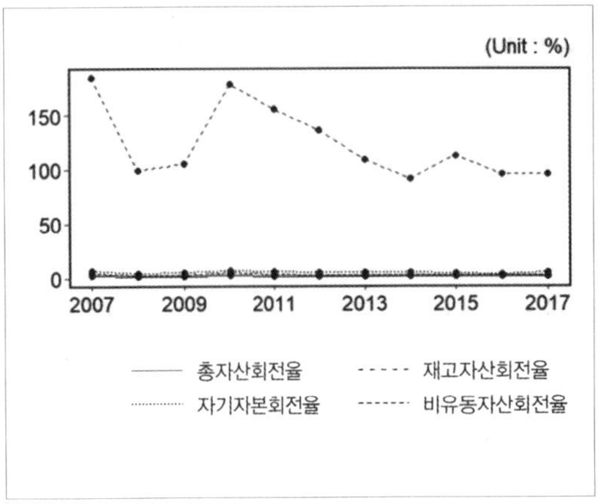

[그림 3-102] 활동성 : 중식 음식점업

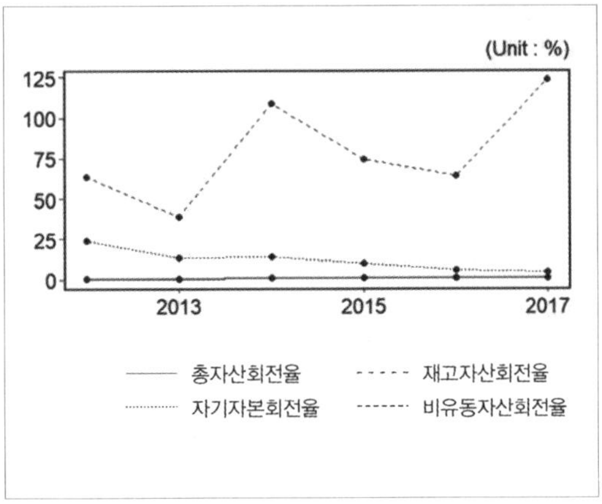

[그림 3-103] 활동성 : 일식 음식점업

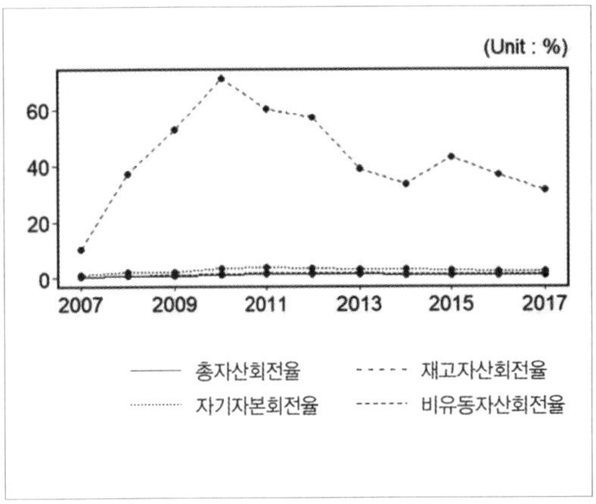

[그림 3-104] 활동성 : 서양식 음식점업

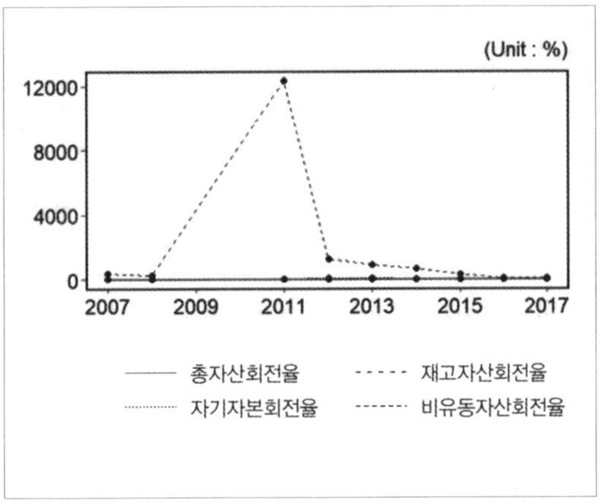

[그림 3-105] 활동성 : 제과점업

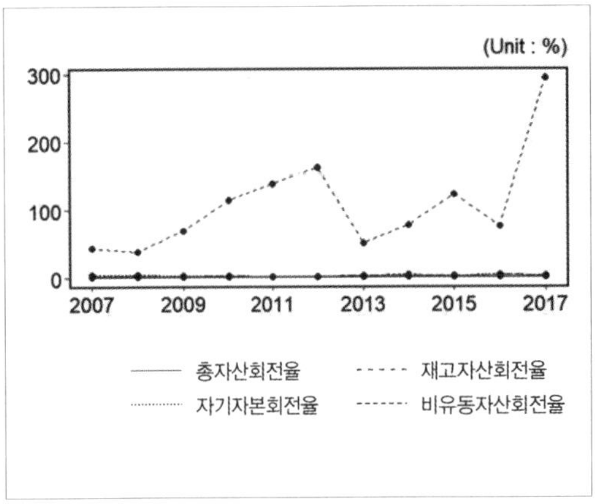

[그림 3-106] 활동성 : 피자, 햄버거, 샌드위치 및 유사 음식점업

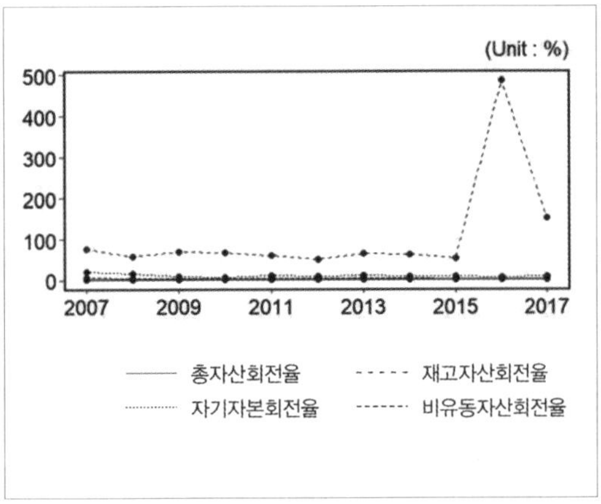

[그림 3-107] 활동성 : 치킨 전문점

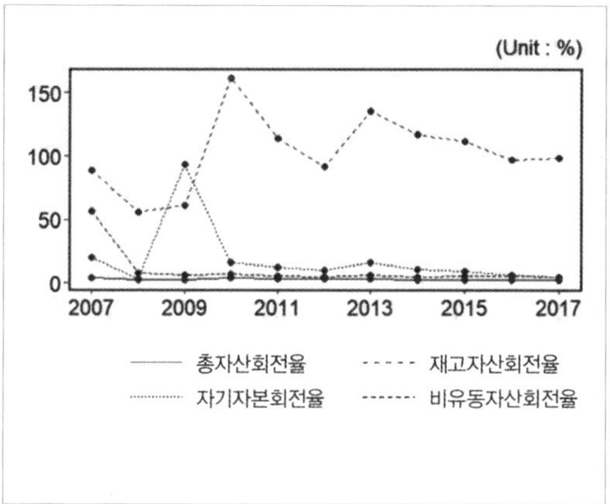

[그림 3-108] 활동성 : 김밥, 분식, 기타 간이 음식점업

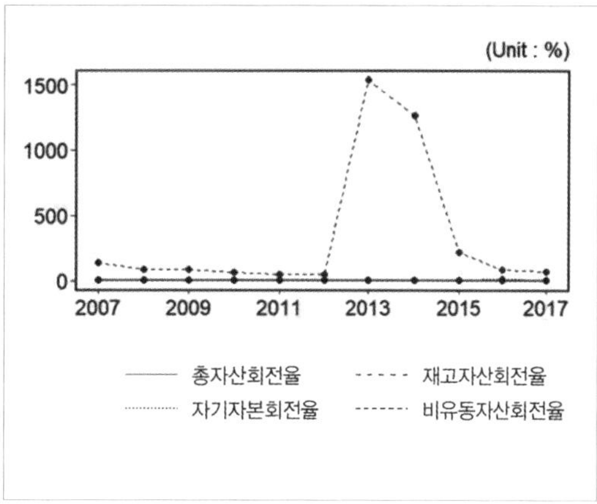

[그림 3-109] 활동성 : 주점업

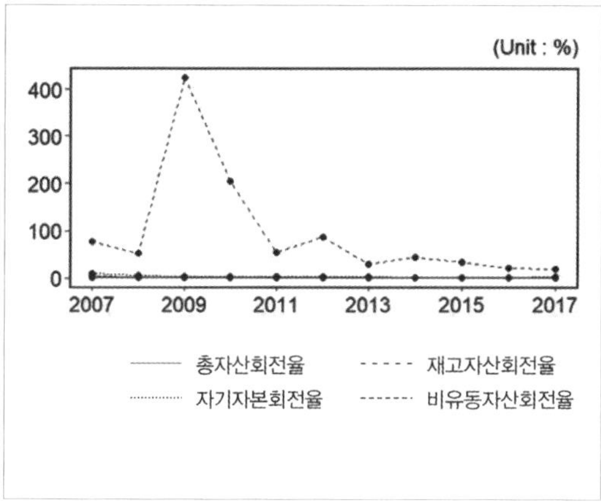

[그림 3-110] 활동성 : 비알코올 음료점업

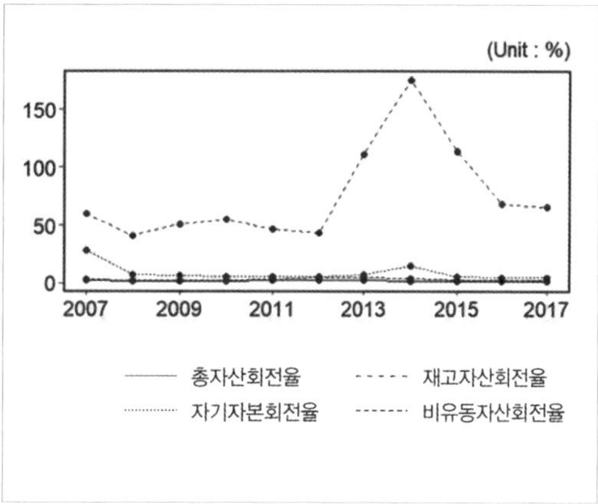

[그림 3-111] 활동성 : 다업종업

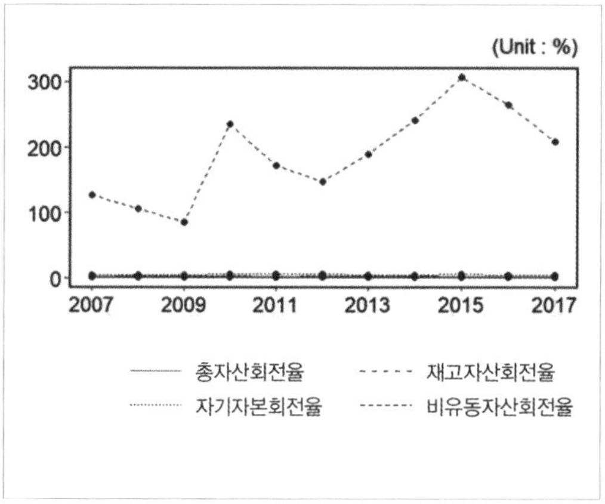

다. 프랜차이즈 운영 여부별

- 최근 10년간 프랜차이즈 운영기업의 총자산회전율이 비프랜차이즈 운영기업의 총자산회전율보다 높게 나타났다.
  - ○ 프랜차이즈가 비프랜차이즈보다 적은 자산으로 많은 매출을 달성하고 있음을 의미한다.
- 프랜차이즈 여부에 따른 자기자본회전율에는 큰 차이가 없는 것으로 나타났다.
- 최근 10년간 비프랜차이즈의 재고자산회전율이 프랜차이즈의 재고자산회전율보다 높게 나타났는데, 이는 비프랜차이즈가 프랜차이즈보다 유형적 재고를 적게 보유하고 있음을 의미한다.

[표 3-23] 외식기업의 활동성비율 : 프랜차이즈 운영 여부별 (단위: %)

비율	2007	2008	2009	2010	2011	2012	2013	2014	2015	2016	2017
프랜차이즈											
총자산회전율	2.41	1.92	1.87	2.51	2.22	2.21	2.20	2.07	1.91	1.74	1.56
자기자본회전율	14.33	7.11	8.56	7.85	7.31	6.95	8.09	7.25	6.85	4.87	4.56
비유동자산회전율	6.92	3.63	3.21	4.86	3.92	3.92	4.30	4.37	3.70	3.39	3.06
재고자산회전율	81.06	62.2	73.16	106.91	82.33	74.06	91.44	141.42	117.76	89.66	95.67
비프랜차이즈											
총자산회전율	1.73	1.48	1.15	1.61	1.46	1.32	1.46	1.33	1.09	1.14	1.06
자기자본회전율	5.01	4.06	2.97	3.80	4.27	14.26	14.08	7.72	5.41	8.02	3.24
비유동자산회전율	2.01	1.75	1.37	2.14	1.86	1.68	2.05	1.95	1.57	1.72	1.62
재고자산회전율	210.43	123.12	115.00	233.39	581.74	298.84	253.83	171.59	182.89	100.01	105.74

[그림 3-112] 총자산회전율 : 프랜차이즈 여부

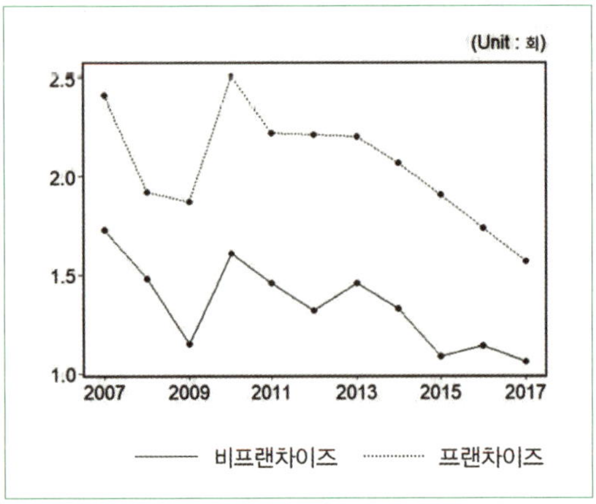

[그림 3-113] 자기자본회전율 : 프랜차이즈 여부

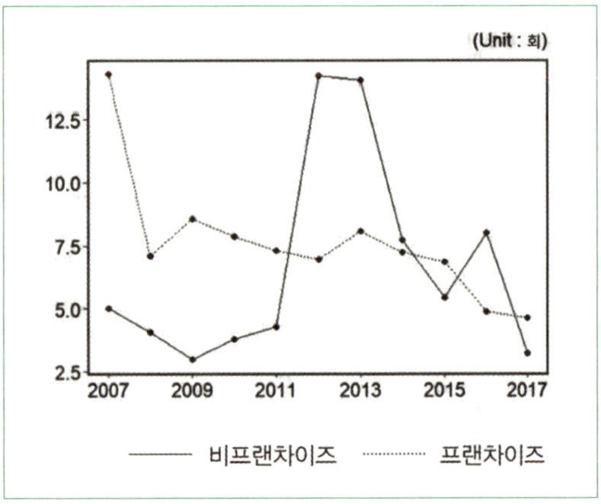

[그림 3-114] 비유동자산회전율 : 프랜차이즈 여부

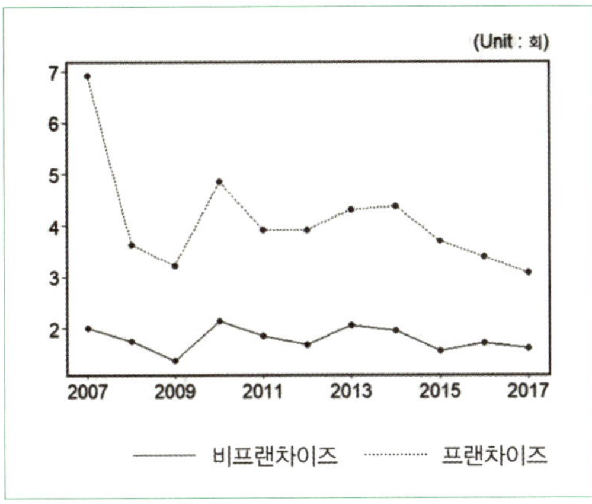

[그림 3-115] 재고자산회전율 : 프랜차이즈 여부

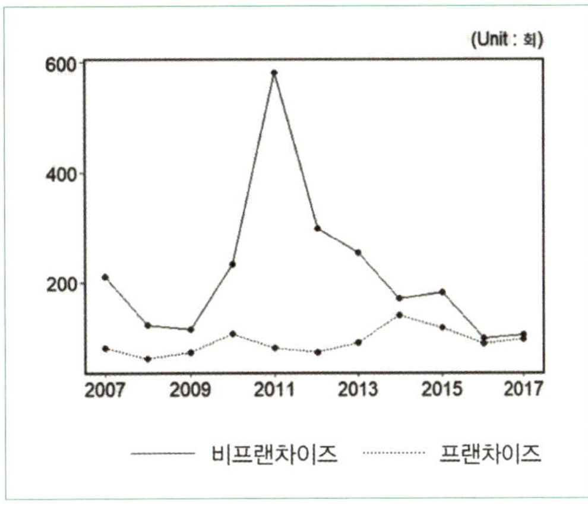

라. 보유 브랜드 수별

- 최근 10년간 보유 브랜드 수에 따른 활동성비율에는 큰 차이가 없는 것으로 나타났다.

[표 3-24] 외식기업의 활동성비율 : 보유 브랜드 수별

(단위: %)

비율	2007	2008	2009	2010	2011	2012	2013	2014	2015	2016	2017
단일 브랜드											
총자산회전율	2.31	1.61	1.37	1.71	1.93	1.77	1.83	1.74	1.54	1.47	1.37
자기자본회전율	17.43	9.76	4.95	5.34	7.16	11.43	8.62	8.18	7.68	5.00	5.51
비유동자산회전율	13.00	3.17	2.22	3.61	3.33	3.08	4.23	4.00	3.16	3.15	2.81
재고자산회전율	122.28	69.18	141.13	150.66	280.44	157.41	149.16	167.56	156.71	90.80	105.79
다브랜드											
총자산회전율	2.21	1.94	1.91	2.54	2.06	2.00	2.02	1.81	1.57	1.50	1.32
자기자본회전율	8.36	4.52	11.14	7.47	6.08	5.96	9.52	6.85	5.40	5.60	3.57
비유동자산회전율	3.98	3.28	3.05	4.15	3.26	3.07	3.01	2.92	2.46	2.33	2.09
재고자산회전율	100.24	78.01	66.18	132.93	119.93	111.92	136.46	133.26	122.76	101.58	96.33

[그림 3-116] 총자산회전율 : 보유 브랜드 수

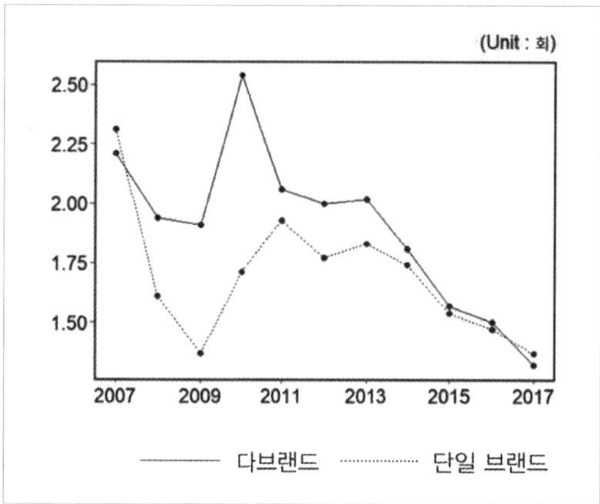

[그림 3-117] 자기자본회전율 : 보유 브랜드 수

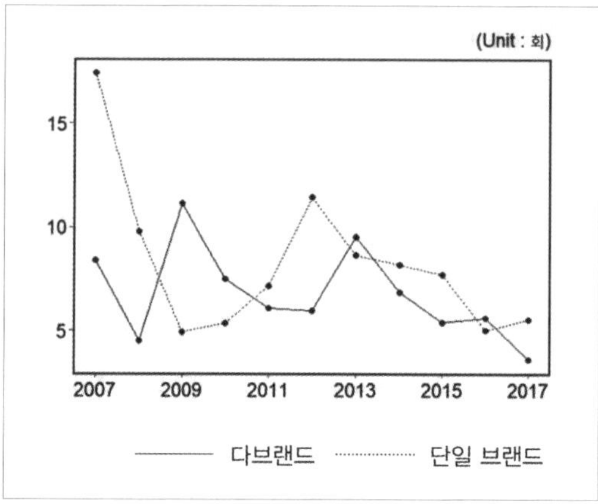

[그림 3-118] 비유동자산회전율 : 보유 브랜드 수

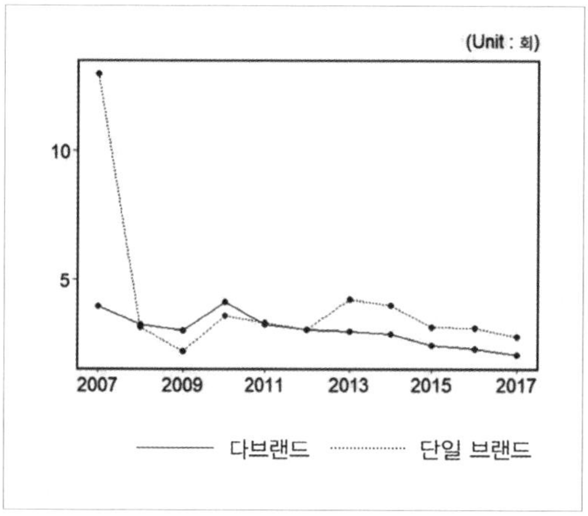

[그림 3-119] 재고자산회전율 : 보유 브랜드 수

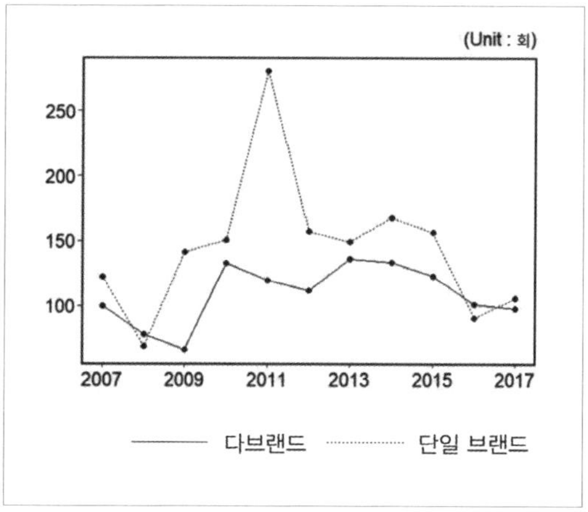

마. 국내외 브랜드 여부별

- 최근 10년간 국내 브랜드 기업과 해외 브랜드 기업의 활동성비율은 큰 차이가 없는 것으로 나타났다.
  - ○ 그러나 최근 4년간 총자산회전율은 국내 브랜드 기업에 비해 해외 브랜드 기업이 상대적으로 높았다. 이는 해외 브랜드 기업이 효율성이 높다는 것을 의미한다.
  - ○ 재고자산회전율의 경우 국내 브랜드 기업이 해외 브랜드 기업보다 약 2배 정도 높은 것으로 나타났으며, 자기자본회전율 또한 해외 브랜드 기업이 국내 브랜드 기업보다 약 4배 이상 높은 것으로 나타났다.

[표 3-25] 외식기업의 활동성비율 : 국내외 브랜드 여부별 (단위: %)

비율	2007	2008	2009	2010	2011	2012	2013	2014	2015	2016	2017
국내 브랜드											
총자산회전율	2.31	1.80	1.73	2.36	1.97	1.93	1.93	1.73	1.54	1.43	1.27
자기자본회전율	10.83	4.64	7.60	7.22	6.20	6.56	8.74	7.55	6.13	5.09	3.22
비유동자산회전율	6.01	3.21	2.92	4.43	3.29	3.15	3.37	3.47	2.77	2.76	2.39
재고자산회전율	110.98	79.10	95.07	151.05	149.96	130.47	226.56	207.81	157.84	110.78	116.14
해외 브랜드											
총자산회전율	1.97	1.88	1.64	1.74	2.09	1.83	1.95	2.03	1.70	1.77	1.73
자기자본회전율	15.66	13.05	4.96	4.14	8.23	7.20	7.77	7.64	5.98	5.71	13.55
비유동자산회전율	3.05	2.94	2.23	2.33	3.26	2.96	3.34	3.05	2.46	2.50	2.46
재고자산회전율	64.99	54.07	65.17	77.77	69.14	57.92	56.52	63.10	55.48	54.30	54.28

[그림 3-120] 총자산회전율 : 국내외 브랜드 여부

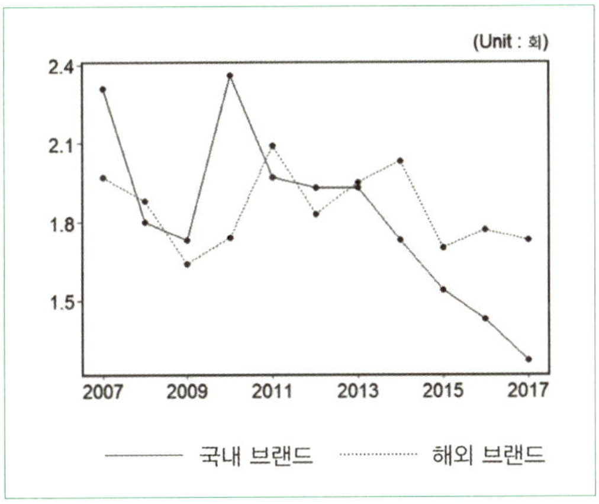

[그림 3-121] 자기자본회전율 : 국내외 브랜드 여부

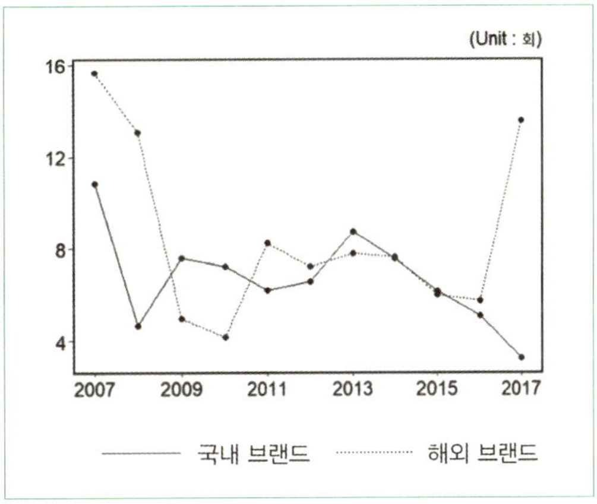

[그림 3-122] 비유동자산회전율 : 국내외 브랜드 여부

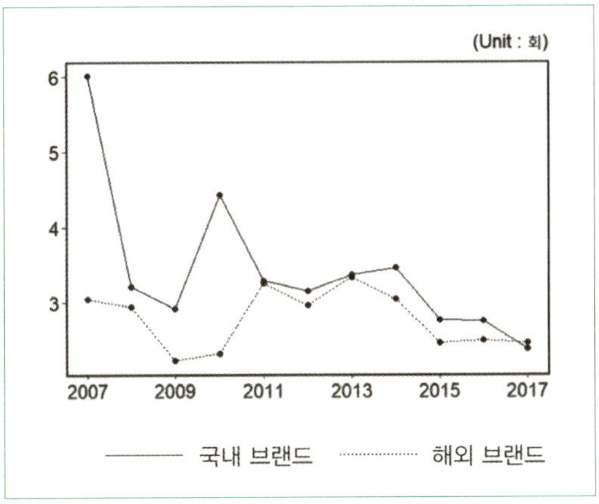

[그림 3-123] 재고자산회전율 : 국내외 브랜드 여부

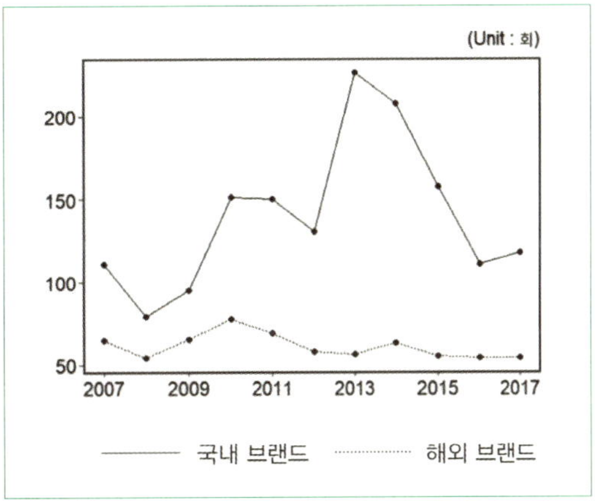

7. 생산성비율

가. 외식기업 전체

- 생산성비율은 기업경영활동에 투입되는 노동, 자본 등 여러 생산요소가 달성하는 경영능률과 성과배분의 합리성을 평가하는 비율이다.
- 생산성Productivity은 기본적으로 생산요소 투입 대비 생산산출의 비율을 의미한다. 가능한 적은 생산요소 투입을 통해 많은 산출을 올리면 생산성이 높은 것으로 평가된다.
- [표3-26]과 [그림 3-124], [그림3-125]는 외식업 평균에 대한 연도별 자본 집약도, 총자본투자효율, 설비투자효율을 계산한 것으로, 이때 벤치마크는 제조업 전체에 대한 해당 비율이다.
- 총자본투자효율은 기업에 투하된 자본 한 단위가 1년 동안 얼마만큼 부가가치액을 창출했는가를 나타내는 비율로, 이 비율이 높을수록 총자본이 효율적으로 운영되었음을 알 수 있다.
  - ㅇ 지난 10년간 외식업의 총자본투자효율은 제조업의 총자본투자효율보다 2배 이상 높은 것으로 나타나 높은 효율성을 달성한 것으로 조사됐지만, 이는 산업의 특성상 외식업이 제조업에 비해 상대적으로 자본투자가 적기 때문인 것으로 풀이된다.
- 설비투자효율은 설비자산의 한 단위가 어느 정도의 부가가치를 창출했는가를 나타내는 비율이다.
  - ㅇ 외식업은 제조업에 비해 높은 설비효율을 달성한 것으로 조사됐지만 이는 산업의 특성상 외식업 설비투자 비중이 상대적으로 적기 때문으로 볼 수 있다.

[표 3-26] 생산성비율 : 전체 (단위: %)

비율	2007	2008	2009	2010	2011	2012	2013	2014	2015	2016	2017
외식업 평균											
총자본투자효율	37.87	38.30	36.04	41.44	41.05	41.29	43.15	41.44	37.42	38.05	37.42
설비투자효율	149.50	137.14	119.65	134.32	140.36	141.72	161.27	176.54	142.14	174.37	188.13
제조업 평균											
총자본투자효율	16.90	14.42	14.31	15.24	14.82	14.41	14.33	13.68	13.77	13.60	12.59
설비투자효율	103.26	87.55	86.74	97.99	88.91	82.44	78.65	76.11	83.38	81.69	73.35

[그림 3-124] 총자본투자효율 : 전체

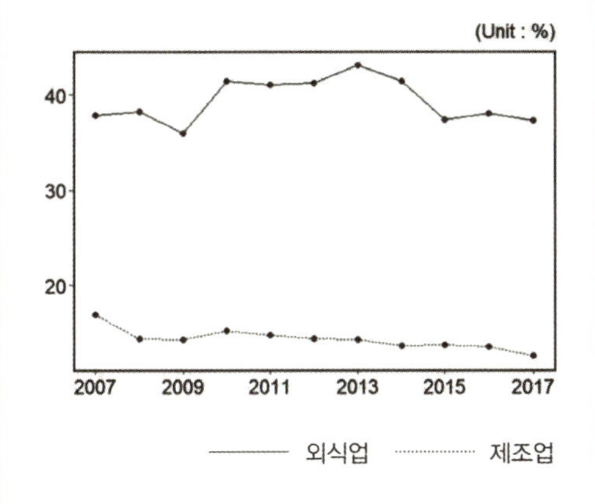

[그림 3-125] 설비투자효율 : 전체

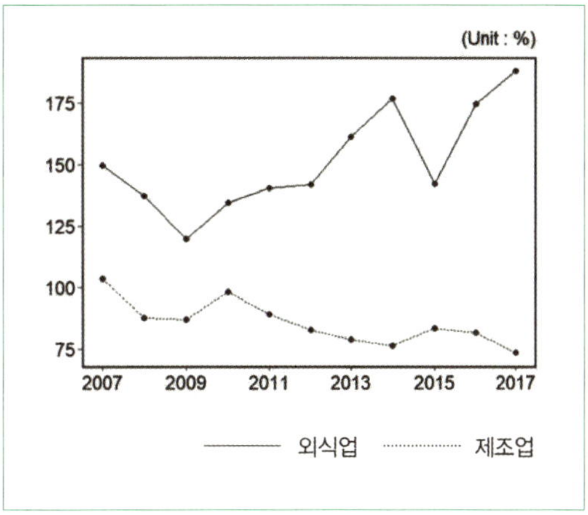

나. 세부 업종별

- 지난 10년간 업종별로 생산성을 살펴본 결과 비알코올 음료점업은 모든 기간 평균을 상회하는 설비투자효율과 총자본투자효율을 나타냈는데, 이는 업종의 특성이 반영된 것으로 비알콜 음료점업 대부분을 차지하는 카페 등이 많은 설비를 요구하지 않기 때문인 것으로 분석된다.
- 다업종업과 중식 음식점업, 일식 음식점업의 경우 설비투자효율이 낮게 나타났고 특히 중식 음식점업, 일식 음식점업의 경우 모든 기간평균 이하의 낮은 효율성을 나타냈다.
- 업종별로 생산성 지표가 명확한 추세를 보이지는 않으며, 해마다 증감을 반복하는 것으로 조사됐다.

[표 3-27] 외식기업의 생산성비율 : 세부 업종별 (단위: %)

비율	2007	2008	2009	2010	2011	2012	2013	2014	2015	2016	2017
한식 음식점업											
총자본투자효율	35.68	38.85	42.29	44.02	41.10	45.91	42.90	40.46	49.11	44.50	39.67
설비투자효율	128.66	92.93	79.50	149.91	128.55	140.02	151.29	185.44	378.29	253.48	154.66
중식 음식점업											
총자본투자효율	–	–	–	–	–	10.29	11.34	16.89	26.26	28.48	28.54
설비투자효율	–	–	–	–	–	10.84	11.74	27.58	47.70	46.95	48.40
일식 음식점업											
총자본투자효율	4.60	10.44	11.33	26.06	30.94	46.68	22.13	20.84	16.04	19.61	17.20
설비투자효율	8.09	27.91	38.45	80.05	73.15	143.70	57.53	53.58	32.33	68.02	60.43

다음 페이지에 계속

비율	2007	2008	2009	2010	2011	2012	2013	2014	2015	2016	2017
서양식 음식점업											
총자본투자효율	110.40	124.69	-	-	25.99	36.30	48.78	41.33	30.67	30.79	30.68
설비투자효율	220.72	306.83	-	-	30.26	69.24	86.93	76.13	14.26	129.28	312.94
제과점업											
총자본투자효율	33.65	31.26	19.45	24.89	33.32	41.55	45.19	49.89	40.49	41.70	40.40
설비투자효율	80.33	78.21	47.63	96.26	90.11	117.94	132.11	161.16	143.95	215.11	219.13
피자, 햄버거, 샌드위치 및 유사 음식점업											
총자본투자효율	40.09	43.83	51.38	53.58	58.16	40.91	67.34	59.32	57.38	43.84	43.79
설비투자효율	200.31	208.85	224.82	194.60	247.36	214.56	282.65	203.95	179.00	159.34	185.75
치킨 전문점											
총자본투자효율	35.58	19.38	30.86	31.98	30.34	26.08	34.82	34.53	37.77	38.95	45.53
설비투자효율	571.37	718.78	1420.91	106.93	125.29	77.78	159.15	113.59	127.03	167.72	229.68
김밥, 분식, 기타 간이 및 포장 음식점업											
총자본투자효율	26.52	26.45	31.63	43.40	37.46	38.85	30.11	38.78	30.86	26.52	21.34
설비투자효율	42.61	47.92	69.36	179.37	151.97	222.89	185.10	244.39	114.77	182.50	148.19
주점업											
총자본투자효율	33.70	32.96	28.45	25.05	23.80	27.98	34.31	20.41	24.47	24.60	33.60
설비투자효율	56.78	63.65	48.34	43.63	46.79	61.43	85.09	181.93	125.59	117.42	270.78
비알코올 음료점업											
총자본투자효율	49.29	50.20	44.55	49.68	49.33	47.88	48.25	51.53	38.72	42.36	43.18
설비투자효율	185.39	186.22	175.73	197.75	202.66	209.82	278.82	357.08	183.33	249.24	316.06
다업종업											
총자본투자효율	42.84	42.74	46.42	50.08	49.04	49.56	45.20	41.46	31.15	38.43	35.45
설비투자효율	167.99	151.53	154.20	145.03	137.43	154.34	158.53	184.74	138.08	133.27	120.53

[그림 3-126] 생산성비율 : 한식 음식점업

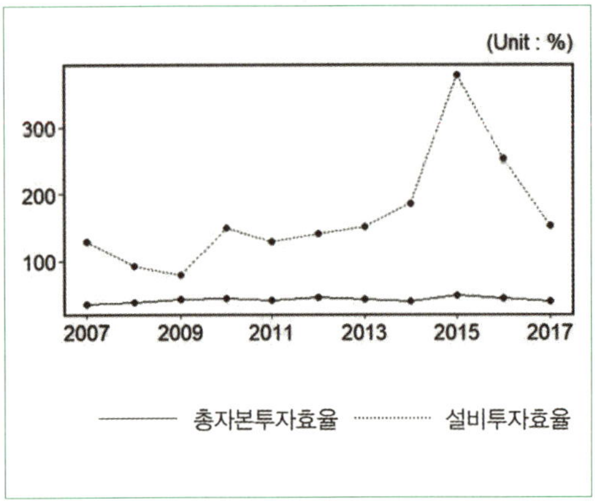

[그림 3-127] 생산성비율 : 중식 음식점업

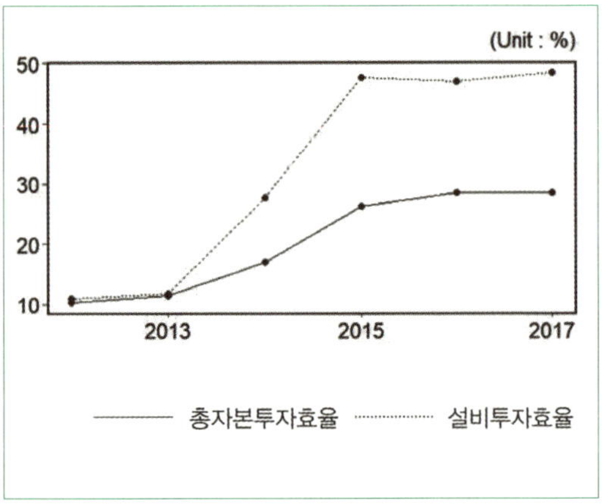

[그림 3-128] 생산성비율 : 일식 음식점업

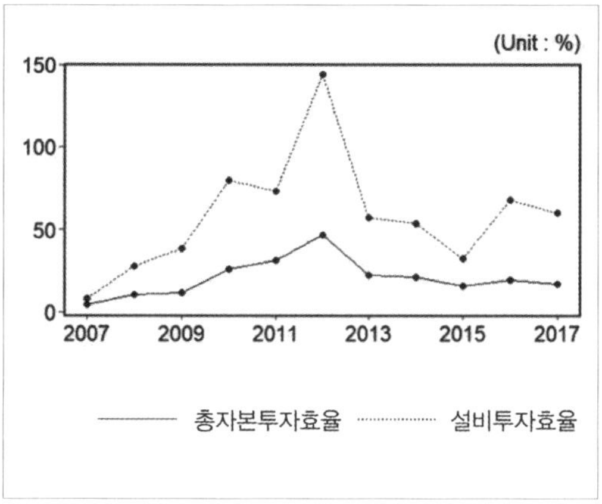

[그림 3-129] 생산성비율 : 서양식 음식점업

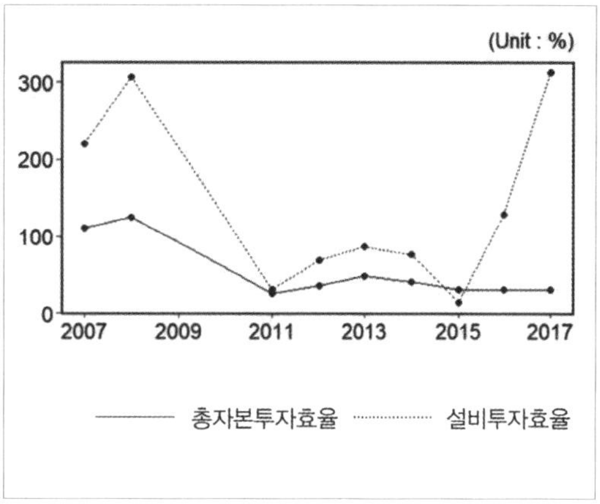

[그림 3-130] 생산성비율 : 제과점업

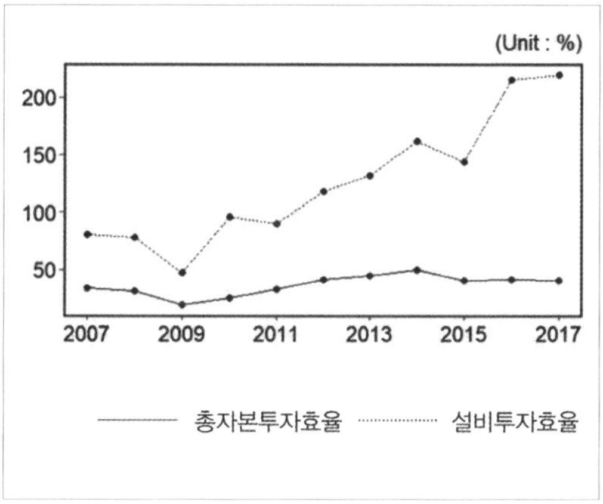

[그림 3-131] 생산성비율 : 피자, 햄버거, 샌드위치 및 유사 음식점업

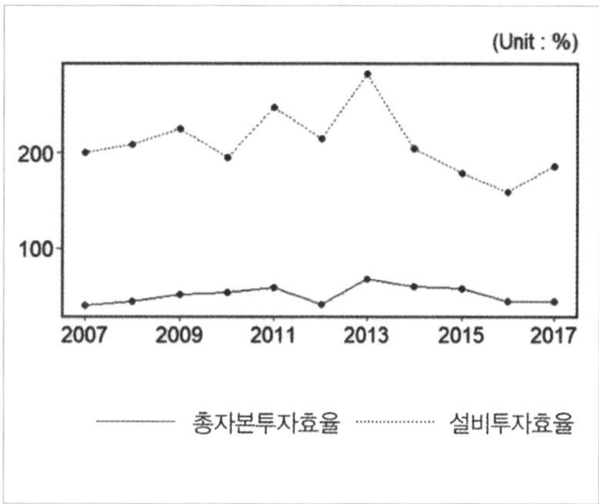

[그림 3-132] 생산성비율 : 치킨 전문점

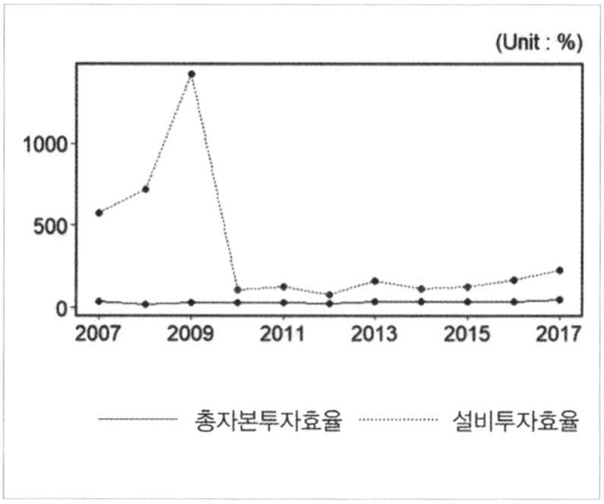

[그림 3-133] 생산성비율 : 김밥, 분식, 기타 간이 음식점업

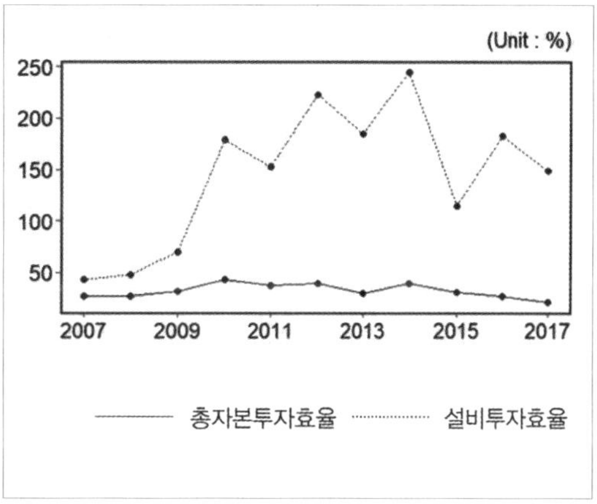

[그림 3-134] 생산성비율 : 주점업

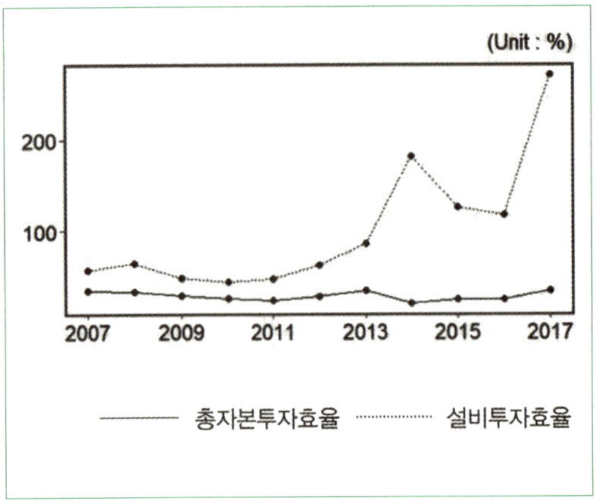

[그림 3-135] 생산성비율 : 비알코올 음료점업

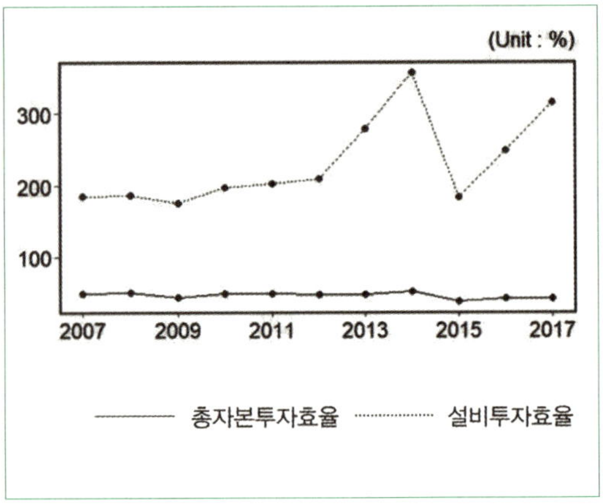

[그림 3-136] 생산성비율 : 다업종업

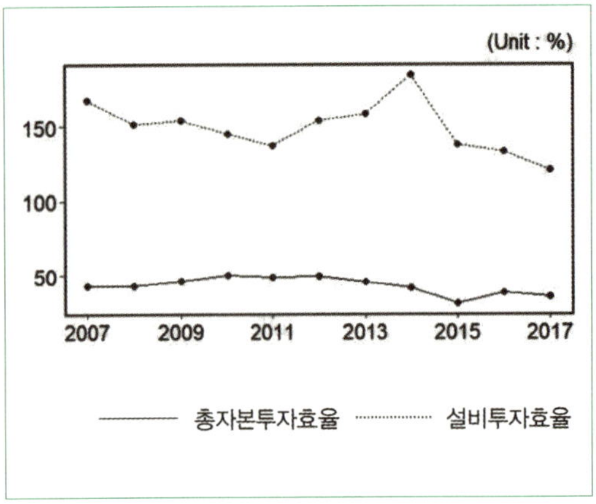

다. 프랜차이즈 운영 여부별

- 지난 10년간 비프랜차이즈 운영기업의 총자본투자효율이 프랜차이즈 운영기업의 자본투자효율보다 높게 나타났다. 이를 통해 비프랜차이즈 운영기업의 총자본이 프랜차이즈 기업의 총자본보다 효율적으로 운영되었음을 알 수 있다.
  - ○ 단, 2015년은 예외적으로 프랜차이즈 운영기업의 자본투자효율이 높은 것으로 조사됐다.
- 반면 지난 10년간 프랜차이즈 운영기업의 설비투자효율이 비프랜차이즈 운영기업보다 높게 나타났으며, 이는 프랜차이즈 운영기업의 설비투자가 비프랜차이즈 운영기업에 비해 효과적으로 이루어졌음을 알 수 있다.

[표 3-28] 외식기업의 생산성비율 : 프랜차이즈 운영 여부별 (단위: %)

비율	2007	2008	2009	2010	2011	2012	2013	2014	2015	2016	2017
프랜차이즈											
총자본투자효율	33.41	34.32	34.76	39.27	37.96	37.21	42.09	39.63	37.39	36.16	34.34
설비투자효율	170.34	157.00	158.71	146.62	155.75	154.82	194.64	221.42	159.25	183.28	215.36
비프랜차이즈											
총자본투자효율	48.81	48.22	39.72	44.62	46.66	49.01	45.19	43.32	37.33	41.00	41.31
설비투자효율	124.71	134.18	99.73	110.27	106.75	113.51	115.41	124.43	114.99	158.30	144.30

[그림 3-137] 총자본투자효율 : 프랜차이즈 여부

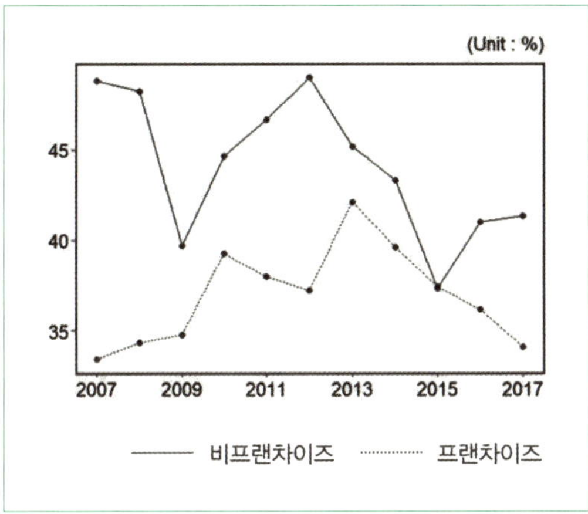

[그림 3-138] 설비투자효율 : 프랜차이즈 여부

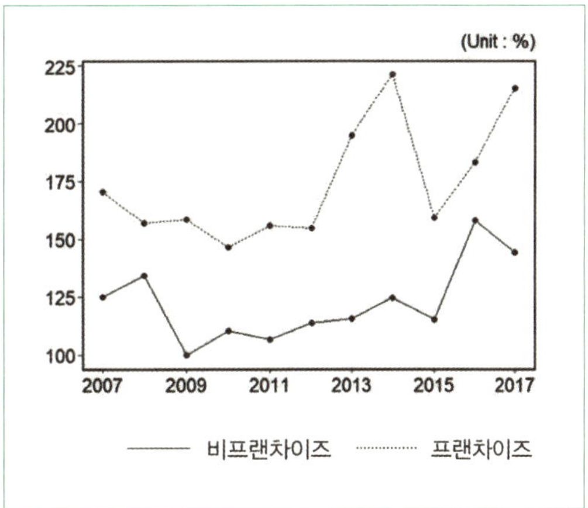

라. 보유 브랜드 수별

- 최근 2년간 단일 브랜드의 총자본투자율이 다브랜드의 총자본투자율보다 높게 나타났다.
  - ○ 최근 5개년 중 2013~2015년은 다브랜드의 총자본투자율이 더 높은 것으로 조사됐다.
- 2007년 이후로 단일 브랜드의 설비투자효율이 다브랜드의 해당 지표보다 높은 것으로 나타났다.

[표 3-29] 외식기업의 생산성비율 : 보유 브랜드 수별 (단위: %)

비율	2007	2008	2009	2010	2011	2012	2013	2014	2015	2016	2017
단일 브랜드 운영											
총자본투자효율	38.82	36.92	31.12	36.68	39.12	41.23	43.01	39.85	35.81	38.68	38.35
설비투자효율	236.05	277.53	315.01	158.59	146.94	170.46	207.50	242.56	140.05	196.70	200.73
다브랜드 운영											
총자본투자효율	36.90	38.50	39.73	43.69	42.11	41.30	43.27	42.01	39.88	37.48	37.05
설비투자효율	126.21	114.25	114.69	127.47	133.05	118.73	131.86	135.07	144.02	146.57	176.65

[그림 3-139] 총자본투자효율 : 보유 브랜드 수

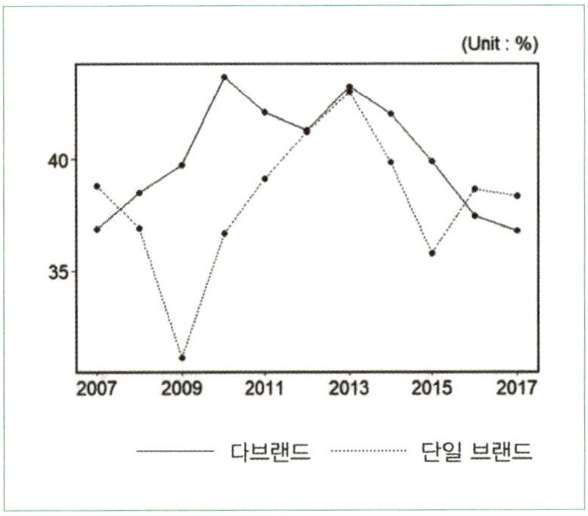

[그림 3-140] 설비투자효율 : 보유 브랜드 수

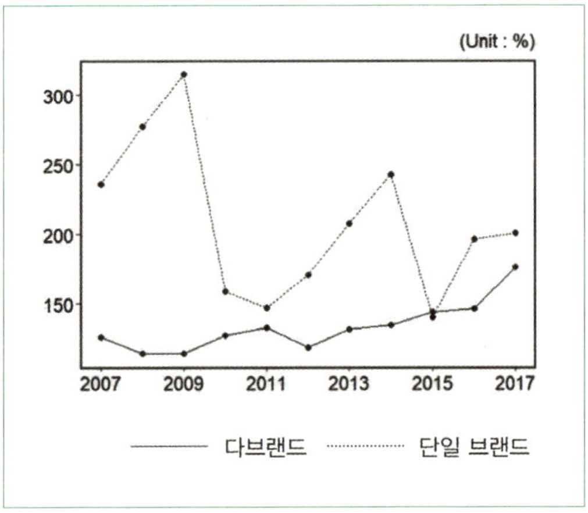

마. 국내외 브랜드 여부별

- 지난 10년간 브랜드의 국적에 따른 생산성비율에 다소 차이가 발생했으며, 해외 브랜드의 총자본투자효율과 설비투자효율이 국내 브랜드의 해당 지표보다 높게 나타났다.

[표 3-30] 외식기업의 생산성비율 : 국내외 브랜드 여부별 (단위: %)

비율	2007	2008	2009	2010	2011	2012	2013	2014	2015	2016	2017
국내 브랜드											
총자본투자효율	35.65	34.93	35.51	39.86	38.29	38.75	40.30	38.80	34.82	35.05	34.55
설비투자효율	148.47	127.56	131.03	127.27	129.41	123.82	149.21	177.55	144.91	177.00	184.72
해외 브랜드											
총자본투자효율	45.22	49.65	40.21	46.78	51.49	52.34	56.37	50.80	48.96	52.33	52.63
설비투자효율	183.46	197.42	150.95	157.02	181.70	221.71	224.09	191.97	149.73	179.22	211.46

[그림 3-141] 총자본투자효율 : 국내외 브랜드 여부

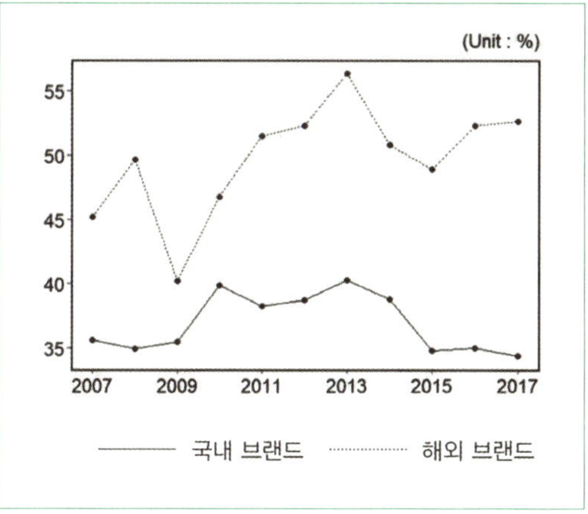

[그림 3-142] 설비투자효율 : 국내외 브랜드 여부

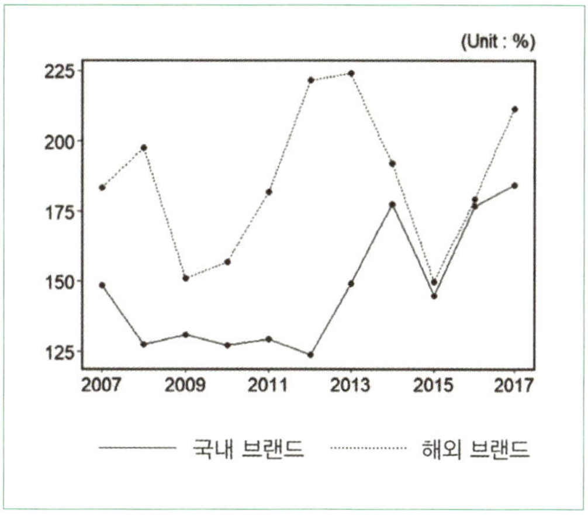

8. 부가가치의 구성

가. 외식기업 전체

- 하나의 제품이 만들어져서 최종 소비자에게 전달되는 데는 보통 여러 생산단계를 거치게 되며, 부가가치value added는 특정 생산단계에서 새로이 창출된 가치를 말한다.
  - ○ 회계항목을 이용해 부가가치를 구하면 다음과 같다.
  - ○ 부가가치 = 순이익+인건비+임차료+이자비용+세금과 공과+감가상각비
  - ○ 순이익은 영업잉여로, 이자비용은 금융비용으로 표현한다.
- 외식업과 제조업의 부가가치 구성은 서로 상이하며, 영업잉여, 인건비와 감가상각비 모두 외식업이 큰 것으로 나타났고, 금융비용은 2009년을 기점으로 외식업보다 제조업이 크게 나타났다.
- 지난 10년간 외식업은 제조업에 비해 30%가량 영업잉여 수준이 높게 나타났다. 이는 제조업에 비해 순이익이 높다는 뜻이다.
- 비용 측면인 인건비와 감가상각비가 제조업의 해당 지표보다 높은데 이를 통해 제조업에 비해 수익성이 나쁘다는 것을 알 수 있다.

[표 3-31] 부가가치의 구성 : 전체

(단위 : 백만 원)

비율	2007	2008	2009	2010	2011	2012	2013	2014	2015	2016	2017
외식업 평균											
영업잉여	3,357	3,324	4,648	5,120	5,206	4,924	5,084	4,710	3,314	3,614	3,365
인건비	9,883	11,194	10,419	12,129	13,236	12,994	13,835	13,231	12,372	13,233	14,452
금융비용	498	647	554	332	245	419	325	289	268	279	322
감가상각비	3,143	3,706	3,692	3,437	3,356	3,418	3,616	3,779	3,408	3,401	3,411
제조업 평균											
영업잉여	1,879	2,400	2,641	2,937	2,553	2,113	2,135	1,978	2,298	2,559	2,548
인건비	1,969	2,067	2,050	2,193	2,250	2,264	2,251	2,280	2,346	2,313	2,496
금융비용	406	539	592	549	570	586	481	448	392	349	346
감가상각비	1,533	1,606	1,709	1,734	1,684	1,751	1,740	1,743	1,728	1,717	1,814

[그림 3-143] 영업잉여 : 전체

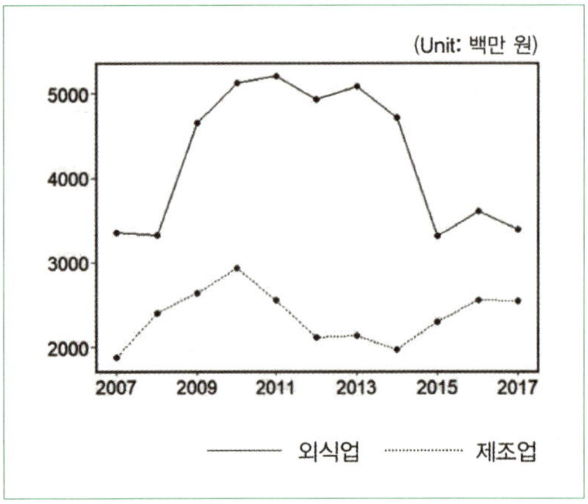

[그림 3-144] 인건비 : 전체

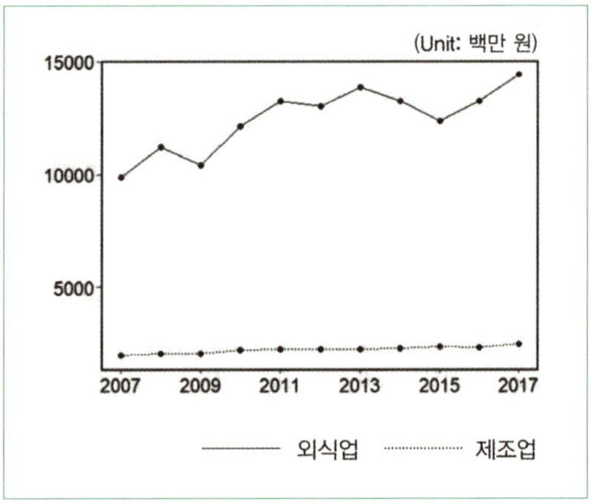

[그림 3-145] 금융비용 : 전체

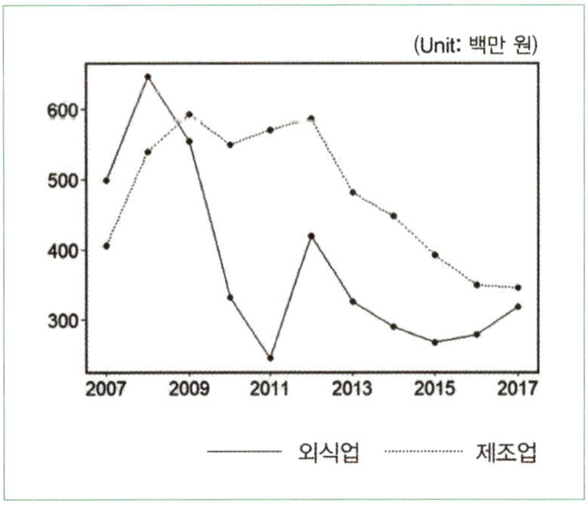

[그림 3-146] 감가상각비 : 전체

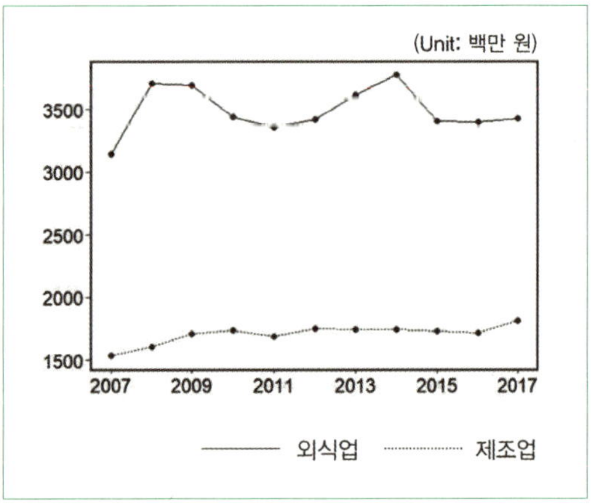

나. 세부 업종별

- 제과점업, 치킨 전문점, 비알코올 음료점업, 다업종업의 경우 영업잉여가 평균을 상회하나 비용 측면인 감가상각비, 인건비도 평균보다 높았다.
  - ○ 한식 음식점업의 경우 영업잉여가 하락 추세이다. 인건비가 지속적으로 상승하고 있어 수익성이 악화되고 있는 것으로 보인다.
  - ○ 제과점업의 경우 영업잉여의 상승폭보다 감가상각비의 증가율이 커 수익성이 악화되고 있는 것으로 판단된다.
  - ○ 피자, 햄버거, 샌드위치 및 유사 음식점업의 경우 2013년 이후 꾸준히 영업잉여가 감소하고 있는데, 비용 측면인 인건비가 동기간 급증하여 수익성이 악화되고 있는 것으로 판단된다.
  - ○ 치킨 전문점의 영업잉여는 상승하는 추세에 있고 금융비용과 감가상각비는 하락하는 추세에 있으며, 인건비는 2017년에 소폭 증가했다.
  - ○ 주점업의 경우 영업잉여가 2013년 이후 큰 폭으로 하락하고 있는데, 이에 반해 인건비, 금융비용, 감가상각비는 모두 상승 추세로 수익성이 크게 악화됐다.

[표 3-32] 외식기업의 부가가치의 구성 : 세부 업종별 (단위: 백만 원)

비율	2007	2008	2009	2010	2011	2012	2013	2014	2015	2016	2017
한식 음식점업											
영업잉여	1,727	1,973	2,059	2,636	1,916	1,568	1,803	1,535	1,870	2,384	1,674
인건비	3,879	4,466	4,655	4,427	5,586	6,363	6,653	7,120	6,774	7,527	7,276
금융비용	370	495	383	283	263	457	349	308	310	259	219
감가상각비	824	990	998	842	946	1,362	1,552	1,633	1,360	1,523	1,492
중식 음식점업											
영업잉여	–	–	–	–	–	123	191	554	1,452	875	787
인건비	–	–	–	–	–	1,215	1,175	1,147	1,507	1,942	2,062
금융비용	–	–	–	–	–	465	592	381	264	231	225
감가상각비	–	–	–	–	–	60	140	348	521	504	436
일식 음식점업											
영업잉여	154	-588	-222	600	2,066	1,756	-6	838	658	660	41
인건비	172	596	572	1,028	1,671	5,339	2,441	2,617	2,965	3,128	3,732
금융비용	42	-2	55	212	121	160	146	-33	95	226	128
감가상각비	420	1,043	758	1,024	1,290	1,666	1,887	2,094	2,306	2,300	2,585
서양식 음식점업											
영업잉여	781	1,502	–	–	1,381	373	-27	-607	-1,220	-1,610	-1,090
인건비	4,648	5,961	–	–	1,430	3,268	4,167	3,802	3,847	3,656	2,845

다음페이지에 계속

비율	2007	2008	2009	2010	2011	2012	2013	2014	2015	2016	2017
금융비용	137	213	–	–	479	79	176	127	159	226	118
감가상각비	1,082	1,523	–	–	341	637	1,177	1,184	1,288	1,484	1,171
제과점업											
영업잉여	11,591	14,877	10,461	10,989	12,568	12,693	19,537	16,997	13,182	11,335	6,553
인건비	27,855	33,598	23,960	23,369	28,873	32,355	48,821	37,933	32,773	28,749	25,945
금융비용	1,584	2,050	718	−47	21	578	851	752	470	386	404
감가상각비	17,465	20,793	15,351	12,292	13,763	15,531	20,010	13,981	12,275	10,769	7,016
피자, 햄버거, 샌드위치 및 유사 음식점업											
영업잉여	786	1,752	6,423	8,388	6,144	5,525	6,484	5,474	4,126	2,055	−607
인건비	11,285	12,073	16,694	18,314	16,942	12,134	19,722	21,252	24,049	22,104	24,136
금융비용	766	598	414	252	−76	−106	−326	−175	12	204	824
감가상각비	2,673	2,275	2,333	2,567	2,806	2,603	2,948	3,452	3,981	3,982	4,278
치킨 전문점											
영업잉여	2,376	−1,494	1,726	3,216	3,551	4,214	3,723	3,247	4,600	7,645	7,833
인건비	7,141	7,853	6,873	5,570	4,469	4,074	4,414	5,419	5,796	5,629	6,031
금융비용	380	516	654	374	437	363	309	313	262	131	69
감가상각비	1,580	1,843	1,460	850	625	529	626	810	972	943	920
김밥, 분식, 기타 간이 음식점업											
영업잉여	662	954	598	1,795	1,785	1,806	2,922	2,560	2,867	784	888
인건비	3,859	4,529	7,522	5,461	4,837	5,453	4,936	4,563	4,914	4,105	3,638
금융비용	186	200	318	168	121	188	326	282	206	200	199
감가상각비	418	562	792	546	617	762	596	579	580	559	642
주점업											
영업잉여	1,799	1,600	877	829	740	1,772	3,281	10	649	−112	−1,442
인건비	1,433	1,892	1,620	1,704	1,631	1,801	2,389	2,742	2,192	4,588	8,096
금융비용	161	178	53	141	143	124	145	58	−67	379	815
감가상각비	465	391	257	248	391	434	532	510	592	2,195	3,909
비알코올 음료점업											
영업잉여	11,154	13,210	13,510	16,299	15,443	13,092	11,192	13,509	9,743	10,633	13,113
인건비	12,615	15,857	19,815	22,011	22,263	23,706	20,581	20,939	20,397	20,414	23,584
금융비용	−187	288	070	377	749	875	488	327	327	−26	−148
감가상각비	5,697	7,533	9,772	10,232	10,256	10,488	7,874	8,095	7,562	7,733	8,471
다업종업											
영업잉여	5,423	2,476	6,708	6,172	4,739	7,961	6,124	7,889	5,545	6,093	4,875
인건비	30,127	28,706	23,142	31,069	34,014	37,061	43,630	42,978	39,008	41,879	40,417
금융비용	847	1,363	1,536	783	33	293	12	401	221	614	915
감가상각비	6,104	6,533	6,938	8,167	6,845	7,258	8,807	8,588	7,817	8,183	8,521

[그림 3-147] 부가가치 : 한식 음식점업

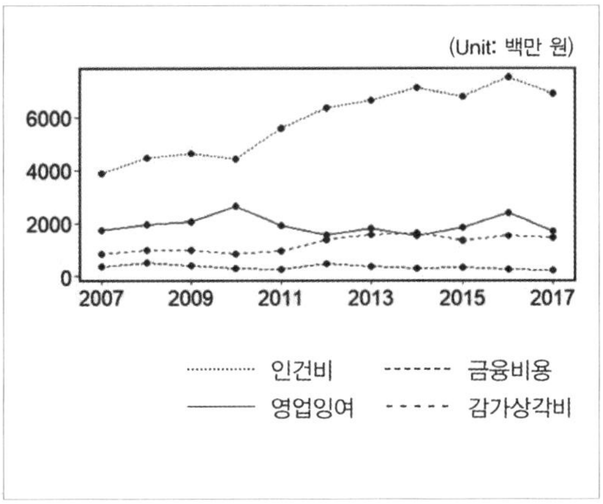

[그림 3-148] 부가가치 : 중식 음식점업

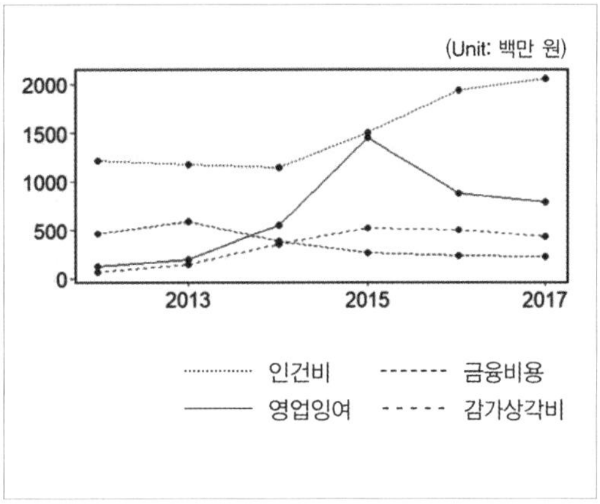

[그림 3-149] 부가가치 : 일식 음식점업

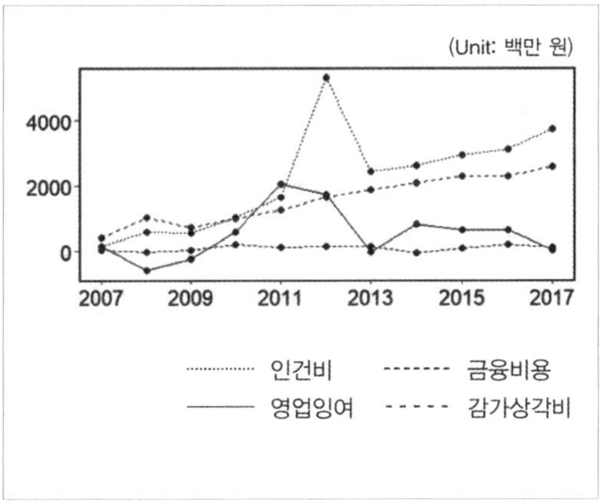

[그림 3-150] 부가가치 : 서양식 음식점업

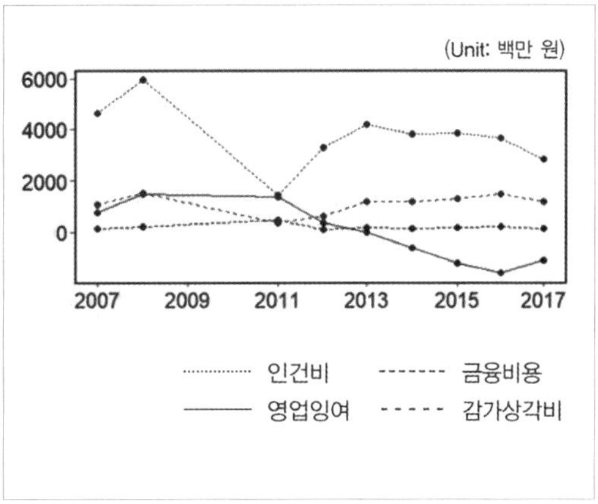

[그림 3-151] 부가가치 : 제과점업

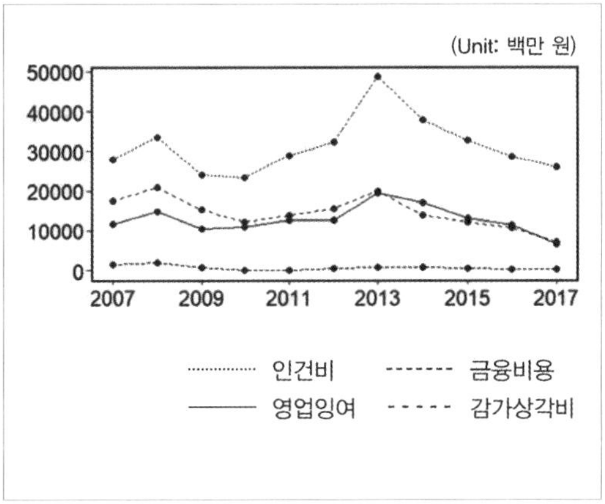

[그림 3-152] 부가가치 : 피자, 햄버거, 샌드위치 및 유사 음식점업

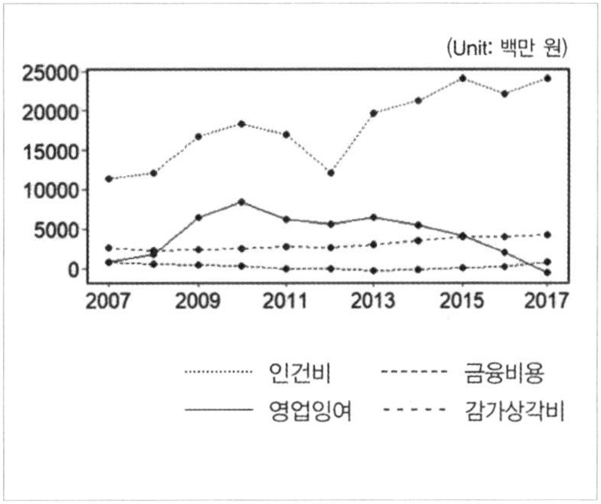

[그림 3-153] 부가가치 : 치킨 전문점

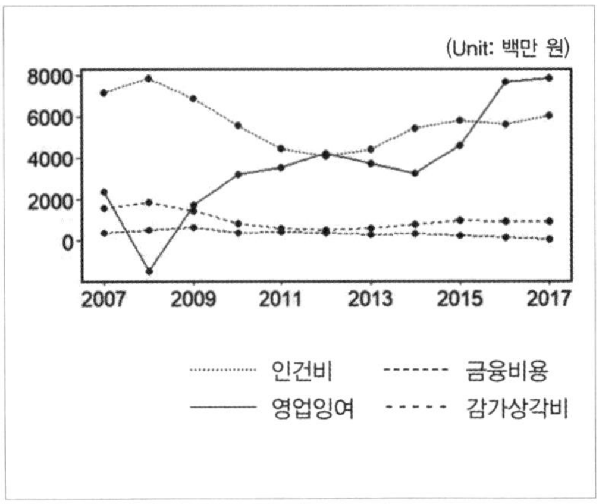

[그림 3-154] 부가가치 : 김밥, 분식, 기타 간이 음식점업

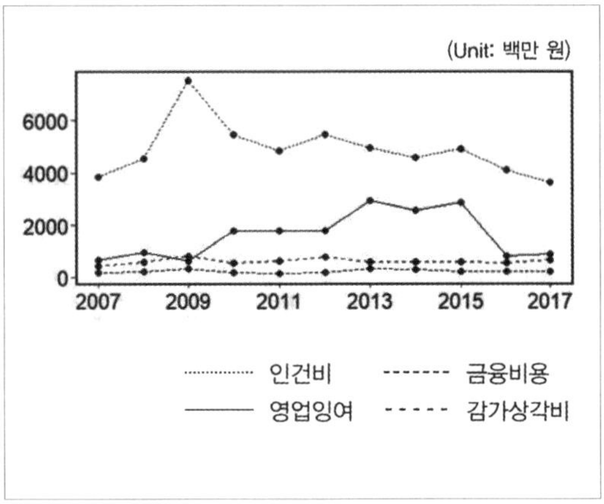

[그림 3-155] 부가가치 : 주점업

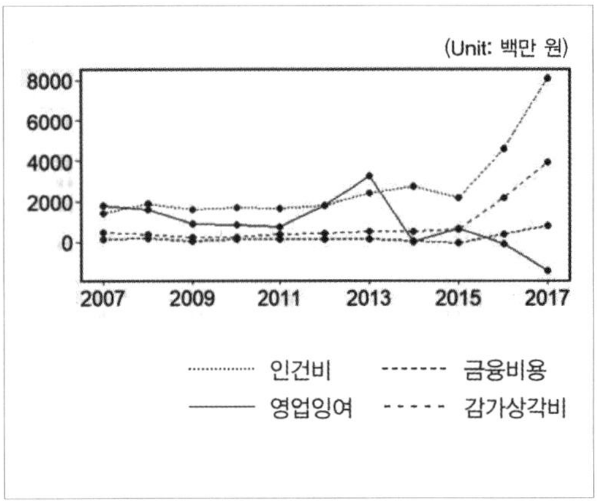

[그림 3-156] 부가가치 : 비알코올 음료점업

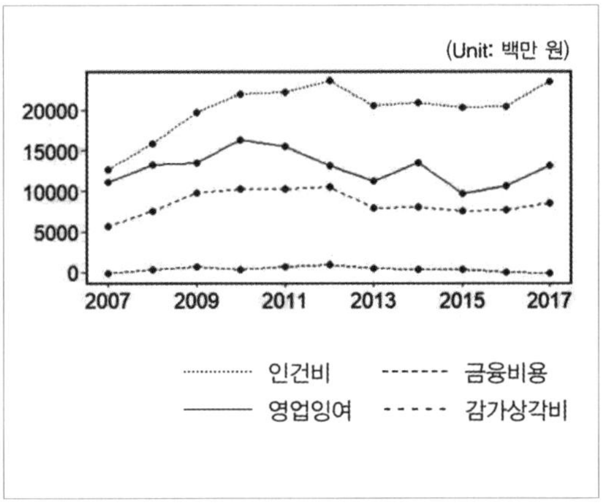

[그림 3-157] 부가가치 : 다업종업

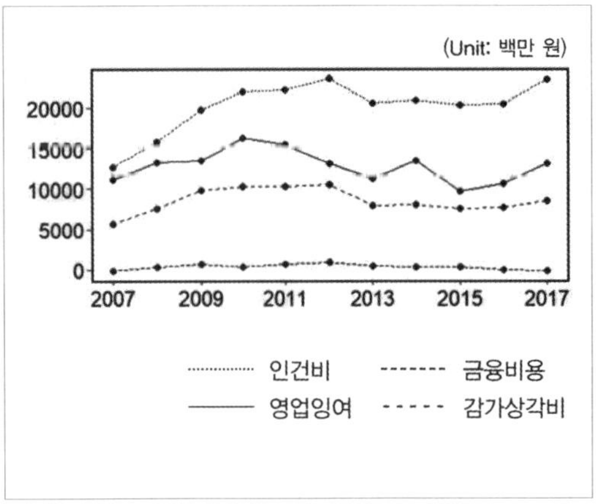

다. 프랜차이즈 운영 여부별

- 2009년 이후 프랜차이즈의 영업잉여가 비프랜차이즈의 영업잉여보다 꾸준히 크게 나타나고 있다.
  - ○ 2017년 프랜차이즈와 비프랜차이즈의 영업잉여 차이는 3,604백만 원 이다.
- 비용 측면인 인건비와 감가상각비 역시 프랜차이즈가 높게 나타났으며, 이는 프랜차이즈가 영업잉여액도, 금융비용도 크다는 것을 의미한다. 따라서 프랜차이즈의 수익성이 비프랜차이즈의 수익성보다 크다고 판단할 수는 없다.
- 금융비용의 경우 프랜차이즈 운영 여부에 따른 차이가 크게 발생하지 않는 것으로 나타났다.

[표 3-33] 외식기업의 부가가치 구성 : 프랜차이즈 운영 여부별 (단위: 백만 원)

비율	2007	2008	2009	2010	2011	2012	2013	2014	2015	2016	2017
프랜차이즈											
영업잉여	3,576	3,463	5,300	6,126	6,482	6,327	7,051	6,708	5,062	5,214	4,679
인건비	11,414	12,845	11,835	14,527	16,059	16,180	18,369	18,288	17,455	17,024	18,255
금융비용	551	660	543	306	133	369	302	276	264	271	384
감가상각비	3,450	3,993	3,909	3,804	3,695	3,890	4,153	4,230	4,011	4,019	4,113
비프랜차이즈											
영업잉여	2,762	2,718	2,459	3,073	2,690	2,174	1,339	1,472	722	997	1,075
인건비	6,110	6,886	5,942	6,368	7,511	7,782	7,301	6,781	6,259	6,927	6,501
금융비용	295	619	513	345	523	376	235	270	310	322	276
감가상각비	2,478	3,039	3,374	2,593	2,770	2,564	2,459	2,251	1,947	2,042	2,007

[그림 3-158] 영업잉여 : 프랜차이즈 여부

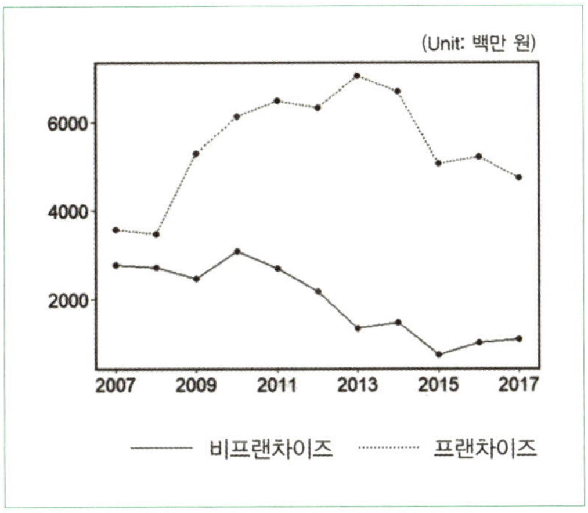

[그림 3-159] 인건비 : 프랜차이즈 여부

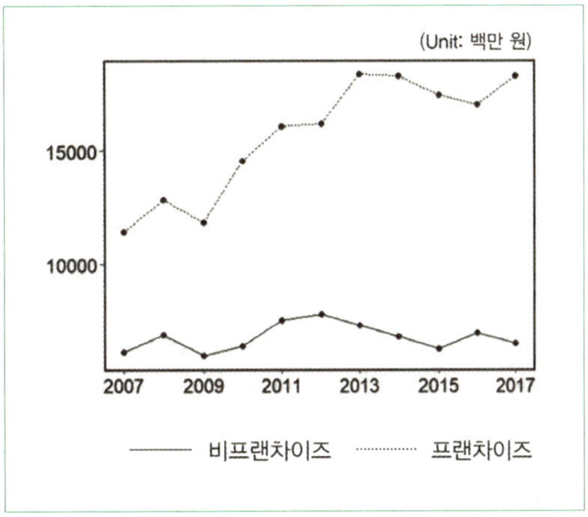

[그림 3-160] 금융비용 : 프랜차이즈 여부

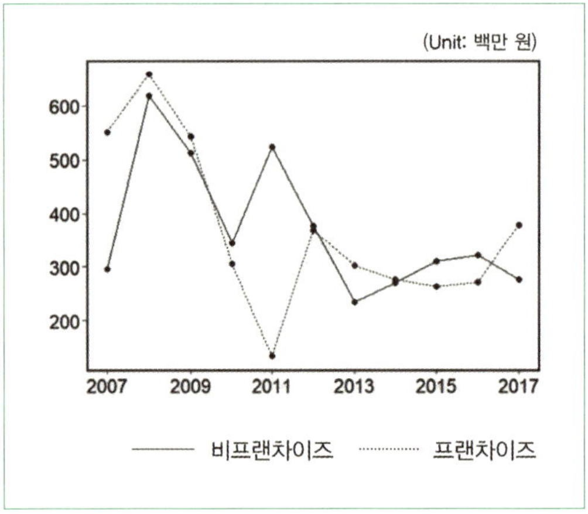

[그림 3-161] 감가상각비 : 프랜차이즈 여부

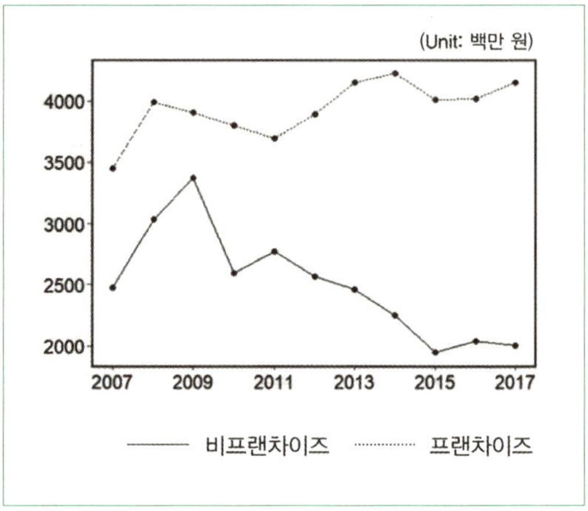

라. 보유 브랜드 수별

■ 지난 10년간 다브랜드의 영업잉여, 인건비, 감가상각비가 더 높게 나타났다.

○ 이는 전반적으로 다브랜드의 기업규모가 큰 것을 의미하지만 수익성이 더 높다고는 해석할 수 없다.

[표 3-34] 외식기업의 부가가치의 구성 : 보유 브랜드 수별 (단위: 백만 원)

비율	2007	2008	2009	2010	2011	2012	2013	2014	2015	2016	2017
단일 브랜드											
영업잉여	1,468	2,288	3,015	3,765	3,680	2,973	3,271	3,257	2,394	2,586	2,367
인건비	6,969	7,909	7,232	7,493	7,635	7,406	8,461	8,468	7,875	8,268	8,771
금융비용	600	726	532	326	332	403	283	246	248	277	323
감가상각비	2,285	2,458	2,364	2,299	2,224	2,129	2,012	2,006	1,899	2,108	2,275
다브랜드											
영업잉여	4,551	3,870	5,925	6,267	6,703	6,661	6,453	5,708	4,381	4,704	4,297
인건비	11,597	13,299	12,679	14,856	17,835	18,514	19,913	18,903	18,245	18,200	10,507
금융비용	387	592	521	276	164	357	283	237	214	299	352
감가상각비	3,802	4,553	4,829	4,237	4,418	4,517	4,839	4,610	4,444	4,479	4,310

[그림 3-162] 영업잉여 : 보유 브랜드 수

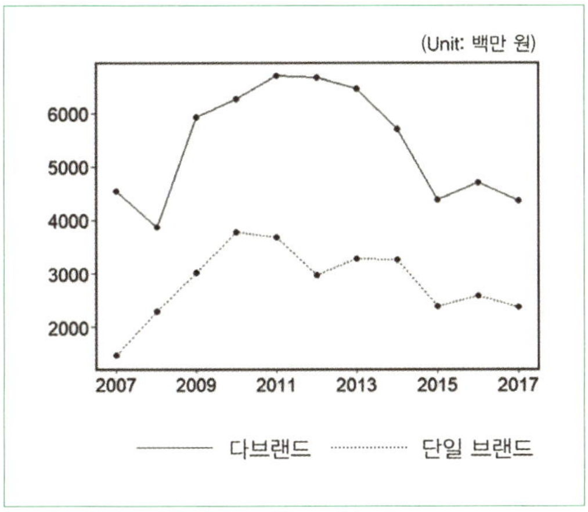

[그림 3-163] 인건비 : 보유 브랜드 수

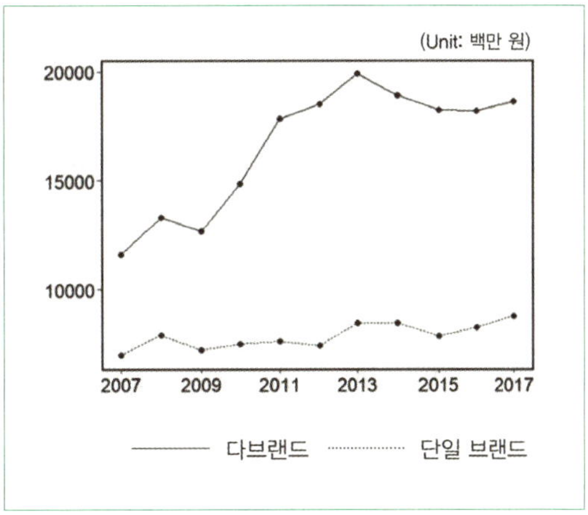

[그림 3-164] 금융비용 : 보유 브랜드 수

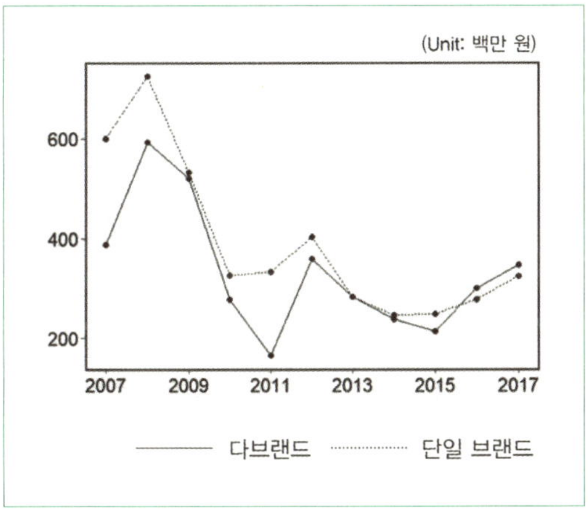

[그림 3-165] 감가상각비 : 보유 브랜드 수

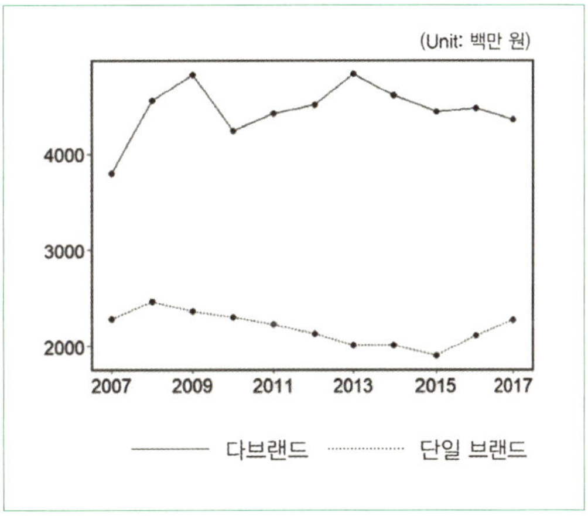

마. 국내외 브랜드 여부별

- 국내 브랜드와 해외 브랜드 여부에 따른 부가가치의 차이 역시 영업잉여가 큰 해외 브랜드에서 크게 발생하고 있는 것으로 나타났다.

[표 3-35] 외식기업의 부가가치 구성 : 국내외 브랜드 여부별

(단위: 백만 원)

비율	2007	2008	2009	2010	2011	2012	2013	2014	2015	2016	2017
국내 브랜드											
영업잉여	2,787	1,865	3,313	3,749	4,423	3,879	3,340	3,221	2,493	3,007	2,874
인건비	8,328	9,574	8,708	10,746	12,233	12,222	12,708	11,866	10,483	10,191	10,067
금융비용	410	602	521	313	294	486	416	379	303	329	338
감가상각비	2,567	3,099	3,042	2,792	2,617	2,687	2,934	2,915	2,510	2,397	2,396
해외 브랜드											
영업잉여	6,123	8,752	9,569	10,172	7,871	7,419	9,146	9,232	8,379	8,406	8,404
인건비	16,152	18,616	18,169	18,525	18,072	18,054	21,162	22,475	22,544	23,150	27,044
금융비용	618	758	633	297	163	22	-191	-207	17	-76	-11
감가상각비	5,611	6,304	6,316	6,185	6,778	6,692	6,329	6,656	6,532	6,979	7,853

[그림 3-166] 영업잉여 : 국내외 브랜드 여부

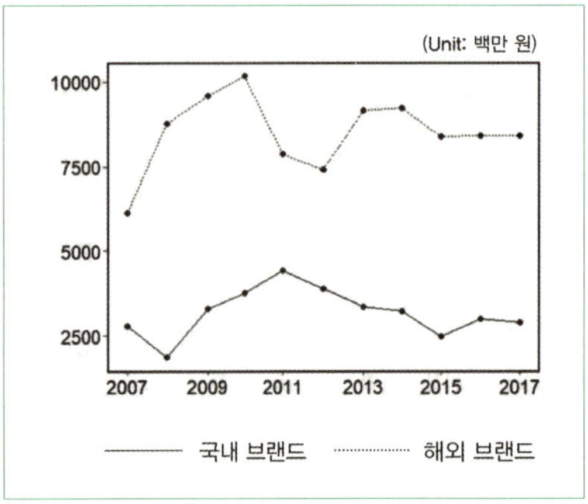

[그림 3-167] 인건비 : 국내외 브랜드 여부

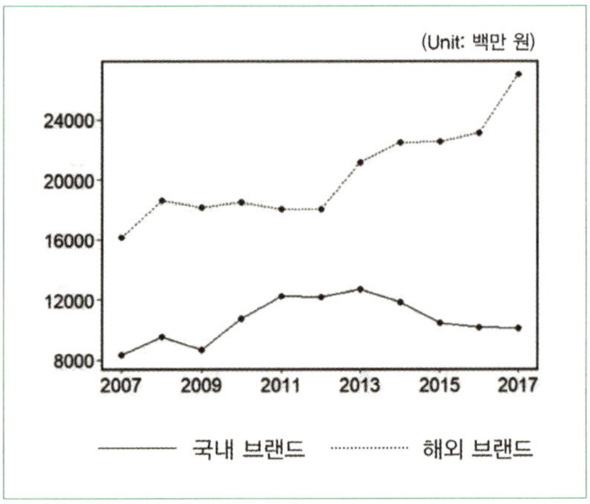

[그림 3-168] 금융비용 : 국내외 브랜드 여부

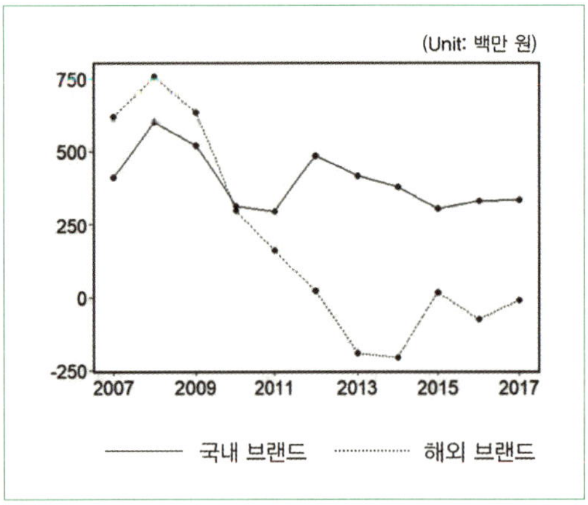

[그림 3-169] 감가상각비 : 국내외 브랜드 여부

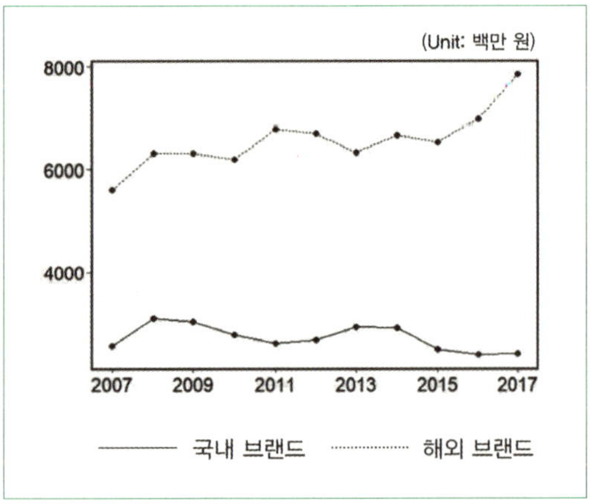

IV. 외식기업 ROI 변동원인 분석

1. 총자산순이익률 변동원인

- 수익성관계비율 ROI는 기업의 총괄적인 경영성과를 분석하는 지표인데, ROI 변동원인을 분석하여 사업부의 업적을 평가하고 내부통제에 활용할 수 있다.
- 본 절에서는 듀퐁시스템Du Pont System을 적용해 ROI 변동원인을 분석한다.

A. 총자산순이익률 변동원인 분석

- 듀퐁시스템의 기본 분석체계에서는 총자산순이익률을 곱의 형태로 분해하여 제품의 순마진을 나타내는 매출액순이익률과 총자산의 효율적 이용도를 나타내는 총자산회전율의 곱의 관계로 분석한다.

> · 총자산순이익률 = 순이익/총자산
> = 순이익/매출액 × 매출액/총자산
> = (매출액순이익률) × (총자산회전율)

가. 외식기업 전체

[표 4-1] 총자산순이익률 변동원인 : 전체 (단위: %, 회)

비율	2007	2008	2009	2010	2011	2012	2013	2014	2015	2016	2017
외식업 평균											
총자산순이익률	5.08	3.26	7.00	10.79	8.22	7.82	6.35	8.12	3.27	3.27	1.02
매출액순이익률	3.12	1.54	4.13	3.60	4.20	4.16	2.90	3.46	-0.22	-0.13	-0.09
총자산회전율	2.25	1.81	1.70	2.23	2.00	1.91	1.93	1.78	1.56	1.49	1.35
제조업 평균											
총자산순이익률	3.87	1.71	3.02	3.93	3.42	2.91	3.07	2.39	2.50	2.87	1.78
매출액순이익률	1.42	0.23	0.52	1.03	0.94	0.34	0.93	0.26	0.39	0.57	-0.43
총자산회전율	1.47	1.26	1.17	1.27	1.30	1.21	1.20	1.13	1.10	1.06	1.00

[그림 4-1] 총자산순이익률 변동원인 : 외식업

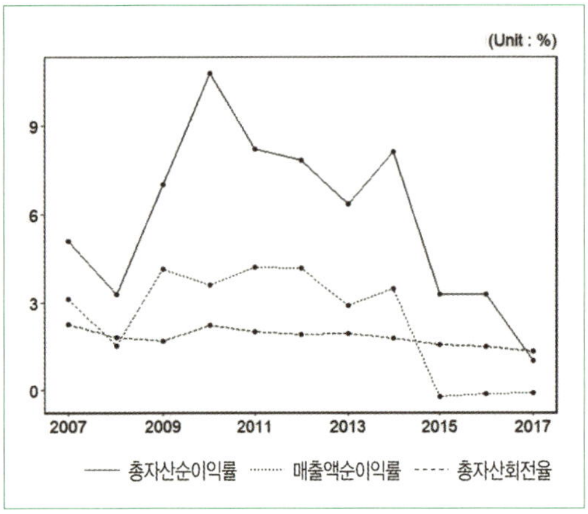

[그림 4-2] 총자산순이익률 변동원인 : 제조업

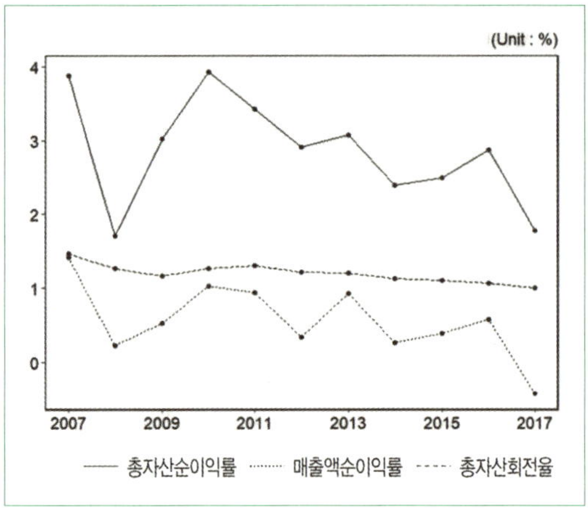

나. 세부 업종별

[표 4-2] 총자산순이익률 변동원인 : 세부 업종별

(단위: %, 회)

비율	2007	2008	2009	2010	2011	2012	2013	2014	2015	2016	2017
한식 음식점업											
총자산순이익률	5.36	6.39	14.01	15.84	6.90	6.63	4.55	1.20	9.03	5.87	2.79
매출액순이익률	2.87	3.16	16.46	3.70	3.29	5.18	3.28	1.38	9.33	2.53	0.26
총자산회전율	2.08	1.62	1.33	2.38	1.79	1.54	1.49	1.58	1.51	1.43	1.18
중식 음식점업											
총자산순이익률	–	–	–	–	–	0.94	0.81	5.23	8.27	4.92	4.56
매출액순이익률	–	–	–	–	–	2.31	3.96	3.54	6.64	5.44	4.91
총자산회전율	–	–	–	–	–	0.41	0.20	0.92	0.98	0.82	0.84
일식 음식점업											
총자산순이익률	0.73	–5.81	–0.51	6.82	10.65	7.40	–0.60	1.88	–0.72	2.60	0.95
매출액순이익률	5.28	–4.70	2.21	7.57	9.07	2.71	–4.66	1.89	–2.15	2.15	1.28
총자산회전율	0.39	0.75	0.92	1.32	1.55	1.61	1.45	1.32	1.21	1.19	1.11
서양식 음식점업											
총자산순이익률	15.60	13.46	–	–	16.85	3.38	2.91	0.60	–10.46	–12.85	–9.50
매출액순이익률	3.76	5.15	–	–	16.00	–2.55	–0.53	–1.12	–72.92	–24.35	65.35
총자산회전율	4.15	2.62	–	–	1.05	1.10	2.11	1.49	1.12	1.06	0.97
제과점업											
총자산순이익률	4.47	4.00	–11.83	–6.21	–4.04	–1.54	–0.29	22.01	4.99	8.74	3.87
매출액순이익률	2.48	2.17	–15.66	–6.28	–2.79	–1.05	–0.31	5.82	4.64	4.36	2.72
총자산회전율	1.81	1.84	1.52	1.75	1.71	1.70	1.77	2.19	1.44	1.77	1.66

비율	2007	2008	2009	2010	2011	2012	2013	2014	2015	2016	2017
피자, 햄버거, 샌드위치 및 유사 음식점업											
총자산순이익률	-6.42	-3.18	8.18	9.84	7.65	11.14	6.78	5.34	1.94	1.86	-3.41
매출액순이익률	-0.56	-2.30	3.36	3.97	3.07	8.37	3.32	2.64	0.93	2.11	-0.20
총자산회전율	2.70	2.06	2.74	2.43	2.42	1.98	2.39	2.28	2.02	1.59	1.46
치킨 전문점											
총자산순이익률	12.11	-9.04	4.66	11.25	11.39	6.00	11.29	9.79	12.07	16.81	15.90
매출액순이익률	2.51	-5.09	1.79	2.06	4.12	2.47	3.62	4.58	4.90	8.04	10.02
총자산회전율	3.72	2.35	2.51	4.05	3.06	2.95	2.93	2.71	2.78	2.47	2.19
김밥, 분식, 기타 간이 및 포장 음식점업											
총자산순이익률	2.58	2.21	4.20	18.56	8.68	10.50	9.41	19.94	5.46	3.77	1.99
매출액순이익률	2.63	2.65	2.52	8.00	6.39	8.10	8.71	7.13	6.18	2.00	1.45
총자산회전율	2.70	2.14	2.21	2.66	2.35	2.32	2.22	2.47	1.93	1.93	1.58
주점업											
총자산순이익률	11.80	9.15	9.65	3.56	5.55	10.08	13.14	-0.08	3.01	-2.26	-5.82
매출액순이익률	4.08	3.64	7.14	-0.26	1.97	6.33	10.10	-1.87	3.40	-6.17	-8.36
총자산회전율	2.38	1.47	1.17	0.92	1.16	1.37	1.19	0.98	0.79	0.93	0.98
비알코올 음료점업											
총자산순이익률	10.26	9.19	7.73	6.89	12.92	12.64	9.47	16.87	1.60	0.69	-2.10
매출액순이익률	6.42	5.40	4.58	4.40	5.97	4.94	4.80	8.09	-0.93	-0.52	-3.42
총자산회전율	2.11	1.67	1.66	1.77	2.07	2.15	2.06	1.60	1.45	1.37	1.36
다업종업											
총자산순이익률	5.90	14.19	13.46	13.35	9.16	11.80	5.07	13.77	1.94	2.95	3.13
매출액순이익률	4.14	6.08	8.29	6.04	5.84	6.29	3.88	18.57	1.27	2.21	3.50
총자산회전율	1.73	2.04	1.83	2.11	1.89	2.14	1.73	1.54	1.34	1.22	1.21

[그림 4-3] 총자산순이익률 변동원인 : 한식 음식점업

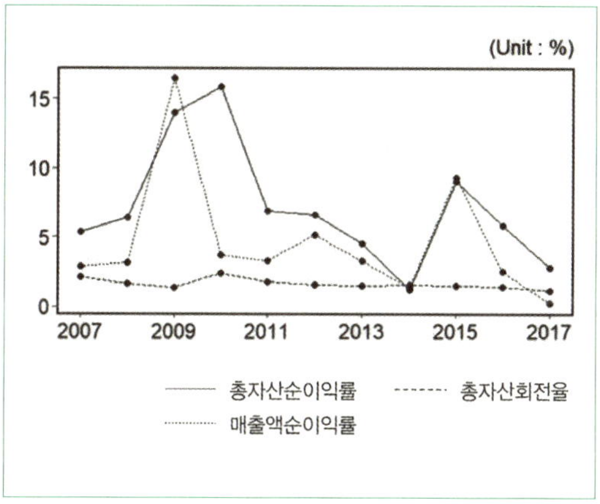

[그림 4-4] 총자산순이익률 변동원인 : 중식 음식점업

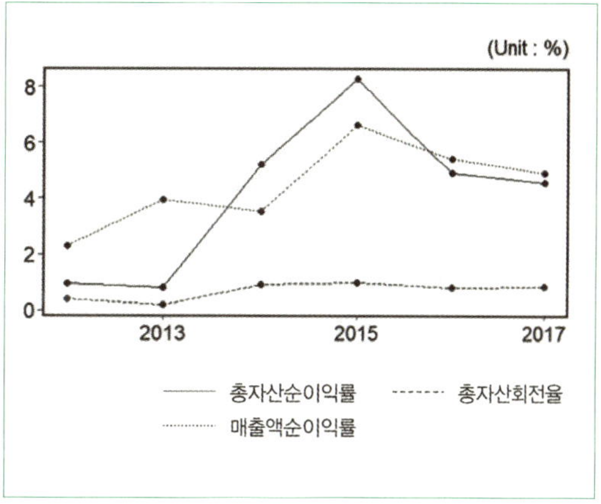

[그림 4-5] 총자산순이익률 변동원인 : 일식 음식점업

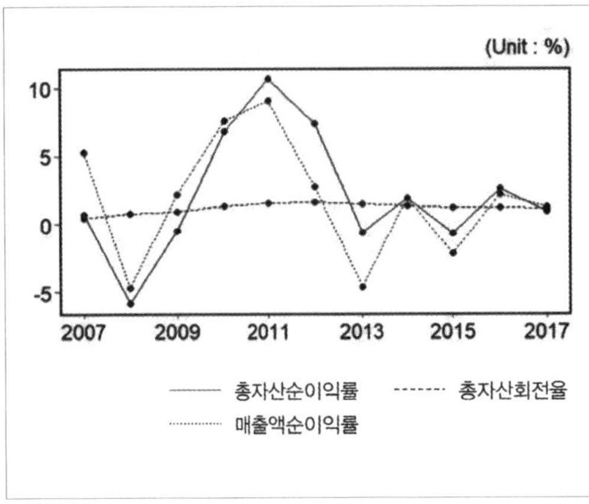

[그림 4-6] 총자산순이익률 변동원인 : 서양식 음식점업

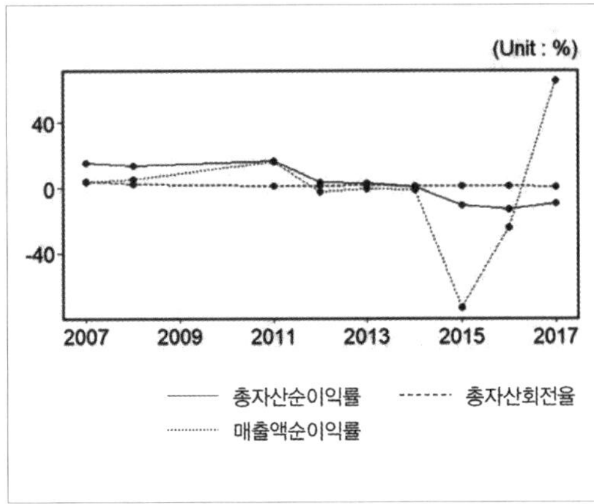

[그림 4-7] 총자산순이익률 변동원인 : 제과점업

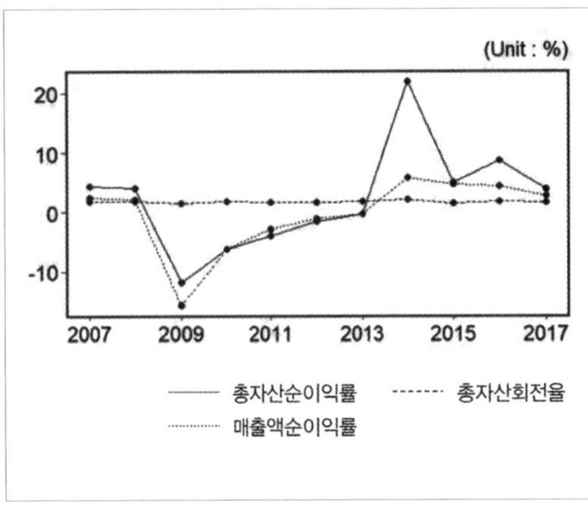

[그림 4-8] 총자산순이익률 변동원인 : 피자, 햄버거, 샌드위치 및 유사 음식점업

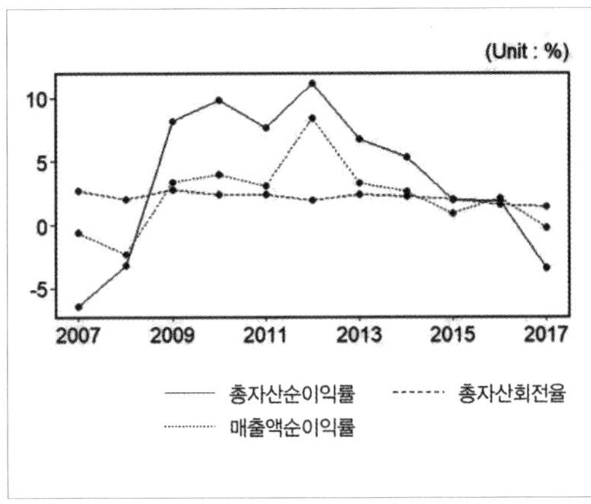

[그림 4-9] 총자산순이익률 변동원인 : 치킨 전문점

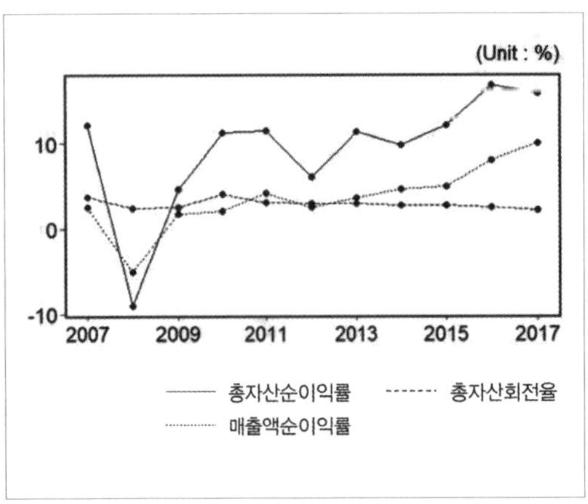

[그림 4-10] 총자산순이익률 변동원인 : 김밥, 분식, 기타 간이 음식점업

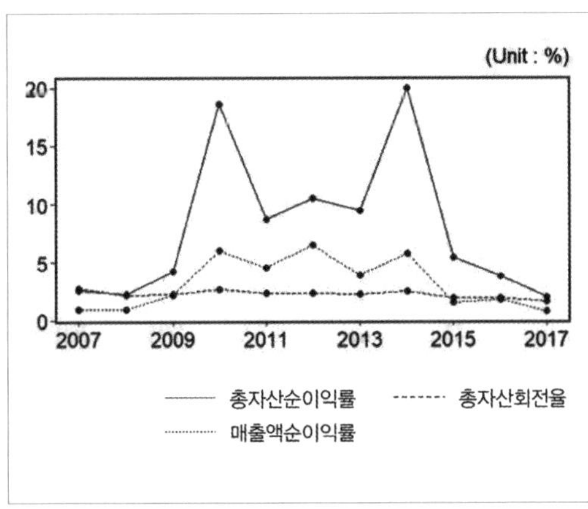

[그림 4-11] 총자산순이익률 변동원인 : 주점업

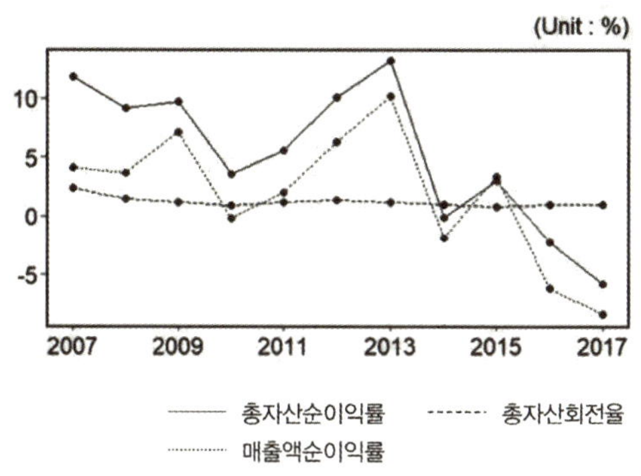

[그림 4-12] 총자산순이익률 변동원인 : 비알코올 음료점업

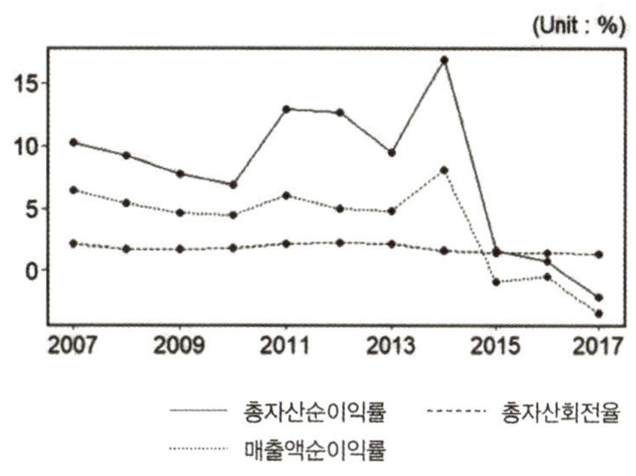

[그림 4-13] 총자산순이익률 변동원인 : 다업종업

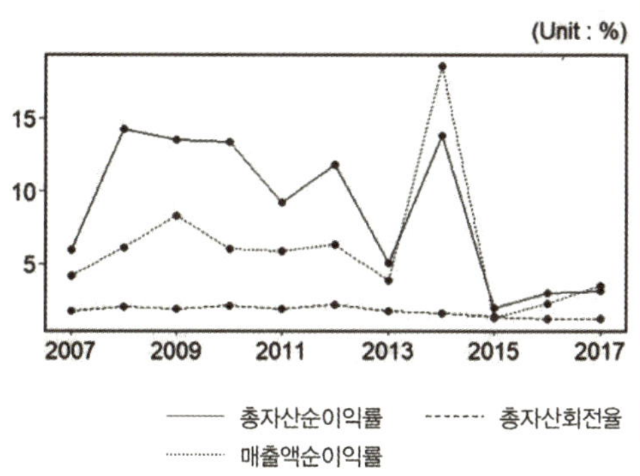

다. 프랜차이즈 운영 여부별

[표 4-3] 총자산순이익률 변동원인 : 프랜차이즈 운영 여부별 (단위: %, 회)

비율	2007	2008	2009	2010	2011	2012	2013	2014	2015	2016	2017
프랜차이즈											
총자산순이익률	3.86	2.86	5.61	11.33	8.01	8.65	8.33	9.92	5.97	5.61	2.97
매출액순이익률	2.25	0.83	2.92	3.70	3.36	3.54	3.60	3.83	2.61	2.50	2.08
총자산회전율	2.41	1.92	1.87	2.51	2.22	2.21	2.20	2.07	1.91	1.74	1.56
비프랜차이즈											
총자산순이익률	8.37	5.48	13.13	10.08	8.78	7.12	3.19	4.94	-0.68	-0.64	-0.64
매출액순이익률	5.41	3.76	17.32	4.78	5.99	5.05	2.21	3.70	-18.97	-3.75	-5.95
총자산회전율	1.73	1.48	1.15	1.61	1.46	1.32	1.46	1.33	1.09	1.14	1.06

[그림 4-14] 총자산순이익률 변동원인 : 프랜차이즈

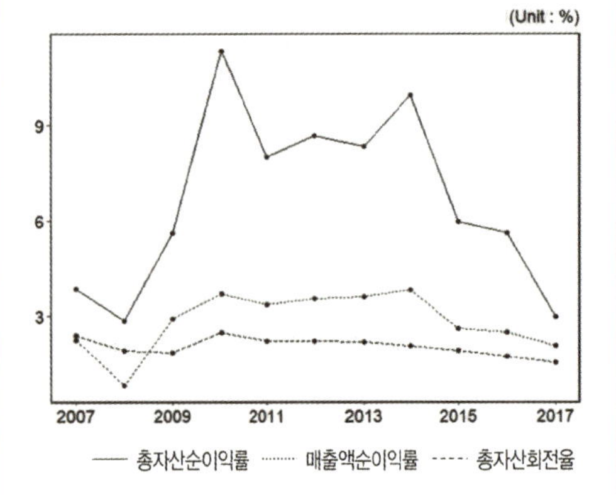

[그림 4-15] 총자산순이익률 변동원인 : 비프랜차이즈

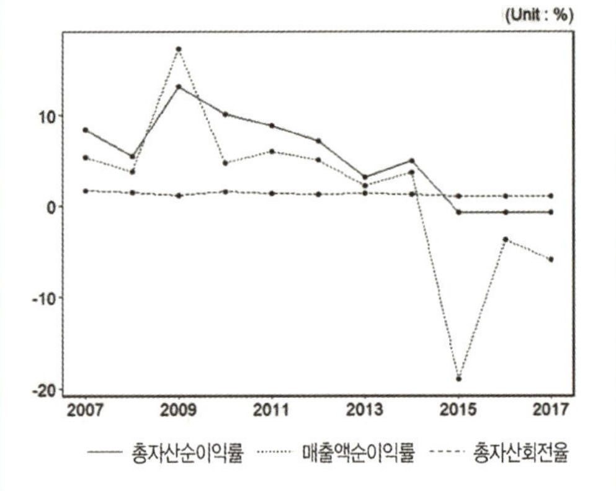

라. 보유 브랜드 수별

[표 4-4] 총자산순이익률 변동원인 : 보유 브랜드 수별

(단위: %, 회)

비율	2007	2008	2009	2010	2011	2012	2013	2014	2015	2016	2017
단일 브랜드											
총자산순이익률	2.38	-0.59	3.78	5.79	6.90	8.64	7.25	8.86	3.11	4.03	1.09
매출액순이익률	1.45	-0.11	1.92	-0.11	1.19	3.97	3.49	3.35	-12.14	-0.54	-0.98
총자산회전율	2.31	1.61	1.37	1.71	1.93	1.77	1.83	1.74	1.54	1.47	1.37
다브랜드											
총자산순이익률	7.33	5.87	10.19	13.18	9.15	7.74	5.90	7.38	3.48	2.92	1.96
매출액순이익률	4.35	2.62	7.24	5.19	6.57	4.10	2.60	3.63	1.48	0.62	0.74
총자산회전율	2.21	1.94	1.91	2.54	2.06	2.00	2.02	1.81	1.57	1.50	1.32

[그림 4-16] 총자산순이익률 변동원인 : 단일 브랜드 운영

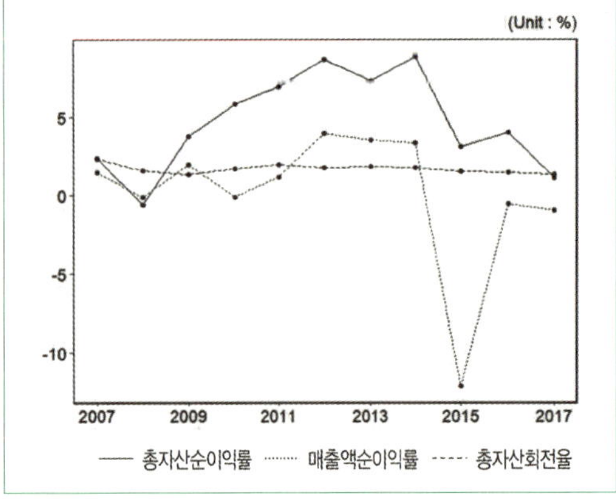

[그림 4-17] 총자산순이익률 변동원인 : 다브랜드 운영

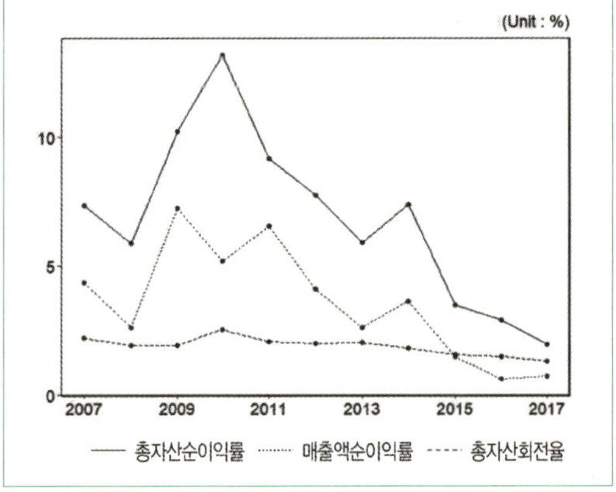

마. 국내외 브랜드 여부별

[표 4-5] 총자산순이익률 변동원인 : 국내외 브랜드 여부별 (단위: %, 회)

비율	2007	2008	2009	2010	2011	2012	2013	2014	2015	2016	2017
국내 브랜드											
총자산순이익률	7.47	3.82	7.03	12.21	8.50	8.16	6.74	9.62	3.57	3.93	1.35
매출액순이익률	3.98	1.48	4.49	3.99	4.79	4.08	3.39	4.50	0.33	0.20	-0.53
총자산회전율	2.31	1.80	1.73	2.36	1.97	1.93	1.93	1.73	1.54	1.43	1.27
해외 브랜드											
총자산순이익률	-3.96	2.32	7.52	6.54	7.31	6.84	4.32	2.00	1.90	0.75	-0.48
매출액순이익률	0.63	1.84	4.78	2.41	2.13	4.47	2.03	0.99	-1.35	-0.18	-0.75
총자산회전율	1.97	1.88	1.64	1.74	2.09	1.83	1.95	2.03	1.70	1.77	1.73

[그림 4-18] 총자산순이익률 변동원인 : 국내 브랜드

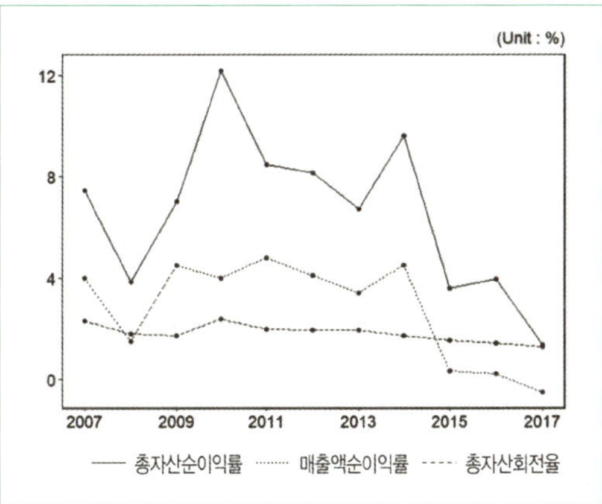

[그림 4-19] 총자산순이익률 변동원인 : 해외 브랜드

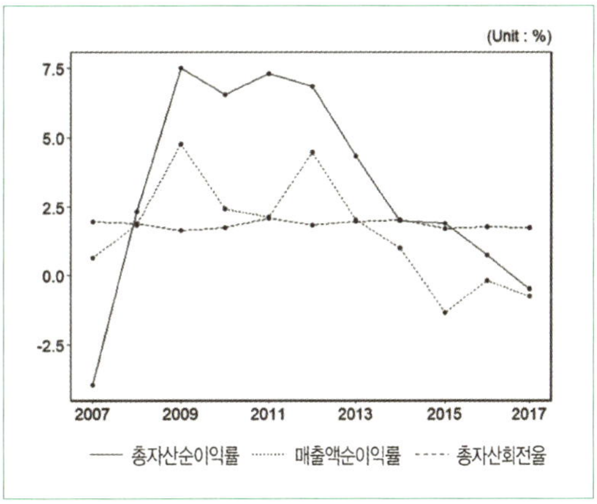

2. 자기자본순이익률 변동원인

- 듀퐁시스템은 자기자본순이익률의 변동원인 분석에 확장, 적용할 수 있으며 자기자본순이익률을 곱의 형태로 분해하여 제품의 순마진을 나타내는 매출액순이익률과 총자산의 효율적 이용도를 나타내는 총자산회전율 및 부채의존도를 나타내는 부채레버리지 비율 곱의 관계로 표현할 수 있다.

• 자기자본순이익률 = 순이익/자기자본
= 순이익/매출액 × 매출액/총자산 × 총자산/자기자본
= 순이익/매출액 × 매출액/총자산 × (자기자본+부채/자기자본)
= 순이익/매출액 × 매출액/총자산 × (1+부채/자기자본)
= (매출액순이익률) × (총자산회전율) × (자본승수)

가. 외식기업 전체

[표 4-6] 자기자본순이익률 변동원인 : 전체 (단위: %)

비율	2007	2008	2009	2010	2011	2012	2013	2014	2015	2016	2017
외식업 평균											
자기자본순이익률	-10.57	3.91	23.97	27.31	23.27	20.48	12.85	23.12	2.81	4.85	7.26
매출액순이익률	3.12	1.54	4.13	3.60	4.20	4.16	2.90	3.46	-0.22	-0.13	-0.09
자기자본회전율	2.25	1.81	1.70	2.23	2.00	1.91	1.93	1.78	1.56	1.49	1.35
부채레버리지도비율	5.35	4.86	3.34	2.97	3.21	5.41	7.02	4.52	12.50	5.86	3.48
제조업 평균											
자기자본순이익률	9.77	3.55	6.69	10.56	9.56	7.79	7.90	5.98	6.62	7.49	3.99
매출액순이익률	1.42	0.23	0.52	1.03	0.94	0.34	0.93	0.26	0.39	0.57	-0.43
자기자본회전율	1.47	1.26	1.17	1.27	1.30	1.21	1.20	1.13	1.10	1.06	1.00
부채레버리지도비율	3.65	3.36	3.57	3.52	3.56	3.53	3.52	3.52	3.53	3.42	3.18

[그림 4-20] 자기자본순이익률 변동원인 : 외식업

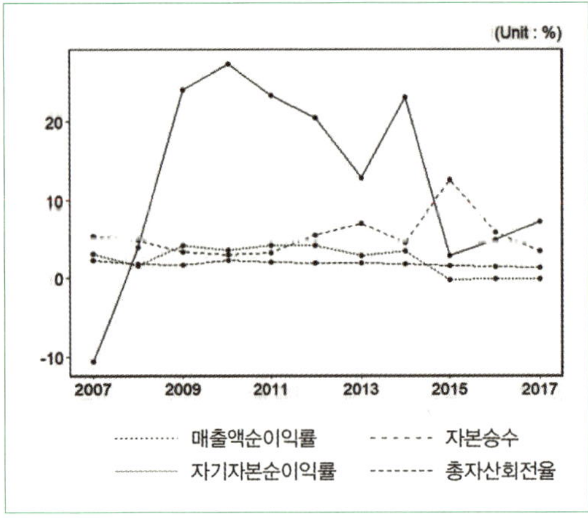

[그림 4-21] 자기자본순이익률 변동원인 : 제조업

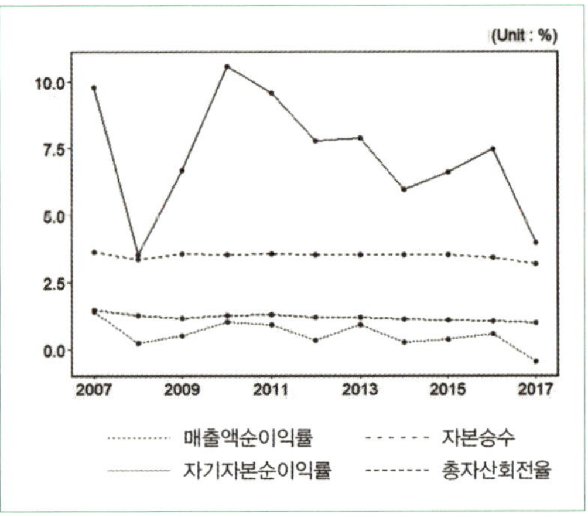

나. 세부 업종별

[표 4-7] 자기자본순이익률 변동원인 : 세부 업종별

(단위: %)

비율	2007	2008	2009	2010	2011	2012	2013	2014	2015	2016	2017
한식 음식점업											
자기자본순이익률	-33.27	7.81	31.90	32.18	20.37	17.93	-1.45	13.66	18.90	14.51	24.34
매출액순이익률	2.87	3.16	16.46	3.70	3.29	5.18	3.28	1.38	9.33	2.53	0.26
자기자본회전율	2.08	1.62	1.33	2.38	1.79	1.54	1.49	1.58	1.51	1.43	1.18
부채레버리지도비율	4.15	5.77	3.52	3.91	3.23	3.38	4.25	2.75	2.70	2.34	2.74
중식 음식점업											
자기자본순이익률	-	-	-	-	-	55.87	52.63	52.59	64.38	30.32	20.45
매출액순이익률	-	-	-	-	-	2.31	3.96	3.54	6.64	5.44	4.91
자기자본회전율	-	-	-	-	-	0.41	0.20	0.92	0.98	0.82	0.84
부채레버리지도비율	-	-	-	-	-	59.47	72.59	37.14	22.80	16.14	12.92
일식 음식점업											
자기자본순이익률	-0.95	-17.60	2.07	19.49	20.32	17.47	-0.16	2.66	3.13	5.66	-0.11
매출액순이익률	5.28	-4.70	2.21	7.57	9.07	2.71	-4.66	1.89	-2.15	2.15	1.28
자기자본회전율	0.39	0.75	0.92	1.32	1.55	1.61	1.45	1.32	1.21	1.19	1.11
부채레버리지도비율	2.32	3.23	2.24	2.31	2.17	1.99	2.09	2.41	1.97	1.93	2.01
서양식 음식점업											
자기자본순이익률	39.39	31.50	-	-	159.44	-669.22	-37.72	14.18	-657.59	-4.26	19.06
매출액순이익률	3.76	5.15	-	-	16.00	-2.55	-0.53	-1.12	-72.92	-24.35	65.35
자기자본회전율	4.15	2.62	-	-	1.05	1.10	2.11	1.49	1.12	1.06	0.97
부채레버리지도비율	2.53	2.20	-	-	9.46	246.50	26.35	10.21	87.26	38.71	2.77
제과점업											
자기자본순이익률	10.68	9.79	6.44	10.30	3.56	3.79	1.41	28.79	17.65	15.73	6.84
매출액순이익률	2.48	2.17	-15.66	-6.28	-2.79	-1.05	-0.31	5.82	4.64	4.36	2.72
자기자본회전율	1.81	1.84	1.52	1.75	1.71	1.70	1.77	2.19	1.44	1.77	1.66
부채레버리지도비율	2.37	2.24	1.81	1.58	1.57	1.52	1.73	1.54	3.34	2.76	2.50
피자, 햄버거, 샌드위치 및 유사 음식점업											
자기자본순이익률	-119.15	-44.71	27.89	26.18	18.77	18.85	14.26	11.57	5.32	-2.07	-30.52
매출액순이익률	-0.56	-2.30	3.36	3.97	3.07	8.37	3.32	2.64	0.93	2.11	-0.20
자기자본회전율	2.70	2.06	2.74	2.43	2.42	1.98	2.39	2.28	2.02	1.59	1.46
부채레버리지도비율	9.18	30.34	3.09	2.63	4.59	4.02	3.89	3.94	4.09	3.97	7.49
치킨 전문점											
자기자본순이익률	22.17	8.70	25.75	43.28	35.47	17.79	20.45	38.37	33.68	30.14	25.71
매출액순이익률	2.51	-5.09	1.79	2.06	4.12	2.47	3.62	4.58	4.90	8.04	10.02
자기자본회전율	3.72	2.35	2.51	4.05	3.06	2.95	2.93	2.71	2.78	2.47	2.19
부채레버리지도비율	5.74	1.60	7.85	4.52	4.08	7.64	8.62	5.87	4.44	2.39	1.92

다음 페이지에 계속

비율	2007	2008	2009	2010	2011	2012	2013	2014	2015	2016	2017
김밥, 분식, 기타 간이 및 포장 음식점업											
자기자본순이익률	6.70	4.33	12.75	29.49	11.54	17.00	31.32	35.29	9.64	-5.43	-1.65
매출액순이익률	0.97	0.92	2.18	6.01	4.54	6.51	3.89	5.75	1.49	1.78	0.79
자기자본회전율	2.70	2.14	2.21	2.66	2.35	2.32	2.22	2.47	1.93	1.93	1.58
부채레버리지 비율	2.42	2.60	2.92	2.26	2.59	2.38	2.83	2.53	2.70	3.94	5.26
주점업											
자기자본순이익률	51.11	30.02	38.42	4.90	12.81	28.55	30.16	-1.86	6.32	-11.37	-41.81
매출액순이익률	4.08	3.64	7.14	-0.26	1.97	6.33	10.10	-1.87	3.40	-6.17	-8.36
자기자본회전율	2.38	1.47	1.17	0.92	1.16	1.37	1.19	0.98	0.79	0.93	0.98
부채레버리지 비율	3.70	3.02	4.00	4.15	3.70	3.28	2.73	3.03	2.32	4.17	5.93
비알코올 음료점업											
자기자본순이익률	78.05	29.92	22.07	21.49	36.45	29.70	32.62	62.59	-8.16	-29.65	10.06
매출액순이익률	6.42	5.40	4.58	4.40	5.97	4.94	4.80	8.09	-0.93	-0.52	-3.42
자기자본회전율	2.11	1.67	1.66	1.77	2.07	2.15	2.06	1.60	1.45	1.37	1.36
부채레버리지 비율	10.39	3.85	4.09	2.71	2.62	2.91	3.93	5.77	3.34	9.40	4.40
다업종업											
자기자본순이익률	14.88	19.56	28.64	28.75	19.01	26.92	6.81	19.87	4.84	-1.16	9.73
매출액순이익률	4.14	6.08	8.29	6.04	5.84	6.29	3.88	18.57	1.27	2.21	3.50
자기자본회전율	1.73	2.04	1.83	2.11	1.89	2.14	1.73	1.54	1.34	1.22	1.21
부채레버리지 비율	2.58	2.79	2.46	2.91	2.98	3.00	2.88	3.60	4.65	6.39	3.20

[그림 4-22] 자기자본순이익률 변동원인 : 한식 음식점업

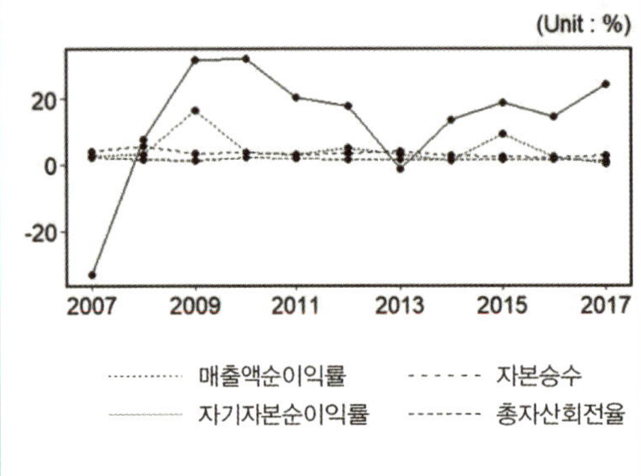

[그림 4-23] 자기자본순이익률 변동원인 : 중식 음식점업

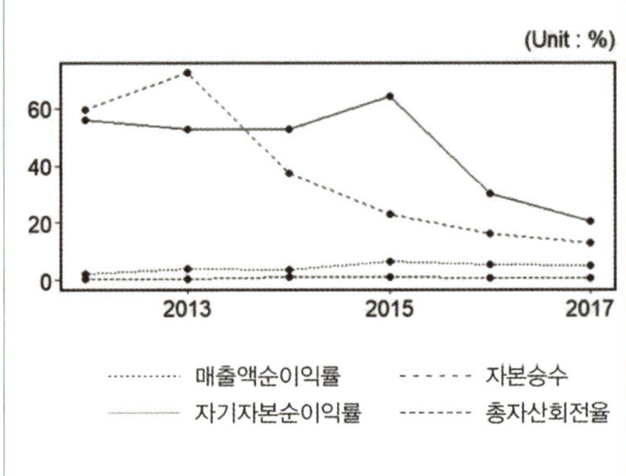

[그림 4-24] 자기자본순이익률 변동원인 : 일식 음식점업

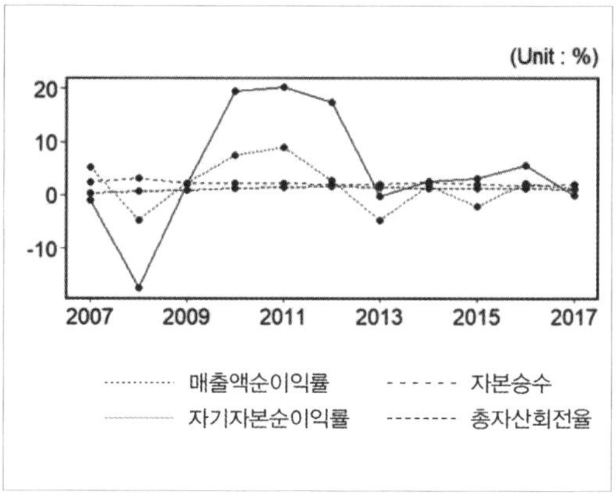

[그림 4-25] 자기자본순이익률 변동원인 : 서양식 음식점업

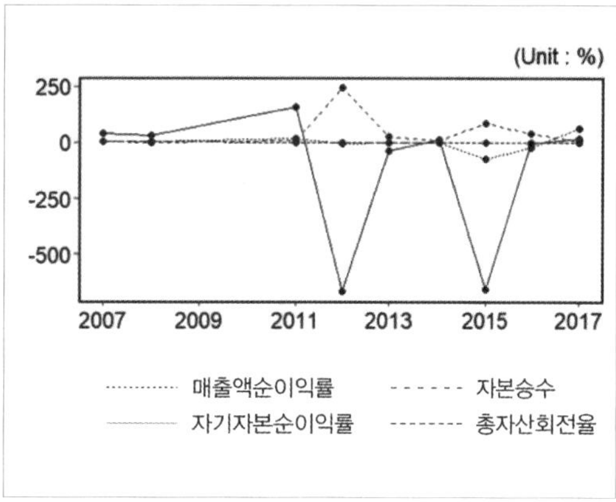

[그림 4-26] 자기자본순이익률 변동원인 : 제과점업

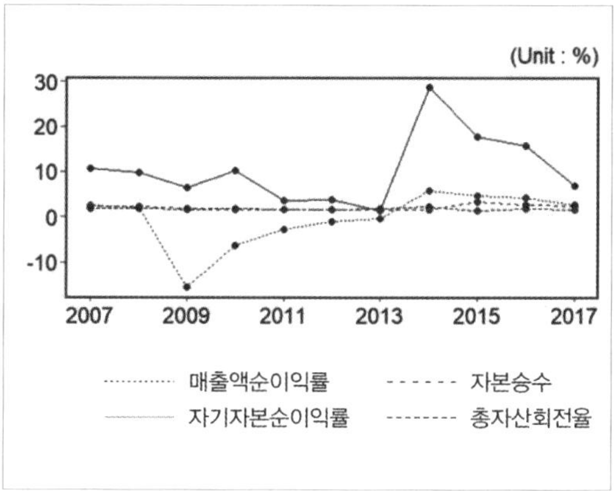

[그림 4-27] 자기자본순이익률 변동원인 : 피자, 햄버거, 샌드위치 및 유사 음식점업

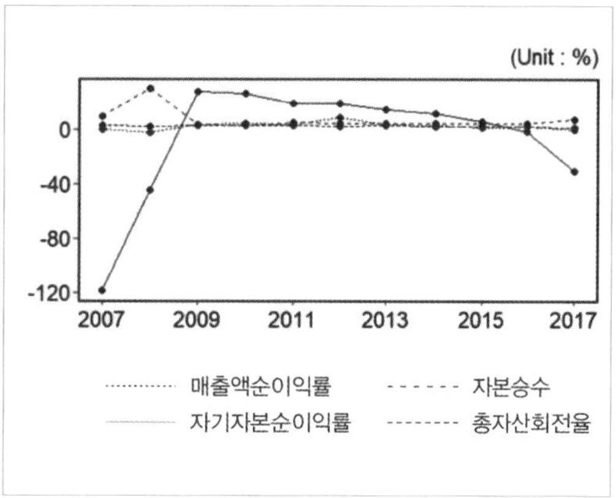

[그림 4-28] 자기자본순이익률 변동원인 : 치킨 전문점

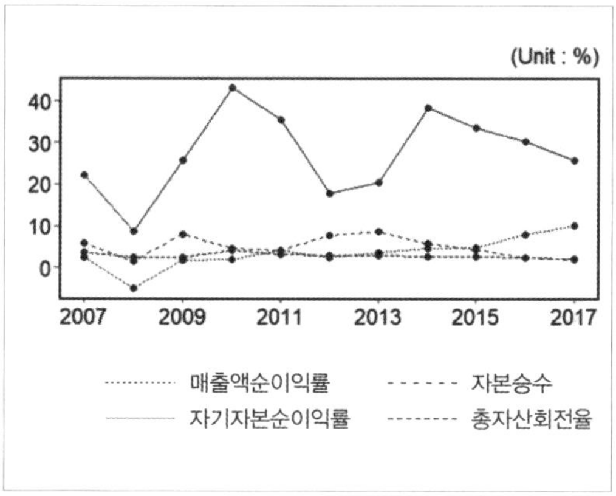

[그림 4-29] 자기자본순이익률 변동원인 : 김밥, 분식, 기타 간이 음식점업

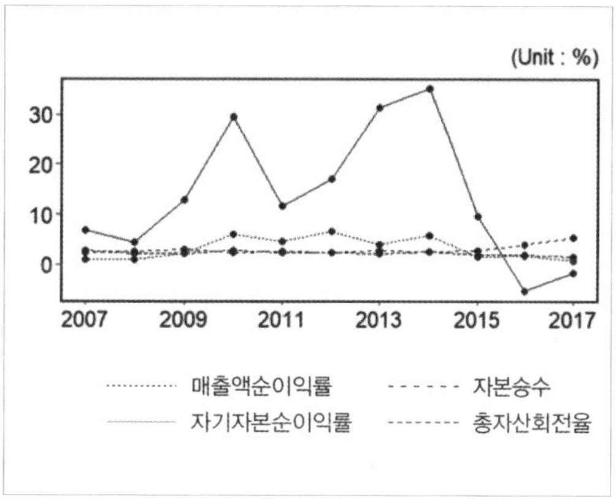

[그림 4-30] 자기자본순이익률 변동원인 : 주점업

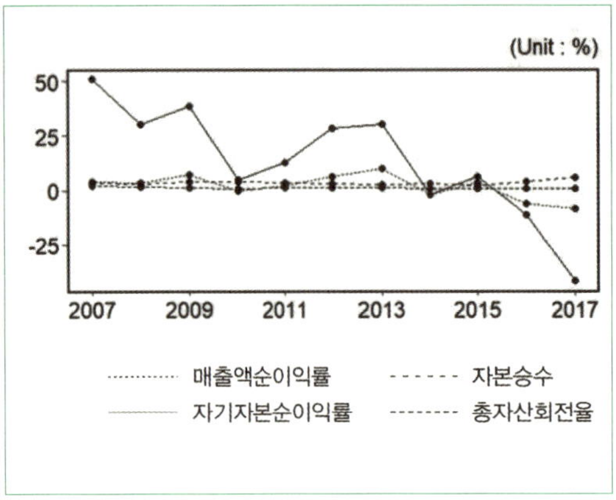

[그림 4-31] 자기자본순이익률 변동원인 : 비알코올 음료점업

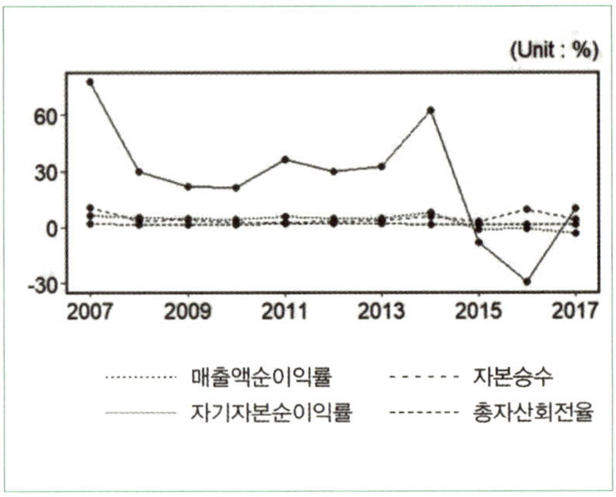

[그림 4-32] 자기자본순이익률 변동원인 : 다업종업

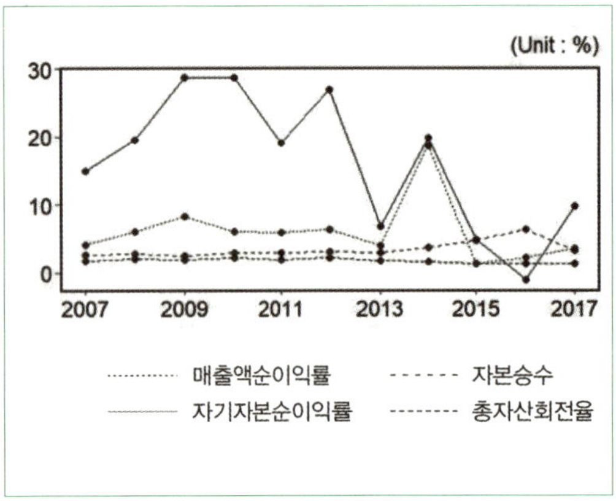

다. 프랜차이즈 운영 여부별

[표 4-8] 자기자본순이익률 변동원인 : 프랜차이즈 운영 여부별

(단위: %)

비율	2007	2008	2009	2010	2011	2012	2013	2014	2015	2016	2017
프랜차이즈											
자기자본순이익률	−34.64	−8.81	19.18	22.78	26.35	−3.36	20.40	29.42	−33.56	7.56	6.13
매출액순이익률	2.25	0.83	2.92	3.70	3.36	3.54	3.60	3.83	2.61	2.50	2.08
자기자본회전율	2.31	1.61	1.37	1.71	1.93	1.77	1.83	1.74	1.54	1.47	1.37
부채레버리지 비율	6.84	12.64	3.87	2.98	3.48	16.24	9.56	7.73	17.58	6.34	4.38

비율	2007	2008	2009	2010	2011	2012	2013	2014	2015	2016	2017
비프랜차이즈											
자기자본순이익률	13.27	12.34	26.93	29.50	19.20	19.78	5.78	19.94	6.80	3.57	8.67
매출액순이익률	5.41	3.76	17.32	4.78	5.99	5.05	2.21	3.70	-18.97	-3.75	-5.95
자기자본회전율	2.21	1.94	1.91	2.54	2.06	2.00	2.02	1.81	1.57	1.50	1.32
부채레버리지 비율	4.10	2.88	3.00	3.11	3.06	2.95	3.74	3.25	4.45	5.25	2.84

[그림 4-33] 자기자본순이익률 변동원인 : 프랜차이즈

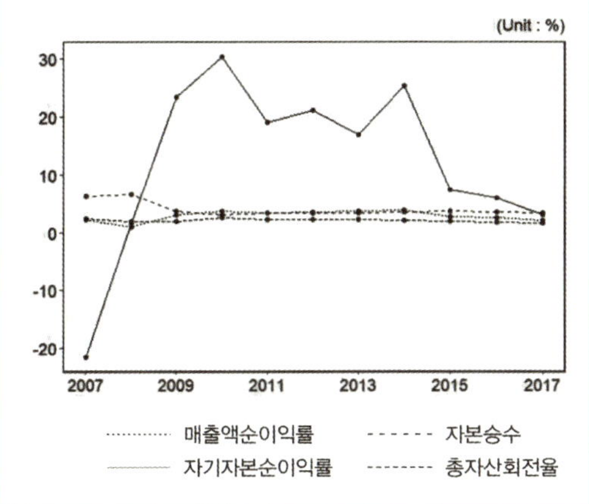

[그림 4-34] 자기자본순이익률 변동원인 : 비프랜차이즈

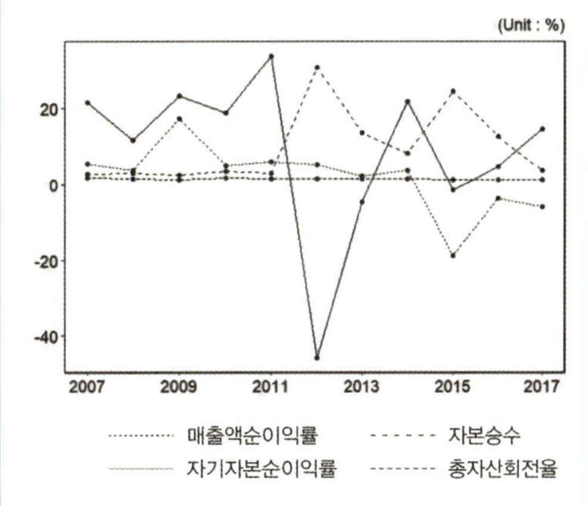

라. 보유 브랜드 수별

[표 4-9] 자기자본순이익률 변동원인 : 보유 브랜드 수별

(단위: %)

비율	2007	2008	2009	2010	2011	2012	2013	2014	2015	2016	2017
단일 브랜드 운영											
자기자본순이익률	-33.54	-7.93	19.16	23.41	25.57	22.86	23.33	26.90	1.17	9.51	6.11
매출액순이익률	1.45	-0.11	1.92	-0.11	1.19	3.97	3.49	3.35	-12.14	-0.54	-0.98
자기자본회전율	2.28	1.61	1.35	1.63	1.91	1.70	1.82	1.73	1.50	1.46	1.37
부채레버리지 비율	6.55	9.07	3.78	2.98	3.31	5.64	9.21	5.68	11.14	5.01	4.00
다브랜드 운영											
자기자본순이익률	19.88	12.37	27.10	28.35	18.87	20.11	6.17	18.93	8.37	5.91	9.69
매출액순이익률	4.35	2.62	7.24	5.19	6.57	4.10	2.60	3.63	1.48	0.62	0.74
자기자본회전율	2.20	1.92	1.90	2.43	2.04	1.97	2.01	1.80	1.56	1.48	1.31
부채레버리지 비율	3.67	2.47	2.76	2.92	3.01	2.84	2.90	3.07	3.84	3.99	2.67

[그림 4-35] 자기자본순이익률 변동원인 : 단일 브랜드 운영

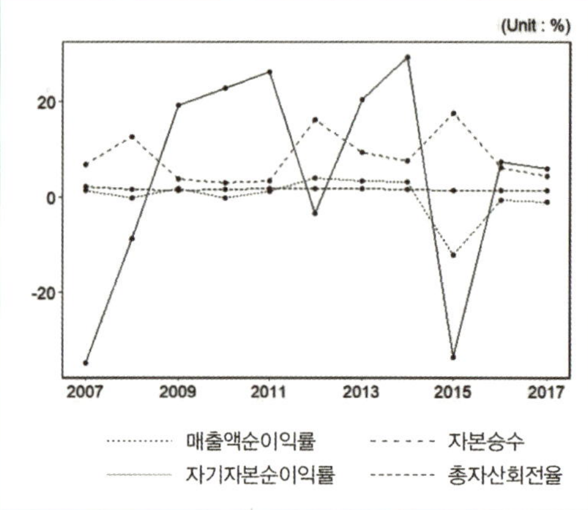

[그림 4-36] 자기자본순이익률 변동원인 : 다브랜드 운영

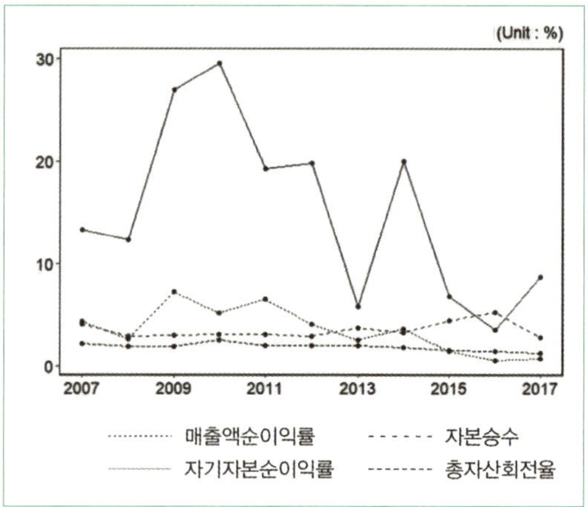

마. 국내외 브랜드 여부별

[표 4-10] 자기자본순이익률 변동원인 : 국내외 브랜드 여부별

(단위: %)

비율	2007	2008	2009	2010	2011	2012	2013	2014	2015	2016	2017
국내 브랜드											
자기자본순이익률	18.92	11.49	24.91	29.20	24.01	20.77	13.10	26.17	1.35	5.21	8.58
매출액순이익률	3.98	1.48	4.49	3.99	4.79	4.08	3.39	4.50	0.33	0.20	-0.53
자기자본회전율	2.31	1.80	1.73	2.36	1.97	1.93	1.93	1.73	1.54	1.43	1.27
부채레버리지 비율	4.49	3.31	3.64	3.16	3.26	5.70	7.64	5.00	15.30	6.82	3.13
해외 브랜드											
자기자본순이익률	-86.52	-26.49	19.18	15.96	19.34	15.23	7.30	9.78	6.80	2.84	33.27
매출액순이익률	0.63	1.84	4.78	2.41	2.13	4.47	2.03	0.99	-1.35	-0.18	-0.75
자기자본회전율	1.97	1.88	1.64	1.74	2.09	1.83	1.95	2.03	1.70	1.77	1.73
부채레버리지 비율	7.64	22.59	2.45	2.18	3.30	4.19	4.28	3.34	2.97	3.02	5.28

[그림 4-37] 자기자본순이익률 변동원인 : 국내 브랜드

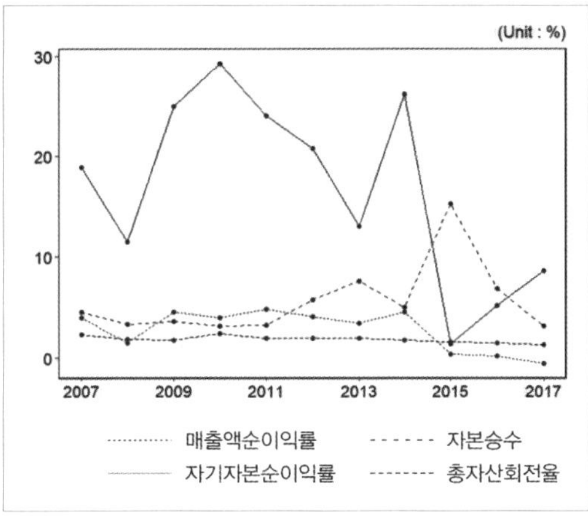

[그림 4-38] 자기자본순이익률 변동원인 : 해외 브랜드

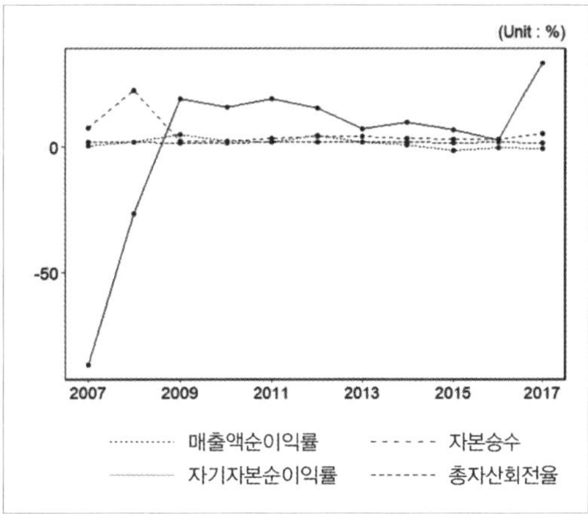

V. 외식기업 현금흐름 분석

가. 외식기업 전체

- 현금흐름 분석cash flow analysis은 현금의 조달과 사용에 대한 포괄적인 현금흐름의 내용과 변동원인, 현금창출능력에 대한 분석을 중심으로 기업의 재무건전도를 평가하는 분석체계다.
- 채권자 입장에서 볼 때 대출기업의 채무불이행 가능성은 그 기업의 현금창출능력에 달려 있고, 많은 기업들이 겪게 되는 부도위기도 현금흐름 악화에 상당 부분 기인하기 때문에 철저하게 현금흐름을 분석하는 것이 매우 중요하다.
- 현금흐름 분석에서는 현금의 유입과 유출의 현금순환과정cash flow cycle을 영업활동 현금흐름, 투자활동 현금흐름, 재무활동 현금흐름으로 구분하고 있다.
  - ○ 영업활동으로 인한 현금흐름은 기업의 정상적인 영업활동생산, 판매, 관리활동 과정에서 발생하는 현금의 유출입을 의미한다.
  - ○ 투자활동으로 인한 현금흐름은 고정자산을 취득, 매각할 때 발생하는 현금 유출입을 의미한다.
  - ○ 재무활동으로 인한 현금흐름은 외부로부터 자금차입이나 주식발행 그리고 차입금 상환 등과 관련된 현금유출입을 의미한다.
- 기업의 정상적인 영업활동과 관련한 현금유입에서 현금유출을 뺀 영업활동 순현금흐름을 살펴보면, 외식업과 제조업의 추세적 상관성은 그리 높지 않다. 또한 영업활동을 통한 현금 창출능력은 대체로 외식업에서 크게 나타났으며, 이는 외식업이 대부분 B2C중심의 산업이기 때문인 것으로 풀이된다.
  - ○ 2017년 투자활동 순현금흐름은 외식업과 제조업 모두 순유출 상태이나, 제조업에 비해 외식업군에서 영업활동 현금흐름을 초과하는 금액을 유무형자산 또는 금융상품 등에 더 공격적으로 투자하는 현상이 나타났음을 알 수 있다.

[표 5-1] 현금흐름 : 전체

(단위: 백만 원)

비율	2007	2008	2009	2010	2011	2012	2013	2014	2015	2016	2017
외식업 평균											
영업활동 순현금흐름	6,825	6,496	8,167	10,094	6,882	6,875	7,727	7,108	6,257	6,665	4,624
투자활동 순현금흐름	-11,115	-9,141	-5,986	-8,042	-7,516	-8,822	-9,483	-9,802	-8,977	-8,168	-6,515
재무활동 순현금흐름	4,512	1,432	-2,648	-975	1,300	3,199	1,321	3,089	2,195	875	178
제조업 평균											
영업활동 순현금흐름	2,066	1,854	3,399	2,937	2,480	2,808	3,270	2,850	3,516	3,585	3,211
투자활동 순현금흐름	-3,488	-3,932	-3,847	-4,038	-4,428	-3,854	-3,597	-3,373	-3,395	-3,350	-3,258
재무활동 순현금흐름	1,389	2,473	893	1,077	1,855	955	605	553	248	132	42

[그림 5-1] 현금흐름 : 외식업

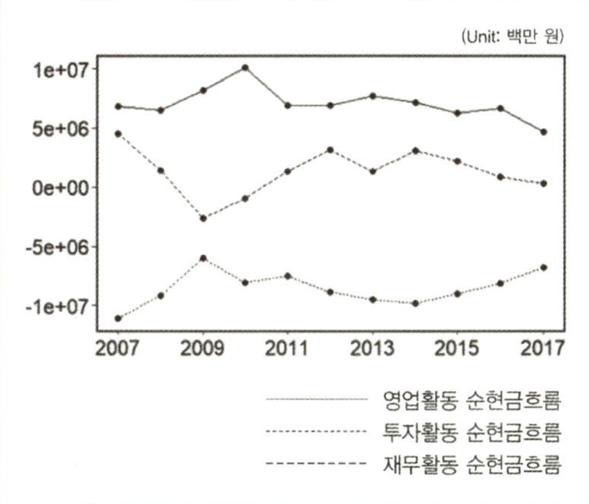

[그림 5-2] 현금흐름 : 제조업

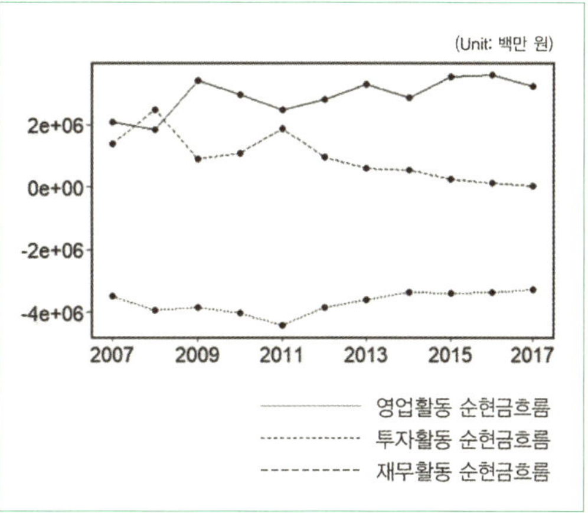

나. 세부 업종별

- 2017년 영업활동 순현금흐름이 평균에 비해 높은 업종은 비알코올 음료점업, 치킨 전문점, 주점업, 다업종업이다.
  - ○ 특히 비알코올 음료점업과 주점업은 모든 기간에서 평균대비 높은 영업활동 순현금흐름을 나타냈다. 영업활동을 통한 현금 창출 능력이 우수한 것으로 판단할 수 있다.
- 서양식 음식점업, 김밥, 분식, 기타 간이 및 포장 음식점업은 투자활동 순현금흐름에서 순유입을 나타냈다.
  - ○ 위의 업종들이 고정자산 투자에 소극적이며, 기존의 고정자산 중 일부를 매각했다고 예측해볼 수 있다.

- 치킨 전문점의 경우 2017년 영업활동 순현금흐름이 5,411 백만 원로 높은 수준이었으며, 투자활동 순현금흐름에서도 순유출을 보였다. 또한 재무활동 순현금흐름에서는 −1,174 백만 원의 순유출이 나타났으며 이는 치킨 전문점이 영업활동과 투자활동에서 얻은 현금을 자금 상환에 많이 활용했기 때문인 것으로 파악된다.
- 영업활동 순현금흐름 대비 공격적인 투자활동을 한 업종으로는 일식 음식점업, 주점업, 다업종업이 있다.
  - ○ 특히 일식 음식점업, 제과점업, 다업종업은 재무활동을 통한 순유입이 평균을 크게 상회했다.

[표 5-2] 외식기업 현금흐름 : 세부 업종별 (단위: 백만 원)

비율	2007	2008	2009	2010	2011	2012	2013	2014	2015	2016	2017
한식 음식점업											
영업활동 순현금흐름	1,790	2,422	3,003	3,086	2,476	3,445	2,990	2,571	2,535	3,711	2,445
투자활동 순현금흐름	−4,734	−3,322	−1,869	−3,569	−2,862	−1,174	−3,866	−4,018	−1,878	−3,256	−1,737
재무활동 순현금흐름	3,506	1,080	−798	1,327	256	−1,224	−210	1,773	652	117	−641
중식 음식점업											
영업활동 순현금흐름	−	−	−	−	−	72	245	1,632	1,587	374	1,200
투자활동 순현금흐름	−	−	−	−	−	−17,912	308	−843	−349	−99	−123
재무활동 순현금흐름	−	−	−	−	−	17,782	−503	−679	−634	−913	−774
일식 음식점업											
영업활동 순현금흐름	93	50	1,211	1,924	3,402	2,588	1,449	3,322	2,898	3,322	2,537
투자활동 순현금흐름	149	−1,332	−2,164	−3,038	−2,951	−2,387	−2,651	−6,271	−4,072	−3,727	−21,032
재무활동 순현금흐름	−361	96	1,007	953	−286	577	1,230	2,697	3,553	188	16,455
서양식 음식점업											
영업활동 순현금흐름	1,686	3,569	−	−	1,816	847	2,190	541	372	227	266
투자활동 순현금흐름	−3,136	−3,103	−	−	−9,610	−2,637	−3,078	−1,682	−2,787	−1,481	256
재무활동 순현금흐름	1,411	−361	−	−	7,858	1,731	918	1,101	2,587	1,110	−583
제과점업											
영업활동 순현금흐름	28,033	44,607	49,887	37,343	17,605	18,015	32,411	22,437	25,399	17,503	3,798
투자활동 순현금흐름	−52,816	−38,903	−34,659	−23,344	−35,139	−29,820	−29,934	−35,872	−25,339	−24,909	−18,442
재무활동 순현금흐름	21,102	−5,292	−9,732	−11,242	8,565	14,118	−5,024	13,449	18	7,825	13,944
피자, 햄버거, 샌드위치 및 유사 음식점업											
영업활동 순현금흐름	2,886	5,960	6,369	11,025	9,126	10,415	5,074	7,270	6,886	4,643	2,682
투자활동 순현금흐름	−3,708	−2,125	−7,827	−8,707	−5,329	9,438	−5,118	−13,553	−9,934	−27,649	−1,761
재무활동 순현금흐름	437	−1,820	−2,707	−1,497	−3,198	−5,042	−10,613	6,443	2,769	24,252	67
치킨 전문점											
영업활동 순현금흐름	6,911	−41	−1,361	5,022	2,815	3,730	4,408	3,577	3,636	7,996	5,411
투자활동 순현금흐름	−7,834	−6,964	51	−2,061	−4,062	−5,350	−1,847	−3,382	−3,689	−1,322	−5,877
재무활동 순현금흐름	6,132	2,148	863	−1,164	1,161	1,837	−1,327	621	88	−2,803	−1,174

비율	2007	2008	2009	2010	2011	2012	2013	2014	2015	2016	2017
김밥, 분식, 기타 간이 및 포장 음식점업											
영업활동 순현금흐름	-393	2,357	4,162	-446	3,741	-671	2,986	2,134	1,767	1,393	1,863
투자활동 순현금흐름	328	-5,311	-1,296	665	-2,773	-556	-8,831	-1,088	-665	-2,567	1,267
재무활동 순현금흐름	-463	3,190	435	-1,250	-1,208	1,210	6,544	-1,604	-761	865	-1,286
주점업											
영업활동 순현금흐름	1,630	1,440	1,466	1,042	1,474	-421	1,712	2,804	-1,192	4,839	13,749
투자활동 순현금흐름	-950	-517	-951	-639	-1,121	-2,411	-1,624	-2,606	2,886	-13,865	-6,446
재무활동 순현금흐름	-133	-207	-177	-590	-411	1,601	-91	-232	-1,733	8,963	-7,299
비알코올 음료점업											
영업활동 순현금흐름	16,551	16,464	20,473	25,290	19,680	16,459	20,599	16,579	16,321	16,001	18,657
투자활동 순현금흐름	-23,634	-19,998	-21,478	-18,026	-28,558	-29,792	-24,312	-18,881	-18,197	-12,396	-12,931
재무활동 순현금흐름	6,319	4,231	258	-4,679	6,763	15,833	4,311	1,902	697	-4,196	-4,875
다업종업											
영업활동 순현금흐름	13,095	9,865	16,702	23,485	9,499	13,344	13,992	14,971	14,457	15,065	7,024
투자활동 순현금흐름	-23,469	-17,344	-2,473	-20,121	-9,194	-21,976	-20,288	-27,981	-26,077	-16,982	-16,118
재무활동 순현금흐름	9,084	8,036	-13,610	-2,300	2,083	5,448	7,300	10,878	15,633	4,147	5,523

[그림 5-3] 외식기업 현금흐름 : 한식 음식점업

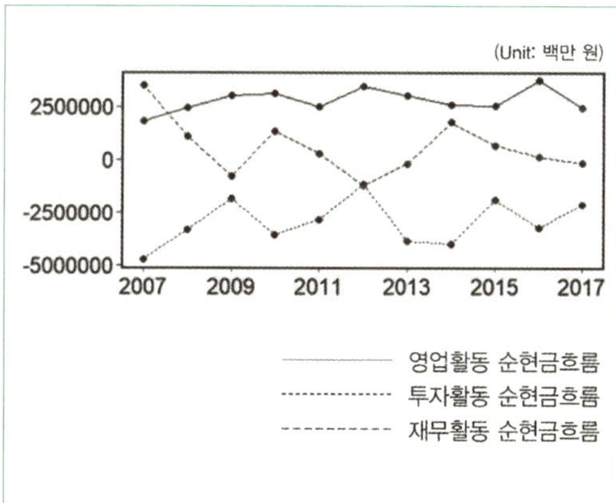

[그림 5-4] 외식기업 현금흐름 : 중식 음식점업

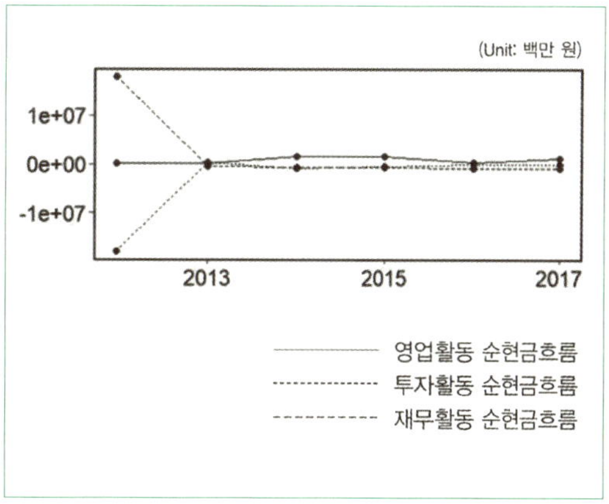

[그림 5-5] 외식기업 현금흐름 : 일식 음식점업

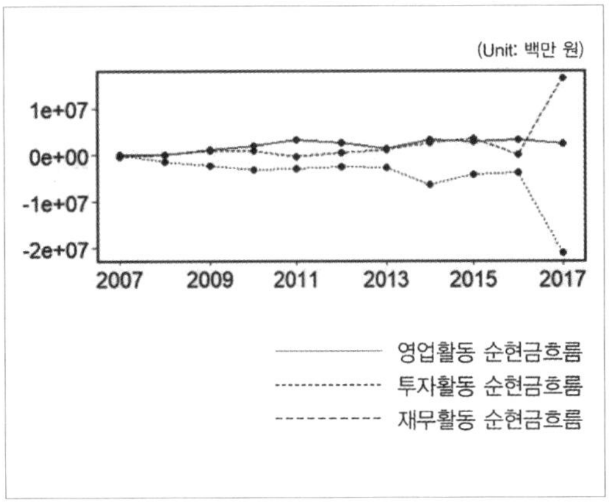

[그림 5-6] 외식기업 현금흐름 : 서양식 음식점업

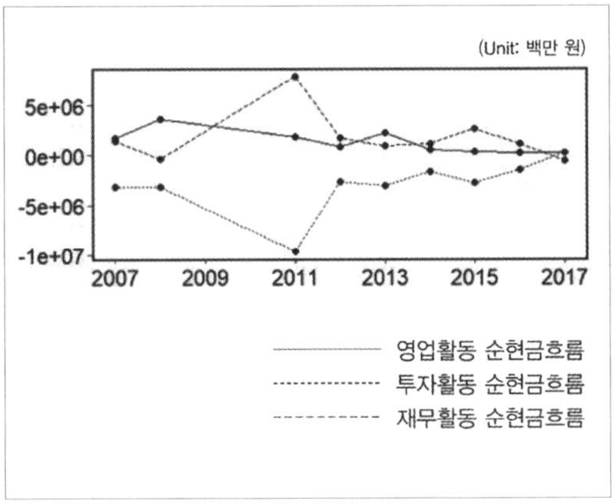

[그림 5-7] 외식기업 현금흐름 : 제과점업

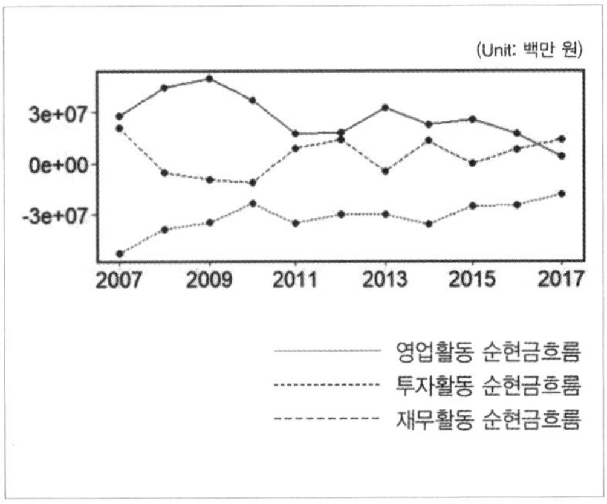

[그림 5-8] 외식기업 현금흐름 : 피자, 햄버거, 샌드위치 및 유사 음식점업

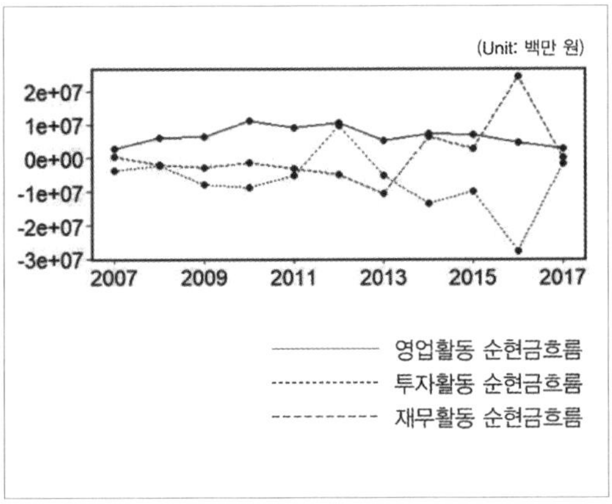

[그림 5-9] 외식기업 현금흐름 : 치킨 전문점

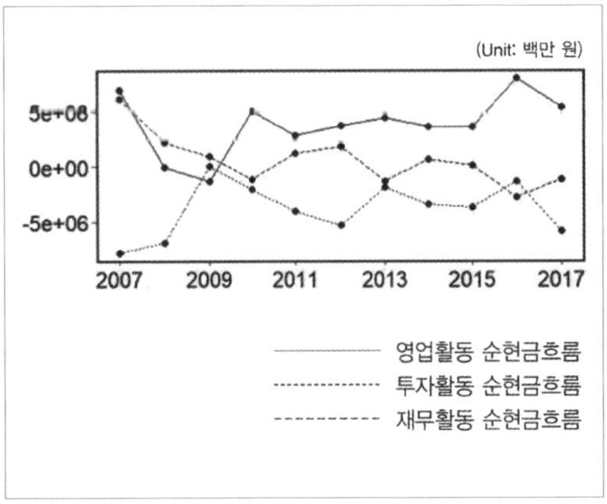

[그림 5-10] 외식기업 현금흐름 : 김밥, 분식, 기타 간이 음식점업

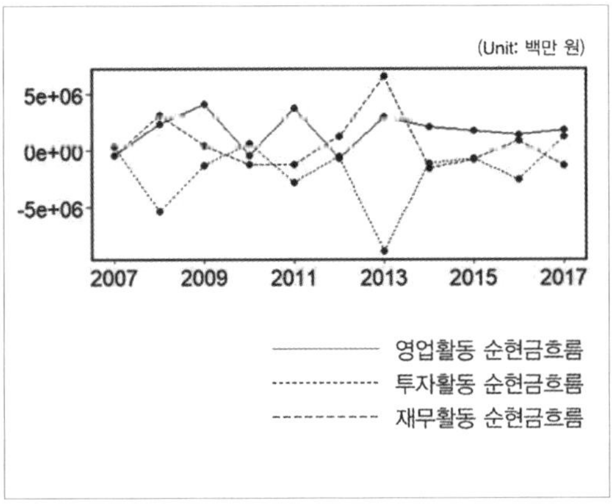

[그림 5-11] 외식기업 현금흐름 : 주점업

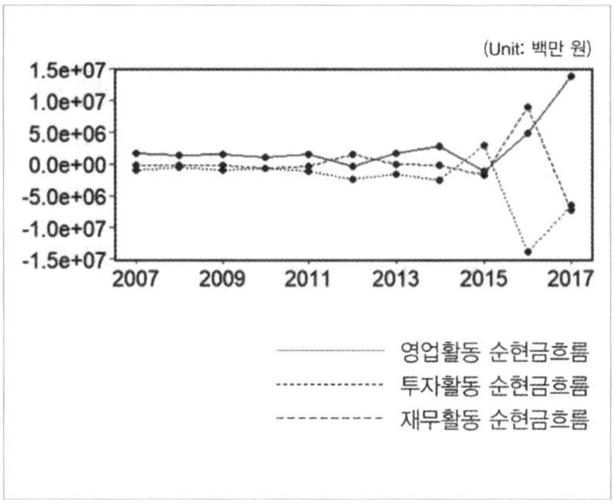

[그림 5-12] 외식기업 현금흐름 : 비알코올 음료점업

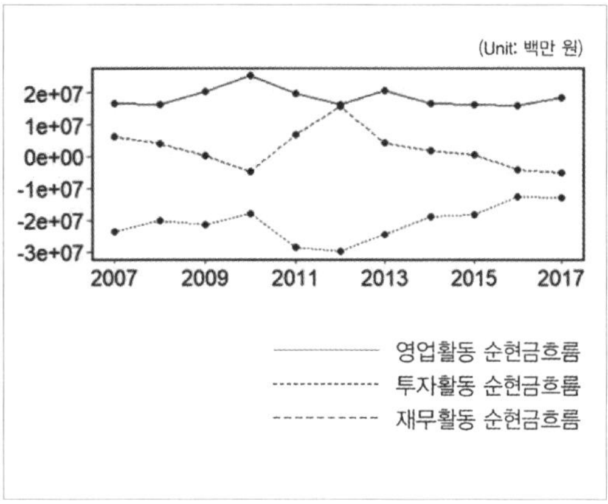

[그림 5-13] 외식기업 현금흐름 : 다업종업

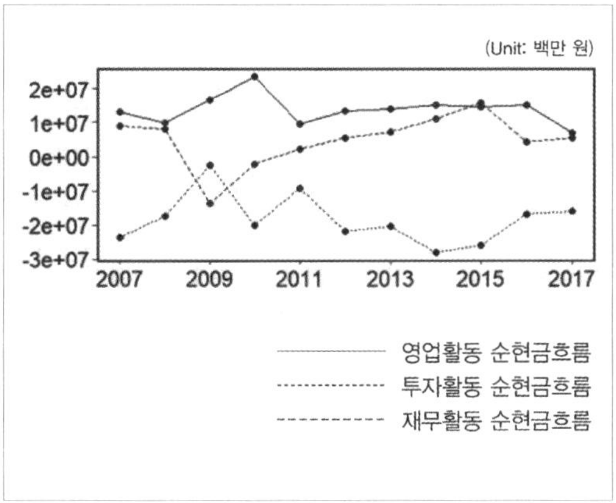

다. 프랜차이즈 운영 여부별

- 프랜차이즈 운영 여부에 따른 현금흐름 분석 결과, 프랜차이즈 운영기업의 영업활동 순현금흐름이 비프랜차이즈 기업의 영업활동 순현금흐름보다 약 2배 크게 나타났으며 점차 격차가 벌어지고 있는 추세이다.
  - ○ 2017년 기준 프랜차이즈와 비프랜차이즈의 영업활동 순현금흐름 차이는 약 3,047백만 원으로, 프랜차이즈의 영업활동을 통한 현금유입이 더 크다고 볼 수 있다.
- 2017년 투자활동 순현금흐름은 프랜차이즈와 비프랜차이즈 모두 순유출상태이나, 비프랜차이즈에 비해 프랜차이즈가 영업활동 현금흐름을 초과하는 금액을 유무형자산 또는 금융상품 등에 공격적으로 투자했음을 알 수 있다.
- 프랜차이즈의 재무활동 순현금흐름이 비프랜차이즈보다 큰데, 이는 프랜차이즈가 금융기관에서의 자금조달을 통한 순유입을 더 많이 했음을 의미한다.

[표 5-3] 외식기업 현금흐름 : 프랜차이즈 운영 여부별 (단위: 백만 원)

비율	2007	2008	2009	2010	2011	2012	2013	2014	2015	2016	2017
프랜차이즈											
영업활동 순현금흐름	7,333	7,093	9,439	11,749	7,658	8,373	9,277	8,173	8,555	8,605	5,695
투자활동 순현금흐름	−11,963	−9,452	−6,612	−8,442	−6,804	−9,757	−10,839	−9,434	−11,427	−12,728	−9,445
재무활동 순현금흐름	4,869	895	−3,411	−2,531	674	2,904	779	1,430	2,612	3,205	3,670
비프랜차이즈											
영업활동 순현금흐름	5,321	5,391	5,390	5,914	5,141	3,496	3,925	4,049	1,915	2,825	2,648
투자활동 순현금흐름	−8,258	−8,311	−5,157	−7,568	−7,893	−6,181	−5,737	−10,406	−3,796	−2,973	−1,380
재무활동 순현금흐름	3,031	2,463	−462	2,390	2,457	2,996	1,920	5,282	2,315	192	−2,108

[그림 5-14] 외식기업 현금흐름 : 프랜차이즈

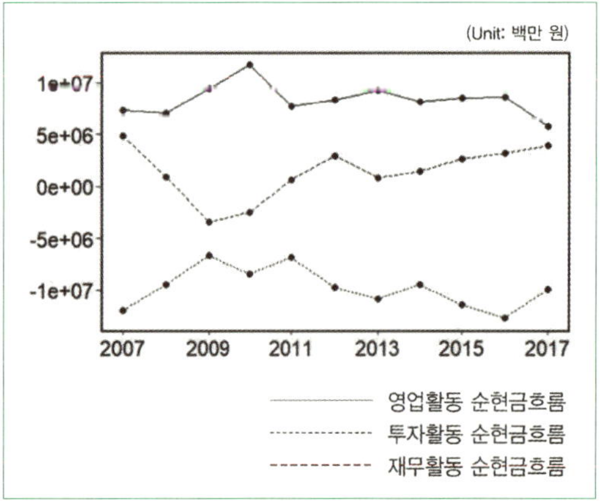

[그림 5-15] 외식기업 현금흐름 : 비프랜차이즈

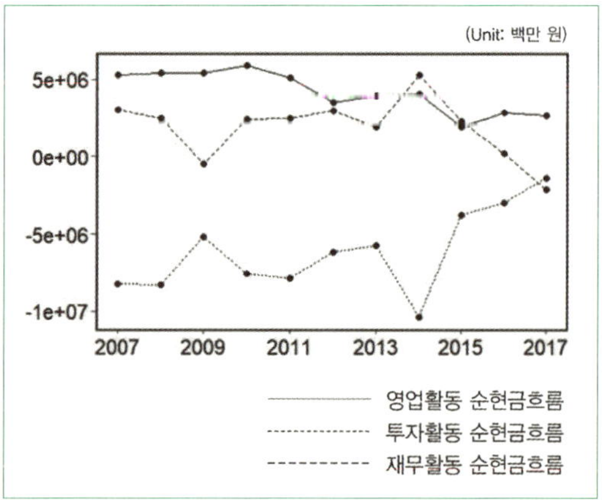

라. 보유 브랜드 수별

- 지난 10년간 단일 브랜드의 영업활동 순현금흐름은 단일 브랜드의 영업활동 순현금흐름보다 약 2배 정도 작게 나타났으나, 2017년 기준 유사 수준에 도달했다.
- 2017년 기준 다브랜드 운영기업의 영업활동 순현금흐름 대비 투자활동 순현금흐름이 단일브랜드 운영기업보다 공격적으로 이루어졌음을 알 수 있다.

[표 5-4] 외식기업 현금흐름 : 보유 브랜드 수별

(단위: 백만 원)

비율	2007	2008	2009	2010	2011	2012	2013	2014	2015	2016	2017
단일 브랜드 운영											
영업활동 순현금흐름	4,194	4,973	5,038	6,082	4,404	4,147	4,352	4,612	3,327	4,451	4,141
투자활동 순현금흐름	-5,912	-6,406	-4,943	-4,166	-6,328	-5,638	-5,812	-6,718	-4,480	-6,866	-3,586
재무활동 순현금흐름	1,996	1,926	-27	-473	1,887	3,614	99	2,031	1,392	1,266	-1,070
다브랜드 운영											
영업활동 순현금흐름	8,436	7,920	11,343	12,744	8,955	9,064	9,557	8,174	8,219	8,452	4,881
투자활동 순현금흐름	-14,025	-10,806	-7,505	-10,572	-8,284	-11,780	-11,794	-12,096	-12,133	-8,110	-8,658
재무활동 순현금흐름	5,825	1,195	-4,410	-1,304	741	2,363	1,897	4,699	3,725	570	3,425

[그림 5-16] 외식기업 현금흐름 : 단일 브랜드 운영

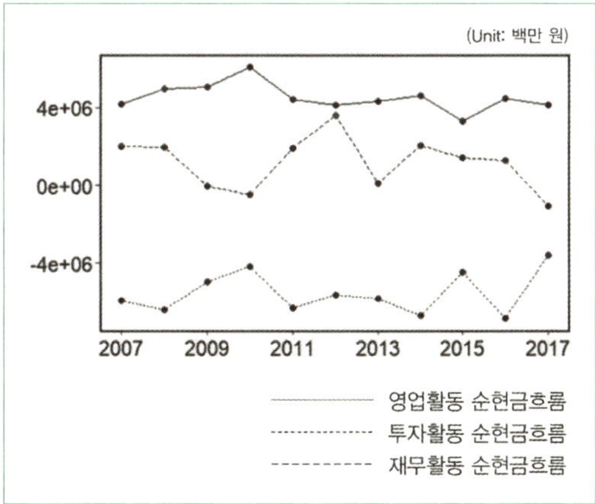

[그림 5-17] 외식기업 현금흐름 : 다브랜드 운영

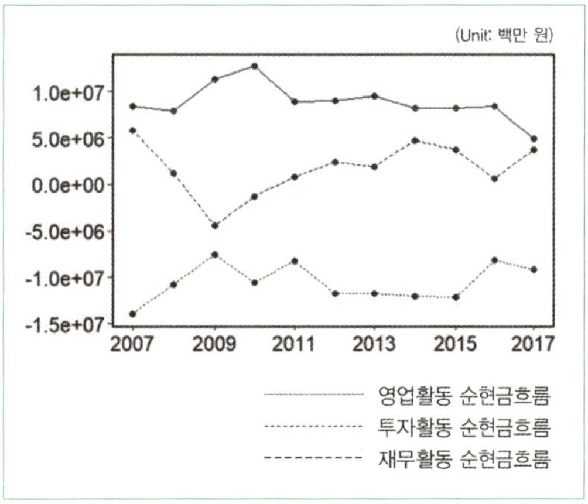

마. 국내외 브랜드 여부별

- 지난 10년간 해외 브랜드의 영업활동 순현금흐름은 국내 브랜드의 영업활동 순현금흐름보다 2배 이상 크며, 격차가 점점 벌어지고 있다.
  - ○ 2017년 기준 해외 브랜드와 국내 브랜드의 영업활동 순현금흐름 차이는 10,330 백만 원이다.
- 2017년 해외 브랜드의 재무활동 순현금흐름은 순유출을 기록했다. 이는 해외 브랜드 운영기업이 2017년 매출액순이익률 등 대부분의 수익성지표에서 상대적으로 높은 이익 수준을 달성한 것으로 차입금 상환을 통한 순유출로 풀이된다.

[표 5-5] 외식기업 현금흐름 : 국내외 브랜드 여부별 (단위: 백만 원)

비율	2007	2008	2009	2010	2011	2012	2013	2014	2015	2016	2017
국내 브랜드											
영업활동 순현금흐름	5,513	4,483	6,679	8,796	5,324	5,500	5,781	4,890	4,571	5,324	3,432
투자활동 순현금흐름	-10,232	-8,246	-4,012	-7,357	-6,070	-8,609	-8,402	-8,213	-7,515	-4,623	-4,809
재무활동 순현금흐름	5,135	1,610	-2,601	-508	1,440	3,366	1,772	3,186	2,798	811	965
해외 브랜드											
영업활동 순현금흐름	11,745	13,829	14,458	15,914	12,391	11,883	14,344	13,820	14,443	13,535	13,762
투자활동 순현금흐름	-14,714	-12,963	-11,826	-11,792	-12,331	-7,089	-13,191	-18,928	-13,744	-20,453	-12,513
재무활동 순현금흐름	2,000	689	-2,959	-2,841	-230	1,690	-3,789	3,279	846	4,135	-515

[그림 5-18] 외식기업 현금흐름 : 국내 브랜드

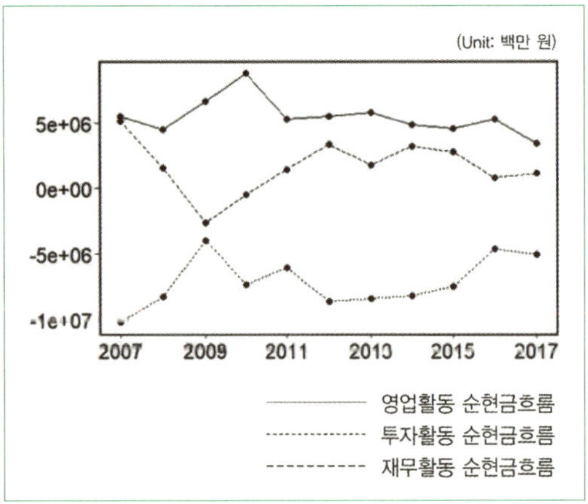

[그림 5-19] 외식기업 현금흐름 : 해외 브랜드

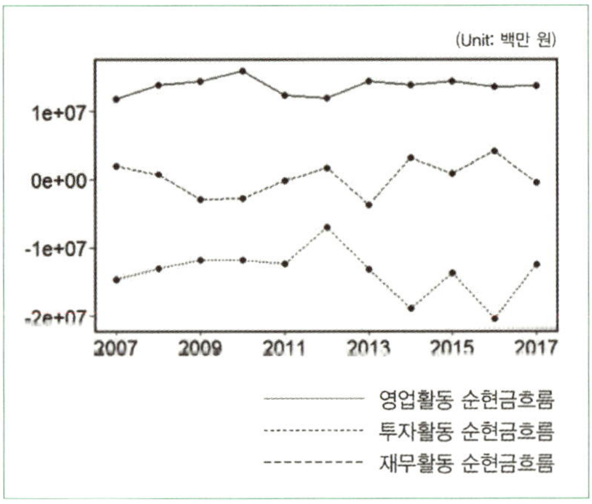

VI. 외식기업 레버리지 분석

- 레버리지 분석leverage analysis은 기업의 총비용 중에서 고정비가 차지하는 비중이 클수록 기업의 이익과 손실이 확대되는 원리를 분석하는 것으로, 고정비로 인해 발생하는 손익확대효과는 고정비의 지렛대 역할로 나타나는 것이다. 이를 레버리지 효과leverage effect라고 한다.
  - ○ 손익확대효과를 갖는 레버리지에는 영업고정비의 존재로 인해 손익이 확대되는 영업 레버리지operating leverage와 재무고정비의 존재로 인해 손익이 확대되는 재무 레버리지financial leverage가 있다.
  - ○ 두 가지 고정비영업고정비와 재무고정비 때문에 손익이 확대되는 결합 레버리지combined leverage가 있다.
  - ○ 매출액 변화에 대한 영업이익의 변화의 크기, 즉 손익확대효과의 정도는 영업 레버리지도DOL : degree of operating leverage를 이용해 측정하며, 재무고정비로 인해 발생하는 손익확대효과의 크기는 재무 레버리지도DFL : degree of financial leverage로 측정한다. 두 효과를 합쳐서 평가하는 것이 결합 레버리지도DCL : degree of combined leverage이며, 결합 레버리지도DCL는 영업 레버리지도DOL와 재무 레버리지도DFL의 곱으로 측정한다.

가. 외식기업 전체

- 영업 위험과 관련된 영업 레버리지도DOL는 평균적으로 제조업에 비해 외식업이 높게 나타나며, 제조업의 영업 레버리지도는 일정 범위 내에 분포하는 반면, 외식업은 큰 폭으로 상승과 하락을 반복하는 것으로 나타났다.
  - ○ 이는 외식업의 영업비용 중 고정비가 차지하는 비율이 커서 매출증가 시 제조업보다 영업이익이 크게 증가한다는 것을 의미함과 동시에 매출감소 시 더 큰 영업위험을 부담해야 한다는 것을 의미한다. 외식단위사업체개별 식당 수준에서는 고정자산에 대한 투자가 많아 구조적으로 영업 위험을 크게 부담할 수밖에 없다는 것을 알 수 있다.
- 제조업과 외식업 간 재무 레버리지도DFL에는 큰 차이가 없었지만 2016년 이후 외식업 평균 재무 레버리지도가 상승함에 따라 소폭 격차가 벌어졌다.

■ 결합 레버리지도DCL는 외식업이 제조업에 비해 소폭 크게 나타났다. 고정영업비로 인해 매출액 대비 외식업의 영업이익 증감폭이 커지는 레버리지 효과가 클 것으로 판단된다.

[표 6-1] 외식기업 레버리지 : 전체

(단위: %)

비율	2007	2008	2009	2010	2011	2012	2013	2014	2015	2016	2017
외식업 평균											
결합 레버리지도	7.16	2.73	7.08	5.30	5.41	7.76	14.32	9.21	4.94	6.41	9.80
영업 레버리지도	0.98	2.70	2.44	1.51	1.66	1.33	1.99	1.67	1.45	3.63	1.37
재무 레버리지도	9.65	20.17	19.62	12.08	9.51	32.28	22.05	20.70	14.65	28.98	6.94
제조업 평균											
결합 레버리지도	6.48	6.35	5.49	5.43	5.58	5.58	5.68	5.96	5.45	5.68	6.08
영업 레버리지도	3.41	3.40	3.17	3.19	3.06	3.26	3.42	3.33	3.25	3.43	3.60
재무 레버리지도	1.70	1.87	1.63	1.67	1.61	1.54	1.54	1.55	1.49	1.50	1.56

[그림 6-1] 레버리지 : 외식업

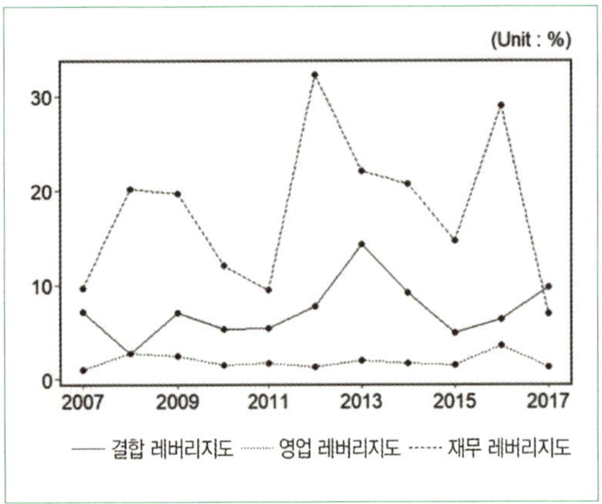

[그림 6-2] 레버리지 : 제조업

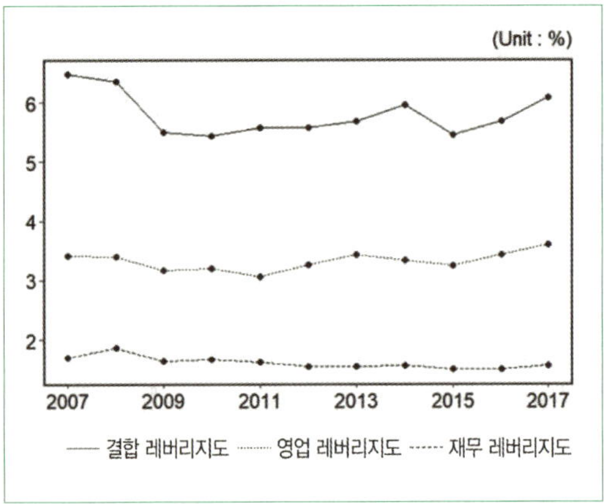

나. 세부 업종별

■ 업종별로 레버리지도는 매우 큰 차이를 나타내고 있다.

■ 2017년 영업 레버리지도가 낮은 업종은 중식 음식점업, 제과점업, 치킨 전문점 등이 있으며, 일식 음식점업 및 제과점업의 재무 레버리지도가 상대적으로 낮은 것으로 나타났다.

■ 2017년 피자, 햄버거, 샌드위치 및 유사 음식점업, 비알코올 음료점업, 다업종업의 결합레버지도가 상대적으로 높은 것으로 나타났는데, 특히 피자, 햄버거, 샌드위치 및 유사 음식점업의 결합레버리지도가 매우 두드러졌다. 반면, 제과점업 및 주점업의 결합레버리지도는 음-의 값으로 나타나 레버리지 효과가 낮은 것으로 판단된다.

[표 6-2] 외식기업 레버리지 : 세부 업종별

(단위: %)

비율	2007	2008	2009	2010	2011	2012	2013	2014	2015	2016	2017
한식 음식점업											
결합 레버리지도	4.49	6.26	5.67	6.01	4.84	6.90	9.79	3.16	6.18	5.00	5.67
영업 레버리지도	1.08	3.57	2.96	1.08	2.03	2.15	1.83	2.80	1.33	3.89	1.84
재무 레버리지도	6.33	28.25	13.55	5.67	10.94	20.11	8.29	20.80	18.19	31.19	6.55
중식 음식점업											
결합 레버리지도	–	–	–	–	–	4.61	3.56	4.03	3.47	4.46	4.68
영업 레버리지도	–	–	–	–	–	6.28	4.94	10.09	2.57	2.39	2.60
재무 레버리지도	–	–	–	–	–	28.92	17.56	43.97	9.77	10.46	11.66
일식 음식점업											
결합 레버리지도	5.82	-1.78	-0.17	2.14	4.07	3.30	86.88	0.38	3.95	5.07	14.05
영업 레버리지도	0.23	0.93	0.86	1.17	1.25	1.33	0.64	0.84	11.25	-0.18	0.63
재무 레버리지도	-0.89	-1.16	4.85	2.32	5.20	4.42	26.81	4.90	104.93	-17.75	1.22
서양식 음식점업											
결합 레버리지도	11.58	8.38	–	–	2.43	20.82	-4.91	21.36	-28.16	-7.54	5.04
영업 레버리지도	1.52	1.50	–	–	1.52	0.84	0.90	-42.43	2.92	12.34	1.36
재무 레버리지도	17.61	12.56	–	–	3.71	8.19	1.79	83.62	7.05	89.89	9.30
제과점업											
결합 레버리지도	12.92	30.08	-5.34	-5.32	5.04	61.83	7.85	-2.61	-0.29	-1.69	-8.92
영업 레버리지도	1.25	0.99	0.32	0.20	1.11	2.15	1.00	0.55	1.41	1.28	1.28
재무 레버리지도	15.68	18.46	14.75	29.05	5.04	81.27	8.14	3.48	0.74	0.51	-1.65
피자, 햄버거, 샌드위치 및 유사 음식점업											
결합 레버리지도	9.87	-1.83	7.44	7.07	2.75	-121.19	18.96	14.88	24.23	28.97	27.89
영업 레버리지도	2.19	0.57	4.54	1.57	-1.27	-5.66	1.98	2.13	1.54	7.41	0.90
재무 레버리지도	42.67	-1.14	35.85	10.87	96.98	94.81	66.13	49.30	46.35	1725.01	14.09
치킨 전문점											
결합 레버리지도	5.05	-8.07	12.61	5.64	7.85	5.08	4.51	6.62	3.49	7.07	2.32
영업 레버리지도	0.63	1.43	2.69	1.92	2.33	1.32	2.31	2.32	1.45	1.44	1.49
재무 레버리지도	-6.75	4.23	42.70	12.25	12.27	3.78	9.53	23.10	5.40	8.97	5.64
김밥, 분식, 기타 간이 음식점업											
결합 레버리지도	11.81	10.38	20.86	6.61	65.17	14.69	10.78	20.74	45.50	6.43	6.49
영업 레버리지도	2.77	8.78	1.14	2.18	0.85	1.09	18.82	0.86	0.91	1.63	3.18
재무 레버리지도	25.59	60.91	23.09	14.82	1.09	13.96	321.06	0.78	0.86	22.36	10.73
주점업											
결합 레버리지도	5.67	10.01	0.81	1.84	1.43	1.45	8.67	7.76	-7.09	14.21	-4.43
영업 레버리지도	2.12	23.20	0.32	6.09	1.75	-1.11	1.07	2.46	-1.05	1.71	1.06
재무 레버리지도	10.04	383.12	8.33	31.05	1.39	5.92	7.16	33.70	24.37	-20.67	1.45

다음 페이지에 계속

비율	2007	2008	2009	2010	2011	2012	2013	2014	2015	2016	2017
비알코올 음료점업											
결합레버리지도	5.19	5.43	5.98	4.97	5.31	6.51	10.08	11.78	-17.61	12.45	16.02
영업레버리지도	-5.19	2.12	2.19	0.86	1.54	0.87	1.09	1.29	1.70	1.00	0.24
재무레버리지도	-22.21	11.84	13.33	5.91	8.04	0.14	7.42	18.47	-7.45	1.31	33.45
다업종업											
결합레버리지도	7.21	-29.02	16.09	8.83	3.72	10.07	24.11	7.85	5.47	9.06	17.12
영업레버리지도	1.10	0.64	3.01	2.26	1.67	2.17	2.34	1.40	1.10	1.32	1.34
재무레버리지도	8.70	2.95	21.46	17.54	5.93	45.91	27.14	13.25	4.20	17.90	4.69

[그림 6-3] 외식기업 레버리지 : 한식 음식점업

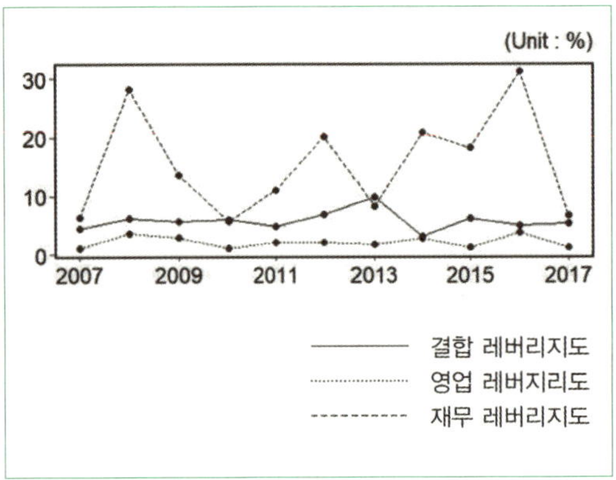

[그림 6-4] 외식기업 레버리지 : 중식 음식점업

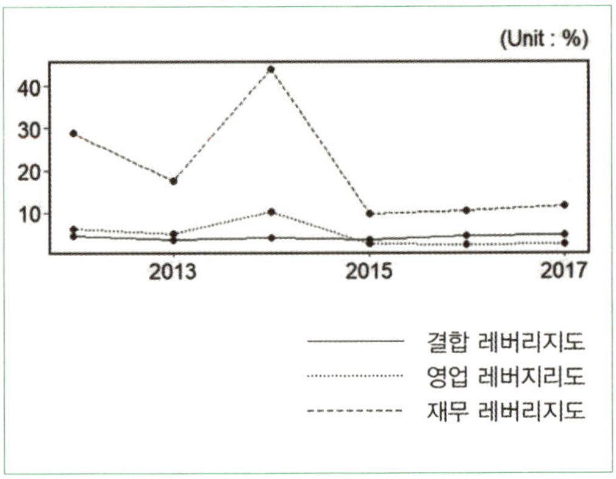

[그림 6-5] 외식기업 레버리지 : 일식 음식점업

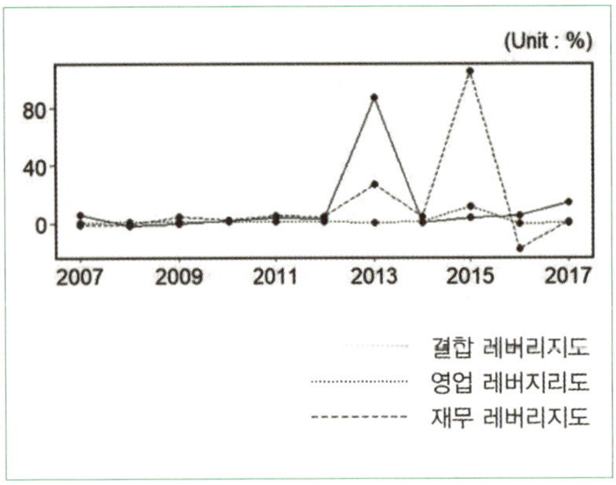

[그림 6-6] 외식기업 레버리지 : 서양식 음식점업

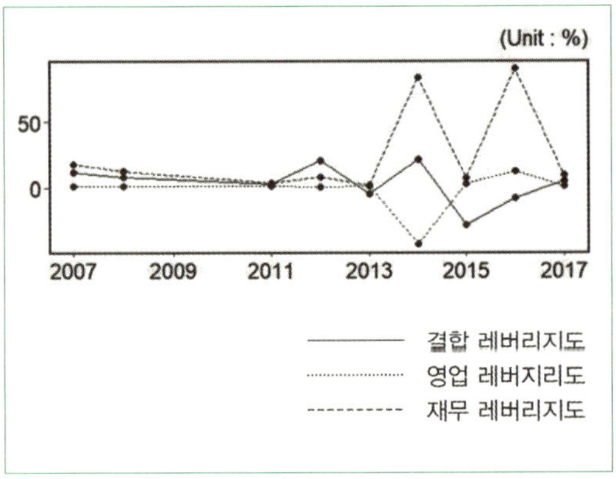

[그림 6-7] 외식기업 레버리지 : 제과점업

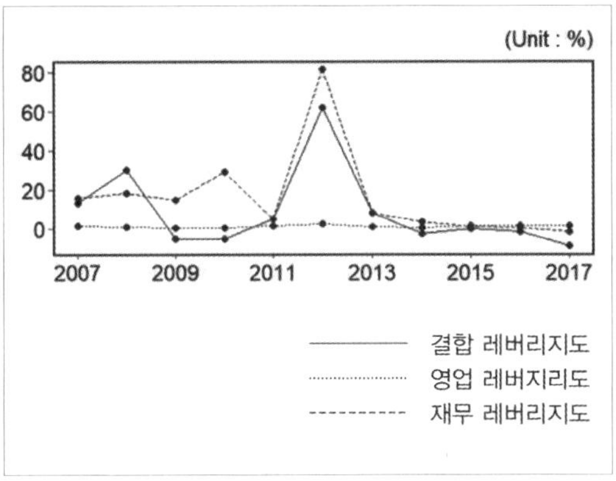

[그림 6-8] 외식기업 레버리지 : 피자, 햄버거, 샌드위치 및 유사 음식점업

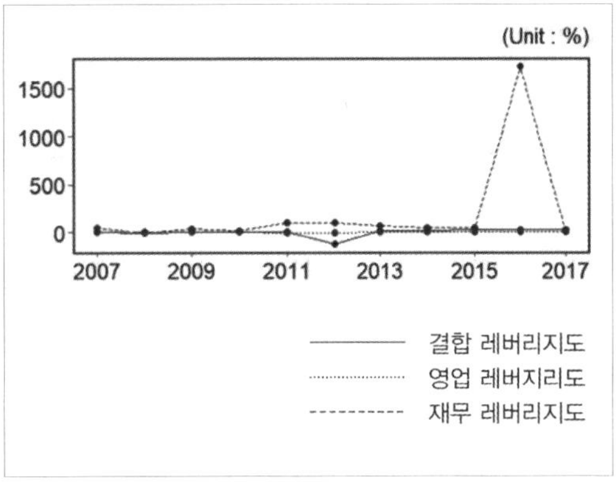

[그림 6-9] 외식기업 레버리지 : 치킨 전문점

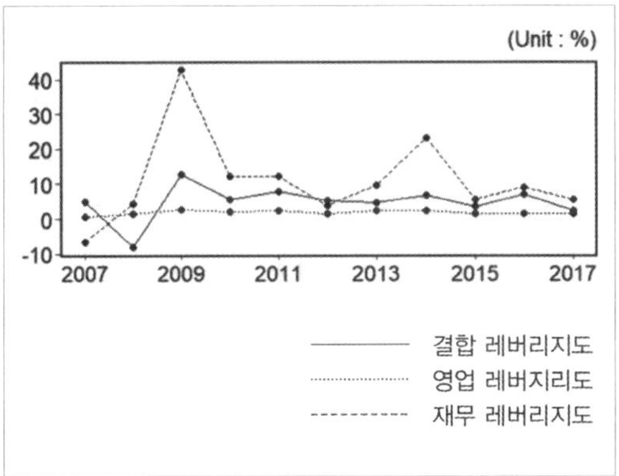

[그림 6-10] 외식기업 레버리지 : 김밥, 분식, 기타 간이 음식점업

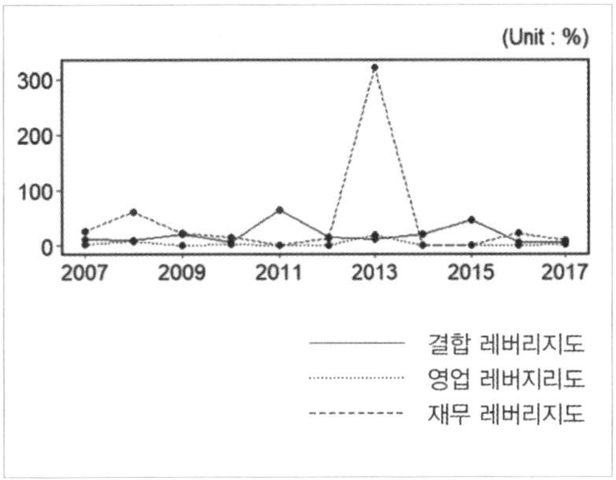

[그림 6-11] 외식기업 레버리지 : 주점업

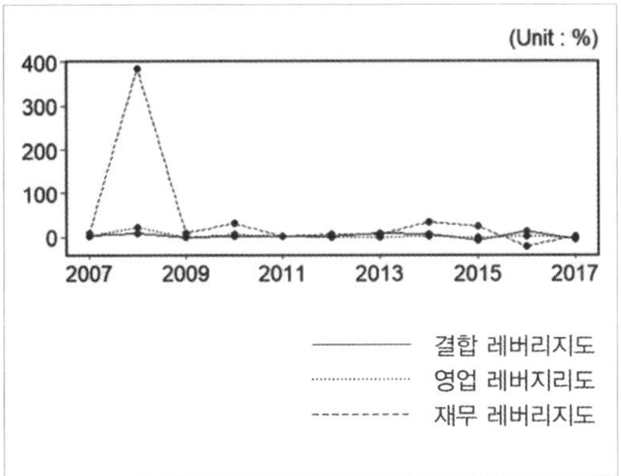

[그림 6-12] 외식기업 레버리지 : 비알코올 음료점업

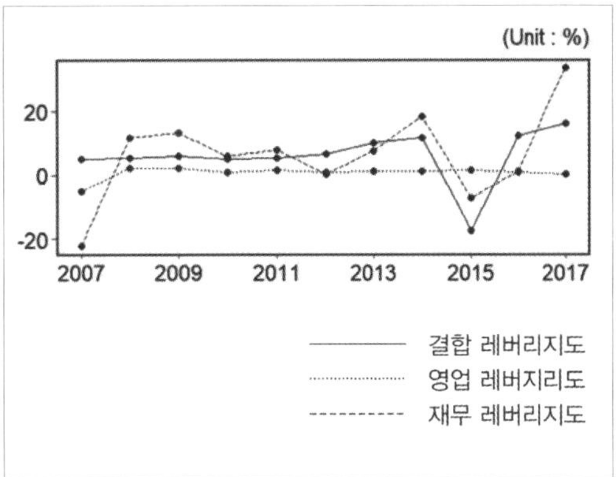

[그림 6-13] 외식기업 레버리지 : 다업종업

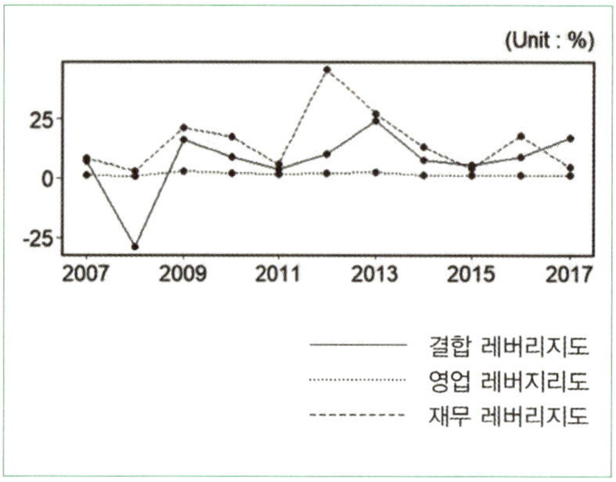

다. 프랜차이즈 운영 여부별

- 비프랜차이즈 운영기업의 영업 레버리지도가 평균적으로 높게 나타났으며, 최근 3년간 평균 재무 레버리지는 비슷한 수준으로 나타났다.
- 결합 레버리지 또한 프랜차이즈 운영기업이 비프랜차이즈 운영기업에 비해 높게 나타났으며, 레버리지 효과가 클 것으로 판단된다.

[표 6-3] 외식기업 레버리지 : 프랜차이즈 운영 여부별 (단위: %)

비율	2007	2008	2009	2010	2011	2012	2013	2014	2015	2016	2017
프랜차이즈											
결합 레버리지도	7.42	−1.78	7.59	4.73	5.57	4.84	10.79	7.99	8.22	8.41	12.41
영업 레버리지도	0.60	2.38	1.79	1.66	1.59	1.21	1.82	1.81	1.33	2.44	1.36
재무 레버리지도	9.23	16.36	20.18	14.72	12.79	36.41	23.02	20.06	8.80	31.29	6.42
비프랜차이즈											
결합 레버리지도	6.25	12.16	2.34	6.43	5.27	15.68	20.80	10.96	−0.07	2.43	4.47
영업 레버리지도	1.50	3.45	3.72	1.24	1.60	1.51	2.22	−0.71	3.21	4.08	1.41
재무 레버리지도	9.49	31.92	17.73	6.39	8.17	16.79	18.37	24.30	27.39	24.66	9.47

[그림 6-14] 외식기업 레버리지 : 프랜차이즈

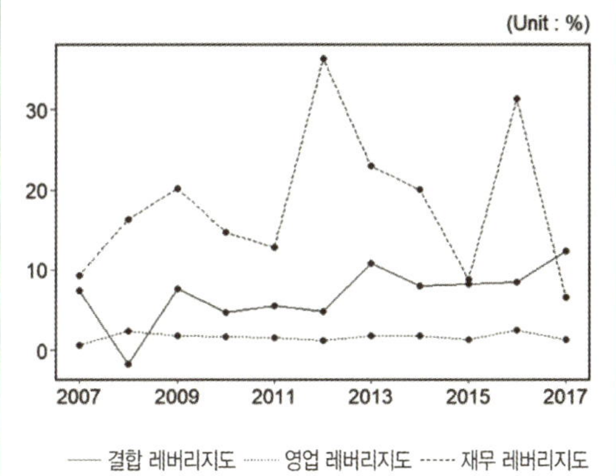

[그림 6-15] 외식기업 레버리지 : 비프랜차이즈

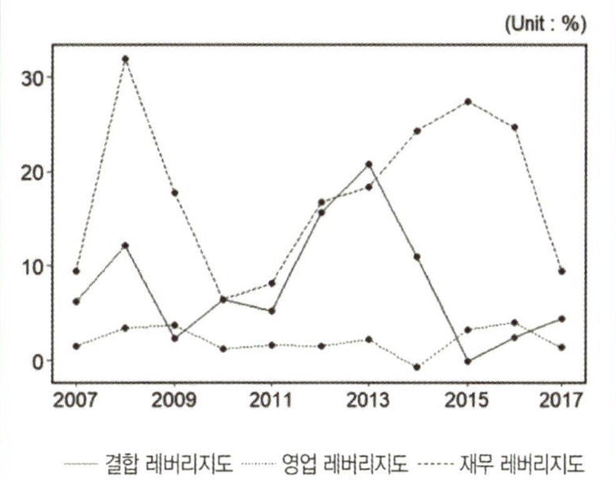

라. 보유 브랜드 수별

- 단일 브랜드를 보유한 기업과 다브랜드를 보유한 기업의 영업 레버리지도 변동이 상대적으로 커서 둘 간의 비교는 어렵다.
- 평균적으로 다브랜드 운영기업의 재무 레버지리도가 높게 나타나며, 결합 레버리지도 또한 다브랜드 운영기업이 더 크게 나타났다. 이를 통해 다브랜드 기업의 레버리지 효과가 더 크다는 것을 짐작할 수 있다.

[표 6-4] 외식기업 레버리지 : 보유 브랜드 수별

(단위: %)

비율	2007	2008	2009	2010	2011	2012	2013	2014	2015	2016	2017
단일 브랜드											
결합 레버리지도	9.89	-2.16	4.89	5.09	3.60	0.63	21.17	9.87	-6.15	10.42	6.49
영업 레버리지도	-0.10	5.48	2.26	2.28	1.29	0.56	1.64	2.19	1.58	3.18	1.11
재무 레버리지도	11.10	63.01	15.98	12.02	15.30	37.72	17.46	33.68	13.77	17.19	8.11
다브랜드											
결합 레버리지도	5.41	5.63	8.71	5.25	7.91	9.19	3.98	8.38	8.82	4.30	11.70
영업 레버리지도	1.28	1.36	2.36	1.15	1.71	1.66	2.13	1.24	1.31	3.29	1.66
재무 레버리지도	7.73	6.52	21.78	11.33	7.56	29.28	21.92	13.96	14.79	31.28	8.36

[그림 6-16] 외식기업 레버리지 : 단일 브랜드 운영

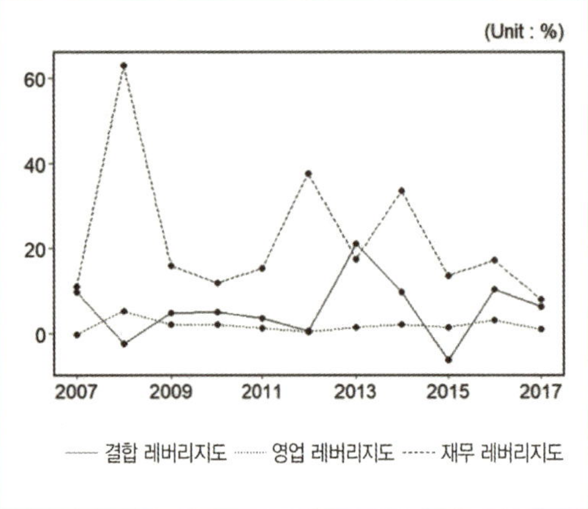

[그림 6-17] 외식기업 레버리지 : 다브랜드 운영

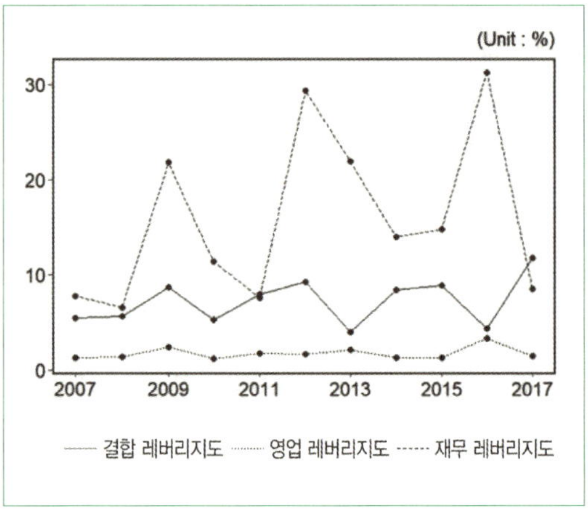

마. 국내외 브랜드 여부별

- 2017년에는 해외 브랜드에 비해 국내 브랜드의 영업 레버리지도가 높아 매출액 변화에 따른 손익확대효과가 클 것으로 판단된다.
- 해외 브랜드의 재무 레버리지도가 국내 브랜드에 비해 현저히 높게 나타났다.
- 결합 레버리지도는 해외 브랜드가 국내 브랜드보다 약 2배가량 높아 차이가 두드러진다.

[표 6-5] 외식기업 레버리지 : 국내외 브랜드 여부별 (단위: %)

비율	2007	2008	2009	2010	2011	2012	2013	2014	2015	2016	2017
국내 브랜드											
결합 레버리지도	6.52	5.45	7.77	5.38	5.72	8.94	5.40	7.11	4.40	4.24	8.15
영업 레버리지도	0.64	3.19	2.41	1.48	1.83	1.59	2.21	1.72	1.26	3.24	1.42
재무 레버리지도	4.76	26.48	21.19	13.21	6.76	30.51	13.77	20.46	7.90	25.27	4.74
해외 브랜드											
결합 레버리지도	8.21	-6.52	4.64	5.19	3.58	-50.58	52.18	17.80	-3.55	28.00	14.11
영업 레버리지도	1.79	1.24	2.46	1.67	0.20	-2.30	1.39	1.48	3.76	2.77	1.19
재무 레버리지도	32.27	6.79	13.95	8.38	44.20	42.72	40.89	23.68	40.30	529.34	39.79

[그림 6-18] 외식기업 레버리지 : 국내 브랜드

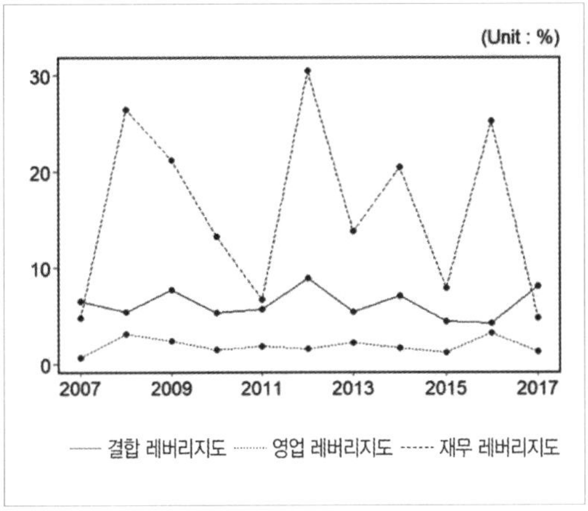

[그림 6-19] 외식기업 레버리지 : 해외 브랜드

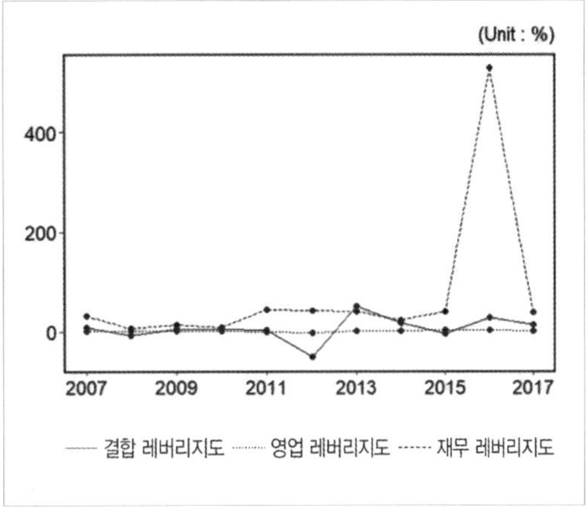

부록 I

외식기업별 경영분석

Business Analysis of Korean Food Service Company

■ 외식기업 목록

구분	기업명	구분	기업명
1	(주)티에스푸드앤시스템	30	(주)전한
2	(주)김가네	31	(주)제너시스비비큐
3	(주)놀부	32	(주)젠푸드
4	(주)더본코리아	33	(주)준코
5	(주)동바오	34	(주)차우
6	(주)리치빔	35	(주)채선당
7	(주)멕시카나	36	(주)캘리스코
8	(주)밀탑	37	(주)커피빈코리아
9	(주)보나비	38	(주)코리아델로스케이디
10	(주)브레댄코	39	(주)탐앤탐스
11	(주)삼양에프앤비	40	(주)파리크라상
12	(주)새벽집	41	(주)페리카나
13	(주)송추가마골	42	(주)푸드죤
14	(주)신라명과	43	(주)피에스타
15	(주)신정	44	(주)한국일오삼
16	(주)신화아이푸드	45	(주)한솥
17	(주)에스앤에스컴퍼니	46	(주)할리스에프앤비
18	(주)에스엠에프앤비디벨롭먼트	47	(주)핫시즈너
19	(주)에스엠엔터프라이즈	48	(주)혜인식품
20	(주)엔타스	49	씨제이푸드빌(주)
21	(주)엔타스에스디	50	갓파크리에이트코리아(주)
22	(주)엘브이아이파트너스	51	교촌에프앤비(주)
23	(주)엘에프푸드	52	로쏘 주식회사
24	(주)오투스페이스	53	롯데지알에스(주)
25	(주)웰푸드시스템	54	리치푸드(주)
26	(주)이디야	55	버자야에이치알카페코리아 주식회사
27	(주)이바돔	56	본아이에프(주)
28	(주)장충동왕족발	57	본촌인터내셔날(주)
29	(주)재원푸드	58	비알코리아(주)

구분	기업명	구분	기업명
59	사과나무 주식회사	87	(주)엠에프지코리아
60	석파랑	88	(주)엠파이어에프앤비
61	세한 주식회사	89	(주)온누리푸드시스템
62	스무디킹코리아(주)	90	(주)이비가푸드
63	아모제푸드(주)	91	(주)이원
64	에렉스에프앤비(주)	92	(주)이도감농업회사법인
65	(주)에스플러스인터내셔널	93	(주)제이알더블유
66	엠즈씨드(주)	94	(주)죠스푸드
67	원앤원(주)	95	(주)즐거운세상
68	(주)고품질	96	(주)지앤푸드
69	(주)다도글로벌	97	(주)카페베네
70	(주)키친보리에	98	(주)케이에프씨코리아
71	(주)덕용푸드시스템	99	(주)터존
72	주식회사 디딤	100	(주)토다이코리아
73	(주)마세다린	101	(주)푸른에프앤디
74	(주)만석닭강정	102	(주)프랜푸드
75	(주)부자되세요	103	(주)하누소
76	(주)비케이알	104	(주)현성에프엔티
77	(주)삼원가든	105	청오디피케이(주)
78	(주)설빙	106	커피스미스에프씨(주)
79	(주)스타벅스커피코리아	107	한국파파존스(주)
80	(주)식의	108	한서외식산업(주)
81	(주)썬앳푸드	109	한우리외식산업(주)
82	(주)아모제에프앤엘	110	(주)케이비엠
83	(주)안스	111	(주)하남에프앤비
84	(주)에땅	112	(주)엠피그룹
85	(주)에이치앤디이	113	해마로푸드서비스(주)
86	(주)엔타스시스템		

1 ㈜티에스푸드앤시스템(020608) TSFOOD&SYSTEM 외

설립일	1993.08.04	대표이사	양창근
업종	피자, 햄버거, 샌드위치 및 유사 음식점업	업종코드	56192
소재지	서울시 강남구 역삼동	주요브랜드	파파이스, 맘스터치

	2013	2014	2015	2016	2017
재무상태표					(단위: 백만 원)
유동자산	7,988	3,297	3,253	4,914	2,565
당좌자산	6,813	2,234	2,068	3,592	1,470
재고자산	1,175	1,063	1,184	1,323	1,095
비유동자산	7,062	8,307	8,226	9,648	9,566
투자자산	125	5	5	5	5
유형자산	5,400	6,370	6,165	6,849	6,408
무형자산	25	58	95	108	77
자산총계	15,050	11,604	11,478	14,562	12,132
유동부채	8,755	5,919	6,478	7,234	9,080
비유동부채	2,245	2,297	2,170	4,953	2,674
자본	4,050	3,388	2,831	2,375	378
부채 및 자본합계	15,050	11,604	11,478	14,562	12,132
손익계산서					(단위: 백만 원)
매출액	38,673	35,437	25,451	25,901	22,377
매출원가	30,769	28,381	19,104	19,777	17,847
매출총손익	7,904	7,056	6,347	6,124	4,530
판매비 및 관리비	7,603	7,681	6,998	6,614	6,199
영업손익	301	-625	-650	-490	-1,669
법인세비용차감전순손익	266	-297	-632	-648	-2,169
법인세비용	0	0	0	0	0
계속사업이익	266	-297	-632	-648	-2,169
중단사업손익	0	0	0	0	0
당기순손익	266	-297	-632	-648	-2,169
현금흐름표					(단위: 백만 원)
영업활동순현금흐름	1,832	-1,880	-301	699	-1,471
투자활동순현금흐름	-262	-1,788	-813	-2,315	-628
재무활동순현금흐름	0	848	1,152	3,000	600
성장성비율					(단위: %)
총자산증가율	5.31	-22.9	-1.08	26.87	-16.69
매출액증가율	1.59	-8.37	-28.18	1.77	-13.61
수익성비율					(단위: %)
총자산순이익률	1.81	-2.22	-5.48	-4.98	-16.25
자기자본순이익률	6.82	-7.97	-20.33	-24.89	-157.59
매출액영업이익률	0.78	-1.76	-2.55	-1.89	-7.46
매출액순이익률	0.69	-0.84	-2.48	-2.5	-9.69
레버리지비율					(단위: %)
부채비율	271.58	242.52	305.48	513.08	3,111.31
이자보상비율	2.97	-6.29	-4.19	-2.52	-6.68
비유동비율	174.37	245.22	290.57	406.18	2,532.30
비유동장기적합률	112.18	146.12	164.49	131.65	313.47
유동성비율					(단위: %)
유동비율	91.24	55.7	50.22	67.94	28.25
당좌비율	77.82	37.74	31.93	49.65	16.19
현금비율	39.21	9.46	10.74	35.28	9.18
활동성비율					(단위: 회)
총자산회전율	2.64	2.66	2.21	1.99	1.68
자기자본회전율	9.93	9.53	8.19	9.95	16.26
비유동자산회전율	5.55	4.61	3.08	2.9	2.33
재고자산회전율	27.46	31.68	22.65	20.66	18.51
생산성비율					(단위: %)
총자본투자효율	21.49	22.7	23.77	19.32	9.31
설비투자효율	59.91	41.35	44.26	41.08	17.63
부가가치의 구성					(단위: 백만 원)
영업잉여	419	-705	-927	-666	-1,944
인건비	2,120	2,029	2,259	2,178	1,907
금융비용	47	43	137	176	238
감가상각비	557	614	718	829	885

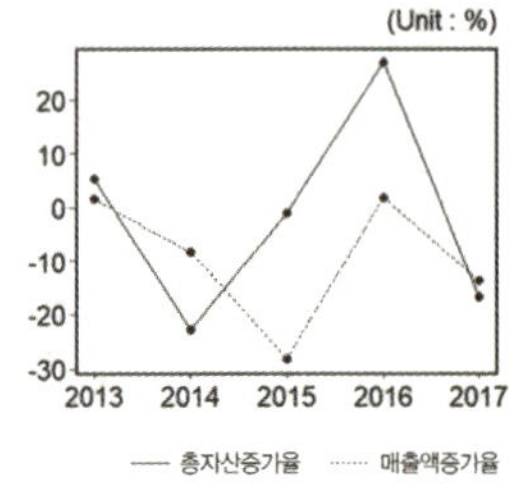

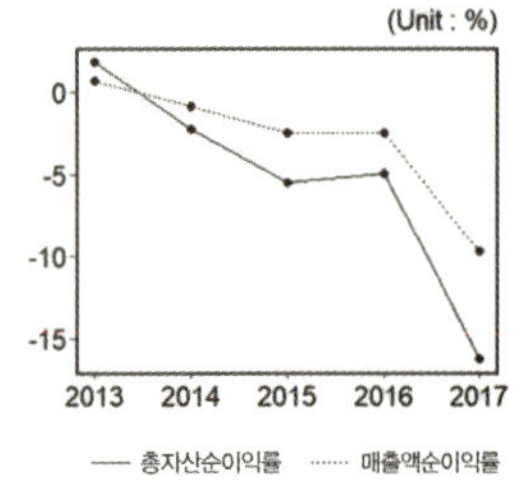

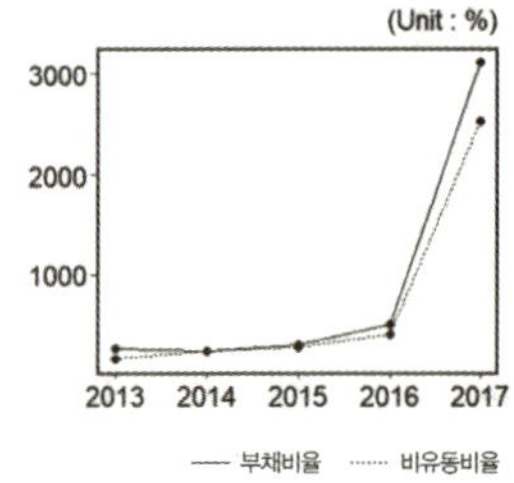

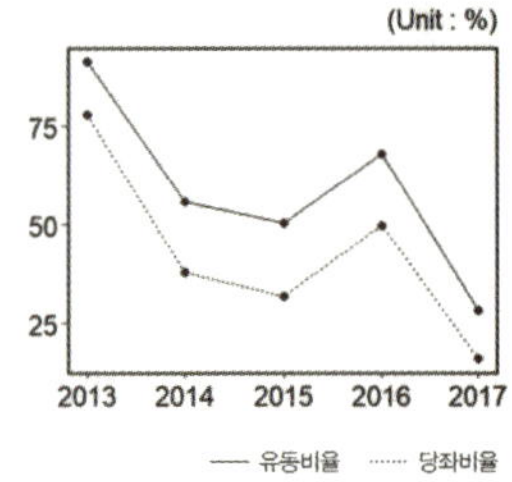

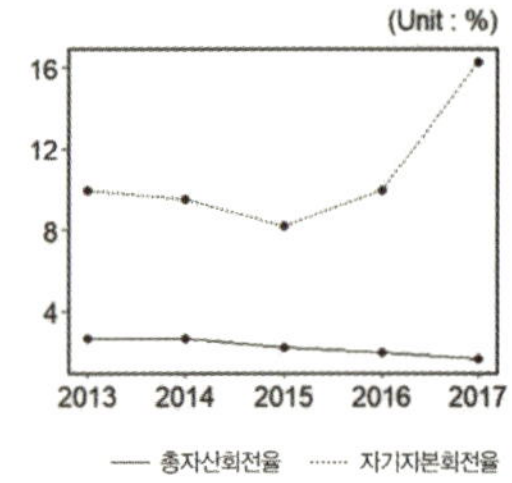

2 ㈜김가네(49820) gimgane 외

설립일	2006.01.01	대표이사	김용만
업종	김밥 및 기타 간이 음식점업	업종코드	56194
소재지	서울시 광진구 구의동	주요브랜드	김家네, 쭈家네, 보족愛, 치킨방앗간

	2013	2014	2015	2016	2017
재무상태표					(단위: 백만 원)
유동자산	3,924	5,252	5,778	5,855	15,589
당좌자산	3,457	4,614	5,134	5,221	14,882
재고자산	466	639	644	634	706
비유동자산	9,769	9,536	9,735	9,764	9,825
투자자산	463	72	198	342	119
유형자산	8,847	8,881	8,943	8,941	8,885
무형자산	155	220	225	152	98
자산총계	13,693	14,788	15,513	15,619	25,414
유동부채	9,990	11,123	12,048	12,198	22,258
비유동부채	222	366	355	258	45
자본	3,481	3,299	3,110	3,163	3,111
부채 및 자본합계	13,693	14,788	15,513	15,619	25,414
손익계산서					(단위: 백만 원)
매출액	28,091	28,523	29,286	30,288	33,013
매출원가	22,206	22,511	23,167	23,710	25,799
매출총손익	5,884	6,011	6,119	6,578	7,214
판매비 및 관리비	5,597	5,931	6,092	6,264	6,626
영업손익	287	80	27	314	589
법인세비용차감전순손익	72	-182	-189	53	348
법인세비용	0	0	0	0	0
계속사업이익	72	-182	-189	53	348
중단사업손익	0	0	0	0	0
당기순손익	72	-182	-189	53	348
현금흐름표					(단위: 백만 원)
영업활동순현금흐름	253	186	588	556	1,314
투자활동순현금흐름	-581	-492	-1,479	-580	8,094
재무활동순현금흐름	226	1,087	880	-110	-511
성장성비율					(단위: %)
총자산증가율	4.28	8	4.9	0.69	62.71
매출액증가율	4.25	1.54	2.68	3.42	9
수익성비율					(단위: %)
총자산순이익률	0.54	-1.27	-1.25	0.34	1.7
자기자본순이익률	2.09	-5.35	-5.91	1.7	11.09
매출액영업이익률	1.02	0.28	0.09	1.04	1.78
매출액순이익률	0.26	-0.64	-0.65	0.18	1.05
레버리지비율					(단위: %)
부채비율	293.41	348.25	398.85	393.81	716.91
이자보상비율	1.08	0.27	0.1	1.11	2.18
비유동비율	280.67	289.04	313.04	308.69	315.82
비유동장기적합률	263.83	260.21	281.01	285.42	311.32
유동성비율					(단위: %)
유동비율	39.28	47.22	47.96	48	70.04
당좌비율	34.61	41.48	42.61	42.8	66.86
현금비율	37.04	42.54	38.48	35.68	70.48
활동성비율					(단위: 회)
총자산회전율	2.09	2	1.93	1.95	1.61
자기자본회전율	8.15	8.41	9.14	9.66	10.52
비유동자산회전율	2.9	2.96	3.04	3.11	3.37
재고자산회전율	60.66	51.63	45.67	47.4	49.26
생산성비율					(단위: %)
총자본투자효율	31.21	28.03	28.73	28.99	20.33
설비투자효율	48.3	46.67	49.84	50.65	58.15
부가가치의 구성					(단위: 백만 원)
영업잉여	52	-182	-204	92	386
인건비	3,344	3,494	3,671	3,493	3,899
금융비용	235	262	231	223	203
감가상각비	348	283	322	343	373

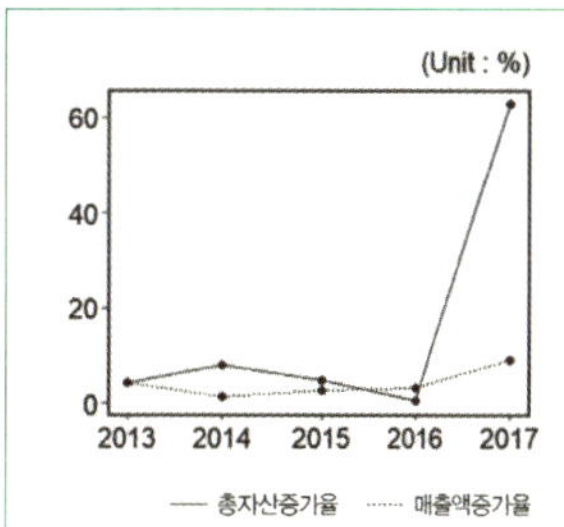

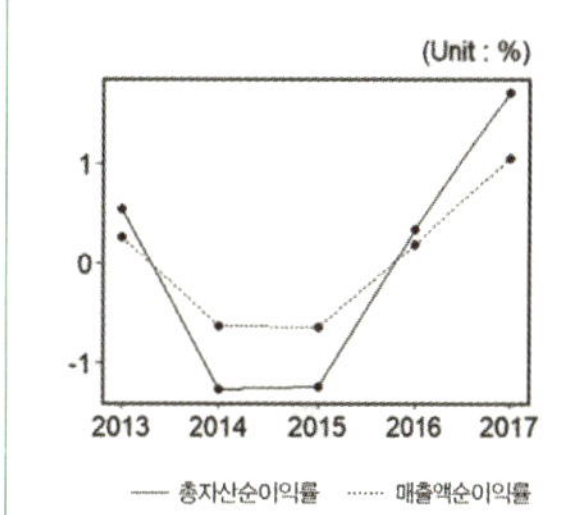

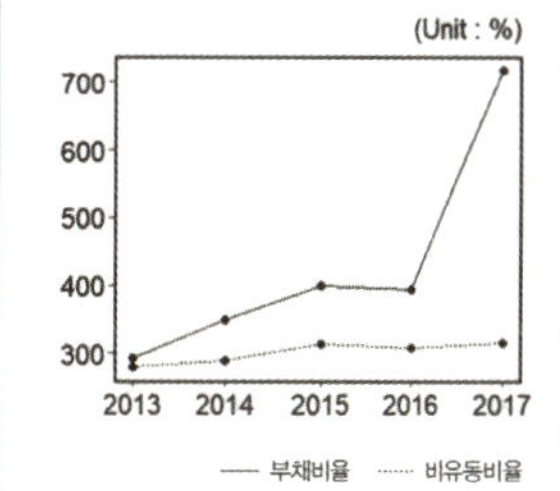

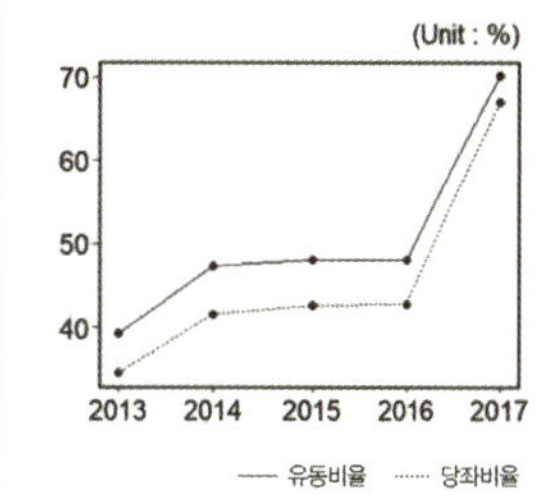

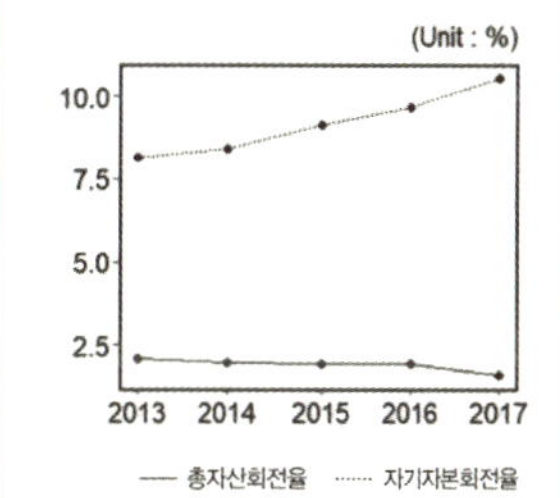

3 ㈜놀부(029543) NOLBOO CO.,LTD 외

설립일	1990.01.03	대표이사	김준영
업종	한식 일반 음식점업	업종코드	56111
소재지	경기도 성남시 중원구 도촌로	주요브랜드	놀부보쌈, 놀부부대찌개, 놀부옛날통닭

	2013	2014	2015	2016	2017
재무상태표					(단위: 백만 원)
유동자산	13,575	9,080	12,874	10,904	8,968
당좌자산	10,673	5,866	6,178	6,297	5,864
재고자산	2,902	3,214	6,696	4,607	3,103
비유동자산	109,540	108,822	110,792	104,817	97,444
투자자산	4,734	6,898	7,586	8,351	7,407
유형자산	19,586	19,244	23,121	22,070	21,306
무형자산	81,049	76,895	73,762	68,397	63,088
자산총계	123,115	117,902	123,667	115,721	106,412
유동부채	20,592	16,063	24,293	20,774	26,065
비유동부채	37,201	37,119	36,005	31,612	24,022
자본	65,322	64,719	63,369	63,335	56,324
부채 및 자본합계	123,115	117,902	123,667	115,721	106,412
손익계산서					(단위: 백만 원)
매출액	99,402	121,178	119,645	120,372	101,544
매출원가	61,929	77,008	75,242	76,605	65,199
매출총손익	37,473	44,170	44,403	43,766	36,345
판매비 및 관리비	34,227	39,813	41,798	39,295	39,575
영업손익	3,246	4,356	2,605	4,471	-3,231
법인세비용차감전순손익	-928	1,812	-170	1,561	-6,705
법인세비용	757	1,403	1,016	1,526	169
계속사업이익	-1,685	409	-1,186	35	-6,874
중단사업손익	0	0	0	0	0
당기순손익	-1,685	409	-1,186	35	-6,874
현금흐름표					(단위: 백만 원)
영업활동순현금흐름	2,466	5,707	2,380	9,561	3,255
투자활동순현금흐름	-5,782	-2,603	-10,630	-1,982	-2,543
재무활동순현금흐름	-5,140	-3,876	6,994	-7,638	-766
성장성비율					(단위: %)
총자산증가율	-3.78	-4.23	4.89	-6.42	-8.05
매출액증가율	25.17	21.91	-1.26	0.61	-15.64
수익성비율					(단위: %)
총자산순이익률	-1.34	0.34	-0.98	0.03	-6.19
자기자본순이익률	-2.53	0.63	-1.85	0.05	-11.49
매출액영업이익률	3.27	3.6	2.18	3.71	-3.18
매출액순이익률	-1.7	0.34	-0.99	0.03	-6.77
레버리지비율					(단위: %)
부채비율	88.47	82.17	95.15	82.71	88.93
이자보상비율	1.04	1.71	1.27	2.4	-2.18
비유동비율	167.69	168.14	174.84	165.5	173.01
비유동장기적합률	106.84	106.86	111.49	110.4	121.28
유동성비율					(단위: %)
유동비율	65.93	56.53	53	52.49	34.4
당좌비율	51.83	36.52	25.43	30.31	22.5
현금비율	17.81	18.12	3.03	3.03	3.08
활동성비율					(단위: 회)
총자산회전율	0.79	1.01	0.99	1.01	0.91
자기자본회전율	1.49	1.86	1.87	1.9	1.7
비유동자산회전율	0.91	1.11	1.09	1.12	1
재고자산회전율	39.55	39.63	24.15	21.3	26.34
생산성비율					(단위: %)
총자본투자효율	21.41	27.38	25.63	27.13	19.98
설비투자효율	134.61	167.78	137.08	142.26	99.8
부가가치의 구성					(단위: 백만 원)
영업잉여	302	1,957	600	2,694	-4,200
인건비	14,364	15,940	16,847	16,228	15,162
금융비용	2,970	2,502	2,005	1,786	1,478
감가상각비	6,629	7,351	7,824	7,566	7,417

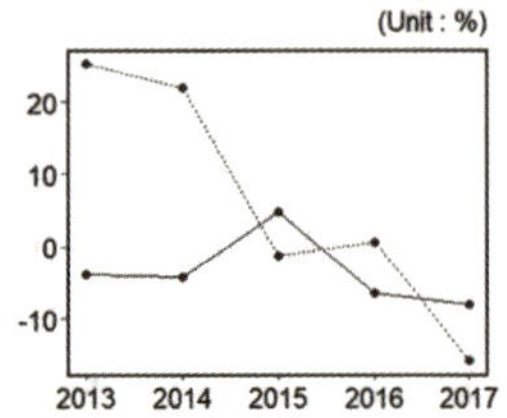

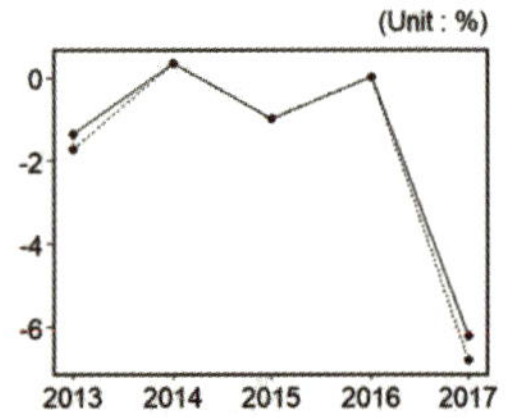

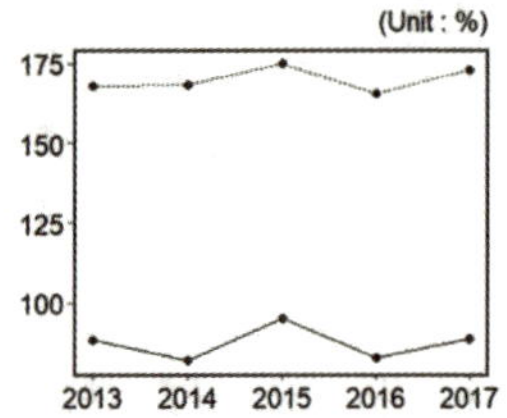

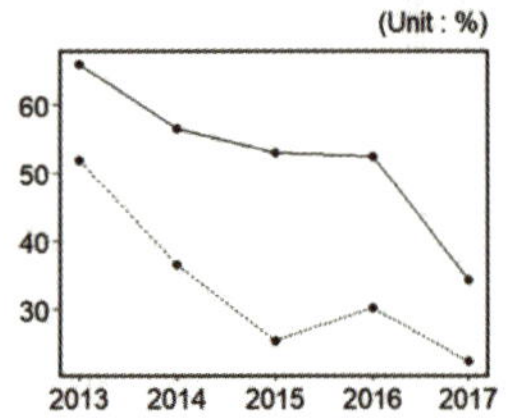

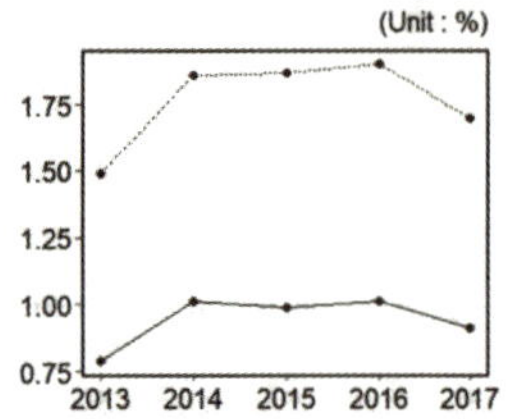

4 ㈜더본코리아(067306) The Born Korea

외

THEBORN

설립일	1994.01.21	대표이사	백종원
업종	다업종기업	업종코드	56300
소재지	서울시 강남구 봉은사로	주요브랜드	빽다방, 홍콩반점, 새마을식당

	2013	2014	2015	2016	2017
재무상태표					(단위: 백만 원)
유동자산	17,854	15,486	30,769	29,515	36,361
당좌자산	17,145	14,514	29,300	27,897	34,734
재고자산	709	973	1,469	1,618	1,627
비유동자산	16,154	33,876	40,103	41,734	48,638
투자자산	3,527	3,680	6,239	11,233	12,520
유형자산	7,787	25,465	29,874	26,208	29,488
무형자산	1,844	1,778	199	296	301
자산총계	34,009	49,362	70,872	71,249	84,998
유동부채	6,954	16,149	30,719	20,872	21,808
비유동부채	11,832	13,508	15,117	6,500	13,531
자본	15,223	19,705	25,036	43,877	49,659
부채 및 자본합계	34,009	49,362	70,872	71,249	84,998
손익계산서					(단위: 백만 원)
매출액	77,502	92,742	123,862	174,871	174,085
매출원가	54,536	65,633	84,794	124,472	126,160
매출총손익	22,967	27,109	39,068	50,400	47,925
판매비 및 관리비	17,914	20,791	28,093	30,637	35,117
영업손익	5,052	6,318	10,974	19,762	12,808
법인세비용차감전순손익	4,769	5,758	9,304	25,174	8,594
법인세비용	1,864	1,315	2,343	5,927	2,611
계속사업이익	2,905	4,444	6,960	19,247	5,982
중단사업손익	0	0	0	0	0
당기순손익	2,905	4,444	6,960	19,247	5,982
현금흐름표					(단위: 백만 원)
영업활동순현금흐름	4,741	9,124	20,620	14,957	8,903
투자활동순현금흐름	-8,534	-15,258	-15,926	9,928	-12,235
재무활동순현금흐름	1,874	7,047	3,617	-22,462	12,559
성장성비율					(단위: %)
총자산증가율	37.06	45.15	43.57	0.53	19.3
매출액증가율	13.43	19.66	33.55	41.18	-0.45
수익성비율					(단위: %)
총자산순이익률	9.88	10.66	11.58	27.09	7.66
자기자본순이익률	23.88	25.44	31.11	55.86	12.79
매출액영업이익률	6.52	6.81	8.86	11.3	7.36
매출액순이익률	3.75	4.79	5.62	11.01	3.44
레버리지비율					(단위: %)
부채비율	123.41	150.5	183.08	62.38	71.16
이자보상비율	9.28	8.8	16.04	40.62	48.68
비유동비율	106.12	171.91	160.18	95.12	97.94
비유동장기적합률	59.71	102	99.87	82.84	76.97
유동성비율					(단위: %)
유동비율	256.77	95.9	100.16	141.41	166.73
당좌비율	246.57	89.87	95.38	133.66	159.27
현금비율	33.03	43.98	49.14	59.44	73.63
활동성비율					(단위: 회)
총자산회전율	2.64	2.22	2.06	2.46	2.23
자기자본회전율	6.37	5.31	5.54	5.08	3.72
비유동자산회전율	5.95	3.71	3.35	4.27	3.85
재고자산회전율	218.61	110.3	101.44	113.29	107.31
생산성비율					(단위: %)
총자본투자효율	55.81	44.12	41.28	63.48	36.84
설비투자효율	243.73	85.75	111.75	172.57	106.24
부가가치의 구성					(단위: 백만 원)
영업잉여	4,774	6,028	11,027	19,335	13,518
인건비	10,543	11,900	14,444	15,924	16,650
금융비용	301	482	485	144	-145
감가상각비	1,086	1,122	1,803	1,060	2,585

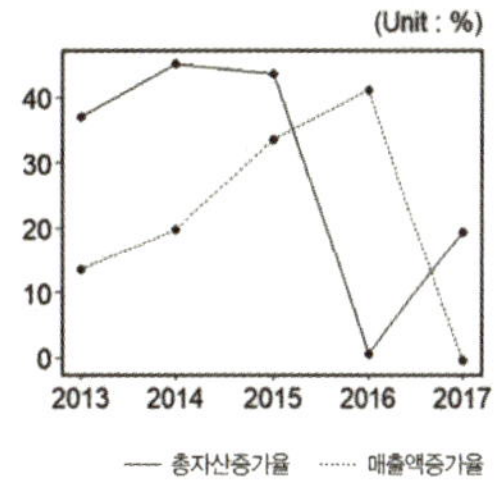

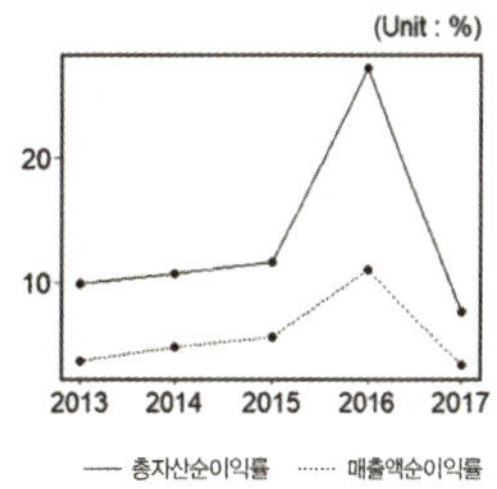

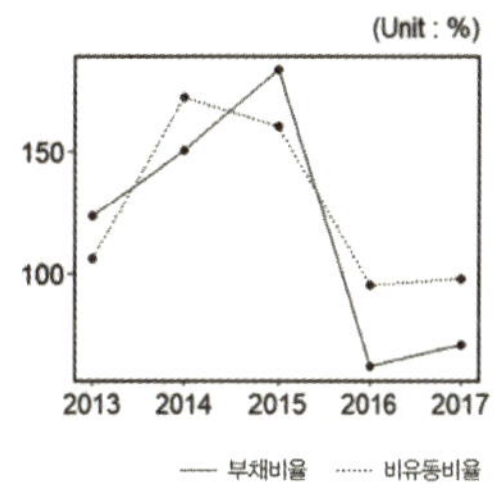

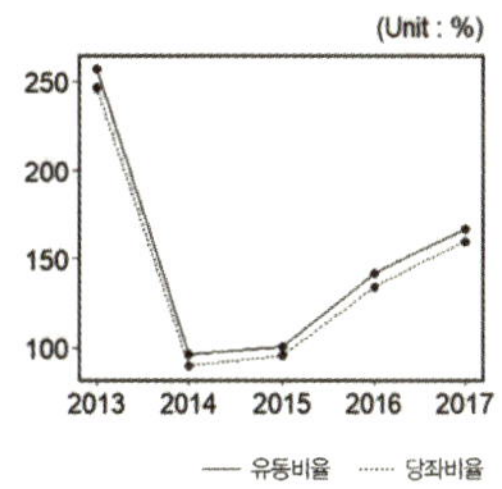

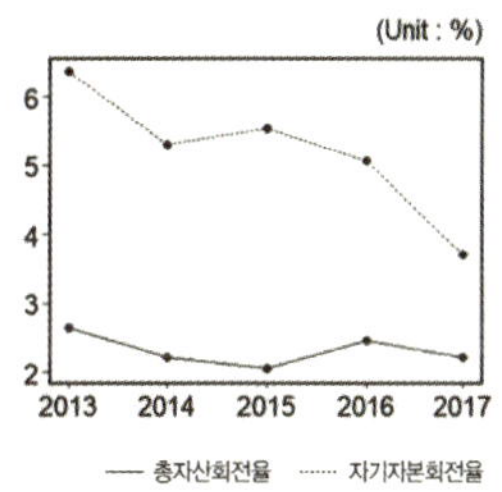

東寶城

5 ㈜동바오(066030) Dong Bo,.co.ltd 외

설립일	2005.07.06	대표이사	이충헌
업종	중식 음식점업	업종코드	56121
소재지	서울시 중구 퇴계로	주요브랜드	남산동보성

	2013	2014	2015	2016	2017
재무상태표					(단위: 백만 원)
유동자산	395	364	440	364	342
당좌자산	314	300	353	284	266
재고자산	80	65	87	79	76
비유동자산	19,024	19,138	19,028	18,961	18,960
투자자산	36	42	41	52	52
유형자산	18,758	19,096	18,987	18,909	18,907
무형자산	0	0	0	0	0
자산총계	19,419	19,502	19,468	19,324	19,302
유동부채	1,474	1,456	1,364	1,158	1,094
비유동부채	17,677	17,747	17,637	17,517	17,397
자본	268	299	467	650	811
부채 및 자본합계	19,419	19,502	19,468	19,324	19,302
손익계산서					(단위: 백만 원)
매출액	4,005	3,776	3,820	3,849	3,804
매출원가	1,220	1,196	1,157	1,198	1,220
매출총손익	2,785	2,580	2,663	2,651	2,584
판매비 및 관리비	2,002	1,998	2,019	2,028	1,979
영업손익	783	582	644	623	605
법인세비용차감전순손익	177	36	188	207	181
법인세비용	19	4	21	24	20
계속사업이익	159	32	168	182	161
중단사업손익	0	0	0	0	0
당기순손익	159	32	168	182	161
현금흐름표					(단위: 백만 원)
영업활동순현금흐름	245	178	448	336	280
투자활동순현금흐름	308	-316	-17	2	-70
재무활동순현금흐름	-503	49	-358	-410	-243
성장성비율					(단위: %)
총자산증가율	-2.59	0.43	-0.18	-0.74	-0.12
매출액증가율	-1.02	-5.74	1.18	0.75	-1.18
수익성비율					(단위: %)
총자산순이익률	0.81	0.16	0.86	0.94	0.84
자기자본순이익률	52.63	11.23	43.76	32.68	22.11
매출액영업이익률	19.55	15.42	16.86	16.19	15.91
매출액순이익률	3.96	0.84	4.39	4.74	4.25
레버리지비율					(단위: %)
부채비율	7,158.54	6,415.02	4,068.28	2,875.22	2,280.02
이자보상비율	1.31	1.07	1.42	1.5	1.45
비유동비율	7,111.05	6,393.25	4,074.05	2,919.22	2,337.82
비유동장기적합률	106.01	106.05	105.1	104.37	104.13
유동성비율					(단위: %)
유동비율	26.77	25.04	32.27	31.42	31.28
당좌비율	21.32	20.6	25.88	24.56	24.31
현금비율	50.24	30.03	41.33	30.13	22.48
활동성비율					(단위: 회)
총자산회전율	0.2	0.19	0.2	0.2	0.2
자기자본회전율	13.29	13.32	9.97	6.89	5.21
비유동자산회전율	0.21	0.2	0.2	0.2	0.2
재고자산회전율	38.69	52.12	50.35	46.2	48.84
생산성비율					(단위: %)
총자본투자효율	11.34	10.45	10.94	10.99	10.51
설비투자효율	11.74	10.68	11.22	11.23	10.73
부가가치의 구성					(단위: 백만 원)
영업잉여	191	41	192	209	188
인건비	1,175	1,217	1,241	1,274	1,243
금융비용	592	541	452	414	417
감가상각비	140	128	121	78	67

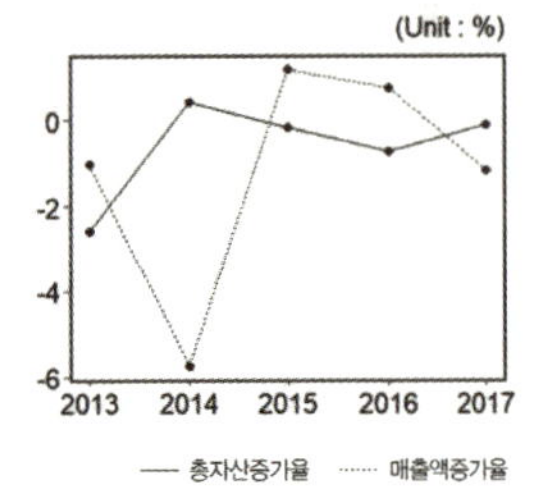

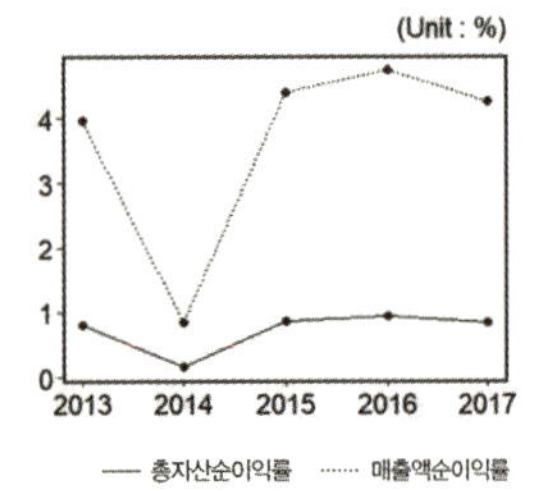

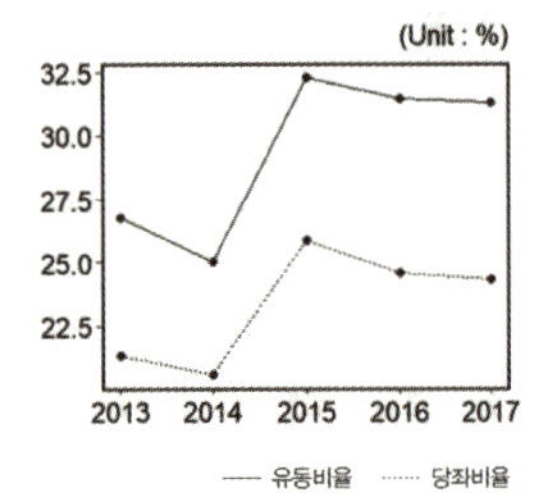

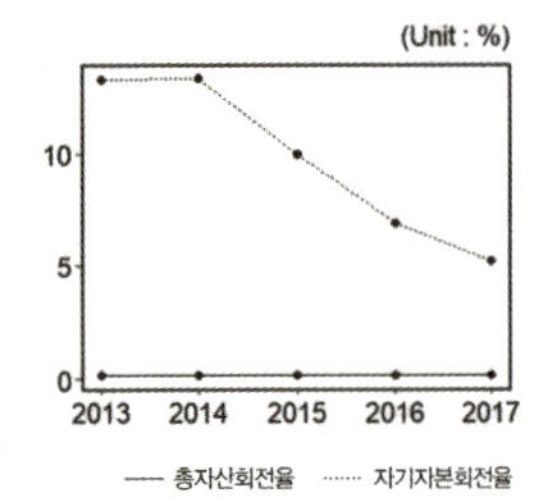

6 ㈜리치빔(078448) RICHBEAM 외

설립일	2000.09.15	대표이사	남양우
업종	치킨 전문점	업종코드	56193
소재지	서울시 송파구 동남로	주요브랜드	피자나라치킨공주

	2013	2014	2015	2016	2017
재무상태표					(단위: 백만 원)
유동자산	–	–	11,791	16,306	20,606
당좌자산	–	–	11,111	15,716	19,803
재고자산	–	–	680	590	804
비유동자산	–	–	5,401	3,912	3,749
투자자산	–	–	1,021	21	21
유형자산	–	–	2,860	3,070	3,138
무형자산	–	–	1,369	641	349
자산총계	–	–	17,192	20,219	24,355
유동부채	–	–	2,891	3,108	3,295
비유동부채	–	–	2,460	2,502	2,843
자본	–	–	11,842	14,608	18,217
부채 및 자본합계	–	–	17,192	20,219	24,355
손익계산서					(단위: 백만 원)
매출액	–	–	45,587	51,019	54,874
매출원가	–	–	32,016	34,634	36,594
매출총손익	–	–	13,570	16,385	18,279
판매비 및 관리비	–	–	9,639	7,498	8,214
영업손익	–	–	3,931	8,886	10,066
법인세비용차감전순손익	–	–	4,509	9,025	10,709
법인세비용	–	–	1,296	2,258	2,300
계속사업이익	–	–	3,213	6,767	8,409
중단사업손익	–	–	0	0	0
당기순손익	–	–	3,213	6,767	8,409
현금흐름표					(단위: 백만 원)
영업활동순현금흐름	–	–	5,487	9,555	8,827
투자활동순현금흐름	–	–	−229	−359	−5,099
재무활동순현금흐름	–	–	−6,039	−7,106	−4,800
성장성비율					(단위: %)
총자산증가율	–	–	0	17.6	20.46
매출액증가율	–	–	0	11.92	7.56
수익성비율					(단위: %)
총자산순이익률	–	–	37.38	36.18	37.73
자기자본순이익률	–	–	54.27	51.17	51.23
매출액영업이익률	–	–	8.62	17.42	18.34
매출액순이익률	–	–	7.05	13.26	15.32
레버리지비율					(단위: %)
부채비율	–	–	45.18	38.4	33.69
이자보상비율	–	–	–	–	–
비유동비율	–	–	45.61	26.78	20.58
비유동장기적합률	–	–	37.77	22.87	17.8
유동성비율					(단위: %)
유동비율	–	–	407.86	524.62	625.42
당좌비율	–	–	384.33	505.65	601.03
현금비율	–	–	22.83	29.33	18
활동성비율					(단위: 회)
총자산회전율	–	–	5.3	2.73	2.46
자기자본회전율	–	–	7.7	3.86	3.34
비유동자산회전율	–	–	16.88	10.96	14.33
재고자산회전율	–	–	134.02	80.34	78.76
생산성비율					(단위: %)
총자본투자효율	–	–	54.55	65.45	62.88
설비투자효율	–	–	327.89	431.01	488.09
부가가치의 구성					(단위: 백만 원)
영업잉여	–	–	4,057	9,403	10,347
인건비	–	–	4,544	3,320	4,090
금융비용	–	–	−124	−244	−281
감가상각비	–	–	298	968	625

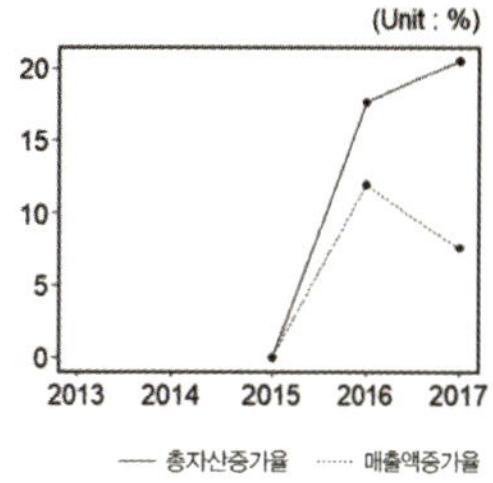

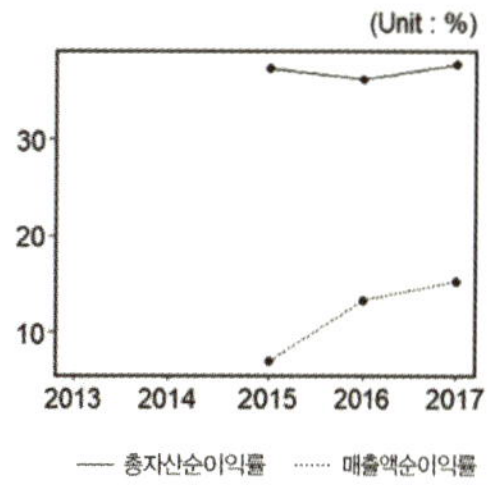

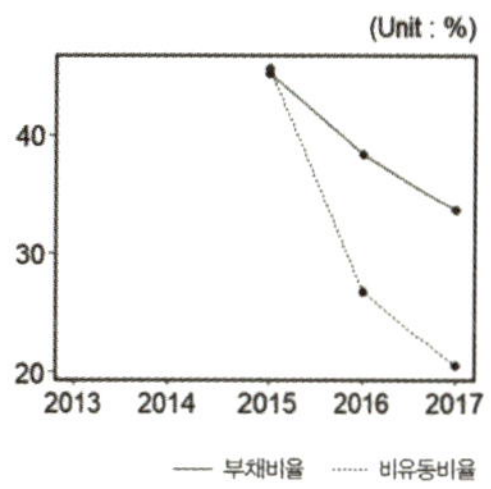

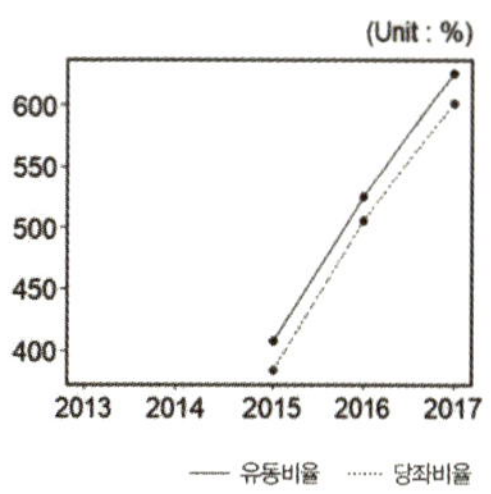

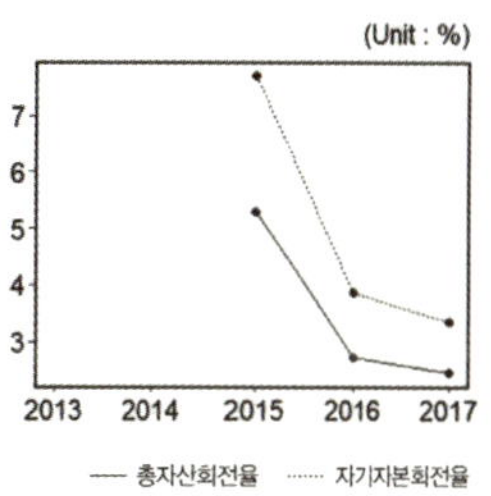

7 ㈜멕시카나(052940) Mexicana 외

mexi cana Chicken

설립일	2000.07.02	대표이사	최광은
업종	치킨 전문점	업종코드	56193
소재지	서울시 송파구 송파동	주요브랜드	멕시카나 치킨

	2013	2014	2015	2016	2017
재무상태표					(단위: 백만 원)
유동자산	3,913	3,403	7,625	9,502	9,804
당좌자산	3,190	2,633	6,806	8,809	8,941
재고자산	723	770	819	693	863
비유동자산	12,235	15,218	16,233	16,212	27,489
투자자산	926	1,194	1,433	1,635	1,908
유형자산	10,567	12,534	12,966	12,804	23,522
무형자산	188	427	703	592	425
자산총계	16,148	18,621	23,858	25,714	37,292
유동부채	7,489	7,322	8,332	6,855	7,998
비유동부채	1,856	1,469	1,318	176	6,408
자본	6,803	9,830	14,208	18,683	22,887
부채 및 자본합계	16,148	18,621	23,858	25,714	37,292
손익계산서					(단위: 백만 원)
매출액	41,419	44,320	50,780	52,155	56,020
매출원가	29,482	30,624	35,015	34,839	37,445
매출총손익	11,937	13,697	15,765	17,315	18,575
판매비 및 관리비	9,367	9,747	10,147	11,538	12,948
영업손익	2,570	3,950	5,618	5,777	5,627
법인세비용차감전순손익	3,072	3,931	5,771	5,788	5,981
법인세비용	774	904	1,293	906	1,273
계속사업이익	2,298	3,028	4,478	4,883	4,708
중단사업손익	0	0	0	0	0
당기순손익	2,298	3,028	4,478	4,883	4,708
현금흐름표					(단위: 백만 원)
영업활동순현금흐름	4,993	3,341	6,154	3,989	7,427
투자활동순현금흐름	301	-3,771	-2,379	-223	-11,954
재무활동순현금흐름	-4,677	-150	-218	-526	4,290
성장성비율					(단위: %)
총자산증가율	-1.42	15.32	28.13	7.78	45.03
매출액증가율	6.84	7	14.57	2.71	7.41
수익성비율					(단위: %)
총자산순이익률	14.13	17.42	21.08	19.7	14.94
자기자본순이익률	39.59	36.4	37.26	29.69	22.65
매출액영업이익률	6.2	8.91	11.06	11.08	10.04
매출액순이익률	5.55	6.83	8.82	9.36	8.4
레버리지비율					(단위: %)
부채비율	137.38	89.43	67.92	37.63	62.94
이자보상비율	18.1	62.19	130.02	161.68	137.25
비유동비율	179.85	154.81	114.25	86.77	120.11
비유동장기적합률	141.3	134.69	104.55	85.96	93.84
유동성비율					(단위: %)
유동비율	52.25	46.47	91.51	138.63	122.58
당좌비율	42.6	35.96	81.68	128.51	111.79
현금비율	24.32	10.92	51.53	75.45	70.72
활동성비율					(단위: 회)
총자산회전율	2.55	2.55	2.39	2.1	1.78
자기자본회전율	7.14	5.33	4.22	3.17	2.7
비유동자산회전율	3.42	3.23	3.23	3.22	2.56
재고자산회전율	53.3	59.39	63.92	68.94	71.99
생산성비율					(단위: %)
총자본투자효율	47.69	48.47	45.06	41.33	29.95
설비투자효율	72.88	75.71	82.91	83.01	87.28
부가가치의 구성					(단위: 백만 원)
영업잉여	2,566	3,910	5,660	5,842	5,929
인건비	3,758	4,069	3,751	3,660	4,048
금융비용	67	40	-22	-65	-302
감가상각비	313	376	612	677	698

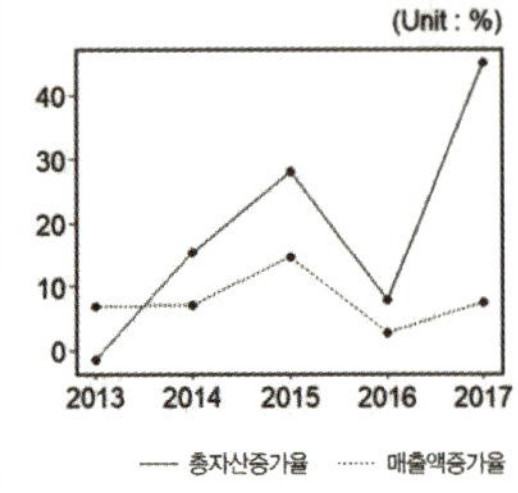

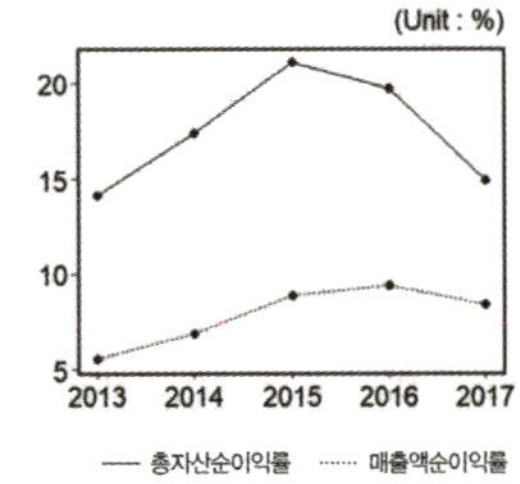

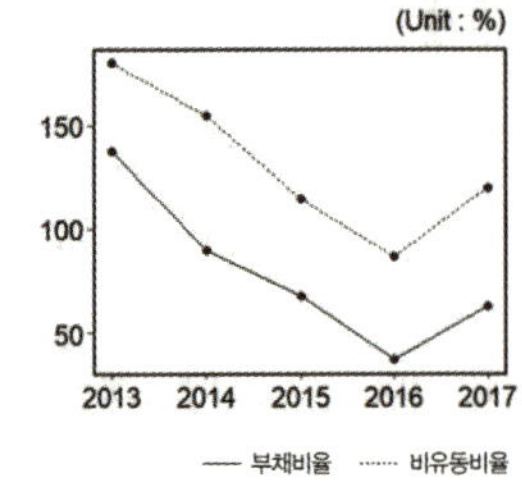

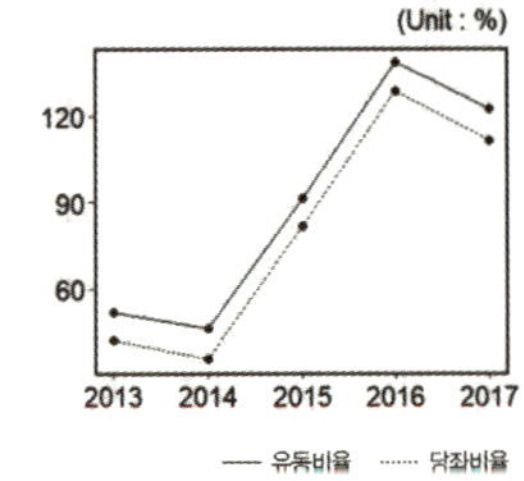

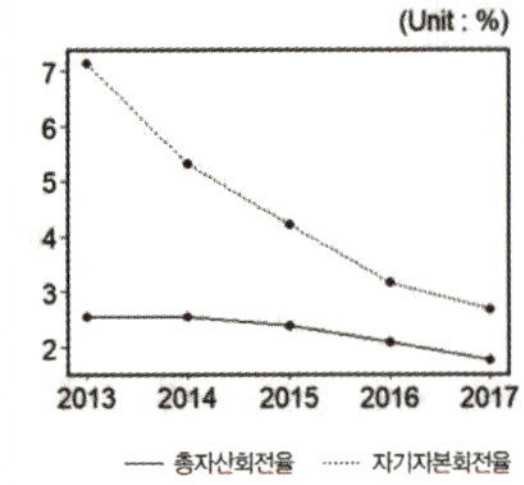

8 ㈜밀탑(070700) MealTop Co.,Ltd. 외

설립일	2011.11.29	대표이사	라강윤
업종	기타 비알코올 음료점업	업종코드	56229
소재지	서울시 성동구 광나루로	주요브랜드	밀탑

	2013	2014	2015	2016	2017
재무상태표					(단위: 백만 원)
유동자산	7,558	7,901	5,937	5,952	3,591
당좌자산	7,525	7,821	5,891	5,889	3,478
재고자산	33	80	46	63	113
비유동자산	2,586	2,309	1,866	1,357	2,048
투자자산	21	40	60	77	46
유형자산	2,138	1,835	1,352	843	538
무형자산	2	8	72	56	991
자산총계	10,144	10,211	7,803	7,309	5,639
유동부채	6,605	7,839	7,563	7,659	5,458
비유동부채	3,009	1,796	488	297	3,600
자본	530	576	−248	−647	−3,419
부채 및 자본합계	10,144	10,211	7,803	7,309	5,639
손익계산서					(단위: 백만 원)
매출액	530	576	−248	−647	−3,419
매출원가	10,144	10,211	7,803	7,309	5,639
매출총손익	8,868	7,479	6,265	6,082	7,260
판매비 및 관리비	8,400	7,379	7,002	6,623	7,221
영업손익	467	100	−737	−541	39
법인세비용차감전순손익	561	147	−824	−377	−2,742
법인세비용	126	101	0	22	30
계속사업이익	435	45	−824	−398	−2,772
중단사업손익	0	0	0	0	0
당기순손익	435	45	−824	−398	−2,772
현금흐름표					(단위: 백만 원)
영업활동순현금흐름	0	839	−1,467	3,029	1,983
투자활동순현금흐름	0	−598	1,371	−1,887	−1,889
재무활동순현금흐름	0	−234	121	−994	−270
성장성비율					(단위: %)
총자산증가율	0	0.66	−23.58	−6.32	−22.85
매출액증가율	0	−18.16	−14.18	−5.8	14.02
수익성비율					(단위: %)
총자산순이익률	8.58	0.45	−9.15	−5.27	−42.81
자기자본순이익률	164.09	8.22	0	0	0
매출액영업이익률	3.79	0.99	−8.51	−6.63	0.42
매출액순이익률	3.53	0.45	−9.52	−4.88	−29.81
레버리지비율					(단위: %)
부채비율	1,813.19	1,673.77	0	0	0
이자보상비율	1.52	0.33	−2.58	−3.24	0.31
비유동비율	487.66	401.19	0	0	0
비유동장기적합률	73.07	97.37	0	0	0
유동성비율					(단위: %)
유동비율	114.43	100.79	78.5	77.71	65.8
당좌비율	113.93	99.77	77.89	76.89	63.72
현금비율	0.3	0.38	0.92	3.39	0.71
활동성비율					(단위: 회)
총자산회전율	2.43	0.99	0.96	1.08	1.44
자기자본회전율	46.49	18.24	0	0	0
비유동자산회전율	9.53	4.12	4.15	5.06	5.46
재고자산회전율	738.65	178	137.11	149.22	105.49
생산성비율					(단위: %)
총자본투자효율	74.62	58.82	62.14	66	50.81
설비투자효율	354.02	327.31	358.58	572.05	532.85
부가가치의 구성					(단위: 백만 원)
영업잉여	576	256	−640	−432	132
인건비	3,041	3,028	3,208	2,839	2,748
금융비용	−108	−156	−97	−109	−93
감가상각비	0	550	587	575	841

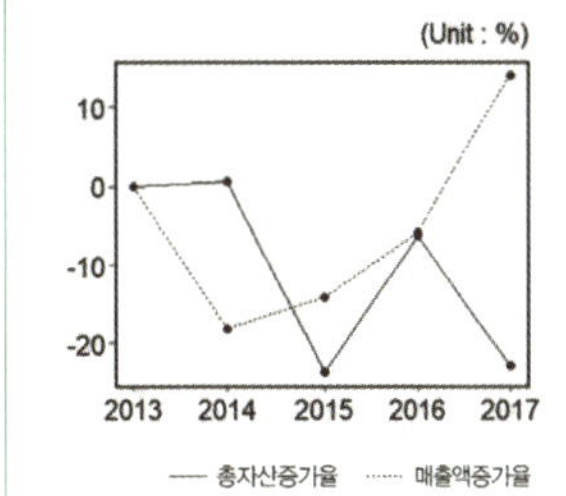

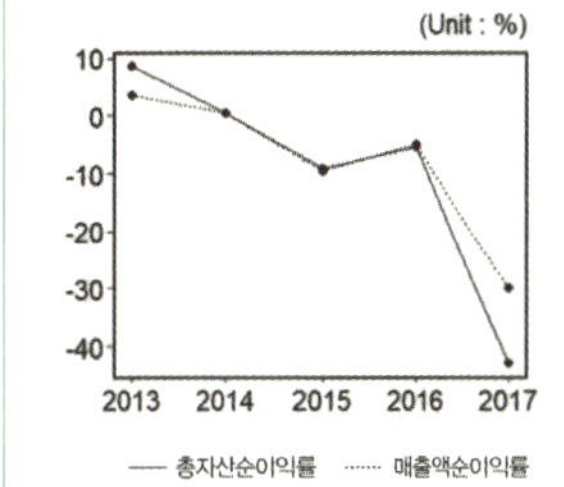

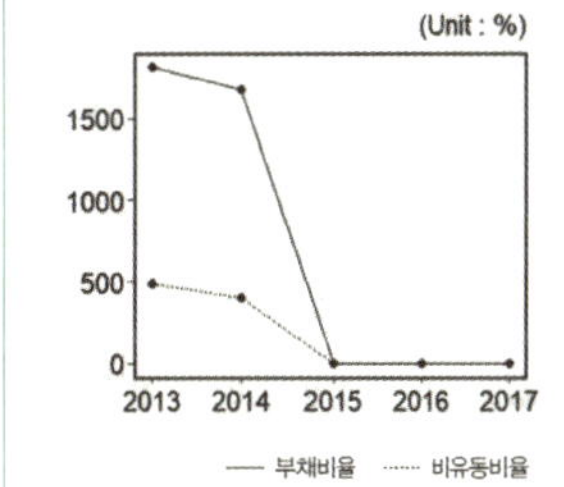

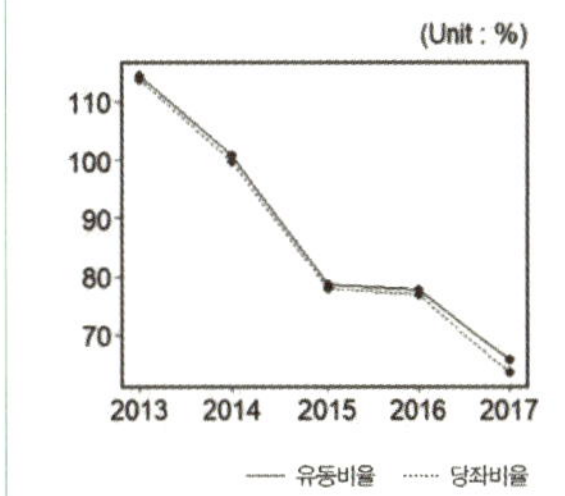

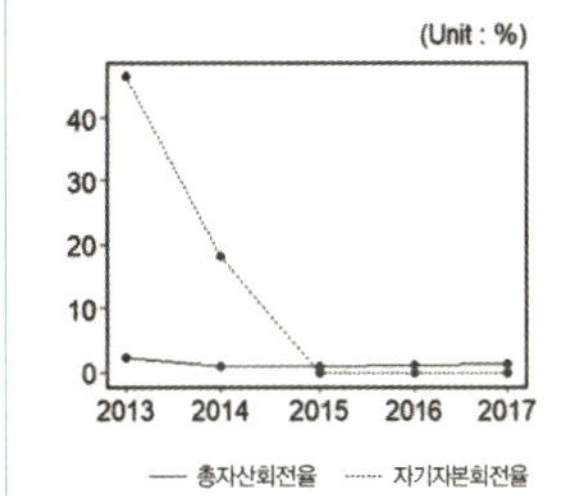

9 ㈜보나비(057930) BONAVIE 외

설립일	2010.01.04	대표이사	이재영
업종	제과점업	업종코드	56191
소재지	서울시 강남구 테헤란로	주요브랜드	아티제

	2013	2014	2015	2016	2017
재무상태표					(단위: 백만 원)
유동자산	2,238	2,519	2,393	2,712	4,668
당좌자산	1,705	1,893	1,717	1,871	3,798
재고자산	533	625	676	842	870
비유동자산	23,715	26,957	28,870	35,434	37,254
투자자산	0	298	118	240	195
유형자산	10,045	9,858	9,309	14,731	15,551
무형자산	558	467	354	230	128
자산총계	25,954	29,475	31,263	38,146	41,921
유동부채	8,218	6,070	10,182	18,704	22,594
비유동부채	303	663	1,021	2,189	4,654
자본	17,433	22,742	20,060	17,252	14,673
부채 및 자본합계	25,954	29,475	31,263	38,146	41,921
손익계산서					(단위: 백만 원)
매출액	41,774	48,556	53,028	60,088	67,163
매출원가	12,669	15,387	16,839	18,895	33,318
매출총손익	29,105	33,169	36,189	41,193	33,845
판매비 및 관리비	31,639	35,729	38,462	43,435	35,262
영업손익	−2,533	−2,560	−2,274	−2,242	−1,417
법인세비용차감전순손익	−2,599	−2,626	−2,490	−2,808	−1,698
법인세비용	−11	−52	192	0	216
계속사업이익	−2,589	−2,574	−2,682	−2,808	−1,914
중단사업손익	0	0	0	0	0
당기순손익	−2,589	−2,574	−2,682	−2,808	−1,914
현금흐름표					(단위: 백만 원)
영업활동순현금흐름	425	2,367	2,708	2,544	2,539
투자활동순현금흐름	−8,375	−6,803	−6,165	−9,781	−5,312
재무활동순현금흐름	3,801	4,346	3,486	7,288	2,955
성장성비율					(단위: %)
총자산증가율	6.15	13.57	6.06	22.02	9.9
매출액증가율	16.25	16.24	9.21	13.31	11.77
수익성비율					(단위: %)
총자산순이익률	−10.27	−9.29	−8.83	−8.09	−4.78
자기자본순이익률	−13.82	−12.81	−12.53	−15.05	−11.99
매출액영업이익률	−6.06	−5.27	−4.29	−3.73	−2.11
매출액순이익률	−6.2	−5.3	−5.06	−4.67	−2.85
레버리지비율					(단위: %)
부채비율	48.88	29.61	55.85	121.11	185.71
이자보상비율	−45.89	−21.65	−14	−8.94	−3.4
비유동비율	136.04	118.53	143.92	205.39	253.9
비유동장기적합률	133.71	115.17	136.95	182.26	192.75
유동성비율					(단위: %)
유동비율	27.24	41.49	23.5	14.5	20.66
당좌비율	20.75	31.19	16.87	10	16.81
현금비율	0.9	2.57	3.90	5.07	7.02
활동성비율					(단위: 회)
총자산회전율	1.66	1.75	1.75	1.73	1.68
자기자본회전율	2.23	2.42	2.48	3.22	4.21
비유동자산회전율	1.98	1.92	1.9	1.87	1.85
재고자산회전율	85.96	83.8	81.51	79.21	78.48
생산성비율					(단위: %)
총자본투자효율	80.55	82.36	88.11	80.59	65.48
설비투자효율	208.79	246.27	296.07	209.21	178.5
부가가치의 구성					(단위: 백만 원)
영업잉여	−2,537	−2,640	−2,400	−2,456	−1,379
인건비	12,664	14,323	15,229	17,081	12,324
금융비용	11	80	126	215	−39
감가상각비	2,990	3,419	3,807	4,141	4,193

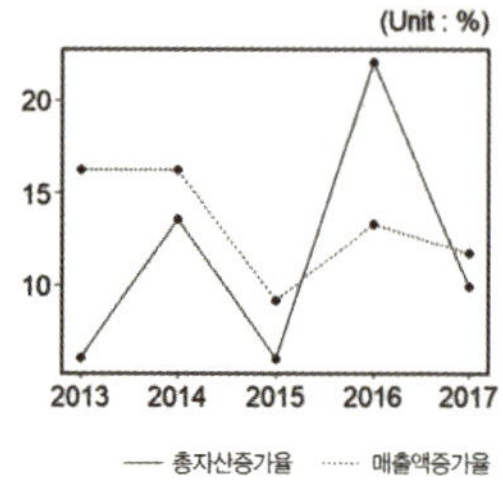

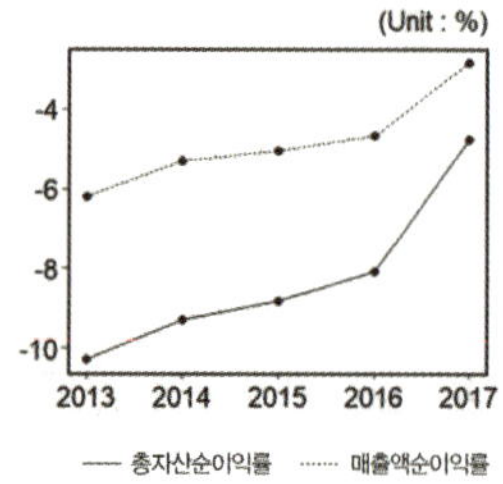

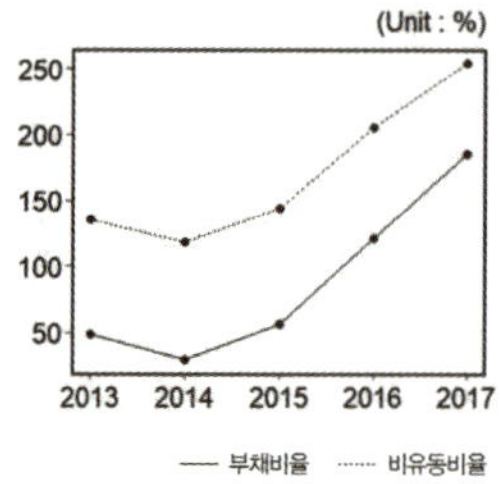

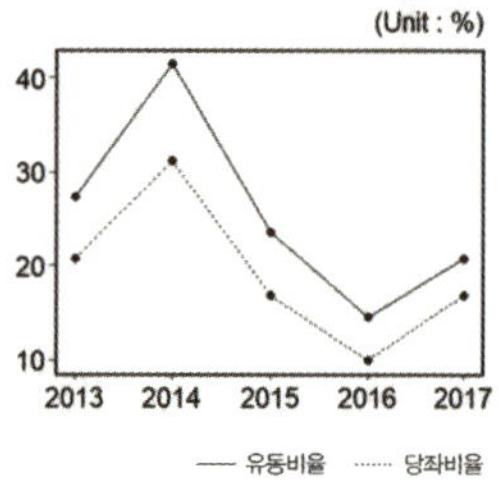

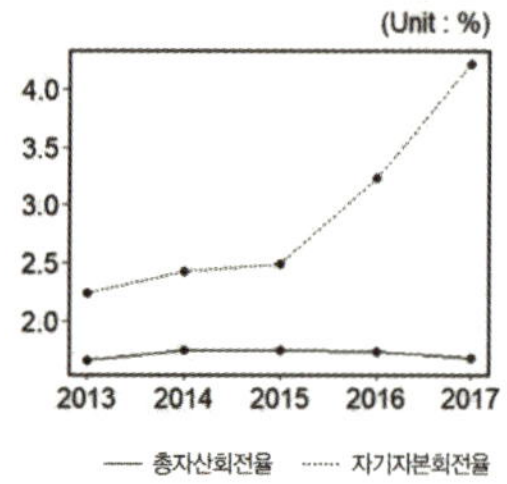

10 ㈜브레댄코(059462) bread&co 외

설립일	1981.06.01	대표이사	홍수현
업종	제과점업	업종코드	56191
소재지	서울시 서초구 방배로	주요브랜드	브레댄코

	2013	2014	2015	2016	2017
재무상태표					(단위: 백만 원)
유동자산	–	–	–	–	1,403
당좌자산	–	–	–	–	1,392
재고자산	–	–	–	–	11
비유동자산	–	–	–	–	7,131
투자자산	–	–	–	–	84
유형자산	–	–	–	–	3,058
무형자산	–	–	–	–	2
자산총계	–	–	–	–	8,535
유동부채	–	–	–	–	10,572
비유동부채	–	–	–	–	706
자본	–	–	–	–	–2,743
부채 및 자본합계	–	–	–	–	8,535
손익계산서					(단위: 백만 원)
매출액	–	–	–	–	21,934
매출원가	–	–	–	–	11,674
매출총손익	–	–	–	–	10,260
판매비 및 관리비	–	–	–	–	10,431
영업손익	–	–	–	–	–171
법인세비용차감전순손익	–	–	–	–	–285
법인세비용	–	–	–	–	0
계속사업이익	–	–	–	–	–285
중단사업손익	–	–	–	–	0
당기순손익	–	–	–	–	–285
현금흐름표					(단위: 백만 원)
영업활동순현금흐름	–	–	–	–	1,222
투자활동순현금흐름	–	–	–	–	–1,277
재무활동순현금흐름	–	–	–	–	0
성장성비율					(단위: %)
총자산증가율	–	–	–	–	0
매출액증가율	–	–	–	–	0
수익성비율					(단위: %)
총자산순이익률	–	–	–	–	–3.34
자기자본순이익률	–	–	–	–	0
매출액영업이익률	–	–	–	–	–0.78
매출액순이익률	–	–	–	–	–1.3
레버리지비율					(단위: %)
부채비율	–	–	–	–	0
이자보상비율	–	–	–	–	–11.95
비유동비율	–	–	–	–	0
비유동장기적합률	–	–	–	–	0
유동성비율					(단위: %)
유동비율	–	–	–	–	13.27
당좌비율	–	–	–	–	13.17
현금비율	–	–	–	–	16.46
활동성비율					(단위: 회)
총자산회전율	–	–	–	–	2.57
자기자본회전율	–	–	–	–	0
비유동자산회전율	–	–	–	–	3.08
재고자산회전율	–	–	–	–	2,004.55
생산성비율					(단위: %)
총자본투자효율	–	–	–	–	60.97
설비투자효율	–	–	–	–	170.13
부가가치의 구성					(단위: 백만 원)
영업잉여	–	–	–	–	–179
인건비	–	–	–	–	1,784
금융비용	–	–	–	–	8
감가상각비	–	–	–	–	366

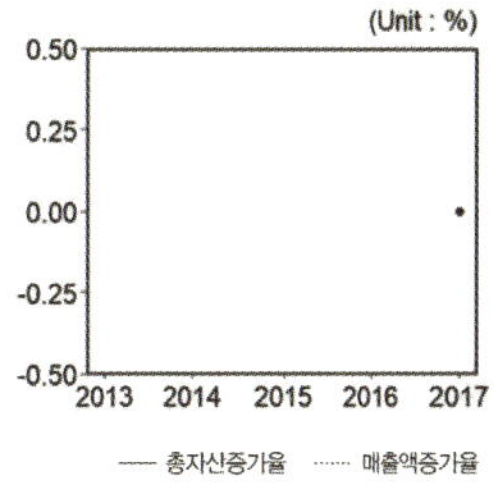

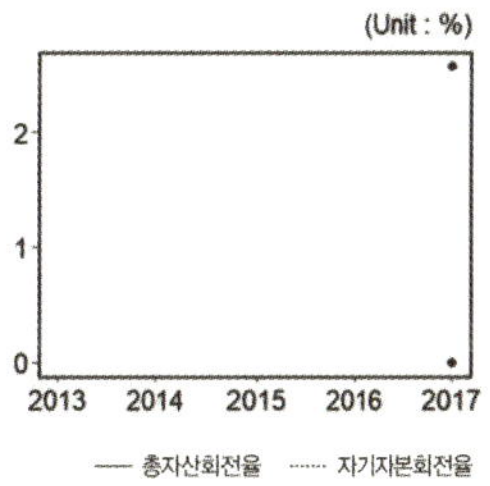

samyang 삼양에프앤비	11 ㈜삼양에프앤비(051957) seven springs co., ltd			외
	설립일	2001.11.16	대표이사	김준영
	업종	서양식 음식점업	업종코드	56123
	소재지	서울시 마포구 서교동	주요브랜드	세븐스프링스, 카페세븐스프링스

	2013	2014	2015	2016	2017
재무상태표					(단위: 백만 원)
유동자산	2,481	1,785	824	2,633	1,316
당좌자산	2,108	1,434	615	2,482	1,175
재고자산	373	351	209	151	141
비유동자산	23,936	26,691	19,599	13,982	8,471
투자자산	0	0	0	1,623	1,316
유형자산	14,053	13,969	8,973	4,231	111
무형자산	130	154	147	112	0
자산총계	26,417	28,476	20,424	16,614	9,787
유동부채	9,612	10,101	11,497	16,539	17,678
비유동부채	3,540	2,868	3,445	3,394	3,439
자본	13,264	15,507	5,481	-3,319	-11,331
부채 및 자본합계	26,417	28,476	20,424	16,614	9,787
손익계산서					(단위: 백만 원)
매출액	50,176	56,134	40,472	24,574	21,482
매출원가	20,128	22,108	16,255	9,878	8,756
매출총손익	30,048	34,026	24,217	14,696	12,726
판매비 및 관리비	30,808	37,194	33,151	20,798	17,794
영업손익	-760	-3,168	-8,934	-6,102	-5,067
법인세비용차감전순손익	-943	-2,874	-10,026	-7,857	-8,012
법인세비용	-143	255	0	943	0
계속사업이익	-800	-3,129	-10,026	-8,800	-8,012
중단사업손익	0	0	0	0	0
당기순손익	-800	-3,129	-10,026	-8,800	-8,012
현금흐름표					(단위: 백만 원)
영업활동순현금흐름	6,825	1,250	-3,677	-288	-3,364
투자활동순현금흐름	-10,357	-1,561	1,675	79	514
재무활동순현금흐름	4,040	-63	1,856	1,949	1,700
성장성비율					(단위: %)
총자산증가율	45.35	7.8	-28.28	-18.65	-41.09
매출액증가율	24.28	11.87	-27.9	-39.28	-12.58
수익성비율					(단위: %)
총자산순이익률	-3.59	-11.4	-41.01	-47.52	-60.69
자기자본순이익률	-7.85	-21.75	-95.54	0	0
매출액영업이익률	-1.51	-5.64	-22.07	-24.83	-23.59
매출액순이익률	-1.59	-5.57	-24.77	-35.81	-37.3
레버리지비율					(단위: %)
부채비율	99.16	83.63	272.61	0	0
이자보상비율	-2.43	-16.97	-31.66	-23	-15.61
비유동비율	180.45	172.12	357.57	0	0
비유동장기적합률	142.44	145.26	219.57	0	0
유동성비율					(단위: %)
유동비율	25.81	17.67	7.17	15.92	7.45
당좌비율	21.93	14.19	5.35	15.01	6.65
현금비율	23.78	12.11	8.52	68.77	50.17
활동성비율					(단위: 회)
총자산회전율	2.25	2.05	1.66	1.33	1.63
자기자본회전율	4.93	3.9	3.86	0	0
비유동자산회전율	2.47	2.22	1.75	1.46	1.91
재고자산회전율	166.2	155.12	144.44	136.56	147.44
생산성비율					(단위: %)
총자본투자효율	84.29	85.69	72.84	46.27	45.69
설비투자효율	160.64	175.18	166.41	222.4	4,012.64
부가가치의 구성					(단위: 백만 원)
영업잉여	-776	-2,949	-8,774	-6,028	-5,101
인건비	15,311	17,526	14,855	8,406	6,860
금융비용	16	-219	-160	-74	33
감가상각비	2,984	3,794	4,002	2,940	1,978

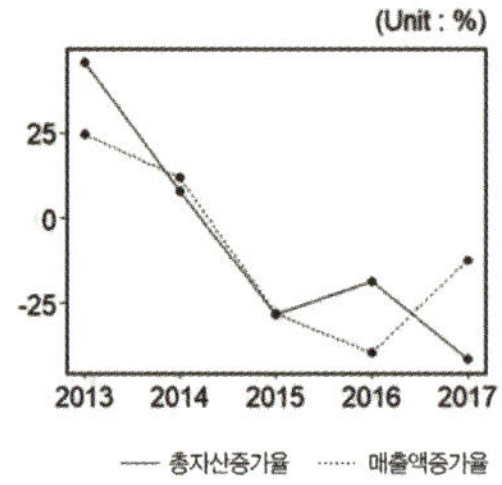

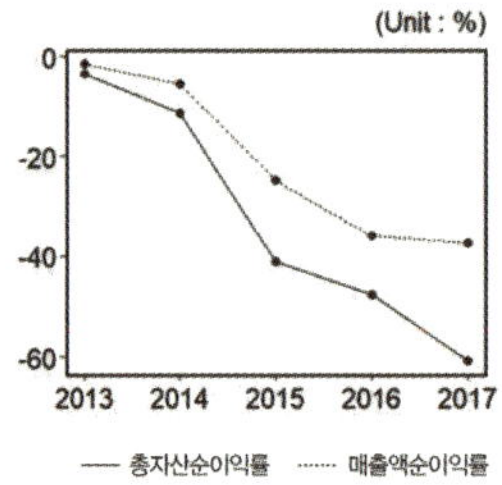

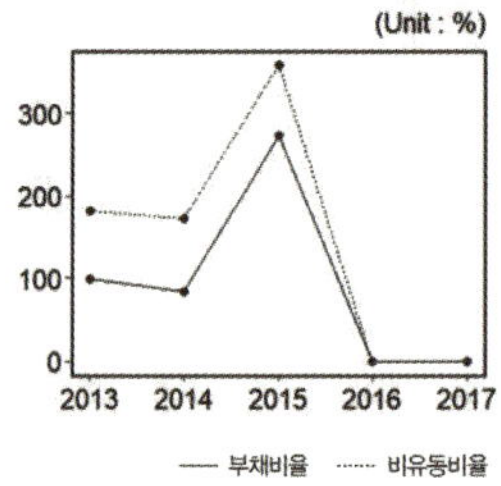

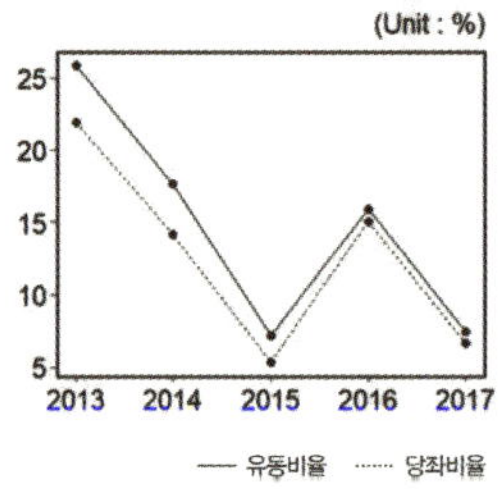

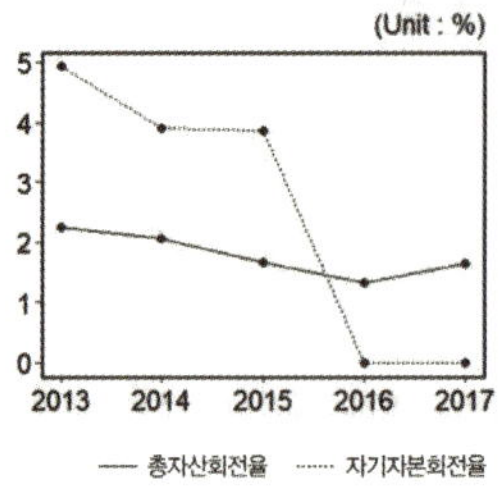

SB Food

12 ㈜새벽집(053441) seabuk

외

설립일	2002.03.09	대표이사	박곤옥
업종	한식 일반 음식점업	업종코드	56111
소재지	서울시 강남구 청담동	주요브랜드	새벽집

	2012	2013	2014	2015	2016
재무상태표					(단위: 백만 원)
유동자산	1,103	1,100	2,091	2,477	1,458
당좌자산	1,080	1,076	2,055	2,451	1,435
재고자산	22	25	36	26	22
비유동자산	27,578	27,294	28,003	26,879	27,617
투자자산	423	100	1,065	20	938
유형자산	27,017	26,957	26,700	26,622	26,441
무형자산	0	0	0	0	0
자산총계	28,681	28,395	30,094	29,356	29,074
유동부채	16,367	16,588	17,454	16,930	16,743
비유동부채	913	382	1,072	800	602
자본	11,400	11,425	11,568	11,626	11,729
부채 및 자본합계	28,681	28,395	30,094	29,356	29,074
손익계산서					(단위: 백만 원)
매출액	10,160	9,896	10,551	10,040	9,617
매출원가	7,428	7,283	7,784	7,642	7,210
매출총손익	2,732	2,613	2,767	2,398	2,407
판매비 및 관리비	1,805	1,975	2,091	1,881	1,865
영업손익	927	638	676	517	541
법인세비용차감전순손익	250	55	198	102	126
법인세비용	214	30	55	43	24
계속사업이익	37	24	143	59	103
중단사업손익	0	0	0	0	0
당기순손익	37	24	143	59	103
현금흐름표					(단위: 백만 원)
영업활동순현금흐름	-186	705	553	449	259
투자활동순현금흐름	-1,005	-405	-1,417	-95	191
재무활동순현금흐름	1,069	-474	1,429	-906	-428
성장성비율					(단위: %)
총자산증가율	3.89	-1	5.98	-2.45	-0.96
매출액증가율	-1.6	-2.59	6.62	-4.85	-4.21
수익성비율					(단위: %)
총자산순이익률	0.13	0.09	0.49	0.2	0.35
자기자본순이익률	0.32	0.21	1.24	0.51	0.88
매출액영업이익률	9.13	6.45	6.4	5.15	5.63
매출액순이익률	0.36	0.25	1.35	0.58	1.07
레버리지비율					(단위: %)
부채비율	151.58	148.53	160.15	152.5	147.89
이자보상비율	1.31	0.93	1.21	0.96	1.04
비유동비율	241.9	238.9	242.08	231.19	235.46
비유동장기적합률	223.96	231.18	221.54	216.3	223.96
유동성비율					(단위: %)
유동비율	6.74	6.63	11.98	14.63	8.71
당좌비율	6.6	6.48	11.77	14.48	8.57
현금비율	20.79	5.09	29.67	2.74	6.18
활동성비율					(단위: 회)
총자산회전율	0.36	0.35	0.36	0.34	0.33
자기자본회전율	0.89	0.87	0.92	0.87	0.82
비유동자산회전율	0.37	0.36	0.38	0.37	0.35
재고자산회전율	489.36	421.79	347.79	321.5	395.89
생산성비율					(단위: %)
총자본투자효율	8.23	8.61	8.16	6.88	7.1
설비투자효율	8.73	9.07	9.2	7.58	7.8
부가가치의 구성					(단위: 백만 원)
영업잉여	217	-46	130	34	60
인건비	575	780	856	633	811
금융비용	710	684	546	483	482
감가상각비	403	488	408	338	243

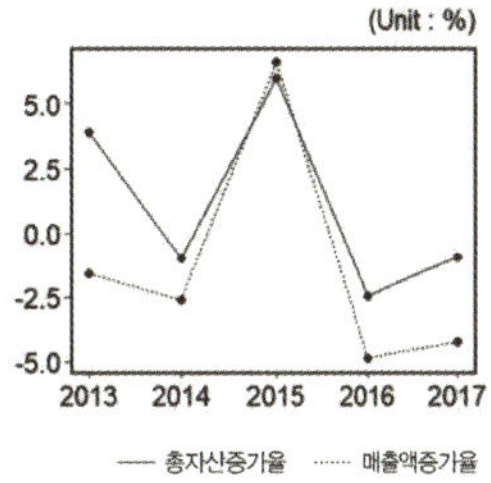

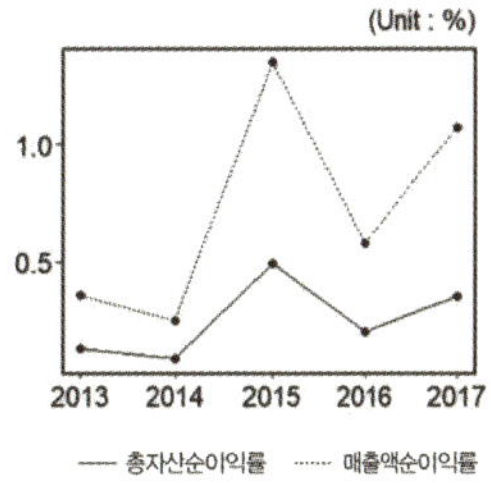

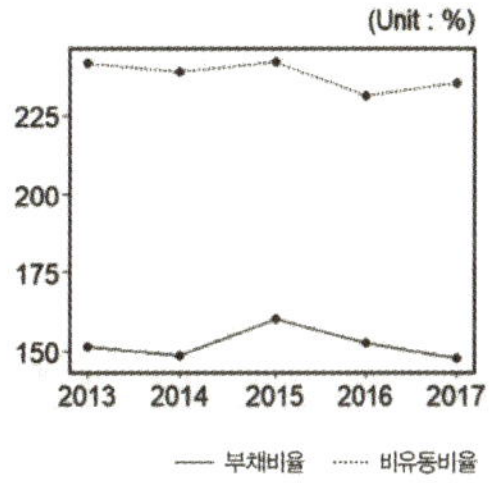

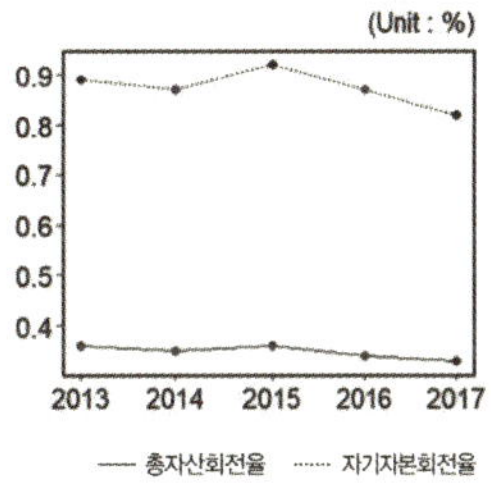

13 ㈜송추가마골(073260) SONGCHOO GAMAGOLL CO.,LTD. 외

설립일	2013.07.09	대표이사	김재민
업종	한식 일반 음식점업	업종코드	56111
소재지	경기도 양주시 장흥면 호국로	주요브랜드	송추가마골, 송추가마골인어반, 카페1981

	2013	2014	2015	2016	2017
재무상태표					(단위: 백만 원)
유동자산	–	2,426	3,697	5,068	9,113
당좌자산	–	2,022	3,131	4,332	8,330
재고자산	–	404	566	736	783
비유동자산	–	5,590	5,665	9,379	14,617
투자자산	–	9	12	5	1,100
유형자산	–	3,691	3,527	6,390	10,128
무형자산	–	411	296	182	67
자산총계	–	8,016	9,361	14,447	23,729
유동부채	–	4,624	5,349	9,138	13,011
비유동부채	–	2,538	1,170	497	2,500
자본	–	854	2,843	4,812	8,219
부채 및 자본합계	–	8,016	9,361	14,447	23,729
손익계산서					(단위: 백만 원)
매출액	–	23,059	31,478	43,573	56,382
매출원가	–	9,632	12,714	17,443	22,527
매출총손익	–	13,427	18,763	26,130	33,855
판매비 및 관리비	–	12,777	16,349	23,483	29,427
영업손익	–	650	2,414	2,647	4,428
법인세비용차감전순손익	–	508	2,363	2,661	4,330
법인세비용	–	90	375	514	924
계속사업이익	–	418	1,988	2,147	3,407
중단사업손익	–	0	0	0	0
당기순손익	–	418	1,988	2,147	3,407
현금흐름표					(단위: 백만 원)
영업활동순현금흐름	–	2,179	4,050	5,498	5,882
투자활동순현금흐름	–	−3,203	−1,489	−5,928	−8,104
재무활동순현금흐름	–	1,052	−1,675	1,206	4,790
성장성비율					(단위: %)
총자산증가율	–	0	16.79	54.32	64.25
매출액증가율	–	0	36.51	38.43	29.4
수익성비율					(단위: %)
총자산순이익률	–	10.43	22.89	18.04	17.85
자기자본순이익률	–	97.85	107.57	56.09	52.29
매출액영업이익률	–	2.82	7.67	6.08	7.85
매출액순이익률	–	1.81	6.32	4.93	6.04
레버리지비율					(단위: %)
부채비율	–	838.25	229.3	200.22	188.72
이자보상비율	–	4.33	20.2	24.98	25.08
비유동비율	–	654.28	199.27	194.91	177.85
비유동장기적합률	–	164.8	141.17	176.67	136.37
유동성비율					(단위: %)
유동비율	–	52.47	69.11	55.46	70.04
당좌비율	–	43.72	58.53	47.4	64.02
현금비율	–	55.71	60.52	59.46	61.24
활동성비율					(단위: 회)
총자산회전율	–	5.75	3.62	3.66	2.95
자기자본회전율	–	53.98	17.03	11.38	8.65
비유동자산회전율	–	8.25	5.59	5.79	4.7
재고자산회전율	–	114.05	64.88	66.93	74.25
생산성비율					(단위: %)
총자본투자효율	–	130.57	161.35	145.49	117.27
설비투자효율	–	283.56	428.27	328.91	274.74
부가가치의 구성					(단위: 백만 원)
영업잉여	–	510	2,305	2,545	4,262
인건비	–	7,740	9,637	13,314	16,751
금융비용	–	140	109	102	166
감가상각비	–	1,138	1,454	2,215	2,666

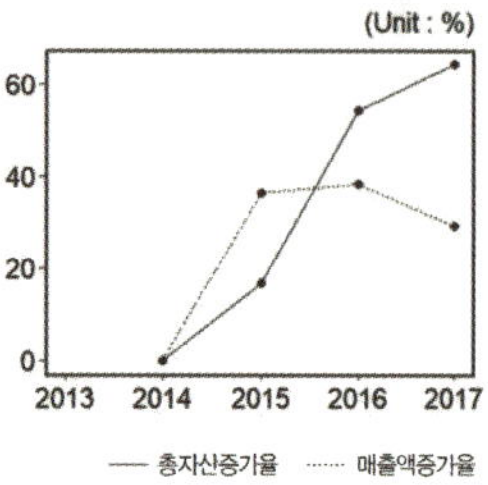

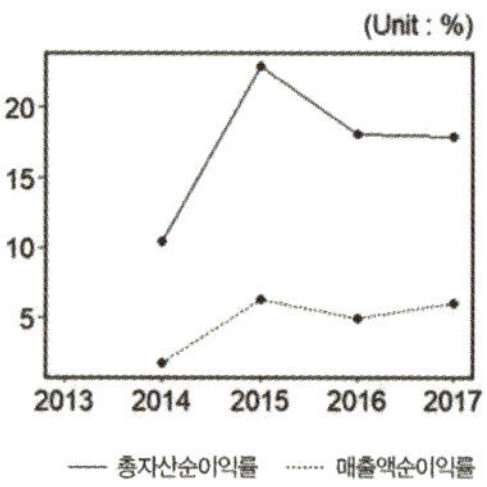

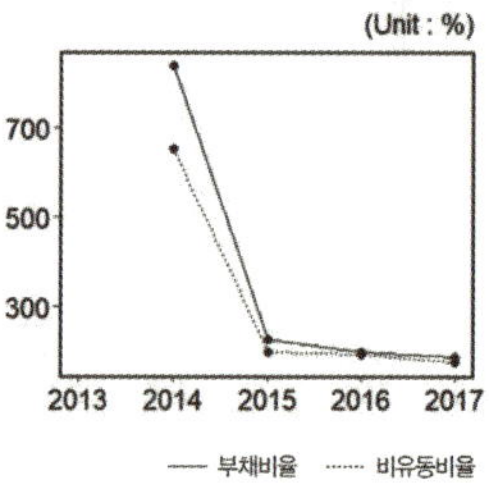

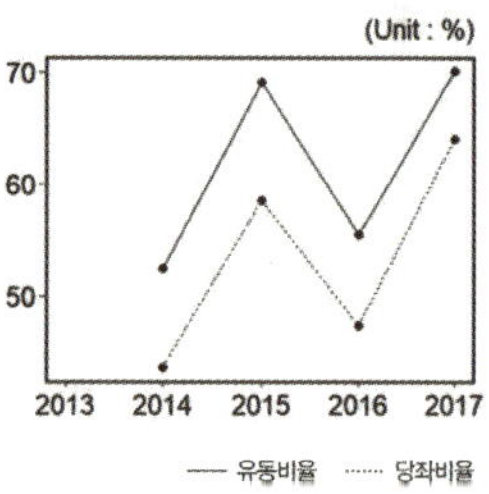

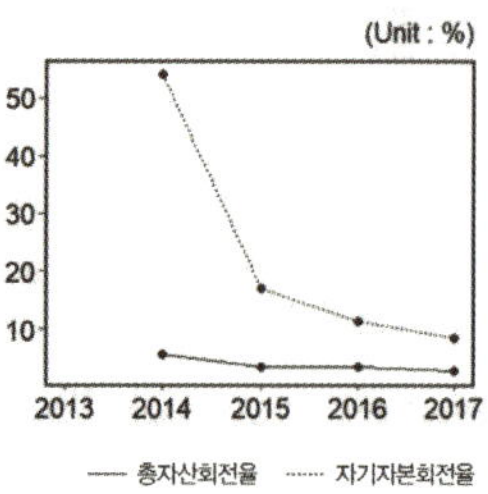

	14 ㈜신라명과(015869) SHILLA MYUNGGUA			외
SHILLA MYUNGGUA	설립일	1983.09.20	대표이사	홍평우
	업종	제과점업	업종코드	56191
	소재지	경기도 안양시 만안구	주요브랜드	신라명과

	2013	2014	2015	2016	2017
재무상태표					(단위: 백만 원)
유동자산	13,651	11,619	10,938	10,687	11,129
당좌자산	11,992	10,209	9,576	9,395	9,747
재고자산	1,659	1,410	1,362	1,292	1,382
비유동자산	9,137	11,513	13,294	12,422	12,322
투자자산	146	133	32	32	32
유형자산	8,028	10,416	12,493	11,763	12,017
무형자산	11	6	7	5	4
자산총계	22,788	23,132	24,232	23,109	23,451
유동부채	7,363	6,906	6,772	8,623	8,421
비유동부채	2,862	3,024	5,571	2,943	3,911
자본	12,563	13,203	11,889	11,544	11,119
부채 및 자본합계	22,788	23,132	24,232	23,109	23,451
손익계산서					(단위: 백만 원)
매출액	40,090	39,126	35,207	35,881	38,680
매출원가	29,304	31,468	30,701	29,168	31,446
매출총손익	10,787	7,658	4,507	6,713	7,234
판매비 및 관리비	10,353	8,583	7,350	7,110	7,685
영업손익	433	-925	-2,843	-396	-450
법인세비용차감전순손익	490	723	-1,381	-305	-440
법인세비용	66	83	-67	40	-16
계속사업이익	424	640	-1,313	-346	-425
중단사업손익	0	0	0	0	0
당기순손익	424	640	-1,313	-346	-425
현금흐름표					(단위: 백만 원)
영업활동순현금흐름	2,880	220	1,259	889	1,151
투자활동순현금흐름	-571	-672	-2,948	-214	-1,032
재무활동순현금흐름	45	189	1,558	-496	38
성장성비율					(단위: %)
총자산증가율	11.46	1.51	4.76	-4.63	1.48
매출액증가율	16.92	-2.41	-10.01	1.91	7.8
수익성비율					(단위: %)
총자산순이익률	1.96	2.79	-5.55	-1.46	-1.82
자기자본순이익률	3.43	4.96	-10.47	-2.95	-3.75
매출액영업이익률	1.08	-2.36	-8.08	-1.1	-1.16
매출액순이익률	1.06	1.63	-3.73	-0.96	-1.1
레버리지비율					(단위: %)
부채비율	81.39	75.21	103.82	100.19	110.91
이자보상비율	9.76	-21.39	-29.19	-4.44	-5.48
비유동비율	72.73	87.2	111.82	107.61	110.82
비유동장기적합률	59.23	70.95	76.14	85.75	81.98
유동성비율					(단위: %)
유동비율	185.4	168.25	161.51	123.94	132.15
당좌비율	162.87	147.83	141.4	108.96	115.74
현금비율	31.09	34.26	35.21	37.71	37.62
활동성비율					(단위: 회)
총자산회전율	1.85	1.7	1.49	1.52	1.66
자기자본회전율	3.25	3.04	2.81	3.06	3.41
비유동자산회전율	4.18	3.79	2.84	2.79	3.13
재고자산회전율	23.63	25.49	25.4	27.04	28.93
생산성비율					(단위: %)
총자본투자효율	19.75	16.27	10.35	12.62	12.74
설비투자효율	56.08	52.07	20.12	24.96	25.94
부가가치의 구성					(단위: 백만 원)
영업잉여	558	-854	-2,789	-454	-499
인건비	2,435	1,931	2,033	2,020	2,193
금융비용	-78	-84	22	54	56
감가상각비	1,335	920	1,602	1,075	1,119

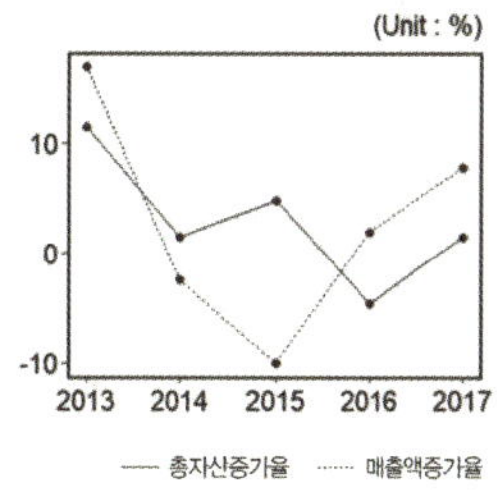

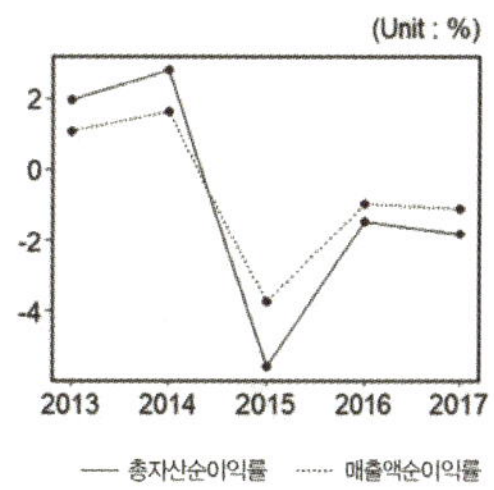

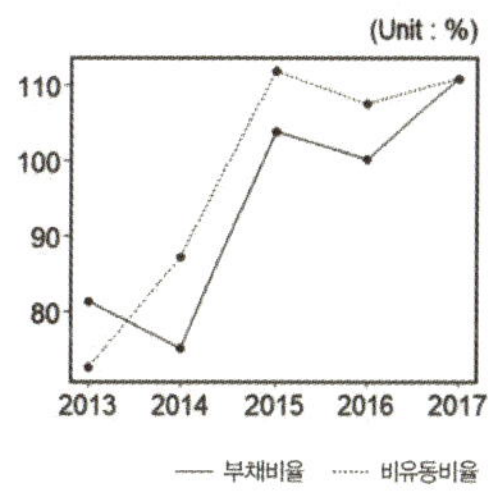

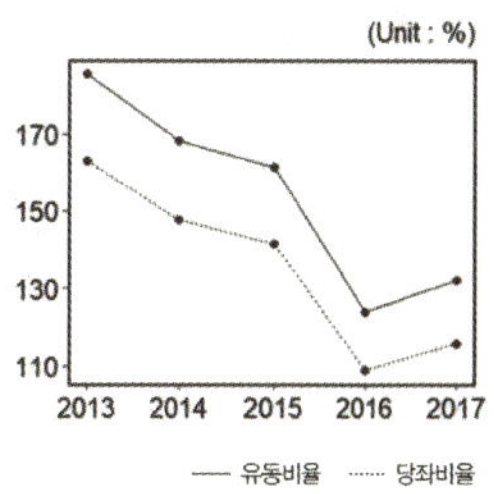

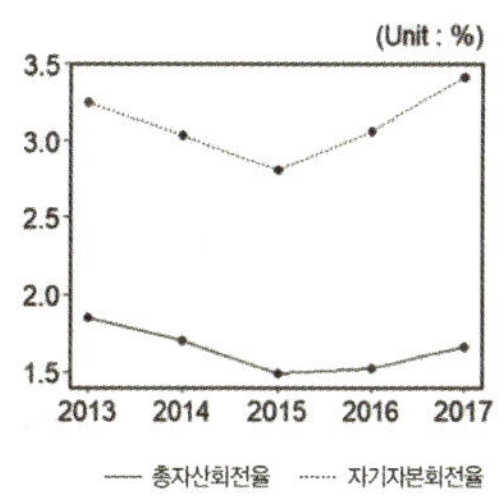

15 ㈜신정(53096) Sinjeong Co.,LTD 외

설립일	1998.04.01	대표이사	박승문
업종	한식 육류 요리 전문점업	업종코드	56113
소재지	서울특별시 강남구 테헤란로	주요브랜드	신정

	2013	2014	2015	2016	2017
재무상태표					(단위: 백만 원)
유동자산	–	–	–	–	681
당좌자산	–	–	–	–	414
재고자산	–	–	–	–	267
비유동자산	–	–	–	–	6,316
투자자산	–	–	–	–	275
유형자산	–	–	–	–	1,233
무형자산	–	–	–	–	1
자산총계	–	–	–	–	6,997
유동부채	–	–	–	–	8,644
비유동부채	–	–	–	–	0
자본	–	–	–	–	−1,647
부채 및 자본합계	–	–	–	–	6,997
손익계산서					(단위: 백만 원)
매출액	–	–	–	–	4,268
매출원가	–	–	–	–	2,012
매출총손익	–	–	–	–	2,256
판매비 및 관리비	–	–	–	–	2,672
영업손익	–	–	–	–	−416
법인세비용차감전순손익	–	–	–	–	128
법인세비용	–	–	–	–	0
계속사업이익	–	–	–	–	128
중단사업손익	–	–	–	–	0
당기순손익	–	–	–	–	128
현금흐름표					(단위: 백만 원)
영업활동순현금흐름	–	–	–	–	−627
투자활동순현금흐름	–	–	–	–	−58
재무활동순현금흐름	–	–	–	–	315
성장성비율					(단위: %)
총자산증가율	–	–	–	–	0
매출액증가율	–	–	–	–	0
수익성비율					(단위: %)
총자산순이익률	–	–	–	–	1.82
자기자본순이익률	–	–	–	–	0
매출액영업이익률	–	–	–	–	−9.75
매출액순이익률	–	–	–	–	2.99
레버리지비율					(단위: %)
부채비율					0
이자보상비율					−1.12
비유동비율					0
비유동장기적합률					0
유동성비율					(단위: %)
유동비율					7.88
당좌비율	–	–	–	–	4.79
현금비율	–	–	–	–	23.88
활동성비율					(단위: 회)
총자산회전율	–	–	–	–	0.61
자기자본회전율					0
비유동자산회전율	–	–	–	–	0.68
재고자산회전율	–	–	–	–	16.01
생산성비율					(단위: %)
총자본투자효율	–	–	–	–	34.96
설비투자효율					198.39
부가가치의 구성					(단위: 백만 원)
영업잉여	–	–	–	–	−755
인건비					1,559
금융비용	–	–	–	–	371
감가상각비	–	–	–	–	5

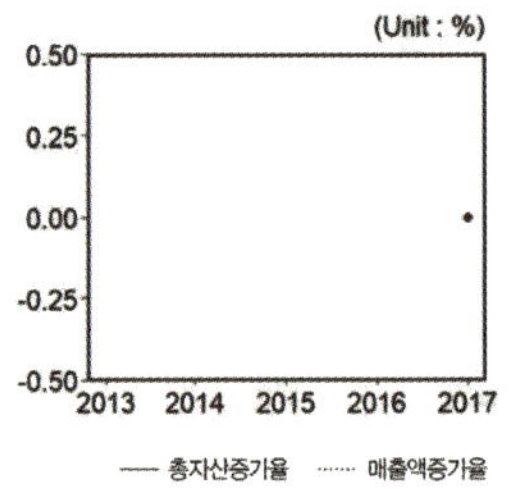

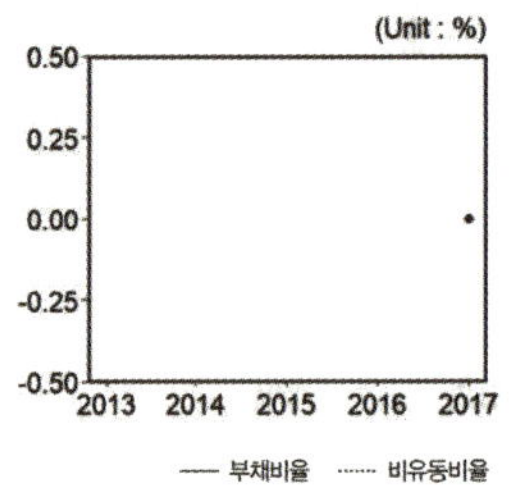

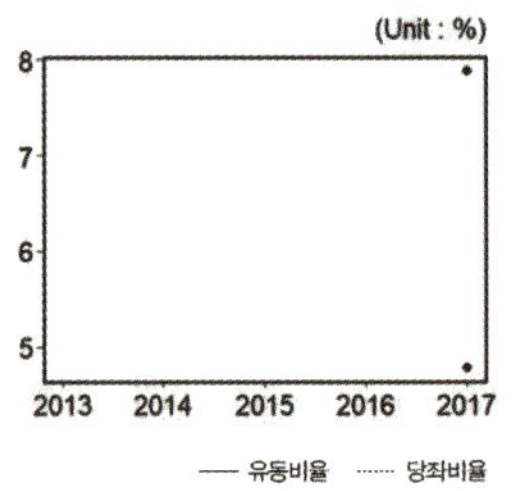

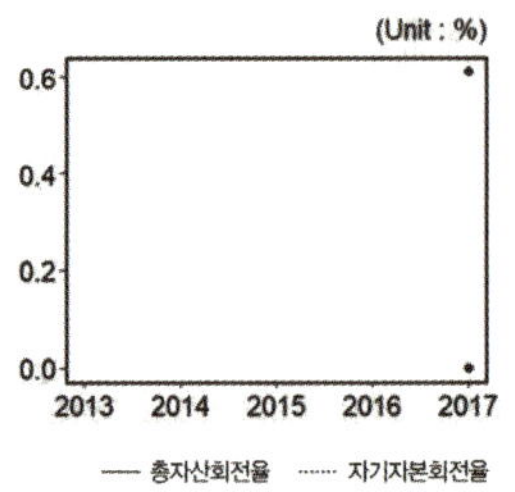

신화푸드그룹

16 ㈜신화아이푸드(062359) SIN WHA I FOOD 외

설립일	2005.10.01	대표이사	김지연
업종	다업종기업	업종코드	56300
소재지	경기도 성남시 분당구	주요브랜드	천지연, 긴자, 송도이동갈비

	2013	2014	2015	2016	2017
재무상태표					(단위: 백만 원)
유동자산	4,061	2,743	4,207	6,433	9,079
당좌자산	4,035	2,690	4,203	6,369	9,030
재고자산	26	53	4	65	50
비유동자산	33,719	46,887	50,017	57,412	58,256
투자자산	0	20	184	4	7
유형자산	28,505	41,354	44,133	50,194	50,887
무형자산	178	67	1	0	0
자산총계	37,780	49,630	54,224	63,845	67,336
유동부채	13,195	24,122	24,936	27,633	25,959
비유동부채	15,862	14,771	15,973	17,880	15,474
자본	8,722	10,738	13,315	18,332	25,903
부채 및 자본합계	37,780	49,630	54,224	63,845	67,336
손익계산서					(단위: 백만 원)
매출액	25,578	33,105	37,742	48,112	61,809
매출원가	20,486	26,833	30,313	14,601	47,869
매출총손익	5,092	6,271	7,429	33,510	13,939
판매비 및 관리비	1,884	2,067	2,674	26,023	3,799
영업손익	3,208	4,205	4,755	7,487	10,140
법인세비용차감전순손익	1,833	2,650	3,420	6,346	9,107
법인세비용	466	635	843	1,329	1,536
계속사업이익	1,367	2,015	2,578	5,017	7,571
중단사업손익	0	0	0	0	0
당기순손익	1,367	2,015	2,578	5,017	7,571
현금흐름표					(단위: 백만 원)
영업활동순현금흐름	2,218	4,984	5,246	7,146	10,386
투자활동순현금흐름	-6,426	-14,391	-5,903	-10,740	-5,182
재무활동순현금흐름	3,872	9,503	1,039	3,819	-5,402
성장성비율					(단위: %)
총자산증가율	19.87	31.37	9.25	17.74	5.47
매출액증가율	26.1	29.43	14.01	27.47	28.47
수익성비율					(단위: %)
총자산순이익률	3.94	4.61	4.96	8.5	11.54
자기자본순이익률	17	20.71	21.43	31.71	34.23
매출액영업이익률	12.54	12.7	12.6	15.56	16.41
매출액순이익률	5.34	6.09	6.83	10.43	12.25
레버리지비율					(단위: %)
부채비율	333.14	362.21	307.23	248.27	159.95
이자보상비율	2.52	2.68	3.13	5.53	8.26
비유동비율	386.58	436.66	375.63	313.18	224.9
비유동장기적합률	137.15	183.81	170.77	158.54	140.79
유동성비율					(단위: %)
유동비율	30.77	11.37	16.87	23.28	34.98
당좌비율	30.58	11.15	16.86	23.05	34.78
현금비율	1.39	5.57	12.7	11.79	6.17
활동성비율					(단위: 회)
총자산회전율	0.74	0.76	0.73	0.81	0.94
자기자본회전율	3.18	3.4	3.14	3.04	2.79
비유동자산회전율	0.82	0.82	0.78	0.9	1.07
재고자산회전율	1,050.78	834.07	1,318.21	1,402.88	1,081.66
생산성비율					(단위: %)
총자본투자효율	15.42	15.13	15.69	43.07	20.44
설비투자효율	21.04	19.28	19.33	54.99	27.33
부가가치의 구성					(단위: 백만 원)
영업잉여	1,964	2,639	3,350	6,311	9,104
인건비	910	1,241	1,568	13,886	1,016
금융비용	1,258	1,565	1,405	1,180	1,041
감가상각비	1,539	1,731	1,864	1,826	2,027

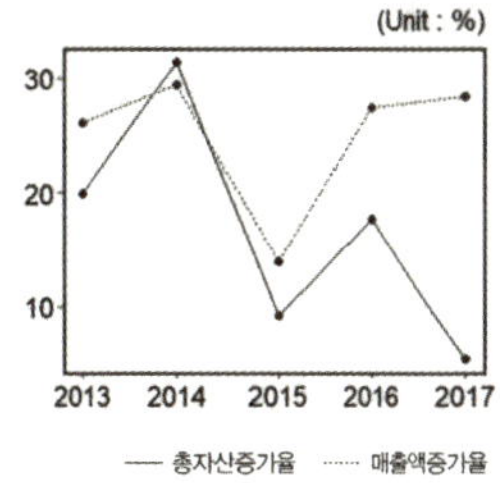

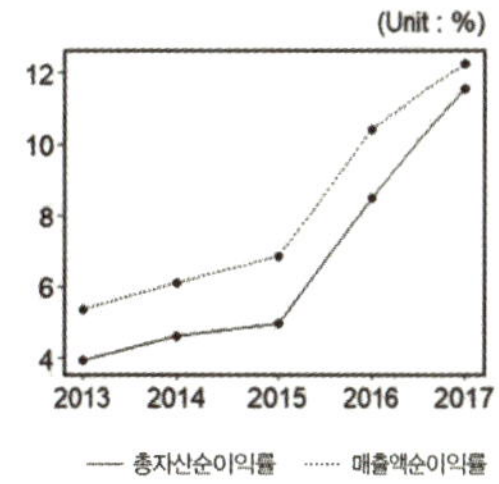

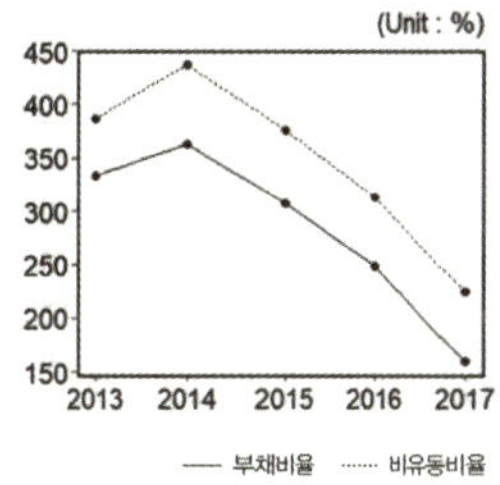

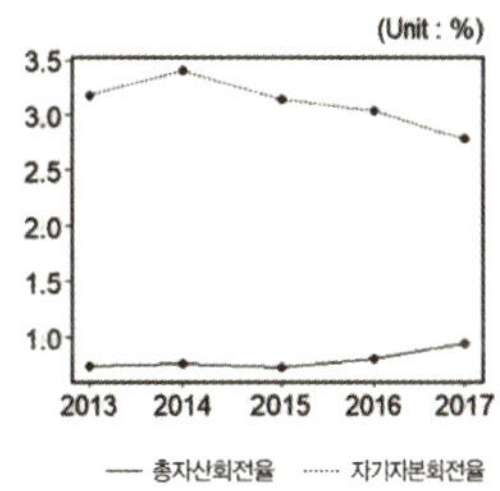

17 ㈜에스앤에스컴퍼니(73341) SEOGA AND COOK 외

설립일	2011.04.01	대표이사	이성민
업종	다업종기업	업종코드	56300
소재지	대구광역시 수성로 지범로	주요브랜드	서가앤쿡, 소싯적, 토끼정

	2013	2014	2015	2016	2017
재무상태표					(단위: 백만 원)
유동자산	–	10,532	13,741	9,016	7,103
당좌자산	–	10,483	13,737	8,960	7,008
재고자산	–	49	4	56	96
비유동자산	–	4,534	5,792	22,150	29,051
투자자산	–	740	2,242	1,754	2,647
유형자산	–	2,369	1,936	18,176	23,804
무형자산	–	26	33	22	11
자산총계	–	15,066	19,533	31,165	36,155
유동부채	–	3,644	2,739	4,180	3,288
비유동부채	–	260	287	4,906	5,237
자본	–	11,162	16,507	22,080	27,631
부채 및 자본합계	–	15,066	19,533	31,165	36,155
손익계산서					(단위: 백만 원)
매출액	–	22,551	26,880	28,231	34,373
매출원가	–	11,586	15,815	17,092	22,555
매출총손익	–	10,965	11,065	11,139	11,818
판매비 및 관리비	–	3,593	4,708	4,421	5,143
영업손익	–	7,372	6,358	6,717	6,675
법인세비용차감전순손익	–	7,580	6,490	6,965	6,686
법인세비용	–	3,419	1,144	1,392	1,135
계속사업이익	–	4,161	5,346	5,573	5,551
중단사업손익	–	0	0	0	0
당기순손익	–	4,161	5,346	5,573	5,551
현금흐름표					(단위: 백만 원)
영업활동순현금흐름	–	5,931	5,615	6,268	5,524
투자활동순현금흐름	–	-3,513	-3,656	-12,431	-6,476
재무활동순현금흐름	–	0	0	4,975	-464
성장성비율					(단위: %)
총자산증가율	–	0	29.66	59.55	16.01
매출액증가율	–	0	19.2	5.02	21.76
수익성비율					(단위: %)
총자산순이익률	–	55.24	30.9	21.98	16.49
자기자본순이익률	–	74.55	38.64	28.88	22.33
매출액영업이익률	–	32.69	23.65	23.79	19.42
매출액순이익률	–	18.45	19.89	19.74	16.15
레버리지비율					(단위: %)
부채비율	–	34.98	18.33	41.15	30.85
이자보상비율	–	–	–	146.58	55.51
비유동비율	–	40.62	35.09	100.32	105.14
비유동장기적합률	–	39.69	34.49	82.08	88.39
유동성비율					(단위: %)
유동비율	–	289.04	501.73	215.7	216.07
당좌비율	–	287.69	501.57	214.36	213.16
현금비율	–	53.01	54.88	70.47	69.5
활동성비율					(단위: 회)
총자산회전율	–	2.99	1.55	1.11	1.02
자기자본회전율	–	4.04	1.94	1.46	1.38
비유동자산회전율	–	9.95	5.21	2.02	1.34
재고자산회전율	–	918.96	1,008.92	939.41	453.03
생산성비율					(단위: %)
총자본투자효율	–	68.11	54.1	34.81	30.02
설비투자효율	–	433.17	545.68	59.69	45.78
부가가치의 구성					(단위: 백만 원)
영업잉여	–	7,544	6,654	6,868	6,769
인건비	–	2,056	3,231	3,058	2,764
금융비용	–	-172	-256	-156	42
감가상각비	–	670	940	808	1,195

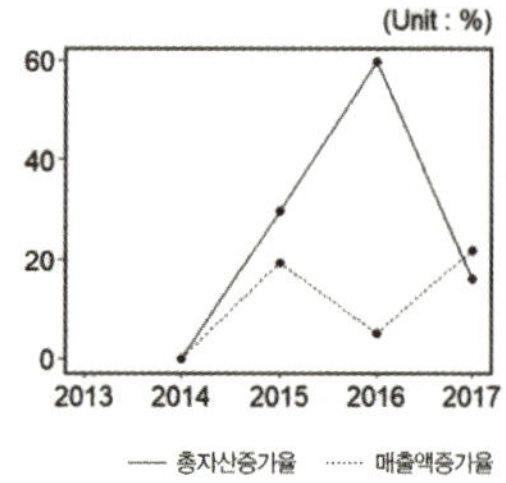

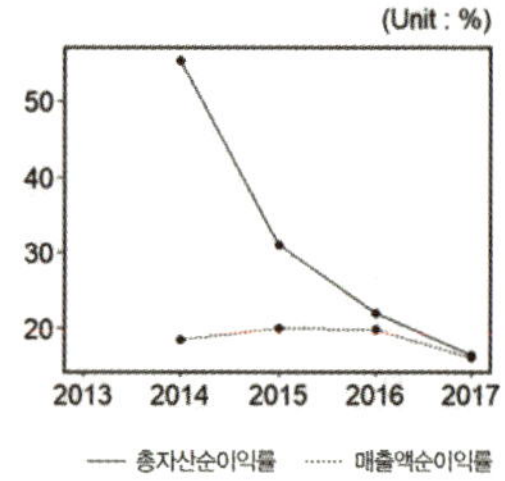

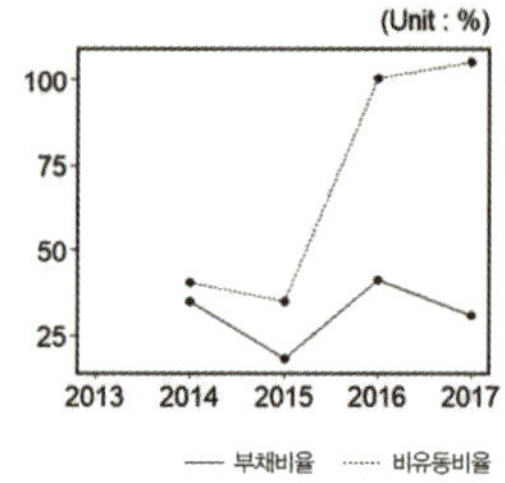

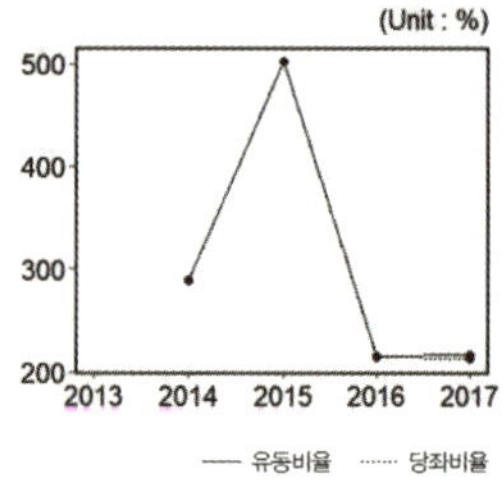

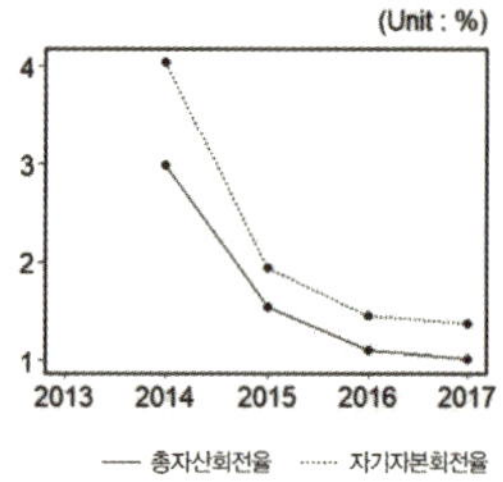

18 ㈜에스엠에프앤비디벨롭먼트(076400) SMT seoul 외

설립일	2008.01.23	대표이사	이진규
업종	서양식 음식점업	업종코드	56123
소재지	서울시 강남구 압구정로	주요브랜드	SMTseoul, SMT펜트하우스, SMT플레이그라운드

	2013	2014	2015	2016	2017
재무상태표					(단위: 백만 원)
유동자산	–	–	1,310	460	919
당좌자산	–	–	963	225	706
재고자산	–	–	346	235	212
비유동자산	–	–	10,630	7,641	6,013
투자자산	–	–	2,200	2,600	2,600
유형자산	–	–	8,392	4,870	3,275
무형자산	–	–	0	0	0
자산총계	–	–	11,940	8,101	6,932
유동부채	–	–	7,252	10,285	13,416
비유동부채	–	–	43	125	153
자본	–	–	4,645	-2,309	-6,637
부채 및 자본합계	–	–	11,940	8,101	6,932
손익계산서					(단위: 백만 원)
매출액	–	–	555	3,225	2,577
매출원가	–	–	806	5,200	2,166
매출총손익	–	–	-251	-1,975	411
판매비 및 관리비	–	–	1,838	2,116	4,168
영업손익	–	–	-2,089	-4,091	-3,757
법인세비용차감전순손익	–	–	-2,312	-6,954	-4,328
법인세비용	–	–	0	0	0
계속사업이익	–	–	-2,312	-6,954	-4,328
중단사업손익	–	–	0	0	0
당기순손익	–	–	-2,312	-6,954	-4,328
현금흐름표					(단위: 백만 원)
영업활동순현금흐름	–	–	-3,009	-2,564	-1,401
투자활동순현금흐름	–	–	-3,298	-945	-411
재무활동순현금흐름	–	–	6,600	3,200	1,910
성장성비율					(단위: %)
총자산증가율	–	–	0	-32.15	-14.43
매출액증가율	–	–	0	481.3	-20.09
수익성비율					(단위: %)
총자산순이익률	–	–	-38.73	-69.4	-57.58
자기자본순이익률	–	–	-99.55	0	0
매출액영업이익률	–	–	-376.58	-126.85	-145.77
매출액순이익률	–	–	-416.73	-215.62	-167.93
레버리지비율					(단위: %)
부채비율	–	–	157.04	0	0
이자보상비율	–	–	-15.92	-7.38	-6.5
비유동비율	–	–	228.85	0	0
비유동장기적합률	–	–	226.76	0	0
유동성비율					(단위: %)
유동비율	–	–	18.06	4.48	6.85
당좌비율	–	–	13.28	2.19	5.26
현금비율	–	–	29.17	15.74	18.51
활동성비율					(단위: 회)
총자산회전율	–	–	0.09	0.32	0.34
자기자본회전율	–	–	0.24	0	0
비유동자산회전율	–	–	0.1	0.35	0.38
재고자산회전율	–	–	3.2	11.1	11.52
생산성비율					(단위: %)
총자본투자효율	–	–	-7.13	-39.78	-5.74
설비투자효율	–	–	-1,244.90	-66.17	-12.14
부가가치의 구성					(단위: 백만 원)
영업잉여	–	–	-2,219	-4,645	-4,331
인건비	–	–	712	1,370	1,155
금융비용	–	–	130	554	575
감가상각비	–	–	18	1,627	1,639

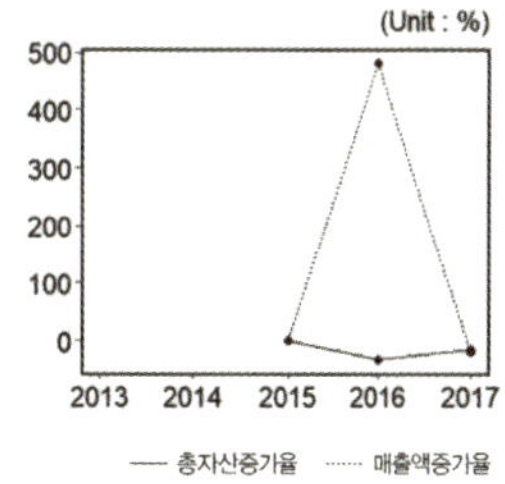

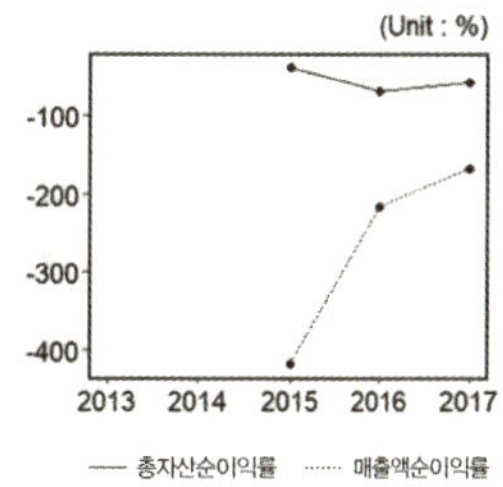

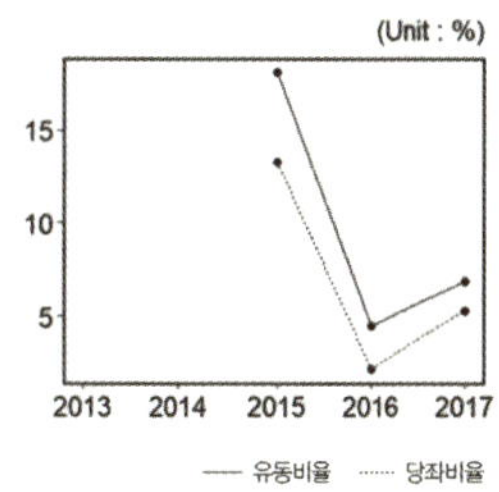

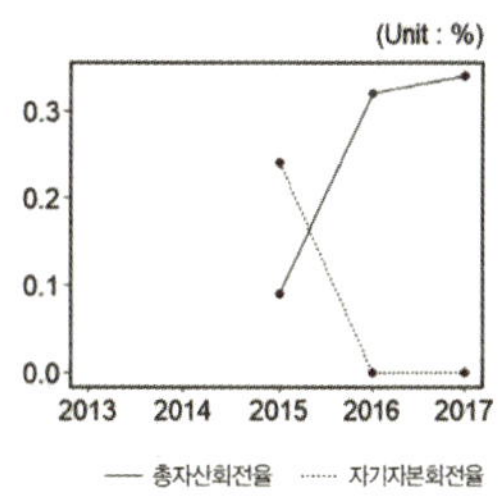

19 ㈜에스엠엔터프라이즈(066275) SM ENTERPRISE CO.,LTD. 외

설립일	2006.02.10	대표이사	박제준
업종	서양식 음식점업	업종코드	56123
소재지	경상북도 구미시 구미대로	주요브랜드	바이킹스, 빅가이즈랍스타, 바이킹스마켓

	2013	2014	2015	2016	2017
재무상태표					(단위: 백만 원)
유동자산	2,663	3,379	3,616	3,200	3,453
당좌자산	2,566	3,261	3,357	2,981	3,359
재고자산	97	118	259	219	95
비유동자산	7,563	8,339	8,395	7,267	6,875
투자자산	0	1	2	4	2
유형자산	6,836	7,294	7,067	6,492	5,983
무형자산	309	342	293	127	337
자산총계	10,225	11,718	12,011	10,467	10,328
유동부채	3,195	4,095	4,258	3,756	3,563
비유동부채	4,298	4,402	4,490	4,430	4,277
자본	2,733	3,222	3,263	2,280	2,488
부채 및 자본합계	10,225	11,718	12,011	10,467	10,328
손익계산서					(단위: 백만 원)
매출액	16,609	16,655	17,641	17,093	17,322
매출원가	7,781	7,323	7,315	8,242	8,869
매출총손익	8,828	9,332	10,326	8,851	8,453
판매비 및 관리비	7,919	8,726	10,263	9,790	8,223
영업손익	909	606	63	-939	231
법인세비용차감전순손익	824	630	55	-983	208
법인세비용	208	140	14	0	0
계속사업이익	616	490	41	-983	208
중단사업손익	0	0	0	0	0
당기순손익	616	490	41	-983	208
현금흐름표					(단위: 백만 원)
영업활동순현금흐름	1,944	1,485	1,191	-509	686
투자활동순현금흐름	-861	-2,552	-1,153	597	-611
재무활동순현금흐름	-989	983	0	-100	-200
성장성비율					(단위: %)
총자산증가율	1.26	14.6	2.5	-12.86	-1.33
매출액증가율	42.42	0.27	5.92	-3.11	1.34
수익성비율					(단위: %)
총자산순이익률	6.07	4.46	0.35	-8.74	2
자기자본순이익률	25.42	16.44	1.26	-35.46	8.71
매출액영업이익률	5.48	3.64	0.36	-5.49	1.33
매출액순이익률	3.71	2.94	0.23	-5.75	1.2
레버리지비율					(단위: %)
부채비율	274.19	263.68	268.09	359.01	315.11
이자보상비율	3.8	3.18	0.28	-4.5	1.02
비유동비율	276.75	258.81	257.27	318.69	276.32
비유동장기적합률	107.57	109.39	108.27	108.29	101.62
유동성비율					(단위: %)
유동비율	83.34	82.52	84.93	85.19	96.92
당좌비율	80.32	79.64	78.85	79.37	94.27
현금비율	10.18	5.52	6.21	6.64	2.52
활동성비율					(단위: 회)
총자산회전율	1.63	1.52	1.49	1.52	1.67
자기자본회전율	6.85	5.59	5.44	6.17	7.27
비유동자산회전율	2.22	2.09	2.11	2.18	2.45
재고자산회전율	217.94	155.15	93.54	71.56	110.63
생산성비율					(단위: %)
총자본투자효율	74.57	67.03	66.1	63.85	59.68
설비투자효율	111.53	107.69	112.35	102.94	103.01
부가가치의 구성					(단위: 백만 원)
영업잉여	691	434	-142	-1,125	21
인건비	4,553	4,916	5,076	4,737	3,290
금융비용	219	172	205	185	210
감가상각비	879	925	1,167	1,232	1,025

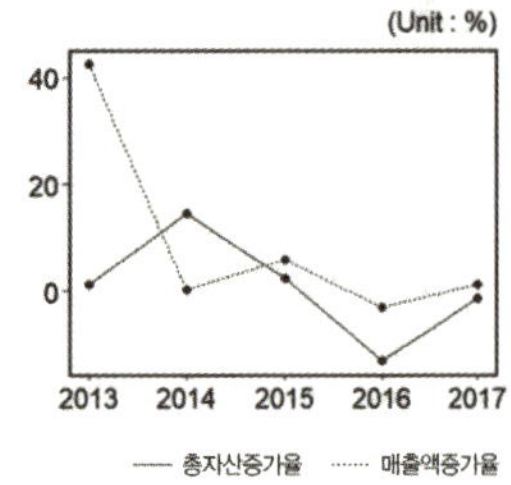

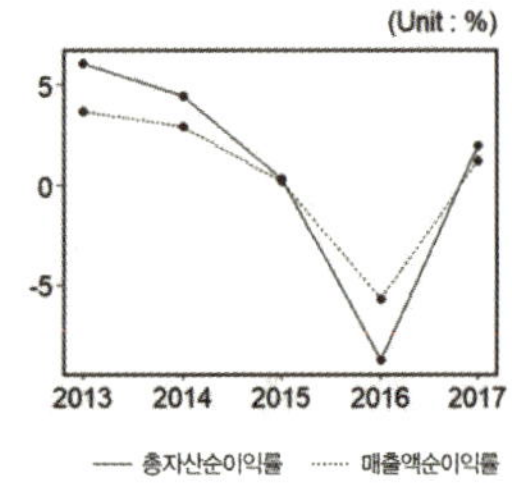

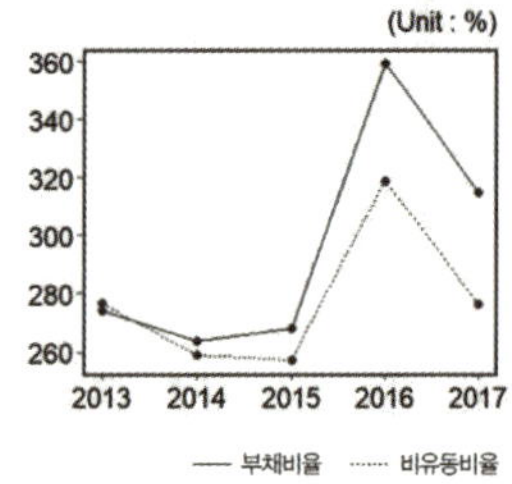

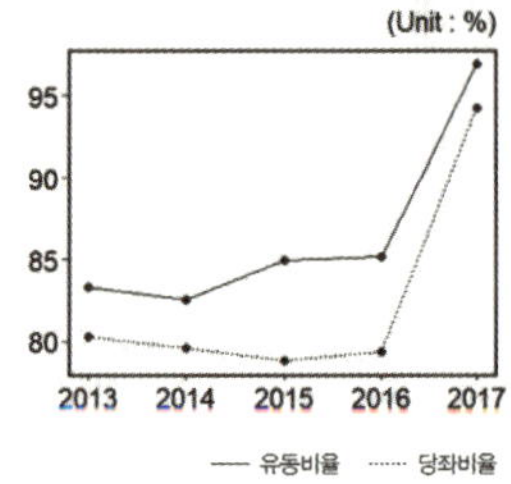

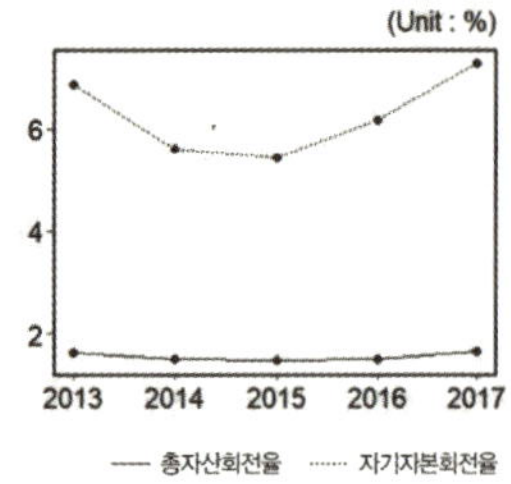

20	㈜엔타스(064550) ENTAS,Inc			외
설립일	2003.01.16	대표이사	박노봉	
업종	다업종기업	업종코드	56300	
소재지	서울시 송파구 방이동	주요브랜드	삿뽀로, 경복궁, 고구려	

	2013	2014	2015	2016	2017
재무상태표					(단위: 백만 원)
유동자산	6,806	18,411	32,219	23,768	25,541
당좌자산	6,434	17,902	31,489	23,274	24,701
재고자산	373	509	730	494	840
비유동자산	46,940	93,477	95,182	99,397	64,589
투자자산	5,817	7,639	7,145	12,113	13,738
유형자산	31,451	75,072	76,826	75,522	39,877
무형자산	158	153	123	106	99
자산총계	53,747	111,888	127,401	123,166	90,130
유동부채	34,078	92,832	110,781	108,281	72,090
비유동부채	8,667	10,017	7,870	5,601	1,949
자본	11,002	9,039	8,750	9,283	16,090
부채 및 자본합계	53,747	111,888	127,401	123,166	90,130
손익계산서					(단위: 백만 원)
매출액	47,774	54,038	64,192	64,215	61,678
매출원가	0	0	0	0	0
매출총손익	47,774	54,038	64,192	64,215	61,678
판매비 및 관리비	44,968	50,408	60,923	60,719	60,059
영업손익	2,805	3,630	3,269	3,496	1,619
법인세비용차감전순손익	1,761	-1,191	786	1,427	9,028
법인세비용	285	188	250	556	2,082
계속사업이익	1,476	-1,378	536	870	6,946
중단사업손익	0	0	0	0	0
당기순손익	1,476	-1,378	536	870	6,946
현금흐름표					(단위: 백만 원)
영업활동순현금흐름	5,619	6,119	5,089	3,901	2,687
투자활동순현금흐름	-19,243	-63,900	-15,307	3,034	39,481
재무활동순현금흐름	13,546	57,770	11,451	-6,495	-42,827
성장성비율					(단위: %)
총자산증가율	46.12	108.18	13.86	-3.32	-26.82
매출액증가율	31.44	13.11	18.79	0.04	-3.95
수익성비율					(단위: %)
총자산순이익률	3.26	-1.66	0.45	0.69	6.51
자기자본순이익률	14.38	-13.76	6.02	9.65	54.75
매출액영업이익률	5.87	6.72	5.09	5.44	2.62
매출액순이익률	3.09	-2.55	0.83	1.36	11.26
레버리지비율					(단위: %)
부채비율	388.54	1,137.82	1,356.04	1,226.74	460.15
이자보상비율	2.29	1.39	0.96	1.14	0.64
비유동비율	426.67	1,034.14	1,087.81	1,070.71	401.42
비유동장기적합률	238.66	490.53	572.7	667.8	358.05
유동성비율					(단위: %)
유동비율	19.97	19.83	29.08	21.95	35.43
당좌비율	18.88	19.28	28.42	21.49	34.26
현금비율	6.08	2.18	5.08	8.73	5.54
활동성비율					(단위: 회)
총자산회전율	1.06	0.65	0.54	0.51	0.58
자기자본회전율	4.65	5.39	7.22	7.12	4.86
비유동자산회전율	1.2	0.77	0.68	0.66	0.75
재고자산회전율	142.48	122.58	103.62	104.92	92.49
생산성비율					(단위: %)
총자본투자효율	44.88	22.79	25.96	28.09	45.05
설비투자효율	103.54	44.06	43.13	45.99	105.63
부가가치의 구성					(단위: 백만 원)
영업잉여	1,685	1,463	990	987	-626
인건비	14,083	16,052	19,819	20,789	19,142
금융비용	1,121	2,167	2,279	2,509	2,245
감가상각비	2,926	3,387	4,539	4,496	4,478

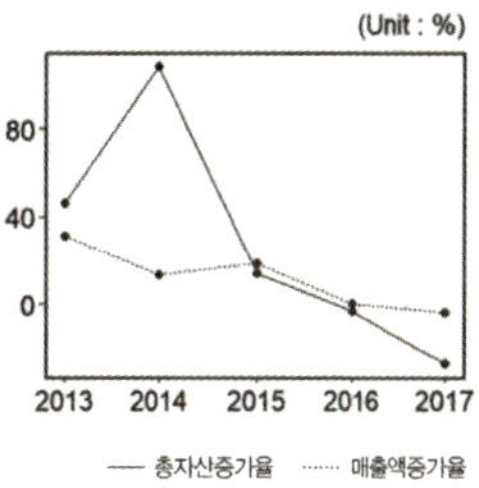

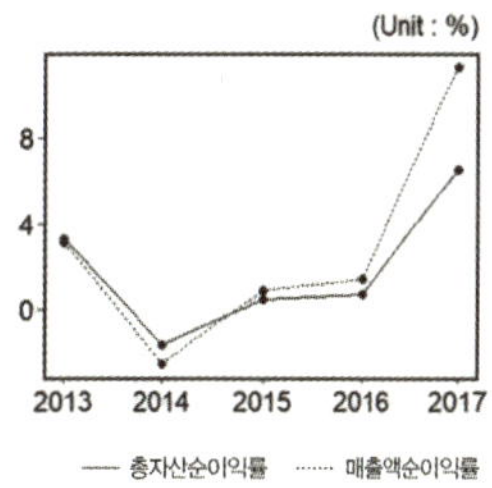

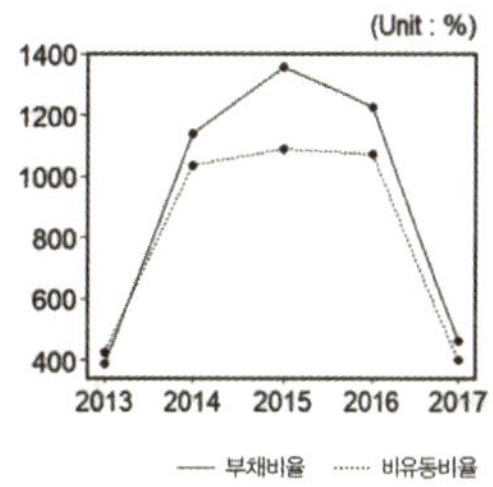

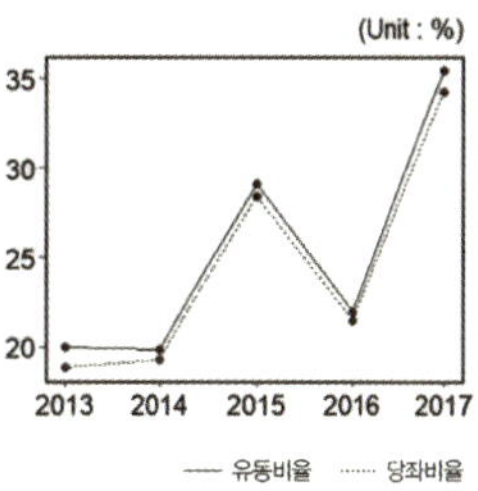

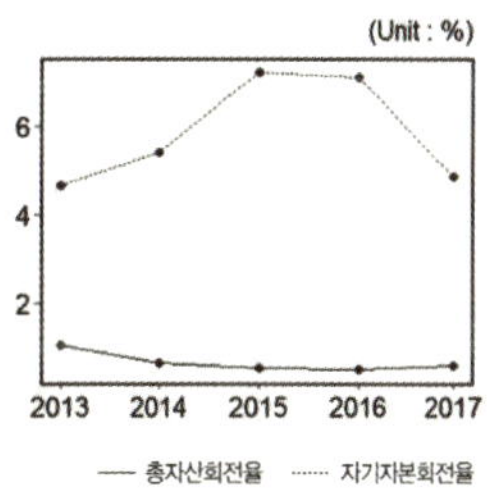

21 ㈜엔타스에스디(074447) ENTASSD.CO.LTD			외
설립일	2013.09.30	대표이사	박노봉
업종	한식 일반 음식점업	업종코드	56111
소재지	인천광역시 연수구 테크노파크로	주요브랜드	삿뽀로, 경복궁, 고구려

	2013	2014	2015	2016	2017
재무상태표					(단위: 백만 원)
유동자산	–	1,766	1,068	1,727	1,867
당좌자산	–	1,674	917	1,635	1,763
재고자산	–	92	150	92	104
비유동자산	–	10,468	12,434	11,362	10,219
투자자산	–	0	0	0	0
유형자산	–	10,397	12,317	11,231	10,054
무형자산	–	0	0	0	0
자산총계	–	12,234	13,502	13,089	12,086
유동부채	–	10,084	10,380	9,005	6,608
비유동부채	–	204	379	525	520
자본	–	1,946	2,742	3,559	4,958
부채 및 자본합계	–	12,234	13,502	13,089	12,086
손익계산서					(단위: 백만 원)
매출액	–	716	16,131	16,696	15,943
매출원가	–	451	9,269	0	0
매출총손익	–	265	6,862	16,696	15,943
판매비 및 관리비	–	254	5,270	14,561	13,913
영업손익	–	11	1,592	2,135	2,030
법인세비용차감전순손익	–	-21	978	1,022	1,765
법인세비용	–	-1	181	205	367
계속사업이익	–	-20	796	817	1,398
중단사업손익	–	0	0	0	0
당기순손익	–	-20	796	817	1,398
현금흐름표					(단위: 백만 원)
영업활동순현금흐름	–	122	4,453	1,923	1,895
투자활동순현금흐름	–	-10,194	-3,184	-223	-219
재무활동순현금흐름	–	8,760	-950	-1,550	-1,660
성장성비율					(단위: %)
총자산증가율	–	0	10.37	-3.06	-7.67
매출액증가율	–	0	2,153.98	3.51	-4.51
수익성비율					(단위: %)
총자산순이익률	–	-0.33	6.19	6.15	11.11
자기자본순이익률	–	-2.05	33.97	25.93	32.84
매출액영업이익률	–	1.54	9.87	12.79	12.73
매출액순이익률	–	-2.78	4.94	4.89	8.77
레버리지비율					(단위: %)
부채비율	–	528.68	392.35	267.74	143.77
이자보상비율	–	0.34	2.65	5.66	7.67
비유동비율	–	537.93	453.42	319.21	206.11
비유동장기적합률	–	486.92	398.31	278.19	186.56
유동성비율					(단위: %)
유동비율	–	17.51	10.29	19.18	28.25
당좌비율	–	16.6	8.84	18.16	26.68
현금비율	–	20.05	62.97	47.57	44.89
활동성비율					(단위: 회)
총자산회전율	–	0.12	1.25	1.26	1.27
자기자본회전율	–	0.74	6.88	5.3	3.74
비유동자산회전율	–	0.14	1.41	1.4	1.48
재고자산회전율	–	15.56	133.16	137.81	162.81
생산성비율					(단위: %)
총자본투자효율	–	1.2	25.57	56.43	66.06
설비투자효율	–	0	28.03	65.77	79.42
부가가치의 구성					(단위: 백만 원)
영업잉여	–	-21	991	1,759	1,766
인건비	–	11	383	4,042	3,973
금융비용	–	32	601	377	264
감가상각비	–	0	1,253	1,330	1,362

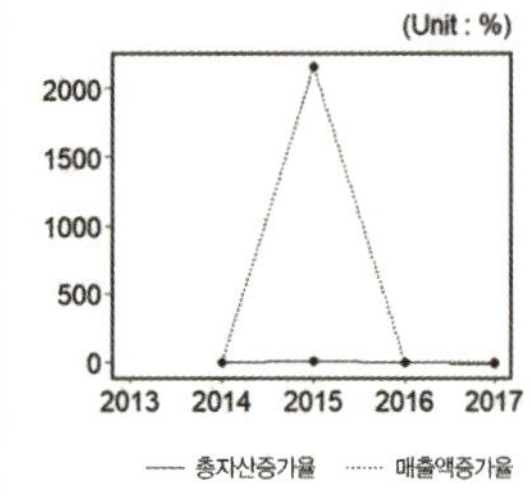

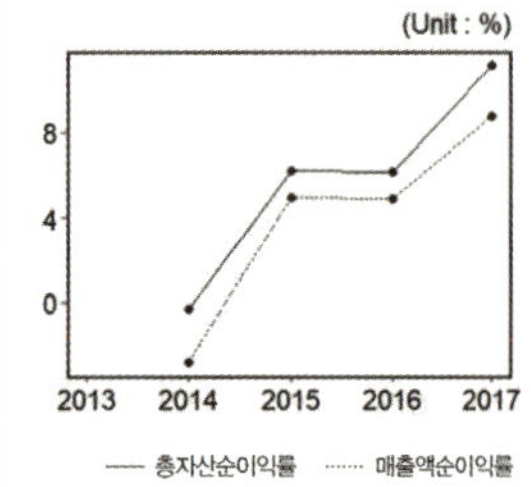

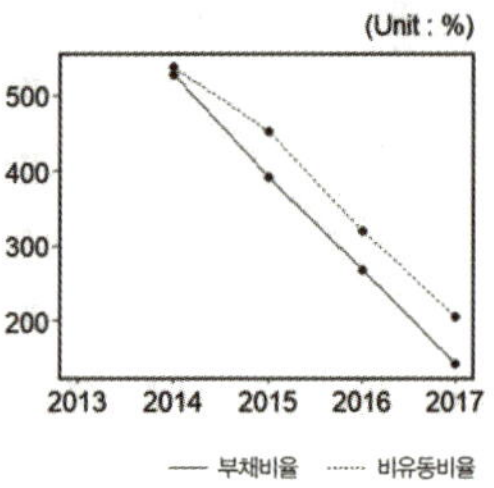

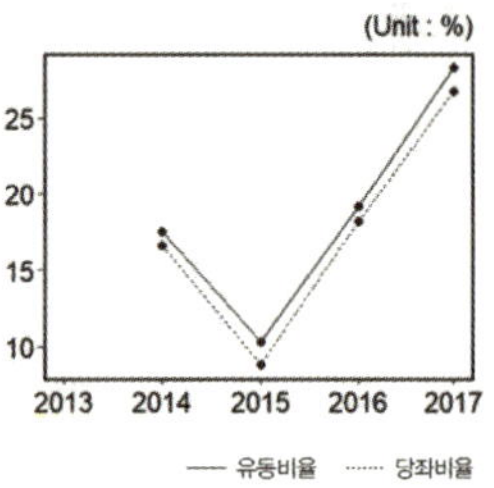

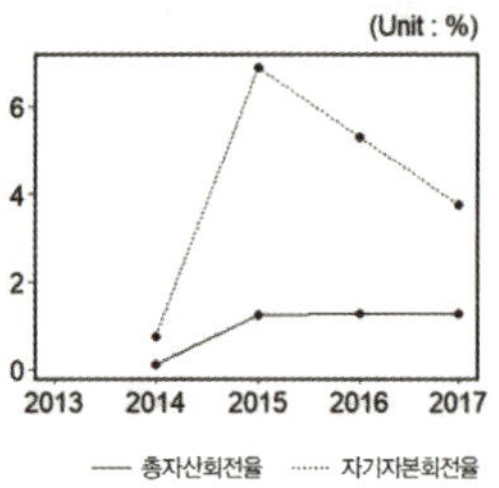

22 ㈜엘브이아이파트너스(077486) LVI Partners 외

설립일	2012.04.09	대표이사	김지남
업종	다업종기업	업종코드	56300
소재지	서울시 강남구 언주로	주요브랜드	주유별장, 코바치, 베터리파크

	2013	2014	2015	2016	2017
재무상태표					(단위: 백만 원)
유동자산	–	–	4,112	2,947	3,975
당좌자산	–	–	4,082	2,869	3,884
재고자산	–	–	30	78	91
비유동자산	–	–	6,283	6,492	5,738
투자자산	–	–	100	100	100
유형자산	–	–	4,405	4,423	3,589
무형자산	–	–	84	67	50
자산총계	–	–	10,396	9,440	9,713
유동부채	–	–	4,739	6,445	9,535
비유동부채	–	–	2,819	2,755	629
자본	–	–	2,838	240	-451
부채 및 자본합계	–	–	10,396	9,440	9,713
손익계산서					(단위: 백만 원)
매출액	–	–	12,106	15,591	14,924
매출원가	–	–	0	0	0
매출총손익	–	–	12,106	15,591	14,924
판매비 및 관리비	–	–	14,201	17,812	16,363
영업손익	–	–	-2,094	-2,220	-1,439
법인세비용차감전순손익	–	–	-2,399	-2,598	-1,691
법인세비용	–	–	0	0	0
계속사업이익	–	–	-2,399	-2,598	-1,691
중단사업손익	–	–	0	0	0
당기순손익	–	–	-2,399	-2,598	-1,691
현금흐름표					(단위: 백만 원)
영업활동순현금흐름	–	–	-2,613	-2,414	-848
투자활동순현금흐름	–	–	-2,890	-1,217	-1,381
재무활동순현금흐름	–	–	7,759	1,429	2,093
성장성비율					(단위: %)
총자산증가율	–	–	0	-9.2	2.89
매출액증가율	–	–	0	28.79	-4.28
수익성비율					(단위: %)
총자산순이익률	–	–	-46.16	-26.19	-17.66
자기자본순이익률	–	–	-169.08	-168.79	0
매출액영업이익률	–	–	-17.3	-14.24	-9.64
매출액순이익률	–	–	-19.82	-16.66	-11.33
레버리지비율					(단위: %)
부채비율	–	–	266.31	3,830.36	0
이자보상비율	–	–	-8	-13.79	-5.41
비유동비율	–	–	221.4	2,703.19	0
비유동장기적합률	–	–	111.08	216.79	0
유동성비율					(단위: %)
유동비율	–	–	86.78	45.73	41.69
당좌비율	–	–	86.14	44.52	40.73
현금비율	–	–	57.44	5.42	0.6
활동성비율					(단위: 회)
총자산회전율	–	–	2.33	1.57	1.56
자기자본회전율	–	–	8.53	10.13	0
비유동자산회전율	–	–	3.85	2.44	2.44
재고자산회전율	–	–	794.75	287.75	176.63
생산성비율					(단위: %)
총자본투자효율	–	–	30.41	78.81	82.51
설비투자효율	–	–	71.77	168.23	223.26
부가가치의 구성					(단위: 백만 원)
영업잉여	–	–	-2,349	-2,342	-1,632
인건비	–	–	3,329	6,269	5,988
금융비용	–	–	255	159	266
감가상각비	–	–	281	1,002	1,093

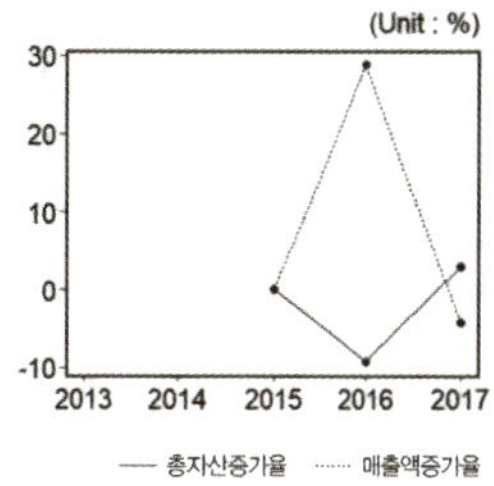

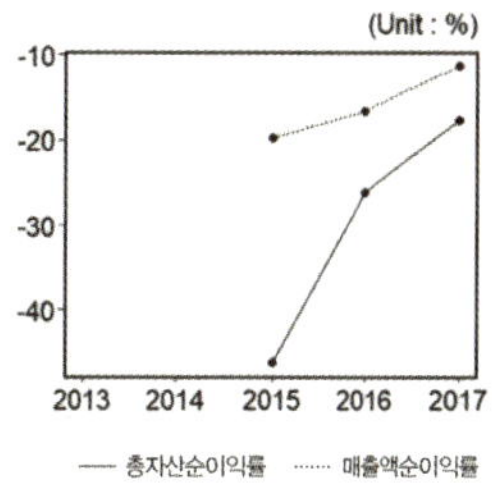

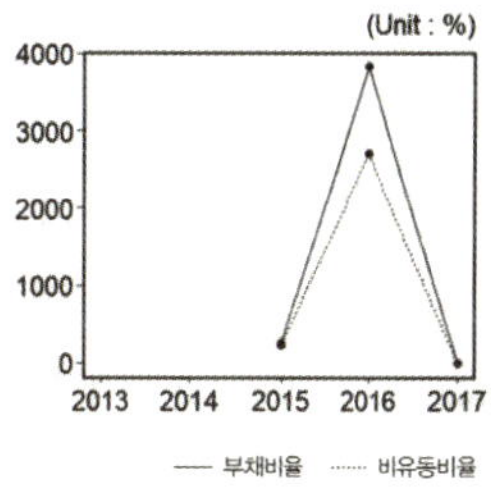

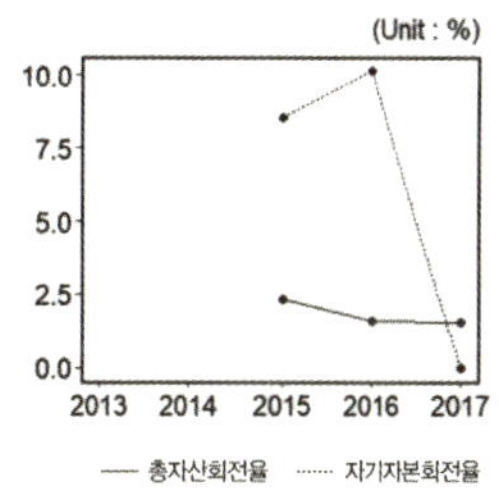

(주)LF푸드

23 ㈜엘에프푸드(053374) lf food			외
설립일	2007.12.07	대표이사	문민용
업종	일식 음식점업	업종코드	56122
소재지	서울시 강남구 삼성로	주요브랜드	하코야 생라멘&돈부리, 엘블루, 마키노차야

	2013	2014	2015	2016	2017
재무상태표					(단위: 백만 원)
유동자산	–	–	7,523	4,751	9,815
당좌자산	–	–	7,255	4,440	8,158
재고자산	–	–	268	311	1,657
비유동자산	–	–	23,220	29,255	109,345
투자자산	–	–	18,580	21,897	101,315
유형자산	–	–	2,391	4,584	3,764
무형자산	–	–	608	623	1,820
자산총계	–	–	30,743	34,006	119,160
유동부채	–	–	4,976	5,216	8,388
비유동부채	–	–	1,130	1,980	626
자본	–	–	24,636	26,809	110,146
부채 및 자본합계	–	–	30,743	34,006	119,160
손익계산서					(단위: 백만 원)
매출액	–	–	21,635	18,537	26,679
매출원가	–	–	15,543	12,962	17,560
매출총손익	–	–	6,092	5,575	9,119
판매비 및 관리비	–	–	10,338	6,765	8,986
영업손익	–	–	-4,246	-1,190	132
법인세비용차감전순손익	–	–	-7,959	-412	-2,146
법인세비용	–	–	-715	227	-668
계속사업이익	–	–	-7,244	-639	-1,479
중단사업손익	–	–	0	0	0
당기순손익	–	–	-7,244	-639	-1,479
현금흐름표					(단위: 백만 원)
영업활동순현금흐름	–	–	-2,638	644	-974
투자활동순현금흐름	–	–	31	-6,164	-87,022
재무활동순현금흐름	–	–	2,266	2,814	88,456
성장성비율					(단위: %)
총자산증가율	–	–	0	10.61	250.41
매출액증가율	–	–	0	-14.32	43.92
수익성비율					(단위: %)
총자산순이익률	–	–	-23.56	-1.97	-1.93
자기자본순이익률	–	–	-29.4	-2.48	-2.16
매출액영업이익률	–	–	-19.63	-6.42	0.5
매출액순이익률	–	–	-33.48	-3.45	-5.54
레버리지비율					(단위: %)
부채비율	–	–	24.79	26.84	8.18
이자보상비율	–	–	-417.09	-56.24	2.68
비유동비율	–	–	94.25	109.12	99.27
비유동장기적합률	–	–	90.12	101.62	98.71
유동성비율					(단위: %)
유동비율	–	–	151.18	91.07	117.01
당좌비율	–	–	145.79	85.11	97.26
현금비율	–	–	41.89	9.36	8.57
활동성비율					(단위: 회)
총자산회전율	–	–	0.7	0.57	0.35
자기자본회전율	–	–	0.88	0.72	0.39
비유동자산회전율	–	–	0.93	0.71	0.38
재고자산회전율	–	–	80.69	63.99	27.11
생산성비율					(단위: %)
총자본투자효율	–	–	-6.69	12.15	2.55
설비투자효율	–	–	-86.01	90.15	80.7
부가가치의 구성					(단위: 백만 원)
영업잉여	–	–	-4,048	-1,161	283
인건비	–	–	3,303	2,728	3,148
금융비용	–	–	-197	-29	-151
감가상각비	–	–	1,520	1,116	1,280

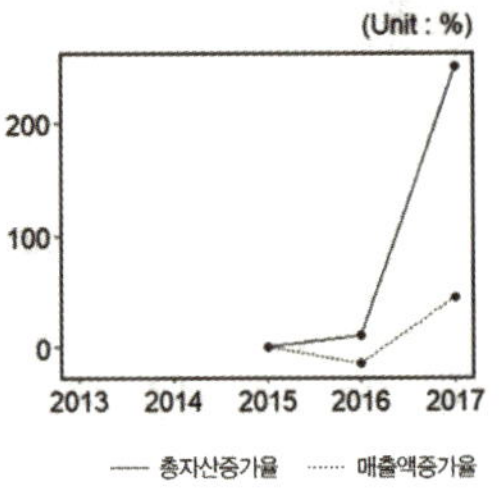

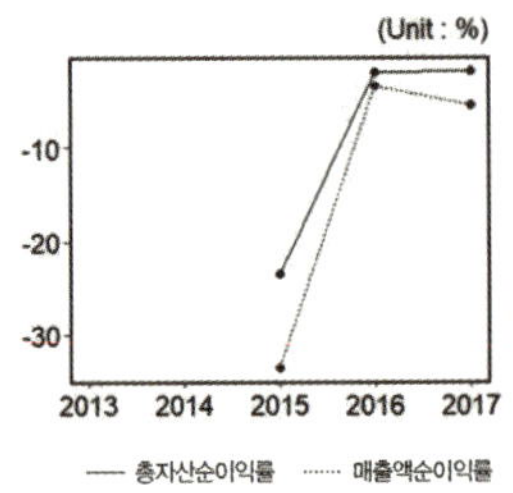

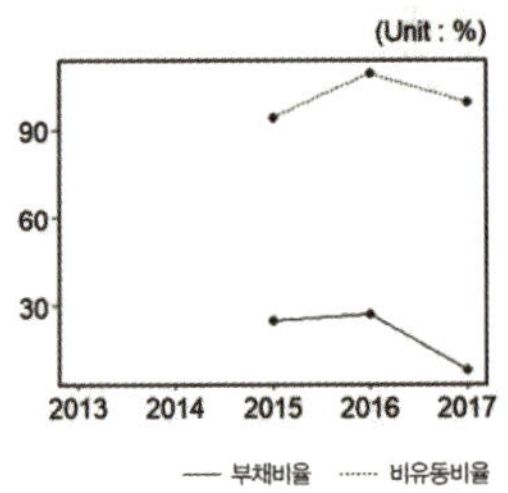

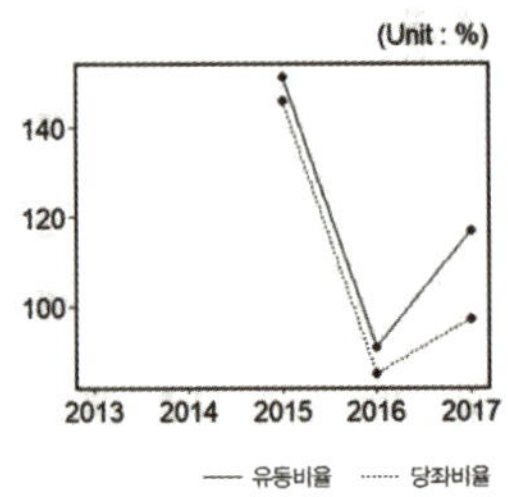

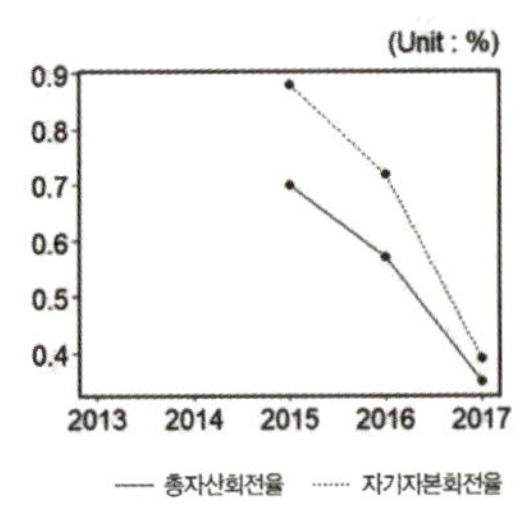

24 ㈜오투스페이스(062274) OTWOSPACE CO.,LTD 외

설립일	2008.03.26	대표이사	이준수
업종	김밥 및 기타 간이 음식점업	업종코드	56194
소재지	서울시 강동구 천호대로	주요브랜드	아딸(감탄떡볶이), 가마솥김밥

	2013	2014	2015	2016	2017
재무상태표					(단위: 백만 원)
유동자산	10,935	11,637	11,057	11,537	11,037
당좌자산	9,818	11,148	10,495	10,893	10,422
재고자산	1,117	489	562	644	615
비유동자산	2,417	2,441	2,072	1,592	1,725
투자자산	166	166	166	166	166
유형자산	752	864	567	535	511
무형자산	2	166	127	65	122
자산총계	13,353	14,078	13,128	13,129	12,763
유동부채	4,381	3,019	4,709	2,807	2,632
비유동부채	30	30	30	40	10
자본	8,942	11,029	8,390	10,282	10,121
부채 및 자본합계	13,353	14,078	13,128	13,129	12,763
손익계산서					(단위: 백만 원)
매출액	13,958	25,679	24,736	23,481	23,250
매출원가	5,319	18,870	18,479	18,915	20,291
매출총손익	8,639	6,808	6,257	4,566	2,959
판매비 및 관리비	5,416	4,113	4,746	3,517	3,941
영업손익	3,222	2,695	1,511	1,049	-982
법인세비용차감전순손익	1,923	2,584	-2,243	2,073	-161
법인세비용	933	497	397	180	0
계속사업이익	990	2,088	-2,640	1,892	-161
중단사업손익	0	0	0	0	0
당기순손익	990	2,088	-2,640	1,892	-161
현금흐름표					(단위: 백만 원)
영업활동순현금흐름	513	2,460	-2,977	1,909	31
투자활동순현금흐름	-1,021	-1,779	2,594	-3,712	58
재무활동순현금흐름	0	0	1,334	-1,324	0
성장성비율					(단위: %)
총자산증가율	30.14	5.43	-6.75	0	-2.79
매출액증가율	7.02	83.97	-3.67	-5.07	-0.99
수익성비율					(단위: %)
총자산순이익률	8.39	15.22	-19.41	14.41	-1.24
자기자본순이익률	11.72	20.91	-27.19	20.27	-1.58
매출액영업이익률	23.09	10.5	6.11	4.47	-4.23
매출액순이익률	7.09	8.13	-10.67	8.06	-0.69
레버리지비율					(단위: %)
부채비율	49.33	27.64	56.48	27.69	26.1
이자보상비율	-	-	-	182.93	-4,655.78
비유동비율	27.03	22.13	24.69	15.48	17.05
비유동장기적합률	26.94	22.07	24.61	15.42	17.03
유동성비율					(단위: %)
유동비율	249.62	385.52	234.81	411.01	419.41
당좌비율	224.13	369.3	222.89	388.06	396.03
현금비율	21.2	25.76	35.72	7.14	8.26
활동성비율					(단위: 회)
총자산회전율	1.18	1.87	1.82	1.79	1.8
자기자본회전율	1.65	2.57	2.55	2.52	2.28
비유동자산회전율	6.03	10.57	10.96	12.82	14.02
재고자산회전율	16.66	31.97	47.07	38.95	36.92
생산성비율					(단위: %)
총자본투자효율	36.81	37.79	8.76	35.59	20.61
설비투자효율	653.3	615.5	202.84	873.93	514.64
부가가치의 구성					(단위: 백만 원)
영업잉여	4,723	2,866	1,719	1,114	-861
인건비	2,290	2,161	2,778	2,286	2,475
금융비용	-151	-168	-159	-65	-102
감가상각비	330	358	359	147	146

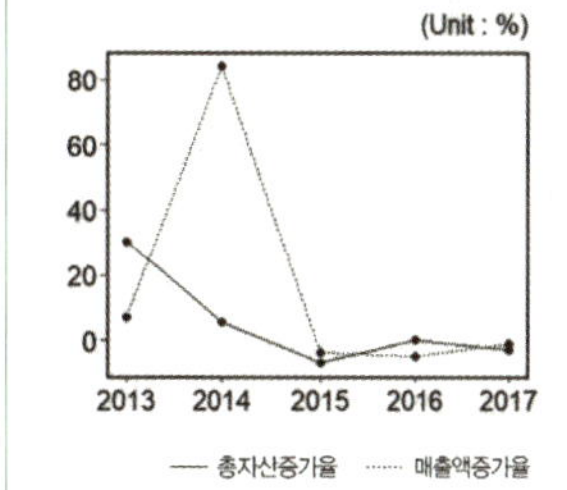

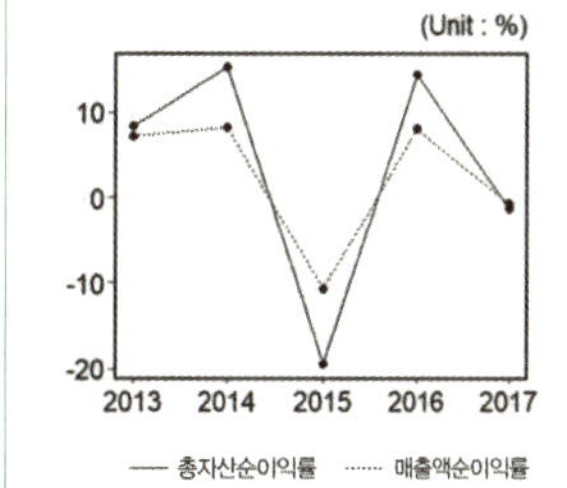

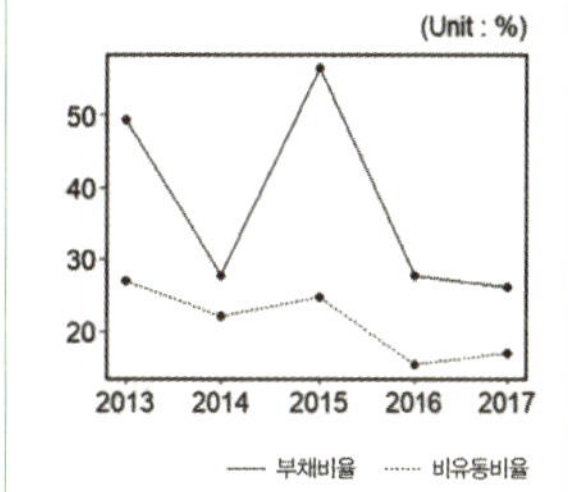

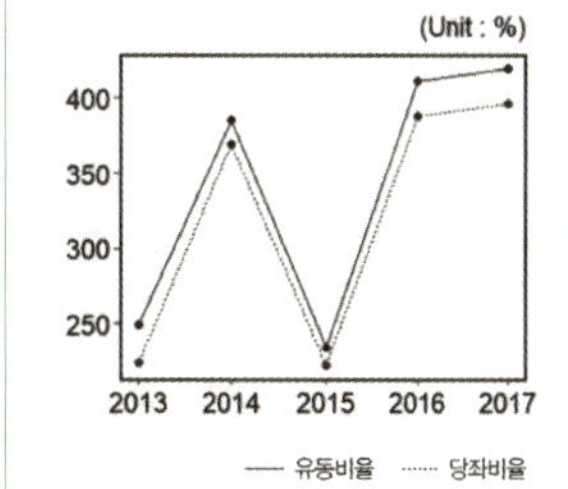

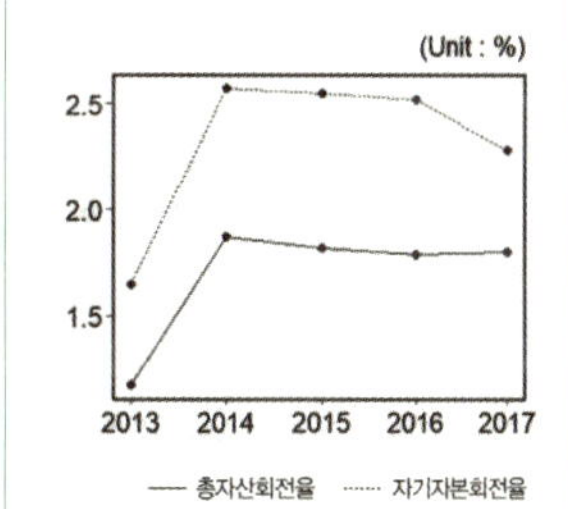

25 ㈜웰푸드시스템(081792) WELLFOOD SYSTEM.Co., LTD 외

설립일	2005.04.07	대표이사	손충환
업종	김밥 및 기타 간이 음식점업	업종코드	56194
소재지	인천시 계양구 계양대로	주요브랜드	우마이델리, 쇼군, 얌차, 해야, 프레쉬월

	2013	2014	2015	2016	2017
재무상태표					(단위: 백만 원)
유동자산	–	–	–	2,155	2,281
당좌자산	–	–	–	1,713	1,981
재고자산	–	–	–	442	300
비유동자산	–	–	–	6,895	6,079
투자자산	–	–	–	502	487
유형자산	–	–	–	5,740	4,922
무형자산	–	–	–	506	527
자산총계	–	–	–	9,050	8,360
유동부채	–	–	–	5,087	4,785
비유동부채	–	–	–	3,000	3,000
자본	–	–	–	962	575
부채 및 자본합계	–	–	–	9,050	8,360
손익계산서					(단위: 백만 원)
매출액	–	–	–	13,377	11,068
매출원가	–	–	–	12,541	10,575
매출총손익	–	–	–	835	493
판매비 및 관리비	–	–	–	1,022	927
영업손익	–	–	–	-187	-434
법인세비용차감전순손익	–	–	–	-219	-350
법인세비용	–	–	–	97	38
계속사업이익	–	–	–	-316	-387
중단사업손익	–	–	–	0	0
당기순손익	–	–	–	-316	-387
현금흐름표					(단위: 백만 원)
영업활동순현금흐름	–	–	–	285	189
투자활동순현금흐름	–	–	–	-4,184	597
재무활동순현금흐름	–	–	–	3,888	-683
성장성비율					(단위: %)
총자산증가율	–	–	–	0	-7.62
매출액증가율	–	–	–	0	-17.26
수익성비율					(단위: %)
총자산순이익률	–	–	–	-6.98	-4.45
자기자본순이익률	–	–	–	-65.67	-50.4
매출액영업이익률	–	–	–	-1.4	-3.92
매출액순이익률	–	–	–	-2.36	-3.5
레버리지비율					(단위: %)
부채비율	–	–	–	840.49	1,354.25
이자보상비율	–	–	–	-0.94	-1.79
비유동비율	–	–	–	716.53	1,057.47
비유동장기적합률	–	–	–	174.01	170.05
유동성비율					(단위: %)
유동비율	–	–	–	42.36	47.67
당좌비율	–	–	–	33.68	41.4
현금비율	–	–	–	4.21	8.47
활동성비율					(단위: 회)
총자산회전율	–	–	–	2.96	1.27
자기자본회전율	–	–	–	27.8	14.4
비유동자산회전율	–	–	–	3.88	1.71
재고자산회전율	–	–	–	60.59	29.86
생산성비율					(단위: %)
총자본투자효율	–	–	–	14.11	13.08
설비투자효율	–	–	–	22.24	22.21
부가가치의 구성					(단위: 백만원)
영업잉여	–	–	–	-383	-677
인건비	–	–	–	601	481
금융비용	–	–	–	196	242
감가상각비	–	–	–	645	676

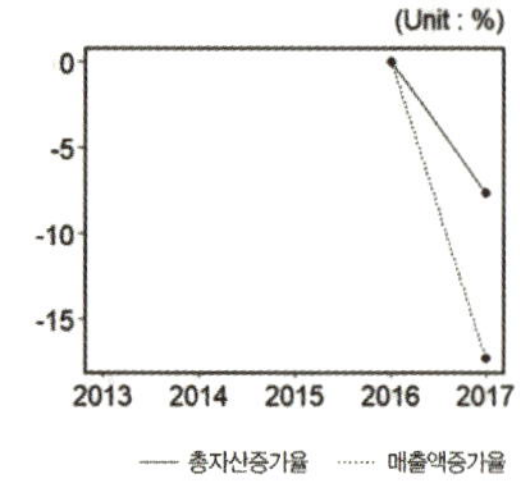

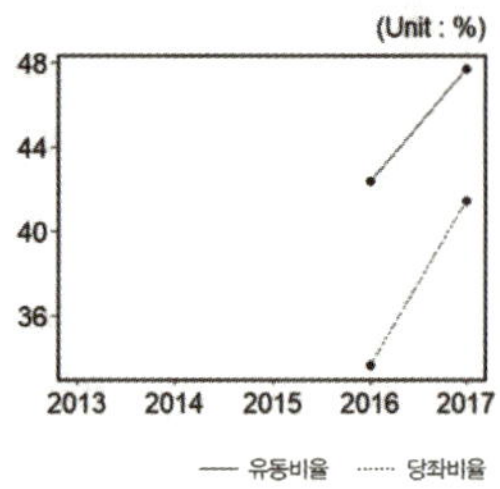

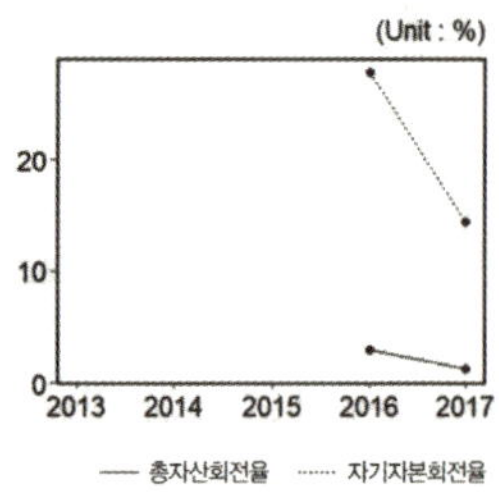

26 ㈜이디야(066240) EDIYA

EDIYA COFFEE

설립일	2002.04.01	대표이사	문창기
업종	커피 전문점	업종코드	56221
소재지	서울시 강남구 논현로	주요브랜드	이디야커피

	2013	2014	2015	2016	2017
재무상태표					(단위: 백만 원)
유동자산	18,363	25,011	17,169	18,985	30,126
당좌자산	17,181	23,711	14,705	15,767	26,077
재고자산	1,182	1,299	2,463	3,218	4,048
비유동자산	3,450	10,908	61,549	68,902	75,216
투자자산	268	2,823	3,878	2,570	2,172
유형자산	1,489	2,733	52,587	59,671	66,162
무형자산	23	34	44	184	300
자산총계	21,814	35,919	78,718	87,887	105,342
유동부채	12,616	18,361	22,641	25,670	35,704
비유동부채	0	0	27,000	25,000	19,545
자본	9,198	17,558	29,077	37,218	50,093
부채 및 자본합계	21,814	35,919	78,718	87,887	105,342
손익계산서					(단위: 백만 원)
매출액	78,568	116,229	135,521	153,545	184,125
매출원가	48,449	72,610	81,287	93,463	113,659
매출총손익	30,120	43,619	54,235	60,082	70,466
판매비 및 관리비	22,311	30,610	37,902	44,297	50,266
영업손익	7,808	13,009	16,333	15,785	20,200
법인세비용차감전순손익	9,110	14,110	16,919	14,032	19,385
법인세비용	1,875	2,821	3,834	2,874	4,009
계속사업이익	7,235	11,288	13,085	11,158	15,376
중단사업손익	0	0	0	0	0
당기순손익	7,235	11,288	13,085	11,158	15,376
현금흐름표					(단위: 백만 원)
영업활동순현금흐름	9,916	11,668	16,222	9,327	19,370
투자활동순현금흐름	-4,924	-9,501	-40,966	-7,129	-12,032
재무활동순현금흐름	-2,200	-2,800	24,800	-2,500	-4,500
성장성비율					(단위: %)
총자산증가율	49.62	64.66	119.15	11.65	19.86
매출액증가율	87.24	47.93	16.6	13.3	19.92
수익성비율					(단위: %)
총자산순이익률	39.76	39.11	22.83	13.39	15.91
자기자본순이익률	94.34	84.38	56.12	33.66	35.22
매출액영업이익률	9.94	11.19	12.05	10.28	10.97
매출액순이익률	9.21	9.71	9.66	7.27	8.35
레버리지비율					(단위: %)
부채비율	137.17	104.58	170.72	136.14	110.29
이자보상비율	-	-	43.93	21.03	27.26
비유동비율	37.51	62.13	211.68	185.13	150.15
비유동장기적합률	37.51	62.13	109.76	110.74	108.01
유동성비율					(단위: %)
유동비율	145.55	136.21	75.83	73.96	84.38
당좌비율	136.18	129.14	64.95	61.42	73.04
현금비율	30.7	20.01	29.47	25.06	25.21
활동성비율					(단위: 회)
총자산회전율	4.32	4.03	2.36	1.84	1.91
자기자본회전율	10.24	8.69	5.81	4.63	4.22
비유동자산회전율	21.52	16.19	3.74	2.35	2.56
재고자산회전율	66.31	93.67	72.03	54.05	50.68
생산성비율					(단위: %)
총자본투자효율	107.5	87.54	48.4	39.21	40.9
설비투자효율	1,574.48	1,150.54	72.45	57.76	65.12
부가가치의 구성					(단위: 백만 원)
영업잉여	8,134	13,472	16,231	15,109	19,659
인건비	11,476	14,793	15,620	15,354	19,368
금융비용	-301	-445	133	692	568
감가상각비	929	672	1,033	1,308	1,521

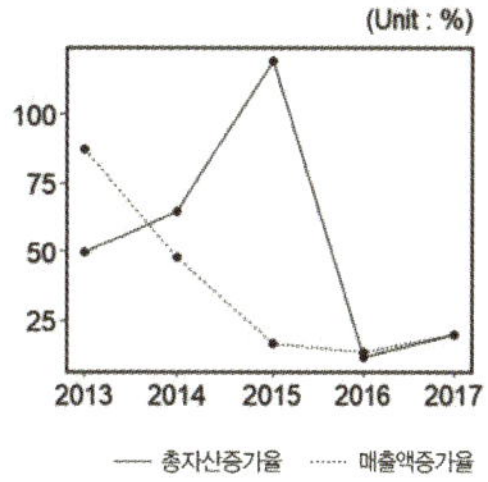

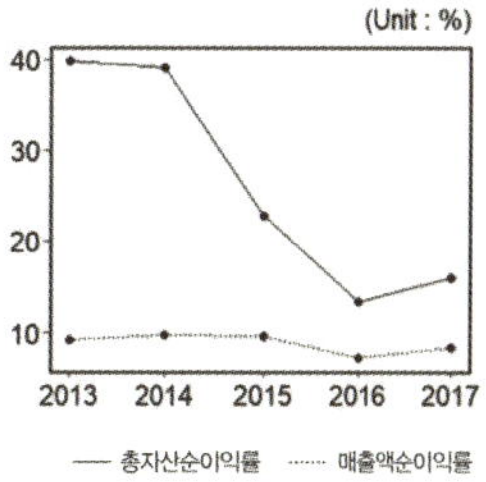

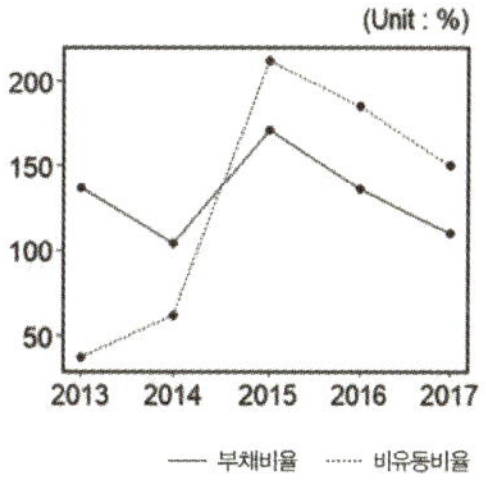

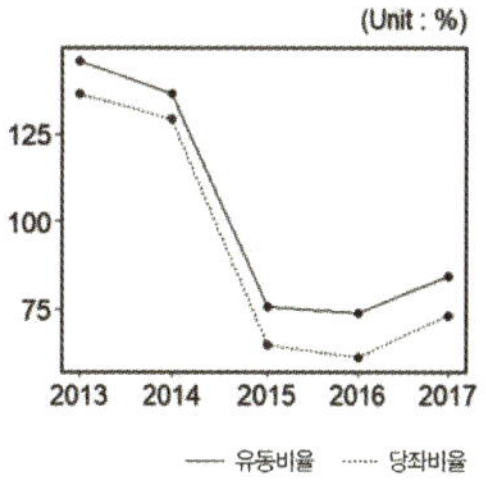

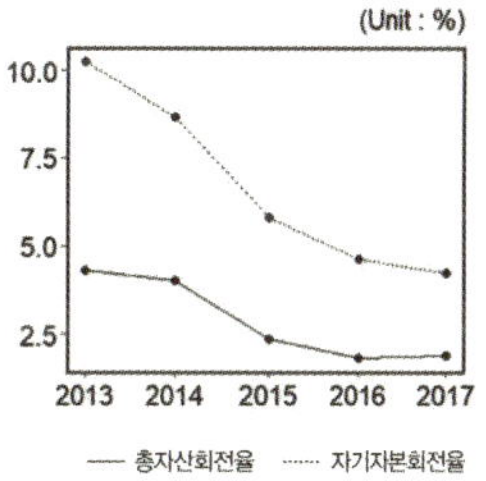

	27 ㈜이바돔(049231) EBADOM CO., LTD		외
설립일	2000.11.01	대표이사	김현호
업종	한식 일반 음식점업	업종코드	56111
소재지	인천광역시 부평구 삼산동	주요브랜드	이바돔감자탕, 제주도야지팜, 이바돔옥아리

	2013	2014	2015	2016	2017
재무상태표					(단위: 백만 원)
유동자산	8,908	11,644	18,599	18,613	18,931
당좌자산	6,861	9,523	14,539	14,327	13,662
재고자산	2,047	2,120	4,059	4,286	5,269
비유동자산	13,334	19,673	25,450	32,449	36,514
투자자산	1,343	2,354	1,992	3,330	8,787
유형자산	8,307	12,574	18,220	24,246	22,841
무형자산	329	241	292	330	449
자산총계	22,242	31,317	44,049	51,062	55,446
유동부채	11,210	13,768	15,151	20,262	24,501
비유동부채	2,471	6,744	14,244	14,347	15,184
자본	8,561	10,804	14,654	16,453	15,761
부채 및 자본합계	22,242	31,317	44,049	51,062	55,446
손익계산서					(단위: 백만 원)
매출액	41,059	53,749	66,194	66,767	61,451
매출원가	21,550	26,956	33,589	37,346	33,799
매출총손익	19,509	26,793	32,604	29,422	27,652
판매비 및 관리비	14,254	22,687	26,749	27,355	27,447
영업손익	5,256	4,107	5,856	2,067	205
법인세비용차감전순손익	4,605	3,256	4,885	1,826	-692
법인세비용	962	1,013	1,035	27	0
계속사업이익	3,643	2,243	3,850	1,799	-692
중단사업손익	0	0	0	0	0
당기순손익	3,643	2,243	3,850	1,799	-692
현금흐름표					(단위: 백만 원)
영업활동순현금흐름	6,046	5,072	4,246	5,121	3,807
투자활동순현금흐름	-4,171	-10,234	-8,896	-13,128	-9,028
재무활동순현금흐름	-1,845	5,420	7,472	5,466	4,156
성장성비율					(단위: %)
총자산증가율	15.42	40.8	40.66	15.92	8.58
매출액증가율	39.07	30.91	23.15	0.87	-7.96
수익성비율					(단위: %)
총자산순이익률	17.55	8.38	10.22	3.78	-1.3
자기자본순이익률	54.06	23.17	30.25	11.56	-4.3
매출액영업이익률	12.8	7.64	8.85	3.1	0.33
매출액순이익률	8.87	4.17	5.82	2.69	-1.13
레버리지비율					(단위: %)
부채비율	159.81	189.86	200.59	210.35	251.8
이자보상비율	7.02	5.34	7.73	2.5	0.2
비유동비율	155.75	182.09	173.67	197.23	231.68
비유동장기적합률	120.86	112.11	88.07	105.36	118
유동성비율					(단위: %)
유동비율	79.47	84.57	122.76	91.86	77.27
당좌비율	61.2	69.17	95.97	70.71	55.76
현금비율	22.48	19.42	27.33	13.66	7.8
활동성비율					(단위: 회)
총자산회전율	1.98	2.01	1.76	1.4	1.15
자기자본회전율	6.09	5.55	5.2	4.29	3.82
비유동자산회전율	3.25	3.26	2.93	2.31	1.78
재고자산회전율	17.55	25.79	21.42	16	12.86
생산성비율					(단위: %)
총자본투자효율	67.74	62.45	54.08	42.11	34.22
설비투자효율	181.37	157.51	197.57	89.07	83.74
부가가치의 구성					(단위: 백만 원)
영업잉여	4,595	3,374	5,262	1,477	-73
인건비	6,556	10,181	11,987	11,978	12,023
금융비용	701	714	583	683	322
감가상각비	1,671	2,633	3,052	3,794	4,151

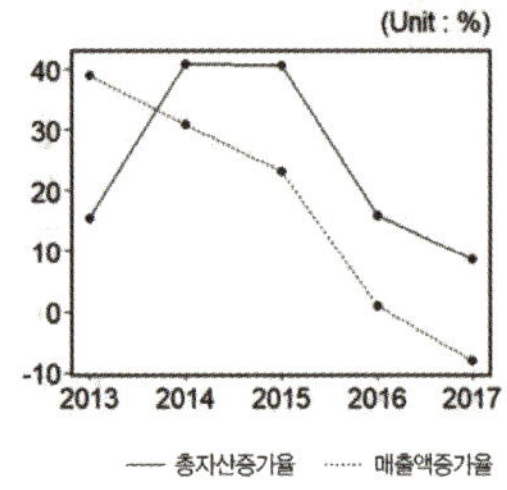

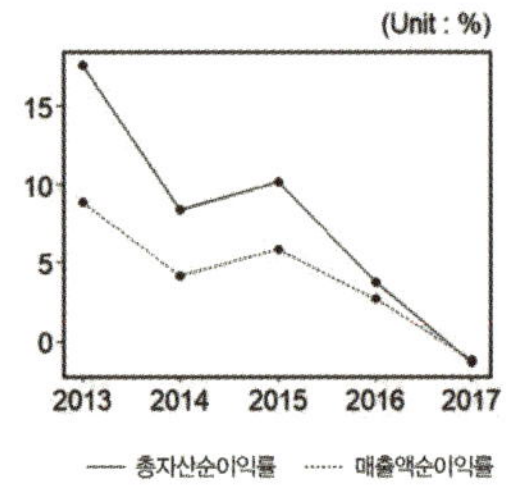

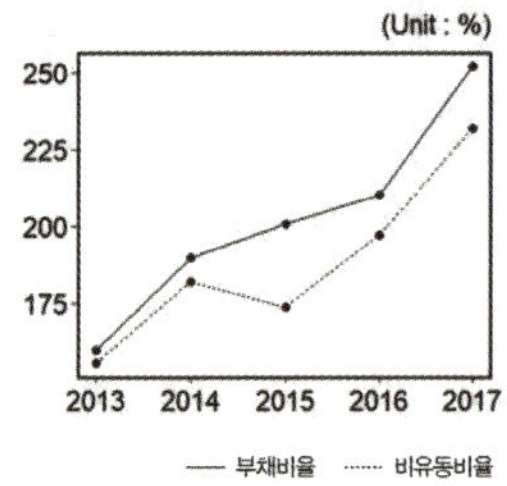

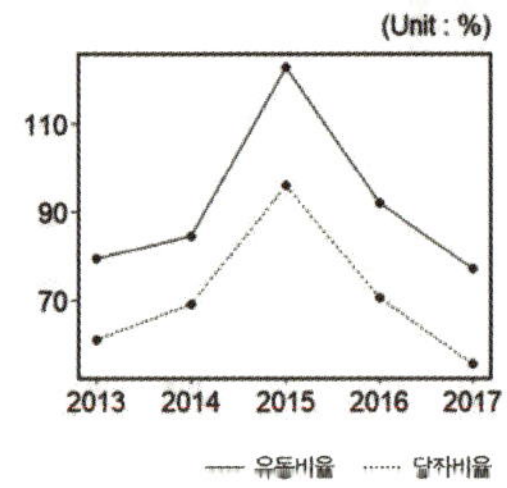

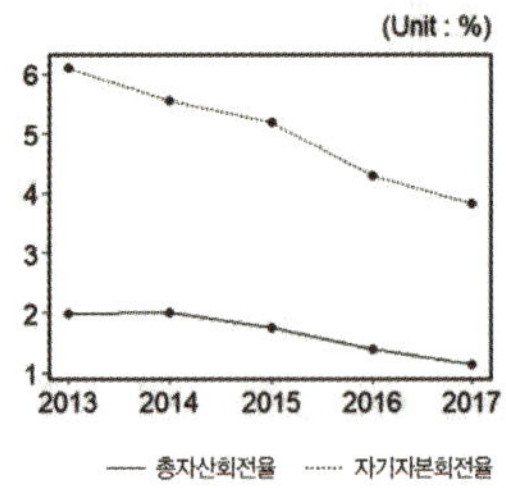

28 ㈜장충동왕족발(053614) (JU)JANGCHUNGDONGWANGJOKBAL 외

설립일	2001.01.22	대표이사	신신자
업종	한식 일반 음식점업	업종코드	56111
소재지	대전광역시 대덕구 평촌동	주요브랜드	장충동왕족발

	2013	2014	2015	2016	2017
재무상태표					(단위: 백만 원)
유동자산	3,245	3,615	4,421	5,457	5,220
당좌자산	2,534	2,770	3,597	4,433	4,054
재고자산	711	845	823	1,025	1,166
비유동자산	19,886	20,509	19,492	19,871	25,615
투자자산	40	40	190	190	674
유형자산	19,329	19,829	18,851	19,213	23,527
무형자산	2	0	0	85	37
자산총계	23,131	24,124	23,912	25,328	30,835
유동부채	7,734	7,297	6,312	9,021	8,766
비유동부채	7,742	8,961	8,487	6,469	11,874
자본	7,655	7,866	9,114	9,838	10,195
부채 및 자본합계	23,131	24,124	23,912	25,328	30,835
손익계산서					(단위: 백만 원)
매출액	19,577	18,191	19,121	22,620	23,468
매출원가	12,611	13,256	13,126	16,211	17,017
매출총손익	6,966	4,934	5,995	6,410	6,450
판매비 및 관리비	4,974	4,358	5,196	5,512	5,770
영업손익	1,993	577	799	898	680
법인세비용차감전순손익	1,812	240	1,641	952	482
법인세비용	301	30	392	228	125
계속사업이익	1,511	210	1,248	724	357
중단사업손익	0	0	0	0	0
당기순손익	1,511	210	1,248	724	357
현금흐름표					(단위: 백만 원)
영업활동순현금흐름	2,678	635	1,649	1,670	1,498
투자활동순현금흐름	-7,120	-1,328	1,000	-2,270	-6,835
재무활동순현금흐름	4,150	634	-1,961	478	5,072
성장성비율					(단위: %)
총자산증가율	31.76	4.29	-0.88	5.92	21.74
매출액증가율	-1.32	-7.08	5.12	18.3	3.74
수익성비율					(단위: %)
총자산순이익률	7.43	0.89	5.2	2.94	1.27
자기자본순이익률	21.9	2.71	14.7	7.65	3.56
매출액영업이익률	10.18	3.17	4.18	3.97	2.9
매출액순이익률	7.72	1.16	6.53	3.2	1.52
레버리지비율					(단위: %)
부채비율	202.16	206.7	162.37	157.45	202.44
이자보상비율	5.41	1.19	2.14	3.13	2.08
비유동비율	259.76	260.74	213.87	201.98	251.24
비유동장기적합률	129.15	121.88	110.74	121.85	116.06
유동성비율					(단위: %)
유동비율	41.96	49.54	70.04	60.49	59.55
당좌비율	32.77	37.96	56.99	49.14	46.25
현금비율	3.65	1.66	16.92	11.47	6.9
활동성비율					(단위: 회)
총자산회전율	0.96	0.77	0.8	0.92	0.84
자기자본회전율	2.84	2.34	2.25	2.39	2.34
비유동자산회전율	1.17	0.9	0.96	1.15	1.03
재고자산회전율	27.83	23.38	22.92	24.48	21.42
생산성비율					(단위: %)
총자본투자효율	28.87	11.86	19.3	15.7	11.51
설비투자효율	34.6	14.69	24.98	21.77	19.15
부가가치의 구성					(단위: 백만 원)
영업잉여	1,628	114	475	758	378
인건비	3,485	1,372	1,594	1,591	1,697
금융비용	365	476	367	268	291
감가상각비	963	689	918	1,085	993

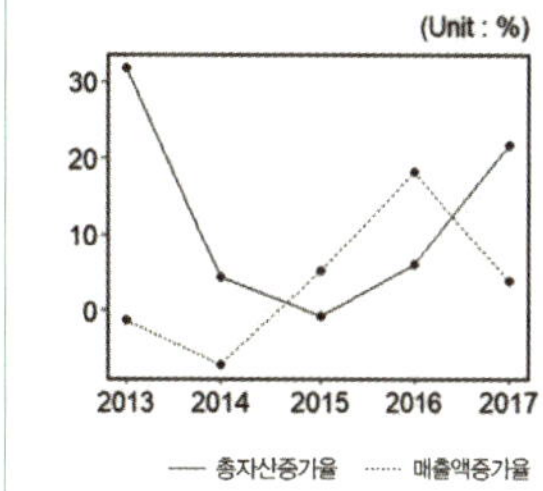

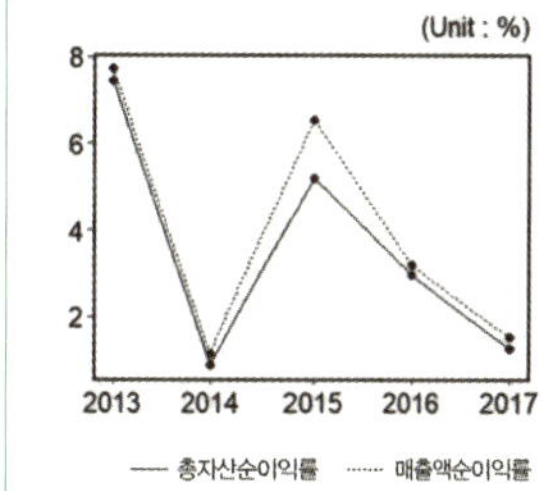

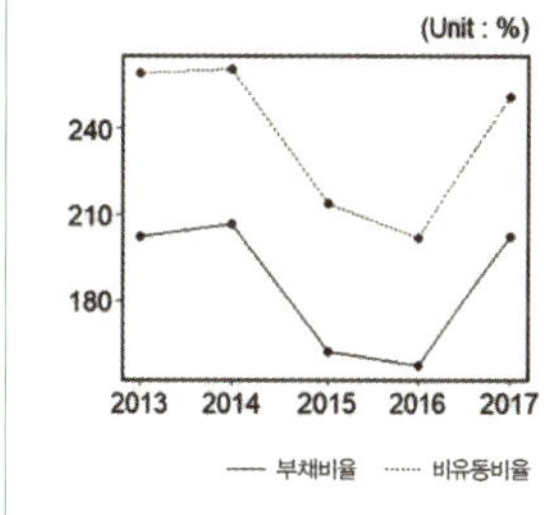

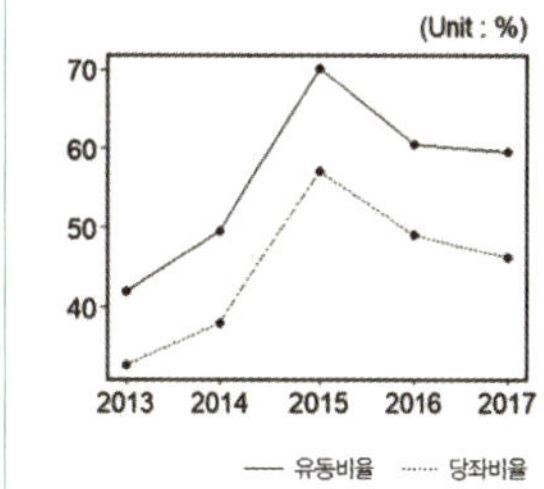

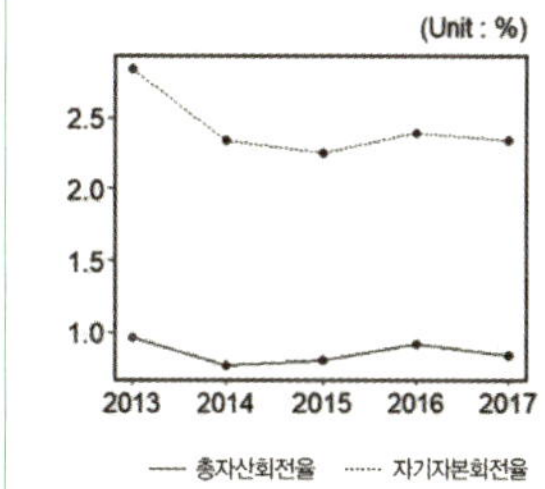

29 ㈜재원푸드(082474) JAEWON FOOD 외

설립일	2001.02.05	대표이사	오현준
업종	제과점업	업종코드	56191
소재지	서울시 서초구 반포대로	주요브랜드	앤티앤스프레즐

	2013	2014	2015	2016	2017
재무상태표					(단위: 백만 원)
유동자산	–	–	–	11,415	15,201
당좌자산	–	–	–	10,633	13,832
재고자산	–	–	–	782	1,369
비유동자산	–	–	–	4,217	5,003
투자자산	–	–	–	595	1,193
유형자산	–	–	–	991	847
무형자산	–	–	–	211	220
자산총계	–	–	–	15,632	20,204
유동부채	–	–	–	3,291	3,203
비유동부채	–	–	–	2,604	3,163
자본	–	–	–	9,737	13,837
부채 및 자본합계	–	–	–	15,632	20,204
손익계산서					(단위: 백만 원)
매출액	–	–	–	29,415	40,389
매출원가	–	–	–	14,659	20,886
매출총손익	–	–	–	14,756	19,503
판매비 및 관리비	–	–	–	11,636	15,500
영업손익	–	–	–	3,120	4,003
법인세비용차감전순손익	–	–	–	3,110	3,939
법인세비용	–	–	–	856	930
계속사업이익	–	–	–	2,255	3,009
중단사업손익	–	–	–	0	0
당기순손익	–	–	–	2,255	3,009
현금흐름표					(단위: 백만 원)
영업활동순현금흐름	–	–	–	4,543	3,202
투자활동순현금흐름	–	–	–	-4,740	-4,172
재무활동순현금흐름	–	–	–	-518	0
성장성비율					(단위: %)
총자산증가율	–	–	–	0	29.24
매출액증가율	–	–	–	0	37.31
수익성비율					(단위: %)
총자산순이익률	–	–	–	28.85	16.79
자기자본순이익률	–	–	–	46.31	25.53
매출액영업이익률	–	–	–	10.61	9.91
매출액순이익률	–	–	–	7.67	7.45
레버리지비율					(단위: %)
부채비율	–	–	–	60.54	46.01
이자보상비율	–	–	–	88.83	–
비유동비율	–	–	–	43.31	36.15
비유동장기적합률	–	–	–	34.17	29.43
유동성비율					(단위: %)
유동비율	–	–	–	346.87	474.53
당좌비율	–	–	–	323.11	431.79
현금비율	–	–	–	11.57	2.31
활동성비율					(단위: 회)
총자산회전율	–	–	–	3.76	2.25
자기자본회전율	–	–	–	6.04	3.43
비유동자산회전율	–	–	–	13.95	8.76
재고자산회전율	–	–	–	75.21	37.55
생산성비율					(단위: %)
총자본투자효율	15.7	11.51	–	–	–
설비투자효율	21.77	19.15	–	–	–
부가가치의 구성					(단위: 백만 원)
영업잉여	758	378	–	–	–
인건비	1,591	1,697	–	–	–
금융비용	268	291	–	–	–
감가상각비	1,085	993	–	–	–

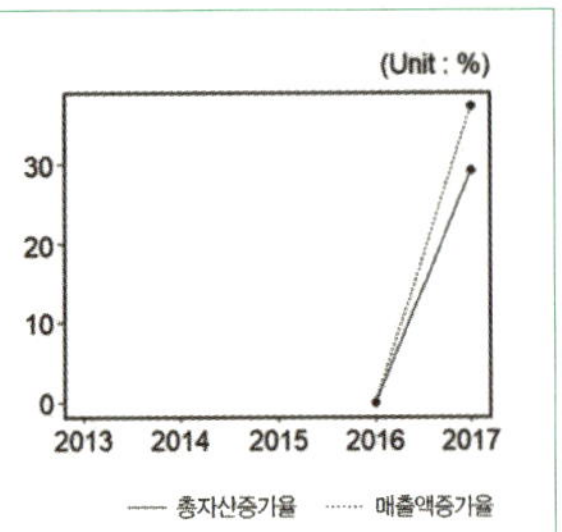

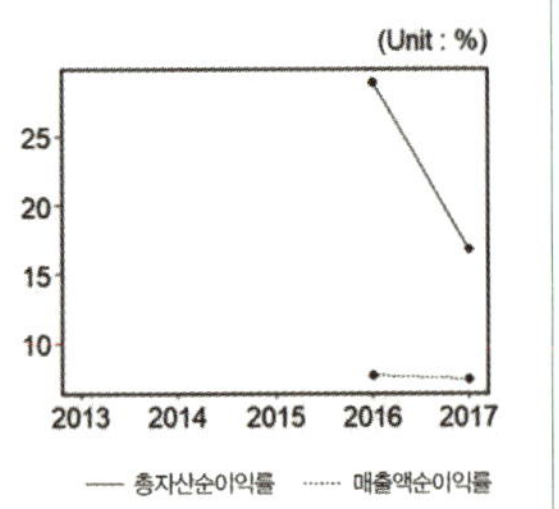

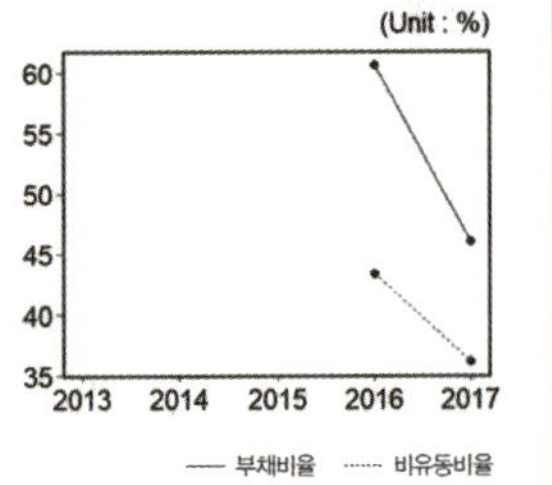

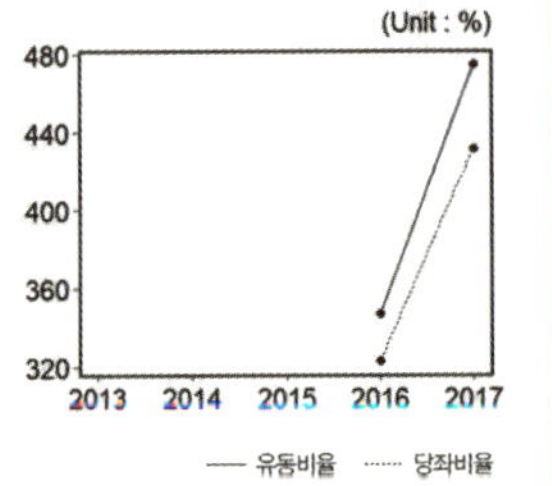

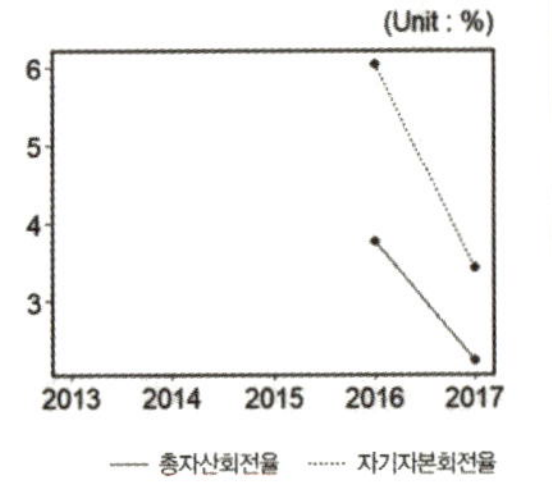

30 ㈜전한(065004) JUNHAN			외
설립일	2003.06.25	대표이사	최종만
업종	한식 육류 요리 전문점업	업종코드	56113
소재지	서울시 서초구 반포대로	주요브랜드	강강술래

	2013	2014	2015	2016	2017
재무상태표					(단위: 백만 원)
유동자산	6,492	6,116	5,023	4,682	8,039
당좌자산	5,859	5,785	4,666	4,226	7,541
재고자산	633	331	357	456	499
비유동자산	10,757	22,242	27,369	26,975	25,824
투자자산	811	1,074	732	0	0
유형자산	5,904	14,179	19,282	18,773	20,108
무형자산	0	1,117	882	1,464	1,032
자산총계	17,249	28,359	32,392	31,657	33,863
유동부채	10,668	21,679	17,859	15,267	15,453
비유동부채	3,707	1,659	8,182	5,996	6,480
자본	2,873	5,021	6,350	10,395	11,930
부채 및 자본합계	17,249	28,359	32,392	31,657	33,863
손익계산서					(단위: 백만 원)
매출액	42,328	48,333	53,618	62,605	64,290
매출원가	19,631	21,566	21,242	23,495	23,858
매출총손익	22,697	26,768	32,376	39,111	40,431
판매비 및 관리비	20,174	24,496	29,938	32,857	34,185
영업손익	2,523	2,271	2,438	6,254	6,247
법인세비용차감전순손익	2,373	1,862	1,838	5,449	3,611
법인세비용	718	486	509	1,405	2,075
계속사업이익	1,655	1,376	1,329	4,045	1,535
중단사업손익	0	0	0	0	0
당기순손익	1,655	1,376	1,329	4,045	1,535
현금흐름표					(단위: 백만 원)
영업활동순현금흐름	2,014	5,573	4,275	8,425	3,452
투자활동순현금흐름	-1,766	-10,742	-7,202	-2,356	-6,901
재무활동순현금흐름	-362	5,948	2,624	-5,381	2,759
성장성비율					(단위: %)
총자산증가율	0.07	64.41	14.22	-2.27	6.97
매출액증가율	0.92	14.19	10.93	16.76	2.69
수익성비율					(단위: %)
총자산순이익률	9.6	6.03	4.38	12.63	4.69
자기자본순이익률	80.9	34.86	23.38	48.31	13.76
매출액영업이익률	5.96	4.7	4.55	9.99	9.72
매출액순이익률	3.91	2.85	2.48	6.46	2.39
레버리지비율					(단위: %)
부채비율	500.4	464.82	410.09	204.55	183.84
이자보상비율	5.02	6.15	2.79	11.26	11.26
비유동비율	374.43	443	430.99	259.51	216.45
비유동장기적합률	163.47	332.98	188.33	164.58	140.27
유동성비율					(단위: %)
유동비율	60.85	28.21	28.12	30.67	52.02
당좌비율	54.92	26.69	26.13	27.68	48.8
현금비율	7.34	22.89	21.84	38.12	13.61
활동성비율					(단위: 회)
총자산회전율	2.45	2.12	1.77	1.95	1.96
자기자본회전율	20.69	12.25	9.43	7.48	5.76
비유동자산회전율	3.93	2.93	2.16	2.3	2.44
재고자산회전율	68.32	100.28	155.79	154.05	134.73
생산성비율					(단위: %)
총자본투자효율	98.48	67.88	77.46	97.49	88.69
설비투자효율	413.92	503.61	148.57	184.92	158.18
부가가치의 구성					(단위: 백만 원)
영업잉여	2,086	1,940	1,573	5,740	5,778
인건비	11,112	13,679	16,981	18,667	19,079
금융비용	437	331	865	514	469
감가상각비	1,903	1,925	2,577	2,896	3,274

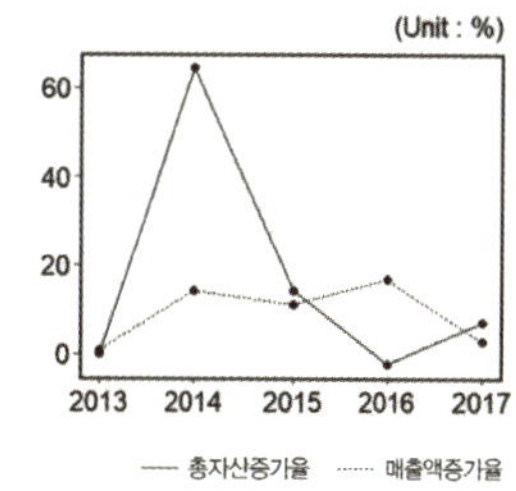

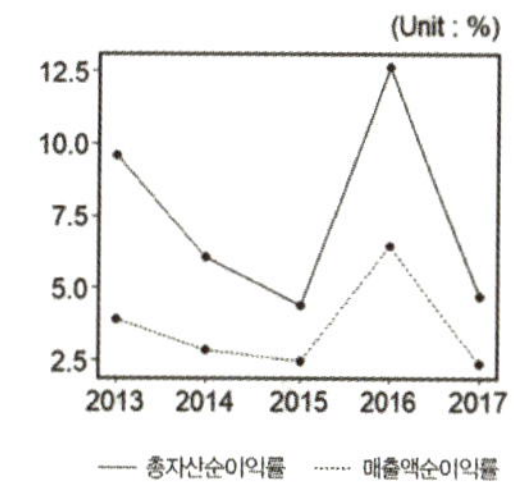

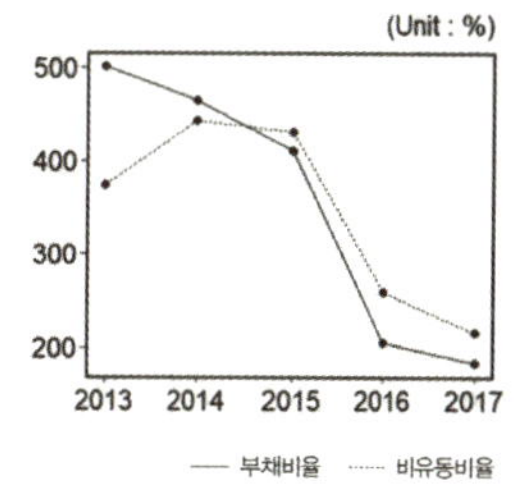

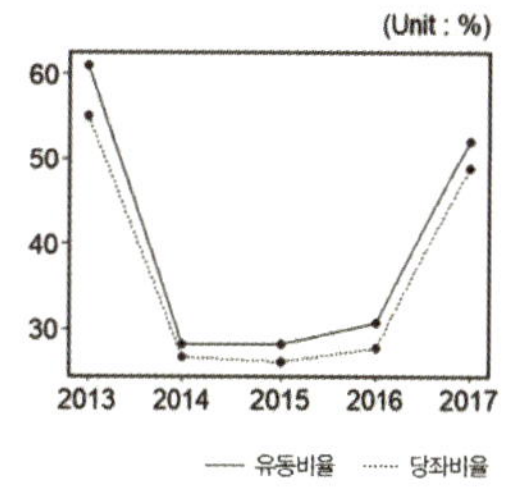

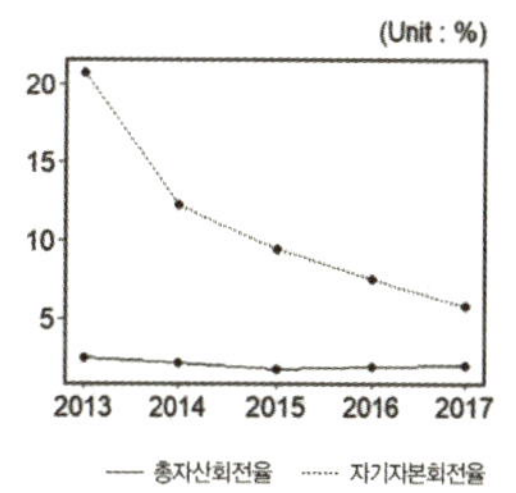

GENESIS BBQ

31 ㈜제너시스비비큐(017303) GENESIS.CO.,LTD 외

설립일	1995.09.01	대표이사	김태천
업종	치킨 전문점	업종코드	56193
소재지	서울시 송파구 문정동	주요브랜드	BBQ, 올떡볶이, 유쿠야

	2013	2014	2015	2016	2017
재무상태표					(단위: 백만 원)
유동자산	25,521	41,211	52,944	37,606	38,926
당좌자산	23,726	38,296	50,970	34,031	37,255
재고자산	1,794	2,915	1,973	3,575	1,671
비유동자산	45,808	38,526	39,330	36,315	42,966
투자자산	12,958	4,678	3,060	5,801	13,983
유형자산	26,902	28,007	28,059	25,315	23,763
무형자산	2,082	1,743	1,298	1,426	1,510
자산총계	71,329	79,737	92,273	73,921	81,892
유동부채	48,855	63,975	67,291	50,040	41,924
비유동부채	14,683	10,778	12,349	5,772	5,511
자본	7,791	4,984	12,632	18,109	34,457
부채 및 자본합계	71,329	79,737	92,273	73,921	81,892
손익계산서					(단위: 백만 원)
매출액	175,246	191,282	215,860	219,754	235,317
매출원가	116,714	122,534	136,615	138,096	152,915
매출총손익	58,531	68,748	79,244	81,658	82,402
판매비 및 관리비	55,012	66,638	65,355	62,538	61,964
영업손익	3,519	2,109	13,890	19,120	20,439
법인세비용차감전순손익	-2,482	477	7,610	10,619	20,734
법인세비용	1,561	66	34	4,996	3,970
계속사업이익	-4,043	410	7,576	5,622	16,764
중단사업손익	0	0	0	0	0
당기순손익	-4,043	410	7,576	5,622	16,764
현금흐름표					(단위: 백만 원)
영업활동순현금흐름	10,414	2,680	3,633	22,245	13,064
투자활동순현금흐름	-4,935	-8,591	-5,359	19,558	-8,934
재무활동순현금흐름	-5,933	6,406	3,341	-28,086	-5,622
성장성비율					(단위: %)
총자산증가율	-17.69	11.79	15.72	-19.89	10.78
매출액증가율	3.2	9.15	12.85	1.8	7.08
수익성비율					(단위: %)
총자산순이익률	-5.12	0.54	8.81	6.77	21.52
자기자본순이익률	-86.87	6.43	86.01	36.58	63.78
매출액영업이익률	2.01	1.1	6.43	8.7	8.69
매출액순이익률	-2.31	0.21	3.51	2.56	7.12
레버리지비율					(단위: %)
부채비율	815.52	1,499.95	630.44	308.19	137.66
이자보상비율	1.05	1.34	6.39	12.27	39.54
비유동비율	587.96	773.04	311.34	200.53	124.69
비유동장기적합률	203.83	244.43	157.43	152.07	107.5
유동성비율					(단위: %)
유동비율	52.24	64.42	78.68	75.15	92.85
당좌비율	48.57	59.86	75.75	68.01	88.86
현금비율	4.69	4.1	6.24	45.27	39.9
활동성비율					(단위: 회)
총자산회전율	2.22	2.53	2.51	2.64	3.02
자기자본회전율	37.66	29.95	24.51	14.3	8.95
비유동자산회전율	3.94	4.54	5.55	5.81	5.94
재고자산회전율	76.22	81.24	88.32	79.22	89.72
생산성비율					(단위: %)
총자본투자효율	34.46	32.79	36.48	47.53	50.86
설비투자효율	91.38	93.36	123.16	138.78	175.29
부가가치의 구성					(단위: 백만 원)
영업잉여	692	1,136	12,050	18,055	20,577
인건비	18,644	18,169	17,267	16,070	14,797
금융비용	2,942	1,387	1,746	1,032	316
감가상각비	2,454	2,823	3,337	3,402	2,432

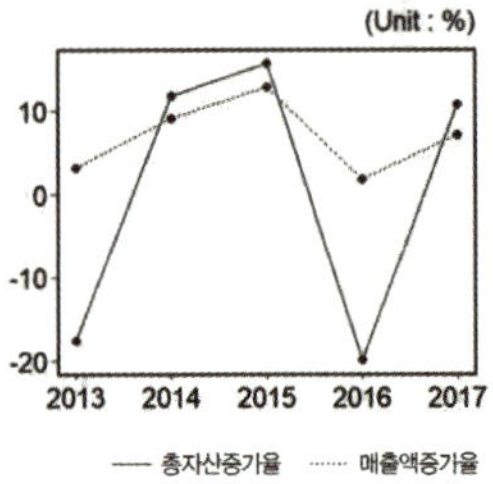

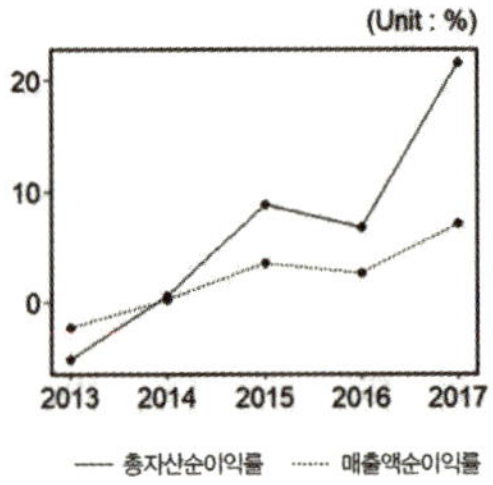

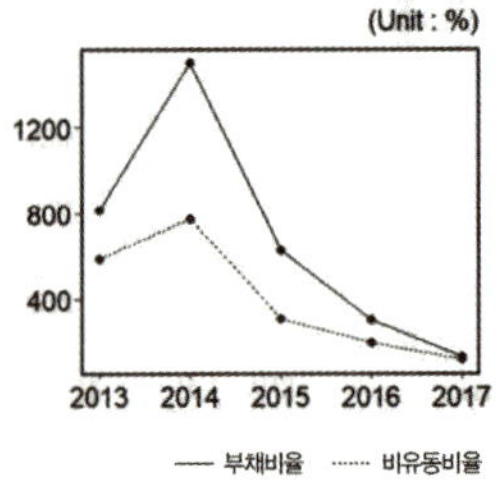

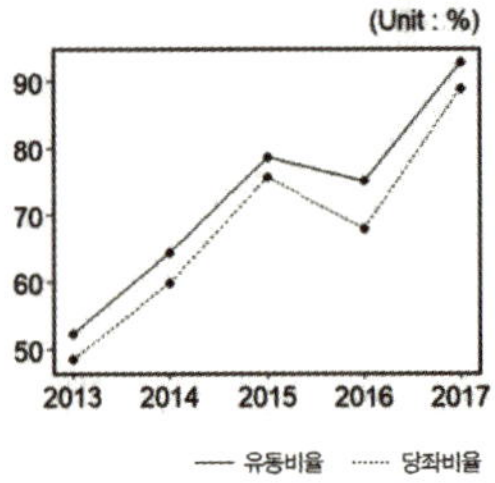

32 ㈜젠푸드(047361) GENFOOD CO., LTD. 외

설립일	2002.09.23	대표이사	박영석, 김길제
업종	일식 음식점업	업종코드	56122
소재지	경상남도 양산시 소주동	주요브랜드	하노아지

	2013	2014	2015	2016	2017
재무상태표					(단위: 백만 원)
유동자산	2,976	3,343	8,743	7,429	8,642
당좌자산	1,761	2,232	7,366	5,469	6,583
재고자산	1,215	1,111	1,378	1,960	2,060
비유동자산	12,587	11,820	11,070	12,392	12,314
투자자산	83	109	148	166	135
유형자산	12,028	11,264	10,513	11,645	11,503
무형자산	31	1	58	48	35
자산총계	15,562	15,163	19,813	19,821	20,956
유동부채	6,799	6,476	9,476	7,190	6,792
비유동부채	3,703	4,028	3,465	4,035	4,202
자본	5,060	4,659	6,872	8,596	9,962
부채 및 자본합계	15,562	15,163	19,813	19,821	20,956
손익계산서					(단위: 백만 원)
매출액	18,514	15,986	27,353	32,737	28,964
매출원가	12,665	10,437	14,656	20,946	18,624
매출총손익	5,849	5,549	12,697	11,791	10,340
판매비 및 관리비	5,751	5,657	9,594	9,623	8,446
영업손익	98	-108	3,103	2,168	1,894
법인세비용차감전순손익	-281	-399	2,893	2,188	1,847
법인세비용	0	0	682	506	468
계속사업이익	-281	-399	2,211	1,682	1,379
중단사업손익	0	0	0	0	0
당기순손익	-281	-399	2,211	1,682	1,379
현금흐름표					(단위: 백만 원)
영업활동순현금흐름	227	523	2,745	3,147	3,211
투자활동순현금흐름	-293	-523	-2,467	922	-2,512
재무활동순현금흐름	57	6	-287	-3,011	-497
성장성비율					(단위: %)
총자산증가율	-3.66	-2.57	30.67	0.04	5.73
매출액증가율	-13	-13.65	71.1	19.68	-11.52
수익성비율					(단위: %)
총자산순이익률	-1.77	-2.6	12.64	8.49	6.76
자기자본순이익률	-5.4	-8.21	38.35	21.75	14.86
매출액영업이익률	0.53	-0.67	11.35	6.62	6.54
매출액순이익률	-1.52	-2.49	8.08	5.14	4.76
레버리지비율					(단위: %)
부채비율	207.55	225.47	188.31	130.57	110.35
이자보상비율	0.31	-0.39	13.92	12.14	24.91
비유동비율	248.75	253.71	161.08	144.15	123.6
비유동장기적합률	143.63	136.06	107.09	98.11	86.94
유동성비율					(단위: %)
유동비율	43.77	51.62	92.27	103.33	127.25
당좌비율	25.9	34.47	77.73	76.06	96.92
현금비율	0.33	0.45	0.08	14.34	14.66
활동성비율					(단위: 회)
총자산회전율	1.17	1.04	1.56	1.65	1.42
자기자본회전율	3.56	3.29	4.74	4.23	3.12
비유동자산회전율	1.44	1.31	2.39	2.79	2.34
재고자산회전율	21.41	13.75	21.98	19.61	14.41
생산성비율					(단위: %)
총자본투자효율	18.37	15.23	26.08	21.63	20.53
설비투자효율	23.77	20.5	49.28	38.08	38.67
부가가치의 구성					(단위: 백만 원)
영업잉여	-194	-362	3,023	2,107	1,843
인건비	1,297	1,189	1,187	1,192	1,333
금융비용	295	258	157	34	15
감가상각비	1,231	944	710	742	926

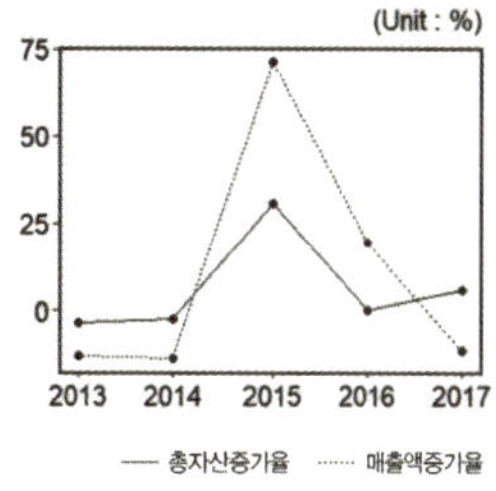

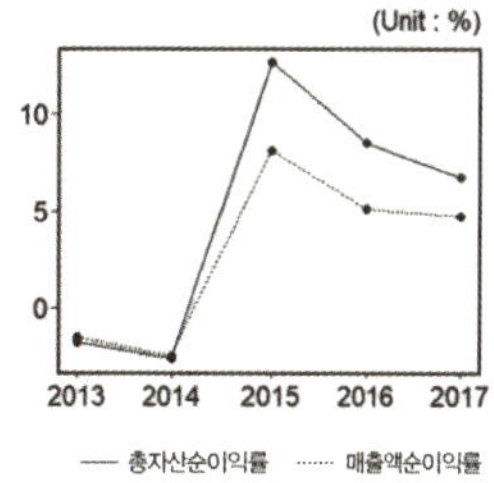

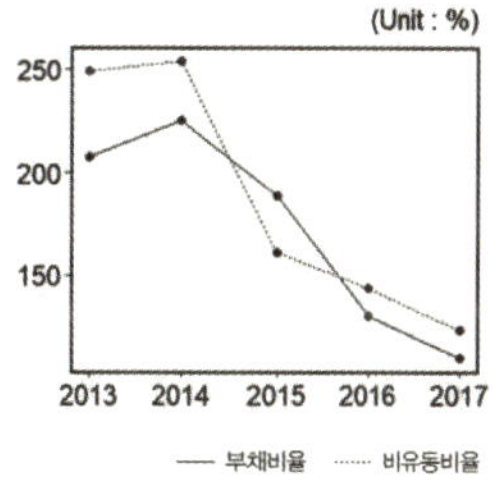

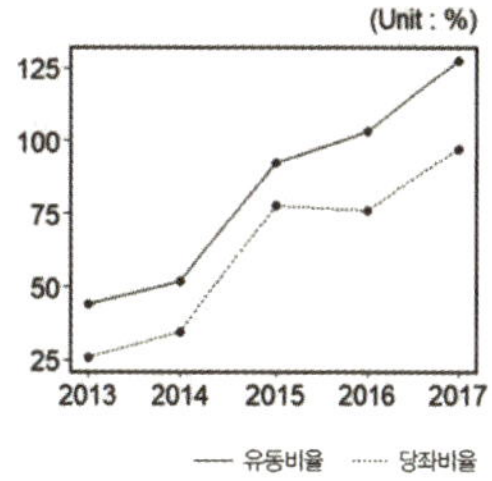

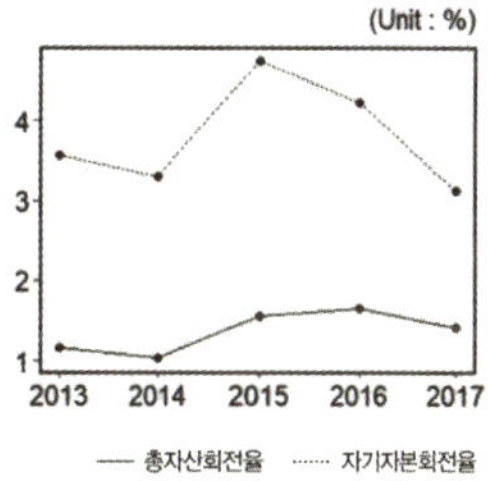

33 ㈜준코(058775) JUNCOETM 외

설립일	2006.09.07	대표이사	양세진
업종	일반 유흥주점업	업종코드	56211
소재지	서울시 송파구 오금로	주요브랜드	준코노래타운, 준코레카소

	2013	2014	2015	2016	2017
재무상태표					(단위: 백만 원)
유동자산	13,863	19,819	9,883	4,513	3,168
당좌자산	13,863	19,004	9,883	4,513	3,168
재고자산	0	816	0	0	0
비유동자산	9,571	1,117	2,860	43,102	49,524
투자자산	50	230	2	2	2
유형자산	9,017	396	999	7,408	4,840
무형자산	98	84	438	23,767	32,254
자산총계	23,434	20,937	12,742	47,615	52,692
유동부채	10,671	10,379	3,209	38,225	26,319
비유동부채	1,927	1,387	288	313	19,628
자본	10,836	9,171	9,245	9,077	6,745
부채 및 자본합계	23,434	20,937	12,742	47,615	52,692
손익계산서					(단위: 백만 원)
매출액	26,178	16,125	8,023	38,213	69,531
매출원가	13,734	12,424	3,885	10,454	20,176
매출총손익	12,444	3,701	4,137	27,759	49,356
판매비 및 관리비	4,798	5,505	4,357	26,978	52,957
영업손익	7,646	-1,804	-220	781	-3,601
법인세비용차감전순손익	7,211	-1,356	74	-168	-7,078
법인세비용	1,675	310	0	0	24
계속사업이익	5,536	-1,665	74	-168	-7,103
중단사업손익	0	0	0	0	0
당기순손익	5,536	-1,665	74	-168	-7,103
현금흐름표					(단위: 백만 원)
영업활동순현금흐름	1,852	4,452	-3,850	15,426	40,406
투자활동순현금흐름	-1,586	-3,994	9,340	-43,534	-18,224
재무활동순현금흐름	-238	-492	-5,451	28,207	-22,139
성장성비율					(단위: %)
총자산증가율	16.95	-10.66	-39.14	273.67	10.66
매출액증가율	-4.26	-38.4	-50.25	376.31	81.96
수익성비율					(단위: %)
총자산순이익률	25.47	-7.51	0.44	-0.56	-14.16
자기자본순이익률	68.62	-16.65	0.81	-1.84	-89.78
매출액영업이익률	29.21	-11.19	-2.74	2.04	-5.18
매출액순이익률	21.15	-10.33	0.93	-0.44	-10.21
레버리지비율					(단위: %)
부채비율	116.27	128.3	37.83	424.58	681.2
이자보상비율	30.68	-7.75	-1	0.78	-1.55
비유동비율	88.33	12.19	30.93	474.86	734.23
비유동장기적합률	74.99	10.58	29.99	459.01	187.78
유동성비율					(단위: %)
유동비율	129.91	190.96	307.96	11.81	12.04
당좌비율	129.91	183.11	307.96	11.81	12.04
현금비율	0.25	0	0.41	3.08	5.74
활동성비율					(단위: 회)
총자산회전율	1.2	0.73	0.48	1.27	1.39
자기자본회전율	3.24	1.61	0.87	4.17	8.79
비유동자산회전율	2.7	3.02	4.03	1.66	1.5
재고자산회전율	0	39.54	19.67	0	0
생산성비율					(단위: %)
총자본투자효율	46.67	8.06	19.12	45.84	70.68
설비투자효율	121.29	425.45	243.85	294.68	769.38
부가가치의 구성					(단위: 백만 원)
영업잉여	7,461	-1,533	41	-122	-4,849
인건비	2,416	2,276	1,754	10,980	21,724
금융비용	238	-12	-261	903	2,273
감가상각비	462	238	203	5,263	11,146

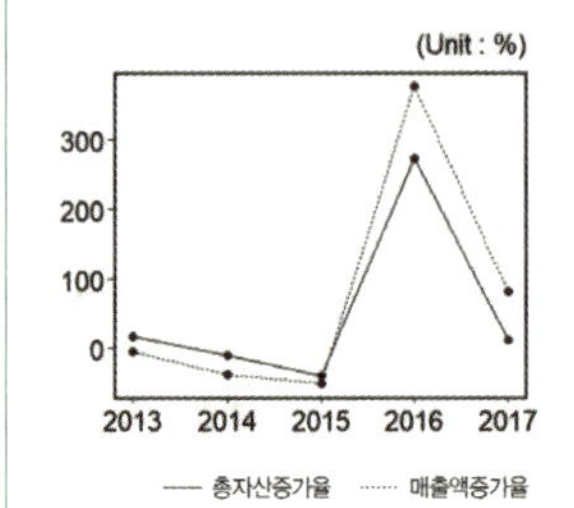

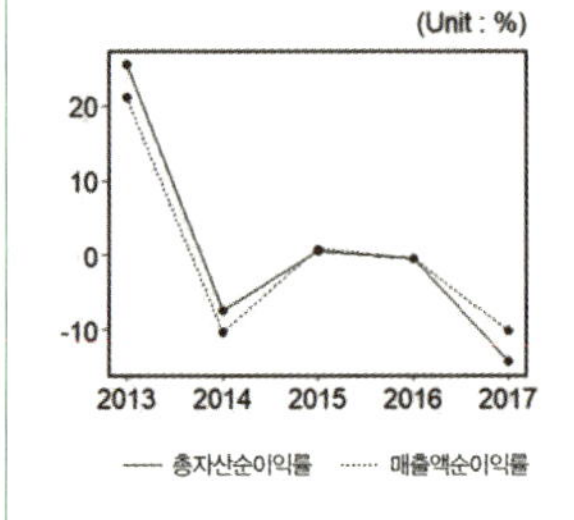

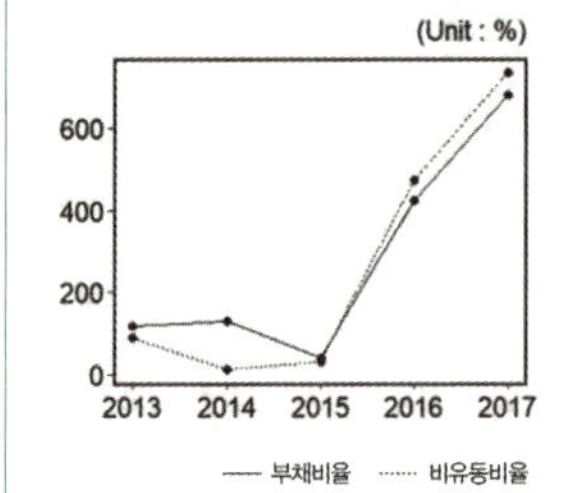

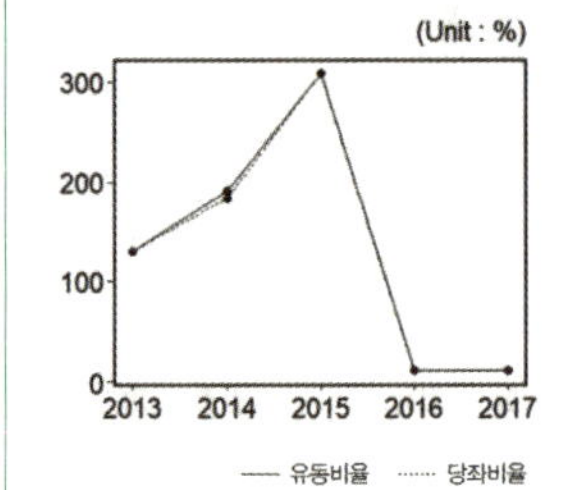

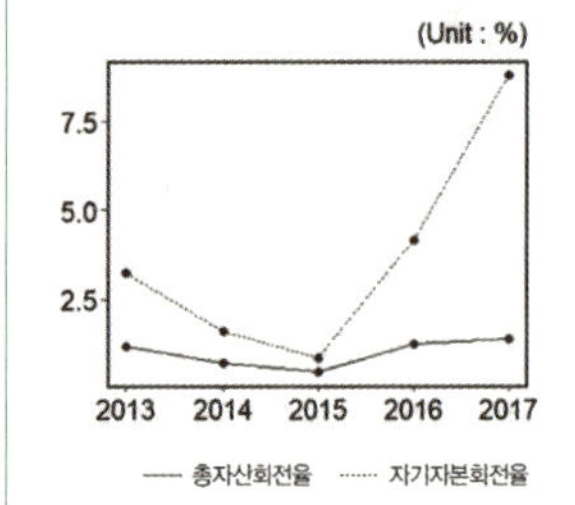

34 ㈜차우(075868) Chow Corporation 외

설립일	2002.03.01	대표이사	최경수
업종	한식 일반 음식점업	업종코드	56111
소재지	경기도 과천시 광명로	주요브랜드	로즈힐

	2013	2014	2015	2016	2017
재무상태표					(단위: 백만 원)
유동자산	–	–	10,932	10,970	8,437
당좌자산	–	–	10,886	10,951	8,419
재고자산	–	–	47	19	18
비유동자산	–	–	22,465	13,457	23,824
투자자산	–	–	22,250	13,385	23,785
유형자산	–	–	159	43	39
무형자산	–	–	0	0	0
자산총계	–	–	33,397	24,426	32,261
유동부채	–	–	529	313	162
비유동부채	–	–	0	0	0
자본	–	–	32,869	24,114	32,100
부채 및 자본합계	–	–	33,397	24,426	32,261
손익계산서					(단위: 백만 원)
매출액	–	–	3,482	3,179	2,462
매출원가	–	–	2,796	2,658	1,727
매출총손익	–	–	686	520	735
판매비 및 관리비	–	–	900	873	751
영업손익	–	–	-214	-352	-17
법인세비용차감전순손익	–	–	11,962	239	-547
법인세비용	–	–	2,425	50	0
계속사업이익	–	–	9,538	189	-547
중단사업손익	–	–	0	0	0
당기순손익	–	–	9,538	189	-547
현금흐름표					(단위: 백만 원)
영업활동순현금흐름	–	–	-2,122	19	-610
투자활동순현금흐름	–	–	11,872	203	-163
재무활동순현금흐름	–	–	-2,700	0	0
성장성비율					(단위: %)
총자산증가율	–	–	0	-26.86	32.08
매출액증가율	–	–	0	-8.72	-22.55
수익성비율					(단위: %)
총자산순이익률	–	–	57.12	0.65	-1.93
자기자본순이익률	–	–	58.03	0.66	-1.94
매출액영업이익률	–	–	-6.15	-11.08	-0.68
매출액순이익률	–	–	273.9	5.94	-22.2
레버리지비율					(단위: %)
부채비율	–	–	1.61	1.3	0.5
이자보상비율	–	–	-5.63	–	–
비유동비율	–	–	68.35	55.81	74.22
비유동장기적합률	–	–	68.35	55.81	74.22
유동성비율					(단위: %)
유동비율	–	–	2,068.06	3,508.94	5,213.01
당좌비율	–	–	2,059.21	3,503.01	5,201.86
현금비율	–	–	64.62	66.42	77.2
활동성비율					(단위: 회)
총자산회전율	–	–	0.21	0.11	0.09
자기자본회전율	–	–	0.21	0.11	0.09
비유동자산회전율	–	–	0.31	0.18	0.13
재고자산회전율	–	–	148.85	97.32	134.55
생산성비율					(단위: %)
총자본투자효율	–	–	36.68	2.71	-0.87
설비투자효율	–	–	7,720.62	1,541.20	-710.78
부가가치의 구성					(단위: 백만 원)
영업잉여	–	–	188	-69	280
인건비	–	–	579	634	542
금융비용	–	–	-402	-283	-296
감가상각비	–	–	109	71	21

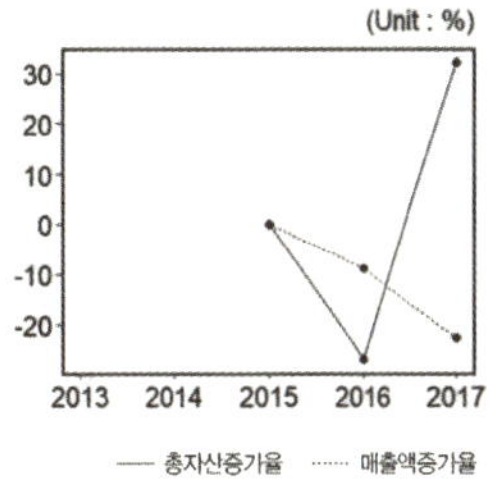

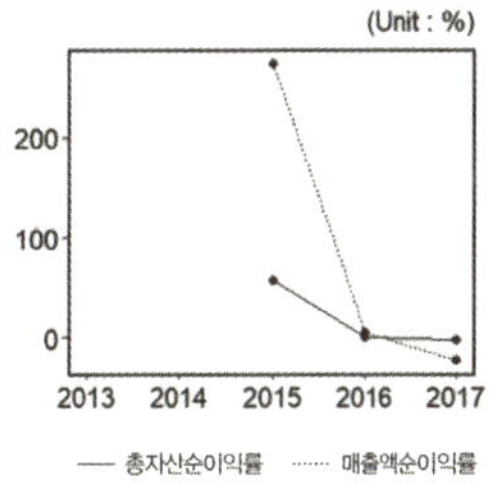

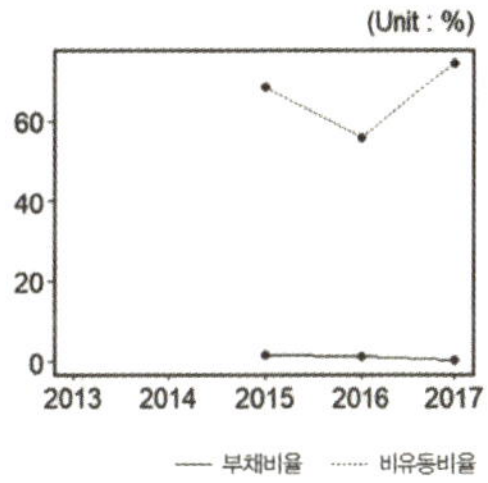

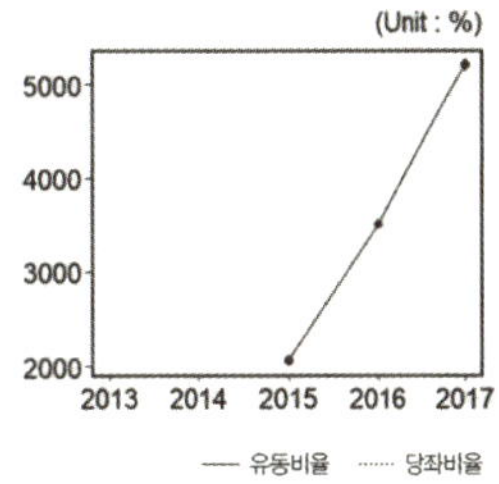

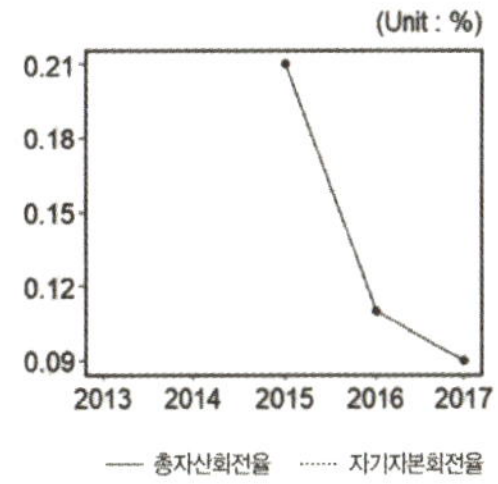

35 ㈜채선당(060924) Caesundang Co., LTD 외

설립일	2004.12.21	대표이사	김익수
업종	한식 일반 음식점업	업종코드	56111
소재지	경기도 남양주시 진건읍 독정로	주요브랜드	채선당, 자연한그릇, 샤브보트

	2013	2014	2015	2016	2017
재무상태표					(단위: 백만 원)
유동자산	8,002	9,359	9,102	9,885	10,178
당좌자산	5,643	7,518	6,982	7,151	8,181
재고자산	2,359	1,841	2,120	2,734	1,997
비유동자산	9,355	8,881	9,619	9,871	9,538
투자자산	200	80	250	220	130
유형자산	7,258	7,014	7,473	7,779	7,765
무형자산	165	118	77	137	187
자산총계	17,358	18,240	18,721	19,756	19,715
유동부채	8,694	7,676	7,197	7,876	6,510
비유동부채	1,790	1,549	1,520	1,905	1,786
자본	6,873	9,016	10,004	9,975	11,419
부채 및 자본합계	17,358	18,240	18,721	19,756	19,715
손익계산서					(단위: 백만 원)
매출액	56,506	64,975	65,054	62,400	51,665
매출원가	39,283	45,406	46,528	44,168	34,210
매출총손익	17,223	19,570	18,526	18,232	17,455
판매비 및 관리비	15,284	16,463	17,110	17,468	15,264
영업손익	1,939	3,107	1,416	764	2,191
법인세비용차감전순손익	1,720	2,771	1,313	604	1,776
법인세비용	714	614	224	223	331
계속사업이익	1,006	2,158	1,088	381	1,445
중단사업손익	0	0	0	0	0
당기순손익	1,006	2,158	1,088	381	1,445
현금흐름표					(단위: 백만 원)
영업활동순현금흐름	1,613	4,340	919	750	3,707
투자활동순현금흐름	-1,287	-425	-976	-1,506	-1,200
재무활동순현금흐름	-699	-2,065	-477	658	-1,628
성장성비율					(단위: %)
총자산증가율	5.38	5.08	2.63	5.53	-0.2
매출액증가율	-0.08	14.99	0.12	-4.08	-17.2
수익성비율					(단위: %)
총자산순이익률	5.95	12.12	5.89	1.98	7.32
자기자본순이익률	15.79	27.16	11.44	3.82	13.51
매출액영업이익률	3.43	4.78	2.18	1.22	4.24
매출액순이익률	1.78	3.32	1.67	0.61	2.8
레버리지비율					(단위: %)
부채비율	152.54	102.32	87.13	98.06	72.65
이자보상비율	10.43	25.84	21.1	11.63	45.4
비유동비율	136.11	98.51	96.15	98.96	83.52
비유동장기적합률	107.99	84.07	83.47	83.09	72.23
유동성비율					(단위: %)
유동비율	92.04	121.93	126.47	125.51	156.33
당좌비율	64.91	97.95	97.02	90.8	125.66
현금비율	38.41	52.61	48.23	43.42	50.81
활동성비율					(단위: 회)
총자산회전율	3.34	3.65	3.52	3.24	2.62
자기자본회전율	8.87	8.18	6.84	6.25	4.83
비유동자산회전율	6.08	7.13	7.03	6.4	5.32
재고자산회전율	26.46	30.94	32.85	25.71	21.85
생산성비율					(단위: %)
총자본투자효율	62.81	65.42	63.07	57.47	56.56
설비투자효율	150.21	170.12	158	145.96	143.61
부가가치의 구성					(단위: 백만 원)
영업잉여	1,809	3,050	1,367	715	2,158
인건비	7,167	7,314	8,730	8,322	6,937
금융비용	168	101	51	52	34
감가상각비	766	666	559	846	872

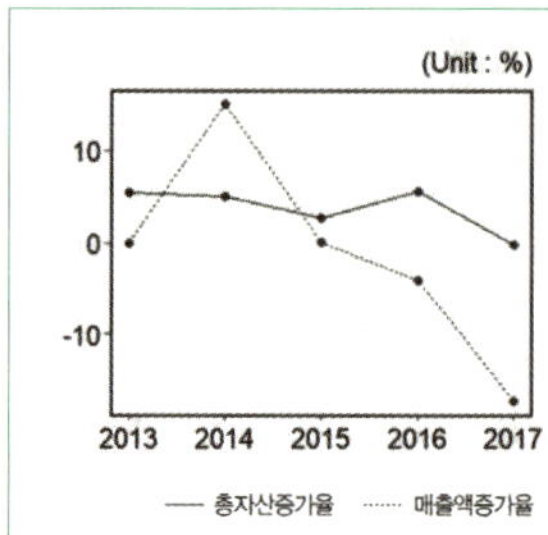

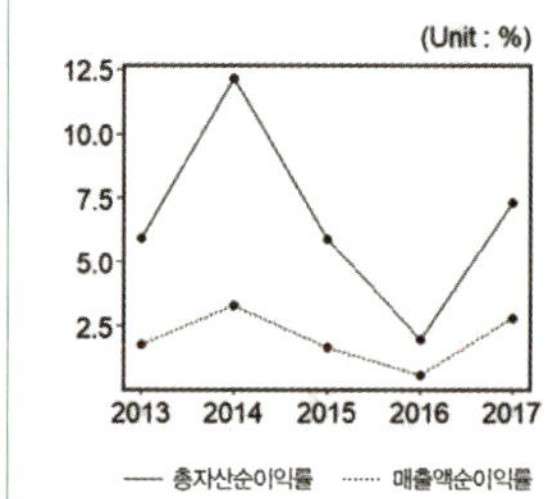

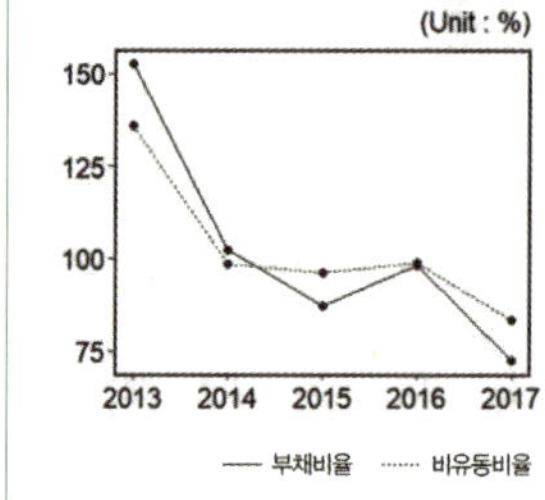

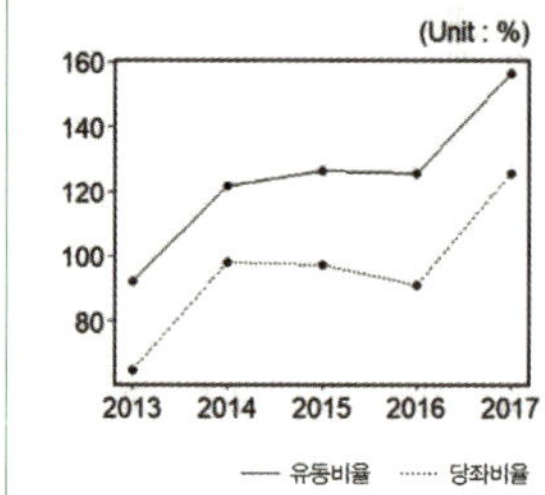

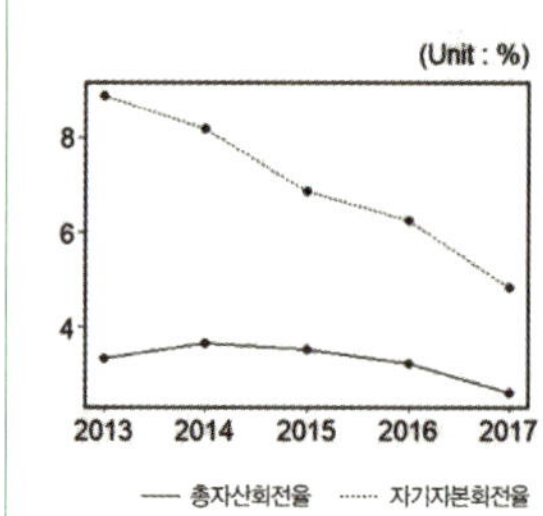

36 ㈜캘리스코(057750) KALISCO Ltd.			외
설립일	2009.10.01	대표이사	안상현
업종	일식 음식점업	업종코드	56122
소재지	서울시 강남구 역삼로	주요브랜드	사보텐

	2013	2014	2015	2016	2017
재무상태표					(단위: 백만 원)
유동자산	3,144	4,422	3,829	4,474	4,974
당좌자산	2,667	3,755	3,125	3,424	4,242
재고자산	477	667	704	1,050	732
비유동자산	15,089	21,366	19,313	27,649	30,481
투자자산	10	6	5	5	5
유형자산	4,241	8,998	7,963	10,565	12,990
무형자산	288	192	177	161	130
자산총계	18,234	25,788	23,143	32,123	35,456
유동부채	6,611	11,551	8,690	16,685	16,727
비유동부채	498	448	884	702	3,483
자본	11,125	13,789	13,569	14,737	15,246
부채 및 자본합계	18,234	25,788	23,143	32,123	35,456
손익계산서					(단위: 백만 원)
매출액	47,764	48,848	53,361	63,854	78,647
매출원가	42,967	43,247	47,947	56,278	69,792
매출총손익	4,797	5,601	5,413	7,576	8,855
판매비 및 관리비	2,412	5,453	4,162	6,274	7,861
영업손익	2,385	148	1,252	1,302	994
법인세비용차감전순손익	2,105	1,097	136	1,469	1,114
법인세비용	450	219	9	301	218
계속사업이익	1,655	878	127	1,167	896
중단사업손익	0	0	0	0	0
당기순손익	1,655	878	127	1,167	896
현금흐름표					(단위: 백만 원)
영업활동순현금흐름	4,008	4,550	4,852	5,955	2,680
투자활동순현금흐름	-2,600	-6,255	-4,367	-9,537	-5,336
재무활동순현금흐름	-1,557	1,760	-538	3,740	2,610
성장성비율					(단위: %)
총자산증가율	-0.93	41.43	-10.26	38.81	10.37
매출액증가율	3.63	2.27	9.24	19.67	23.17
수익성비율					(단위: %)
총자산순이익률	9.03	3.99	0.52	4.22	2.65
자기자본순이익률	16.07	7.05	0.93	8.25	5.98
매출액영업이익률	4.99	0.3	2.35	2.04	1.26
매출액순이익률	3.46	1.8	0.24	1.83	1.14
레버리지비율					(단위: %)
부채비율	63.91	87.02	70.56	117.98	132.56
이자보상비율	62.93	6.71	10.79	14.84	3.55
비유동비율	135.64	154.95	142.34	187.62	199.93
비유동장기적합률	129.83	150.07	133.63	179.09	162.75
유동성비율					(단위: %)
유동비율	47.56	38.28	44.07	26.81	29.74
당좌비율	40.34	32.51	35.96	20.52	25.36
현금비율	4.02	4.1	3.35	6.4	4.84
활동성비율					(단위: 회)
총자산회전율	2.61	2.22	2.18	2.31	2.33
자기자본회전율	4.64	3.92	3.9	4.51	5.25
비유동자산회전율	3.16	2.68	2.62	2.72	2.71
재고자산회전율	88.2	85.41	77.85	72.81	88.29
생산성비율					(단위: %)
총자본투자효율	33.5	23.68	22.95	24.54	26.06
설비투자효율	144.02	67.88	66.7	74.6	71.12
부가가치의 구성					(단위: 백만 원)
영업잉여	2,354	1,202	1,329	1,521	1,189
인건비	1,400	1,620	1,606	2,387	3,163
금융비용	33	-1,055	-76	-220	-190
감가상각비	2,450	2,346	2,747	2,768	3,410

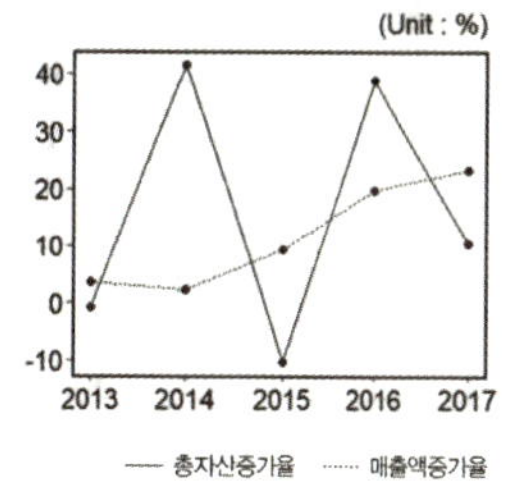

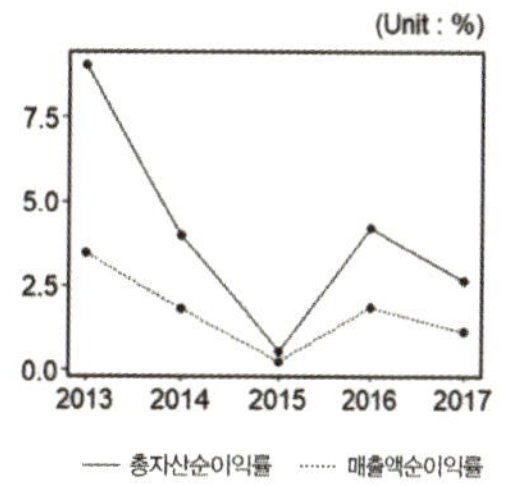

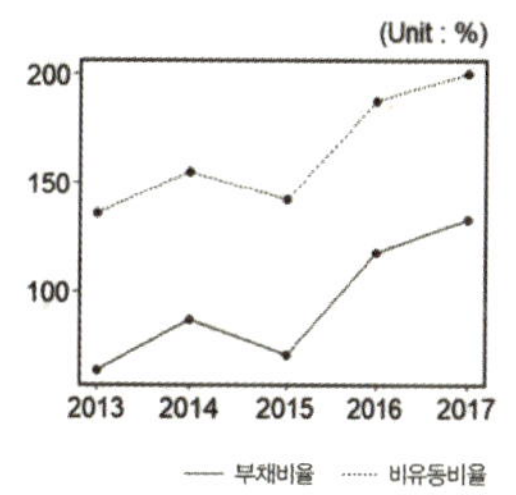

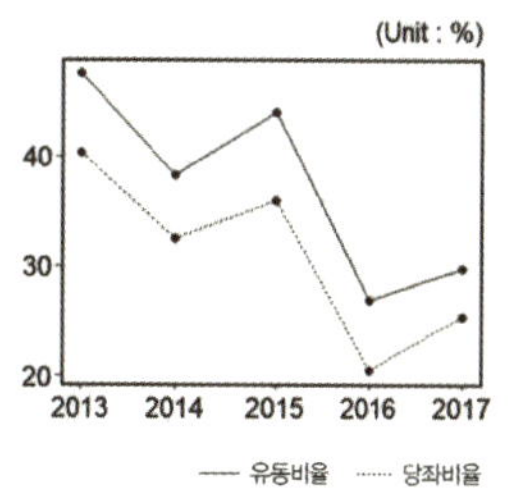

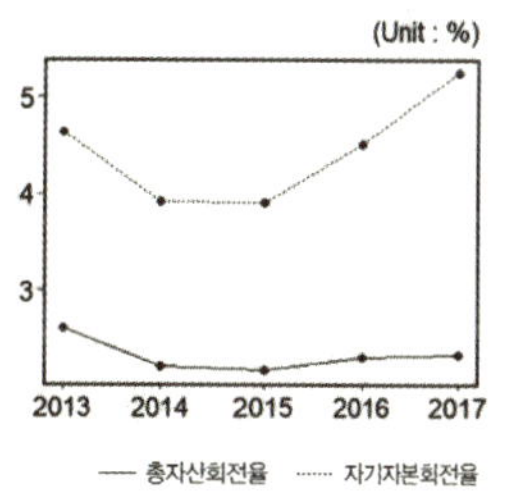

37 ㈜커피빈코리아(039780) Coffee Bean Korea Co.,Ltd. 외

설립일	2000.06.16	대표이사	박상배
업종	커피 전문점	업종코드	56221
소재지	서울특별시 강남구 봉은사로	주요브랜드	커피빈

	2013	2014	2015	2016	2017
재무상태표					(단위: 백만 원)
유동자산	16,537	14,103	13,967	16,068	15,444
당좌자산	10,627	7,732	8,148	9,747	9,578
재고자산	5,911	6,372	5,819	6,321	5,867
비유동자산	128,039	135,952	137,872	140,938	147,857
투자자산	1,323	1,705	2,311	2,673	2,835
유형자산	56,769	58,556	59,580	59,777	62,536
무형자산	1,678	1,711	1,542	1,369	1,395
자산총계	144,576	150,055	151,839	157,006	163,301
유동부채	66,698	86,543	88,110	86,525	79,749
비유동부채	34,747	12,581	10,256	12,733	21,500
자본	43,131	50,931	53,474	57,748	62,051
부채 및 자본합계	144,576	150,055	151,839	157,006	163,301
손익계산서					(단위: 백만 원)
매출액	143,241	146,267	138,939	146,021	157,666
매출원가	60,107	58,843	57,083	60,293	66,043
매출총손익	83,134	87,424	81,855	85,728	91,623
판매비 및 관리비	74,179	75,062	77,943	79,313	85,477
영업손익	8,956	12,362	3,913	6,416	6,147
법인세비용차감전순손익	6,025	9,896	3,149	5,428	6,222
법인세비용	1,051	2,096	605	1,154	1,919
계속사업이익	4,974	7,799	2,544	4,274	4,303
중단사업손익	0	0	0	0	0
당기순손익	4,974	7,799	2,544	4,274	4,303
현금흐름표					(단위: 백만 원)
영업활동순현금흐름	19,489	19,284	13,182	11,813	16,098
투자활동순현금흐름	-16,020	-16,323	-10,858	-12,199	-13,338
재무활동순현금흐름	-1,476	-4,962	-756	-1,940	-1,830
성장성비율					(단위: %)
총자산증가율	4.32	3.79	1.19	3.4	4.01
매출액증가율	3.9	2.11	-5.01	5.1	7.97
수익성비율					(단위: %)
총자산순이익률	3.51	5.29	1.69	2.77	2.69
자기자본순이익률	12.21	16.58	4.87	7.69	7.18
매출액영업이익률	6.25	8.45	2.82	4.39	3.9
매출액순이익률	3.47	5.33	1.83	2.93	2.73
레버리지비율					(단위: %)
부채비율	235.2	194.63	183.95	171.88	163.17
이자보상비율	2.29	3.71	1.53	3.01	2.77
비유동비율	296.86	266.94	257.83	244.06	238.28
비유동장기적합률	164.41	214.06	216.34	199.97	176.96
유동성비율					(단위: %)
유동비율	24.79	16.3	15.85	18.57	19.37
당좌비율	15.93	8.93	9.25	11.27	12.01
현금비율	21.36	10.86	22.19	4.81	11.03
활동성비율					(단위: 회)
총자산회전율	1.01	0.99	0.92	0.95	0.98
자기자본회전율	3.52	3.11	2.66	2.63	2.63
비유동자산회전율	1.14	1.11	1.01	1.05	1.09
재고자산회전율	20.92	23.82	22.79	24.06	25.87
생산성비율					(단위: %)
총자본투자효율	47.14	47.52	43.9	43.95	45.89
설비투자효율	120.06	121.78	111.89	115.43	119.83
부가가치의 구성					(단위: 백만 원)
영업잉여	5,201	9,152	1,306	4,355	3,983
인건비	22,647	22,882	24,091	24,376	26,448
금융비용	3,762	3,208	2,483	2,069	2,168
감가상각비	10,702	9,612	9,931	10,384	11,484

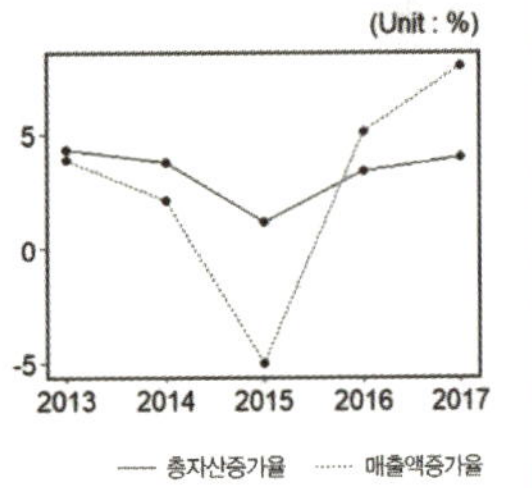

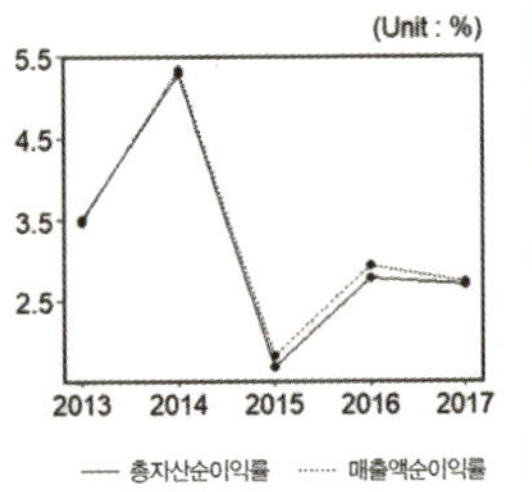

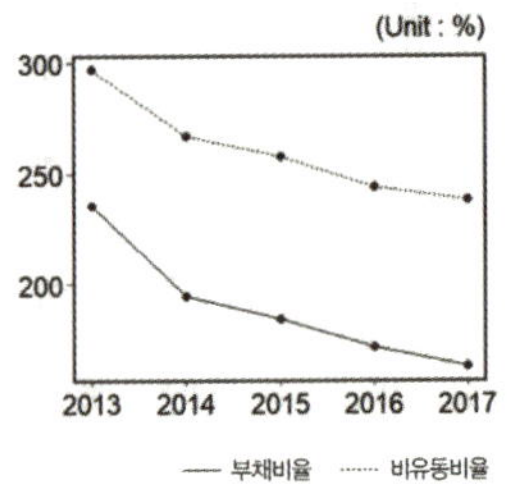

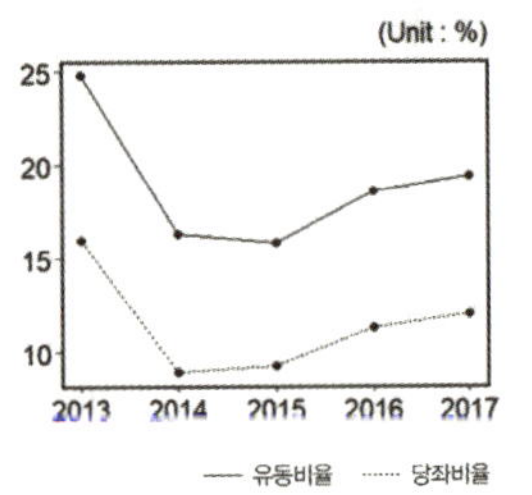

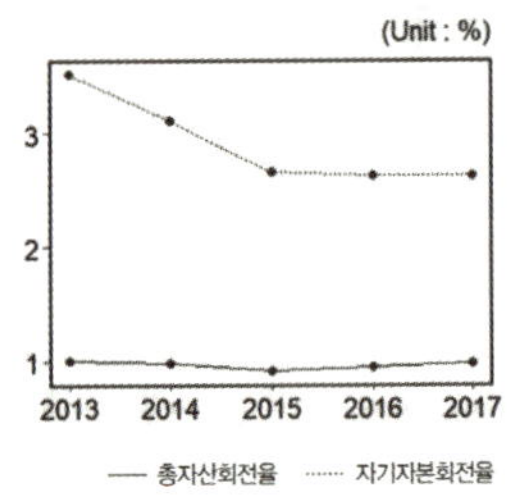

38 ㈜코리아델로스케이디(064100) KOREADELOS KD CO.,LTD

외

설립일	2007.11.01	대표이사	이길영
업종	치킨 전문점	업종코드	56193
소재지	경기 고양시 일산동구 동국로	주요브랜드	치킨매니아

	2013	2014	2015	2016	2017
재무상태표					(단위: 백만 원)
유동자산	2,704	2,911	1,976	1,814	2,757
당좌자산	2,424	2,557	1,646	1,531	2,314
재고자산	279	354	329	282	443
비유동자산	8,661	8,317	11,631	10,211	7,370
투자자산	2,837	2,499	4,584	2,992	75
유형자산	5,599	5,563	6,710	6,908	6,978
무형자산	19	15	10	26	42
자산총계	11,365	11,227	13,607	12,025	10,128
유동부채	4,968	5,185	7,823	6,350	5,659
비유동부채	2,272	1,987	1,563	1,369	1,046
자본	4,124	4,056	4,220	4,305	3,423
부채 및 자본합계	11,365	11,227	13,607	12,025	10,128
손익계산서					(단위: 백만 원)
매출액	33,787	32,151	29,322	22,553	17,543
매출원가	25,153	23,595	21,291	16,300	12,822
매출총손익	8,634	8,556	8,031	6,253	4,721
판매비 및 관리비	7,468	6,720	6,586	6,173	5,536
영업손익	1,166	1,836	1,445	80	-815
법인세비용차감전순손익	952	1,235	1,440	87	-882
법인세비용	703	303	276	2	0
계속사업이익	249	932	1,164	85	-882
중단사업손익	0	0	0	0	0
당기순손익	249	932	1,164	85	-882
현금흐름표					(단위: 백만 원)
영업활동순현금흐름	1,004	1,801	2,306	-1,179	-610
투자활동순현금흐름	419	237	-3,211	1,482	2,461
재무활동순현금흐름	-2,518	-1,261	132	-344	-1,040
성장성비율					(단위: %)
총자산증가율	-17.77	-1.21	21.19	-11.63	-15.78
매출액증가율	5.91	-4.84	-8.8	-23.09	-22.22
수익성비율					(단위: %)
총자산순이익률	1.98	8.25	9.38	0.66	-7.97
자기자본순이익률	6.22	22.79	28.13	2	-22.84
매출액영업이익률	3.45	5.71	4.93	0.35	-4.65
매출액순이익률	0.74	2.9	3.97	0.38	-5.03
레버리지비율					(단위: %)
부채비율	175.57	176.81	222.43	179.3	195.88
이자보상비율	4.43	10.01	8.57	0.47	-4.83
비유동비율	210.01	205.05	275.61	237.17	215.33
비유동장기적합률	135.4	137.63	201.11	179.95	164.92
유동성비율					(단위: %)
유동비율	54.42	56.14	25.25	28.56	48.73
당좌비율	48.8	49.31	21.04	24.12	40.89
현금비율	35.56	59.76	48.91	51.03	63
활동성비율					(단위: 회)
총자산회전율	2.68	2.85	2.36	1.76	1.58
자기자본회전율	8.45	7.86	7.09	5.29	4.54
비유동자산회전율	3.93	3.79	2.94	2.07	2
재고자산회전율	116.17	101.52	85.81	73.72	48.35
생산성비율					(단위: %)
총자본투자효율	28.74	29.65	25.69	18.42	12
설비투자효율	58.34	59.84	52.11	32.06	17.42
부가가치의 구성					(단위: 백만 원)
영업잉여	950	1,678	1,302	-85	-974
인건비	1,546	1,563	1,563	1,677	1,600
금융비용	217	159	149	158	157
감가상각비	166	162	144	131	166

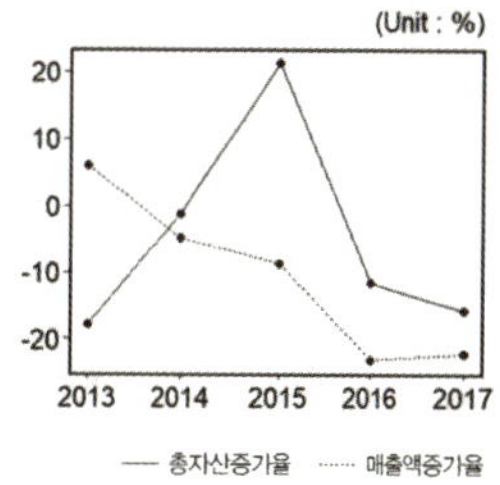

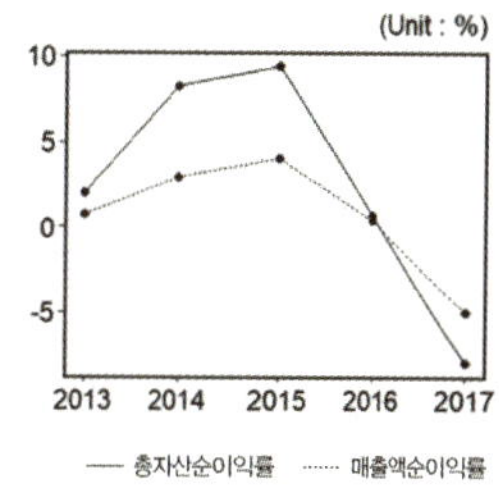

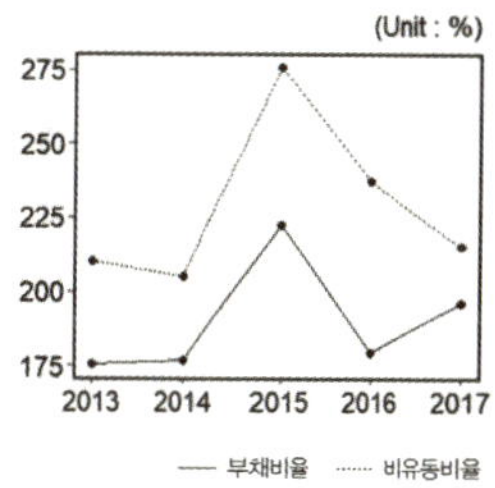

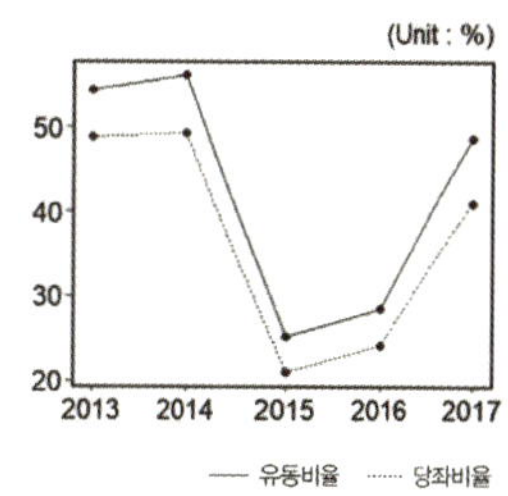

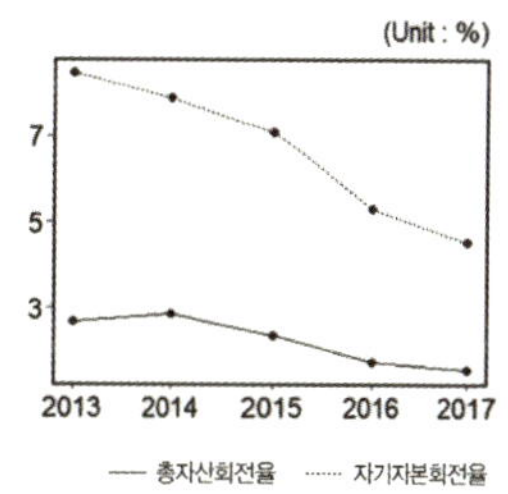

39 ㈜탐앤탐스(053152) TOMNTOMS 외

설립일	2004.12.21	대표이사	김도균
업종	커피 전문점	업종코드	56221
소재지	서울특별시 강남구 신사동	주요브랜드	탐앤탐스

	2013	2014	2015	2016	2017
재무상태표					(단위: 백만 원)
유동자산	15,843	18,453	18,211	20,592	20,965
당좌자산	15,004	16,899	15,940	17,345	18,350
재고자산	839	1,553	2,270	3,247	2,614
비유동자산	34,169	43,908	42,789	47,863	49,020
투자자산	9,224	14,394	14,359	19,919	15,709
유형자산	9,643	13,451	11,976	10,435	11,847
무형자산	457	269	302	335	4,964
자산총계	50,012	62,361	61,000	68,455	69,985
유동부채	31,129	39,441	33,751	37,852	40,417
비유동부채	7,596	8,129	11,817	11,718	6,076
자본	11,287	14,790	15,432	18,885	23,491
부채 및 자본합계	50,012	62,361	61,000	68,455	69,985
손익계산서					(단위: 백만 원)
매출액	75,710	88,604	88,764	86,905	82,387
매출원가	58,387	68,433	69,681	70,068	49,520
매출총손익	17,323	20,171	19,082	16,837	32,867
판매비 및 관리비	12,401	13,639	14,683	14,475	28,750
영업손익	4,922	6,532	4,400	2,361	4,117
법인세비용차감전순손익	3,661	3,884	1,419	-1,176	6,272
법인세비용	1,605	882	777	1,524	1,666
계속사업이익	2,057	3,003	642	-2,701	4,606
중단사업손익	0	0	0	0	0
당기순손익	2,057	3,003	642	-2,701	4,606
현금흐름표					(단위: 백만 원)
영업활동순현금흐름	5,660	6,283	400	3,875	4,448
투자활동순현금흐름	-35,305	-12,202	-1,210	-3,376	582
재무활동순현금흐름	30,540	6,265	-1,433	-498	-4,298
성장성비율					(단위: %)
총자산증가율	35.59	24.69	-2.18	12.22	2.23
매출액증가율	16.65	17.03	0.18	-2.09	-5.2
수익성비율					(단위: %)
총자산순이익률	4.73	5.34	1.04	-4.17	6.65
자기자본순이익률	17.25	23.03	4.25	-15.74	21.74
매출액영업이익률	6.5	7.37	4.96	2.72	5
매출액순이익률	2.72	3.39	0.72	-3.11	5.59
레버리지비율					(단위: %)
부채비율	343.09	321.64	295.29	262.48	197.92
이자보상비율	3	4.06	3.06	1.66	3.13
비유동비율	302.65	296.83	277.28	253.44	208.67
비유동장기적합률	180.9	191.55	157.03	156.4	165.79
유동성비율					(단위: %)
유동비율	50.89	46.78	53.95	54.4	51.87
당좌비율	48.2	42.85	47.23	45.82	45.4
현금비율	12.55	12.65	0.49	0.44	3.92
활동성비율					(단위: 회)
총자산회전율	1.74	1.58	1.44	1.34	1.19
자기자본회전율	6.35	6.8	5.87	5.06	3.89
비유동자산회전율	2.59	2.27	2.05	1.92	1.7
재고자산회전율	98.76	74.08	46.43	31.5	28.11
생산성비율					(단위: %)
총자본투자효율	22.39	21.18	19.35	12.19	35.87
설비투자효율	138.61	98.17	98.58	80.04	212.29
부가가치의 구성					(단위: 백만 원)
영업잉여	3,328	4,680	3,420	1,931	3,108
인건비	3,172	4,307	5,008	3,973	4,677
금융비용	1,482	1,540	1,366	1,392	1,265
감가상각비	2,354	2,954	3,333	3,410	3,588

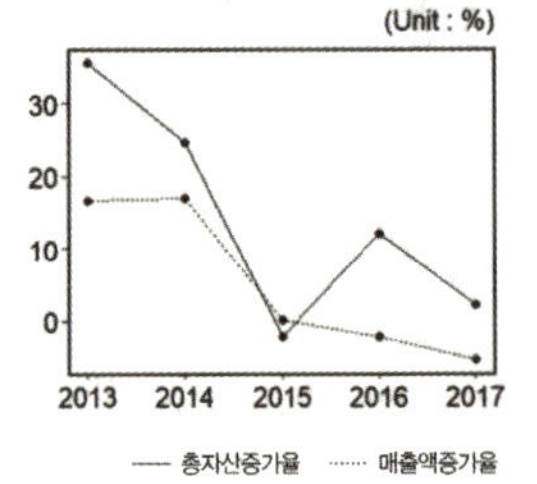

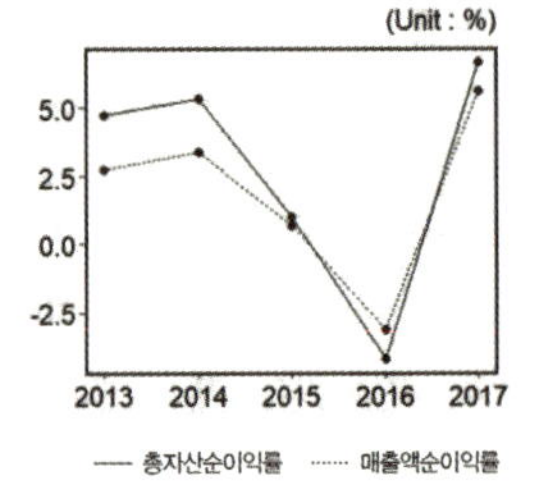

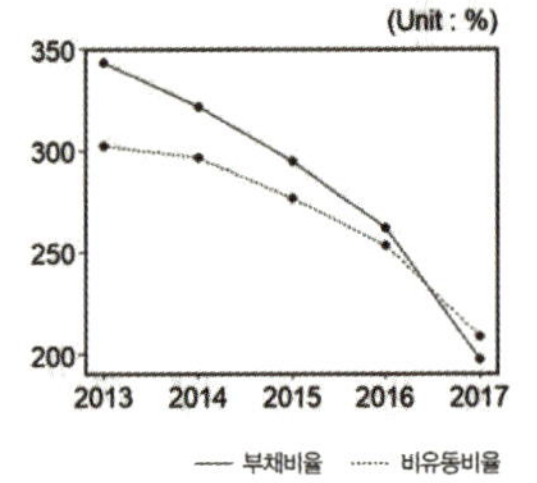

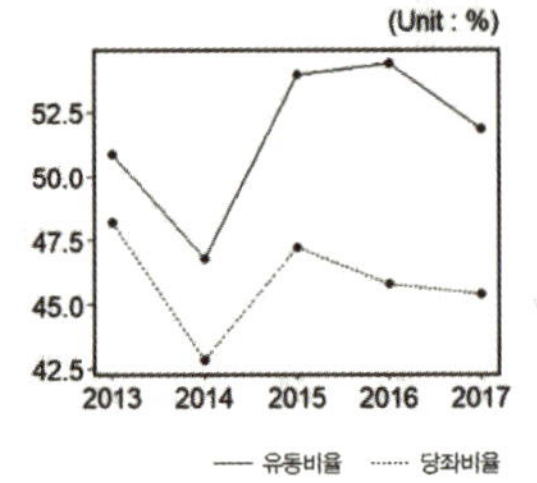

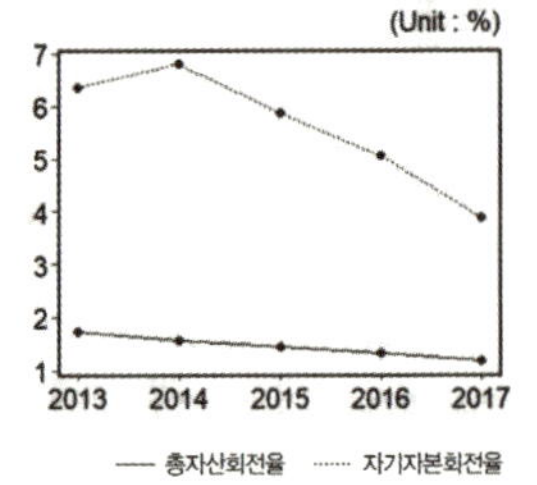

40 ㈜파리크라상(010043) PARIS CROISSANT CO., LTD. 외

설립일	1986.10.17	대표이사	조상호
업종	제과점업	업종코드	56191
소재지	경기도 성남시 중원구 사기막골로	주요브랜드	파리바게뜨, 파스쿠찌, 잠바주스

	2013	2014	2015	2016	2017
재무상태표					(단위: 백만 원)
유동자산	139,628	138,946	139,591	139,824	194,109
당좌자산	99,086	100,981	108,689	107,809	163,201
재고자산	40,541	37,965	30,902	32,015	30,907
비유동자산	836,922	911,825	985,604	1,068,077	1,114,834
투자자산	379,906	421,542	449,369	499,516	499,973
유형자산	293,577	318,609	326,987	366,524	399,202
무형자산	4,224	7,835	43,116	46,213	45,629
자산총계	976,550	1,050,771	1,125,195	1,207,900	1,308,943
유동부채	307,766	294,124	351,444	328,824	490,462
비유동부채	149,965	185,155	147,582	208,678	135,622
자본	518,820	571,493	626,168	670,399	682,859
부채 및 자본합계	976,550	1,050,771	1,125,195	1,207,900	1,308,943
손익계산서					(단위: 백만 원)
매출액	1,651,264	1,653,240	1,727,744	1,777,179	1,774,316
매출원가	998,458	988,479	1,005,284	1,000,790	986,096
매출총손익	652,806	664,761	722,460	776,389	788,221
판매비 및 관리비	586,488	598,179	654,058	709,922	744,675
영업손익	66,318	66,582	68,402	66,466	43,545
법인세비용차감전순손익	88,244	70,673	71,275	72,423	40,816
법인세비용	22,577	16,897	19,567	17,321	8,246
계속사업이익	65,667	53,776	51,707	55,102	32,570
중단사업손익	0	0	0	0	0
당기순손익	65,667	53,776	51,707	55,102	32,570
현금흐름표					(단위: 백만 원)
영업활동순현금흐름	98,589	80,846	124,083	98,322	9,772
투자활동순현금흐름	-84,259	-134,529	-109,982	-142,944	-126,937
재무활동순현금흐름	-19,717	53,922	-13,228	47,176	111,000
성장성비율					(단위: %)
총자산증가율	11.8	7.6	7.08	7.35	8.37
매출액증가율	1.84	0.12	4.51	2.86	-0.16
수익성비율					(단위: %)
총자산순이익률	7.1	5.31	4.75	4.72	2.59
자기자본순이익률	14.3	9.86	8.63	8.5	4.81
매출액영업이익률	4.02	4.03	3.96	3.74	2.45
매출액순이익률	3.98	3.25	2.99	3.1	1.84
레버리지비율					(단위: %)
부채비율	88.23	83.86	79.7	80.18	91.69
이자보상비율	13.43	12.55	16.35	16.24	8.37
비유동비율	161.31	159.55	157.4	159.32	163.26
비유동장기적합률	125.14	120.51	127.38	121.5	136.21
유동성비율					(단위: %)
유동비율	45.37	47.24	39.72	42.52	39.58
당좌비율	32.2	34.33	30.93	32.79	33.28
현금비율	4.82	5.01	5.62	7.43	2.18
활동성비율					(단위: 회)
총자산회전율	1.79	1.63	1.59	1.52	1.41
자기자본회전율	3.6	3.03	2.89	2.74	2.62
비유동자산회전율	2.08	1.89	1.82	1.73	1.63
재고자산회전율	44.27	42.12	50.18	56.49	56.4
생산성비율					(단위: %)
총자본투자효율	36.61	33	32.57	31.95	27.59
설비투자효율	131.54	115.12	118.58	113.26	98.04
부가가치의 구성					(단위: 백만 원)
영업잉여	63,586	63,217	65,775	64,034	40,362
인건비	137,073	144,095	152,794	160,233	177,424
금융비용	2,751	3,366	2,693	2,444	3,507
감가상각비	58,393	54,495	60,411	65,144	47,453

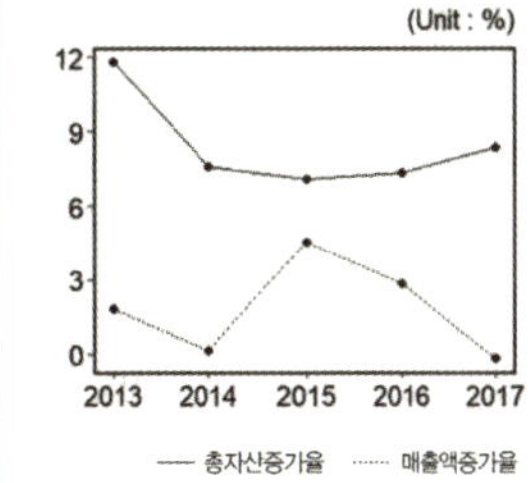

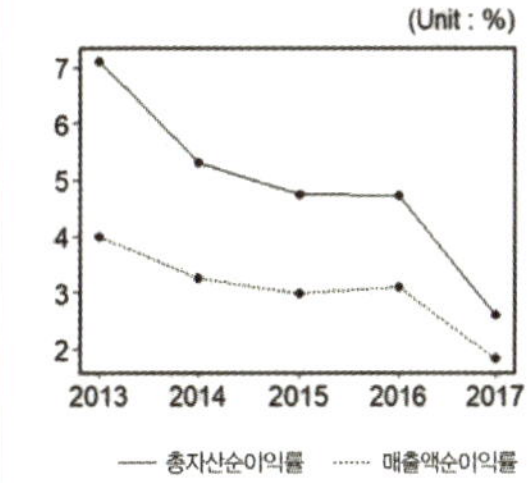

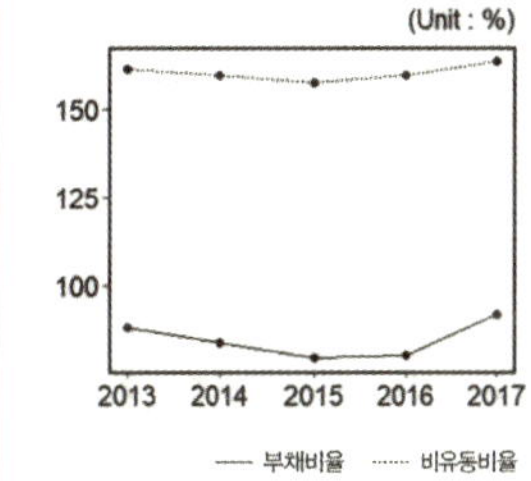

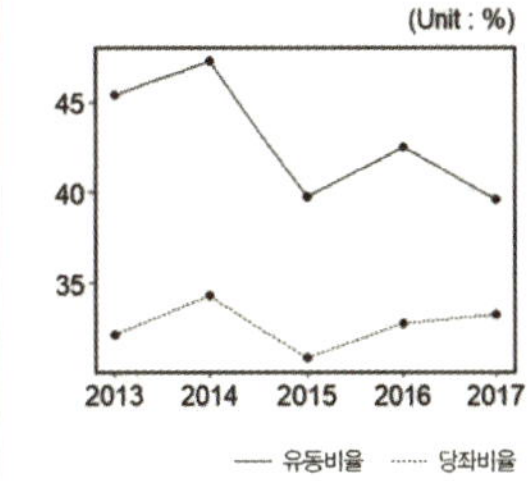

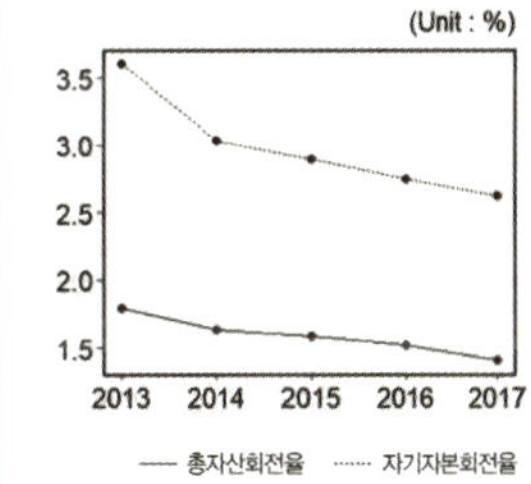

41 ㈜페리카나(070668) pelicana co. 외

설립일	1990.07.26	대표이사	양희권
업종	치킨 전문점	업종코드	56193
소재지	충청남도 계룡시 두마면 왕대로	주요브랜드	페리카나

	2013	2014	2015	2016	2017
재무상태표					(단위: 백만 원)
유동자산	8,736	9,720	8,136	8,897	7,487
당좌자산	8,616	9,637	7,966	8,776	7,269
재고자산	120	83	170	121	218
비유동자산	1,857	2,437	4,606	4,845	12,945
투자자산	53	81	217	183	62
유형자산	776	1,222	3,762	3,816	12,063
무형자산	143	99	55	11	0
자산총계	10,593	12,157	12,741	13,742	20,432
유동부채	4,529	3,668	4,333	3,526	3,631
비유동부채	785	796	599	798	5,818
자본	5,279	7,693	7,809	9,419	10,983
부채 및 자본합계	10,593	12,157	12,741	13,742	20,432
손익계산서					(단위: 백만 원)
매출액	37,524	33,187	39,731	43,852	44,596
매출원가	29,897	26,339	31,913	36,651	37,666
매출총손익	7,628	6,848	7,818	7,201	6,930
판매비 및 관리비	4,784	4,014	5,463	5,307	5,027
영업손익	2,844	2,834	2,355	1,894	1,903
법인세비용차감전순손익	3,426	3,076	2,691	2,016	1,923
법인세비용	725	662	575	406	358
계속사업이익	2,701	2,415	2,116	1,609	1,565
중단사업손익	0	0	0	0	0
당기순손익	2,701	2,415	2,116	1,609	1,565
현금흐름표					(단위: 백만 원)
영업활동순현금흐름	350	3,085	2,276	1,155	689
투자활동순현금흐름	1,194	-816	-127	187	-7,960
재무활동순현금흐름	-1,689	-668	-1,960	225	5,024
성장성비율					(단위: %)
총자산증가율	-	-	14.76	4.81	7.86
매출액증가율	-	-	-11.56	19.72	10.37
수익성비율					(단위: %)
총자산순이익률	50.99	21.23	17	12.15	9.16
자기자본순이익률	102.32	37.23	27.3	18.68	15.34
매출액영업이익률	7.58	8.54	5.93	4.32	4.27
매출액순이익률	7.2	7.28	5.33	3.67	3.51
레버리지비율					(단위: %)
부채비율	100.67	58.01	63.15	45.9	86.02
이자보상비율	85.28	111.08	4,967.42	7,794.07	31.81
비유동비율	35.18	31.67	58.98	51.44	117.86
비유동장기적합률	30.63	28.7	54.77	47.42	77.05
유동성비율					(단위: %)
유동비율	192.88	265.02	187.76	252.35	206.21
당좌비율	190.23	262.75	183.84	248.91	200.2
현금비율	14.16	29.2	37.21	51.64	31.36
활동성비율					(단위: 회)
총자산회전율	7.08	2.92	3.19	3.31	2.61
자기자본회전율	14.22	5.12	5.13	5.09	4.37
비유동자산회전율	40.41	15.46	11.28	9.28	5.01
재고자산회전율	625.64	326.24	313.7	301.35	262.91
생산성비율					(단위: %)
총자본투자효율	43.06	34.08	30.58	24.13	16.01
설비투자효율	587.91	338.92	103.59	86.91	27.11
부가가치의 구성					(단위: 백만 원)
영업잉여	2,910	3,131	2,910	2,063	1,835
인건비	1,005	1,019	1,195	1,176	1,127
금융비용	-60	-84	-145	-90	23
감가상각비	90	62	81	136	143

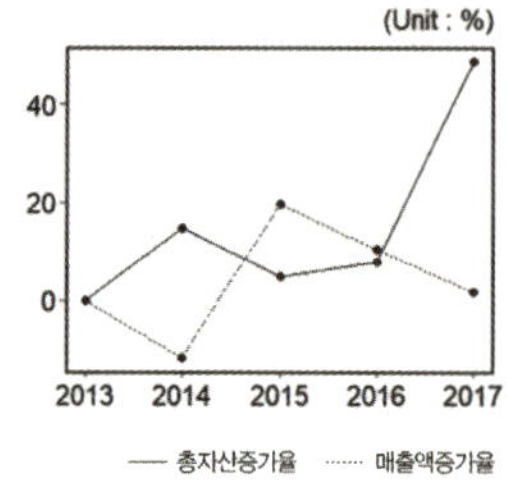

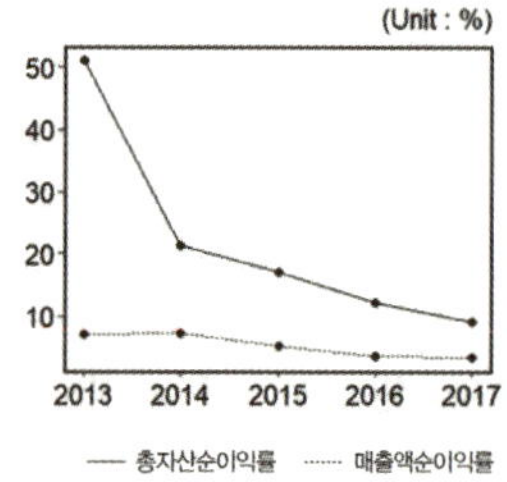

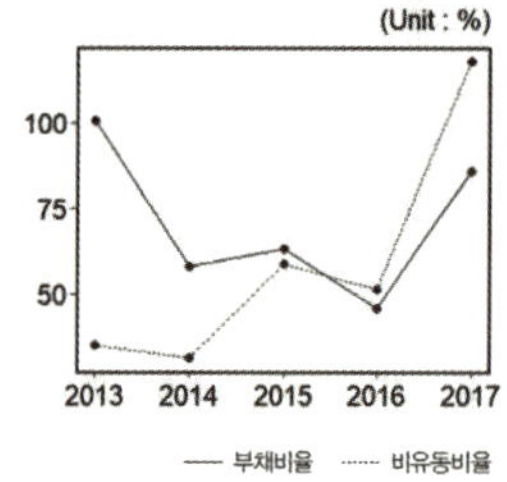

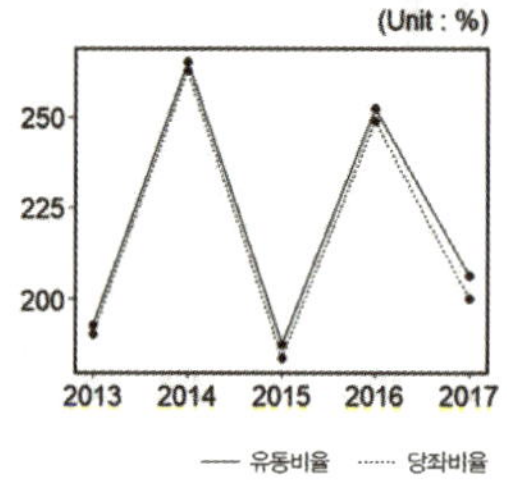

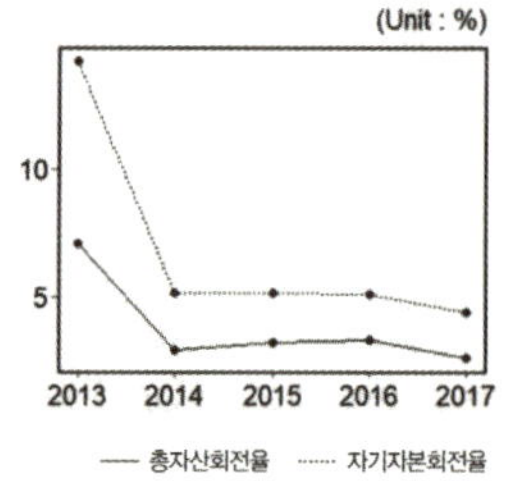

FoodZone

42 ㈜푸드존(80895) FOOD ZONE Co., Ltd. 외

설립일	2007.09.13	대표이사	이영존
업종	피자, 햄버거, 샌드위치 및 유사 음식점업	업종코드	56192
소재지	인천광역시 남동구 앵고개로	주요브랜드	피자마루

	2013	2014	2015	2016	2017
재무상태표					(단위: 백만 원)
유동자산	–	–	–	8,530	11,316
당좌자산	–	–	–	8,525	11,299
재고자산	–	–	–	5	17
비유동자산	–	–	–	7,241	6,317
투자자산	–	–	–	0	0
유형자산	–	–	–	3,165	3,011
무형자산	–	–	–	3,407	2,631
자산총계	–	–	–	15,771	17,633
유동부채	–	–	–	5,339	4,691
비유동부채	–	–	–	1,092	1,142
자본	–	–	–	9,340	11,800
부채 및 자본합계	–	–	–	15,771	17,633
손익계산서					(단위: 백만 원)
매출액	–	–	–	9,850	10,633
매출원가	–	–	–	1,172	824
매출총손익	–	–	–	8,678	9,809
판매비 및 관리비	–	–	–	4,944	6,358
영업손익	–	–	–	3,735	3,451
법인세비용차감전순손익	–	–	–	3,987	3,504
법인세비용	–	–	–	787	744
계속사업이익	–	–	–	3,200	2,760
중단사업손익	–	–	–	0	0
당기순손익	–	–	–	3,200	2,760
현금흐름표					(단위: 백만 원)
영업활동순현금흐름	–	–	–	4,450	3,468
투자활동순현금흐름	–	–	–	-3,753	-1,717
재무활동순현금흐름	–	–	–	800	-700
성장성비율					(단위: %)
총자산증가율	–	–	–	0	11.81
매출액증가율	–	–	–	0	7.95
수익성비율					(단위: %)
총자산순이익률	–	–	–	40.59	16.52
자기자본순이익률	–	–	–	68.53	26.11
매출액영업이익률	–	–	–	37.91	32.45
매출액순이익률	–	–	–	32.49	25.96
레버리지비율					(단위: %)
부채비율	–	–	–	68.85	49.43
이자보상비율	–	–	–	65.49	67.91
비유동비율	–	–	–	77.52	53.54
비유동장기적합률	–	–	–	69.41	48.81
유동성비율					(단위: %)
유동비율	–	–	–	159.78	241.22
당좌비율	–	–	–	159.69	240.87
현금비율	–	–	–	54.06	50.04
활동성비율					(단위: 회)
총자산회전율	–	–	–	1.25	0.64
자기자본회전율	–	–	–	2.11	1.01
비유동자산회전율	–	–	–	2.72	1.57
재고자산회전율	–	–	–	4,236.60	1,000.38
생산성비율					(단위: %)
총자본투자효율	–	–	–	45.23	39.86
설비투자효율	–	–	–	225.39	236.07
부가가치의 구성					(단위: 백만 원)
영업잉여	–	–	–	3,722	3,457
인건비	–	–	–	1,828	2,029
금융비용	–	–	–	15	-5
감가상각비	–	–	–	895	1,054

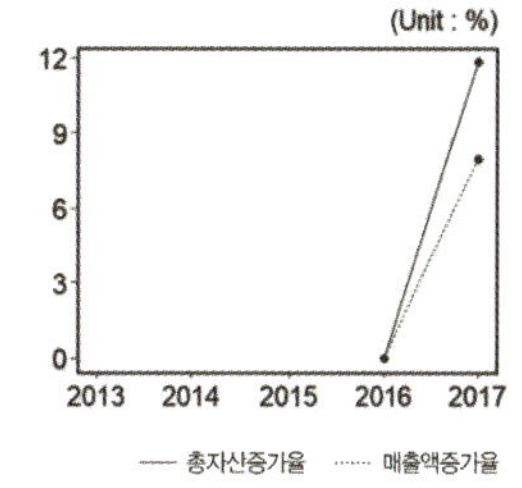

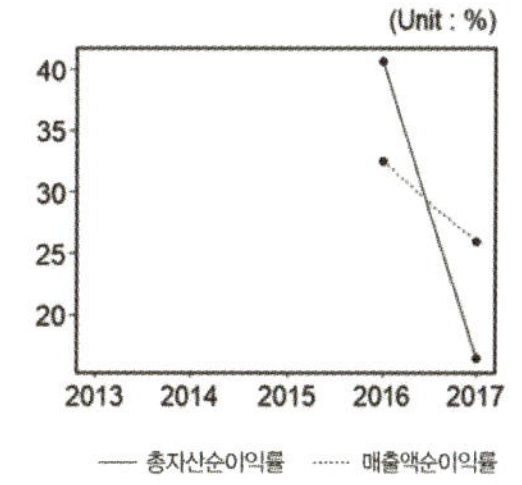

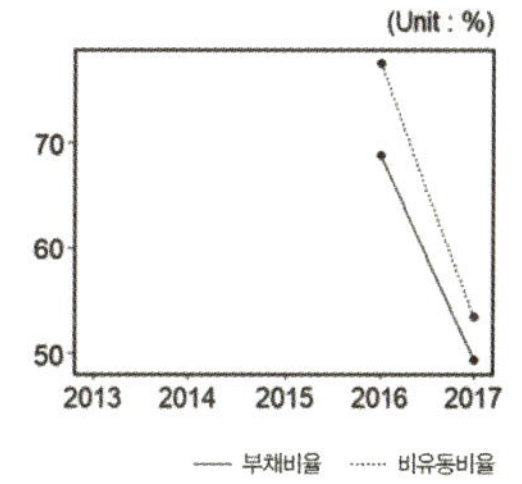

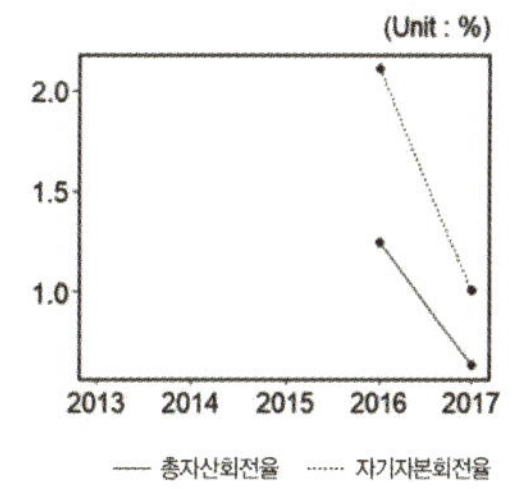

FIESTA SEAFOOD BUFFET

43 ㈜피에스타(077854) Fiesta 외

설립일	2010.04.22	대표이사	전혜영
업종	한식 해산물 요리 전문점업	업종코드	56114
소재지	인천시 연수구 갯벌로	주요브랜드	피에스타

	2013	2014	2015	2016	2017
재무상태표					(단위: 백만 원)
유동자산	-	-	351	1,645	1,645
당좌자산	-	-	261	1,401	1,542
재고자산	-	-	90	245	103
비유동자산	-	-	10,668	16,049	14,854
투자자산	-	-	74	274	274
유형자산	-	-	10,235	14,920	13,747
무형자산	-	-	0	0	0
자산총계	-	-	11,019	17,694	16,498
유동부채	-	-	1,410	9,326	13,745
비유동부채	-	-	7,400	8,946	4,524
자본	-	-	2,209	-577	-1,770
부채 및 자본합계	-	-	11,019	17,694	16,498
손익계산서					(단위: 백만 원)
매출액	-	-	5,812	5,946	8,842
매출원가	-	-	2,642	3,570	4,490
매출총손익	-	-	3,170	2,376	4,352
판매비 및 관리비	-	-	2,800	4,446	5,168
영업손익	-	-	370	-2,070	-815
법인세비용차감전순손익	-	-	181	-2,786	-1,773
법인세비용	-	-	16	0	0
계속사업이익	-	-	165	-2,786	-1,773
중단사업손익	-	-	0	0	0
당기순손익	-	-	165	-2,786	-1,773
현금흐름표					(단위: 백만 원)
영업활동순현금흐름	-	-	-80	1,489	134
투자활동순현금흐름	-	-	-10,215	-7,366	-1,058
재무활동순현금흐름	-	-	10,311	5,769	951
성장성비율					(단위: %)
총자산증가율	-	-	0	60.58	-6.76
매출액증가율	-	-	0	2.31	48.7
수익성비율					(단위: %)
총자산순이익률	-	-	3	-19.41	-10.37
자기자본순이익률	-	-	14.97	0	0
매출액영업이익률	-	-	6.37	-34.81	-9.22
매출액순이익률	-	-	2.84	-46.86	-20.05
레버리지비율					(단위: %)
부채비율	-	-	398.88	0	0
이자보상비율	-	-	1.94	-4.44	-1.15
비유동비율	-	-	483	0	0
비유동장기적합률	-	-	111.02	0	0
유동성비율					(단위: %)
유동비율	-	-	24.88	17.64	11.96
당좌비율	-	-	18.49	15.02	11.22
현금비율	-	-	37.29	1.41	3.08
활동성비율					(단위: 회)
총자산회전율	-	-	1.05	0.41	0.52
자기자본회전율	-	-	5.26	0	0
비유동자산회전율	-	-	1.09	0.45	0.57
재고자산회전율	-	-	128.98	35.52	50.88
생산성비율					(단위: %)
총자본투자효율	-	-	19.27	5.24	17.26
설비투자효율	-	-	21.08	6.21	21.77
부가가치의 구성					(단위: 백만 원)
영업잉여	-	-	180	-2,536	-1,523
인건비	-	-	1,239	1,508	1,439
금융비용	-	-	190	466	707
감가상각비	-	-	336	1,357	2,013

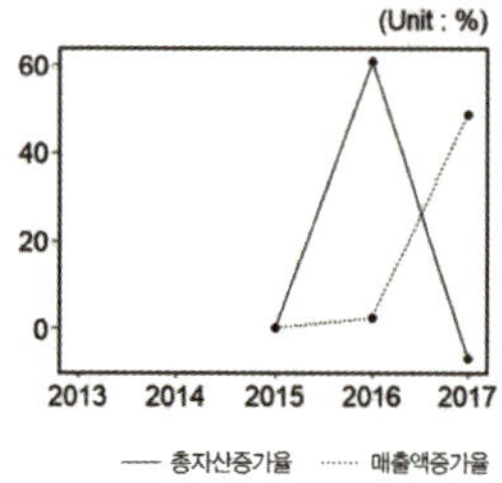

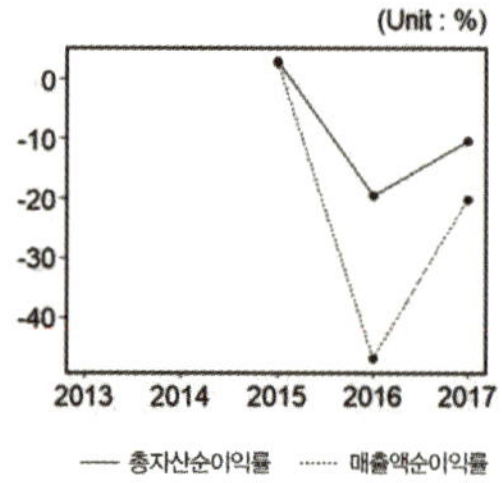

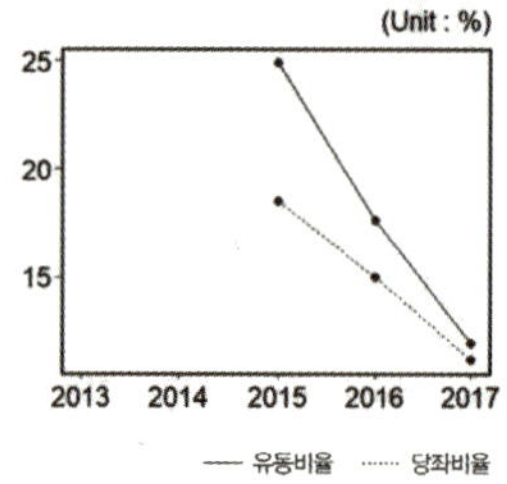

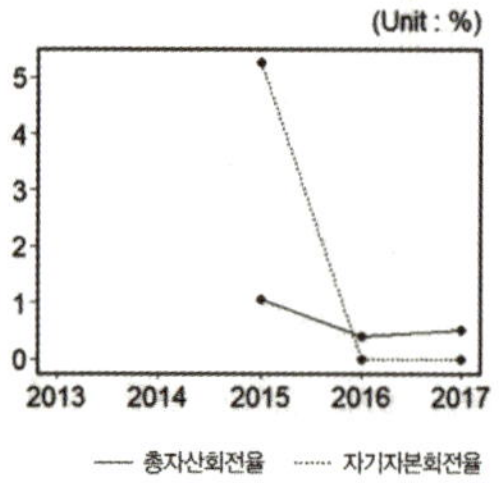

44 ㈜한국일오삼(060824) 153KOREA Co.,Ltd 외

설립일	2002.10.02	대표이사	신동욱
업종	치킨 전문점	업종코드	56193
소재지	경기도 용인시 기흥구 이현로	주요브랜드	처갓집양념치킨, 처갓집플러스케이준치킨

	2013	2014	2015	2016	2017
재무상태표					(단위: 백만 원)
유동자산	3,773	4,689	8,391	9,536	6,368
당좌자산	3,666	4,540	8,224	9,368	6,163
재고자산	106	149	167	168	206
비유동자산	12,879	16,149	18,502	20,656	43,748
투자자산	10,562	13,910	16,253	16,947	37,611
유형자산	2,093	2,055	2,123	3,594	6,003
무형자산	90	50	10	0	25
자산총계	16,652	20,838	26,893	30,192	50,116
유동부채	5,413	7,403	10,496	9,809	14,692
비유동부채	490	518	609	932	3,555
자본	10,750	12,916	15,788	19,451	31,869
부채 및 자본합계	16,652	20,838	26,893	30,192	50,116
손익계산서					(단위: 백만 원)
매출액	35,217	38,739	43,430	48,537	54,613
매출원가	29,171	30,950	33,760	37,389	42,049
매출총손익	6,046	7,789	9,671	11,149	12,563
판매비 및 관리비	3,367	3,995	4,805	5,057	5,700
영업손익	2,679	3,795	4,866	6,092	6,863
법인세비용차감전순손익	2,588	2,888	4,629	6,681	8,221
법인세비용	572	643	1,195	1,528	1,844
계속사업이익	2,016	2,246	3,434	5,153	6,377
중단사업손익	0	0	0	0	0
당기순손익	2,016	2,246	3,434	5,153	6,377
현금흐름표					(단위: 백만 원)
영업활동순현금흐름	2,250	2,359	4,197	5,231	10,625
투자활동순현금흐름	-346	-2,658	-6,722	1,786	-12,925
재무활동순현금흐름	-1,680	1,746	1,863	-2,090	-1,546
성장성비율					(단위: %)
총자산증가율	1.94	25.13	29.06	12.27	65.99
매출액증가율	14.55	10	12.11	11.76	12.52
수익성비율					(단위: %)
총자산순이익률	12.22	11.98	14.39	18.05	15.88
자기자본순이익률	20.69	18.98	23.93	29.25	24.85
매출액영업이익률	7.61	9.8	11.2	12.55	12.57
매출액순이익률	5.72	5.8	7.91	10.62	11.68
레버리지비율					(단위: %)
부채비율	54.91	61.33	70.34	55.22	57.26
이자보상비율	10.9	18.73	25.38	25.55	29.78
비유동비율	119.81	125.03	117.19	106.2	137.27
비유동장기적합률	114.59	120.21	112.84	101.34	123.5
유동성비율					(단위: %)
유동비율	69.7	63.33	79.94	97.21	43.35
당좌비율	67.73	61.32	78.35	95.5	41.95
현금비율	7.79	37.12	12.85	62.97	33.9
활동성비율					(단위: 회)
총자산회전율	2.14	2.07	1.82	1.7	1.36
자기자본회전율	3.62	3.27	3.03	2.75	2.13
비유동자산회전율	2.75	2.67	2.51	2.48	1.7
재고자산회전율	335.61	303.65	274.97	289.55	292.34
생산성비율					(단위: %)
총자본투자효율	27.14	24.19	27.55	30.56	22.54
설비투자효율	215.86	245.27	349.05	256.74	188.19
부가가치의 구성					(단위: 백만 원)
영업잉여	2,550	3,781	5,062	6,372	7,047
인건비	1,632	1,939	2,464	2,614	3,006
금융비용	132	14	-197	-282	-185
감가상각비	71	79	382	79	51

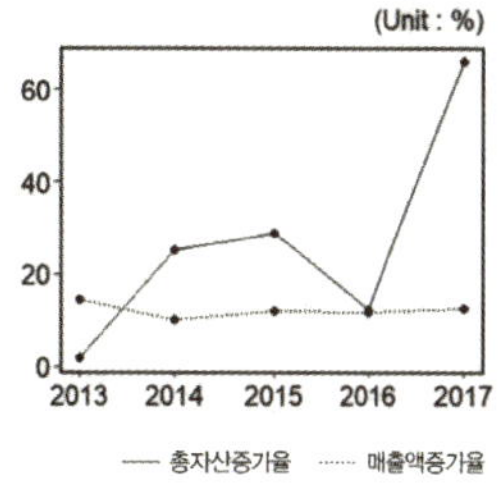

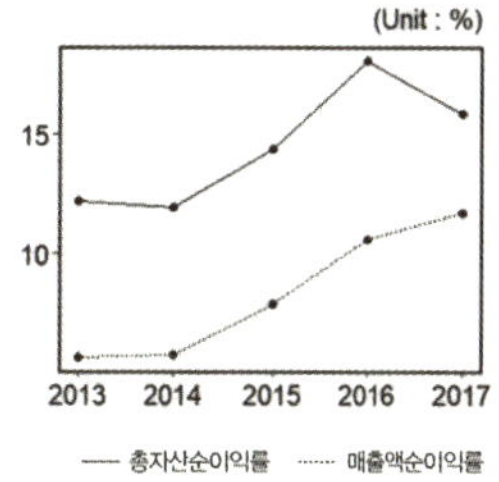

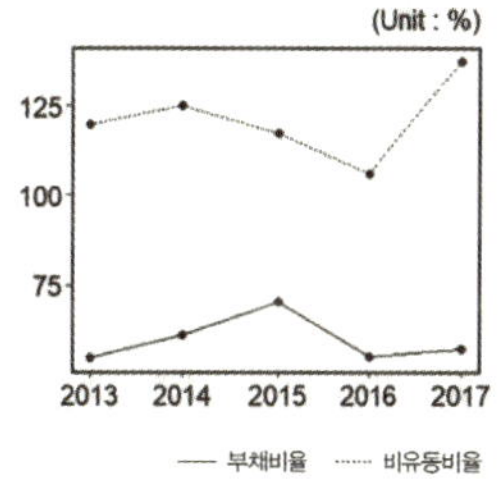

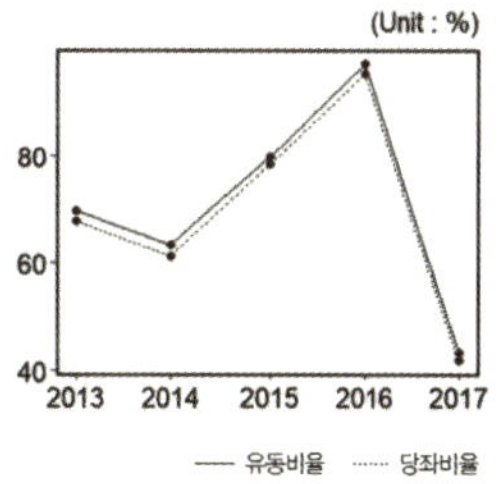

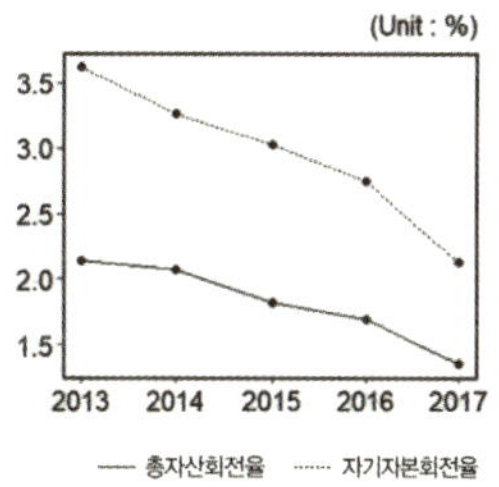

45 ㈜한솥(061359) HANSOT CO.,LTD

외

설립일	1989.04.03	대표이사	이영덕
업종	한식 일반 음식점업	업종코드	56111
소재지	서울특별시 강남구 강남대로	주요브랜드	한솥도시락

	2013	2014	2015	2016	2017
재무상태표					(단위: 백만 원)
유동자산	16,596	22,848	30,283	30,514	35,078
당좌자산	16,241	22,435	29,903	30,000	34,603
재고자산	355	412	380	513	475
비유동자산	6,199	5,618	4,768	6,664	8,639
투자자산	469	805	35	1,687	5,044
유형자산	1,205	651	685	638	447
무형자산	694	505	298	347	284
자산총계	22,795	28,466	35,051	37,178	43,717
유동부채	7,183	7,213	7,353	7,523	17,133
비유동부채	1,369	1,399	1,464	1,684	2,515
자본	14,244	19,854	26,234	27,971	24,069
부채 및 자본합계	22,795	28,466	35,051	37,178	43,717
손익계산서					(단위: 백만 원)
매출액	77,836	80,431	85,978	93,450	91,233
매출원가	64,811	66,704	70,996	78,513	75,323
매출총손익	13,025	13,727	14,982	14,937	15,910
판매비 및 관리비	7,210	6,908	7,138	7,399	9,141
영업손익	5,815	6,819	7,844	7,538	6,769
법인세비용차감전순손익	6,049	7,168	8,289	7,675	7,014
법인세비용	1,369	1,557	1,909	1,738	1,607
계속사업이익	4,679	5,610	6,380	5,937	5,407
중단사업손익	0	0	0	0	926
당기순손익	4,679	5,610	6,380	5,937	6,333
현금흐름표					(단위: 백만 원)
영업활동순현금흐름	9,546	6,632	6,562	7,043	9,348
투자활동순현금흐름	-4,811	-1,350	192	-5,704	3,037
재무활동순현금흐름	-2,000	0	0	-4,200	-1,081
성장성비율					(단위: %)
총자산증가율	20.75	24.88	23.13	6.07	17.59
매출액증가율	24.6	3.33	6.9	8.69	-2.37
수익성비율					(단위: %)
총자산순이익률	22.46	21.89	20.09	16.44	15.66
자기자본순이익률	39.14	32.91	27.69	21.91	24.34
매출액영업이익률	7.47	8.48	9.12	8.07	7.42
매출액순이익률	6.01	6.98	7.42	6.35	6.94
레버리지비율					(단위: %)
부채비율	60.04	43.38	33.61	32.92	81.63
이자보상비율	130.83	-	-	-	-
비유동비율	43.52	28.3	18.17	23.83	35.89
비유동장기적합률	39.71	26.43	17.21	22.47	32.5
유동성비율					(단위: %)
유동비율	231.06	316.76	411.84	405.61	204.74
당좌비율	226.11	311.05	406.67	398.79	201.97
현금비율	33.85	47.71	58.3	48.48	74.4
활동성비율					(단위: 회)
총자산회전율	3.74	3.14	2.71	2.59	2.26
자기자본회전율	6.51	4.72	3.73	3.45	3.51
비유동자산회전율	10.39	13.61	16.56	16.35	11.92
재고자산회전율	306.44	209.61	217.11	209.23	184.62
생산성비율					(단위: %)
총자본투자효율	47.52	39.93	37.21	33.19	25.97
설비투자효율	898.56	1,746.63	1,904.60	1,934.72	2,539.86
부가가치의 구성					(단위: 백만 원)
영업잉여	6,352	7,394	8,337	7,985	7,242
인건비	3,466	3,326	3,912	3,723	3,524
금융비용	-375	-576	-491	-443	-453
감가상각비	1,078	787	614	674	450

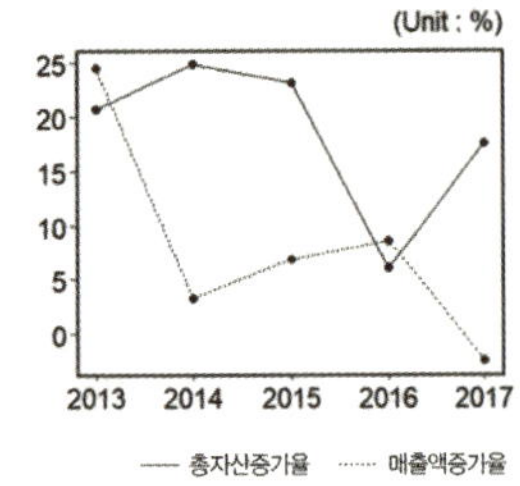

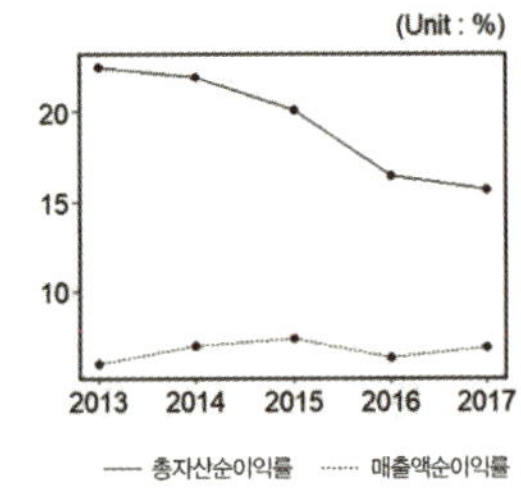

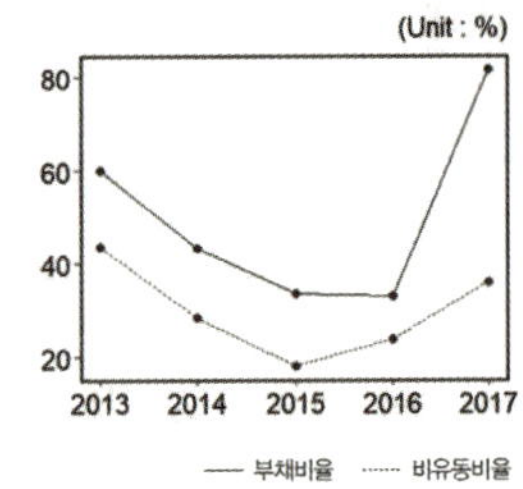

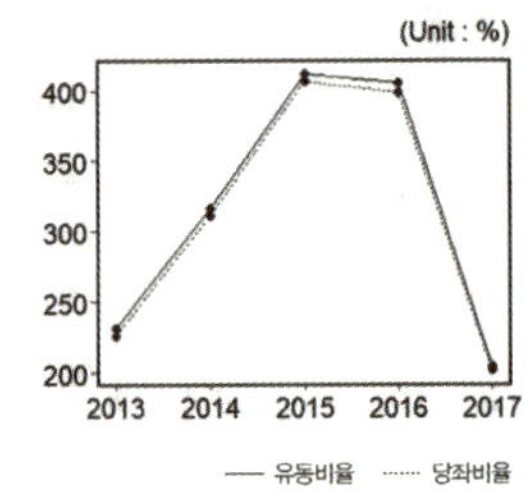

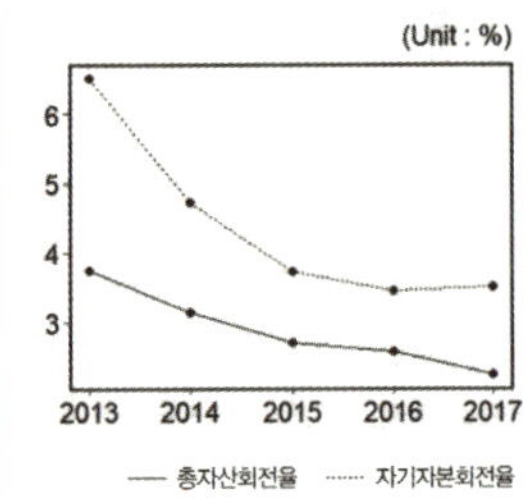

46 ㈜할리스에프앤비(047832) HOLLYS F&B Co., Ltd 외

HOLLYS COFFEE

설립일	2005.02.01	대표이사	정수연 외 1인
업종	커피 전문점	업종코드	56221
소재지	서울특별시 강남구 강남대로	주요브랜드	할리스커피, 디초콜릿커피, 할리스커피클럽

	2013	2014	2015	2016	2017
재무상태표					(단위: 백만 원)
유동자산	35,069	24,522	28,686	39,856	30,244
당좌자산	33,167	22,191	25,738	35,892	25,925
재고자산	1,902	2,331	2,948	3,964	4,319
비유동자산	28,825	49,811	61,690	65,310	70,900
투자자산	617	647	1,213	1,206	40
유형자산	14,283	24,116	29,199	29,862	32,828
무형자산	620	1,651	1,777	1,682	2,794
자산총계	63,893	74,333	90,376	105,165	101,144
유동부채	11,055	10,483	14,112	19,573	26,339
비유동부채	3,334	2,414	10,225	10,441	8,078
자본	49,504	61,435	66,038	75,151	66,726
부채 및 자본합계	63,893	74,333	90,376	105,165	101,144
손익계산서					(단위: 백만 원)
매출액	68,595	80,313	108,584	128,621	140,862
매출원가	47,715	56,995	79,814	92,325	101,191
매출총손익	20,880	23,318	28,770	36,296	39,671
판매비 및 관리비	13,857	17,745	21,914	23,563	24,300
영업손익	7,023	5,573	6,857	12,734	15,371
법인세비용차감전순손익	4,447	5,848	5,817	11,533	14,556
법인세비용	859	878	1,214	2,420	2,077
계속사업이익	3,588	4,970	4,603	9,113	12,479
중단사업손익	0	0	0	0	0
당기순손익	3,588	4,970	4,603	9,113	12,479
현금흐름표					(단위: 백만 원)
영업활동순현금흐름	10,032	7,038	13,629	22,549	20,778
투자활동순현금흐름	-30,195	-3,559	-21,752	-31,488	-2,986
재무활동순현금흐름	23,860	6,871	6,805	1,660	-16,845
성장성비율					(단위: %)
총자산증가율	83.15	16.34	21.58	16.36	-3.82
매출액증가율	4.29	17.08	35.2	18.45	9.52
수익성비율					(단위: %)
총자산순이익률	7.27	7.19	5.59	9.32	12.1
자기자본순이익률	10.89	8.96	7.22	12.91	17.59
매출액영업이익률	10.24	6.94	6.31	9.9	10.91
매출액순이익률	5.23	6.19	4.24	7.08	8.86
레버리지비율					(단위: %)
부채비율	29.07	20.99	36.85	39.94	51.58
이자보상비율	29.91	203.91	94.3	69.21	83.8
비유동비율	58.23	81.08	93.41	86.9	106.25
비유동장기적합률	54.55	78.01	80.89	76.3	94.78
유동성비율					(단위: %)
유동비율	317.22	233.91	203.27	203.63	114.83
당좌비율	300.02	211.68	182.38	183.38	98.43
현금비율	11.57	58.75	45.63	14.58	22.34
활동성비율					(단위: 회)
총자산회전율	1.39	1.16	1.32	1.32	1.37
자기자본회전율	2.08	1.45	1.7	1.82	1.99
비유동자산회전율	2.57	2.04	1.95	2.03	2.07
재고자산회전율	34.02	37.95	41.14	37.22	34.01
생산성비율					(단위: %)
총자본투자효율	20.15	22.71	24.04	28.63	33.53
설비투자효율	90.14	70	74.41	108.56	110.98
부가가치의 구성					(단위: 백만 원)
영업잉여	6,952	6,048	7,048	12,966	15,635
인건비	5,089	5,901	7,660	9,501	9,916
금융비용	152	-555	-147	-171	-228
감가상각비	3,013	4,701	7,335	8,303	8,670

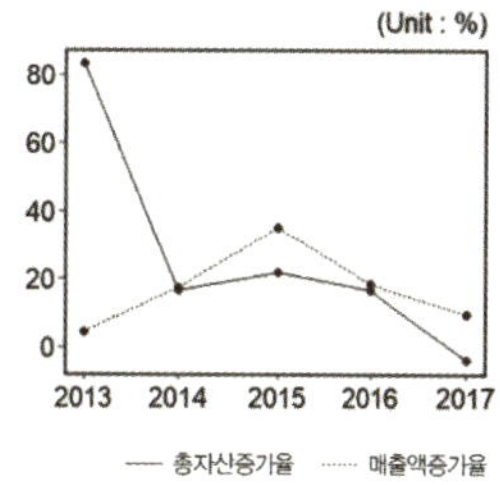

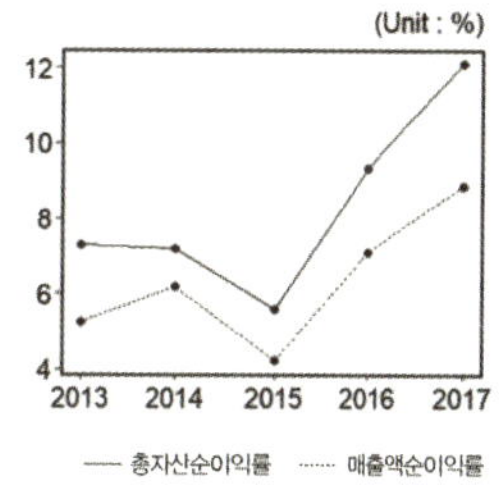

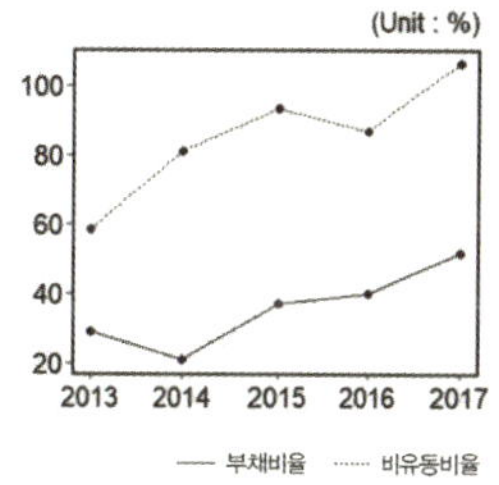

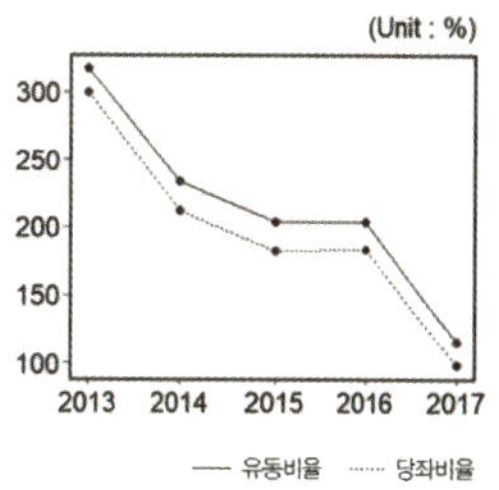

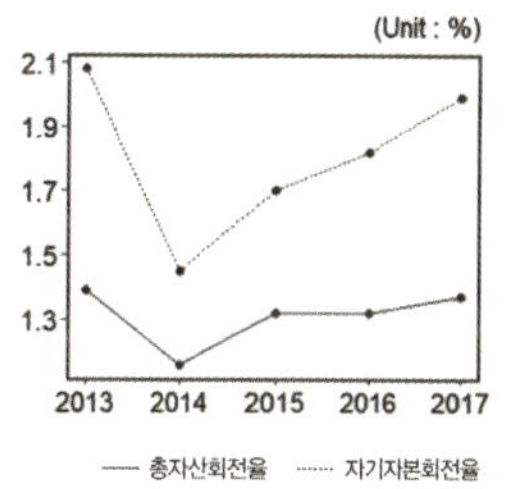

47 ㈜핫시즈너(73954) hotseasoner 외

Hotseasoner

설립일	2009.11.13	대표이사	금교일
업종	김밥 및 기타 간이 음식점업	업종코드	56194
소재지	서울시 강남구 선릉로	주요브랜드	동대문엽기떡볶이

	2013	2014	2015	2016	2017
재무상태표					(단위: 백만 원)
유동자산	-	8,867	10,594	10,453	12,589
당좌자산	-	8,867	10,502	10,252	12,279
재고자산	-	0	92	201	311
비유동자산	-	4,071	6,319	9,373	9,901
투자자산	-	847	511	824	743
유형자산	-	2,071	4,712	5,128	3,795
무형자산	-	208	152	1,996	3,585
자산총계	-	12,938	16,913	19,827	22,490
유동부채	-	3,773	4,086	4,905	6,163
비유동부채	-	698	580	54	97
자본	-	8,468	12,247	14,867	16,230
부채 및 자본합계	-	12,938	16,913	19,827	22,490
손익계산서					(단위: 백만 원)
매출액	-	36,170	45,585	43,269	49,914
매출원가	-	23,770	29,909	28,696	33,053
매출총손익	-	12,401	15,676	14,573	16,861
판매비 및 관리비	-	5,949	7,550	10,177	11,940
영업손익	-	6,452	8,126	4,396	4,921
법인세비용차감전순손익	-	6,457	8,302	4,339	4,140
법인세비용	-	1,398	1,814	1,119	1,177
계속사업이익	-	5,059	6,488	3,220	2,963
중단사업손익	-	0	0	0	0
당기순손익	-	5,059	6,488	3,220	2,963
현금흐름표					(단위: 백만 원)
영업활동순현금흐름	-	3,305	4,794	4,563	6,650
투자활동순현금흐름	-	-2,662	-3,288	-1,139	-1,010
재무활동순현금흐름	-	27	-1,514	-733	-2,290
성장성비율					(단위: %)
총자산증가율	-	0	30.72	17.23	13.43
매출액증가율	-	0	26.03	-5.08	15.36
수익성비율					(단위: %)
총자산순이익률	-	78.2	43.47	17.53	14
자기자본순이익률	-	119.48	62.64	23.75	19.06
매출액영업이익률	-	17.84	17.83	10.16	9.86
매출액순이익률	-	13.99	14.23	7.44	5.94
레버리지비율					(단위: %)
부채비율	-	52.79	38.1	33.36	38.57
이자보상비율	-	150.13	101.36	60.1	129.56
비유동비율	-	48.07	51.6	63.05	61
비유동장기적합률	-	44.41	49.26	62.82	60.64
유동성비율					(단위: %)
유동비율	-	235.05	259.27	213.1	204.28
당좌비율	-	235.05	257.01	208.99	199.24
현금비율	-	9.31	7.72	33.57	54.48
활동성비율					(단위: 회)
총자산회전율	-	5.59	3.05	2.36	2.36
자기자본회전율	-	8.54	4.4	3.19	3.21
비유동자산회전율	-	17.77	8.77	5.51	5.18
재고자산회전율	-	0	986.27	294.5	195
생산성비율					(단위: %)
총자본투자효율	-	75.07	69.94	46.38	46.25
설비투자효율	-	489.1	254.33	179.32	274.11
부가가치의 구성					(단위: 백만 원)
영업잉여	-	6,442	8,081	4,340	4,982
인건비	-	2,179	2,571	3,232	3,794
금융비용	-	42	63	55	7
감가상각비	-	419	364	621	1,271

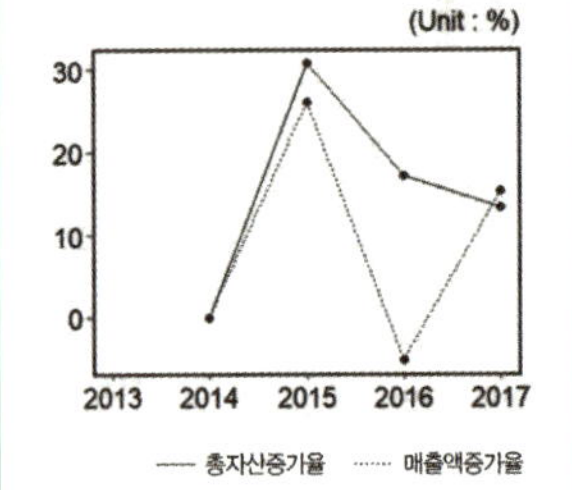

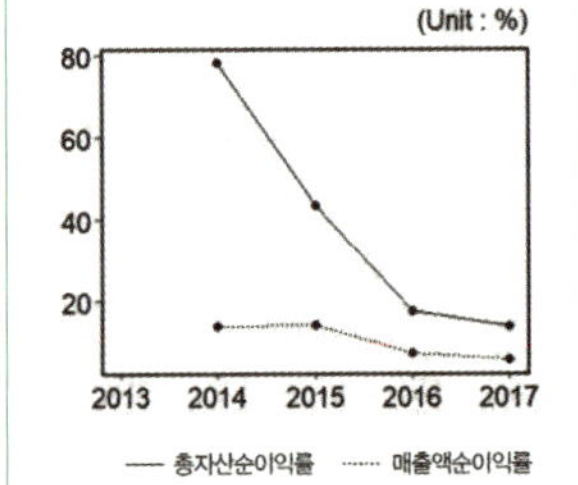

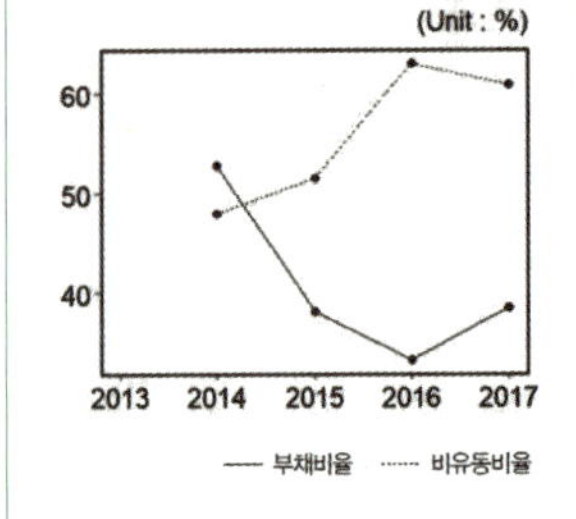

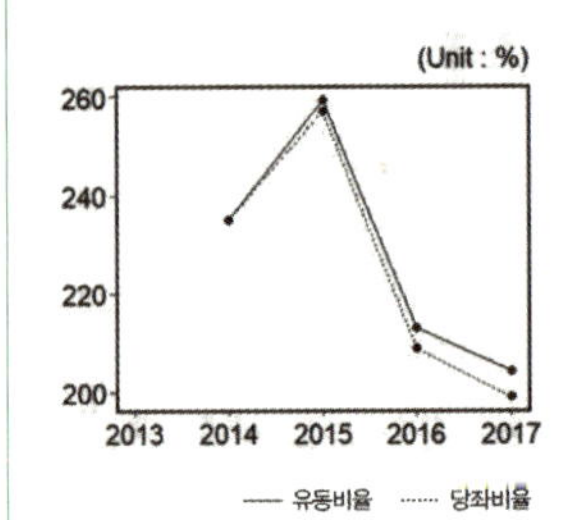

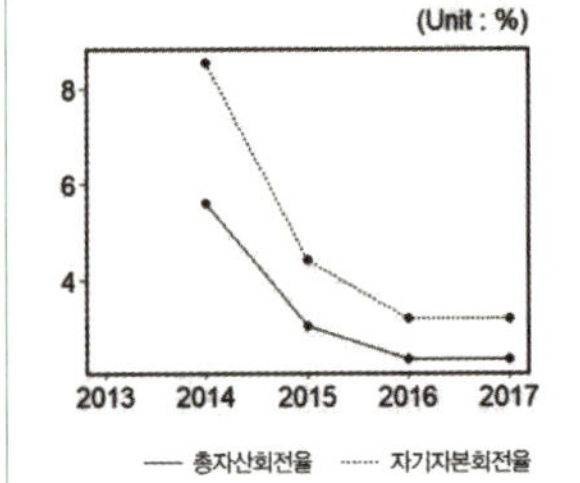

48 ㈜혜인식품(056386) Hae In Food Co.,Ltd 외

설립일	2006.01.05	대표이사	현철호, 현광식
업종	다업종기업	업종코드	56300
소재지	서울특별시 도봉구 노해로	주요브랜드	네네치킨, 네네피자

	2013	2014	2015	2016	2017
재무상태표					(단위: 백만 원)
유동자산	30,382	46,751	55,791	68,459	75,641
당좌자산	29,897	46,053	54,963	67,598	74,728
재고자산	485	698	828	860	914
비유동자산	15,550	17,315	17,246	17,836	22,186
투자자산	916	984	1,193	1,426	6,129
유형자산	14,134	16,132	15,895	16,272	15,939
무형자산	205	132	106	87	78
자산총계	45,932	64,065	73,037	86,295	97,827
유동부채	6,874	9,437	11,270	8,340	5,344
비유동부채	495	365	375	375	603
자본	38,564	54,263	61,393	77,580	91,880
부채 및 자본합계	45,932	64,065	73,037	86,295	97,827
손익계산서					(단위: 백만 원)
매출액	41,432	59,163	61,045	56,759	55,534
매출원가	26,906	37,120	36,655	33,108	33,046
매출총손익	14,525	22,043	24,390	23,651	22,487
판매비 및 관리비	2,288	2,968	3,284	3,714	9,524
영업손익	12,237	19,075	21,106	19,937	12,963
법인세비용차감전순손익	12,918	19,968	21,975	20,695	18,315
법인세비용	2,767	4,268	4,845	4,508	4,034
계속사업이익	10,151	15,700	17,130	16,187	14,280
중단사업손익	0	0	0	0	0
당기순손익	10,151	15,700	17,130	16,187	14,280
현금흐름표					(단위: 백만 원)
영업활동순현금흐름	11,003	17,524	18,051	14,280	11,373
투자활동순현금흐름	-4,507	-15,285	-14,354	-8,455	-13,681
재무활동순현금흐름	0	0	-10,000	0	0
성장성비율					(단위: %)
총자산증가율	30.35	39.48	14	18.15	13.36
매출액증가율	34.91	42.8	3.18	-7.02	-2.16
수익성비율					(단위: %)
총자산순이익률	25.01	28.55	24.99	20.32	15.51
자기자본순이익률	30.31	33.83	29.62	23.3	16.85
매출액영업이익률	29.54	32.24	34.57	35.13	23.34
매출액순이익률	24.5	26.54	28.06	28.52	25.71
레버리지비율					(단위: %)
부채비율	19.11	18.06	18.97	11.23	6.47
이자보상비율	-	-	-	-	-
비유동비율	40.32	31.91	28.09	22.99	24.15
비유동장기적합률	39.81	31.7	27.92	22.88	23.99
유동성비율					(단위: %)
유동비율	442.02	495.38	495.06	820.88	1,415.42
당좌비율	434.96	487.99	487.71	810.57	1,398.32
현금비율	27.69	22.79	7.8	14.86	10.4
활동성비율					(단위: 회)
총자산회전율	1.02	1.08	0.89	0.71	0.6
자기자본회전율	1.24	1.27	1.06	0.82	0.66
비유동자산회전율	2.66	3.6	3.53	3.24	2.78
재고자산회전율	89.95	100.01	80.01	67.25	62.62
생산성비율					(단위: %)
총자본투자효율	29.93	32.52	30.83	25.34	20.56
설비투자효율	97.27	132.2	141.67	134.38	126.17
부가가치의 구성					(단위: 백만 원)
영업잉여	12,965	20,003	22,146	20,895	14,069
인건비	873	1,150	914	994	1,716
금융비용	-726	-925	-1,036	-955	-1,103
감가상각비	563	516	509	430	450

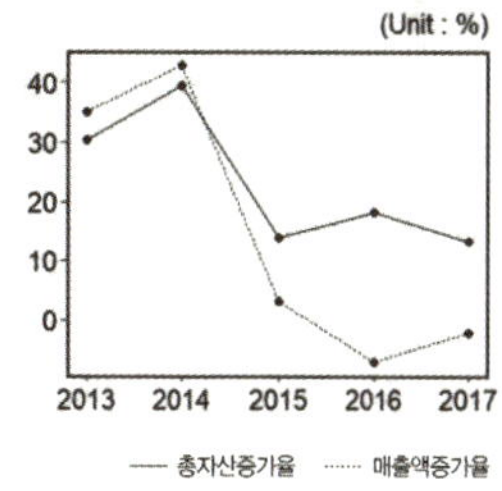

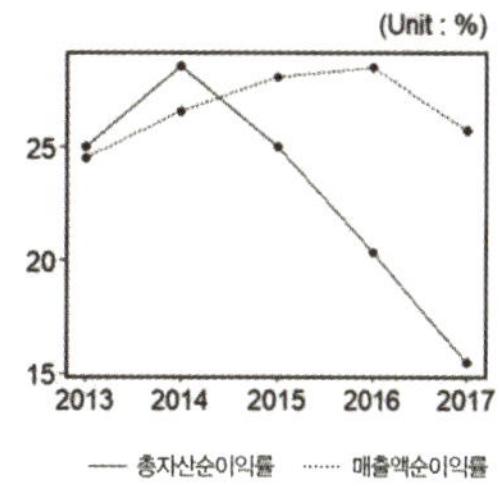

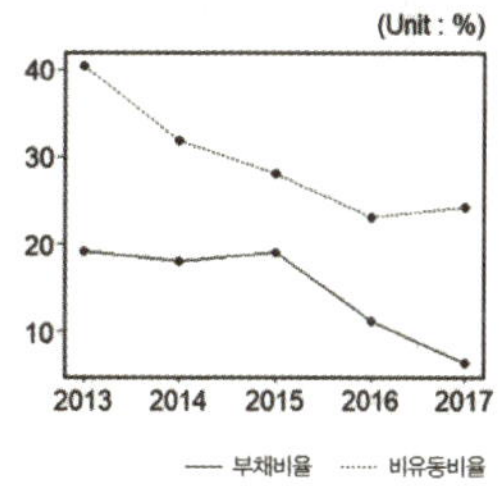

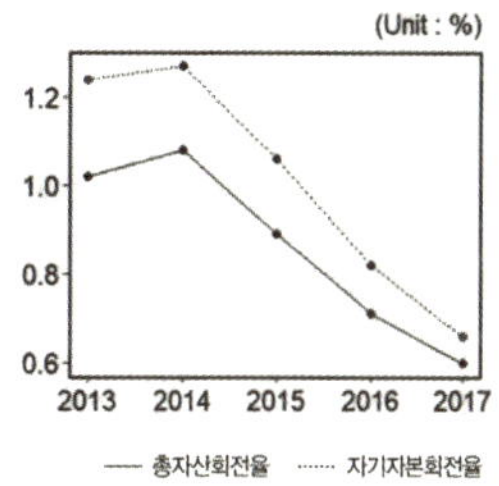

49 씨제이푸드빌㈜(019582) CJ Foodville Co., Ltd. 외

설립일	2000.06.07	대표이사	정문목
업종	다업종기업	업종코드	56300
소재지	서울특별시 중구 동호로	주요브랜드	뚜레주르, 투썸플레이스, 계절밥상

	2013	2014	2015	2016	2017
재무상태표					(단위: 백만 원)
유동자산	108,100	111,677	120,152	144,353	145,643
당좌자산	91,337	92,714	94,041	112,785	112,016
재고자산	16,763	18,963	26,111	31,568	33,628
비유동자산	343,657	378,051	441,824	415,039	484,439
투자자산	85,890	77,600	104,651	110,756	143,795
유형자산	203,661	221,430	245,446	236,654	261,064
무형자산	8,984	21,459	22,270	21,605	19,437
자산총계	451,757	489,728	561,976	559,393	630,083
유동부채	252,256	326,909	351,805	375,482	417,887
비유동부채	138,967	99,168	107,251	79,762	154,256
자본	60,534	63,651	102,920	104,149	57,939
부채 및 자본합계	451,757	489,728	561,976	559,393	630,083
손익계산서					(단위: 백만 원)
매출액	947,806	1,121,129	1,206,275	1,250,423	1,258,938
매출원가	457,416	512,810	544,887	552,677	572,446
매출총손익	490,390	608,320	661,387	697,746	686,492
판매비 및 관리비	502,812	592,168	650,872	690,133	667,423
영업손익	-12,422	16,151	10,516	7,613	19,070
법인세비용차감전순손익	-25,870	5,451	-8,169	4,311	-41,870
법인세비용	-1,870	361	-769	-902	-1,641
계속사업이익	-23,999	5,090	-7,400	5,213	-40,229
중단사업손익	0	0	0	0	0
당기순손익	-23,999	5,090	-7,400	5,213	-40,229
현금흐름표					(단위: 백만 원)
영업활동순현금흐름	41,160	77,555	70,572	60,106	82,632
투자활동순현금흐름	-70,496	-68,306	-129,071	-20,866	-172,326
재무활동순현금흐름	41,199	-22,636	52,318	-21,728	81,998
성장성비율					(단위: %)
총자산증가율	13.74	8.41	14.75	-0.46	12.64
매출액증가율	10.82	18.29	7.59	3.66	0.68
수익성비율					(단위: %)
총자산순이익률	-5.65	1.08	-1.41	0.93	-6.76
자기자본순이익률	-47.73	8.2	-8.88	5.04	-49.64
매출액영업이익률	-1.31	1.44	0.87	0.61	1.51
매출액순이익률	-2.53	0.45	-0.61	0.42	-3.2
레버리지비율					(단위: %)
부채비율	646.28	669.39	446.03	437.11	987.49
이자보상비율	-1.56	1.9	1.41	1.12	2.2
비유동비율	567.7	593.94	429.29	398.5	836.12
비유동장기적합률	172.26	232.19	210.22	225.67	228.3
유동성비율					(단위: %)
유동비율	42.85	34.16	34.15	38.44	34.85
당좌비율	36.21	28.36	26.73	30.04	26.81
현금비율	19.76	7.14	1.49	11.19	5.81
활동성비율					(단위: 회)
총자산회전율	2.23	2.38	2.29	2.23	2.12
자기자본회전율	18.85	18.06	14.48	12.08	15.53
비유동자산회전율	2.92	3.11	2.94	2.92	2.8
재고자산회전율	52.1	62.76	53.52	43.36	38.62
생산성비율					(단위: %)
총자본투자효율	68.02	81.82	78.48	85.96	66.71
설비투자효율	152.02	181.97	184.01	207.26	163.38
부가가치의 구성					(단위: 백만 원)
영업잉여	-19,222	9,152	4,090	1,682	11,091
인건비	198,546	235,921	256,576	268,258	255,315
금융비용	6,800	6,999	6,426	5,930	7,979
감가상각비	42,876	44,017	50,060	56,887	59,474

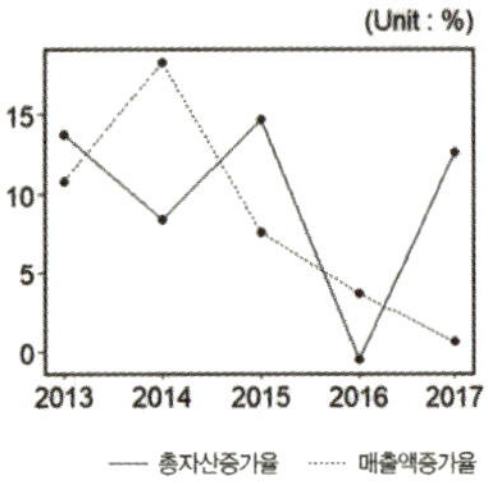

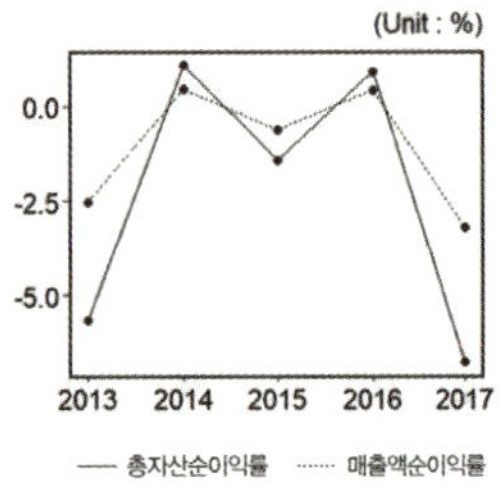

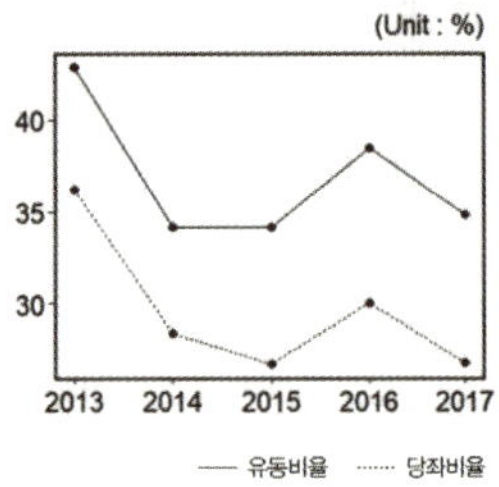

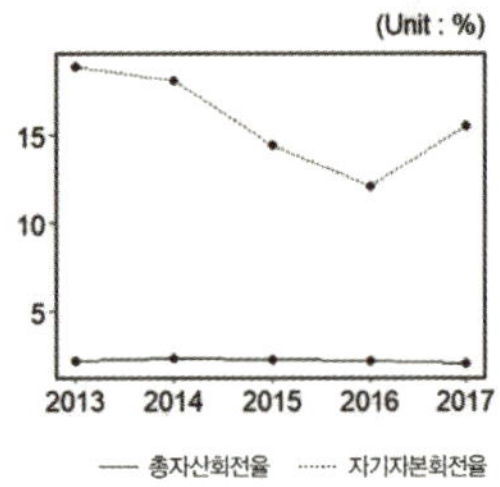

50 갓파크리에이트코리아㈜(061140) KAPPA CREATE CO.,LTD. 외

설립일	2009.04.13	대표이사	키타모리 코지
업종	한식 육류 요리 전문점업	업종코드	56113
소재지	부산광역시 연제구 반송로	주요브랜드	갓파스시

	2013	2014	2015	2016	2017
재무상태표					(단위: 백만 원)
유동자산	1,332	1,471	2,155	1,718	2,045
당좌자산	1,167	1,255	1,975	1,501	1,868
재고자산	165	217	180	217	177
비유동자산	10,628	7,481	6,349	5,993	5,726
투자자산	30	30	30	30	30
유형자산	5,636	3,649	3,231	2,982	2,703
무형자산	441	235	152	69	42
자산총계	11,961	8,952	8,504	7,711	7,772
유동부채	9,370	9,354	9,222	7,559	6,400
비유동부채	1,811	1,952	1,306	621	721
자본	779	-2,354	-2,025	-468	651
부채 및 자본합계	11,961	8,952	8,504	7,711	7,772
손익계산서					(단위: 백만 원)
매출액	12,222	11,814	12,754	14,873	15,429
매출원가	4,223	4,552	4,509	5,163	5,521
매출총손익	8,000	7,261	8,244	9,710	9,908
판매비 및 관리비	9,167	8,188	7,581	7,965	8,539
영업손익	-1,167	-927	664	1,745	1,369
법인세비용차감전순손익	-3,584	-3,133	329	1,596	1,147
법인세비용	0	0	0	40	28
계속사업이익	-3,584	-3,133	329	1,556	1,119
중단사업손익	0	0	0	0	0
당기순손익	-3,584	-3,133	329	1,556	1,119
현금흐름표					(단위: 백만 원)
영업활동순현금흐름	-331	-654	738	2,159	1,555
투자활동순현금흐름	-2,606	955	631	-71	-70
재무활동순현금흐름	2,740	-200	-900	-2,339	-1,200
성장성비율					(단위: %)
총자산증가율	-5.03	-25.15	-5.01	-9.32	0.78
매출액증가율	16.47	-3.35	7.96	16.62	3.74
수익성비율					(단위: %)
총자산순이익률	-29.19	-29.96	3.77	19.2	14.45
자기자본순이익률	-139.41	0	0	0	1,224.35
매출액영업이익률	-9.55	-7.84	5.2	11.73	8.87
매출액순이익률	-29.32	-26.52	2.58	10.47	7.25
레버리지비율					(단위: %)
부채비율	1,435.80	0	0	0	1,094.07
이자보상비율	-3.44	-2.32	1.89	12.97	16.36
비유동비율	1,364.75	0	0	0	879.85
비유동장기적합률	410.34	0	0	0	417.42
유동성비율					(단위: %)
유동비율	14.22	15.73	23.36	22.73	31.96
당좌비율	12.45	13.41	21.42	19.86	29.18
현금비율	57.55	58.96	62.01	63.19	67
활동성비율					(단위: 회)
총자산회전율	1	1.13	1.46	1.83	1.99
자기자본회전율	4.75	0	0	0	168.83
비유동자산회전율	1.12	1.3	1.84	2.41	2.63
재고자산회전율	77.38	61.83	64.33	75.08	78.31
생산성비율					(단위: %)
총자본투자효율	31.99	38.68	74.62	98.88	98.21
설비투자효율	67.9	94.91	196.41	255.69	282.38
부가가치의 구성					(단위: 백만 원)
영업잉여	-1,504	-1,324	313	1,612	1,287
인건비	3,837	3,548	3,393	3,681	4,226
금융비용	337	397	350	133	83
감가상각비	1,121	740	501	427	331

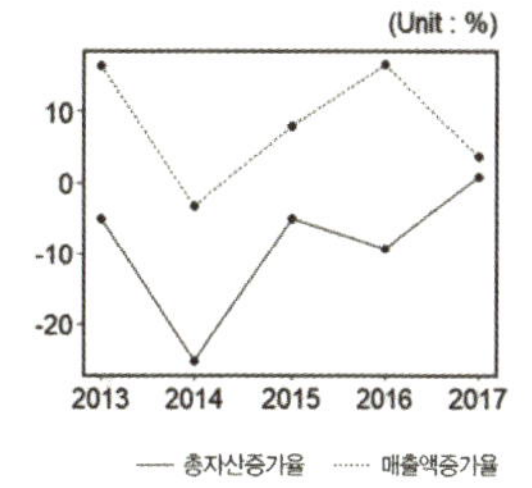

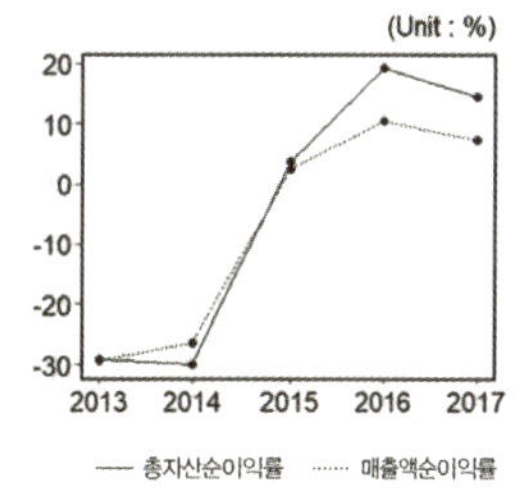

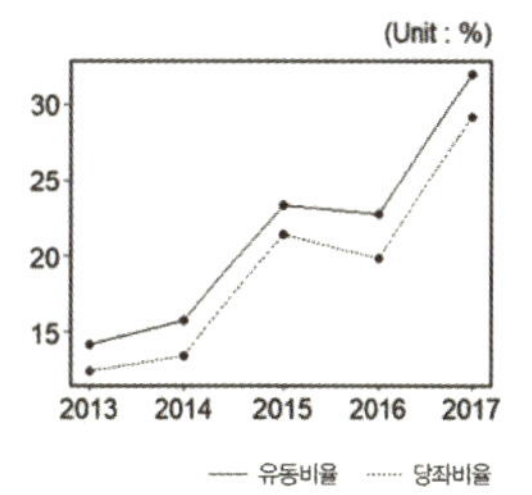

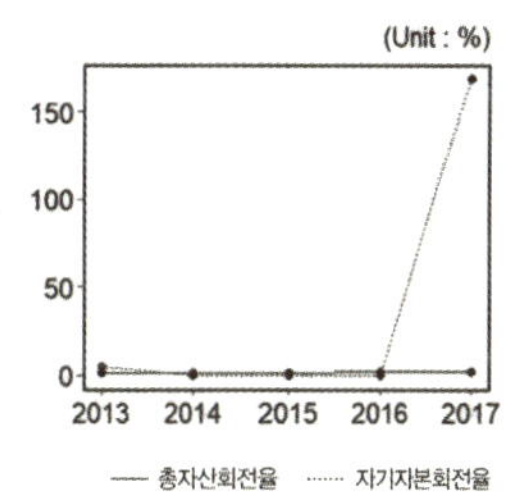

51 교촌에프앤비㈜(038824) DADOGLOBAL.CO.LTD 외

설립일	1999.11.12	대표이사	권원강
업종	치킨 전문점	업종코드	56193
소재지	경상북도 칠곡군 가산면	주요브랜드	교촌치킨

	2013	2014	2015	2016	2017
재무상태표					(단위: 백만 원)
유동자산	19,600	16,560	13,784	14,541	15,070
당좌자산	16,638	13,868	10,785	12,819	12,732
재고자산	2,962	2,691	2,999	1,723	2,338
비유동자산	30,245	34,898	41,853	44,366	48,371
투자자산	10,228	7,598	14,915	15,503	10,113
유형자산	16,875	23,228	22,773	21,808	32,069
무형자산	989	1,763	1,610	4,231	3,448
자산총계	49,846	51,457	55,637	58,907	63,442
유동부채	36,114	30,017	31,139	27,933	31,755
비유동부채	3,121	3,510	10,091	6,064	3,579
자본	10,611	17,930	14,406	24,910	28,107
부채 및 자본합계	49,846	51,457	55,637	58,907	63,442
손익계산서					(단위: 백만 원)
매출액	174,148	227,870	257,568	291,135	318,848
매출원가	137,946	176,257	197,521	225,104	249,796
매출총손익	36,202	51,613	60,047	66,031	69,052
판매비 및 관리비	27,010	36,575	44,897	48,333	48,639
영업손익	9,192	15,038	15,150	17,697	20,414
법인세비용차감전순손익	3,596	10,712	10,348	14,528	8,560
법인세비용	2,928	2,770	3,373	4,194	4,987
계속사업이익	668	7,941	6,976	10,333	3,573
중단사업손익	0	0	0	0	0
당기순손익	668	7,941	6,976	10,333	3,573
현금흐름표					(단위: 백만 원)
영업활동순현금흐름	6,584	14,043	12,649	13,855	25,696
투자활동순현금흐름	-3,469	-2,023	-20,696	-6,836	-18,315
재무활동순현금흐름	-2,245	-10,112	5,780	-5,083	-4,872
성장성비율					(단위: %)
총자산증가율	8.03	3.23	8.12	5.88	7.7
매출액증가율	22.19	30.85	13.03	13.03	9.52
수익성비율					(단위: %)
총자산순이익률	1.39	15.68	13.03	18.04	5.84
자기자본순이익률	5.34	55.65	43.14	52.57	13.48
매출액영업이익률	5.28	6.6	5.88	6.08	6.4
매출액순이익률	0.38	3.48	2.71	3.55	1.12
레버리지비율					(단위: %)
부채비율	369.74	186.99	286.2	136.48	125.72
이자보상비율	10.23	19.35	22.79	32.15	50.76
비유동비율	285.03	194.63	290.52	178.11	172.1
비유동장기적합률	220.25	162.76	170.85	143.24	152.66
유동성비율					(단위: %)
유동비율	54.27	55.17	44.26	52.06	47.46
당좌비율	46.07	46.2	34.63	45.89	40.09
현금비율	16.23	30.73	20.48	32.73	48.23
활동성비율					(단위: 회)
총자산회전율	3.63	4.5	4.81	5.08	5.21
자기자본회전율	13.9	15.97	15.93	14.81	12.03
비유동자산회전율	6.02	7	6.71	6.75	6.88
재고자산회전율	71.72	80.62	90.53	123.32	157.03
생산성비율					(단위: %)
총자본투자효율	33.68	59.3	60.95	64.08	54.89
설비투자효율	100.96	152.27	158.28	187.03	116.2
부가가치의 구성					(단위: 백만 원)
영업잉여	8,961	14,562	14,657	18,504	20,111
인건비	10,063	15,322	17,503	18,110	20,901
금융비용	242	475	512	444	257
감가상각비	1,160	1,538	2,529	2,488	2,861

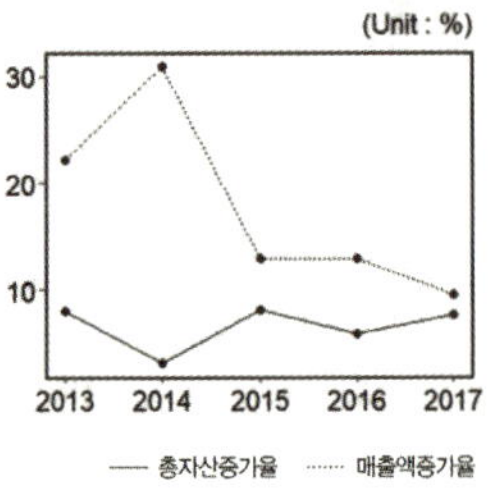

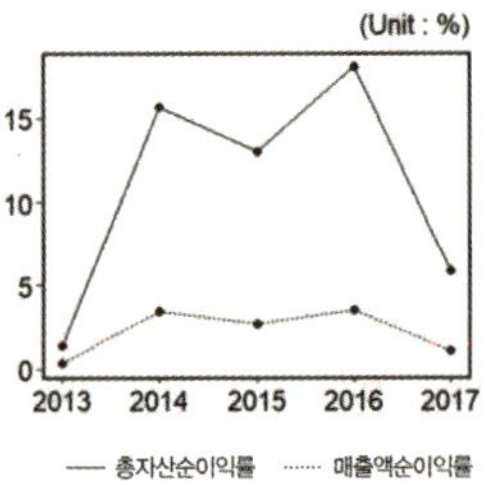

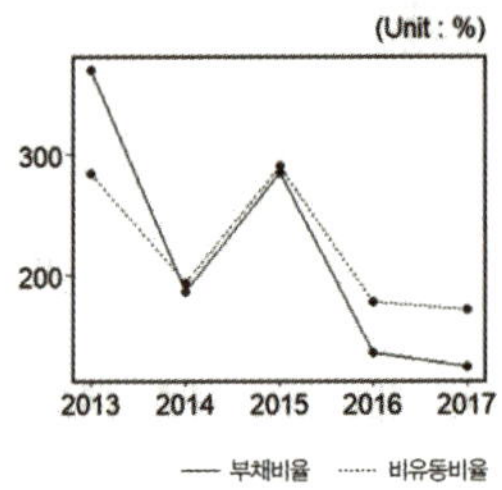

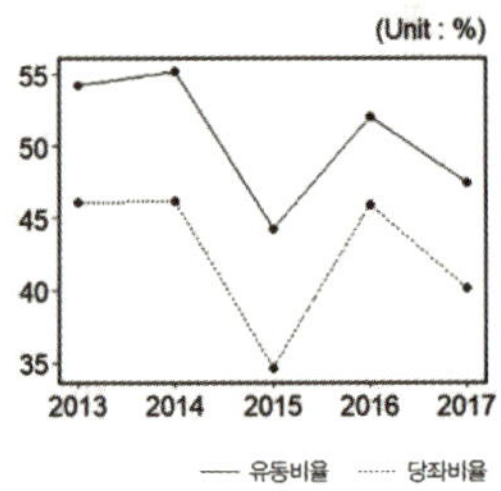

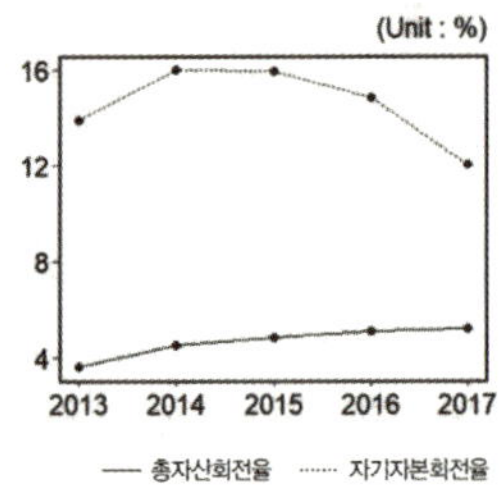

52 로쏘 주식회사(74249) ROSSO

외

설립일	2001.09.01	대표이사	임영진
업종	제과점업	업종코드	56191
소재지	대전광역시 중구 대종로	주요브랜드	성심당, 케익부띠끄, 옛맛솜씨

	2013	2014	2015	2016	2017
재무상태표					(단위: 백만 원)
유동자산	–	12,824	18,655	24,343	29,088
당좌자산	–	12,360	18,180	23,842	28,423
재고자산	–	463	475	500	665
비유동자산	–	7,281	7,788	10,647	10,841
투자자산	–	1,195	1,329	4,216	2,277
유형자산	–	5,981	6,361	6,337	8,134
무형자산	–	105	98	93	0
자산총계	–	20,105	26,443	34,989	39,929
유동부채	–	4,189	3,887	3,716	4,640
비유동부채	–	0	193	2,335	2,700
자본	–	15,916	22,362	28,939	32,590
부채 및 자본합계	–	20,105	26,443	34,989	39,929
손익계산서					(단위: 백만 원)
매출액	–	38,555	40,721	40,653	42,345
매출원가	–	25,001	20,851	20,713	22,505
매출총손익	–	13,554	19,870	19,940	19,840
판매비 및 관리비	–	1,689	9,716	10,389	12,247
영업손익	–	11,865	10,153	9,551	7,593
법인세비용차감전순손익	–	11,581	8,764	9,583	7,411
법인세비용	–	2,025	1,685	1,869	1,465
계속사업이익	–	9,556	7,079	7,715	5,946
중단사업손익	–	0	0	0	0
당기순손익	–	9,556	7,079	7,715	5,946
현금흐름표					(단위: 백만 원)
영업활동순현금흐름	–	11,366	9,718	9,004	8,045
투자활동순현금흐름	–	-10,338	-8,890	-7,694	-7,874
재무활동순현금흐름	–	-1,034	-544	-1,478	90
성장성비율					(단위: %)
총자산증가율	–	0	31.52	32.32	14.12
매출액증가율	–	0	5.62	-0.16	4.16
수익성비율					(단위: %)
총자산순이익률	–	95.06	30.42	25.12	15.87
자기자본순이익률	–	120.08	36.99	30.08	19.33
매출액영업이익률	–	30.77	24.93	23.49	17.93
매출액순이익률	–	24.79	17.38	18.98	14.04
레버리지비율					(단위: %)
부채비율	–	26.32	18.25	20.91	22.52
이자보상비율	–	–	112,813.56	30,810.07	585.8
비유동비율	–	45.75	34.83	36.79	33.27
비유동장기적합률	–	45.75	34.53	34.04	30.72
유동성비율					(단위: %)
유동비율	–	306.14	479.88	655.06	626.93
당좌비율	–	295.08	467.67	641.6	612.61
현금비율	–	7.07	6.38	4.2	4.41
활동성비율					(단위: 회)
총자산회전율	–	3.84	1.75	1.32	1.13
자기자본회전율	–	4.84	2.13	1.58	1.38
비유동자산회전율	–	10.59	5.4	4.41	3.94
재고자산회전율	–	166.44	86.83	83.38	72.69
생산성비율					(단위: %)
총자본투자효율	–	67.78	63.74	48.96	43.25
설비투자효율	–	227.83	275.11	286.26	212.32
부가가치의 구성					(단위: 백만 원)
영업잉여	–	11,973	10,457	9,907	7,943
인건비	–	1,050	7,044	6,385	7,888
금융비용	–	-108	-292	-301	-350
감가상각비	–	922	1,035	939	1,536

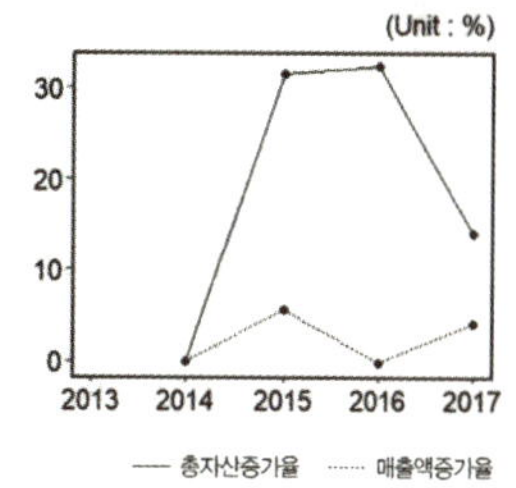

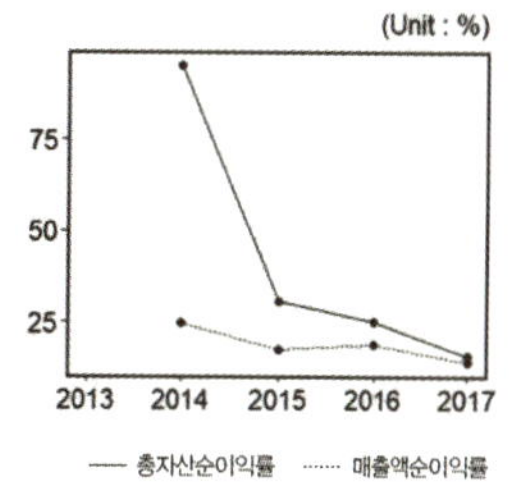

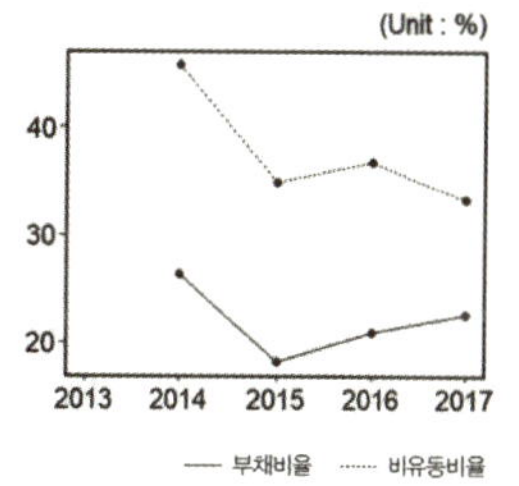

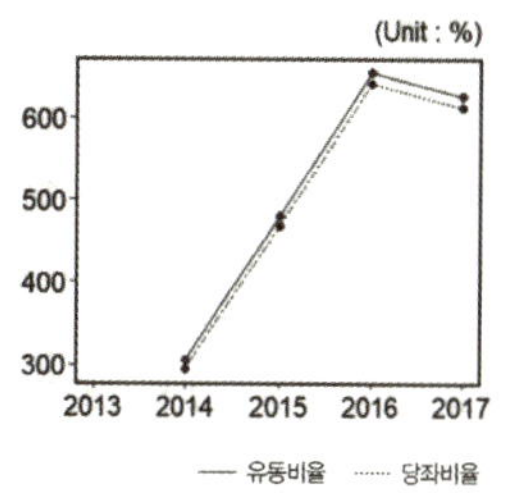

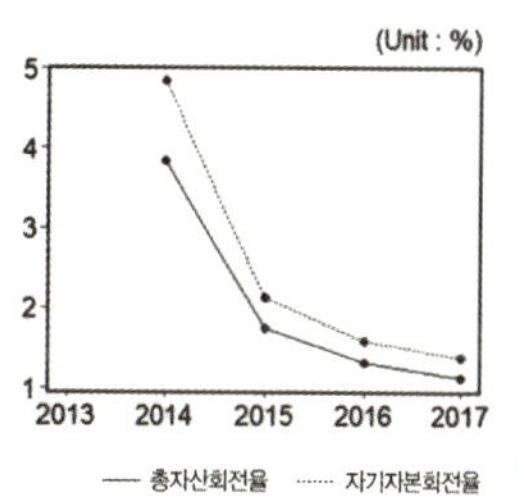

53 롯데지알에스㈜(017809) LOTTEGRS Co., Ltd.			외
설립일	1979.10.25	대표이사	남익우
업종	피자, 햄버거, 샌드위치 및 유사 음식점업	업종코드	56300
소재지	서울시 용산구 한강대로	주요브랜드	롯데리아, 엔제리너스, 크리스피크림

	2013	2014	2015	2016	2017
재무상태표					(단위: 백만 원)
유동자산	157,151	160,448	218,726	255,643	231,141
당좌자산	141,067	144,516	202,927	240,435	214,353
재고자산	16,084	15,932	15,800	15,208	16,787
비유동자산	721,640	745,057	741,548	886,336	894,373
투자자산	347,961	351,560	356,744	482,031	474,145
유형자산	113,276	126,398	117,457	123,872	156,721
무형자산	26,487	24,865	33,019	31,511	32,552
자산총계	878,791	905,505	960,274	1,141,979	1,125,513
유동부채	222,054	190,779	227,019	285,173	288,553
비유동부채	86,283	118,606	173,825	300,508	258,912
자본	570,454	596,120	559,430	556,299	578,049
부채 및 자본합계	878,791	905,505	960,274	1,141,979	1,125,513
손익계산서					(단위: 백만 원)
매출액	975,513	987,090	960,108	948,882	907,066
매출원가	491,607	491,878	478,110	465,619	427,477
매출총손익	483,907	495,211	481,997	483,262	479,589
판매비 및 관리비	431,057	453,530	468,574	463,997	476,426
영업손익	52,849	41,681	13,424	19,266	3,162
법인세비용차감전순손익	47,111	47,642	-60,900	-10,541	-37,970
법인세비용	16,601	13,560	-3,711	788	-6,779
계속사업이익	30,510	34,082	-57,189	-11,328	-31,190
중단사업손익	0	0	0	0	0
당기순손익	30,510	34,082	-57,189	-11,328	-31,190
현금흐름표					(단위: 백만 원)
영업활동순현금흐름	70,061	34,145	61,172	85,781	-28,177
투자활동순현금흐름	-80,175	-60,292	-52,285	-202,344	-60,361
재무활동순현금흐름	12,180	16,788	45,000	115,650	33,365
성장성비율					(단위: %)
총자산증가율	8.69	3.04	6.05	18.92	-1.44
매출액증가율	11.27	1.19	-2.73	-1.17	-4.41
수익성비율					(단위: %)
총자산순이익률	3.62	3.82	-6.13	-1.08	-2.75
자기자본순이익률	5.58	5.84	-9.9	-2.03	-5.5
매출액영업이익률	5.42	4.22	1.4	2.03	0.35
매출액순이익률	3.13	3.45	-5.96	-1.19	-3.44
레버리지비율					(단위: %)
부채비율	54.05	51.9	71.65	105.28	94.71
이자보상비율	23.28	17.43	6.72	5.42	0.69
비유동비율	126.5	124.98	132.55	159.33	154.72
비유동장기적합률	109.88	104.24	101.13	103.45	106.86
유동성비율					(단위: %)
유동비율	70.77	84.1	96.35	89.64	80.1
당좌비율	63.53	75.75	89.39	84.31	74.29
현금비율	9.28	3.26	27.03	22.77	1.31
활동성비율					(단위: 회)
총자산회전율	1.16	1.11	1.03	0.9	0.8
자기자본회전율	1.78	1.69	1.66	1.7	1.6
비유동자산회전율	1.41	1.35	1.29	1.17	1.02
재고자산회전율	63.79	61.66	60.51	61.2	56.7
생산성비율					(단위: %)
총자본투자효율	37.15	39.02	25.66	26.17	25.45
설비투자효율	308.9	332.38	241.43	319.89	182.79
부가가치의 구성					(단위: 백만 원)
영업잉여	63,610	48,662	22,110	25,761	5,091
인건비	181,080	189,425	190,463	194,097	196,893
금융비용	-10,761	-6,989	-8,686	-6,496	-1,929
감가상각비	28,627	33,760	34,115	33,362	35,304

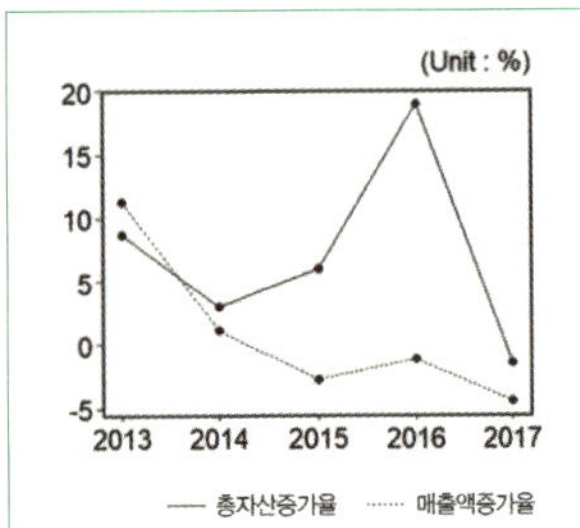

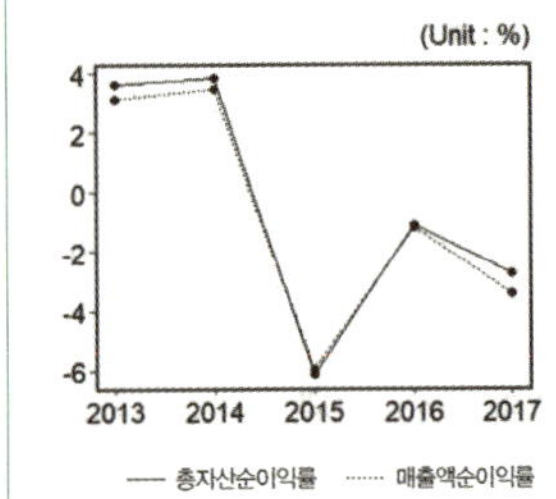

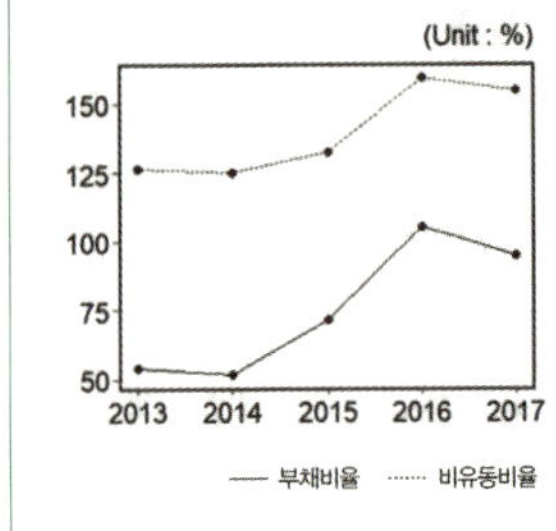

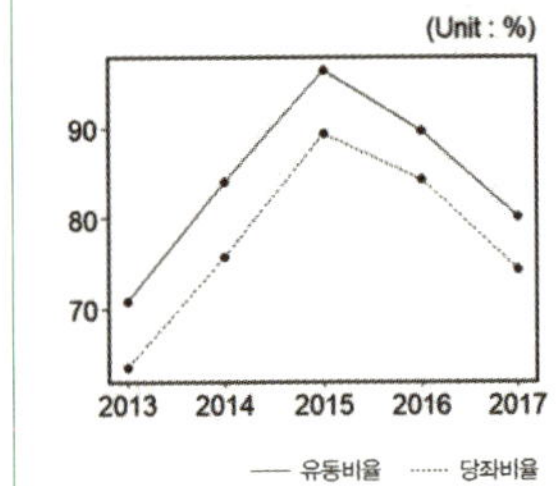

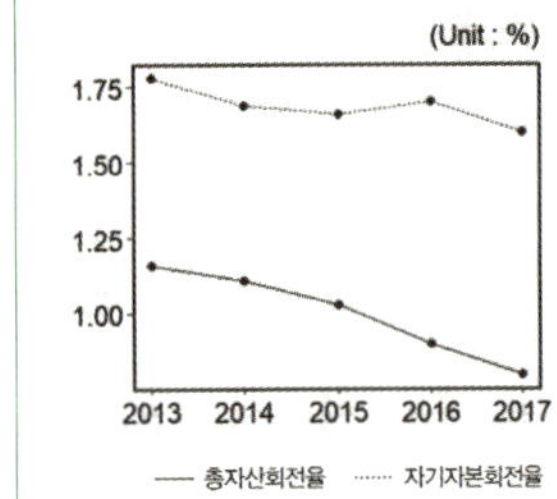

54 리치푸드㈜(048482) Rich Food Co., Ltd. 외

설립일	2002.01.29	대표이사	여영주
업종	기타 주점업	업종코드	56219
소재지	서울시 마포구 서교동	주요브랜드	피쉬앤그릴, 짚동가리쌩주, 치르치르

	2013	2014	2015	2016	2017
재무상태표					(단위: 백만 원)
유동자산	7,526	7,744	9,019	8,147	8,742
당좌자산	7,084	7,283	8,625	7,770	8,241
재고자산	443	461	394	377	501
비유동자산	11,191	10,888	10,520	9,731	9,049
투자자산	434	606	683	1,362	1,316
유형자산	7,016	6,866	7,190	6,714	6,556
무형자산	1,546	1,536	1,137	411	206
자산총계	18,718	18,632	19,539	17,878	17,792
유동부채	4,233	3,842	3,663	2,837	2,991
비유동부채	884	884	812	332	182
자본	13,601	13,906	15,064	14,710	14,619
부채 및 자본합계	18,718	18,632	19,539	17,878	17,792
손익계산서					(단위: 백만 원)
매출액	34,118	34,593	29,995	21,589	20,915
매출원가	24,150	23,916	20,027	15,487	14,750
매출총손익	9,968	10,678	9,968	6,102	6,165
판매비 및 관리비	7,500	9,052	7,688	5,552	5,238
영업손익	2,468	1,626	2,280	550	927
법인세비용차감전순손익	2,775	1,600	2,148	78	585
법인세비용	556	295	790	18	175
계속사업이익	2,219	1,305	1,358	60	409
중단사업손익	0	0	0	0	0
당기순손익	2,219	1,305	1,358	60	409
현금흐름표					(단위: 백만 원)
영업활동순현금흐름	3,092	1,909	2,670	60	2,126
투자활동순현금흐름	-2,636	-714	-2,835	198	-1,487
재무활동순현금흐름	-496	-1,000	-121	-481	-636
성장성비율					(단위: %)
총자산증가율	14.29	-0.46	4.87	-8.5	-0.48
매출액증가율	6.35	1.39	-13.29	-28.02	-3.12
수익성비율					(단위: %)
총자산순이익률	12.64	6.99	7.12	0.32	2.3
자기자본순이익률	17.35	9.49	9.38	0.4	2.79
매출액영업이익률	7.23	4.7	7.6	2.55	4.43
매출액순이익률	6.5	3.77	4.53	0.28	1.96
레버리지비율					(단위: %)
부채비율	37.62	33.98	29.7	21.54	21.7
이자보상비율	130.41	82.5	123.39	32.12	59.57
비유동비율	82.28	78.3	69.84	66.15	61.9
비유동장기적합률	77.26	73.62	66.26	64.7	61.14
유동성비율					(단위: %)
유동비율	177.79	201.55	246.24	287.19	292.29
당좌비율	167.34	189.56	235.48	273.91	275.52
현금비율	5.36	7.73	3.46	1.11	1.07
활동성비율					(단위: 회)
총자산회전율	1.94	1.85	1.57	1.15	1.17
자기자본회전율	2.67	2.52	2.07	1.45	1.43
비유동자산회전율	3.34	3.13	2.8	2.13	2.23
재고자산회전율	77.33	76.61	70.21	56.03	47.62
생산성비율					(단위: %)
총자본투자효율	41.76	41.45	36.79	19.84	21.42
설비투자효율	111.41	112.49	99.96	52.84	58.14
부가가치의 구성					(단위: 백만 원)
영업잉여	2,648	1,749	2,567	617	1,068
인건비	4,090	5,102	3,918	2,401	2,670
금융비용	-108	-113	-136	-16	-93
감가상각비	811	873	931	774	395

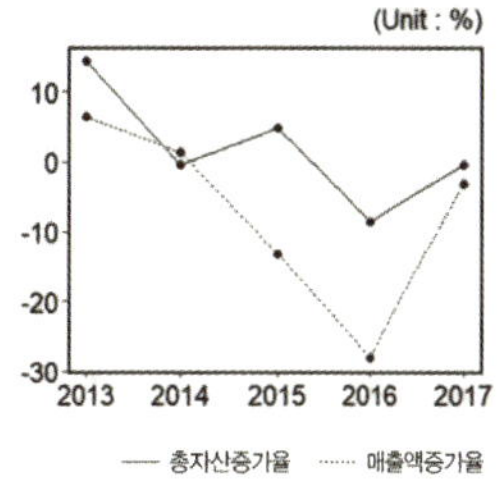

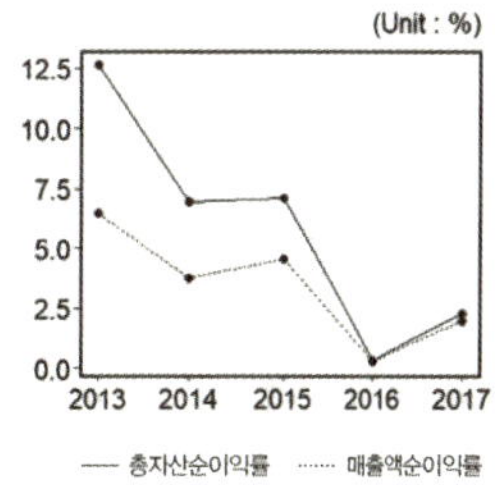

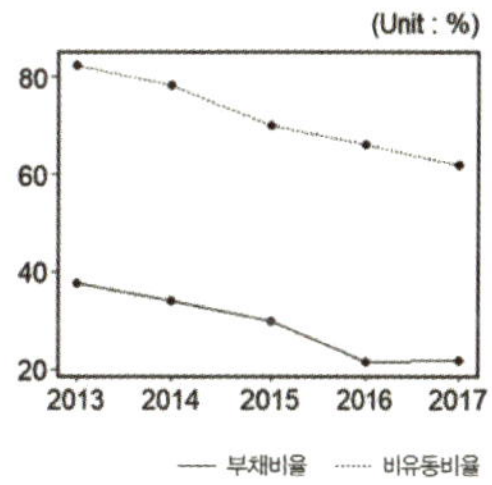

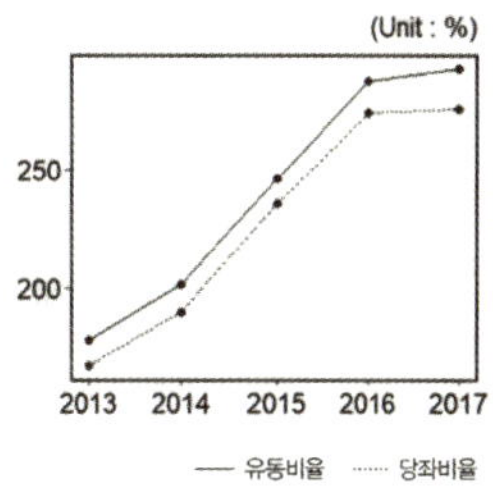

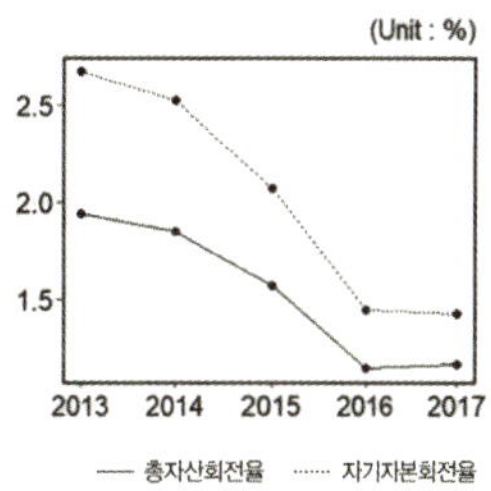

55 버자야에이치알카페코리아 주식회사(075076) Berjaya HR Cafe Korea Ltd. 외

설립일	2013.08.16	대표이사	조재형
업종	서양식 음식점업	업종코드	56123
소재지	서울특별시 송파구 올림픽로	주요브랜드	하드록카페

	2013	2014	2015	2016	2017
재무상태표					(단위: 백만 원)
유동자산	–	–	2,962	1,513	1,455
당좌자산	–	–	2,668	845	932
재고자산	–	–	293	669	523
비유동자산	–	–	5,108	10,146	8,355
투자자산	–	–	107	228	226
유형자산	–	–	3,009	7,732	6,001
무형자산	–	–	491	593	563
자산총계	–	–	8,069	11,660	9,810
유동부채	–	–	447	4,433	4,351
비유동부채	–	–	8,234	11,769	2,079
자본	–	–	-611	-4,543	3,380
부채 및 자본합계	–	–	8,069	11,660	9,810
손익계산서					(단위: 백만 원)
매출액	–	–	1,189	7,248	8,816
매출원가	–	–	1,736	9,510	10,915
매출총손익	–	–	-547	-2,262	-2,099
판매비 및 관리비	–	–	188	803	1,023
영업손익	–	–	-736	-3,066	-3,122
법인세비용차감전순손익	–	–	-691	-3,931	-3,294
법인세비용	–	–	0	0	0
계속사업이익	–	–	-691	-3,931	-3,294
중단사업손익	–	–	0	0	0
당기순손익	–	–	-691	-3,931	-3,294
현금흐름표					(단위: 백만 원)
영업활동순현금흐름	–	–	-842	-1,079	-669
투자활동순현금흐름	–	–	-510	-6,552	-175
재무활동순현금흐름	–	–	3,185	5,537	1,034
성장성비율					(단위: %)
총자산증가율	–	–	0	44.49	-15.86
매출액증가율	–	–	0	509.75	21.64
수익성비율					(단위: %)
총자산순이익률	–	–	-17.14	-39.85	-30.69
자기자본순이익률	–	–	0	0	0
매출액영업이익률	–	–	-61.89	-42.3	-35.41
매출액순이익률	–	–	-58.17	-54.24	-37.37
레버리지비율					(단위: %)
부채비율	–	–	0	0	190.23
이자보상비율	–	–	-8.45	-5.17	-12.09
비유동비율	–	–	0	0	247.19
비유동장기적합률	–	–	0	0	153.05
유동성비율					(단위: %)
유동비율	–	–	663.08	34.14	33.44
당좌비율	–	–	597.4	19.05	21.42
현금비율	–	–	75.84	10.05	23.52
활동성비율					(단위: 회)
총자산회전율	–	–	0.29	0.73	0.82
자기자본회전율	–	–	0	0	0
비유동자산회전율	–	–	0.47	0.95	0.95
재고자산회전율	–	–	8.1	15.07	14.8
생산성비율					(단위: %)
총자본투자효율	–	–	-3.81	-11.32	-4.94
설비투자효율	–	–	-10.21	-17.07	-8.08
부가가치의 구성					(단위: 백만 원)
영업잉여	–	–	–	-823	-3,657
인건비	–	–	–	47	455
금융비용	–	–	–	87	591
감가상각비	–	–	–	241	1,518

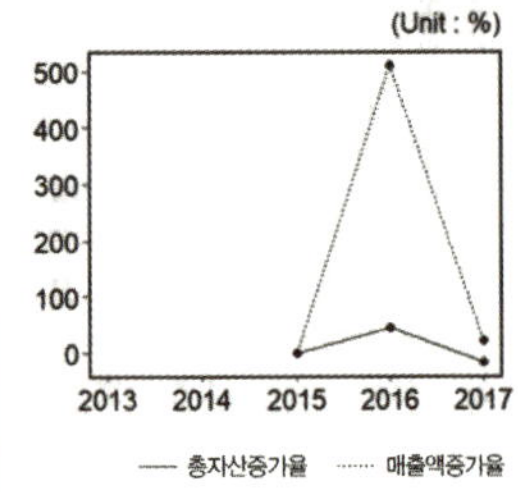

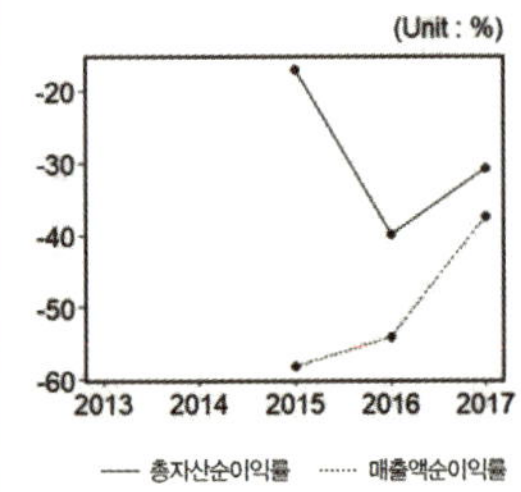

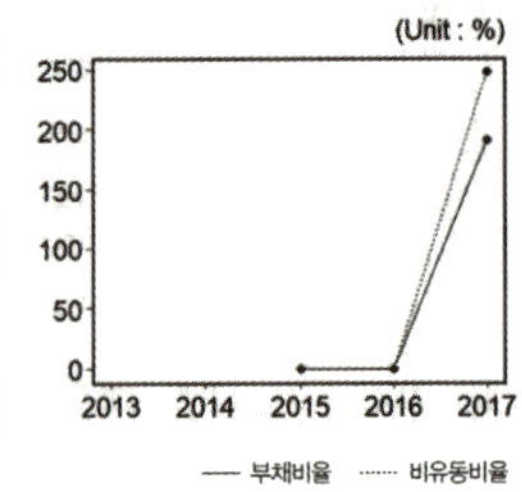

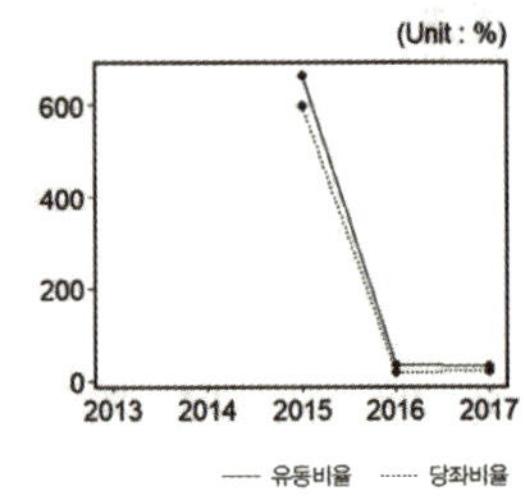

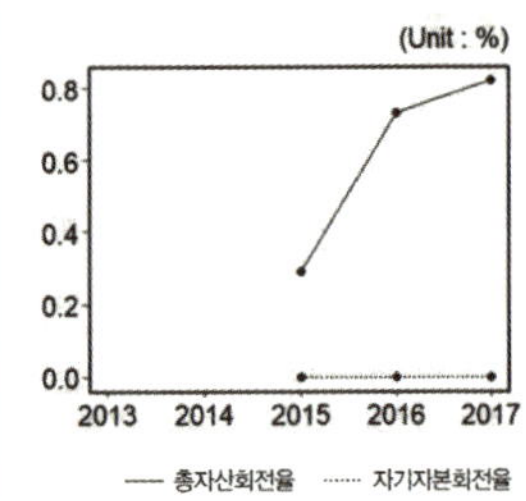

56 본아이에프㈜(052224) BONIF. CO. LTD. 외

설립일	2004.07.20	대표이사	김철호
업종	한식 일반 음식점업	업종코드	56111
소재지	서울특별시 종로구 관철동	주요브랜드	본죽, 본도시락, 본죽&비빔밥카페

	2013	2014	2015	2016	2017
재무상태표					(단위: 백만 원)
유동자산	10,244	12,494	15,804	29,061	19,781
당좌자산	8,320	10,535	13,682	26,393	17,049
재고자산	1,924	1,959	2,123	2,668	2,731
비유동자산	24,361	26,744	27,945	24,008	33,677
투자자산	1,374	5,182	10,547	9,008	20,030
유형자산	7,035	6,460	5,128	4,807	5,028
무형자산	11,142	10,095	8,868	7,384	6,054
자산총계	34,605	39,238	43,749	53,069	53,458
유동부채	14,985	19,497	19,710	22,497	21,571
비유동부채	581	1,528	0	0	0
자본	19,039	18,214	24,038	30,572	31,887
부채 및 자본합계	34,605	39,238	43,749	53,069	53,458
손익계산서					(단위: 백만 원)
매출액	117,778	129,541	143,299	161,915	172,786
매출원가	81,394	89,900	103,895	117,239	124,041
매출총손익	36,383	39,641	39,404	44,677	48,745
판매비 및 관리비	32,150	35,867	34,780	35,034	40,221
영업손익	4,233	3,774	4,624	9,643	8,524
법인세비용차감전순손익	2,930	958	1,770	8,545	7,725
법인세비용	1,554	275	917	2,003	2,043
계속사업이익	1,376	683	853	6,542	5,682
중단사업손익	0	0	0	0	0
당기순손익	1,376	683	853	6,542	5,682
현금흐름표					(단위: 백만 원)
영업활동순현금흐름	7,761	2,007	9,588	11,649	6,543
투자활동순현금흐름	-10,019	-10,707	-1,533	-1,971	-8,020
재무활동순현금흐름	60	5,370	-1,937	0	-4,313
성장성비율					(단위: %)
총자산증가율	7.65	13.39	11.49	21.3	0.73
매출액증가율	4	9.99	10.62	12.99	6.71
수익성비율					(단위: %)
총자산순이익률	4.12	1.85	2.06	13.51	10.67
자기자본순이익률	7.5	3.67	4.04	23.96	18.19
매출액영업이익률	3.59	2.91	3.23	5.96	4.93
매출액순이익률	1.17	0.53	0.6	4.04	3.29
레버리지비율					(단위: %)
부채비율	81.76	115.43	82	73.59	67.65
이자보상비율	-	140.83	68.36	139,753.91	137,485.79
비유동비율	127.95	146.84	116.25	78.53	105.61
비유동장기적합률	124.16	135.47	116.25	78.53	105.61
유동성비율					(단위: %)
유동비율	68.36	64.08	80.18	129.18	91.7
당좌비율	55.52	54.04	69.41	117.32	79.04
현금비율	57.6	20.57	54.97	63.2	63.58
활동성비율					(단위: 회)
총자산회전율	3.53	3.51	3.45	3.34	3.24
자기자본회전율	6.42	6.95	6.78	5.93	5.53
비유동자산회전율	6.03	5.07	5.24	6.23	5.99
재고자산회전율	57.13	66.72	70.22	67.6	64.01
생산성비율					(단위: %)
총자본투자효율	56.65	51.37	39.09	46.43	46.79
설비투자효율	278.63	311.99	333.46	512.66	497.52
부가가치의 구성					(단위: 백만 원)
영업잉여	4,560	4,010	4,905	9,686	8,624
인건비	11,665	13,503	10,974	12,776	14,135
금융비용	-310	-223	-213	-63	-107
감가상각비	2,128	2,440	2,088	1,848	1,751

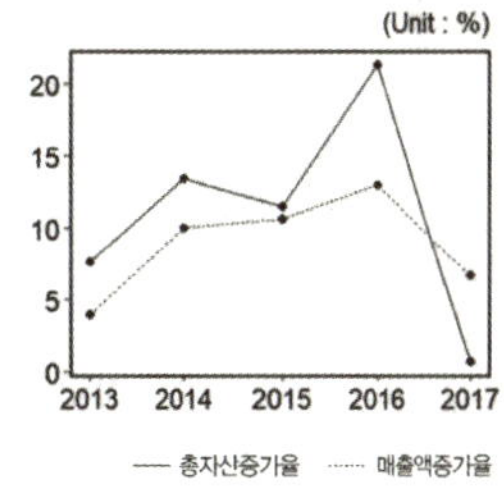

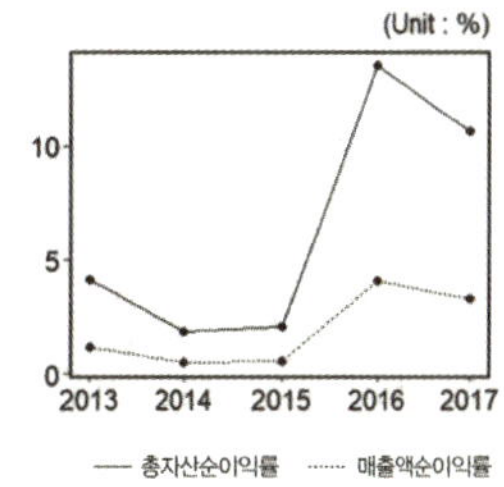

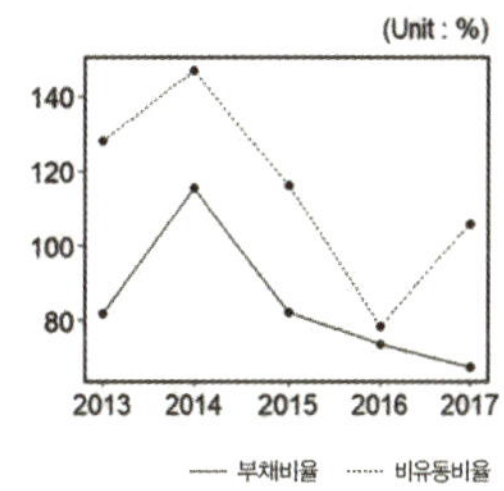

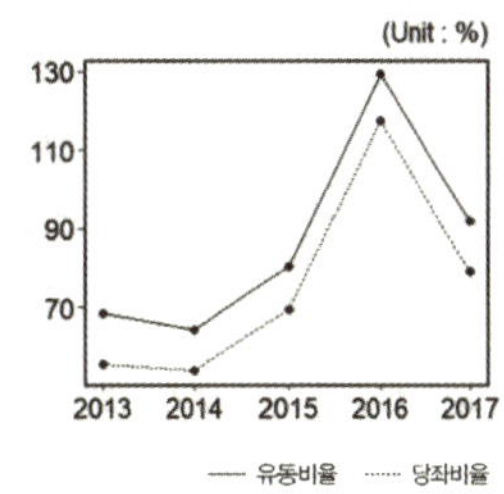

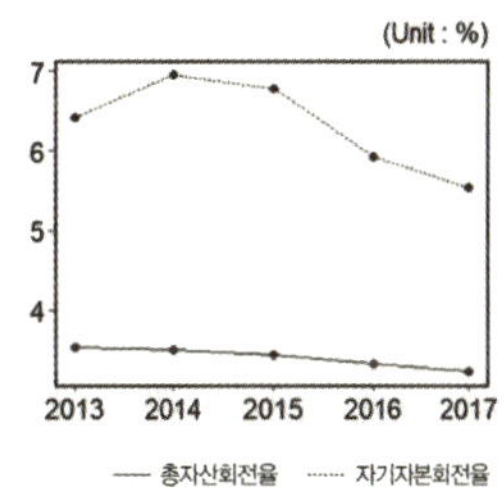

57 본촌인터내셔날㈜(070721) Bonchon International Inc. 외

설립일	2012.11.21	대표이사	서진덕
업종	치킨 전문점업	업종코드	56193
소재지	부산광역시 기장군 장안읍	주요브랜드	본촌치킨

	2013	2014	2015	2016	2017
재무상태표					(단위: 백만 원)
유동자산	520	2,300	2,416	4,791	7,407
당좌자산	520	1,747	1,882	4,080	6,652
재고자산	0	553	533	711	756
비유동자산	8,333	10,878	10,286	9,612	10,235
투자자산	2	15	73	269	192
유형자산	8,331	10,840	10,182	9,308	10,018
무형자산	0	5	11	16	16
자산총계	8,853	13,178	12,702	14,403	17,642
유동부채	3,173	4,770	8,357	2,043	1,388
비유동부채	5,562	7,792	2,616	6,860	6,380
자본	119	617	1,729	5,500	9,874
부채 및 자본합계	8,853	13,178	12,702	14,403	17,642
손익계산서					(단위: 백만 원)
매출액	0	3,171	6,018	9,790	11,373
매출원가	0	1,334	2,330	2,753	3,073
매출총손익	0	1,837	3,689	7,037	8,300
판매비 및 관리비	69	987	1,981	2,390	2,498
영업손익	-69	850	1,707	4,646	5,802
법인세비용차감전순손익	-177	541	1,467	4,492	5,023
법인세비용	0	43	238	604	532
계속사업이익	-177	498	1,229	3,888	4,491
중단사업손익	0	0	0	0	0
당기순손익	-177	498	1,229	3,888	4,491
현금흐름표					(단위: 백만 원)
영업활동순현금흐름	199	947	1,609	4,976	3,344
투자활동순현금흐름	-8,462	-3,475	-389	-86	-1,238
재무활동순현금흐름	8,139	3,385	-1,855	-2,558	-2,693
성장성비율					(단위: %)
총자산증가율	0	48.85	-3.62	13.39	22.49
매출액증가율	0	0	89.8	62.66	16.17
수익성비율					(단위: %)
총자산순이익률	-4	4.52	9.5	28.69	28.03
자기자본순이익률	-299.04	135.51	104.8	107.57	58.42
매출액영업이익률	0	26.81	28.37	47.46	51.02
매출액순이익률	0	15.71	20.42	39.72	39.49
레버리지비율					(단위: %)
부채비율	7,368	2,036.60	634.67	161.86	78.67
이자보상비율	-0.64	1.56	3.93	18.84	31.53
비유동비율	7,029.32	1,763.76	594.94	174.76	103.65
비유동장기적합률	146.7	129.38	236.76	77.77	62.97
유동성비율					(단위: %)
유동비율	16.39	48.21	28.91	234.55	533.6
당좌비율	16.39	36.62	22.53	199.73	479.15
현금비율	10.44	39.65	11.40	54.44	27.29
활동성비율					(단위: 회)
총자산회전율	0	0.29	0.47	0.72	0.71
자기자본회전율	0	8.62	5.13	2.71	1.48
비유동자산회전율	0	0.33	0.57	0.98	1.15
재고자산회전율	0	11.47	11.08	15.73	15.5
생산성비율					(단위: %)
총자본투자효율	-0.37	18.63	33.72	49.28	43.37
설비투자효율	-60.66	22.65	42.06	76.26	87.81
부가가치의 구성					(단위: 백만 원)
영업잉여	-177	496	1,277	4,404	5,622
인건비	8	561	1,067	1,456	1,517
금융비용	108	354	430	243	181
감가상각비	28	934	1,050	747	593

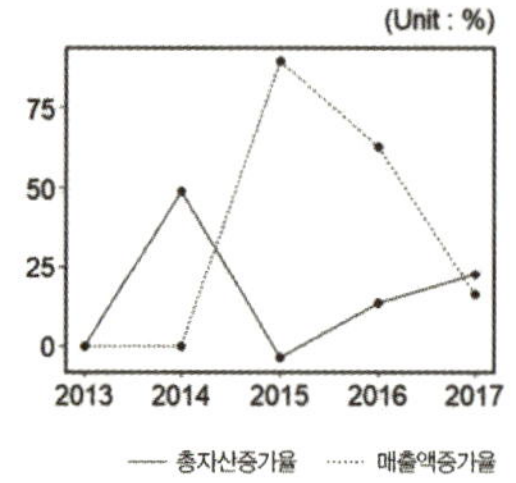

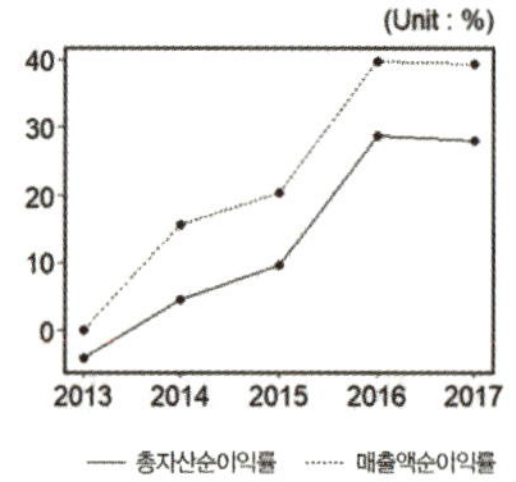

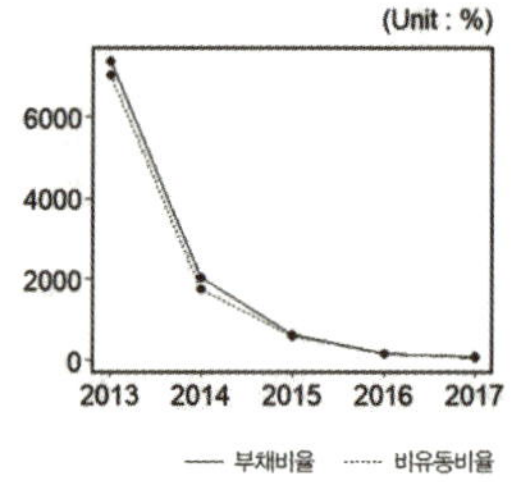

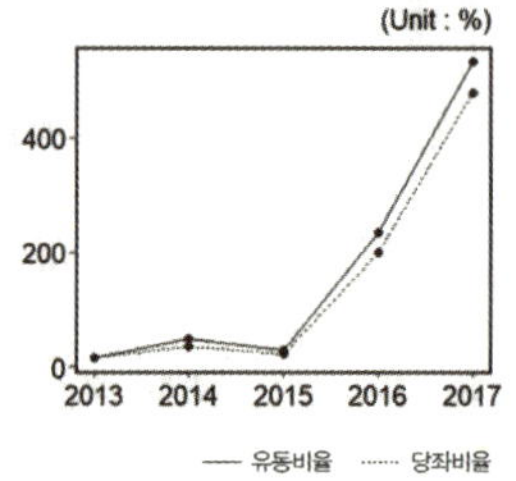

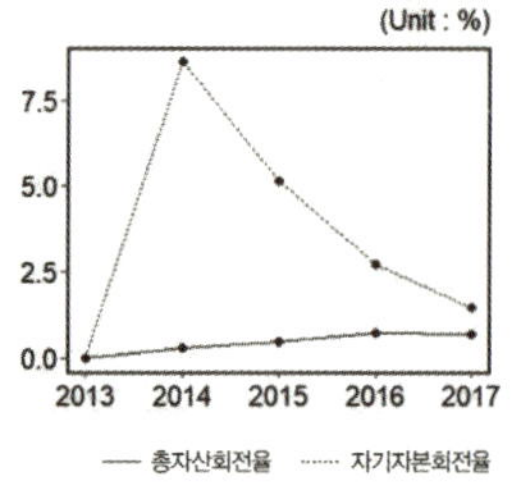

비알코리아(주)

58 비알코리아㈜(014913) B-R Korea Co.,Ltd. 외

설립일	1985.06.12	대표이사	조상호
업종	기타 비알코올 음료점업	업종코드	56229
소재지	서울시 서초구 남부순환로	주요브랜드	던킨도너츠, 베스킨라빈스

	2013	2014	2015	2016	2017
재무상태표					(단위: 백만 원)
유동자산	193,745	224,078	266,825	280,267	315,740
당좌자산	160,956	187,219	232,870	242,132	281,000
재고자산	32,789	36,858	33,954	38,135	34,740
비유동자산	208,747	186,774	182,396	190,593	183,169
투자자산	4,809	3,618	3,461	3,810	4,362
유형자산	63,191	57,890	67,892	77,450	72,702
무형자산	4,676	2,624	2,978	4,386	3,223
자산총계	402,492	410,852	449,221	470,860	498,909
유동부채	76,999	71,777	79,873	78,234	83,048
비유동부채	15,622	63	0	0	101
자본	309,871	339,013	369,348	392,626	415,759
부채 및 자본합계	402,492	410,852	449,221	470,860	498,909
손익계산서					(단위: 백만 원)
매출액	502,727	510,402	520,244	508,589	523,102
매출원가	229,092	230,150	237,207	233,342	236,407
매출총손익	273,634	280,252	283,037	275,247	286,696
판매비 및 관리비	219,032	227,829	231,248	234,740	248,284
영업손익	54,602	52,423	51,789	40,508	38,411
법인세비용차감전순손익	59,192	55,920	56,054	46,667	43,951
법인세비용	14,045	13,095	12,964	10,919	10,284
계속사업이익	45,147	42,825	43,090	35,749	33,667
중단사업손익	0	0	0	0	0
당기순손익	45,147	42,825	43,090	35,749	33,667
현금흐름표					(단위: 백만 원)
영업활동순현금흐름	69,354	44,081	67,910	38,263	52,024
투자활동순현금흐름	-50,842	-41,700	-56,355	-24,264	-37,179
재무활동순현금흐름	-8,723	-15,420	-14,411	-12,622	-10,276
성장성비율					(단위: %)
총자산증가율	10.96	2.08	9.34	4.82	5.96
매출액증가율	4.1	1.53	1.93	-2.24	2.85
수익성비율					(단위: %)
총자산순이익률	11.8	10.53	10.02	7.77	6.94
자기자본순이익률	15.43	13.2	12.17	9.38	8.33
매출액영업이익률	10.86	10.27	9.95	7.96	7.34
매출액순이익률	8.98	8.39	8.28	7.03	6.44
레버리지비율					(단위: %)
부채비율	29.89	21.19	21.63	19.93	20
이자보상비율	-	-	-	-	6,736.48
비유동비율	67.37	55.09	49.38	48.54	44.06
비유동장기적합률	64.13	55.08	49.38	48.54	44.05
유동성비율					(단위: %)
유동비율	251.62	312.19	334.06	358.24	380.19
당좌비율	209.04	260.84	291.55	309.5	338.36
현금비율	10.64	3.38	1.77	2.18	3.38
활동성비율					(단위: 회)
총자산회전율	1.31	1.26	1.21	1.11	1.08
자기자본회전율	1.72	1.57	1.47	1.33	1.29
비유동자산회전율	2.45	2.58	2.82	2.73	2.8
재고자산회전율	14	14.66	14.69	14.11	14.36
생산성비율					(단위: %)
총자본투자효율	43.43	43.21	38.5	34.1	33.45
설비투자효율	289.88	327.5	316.39	211.15	235.09
부가가치의 구성					(단위: 백만 원)
영업잉여	58,281	56,440	55,794	44,110	42,516
인건비	65,979	70,236	73,337	67,695	72,947
금융비용	-3,283	-3,963	-3,964	-3,569	-4,005
감가상각비	20,729	19,377	15,925	19,102	21,889

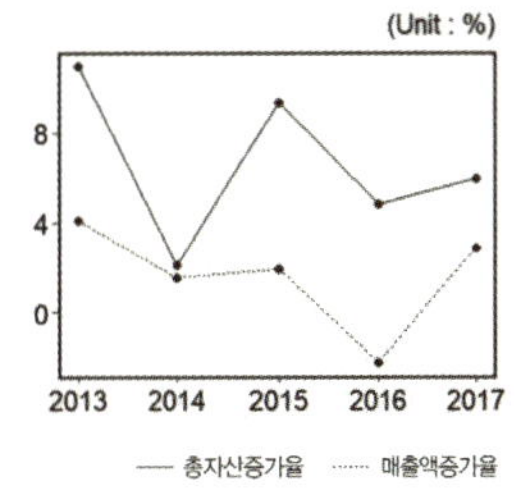

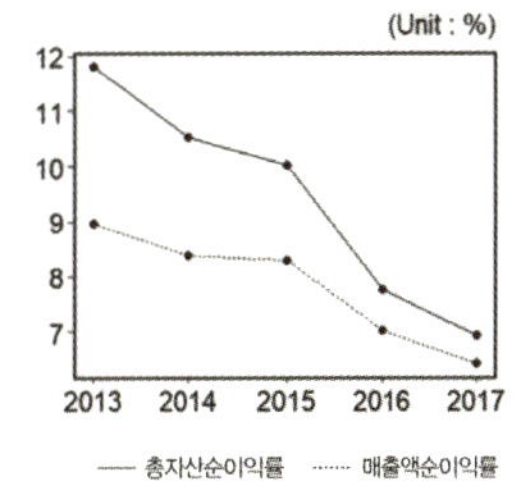

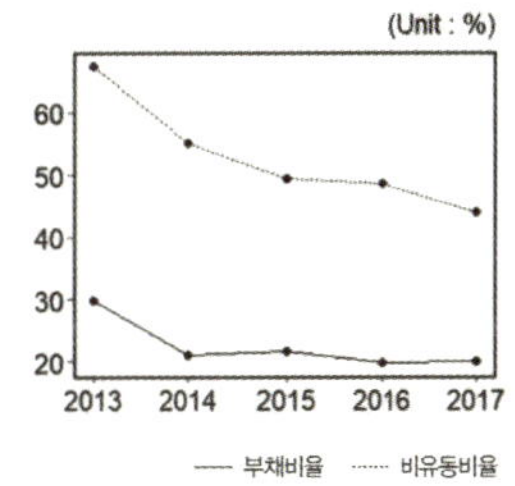

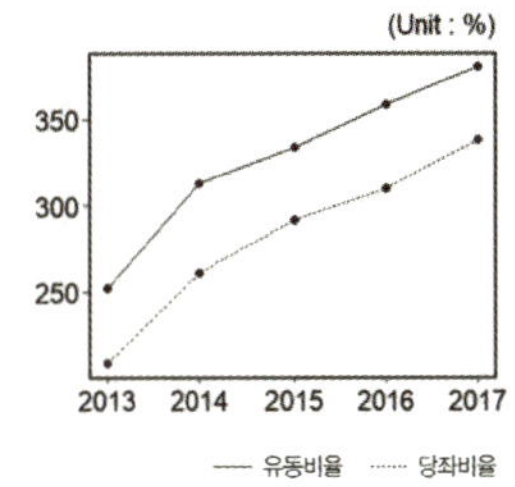

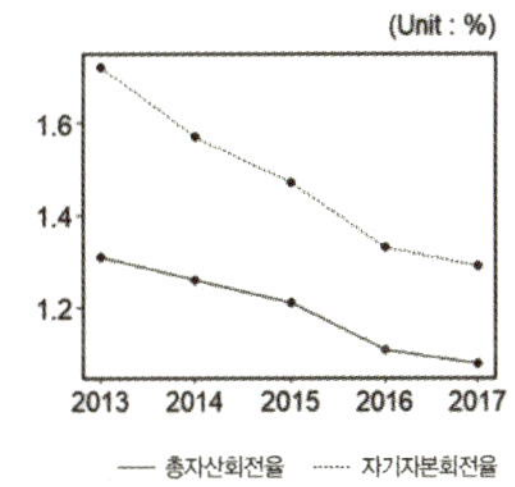

COFFEEBAY
Roasting one dream at a time

59 사과나무 주식회사(078480) APPLETREE CO., LTD. 외

설립일	2009.11.23	대표이사	백진성
업종	커피 전문점	업종코드	56221
소재지	서울시 금천구 벚꽃로	주요브랜드	커피베이

	2013	2014	2015	2016	2017
재무상태표					(단위: 백만 원)
유동자산	–	–	4,773	5,037	4,326
당좌자산	–	–	4,472	4,962	4,299
재고자산	–	–	301	75	27
비유동자산	–	–	4,453	5,917	6,276
투자자산	–	–	1,719	2,974	3,418
유형자산	–	–	2,242	2,387	2,292
무형자산	–	–	261	167	80
자산총계	–	–	9,226	10,954	10,602
유동부채	–	–	2,155	7,289	7,630
비유동부채	–	–	4,880	1,250	158
자본	–	–	2,192	2,415	2,814
부채 및 자본합계	–	–	9,226	10,954	10,602
손익계산서					(단위: 백만 원)
매출액	–	–	20,591	16,811	19,285
매출원가	–	–	13,065	10,639	12,107
매출총손익	–	–	7,526	6,172	7,178
판매비 및 관리비	–	–	6,037	5,596	6,210
영업손익	–	–	1,489	576	968
법인세비용차감전순손익	–	–	889	299	559
법인세비용	–	–	489	76	159
계속사업이익	–	–	400	223	400
중단사업손익	–	–	0	0	0
당기순손익	–	–	400	223	400
현금흐름표					(단위: 백만 원)
영업활동순현금흐름	–	–	1,195	-438	1,612
투자활동순현금흐름	–	–	-1,263	-1,851	-1,673
재무활동순현금흐름	–	–	1,302	2,009	-900
성장성비율					(단위: %)
총자산증가율	–	–	0	18.72	-3.21
매출액증가율	–	–	0	-18.36	14.72
수익성비율					(단위: %)
총자산순이익률	–	–	8.66	2.21	3.71
자기자본순이익률	–	–	36.47	9.68	15.29
매출액영업이익률	–	–	7.23	3.43	5.02
매출액순이익률	–	–	1.94	1.33	2.07
레버리지비율					(단위: %)
부채비율	–	–	320.99	353.64	276.71
이자보상비율	–	–	10.78	3.17	4.88
비유동비율	–	–	203.19	245.05	223.01
비유동장기적합률	–	–	62.97	161.46	211.13
유동성비율					(단위: %)
유동비율	–	–	221.48	69.1	56.7
당좌비율	–	–	207.49	68.08	56.35
현금비율	–	–	61.76	52.96	39.45
활동성비율					(단위: 회)
총자산회전율	–	–	4.46	1.67	1.79
자기자본회전율	–	–	18.79	7.3	7.38
비유동자산회전율	–	–	9.25	3.24	3.16
재고자산회전율	–	–	136.61	89.4	381.38
생산성비율					(단위: %)
총자본투자효율	–	–	42.89	33.92	41.37
설비투자효율	–	–	176.5	155.68	191.34
부가가치의 구성					(단위: 백만 원)
영업잉여	–	–	1,784	400	811
인건비	–	–	2,437	2,607	2,928
금융비용	–	–	131	179	158
감가상각비	–	–	212	235	247

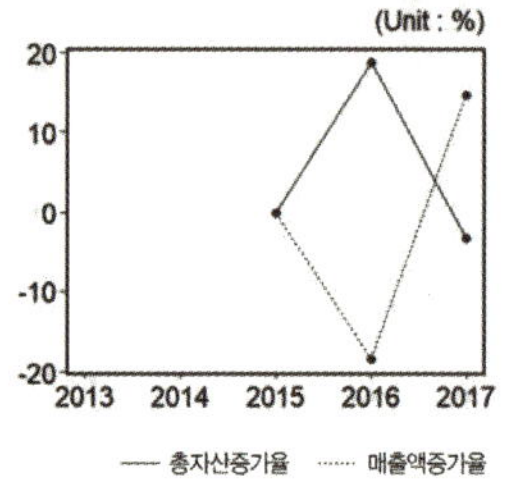

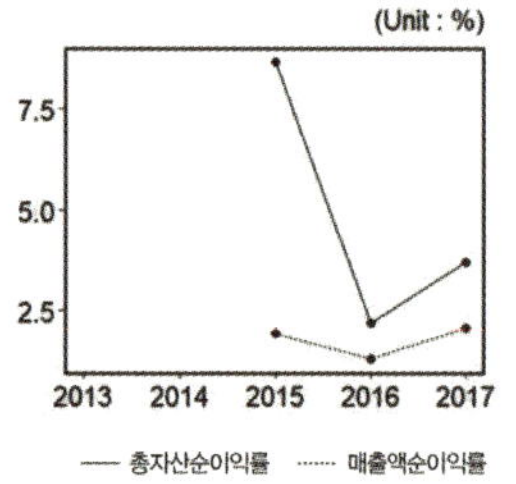

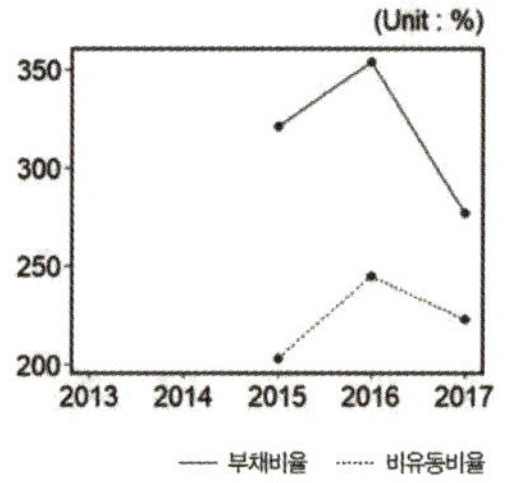

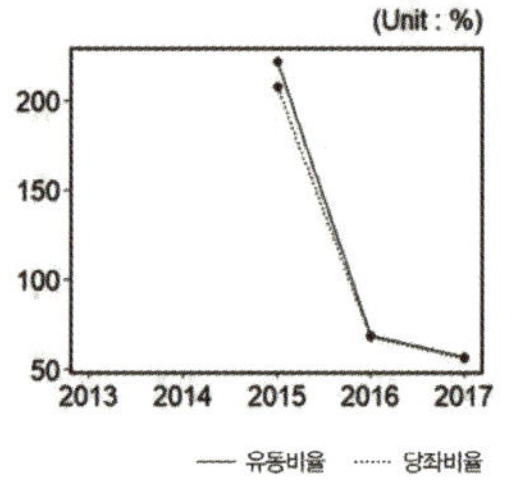

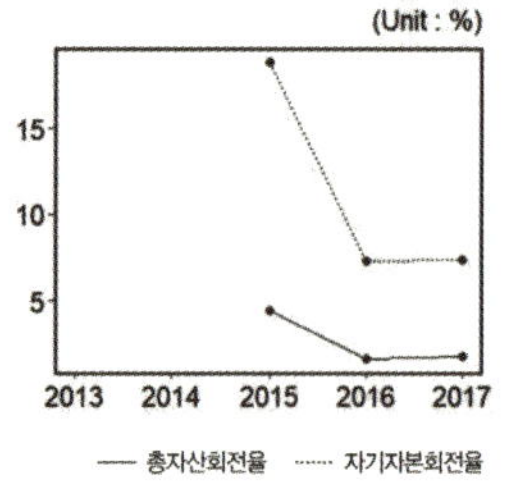

60 석파랑(077919) seokparang

외

石坡廊 | 석파랑

설립일	1987.04.14	대표이사	김주원
업종	한식 일반 음식점업	업종코드	56111
소재지	서울특별시 종로구 자하문로	주요브랜드	석파랑

	2013	2014	2015	2016	2017
재무상태표					(단위: 백만 원)
유동자산	-	-	414	124	142
당좌자산	-	-	409	116	137
재고자산	-	-	5	9	5
비유동자산	-	-	8,660	8,838	8,609
투자자산	-	-	0	0	0
유형자산	-	-	7,960	8,138	7,909
무형자산	-	-	0	0	0
자산총계	-	-	9,074	8,963	8,751
유동부채	-	-	1,803	3,214	8,006
비유동부채	-	-	6,307	5,097	281
자본	-	-	965	652	464
부채 및 자본합계	-	-	9,074	8,963	8,751
손익계산서					(단위: 백만 원)
매출액	-	-	1,765	2,492	2,389
매출원가	-	-	1,243	1,785	1,706
매출총손익	-	-	522	708	682
판매비 및 관리비	-	-	478	776	714
영업손익	-	-	44	-68	-32
법인세비용차감전순손익	-	-	-145	-307	-268
법인세비용	-	-	5	6	0
계속사업이익	-	-	-150	-313	-268
중단사업손익	-	-	0	0	0
당기순손익	-	-	-150	-313	-268
현금흐름표					(단위: 백만 원)
영업활동순현금흐름	-	-	-58	-231	49
투자활동순현금흐름	-	-	-3,198	-247	0
재무활동순현금흐름	-	-	3,451	229	4
성장성비율					(단위: %)
총자산증가율	-	-	0	-1.23	-2.37
매출액증가율	-	-	0	41.23	-4.15
수익성비율					(단위: %)
총자산순이익률	-	-	-3.3	-3.47	-3.03
자기자본순이익률	-	-	-31.03	-38.72	-48.11
매출액영업이익률	-	-	2.5	-2.74	-1.32
매출액순이익률	-	-	-8.48	-12.56	-11.23
레버리지비율					(단위: %)
부채비율	-	-	840.62	1,275.13	1,787.55
이자보상비율	-	-	0.23	-0.29	-0.13
비유동비율	-	-	897.73	1,356.05	1,856.95
비유동장기적합률	-	-	119.1	153.74	1,156.48
유동성비율					(단위: %)
유동비율	-	-	22.95	3.87	1.77
당좌비율	-	-	22.7	3.59	1.71
현금비율	-	-	68.42	27.19	61.47
활동성비율					(단위: 회)
총자산회전율	-	-	0.39	0.28	0.27
자기자본회전율	-	-	3.66	3.08	4.28
비유동자산회전율	-	-	0.41	0.28	0.27
재고자산회전율	-	-	772.05	370.52	354.73
생산성비율					(단위: %)
총자본투자효율	-	-	4.35	5.87	6.59
설비투자효율	-	-	14.26	6.46	7.29
부가가치의 구성					(단위: 백만 원)
영업잉여	-	-	-148	-307	-269
인건비	-	-	232	326	306
금융비용	-	-	192	239	237
감가상각비	-	-	79	219	230

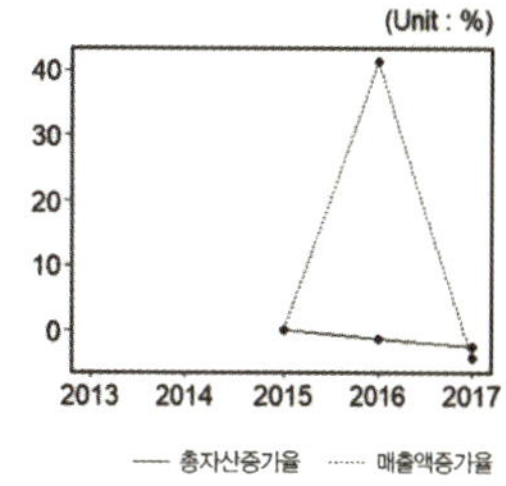

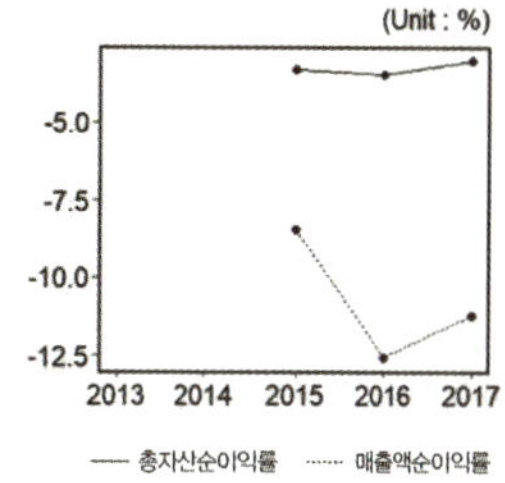

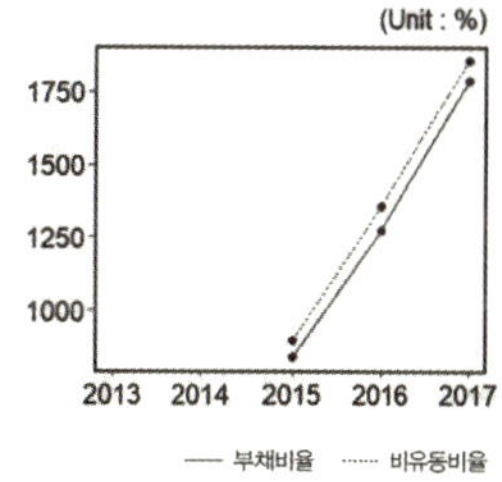

STAGE28

61 세한 주식회사(077379) SEHAN CO.,LTD.			외
설립일	2012.03.21	대표이사	신혜진
업종	서양식 음식점업	업종코드	56123
소재지	서울특별시 강동구 아리수로	주요브랜드	스테이지28

	2013	2014	2015	2016	2017
재무상태표					(단위: 백만 원)
유동자산	–	–	2,336	1,849	4,239
당좌자산	–	–	2,297	1,807	4,210
재고자산	–	–	39	41	30
비유동자산	–	–	9,474	9,897	9,672
투자자산	–	–	300	300	256
유형자산	–	–	9,003	9,371	9,194
무형자산	–	–	0	15	12
자산총계	–	–	11,810	11,745	13,911
유동부채	–	–	166	253	224
비유동부채	–	–	11,609	398	3,624
자본	–	–	35	11,095	10,064
부채 및 자본합계	–	–	11,810	11,745	13,911
손익계산서					(단위: 백만 원)
매출액	–	–	377	3,129	3,938
매출원가	–	–	309	1,510	2,118
매출총손익	–	–	69	1,619	1,819
판매비 및 관리비	–	–	1,557	2,580	2,829
영업손익	–	–	-1,489	-961	-1,010
법인세비용차감전순손익	–	–	-1,830	-940	-1,031
법인세비용	–	–	0	0	0
계속사업이익	–	–	-1,830	-940	-1,031
중단사업손익	–	–	0	0	0
당기순손익	–	–	-1,830	-940	-1,031
현금흐름표					(단위: 백만 원)
영업활동순현금흐름	–	–	-3,054	866	-236
투자활동순현금흐름	–	–	-4,695	-1,419	-3,096
재무활동순현금흐름	–	–	7,600	750	3,150
성장성비율					(단위: %)
총자산증가율	–	–	0	-0.54	18.44
매출액증가율	–	–	0	729.4	25.84
수익성비율					(단위: %)
총자산순이익률	–	–	-30.99	-7.98	-8.04
자기자본순이익률	–	–	-10,572.32	-16.89	-9.75
매출액영업이익률	–	–	-394.59	-30.7	-25.64
매출액순이익률	–	–	-485.02	-30.03	-26.18
레버리지비율					(단위: %)
부채비율	–	–	34,014.47	5.86	38.23
이자보상비율	–	–	-4.19	–	–
비유동비율	–	–	27,366.35	89.2	96.11
비유동장기적합률	–	–	81.36	86.11	70.66
유동성비율					(단위: %)
유동비율	–	–	1,408.94	731.37	1,893.34
당좌비율	–	–	1,385.64	714.99	1,880.09
현금비율	–	–	5.84	18.05	3.59
활동성비율					(단위: 회)
총자산회전율	–	–	0.06	0.27	0.31
자기자본회전율	–	–	21.8	0.56	0.37
비유동자산회전율	–	–	0.08	0.32	0.4
재고자산회전율	–	–	19.53	78.19	110.8
생산성비율					(단위: %)
총자본투자효율	–	–	-5.06	7.66	8.05
설비투자효율	–	–	-6.63	9.6	12.18
부가가치의 구성					(단위: 백만 원)
영업잉여	–	–	-1,830	-940	-1,010
인건비	–	–	205	711	789
금융비용	–	–	341	-20	0
감가상각비	–	–	571	995	1,200

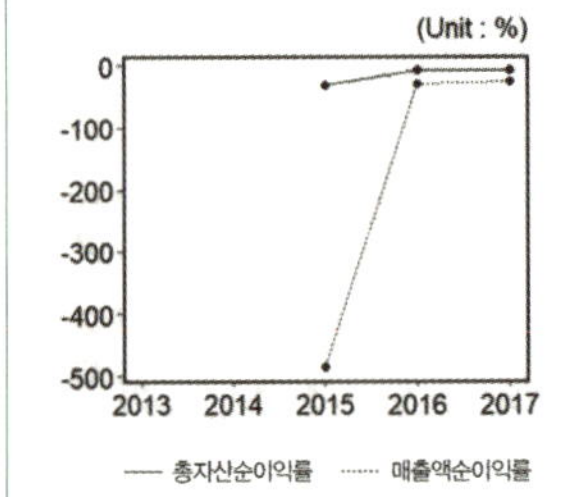

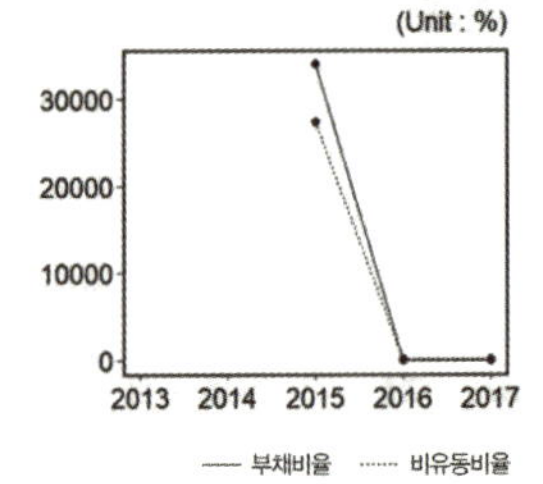

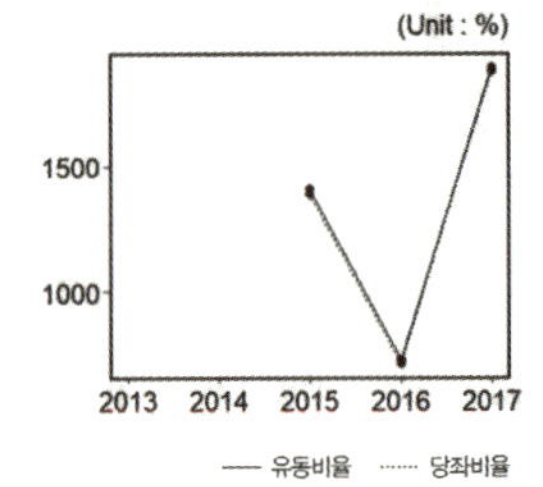

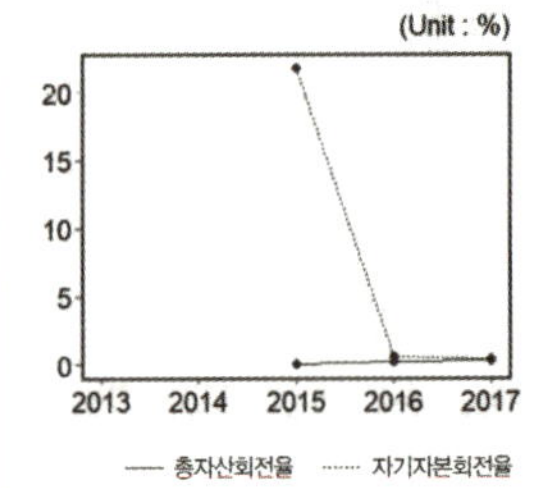

62 스무디킹코리아㈜(072281) Smoothie King Korea, Inc. 외

설립일	2015.12.01	대표이사	최성재
업종	기타 비알코올 음료점업	업종코드	56229
소재지	차산로5길 7, 7층	주요브랜드	스무디킹

	2013	2014	2015	2016	2017
재무상태표					(단위: 백만 원)
유동자산	–	–	2,991	4,126	6,362
당좌자산	–	–	1,490	2,869	4,884
재고자산	–	–	1,501	1,257	1,477
비유동자산	–	–	11,208	8,120	6,268
투자자산	–	–	0	0	0
유형자산	–	–	2,521	2,087	1,745
무형자산	–	–	87	56	155
자산총계	–	–	14,198	12,246	12,630
유동부채	–	–	3,536	2,243	2,547
비유동부채	–	–	2,107	1,880	1,890
자본	–	–	8,555	8,122	8,193
부채 및 자본합계	–	–	14,198	12,246	12,630
손익계산서					(단위: 백만 원)
매출액	–	–	1,342	20,199	20,225
매출원가	–	–	545	8,854	9,996
매출총손익	–	–	796	11,345	10,229
판매비 및 관리비	–	–	1,025	12,158	10,452
영업손익	–	–	-229	-813	-223
법인세비용차감전순손익	–	–	-202	-649	27
법인세비용	–	–	-27	-159	6
계속사업이익	–	–	-175	-490	22
중단사업손익	–	–	0	0	0
당기순손익	–	–	-175	-490	22
현금흐름표					(단위: 백만 원)
영업활동순현금흐름	–	–	-130	2,295	2,600
투자활동순현금흐름	–	–	0	-1,724	-1,670
재무활동순현금흐름	–	–	0	0	0
성장성비율					(단위: %)
총자산증가율	–	–	0	-13.75	3.14
매출액증가율	–	–	0	1,405.69	0.13
수익성비율					(단위: %)
총자산순이익률	–	–	-2.47	-3.71	0.17
자기자본순이익률	–	–	-4.09	-5.88	0.27
매출액영업이익률	–	–	-17.04	-4.02	-1.1
매출액순이익률	–	–	-13.05	-2.43	0.11
레버리지비율					(단위: %)
부채비율	–	–	65.96	50.77	54.16
이자보상비율	–	–	-74.67	-53.57	-18.84
비유동비율	–	–	131	99.97	76.51
비유동장기적합률	–	–	105.12	81.18	62.17
유동성비율					(단위: %)
유동비율	–	–	84.57	183.95	249.73
당좌비율	–	–	42.13	127.9	191.74
현금비율	–	–	7.54	19.3	26.99
활동성비율					(단위: 회)
총자산회전율	–	–	0.19	1.53	1.63
자기자본회전율	–	–	0.31	2.42	2.48
비유동자산회전율	–	–	0.24	2.09	2.81
재고자산회전율	–	–	1.79	14.65	14.79
생산성비율					(단위: %)
총자본투자효율	–	–	4.21	63.59	55.01
설비투자효율	–	–	23.69	373.06	398.11
부가가치의 구성					(단위: 백만 원)
영업잉여	–	–	-204	-565	-96
인건비	–	–	256	3,214	2,720
금융비용	–	–	-24	-247	-127
감가상각비	–	–	101	1,121	882

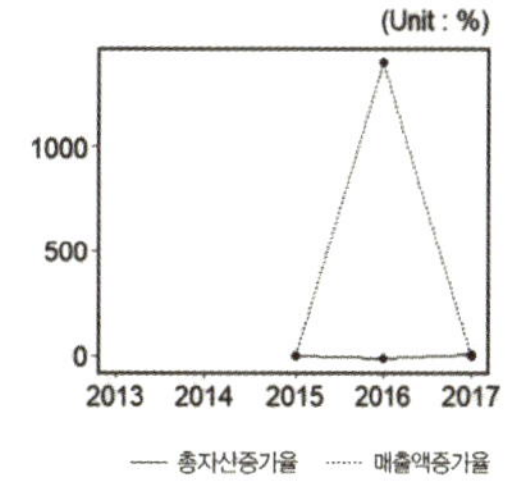

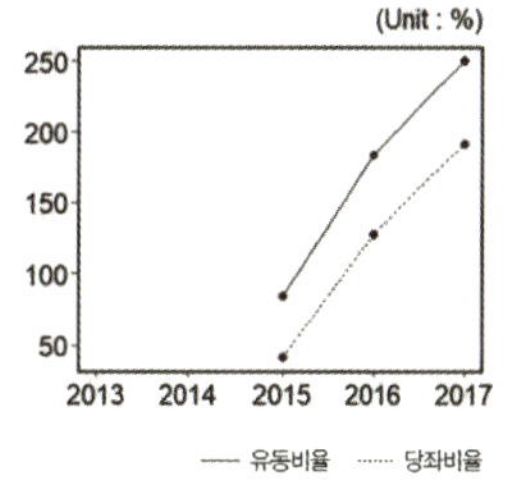

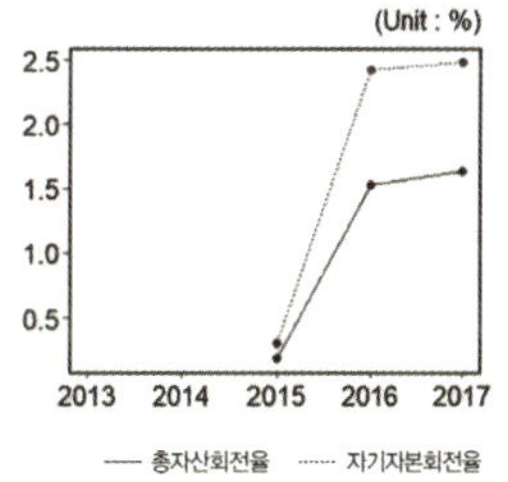

63 아모제푸드㈜(017701) AMOJE Inc. 외

설립일	1996.05.01	대표이사	신희호
업종	다업종기업	업종코드	56300
소재지	서울특별시 강남구 역삼동	주요브랜드	카페아모제, 오무토토마토, 오무토토마토다이닝

	2013	2014	2015	2016	2017
재무상태표					(단위: 백만 원)
유동자산	12,084	16,046	19,822	19,684	16,968
당좌자산	11,587	15,576	19,481	19,337	16,968
재고자산	498	470	342	347	0
비유동자산	39,370	48,335	44,703	38,340	25,482
투자자산	19,129	27,634	25,795	24,439	255
유형자산	9,718	8,996	7,386	3,852	15,830
무형자산	786	214	0	0	0
자산총계	51,454	64,381	64,526	58,024	42,449
유동부채	24,814	27,602	32,757	29,981	25,153
비유동부채	5,259	7,224	5,045	4,206	3,314
자본	21,381	29,555	26,724	23,836	13,983
부채 및 자본합계	51,454	64,381	64,526	58,024	42,449
손익계산서					(단위: 백만 원)
매출액	99,459	101,981	87,022	77,709	82,239
매출원가	85,152	86,083	75,758	68,242	75,086
매출총손익	14,307	15,898	11,264	9,468	7,152
판매비 및 관리비	15,399	13,395	11,779	10,160	4,951
영업손익	-1,092	2,503	-514	-692	2,201
법인세비용차감전순손익	-365	700	-3,565	-3,610	4,849
법인세비용	798	185	-734	-716	1,137
계속사업이익	-1,163	515	-2,832	-2,895	3,712
중단사업손익	0	0	0	0	0
당기순손익	-1,163	515	-2,832	-2,895	3,712
현금흐름표					(단위: 백만 원)
영업활동순현금흐름	2,093	8,852	-1,407	1,124	4,018
투자활동순현금흐름	-8,763	-3,625	-7,811	-1,621	8,054
재무활동순현금흐름	5,136	-1,584	5,891	415	-12,263
성장성비율					(단위: %)
총자산증가율	-1.21	25.12	0.23	-10.08	-26.84
매출액증가율	-27.18	2.54	-14.67	-10.7	5.83
수익성비율					(단위: %)
총자산순이익률	-2.25	0.89	-4.39	-4.72	7.39
자기자본순이익률	-5.25	2.02	-10.06	-11.45	19.63
매출액영업이익률	-1.1	2.45	-0.59	-0.89	2.68
매출액순이익률	-1.17	0.51	-3.25	-3.73	4.51
레버리지비율					(단위: %)
부채비율	140.65	117.84	141.45	143.43	203.58
이자보상비율	-1.16	2.55	-0.62	-0.7	2.54
비유동비율	184.13	163.54	167.28	160.85	182.24
비유동장기적합률	147.78	131.42	140.72	136.72	147.33
유동성비율					(단위: %)
유동비율	48.7	58.13	60.51	65.65	67.46
당좌비율	46.69	56.43	59.47	64.5	67.46
현금비율	1.87	24.11	2.73	2.33	1.59
활동성비율					(단위: 회)
총자산회전율	1.92	1.76	1.35	1.27	1.64
자기자본회전율	4.49	4	3.09	3.07	4.35
비유동자산회전율	2.53	2.33	1.87	1.87	2.58
재고자산회전율	173.03	210.82	214.54	225.85	474.6
생산성비율					(단위: %)
총자본투자효율	19.55	16.03	7.26	5.21	21.84
설비투자효율	103.53	114.71	63.45	78.55	59.12
부가가치의 구성					(단위: 백만 원)
영업잉여	-1,812	1,967	-1,089	-1,252	1,816
인건비	3,969	4,019	3,357	3,023	2,391
금융비용	764	771	593	553	385
감가상각비	5,464	4,583	4,067	2,832	1,547

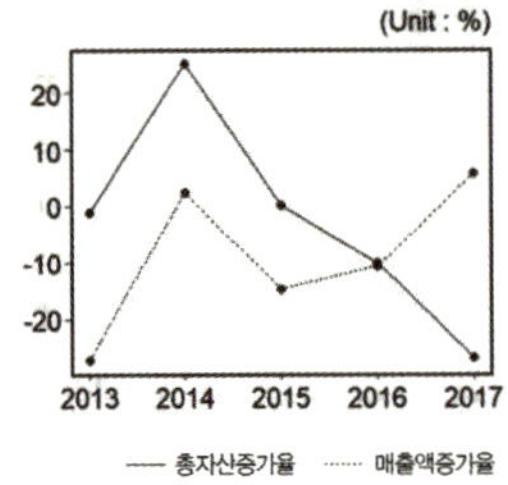

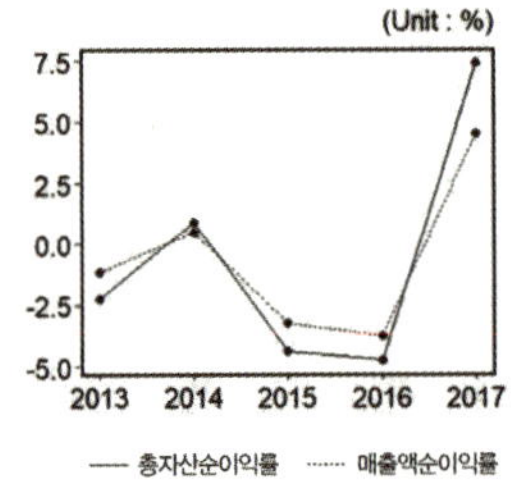

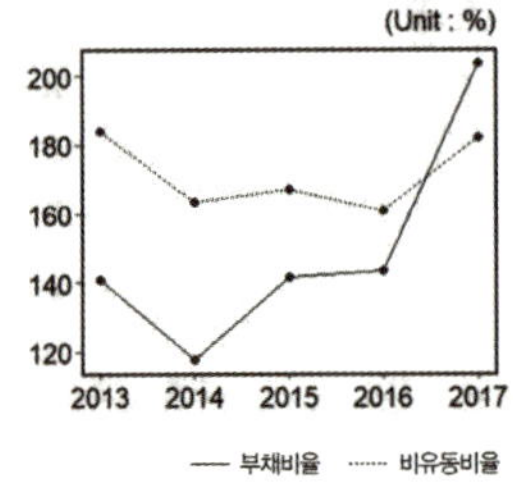

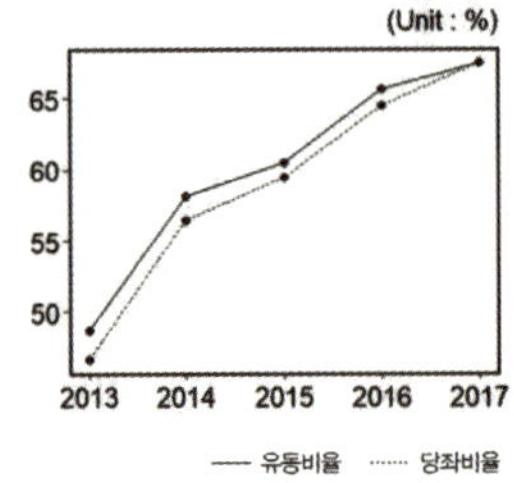

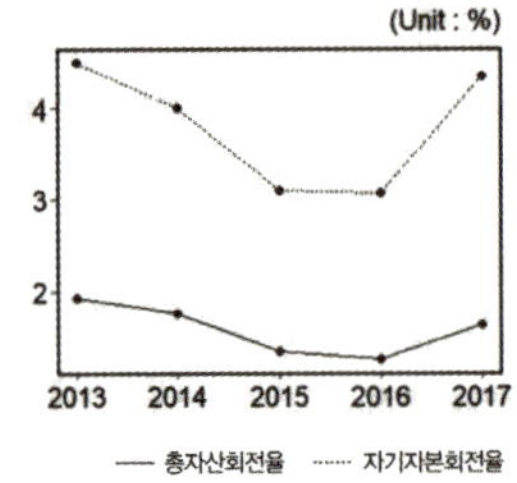

ELX 에렉스에프앤비㈜	64 에렉스에프앤비㈜(014280) ELX F&B. Co.,Ltd			외
	설립일	1978.06.14	대표이사	조원만
	업종	다업종기업	업종코드	56300
	소재지	서울특별시 강남구 삼성동	주요브랜드	P.F. Chang's, PEIWEI, 우노 등

	2013	2014	2015	2016	2017
재무상태표					(단위: 백만 원)
유동자산	3,097	3,126	2,527	3,147	3,441
당좌자산	2,636	2,606	1,931	2,628	2,886
재고자산	461	520	596	519	555
비유동자산	12,048	14,666	12,954	15,645	16,566
투자자산	8	603	603	3	3
유형자산	3,857	5,561	4,272	7,692	8,164
무형자산	0	598	524	970	1,212
자산총계	15,145	17,793	15,481	18,792	20,007
유동부채	6,023	11,307	8,450	13,637	14,910
비유동부채	1,362	1,283	2,398	1,860	1,688
자본	7,760	5,203	4,634	3,295	3,409
부채 및 자본합계	15,145	17,793	15,481	18,792	20,007
손익계산서					(단위: 백만 원)
매출액	38,454	36,604	37,257	38,288	42,375
매출원가	35,938	35,868	34,509	35,611	39,271
매출총손익	2,515	736	2,748	2,676	3,104
판매비 및 관리비	2,506	3,001	2,799	2,917	2,674
영업손익	9	-2,265	-50	-241	431
법인세비용차감전순손익	51	-3,277	-614	-1,164	146
법인세비용	142	-720	-45	175	32
계속사업이익	-92	-2,557	-570	-1,338	114
중단사업손익	0	0	0	0	0
당기순손익	-92	-2,557	-570	-1,338	114
현금흐름표					(단위: 백만 원)
영업활동순현금흐름	296	801	-1,237	2,735	-326
투자활동순현금흐름	-1,110	-4,040	1,010	-4,991	-2,718
재무활동순현금흐름	816	3,234	197	2,285	3,014
성장성비율					(단위: %)
총자산증가율	0.7	17.48	-12.99	21.39	6.47
매출액증가율	-9.05	-4.81	1.78	2.77	10.68
수익성비율					(단위: %)
총자산순이익률	-0.61	-15.52	-3.42	-7.81	0.59
자기자본순이익률	-1.18	-39.45	-11.58	-33.76	3.39
매출액영업이익률	0.02	-6.19	-0.13	-0.63	1.02
매출액순이익률	-0.24	-6.98	-1.53	-3.5	0.27
레버리지비율					(단위: %)
부채비율	95.17	241.96	234.1	470.29	486.9
이자보상비율	0.1	-14.89	-0.2	-0.9	1.09
비유동비율	155.26	281.87	279.57	474.78	485.96
비유동장기적합률	132.09	226.13	184.23	303.49	325.05
유동성비율					(단위: %)
유동비율	51.41	27.65	29.9	23.08	23.08
당좌비율	43.76	23.05	22.85	19.27	19.36
현금비율	5.74	5.49	5.58	5.39	4.06
활동성비율					(단위: 회)
총자산회전율	2.55	2.22	2.24	2.23	2.18
자기자본회전율	5.65	7.58	9.66	12.64	9.66
비유동자산회전율	2.74	2.7	2.68	2.63	2.68
재고자산회전율	74.6	66.76	68.7	78.97	68.70
생산성비율					(단위: %)
총자본투자효율	21.53	0.41	19.08	14.72	22.48
설비투자효율	84.54	1.31	69.13	35.97	55.08
부가가치의 구성					(단위: 백만 원)
영업잉여	-49	-2,392	-281	-491	46
인건비	1,827	1,878	1,720	1,967	1,919
금융비용	59	127	231	257	388
감가상각비	1,042	1,049	1,288	1,408	1,795

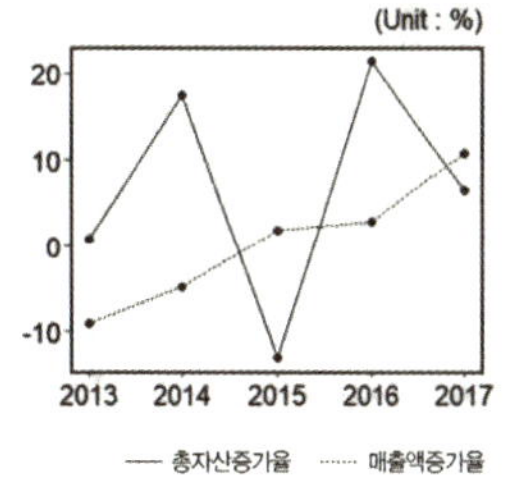

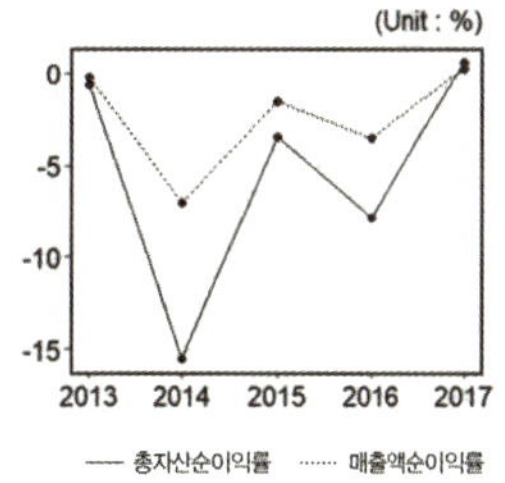

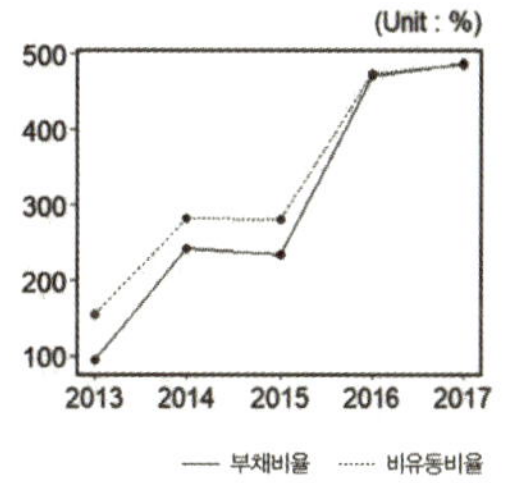

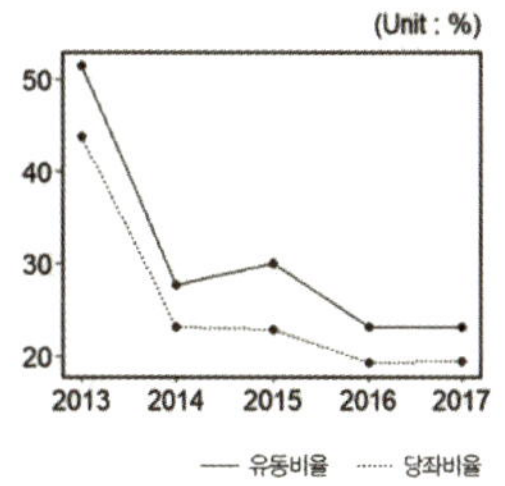

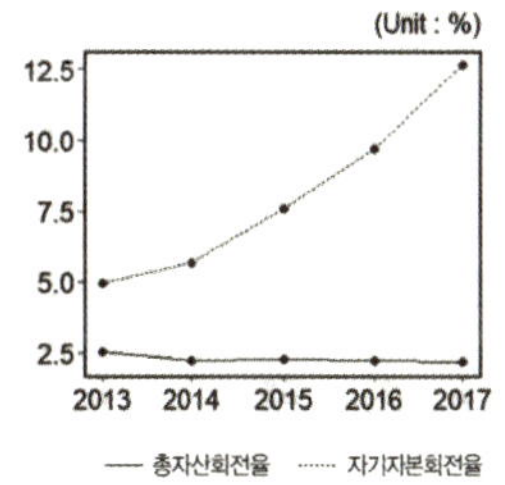

65 ㈜에스플러스인터내셔널(064433) S-PLUS INTERNATIONAL.CORP 외

설립일	2012.09.01	대표이사	최순천
업종	서양식 음식점업	업종코드	56123
소재지	서울시 강남구 도산대로	주요브랜드	베이크하우스, 에스플러스갤러리, 꼴라메르까토

	2013	2014	2015	2016	2017
재무상태표					(단위: 백만 원)
유동자산	794	873	870	1,337	1,179
당좌자산	363	595	589	971	800
재고자산	430	278	281	366	378
비유동자산	16,529	16,999	17,074	28,903	24,709
투자자산	7,473	7,488	7,437	3,821	3,762
유형자산	8,207	8,602	8,899	22,595	18,182
무형자산	37	21	14	27	23
자산총계	17,323	17,872	17,945	30,240	25,888
유동부채	2,472	3,979	4,763	5,739	4,047
비유동부채	1,803	1,803	1,803	4,738	2,488
자본	13,048	12,090	11,379	19,763	19,353
부채 및 자본합계	17,323	17,872	17,945	30,240	25,888
손익계산서					(단위: 백만 원)
매출액	3,489	3,770	4,045	5,209	5,839
매출원가	2,184	2,487	2,941	3,969	4,501
매출총손익	1,305	1,283	1,103	1,240	1,338
판매비 및 관리비	1,960	2,158	3,038	3,547	3,733
영업손익	-655	-875	-1,935	-2,307	-2,395
법인세비용차감전순손익	-717	-958	-2,103	-2,615	-552
법인세비용	0	0	0	0	0
계속사업이익	-717	-958	-2,103	-2,615	-552
중단사업손익	0	0	0	0	0
당기순손익	-717	-958	-2,103	-2,615	-552
현금흐름표					(단위: 백만 원)
영업활동순현금흐름	-17	-3	-1,629	-1,734	-1,534
투자활동순현금흐름	-102	-939	-905	2,351	1,250
재무활동순현금흐름	-300	1,000	2,592	-600	200
성장성비율					(단위: %)
총자산증가율	-5.46	3.17	0.41	68.52	-14.39
매출액증가율	254.03	8.05	7.29	28.78	12.09
수익성비율					(단위: %)
총자산순이익률	-4.02	-5.44	-11.74	-10.86	-1.97
자기자본순이익률	-5.34	-7.62	-17.92	-16.8	-2.82
매출액영업이익률	-18.77	-23.21	-47.83	-44.28	-41.02
매출액순이익률	-20.54	-25.41	-52	-50.21	-9.45
레버리지비율					(단위: %)
부채비율	32.76	47.83	57.71	53.01	33.77
이자보상비율	-6.34	-8.65	-16.34	-10.16	-22.29
비유동비율	126.68	140.6	150.06	146.25	127.68
비유동장기적합률	111.3	122.35	129.53	117.97	113.13
유동성비율					(단위: %)
유동비율	32.12	21.95	18.27	23.3	29.13
당좌비율	14.71	14.96	12.37	16.92	19.78
현금비율	22.4	27.05	33.8	23.26	19.24
활동성비율					(단위: 회)
총자산회전율	0.2	0.21	0.23	0.22	0.21
자기자본회전율	0.26	0.3	0.34	0.33	0.3
비유동자산회전율	0.21	0.22	0.24	0.23	0.22
재고자산회전율	8.03	10.64	14.47	16.1	15.69
생산성비율					(단위: %)
총자본투자효율	5.8	4.57	2.06	1.37	10.25
설비투자효율	12.24	9.5	4.16	1.84	14.6
부가가치의 구성					(단위: 백만 원)
영업잉여	-747	-973	-2,052	-2,532	-2,483
인건비	810	1,016	1,384	1,476	1,631
금융비용	92	98	117	225	88
감가상각비	675	514	778	853	848

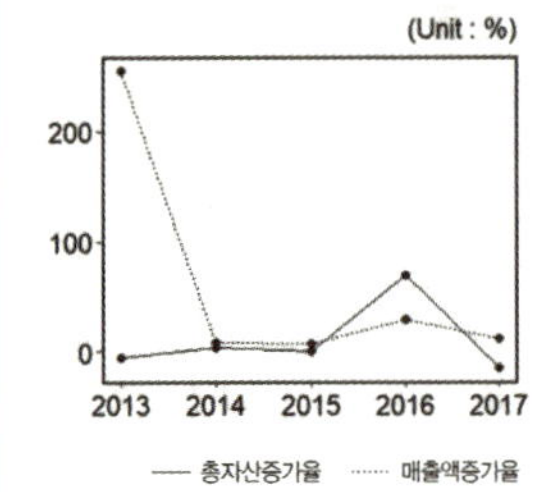

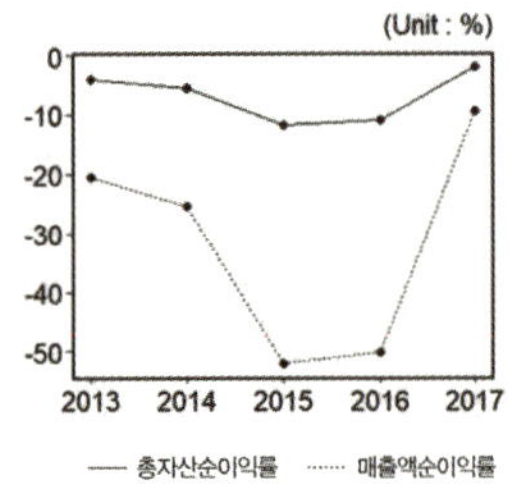

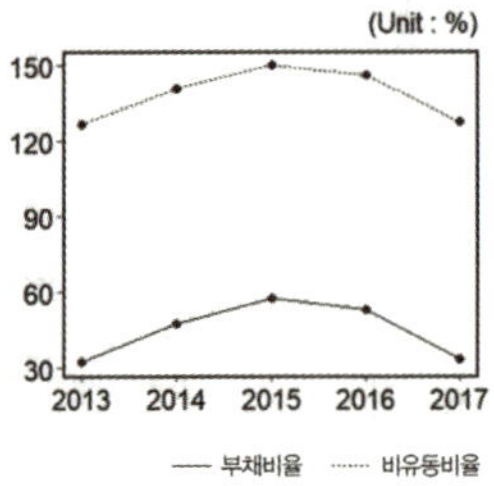

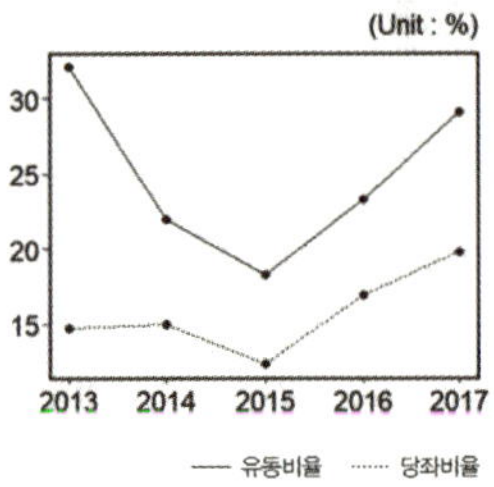

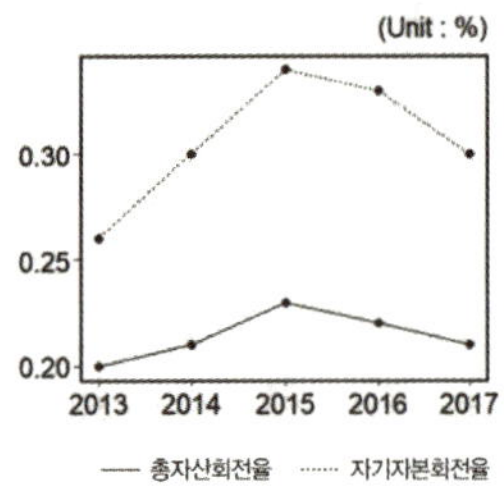

66 엠즈씨드㈜(065948) m's seed Co., Ltd. 외

설립일	2013.06.03	대표이사	석재원
업종	커피 전문점	업종코드	56221
소재지	서울특별시 강남구 도산대로	주요브랜드	폴바셋

	2013	2014	2015	2016	2017
재무상태표					(단위: 백만 원)
유동자산	8,395	5,705	3,965	6,821	9,428
당좌자산	8,010	5,376	3,496	5,305	8,192
재고자산	386	329	470	1,515	1,236
비유동자산	13,295	23,169	37,191	35,516	35,170
투자자산	0	0	0	2	2
유형자산	6,874	11,824	20,044	17,480	15,876
무형자산	1,764	1,726	1,921	1,811	1,709
자산총계	21,690	28,874	41,156	42,337	44,599
유동부채	3,982	10,015	7,092	9,201	25,401
비유동부채	349	518	16,388	16,434	1,685
자본	17,360	18,341	17,676	16,702	17,512
부채 및 자본합계	21,690	28,874	41,156	42,337	44,599
손익계산서					(단위: 백만 원)
매출액	11,801	28,545	48,443	65,355	75,676
매출원가	3,167	7,791	0	0	0
매출총손익	8,634	20,754	48,443	65,355	75,676
판매비 및 관리비	7,535	19,300	48,583	65,042	73,423
영업손익	1,099	1,454	-140	313	2,254
법인세비용차감전순손익	1,331	1,429	-339	-1,398	1,076
법인세비용	338	296	-154	-348	139
계속사업이익	993	1,133	-185	-1,050	936
중단사업손익	0	0	0	0	0
당기순손익	993	1,133	-185	-1,050	936
현금흐름표					(단위: 백만 원)
영업활동순현금흐름	3,891	7,758	3,693	4,728	9,633
투자활동순현금흐름	-3,992	-13,594	-19,270	-6,021	-7,222
재무활동순현금흐름	0	2,800	12,930	978	-875
성장성비율					(단위: %)
총자산증가율	0	33.12	42.54	2.87	5.34
매출액증가율	0	141.89	69.71	34.91	15.79
수익성비율					(단위: %)
총자산순이익률	9.16	4.48	-0.53	-2.52	2.15
자기자본순이익률	11.44	6.35	-1.03	-6.11	5.47
매출액영업이익률	9.31	5.09	-0.29	0.48	2.98
매출액순이익률	8.41	3.97	-0.38	-1.61	1.24
레버리지비율					(단위: %)
부채비율	24.94	57.43	132.83	153.49	154.68
이자보상비율	-	49.11	-0.55	0.74	5.47
비유동비율	76.58	126.32	210.4	212.65	200.84
비유동장기적합률	75.08	122.85	109.18	107.18	183.21
유동성비율					(단위: %)
유동비율	210.86	56.97	55.91	74.13	37.12
당좌비율	201.17	53.69	49.29	57.66	32.25
현금비율	82.18	67.71	30.67	13.21	25.84
활동성비율					(단위: 회)
총자산회전율	1.09	1.13	1.38	1.57	1.74
자기자본회전율	1.36	1.6	2.69	3.8	4.42
비유동자산회전율	1.78	1.57	1.61	1.8	2.14
재고자산회전율	61.2	79.89	121.29	65.85	55.01
생산성비율					(단위: %)
총자본투자효율	34.88	60.26	70.48	91.52	103.99
설비투자효율	125.06	156.02	146.64	223.26	292.13
부가가치의 구성					(단위: 백만 원)
영업잉여	1,309	1,664	-331	-97	1,877
인건비	2,922	7,401	12,886	17,924	21,312
금융비용	-210	-210	191	411	377
감가상각비	1,386	3,379	5,952	7,527	8,050

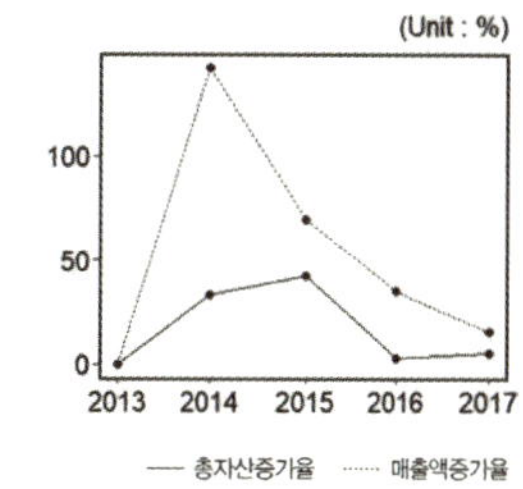

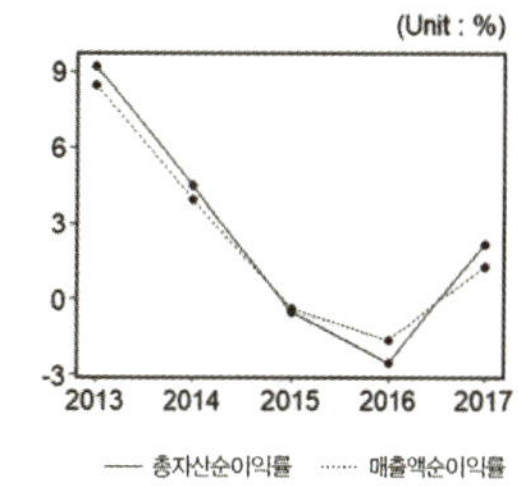

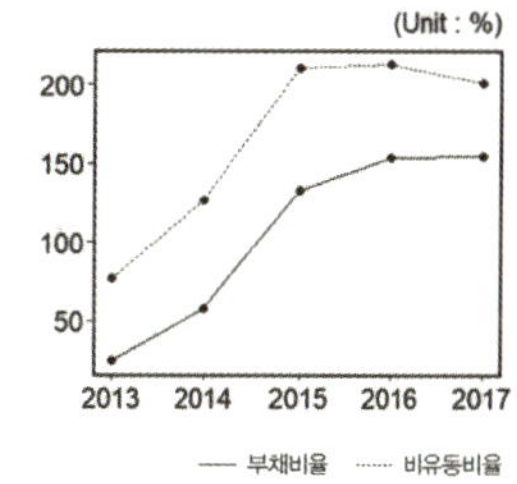

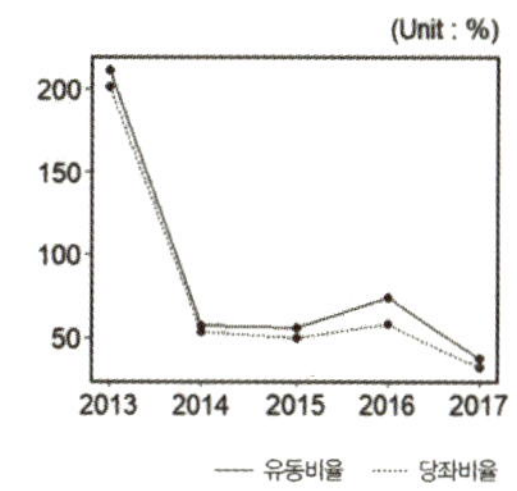

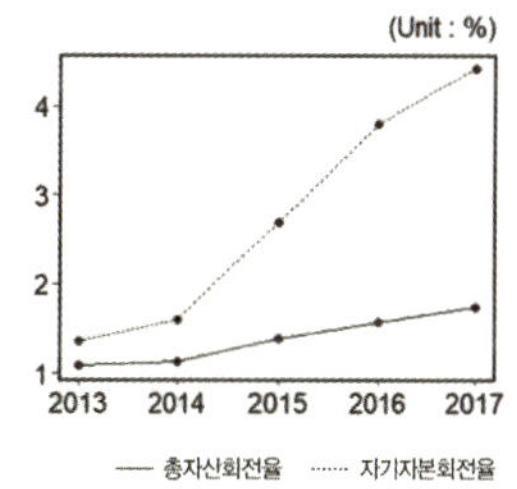

원앤원 주식회사

67 원앤원㈜(045786) WON AND WON CO., LTD. 외			
설립일	1998.01.05	대표이사	박천희
업종	한식 일반 음식점	업종코드	56111
소재지	서울특별시 성동구 성수2가3동	주요브랜드	원할머니보쌈족발, 박가부대, 모리샤브

	2013	2014	2015	2016	2017
재무상태표					(단위: 백만 원)
유동자산	10,929	9,300	15,296	10,844	11,401
당좌자산	7,722	6,349	12,944	6,968	6,528
재고자산	3,207	2,951	2,352	3,875	4,873
비유동자산	32,220	29,808	26,362	43,891	42,644
투자자산	1,903	1,020	1,051	773	761
유형자산	23,442	22,179	20,054	38,217	38,153
무형자산	1,868	2,006	1,885	1,419	1,076
자산총계	43,149	39,108	41,658	54,734	54,044
유동부채	7,649	10,469	11,049	8,887	9,186
비유동부채	0	0	0	14,187	12,520
자본	35,501	28,639	30,610	31,660	32,338
부채 및 자본합계	43,149	39,108	41,658	54,734	54,044
손익계산서					(단위: 백만 원)
매출액	65,966	73,886	76,685	75,336	74,744
매출원가	34,406	38,691	40,129	40,722	43,338
매출총손익	31,560	35,196	36,557	34,614	31,407
판매비 및 관리비	28,984	36,633	35,068	32,707	30,517
영업손익	2,576	-1,438	1,489	1,906	890
법인세비용차감전순손익	2,441	-6,763	1,971	1,051	678
법인세비용	313	0	0	0	0
계속사업이익	2,128	-6,763	1,971	1,051	678
중단사업손익	0	0	0	0	0
당기순손익	2,128	-6,763	1,971	1,051	678
현금흐름표					(단위: 백만 원)
영업활동순현금흐름	3,381	2,498	5,897	2,194	1,410
투자활동순현금흐름	-8,945	-2,681	210	-20,014	-1,242
재무활동순현금흐름	-3,000	772	-72	12,020	-695
성장성비율					(단위: %)
총자산증가율	-2.06	-9.37	6.52	31.39	-1.26
매출액증가율	-4.4	12.01	3.79	-1.76	-0.78
수익성비율					(단위: %)
총자산순이익률	4.88	-16.44	4.88	2.18	1.25
자기자본순이익률	6.13	-21.09	6.65	3.38	2.12
매출액영업이익률	3.9	-1.95	1.94	2.53	1.19
매출액순이익률	3.23	-9.15	2.57	1.39	0.91
레버리지비율					(단위: %)
부채비율	21.55	36.56	36.09	72.88	67.12
이자보상비율	111.02	-16.14	15.71	9.76	2.29
비유동비율	90.76	104.08	86.12	138.63	131.87
비유동장기적합률	90.76	104.08	86.12	95.73	95.06
유동성비율					(단위: %)
유동비율	142.89	88.83	138.44	122.02	124.1
당좌비율	100.95	60.64	117.15	78.41	71.06
현금비율	32.34	44.34	66.42	40.2	33.6
활동성비율					(단위: 회)
총자산회전율	1.51	1.8	1.9	1.56	1.37
자기자본회전율	1.9	2.3	2.59	2.42	2.34
비유동자산회전율	2.2	2.38	2.73	2.14	1.73
재고자산회전율	23.19	23.99	28.92	24.19	17.09
생산성비율					(단위: %)
총자본투자효율	44.59	43.31	61.19	41.16	39.34
설비투자효율	82.08	76.37	127.1	58.94	55.73
부가가치의 구성					(단위: 백만 원)
영업잉여	2,702	-1,500	1,428	1,751	513
인건비	11,444	15,443	16,325	14,923	13,511
금융비용	-119	75	61	164	378
감가상각비	2,661	4,182	2,948	2,419	2,432

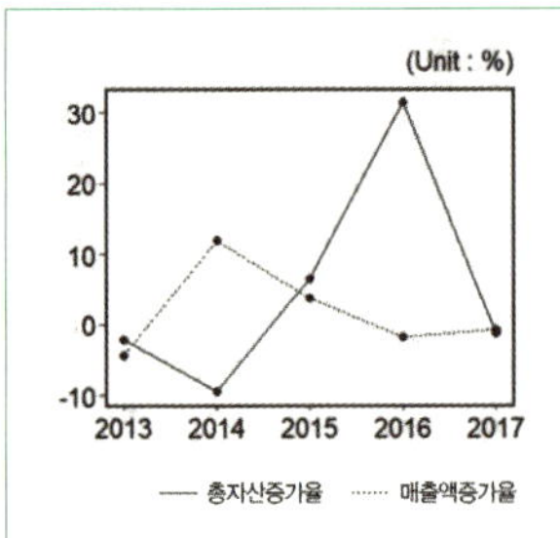

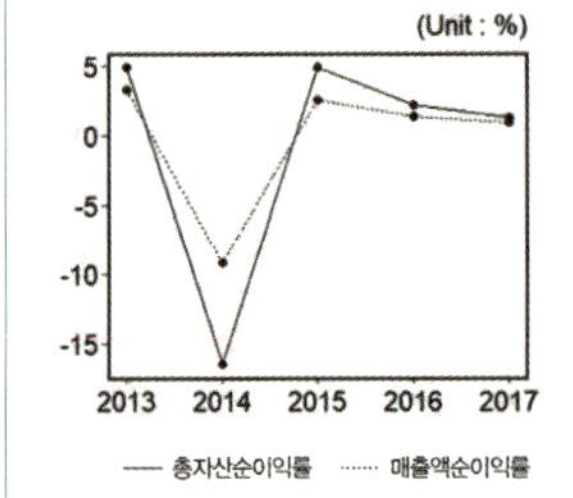

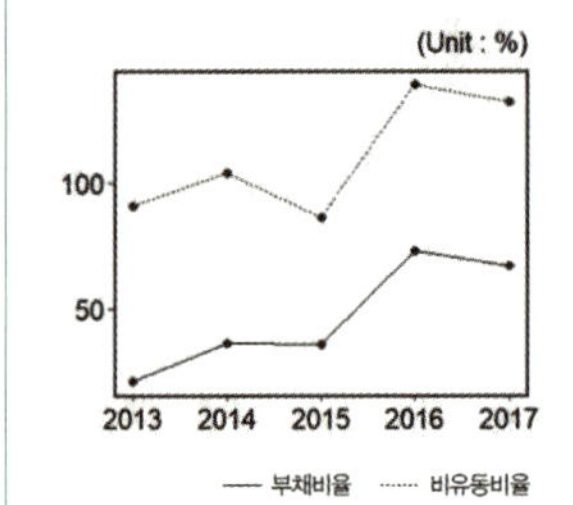

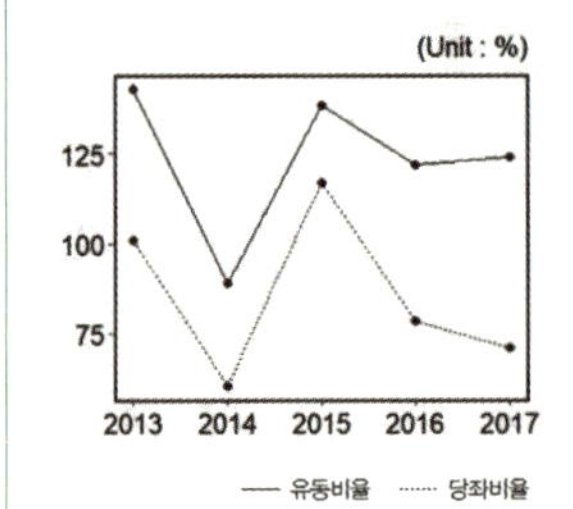

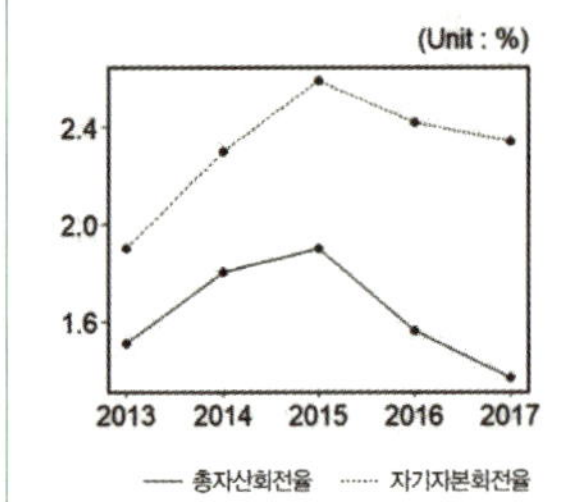

JUNGSIK

68 ㈜고품질(82783) Gopoomjil Co.,Ltd			외
설립일	2017.12.06	대표이사	임정식
업종	한식 일반 음식점업	업종코드	56111
소재지	서울특별시 강남구 선릉로	주요브랜드	정식당

	2013	2014	2015	2016	2017
재무상태표					(단위: 백만 원)
유동자산	–	–	–	–	5,334
당좌자산	–	–	–	–	5,182
재고자산	–	–	–	–	152
비유동자산	–	–	–	–	13,475
투자자산	–	–	–	–	904
유형자산	–	–	–	–	12,571
무형자산	–	–	–	–	0
자산총계	–	–	–	–	18,809
유동부채	–	–	–	–	3,595
비유동부채	–	–	–	–	0
자본	–	–	–	–	15,214
부채 및 자본합계	–	–	–	–	18,809
손익계산서					(단위: 백만 원)
매출액	–	–	–	–	624
매출원가	–	–	–	–	0
매출총손익	–	–	–	–	624
판매비 및 관리비	–	–	–	–	505
영업손익	–	–	–	–	119
법인세비용차감전순손익	–	–	–	–	120
법인세비용	–	–	–	–	26
계속사업이익	–	–	–	–	94
중단사업손익	–	–	–	–	0
당기순손익	–	–	–	–	94
현금흐름표					(단위: 백만 원)
영업활동순현금흐름	–	–	–	–	70
투자활동순현금흐름	–	–	–	–	-68
재무활동순현금흐름	–	–	–	–	-83
성장성비율					(단위: %)
총자산증가율	–	–	–	–	0
매출액증가율	–	–	–	–	0
수익성비율					(단위: %)
총자산순이익률	–	–	–	–	1
자기자본순이익률	–	–	–	–	1.23
매출액영업이익률	–	–	–	–	19.06
매출액순이익률	–	–	–	–	14.99
레버리지비율					(단위: %)
부채비율	–	–	–	–	23.63
이자보상비율	–	–	–	–	19.04
비유동비율	–	–	–	–	88.57
비유동장기적합률	–	–	–	–	88.57
유동성비율					(단위: %)
유동비율	–	–	–	–	148.38
당좌비율	–	–	–	–	144.16
현금비율	–	–	–	–	66.7
활동성비율					(단위: 회)
총자산회전율	–	–	–	–	0.07
자기자본회전율	–	–	–	–	0.08
비유동자산회전율	–	–	–	–	0.09
재고자산회전율	–	–	–	–	8.22
생산성비율					(단위: %)
총자본투자효율	–	–	–	–	1.6
설비투자효율	–	–	–	–	2.4
부가가치의 구성					(단위: 백만 원)
영업잉여	–	–	–	–	118
인건비	–	–	–	–	156
금융비용	–	–	–	–	1
감가상각비	–	–	–	–	16

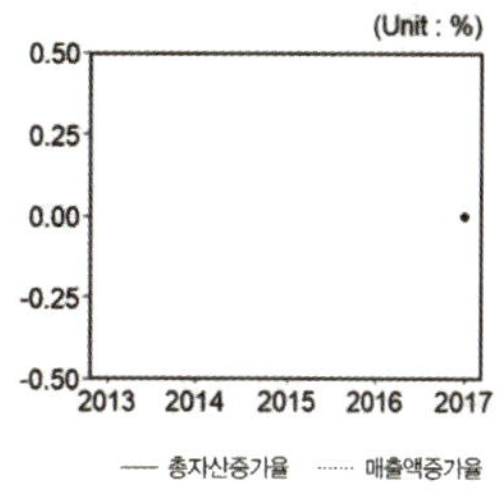

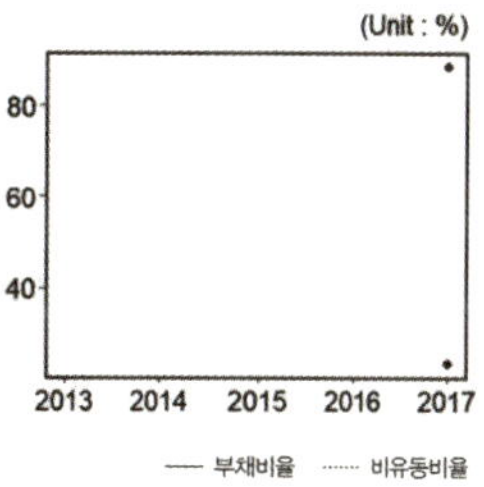

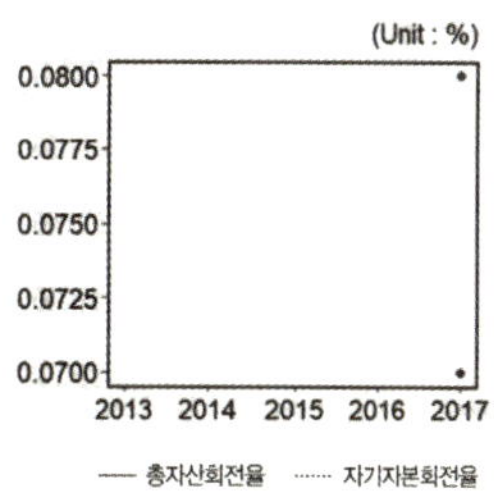

69 ㈜다도글로벌(69467) DADOGLOBAL. CO., LTD 외

DROPTOP

설립일	2010.08.01	대표이사	임문수
업종	커피 전문점	업종코드	56221
소재지	서울시 강남구 강남대로	주요브랜드	카페드롭탑

	2013	2014	2015	2016	2017
재무상태표					(단위: 백만 원)
유동자산	4,162	4,888	5,243	5,397	4,768
당좌자산	3,682	4,198	5,045	5,154	4,527
재고자산	480	690	199	243	241
비유동자산	11,281	12,350	13,531	14,433	14,413
투자자산	6	59	1,658	3,075	3,065
유형자산	8,262	8,915	8,996	8,639	8,757
무형자산	18	175	171	175	516
자산총계	15,443	17,238	18,775	19,830	19,181
유동부채	14,576	15,324	14,672	18,081	17,616
비유동부채	1,126	1,112	1,543	1,219	1,153
자본	-258	802	2,559	530	413
부채 및 자본합계	15,443	17,238	18,775	19,830	19,181
손익계산서					(단위: 백만 원)
매출액	35,668	36,901	33,717	22,582	22,972
매출원가	21,398	21,163	17,423	11,178	11,415
매출총손익	14,270	15,738	16,294	11,405	11,557
판매비 및 관리비	13,743	14,568	17,200	12,581	11,047
영업손익	527	1,170	-906	-1,176	510
법인세비용차감전순손익	514	1,061	-976	-2,029	-118
법인세비용	0	0	0	0	0
계속사업이익	514	1,061	-976	-2,029	-118
중단사업손익	0	0	0	0	0
당기순손익	514	1,061	-976	-2,029	-118
현금흐름표					(단위: 백만 원)
영업활동순현금흐름	5,116	-1,321	-2,907	-2,752	1,104
투자활동순현금흐름	-4,940	-1,946	-2,007	-1,969	-792
재무활동순현금흐름	395	4,480	3,350	4,184	-413
성장성비율					(단위: %)
총자산증가율	0	11.62	8.91	5.62	-3.27
매출액증가율	0	3.46	-8.63	-33.02	1.73
수익성비율					(단위: %)
총자산순이익률	6.66	6.49	-5.42	-10.51	-0.6
자기자본순이익률	0	390.12	-58.05	-131.34	-24.96
매출액영업이익률	1.48	3.17	-2.69	-5.21	2.22
매출액순이익률	1.44	2.87	-2.89	-8.99	-0.51
레버리지비율					(단위: %)
부채비율	0	2,049.15	633.56	3,639.08	4,548.36
이자보상비율	1.56	3.76	-2.42	-2.28	0.82
비유동비율	0	1,539.75	528.69	2,721.37	3,492.92
비유동장기적합률	0	645.22	329.82	825.03	920.83
유동성비율					(단위: %)
유동비율	28.55	31.9	35.74	29.85	27.07
당좌비율	25.26	27.4	34.38	28.51	25.7
현금비율	25.76	46.76	13.77	3.43	1.78
활동성비율					(단위: 회)
총자산회전율	4.62	2.26	1.87	1.17	1.18
자기자본회전율	0	135.75	20.06	14.62	48.72
비유동자산회전율	6.32	3.12	2.61	1.62	1.59
재고자산회전율	148.74	63.12	75.9	102.17	94.84
생산성비율					(단위: %)
총자본투자효율	48.69	56.07	47.21	27.06	38.21
설비투자효율	91.01	110.09	101.72	64.5	86.92
부가가치의 구성					(단위: 백만 원)
영업잉여	213	871	-1,244	-1,615	16
인건비	4,598	5,453	6,106	4,090	4,077
금융비용	314	297	364	514	619
감가상각비	538	796	931	748	809

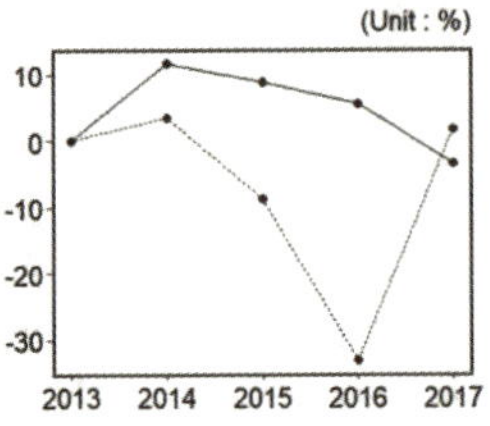

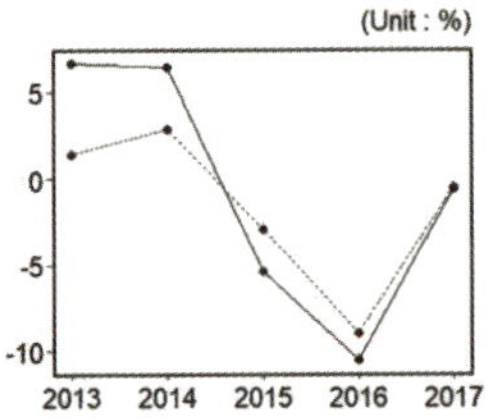

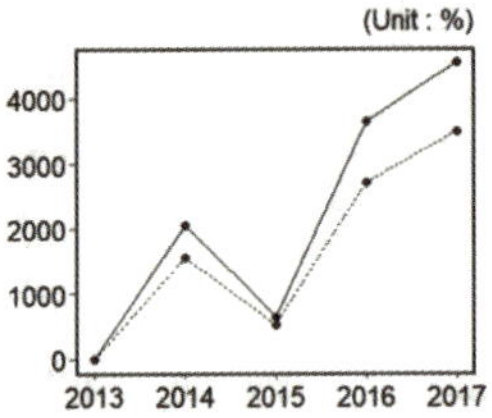

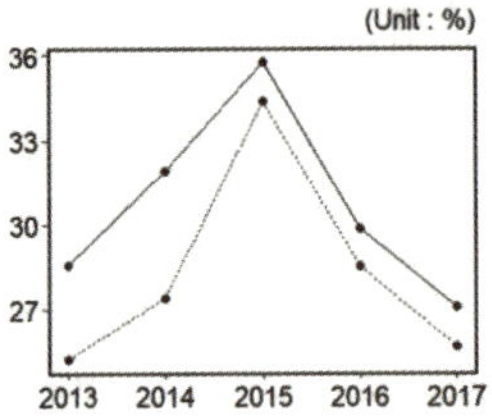

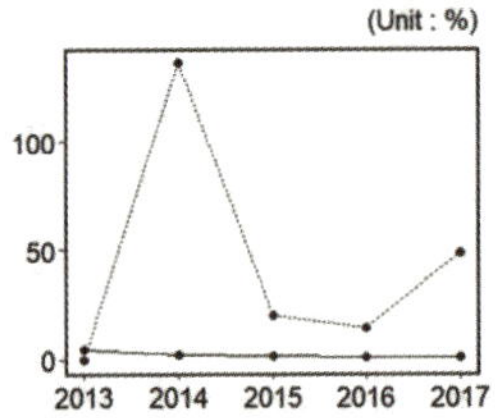

KITCHEN BORIE®

70 ㈜키친보리에(061175) kitchenborie 외

설립일	2008.03.01	대표이사	박지만
업종	한식 육류 요리 전문점업	업종코드	56113
소재지	부산광역시 동구 범일로	주요브랜드	대도식당, 싸이드커피, 열정의 부엌

	2013	2014	2015	2016	2017
재무상태표					(단위: 백만 원)
유동자산	424	4,052	4,895	8,172	8,080
당좌자산	383	3,931	4,663	7,989	7,862
재고자산	41	121	232	182	218
비유동자산	17,511	23,317	23,376	27,824	27,864
투자자산	3,850	7,610	8,430	11,792	12,554
유형자산	11,221	13,468	13,600	14,494	13,412
무형자산	2,263	1,043	11	7	51
자산총계	17,934	27,370	28,271	35,996	35,944
유동부채	1,390	2,465	2,980	5,054	5,163
비유동부채	8,095	14,088	13,230	12,797	12,230
자본	8,449	10,817	12,061	18,145	18,551
부채 및 자본합계	17,934	27,370	28,271	35,996	35,944
손익계산서					(단위: 백만 원)
매출액	9,216	20,349	31,034	35,426	38,246
매출원가	3,991	7,944	12,556	14,157	13,906
매출총손익	5,226	12,405	18,479	21,269	24,340
판매비 및 관리비	4,123	11,104	14,667	18,204	20,361
영업손익	1,103	1,301	3,812	3,065	3,979
법인세비용차감전순손익	1,213	3,655	2,168	2,872	1,450
법인세비용	321	1,287	924	961	1,023
계속사업이익	893	2,368	1,244	1,911	427
중단사업손익	0	0	0	0	0
당기순손익	893	2,368	1,244	1,911	427
현금흐름표					(단위: 백만 원)
영업활동순현금흐름	-306	2,947	4,329	4,164	5,174
투자활동순현금흐름	728	-8,117	-3,184	-5,128	-4,387
재무활동순현금흐름	-600	5,200	-350	233	-832
성장성비율					(단위: %)
총자산증가율	-11.21	52.61	3.29	27.33	-0.14
매출액증가율	15.27	120.79	52.51	14.15	7.96
수익성비율					(단위: %)
총자산순이익률	4.68	10.45	4.47	5.95	1.19
자기자본순이익률	11.15	24.58	10.88	12.65	2.33
매출액영업이익률	11.97	6.39	12.28	8.65	10.4
매출액순이익률	9.68	11.64	4.01	5.39	1.12
레버리지비율					(단위: %)
부채비율	112.26	153.02	134.39	98.37	93.75
이자보상비율	2.31	2.05	6.38	5.99	8.09
비유동비율	207.24	215.56	193.81	153.34	150.2
비유동장기적합률	105.84	93.63	92.43	89.92	90.52
유동성비율					(단위: %)
유동비율	30.48	164.41	164.27	161.7	156.5
당좌비율	27.53	159.48	156.5	158.09	152.27
현금비율	3.6	1.11	17.16	1.33	0.78
활동성비율					(단위: 회)
총자산회전율	0.48	0.9	1.12	1.1	1.06
자기자본회전율	1.15	2.11	2.71	2.35	2.08
비유동자산회전율	0.5	1	1.33	1.38	1.37
재고자산회전율	314.56	250.66	175.79	171.07	191.06
생산성비율					(단위: %)
총자본투자효율	26.8	43.94	45.26	42.75	43.29
설비투자효율	42.84	89.29	94.09	106.17	116.01
부가가치의 구성					(단위: 백만 원)
영업잉여	632	725	3,383	2,781	3,702
인건비	1,423	4,295	5,951	7,305	8,396
금융비용	472	577	429	286	278
감가상각비	1,498	2,064	2,203	1,564	1,950

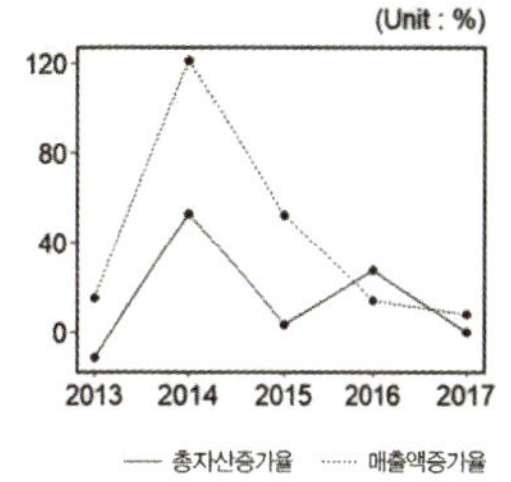

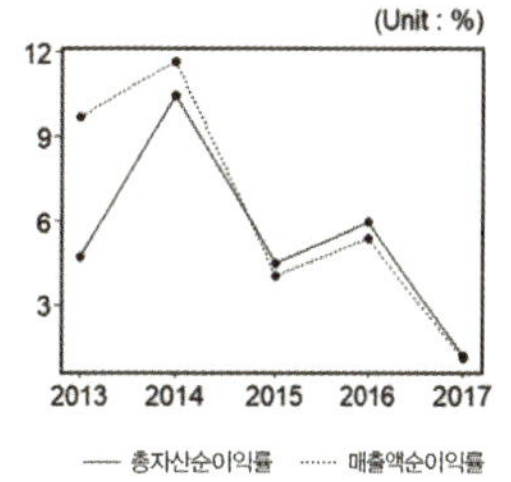

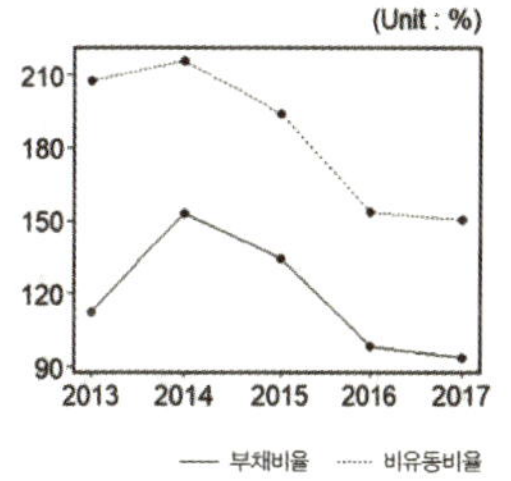

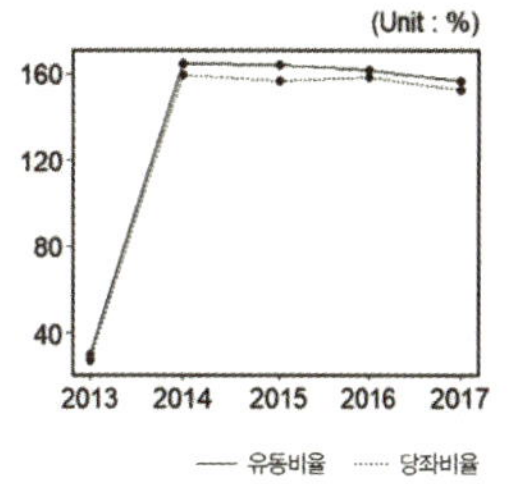

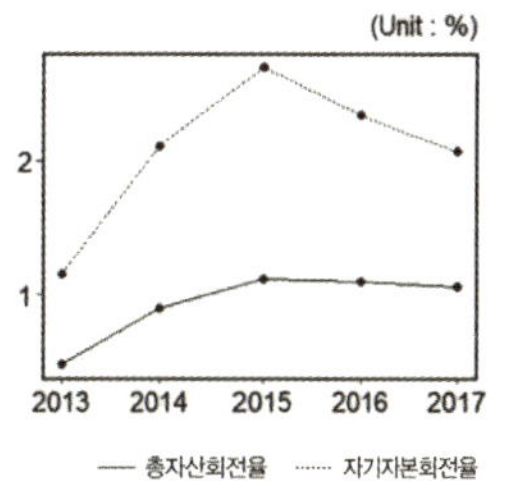

경복궁

71 ㈜덕용푸드시스템(062155) DeokyongFoodsystem.Co.,Ltd.			외
설립일	2007.12.10	대표이사	박노봉
업종	한식 일반 음식점업	업종코드	56111
소재지	인천광역시 연수구 청량로	주요브랜드	삿뽀로, 경복궁, 고구려

	2013	2014	2015	2016	2017
재무상태표					(단위: 백만 원)
유동자산	9,184	23,057	30,969	37,703	31,174
당좌자산	8,836	22,608	30,301	37,179	30,585
재고자산	348	449	668	524	589
비유동자산	21,523	26,708	26,765	27,911	27,583
투자자산	0	0	0	851	2,522
유형자산	12,127	14,045	12,955	12,704	10,961
무형자산	17	10	14	28	20
자산총계	30,707	49,765	57,734	65,614	58,757
유동부채	6,990	21,477	24,472	27,739	15,940
비유동부채	917	523	789	1,586	1,391
자본	22,801	27,766	32,474	36,290	41,425
부채 및 자본합계	30,707	49,765	57,734	65,614	58,757
손익계산서					(단위: 백만 원)
매출액	49,932	59,288	63,585	67,471	69,323
매출원가	0	0	0	0	0
매출총손익	49,932	59,288	63,585	67,471	69,323
판매비 및 관리비	44,188	53,045	57,618	61,600	62,617
영업손익	5,745	6,243	5,967	5,871	6,707
법인세비용차감전순손익	6,704	6,302	6,180	5,249	7,705
법인세비용	1,412	1,508	1,472	1,433	2,570
계속사업이익	5,292	4,794	4,708	3,816	5,135
중단사업손익	0	0	0	0	0
당기순손익	5,292	4,794	4,708	3,816	5,135
현금흐름표					(단위: 백만 원)
영업활동순현금흐름	8,276	8,037	10,856	9,289	6,999
투자활동순현금흐름	-10,941	-21,519	-9,585	-4,858	1,261
재무활동순현금흐름	1,900	13,698	-218	1,900	-10,900
성장성비율					(단위: %)
총자산증가율	37.68	62.07	16.01	13.65	-10.45
매출액증가율	20.09	18.74	7.25	6.11	2.74
수익성비율					(단위: %)
총자산순이익률	19.97	11.91	8.76	6.19	8.26
자기자본순이익률	26.26	18.96	15.63	11.1	13.22
매출액영업이익률	11.5	10.53	9.38	8.7	9.67
매출액순이익률	10.6	8.09	7.4	5.66	7.41
레버리지비율					(단위: %)
부채비율	34.68	79.23	77.79	80.81	41.84
이자보상비율	185.79	13.16	11.31	13.03	14
비유동비율	94.4	96.19	82.42	76.91	66.58
비유동장기적합률	90.75	94.41	80.47	73.69	64.42
유동성비율					(단위: %)
유동비율	131.39	107.36	126.55	135.92	195.57
당좌비율	126.42	105.26	123.82	134.03	191.87
현금비율	7.58	3.96	6.35	22	18.15
활동성비율					(단위: 회)
총자산회전율	1.88	1.47	1.18	1.09	1.11
자기자본회전율	2.48	2.34	2.11	1.96	1.78
비유동자산회전율	2.68	2.46	2.38	2.47	2.5
재고자산회전율	166.5	148.76	113.78	113.22	124.57
생산성비율					(단위: %)
총자본투자효율	83.84	61.71	56.21	51.63	62.76
설비투자효율	237.63	256.55	332.62	269.6	339.71
부가가치의 구성					(단위: 백만 원)
영업잉여	6,081	6,272	6,156	6,126	7,058
인건비	13,202	16,487	18,049	20,100	20,217
금융비용	-243	-29	-189	-255	-351
감가상각비	2,453	3,219	3,074	3,197	3,181

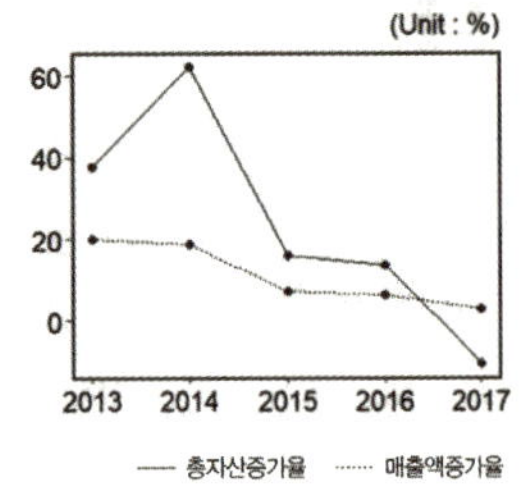

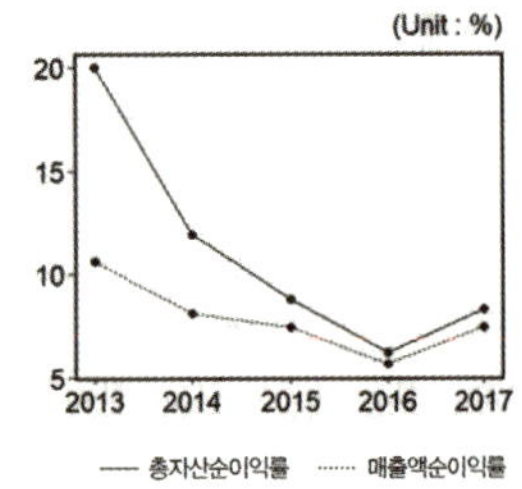

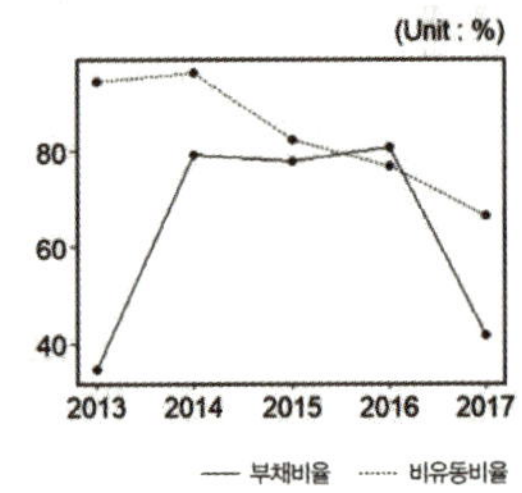

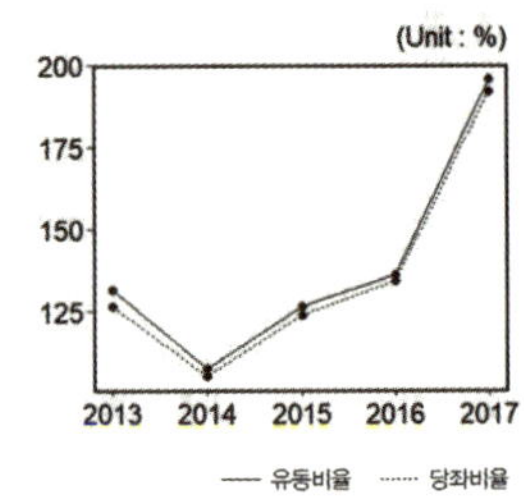

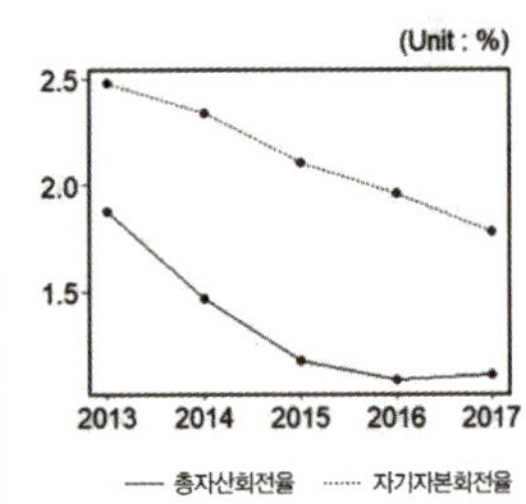

72 주식회사 디딤(076068) Didim Inc. 코

DIDIM Global Restaurant Business Group

설립일	2006.10.23	대표이사	이범택
업종	한식 육류 요리 전문점업	업종코드	56113
소재지	인천광역시 남동구 논현로	주요브랜드	마포갈매기, 맛있는술집여기미술관, 고래식당

	2013	2014	2015	2016	2017
재무상태표					(단위: 백만 원)
유동자산	–	–	9,039	9,039	9,548
당좌자산	–	–	7,410	7,410	7,548
재고자산	–	–	1,629	1,629	2,000
비유동자산	–	–	32,428	32,428	33,928
투자자산	–	–	5,836	5,836	4,737
유형자산	–	–	17,963	17,963	19,789
무형자산	–	–	363	363	1,039
자산총계	–	–	41,467	41,467	43,476
유동부채	–	–	22,389	22,389	20,870
비유동부채	–	–	10,244	10,244	9,899
자본	–	–	8,834	8,834	12,707
부채 및 자본합계	–	–	41,467	41,467	43,476
손익계산서					(단위: 백만 원)
매출액	–	–	61,916	61,916	65,752
매출원가	–	–	37,294	37,294	34,306
매출총손익	–	–	24,621	24,621	31,447
판매비 및 관리비	–	–	21,977	21,977	25,915
영업손익	–	–	2,644	2,644	5,532
법인세비용차감전순손익	–	–	1,526	1,526	4,576
법인세비용	–	–	260	260	693
계속사업이익	–	–	1,266	1,266	3,883
중단사업손익	–	–	0	0	0
당기순손익	–	–	1,266	1,266	3,883
현금흐름표					(단위: 백만 원)
영업활동순현금흐름	–	–	4,476	4,476	6,059
투자활동순현금흐름	–	–	−2,598	−2,598	−4,045
재무활동순현금흐름	–	–	−2,567	−2,567	−2,308
성장성비율					(단위: %)
총자산증가율	–	–	0	0	0
매출액증가율	–	–	0	0	0
수익성비율					(단위: %)
총자산순이익률	–	–	6.11	6.11	17.86
자기자본순이익률	–	–	28.66	28.66	61.11
매출액영업이익률	–	–	4.27	4.27	8.41
매출액순이익률	–	–	2.04	2.04	5.91
레버리지비율					(단위: %)
부채비율	–	–	369.4	369.4	242.14
이자보상비율	–	–	2.27	2.27	5.44
비유동비율	–	–	367.08	367.08	267
비유동장기적합률	–	–	169.97	169.97	150.09
유동성비율					(단위: %)
유동비율	–	–	40.37	40.37	45.75
당좌비율	–	–	33.1	33.1	36.16
현금비율	–	–	41.9	41.9	36.59
활동성비율					(단위: 회)
총자산회전율	–	–	2.99	2.99	3.02
자기자본회전율	–	–	14.02	14.02	10.35
비유동자산회전율	–	–	3.82	3.82	3.88
재고자산회전율	–	–	76.03	76.03	65.75
생산성비율					(단위: %)
총자본투자효율	–	–	44.63	44.63	56.33
설비투자효율	–	–	103.04	103.04	123.76
부가가치의 구성					(단위: 백만 원)
영업잉여	–	–	1,576	1,576	4,678
인건비	–	–	11,436	11,436	14,153
금융비용	–	–	1,033	1,033	858
감가상각비	–	–	1,924	1,924	2,015

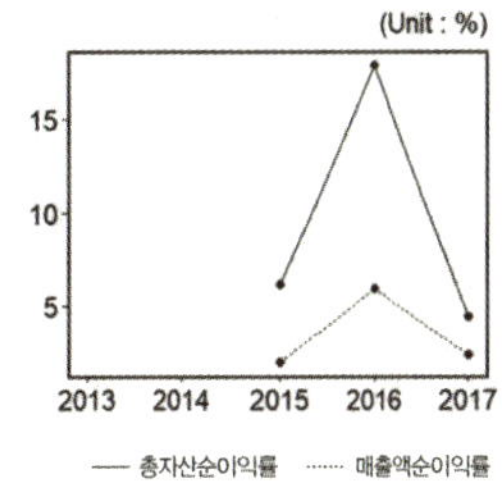

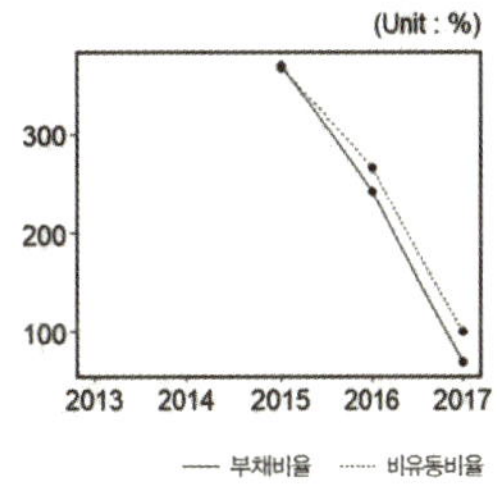

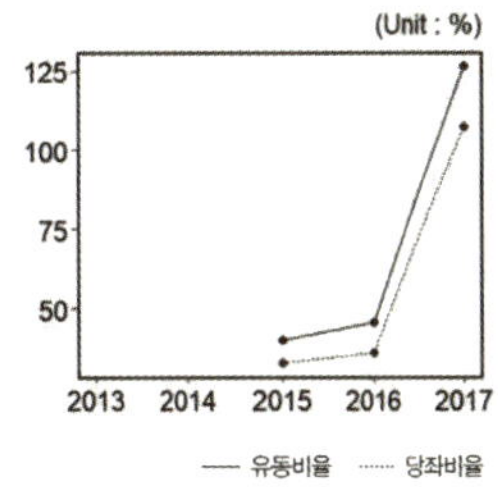

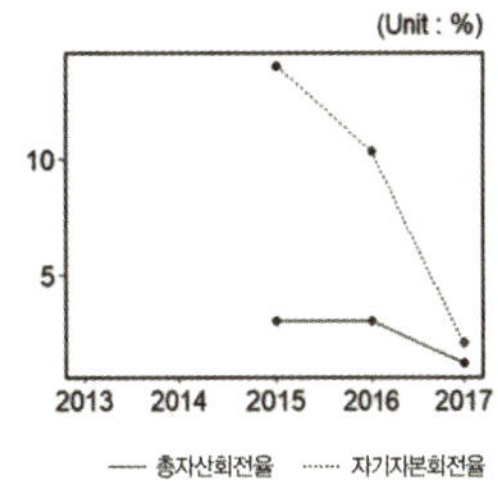

73 ㈜마세다린(067745) MASEDARIN CO., LTD 외

설립일	2003.08.25	대표이사	정태환
업종	치킨 전문점	업종코드	56193
소재지	경기도 용인시 수지구 고기로	주요브랜드	가마로강정, 사바사바, 바베더퍼

	2013	2014	2015	2016	2017
재무상태표					(단위: 백만 원)
유동자산	3,680	3,149	3,362	2,690	2,298
당좌자산	3,085	2,132	2,383	1,923	1,913
재고자산	595	1,017	979	768	385
비유동자산	12,598	13,411	14,680	16,812	1,376
투자자산	0	445	584	584	307
유형자산	12,090	11,941	12,694	15,439	478
무형자산	0	276	627	465	260
자산총계	16,278	16,560	18,042	19,502	3,674
유동부채	10,623	5,027	6,583	10,773	2,450
비유동부채	2,267	7,625	10,411	5,381	1,992
자본	3,389	3,908	1,048	3,348	-768
부채 및 자본합계	16,278	16,560	18,042	19,502	3,674
손익계산서					(단위: 백만 원)
매출액	29,132	32,536	24,956	19,047	12,802
매출원가	23,076	24,902	18,646	13,245	9,612
매출총손익	6,056	7,634	6,310	5,803	3,190
판매비 및 관리비	4,777	6,593	9,621	7,639	4,389
영업손익	1,279	1,041	-3,311	-1,837	-1,199
법인세비용차감전순손익	955	612	-3,227	-2,687	2,658
법인세비용	119	93	0	0	0
계속사업이익	835	520	-3,227	-2,687	2,658
중단사업손익	0	0	0	0	0
당기순손익	835	520	-3,227	-2,687	2,658
현금흐름표					(단위: 백만 원)
영업활동순현금흐름	1,836	783	-1,937	-2,029	-7,465
투자활동순현금흐름	-3,871	-1,348	-1,404	8,488	12,363
재무활동순현금흐름	2,660	-58	3,651	-5,904	-5,182
성장성비율					(단위: %)
총자산증가율	29.48	1.73	8.95	8.09	-81.16
매출액증가율	62.68	11.69	-23.3	-23.68	-32.79
수익성비율					(단위: %)
총자산순이익률	5.79	3.16	-18.65	-14.31	22.94
자기자본순이익률	28.12	14.24	-130.2	-122.24	0
매출액영업이익률	4.39	3.2	-13.27	-9.64	-9.37
매출액순이익률	2.87	1.6	-12.93	-14.1	20.77
레버리지비율					(단위: %)
부채비율	380.35	323.7	1,621.48	482.56	0
이자보상비율	3.07	2.12	-6.3	-3.46	-3.58
비유동비율	371.76	343.14	1,400.74	502.2	0
비유동장기적합률	222.77	116.29	128.11	192.6	0
유동성비율					(단위: %)
유동비율	34.64	62.64	51.07	24.97	93.8
당좌비율	29.04	42.41	36.2	17.85	78.08
현금비율	32.23	17.86	25.94	53.04	49.72
활동성비율					(단위: 회)
총자산회전율	2.02	1.98	1.44	1.01	1.1
자기자본회전율	9.81	8.92	10.07	8.67	0
비유동자산회전율	2.57	2.5	1.78	1.21	1.41
재고자산회전율	45.39	40.37	25.01	21.81	22.21
생산성비율					(단위: %)
총자본투자효율	28.41	35.46	21.93	13.13	161.67
설비투자효율	38.25	49.18	31.18	16.58	1,241.91
부가가치의 구성					(단위: 백만 원)
영업잉여	909	657	-3,763	-2,311	-1,506
인건비	2,121	3,618	5,575	3,552	2,171
금융비용	380	453	397	514	330
감가상각비	836	858	755	736	517

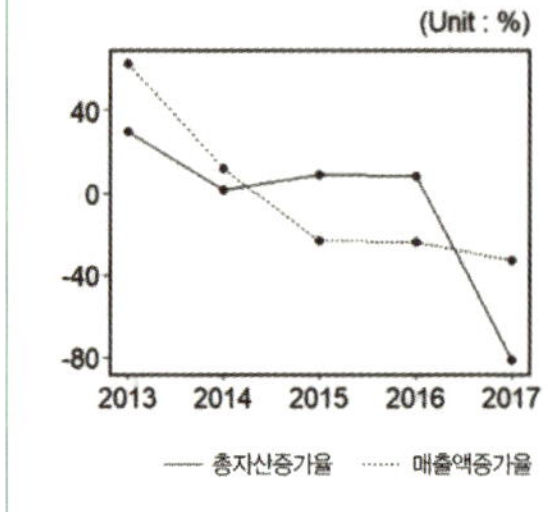

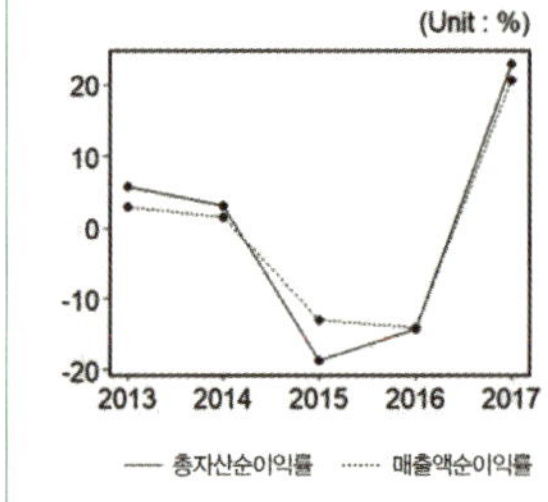

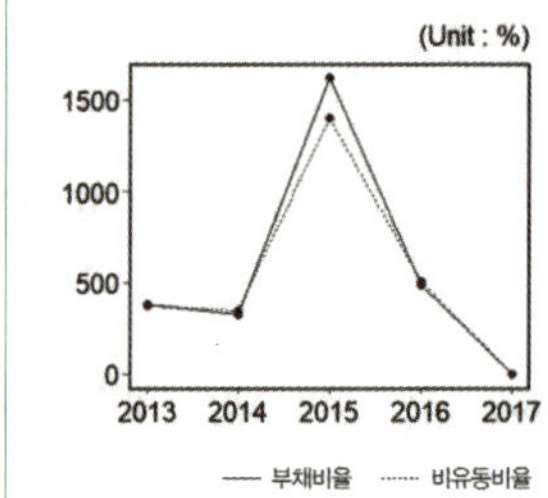

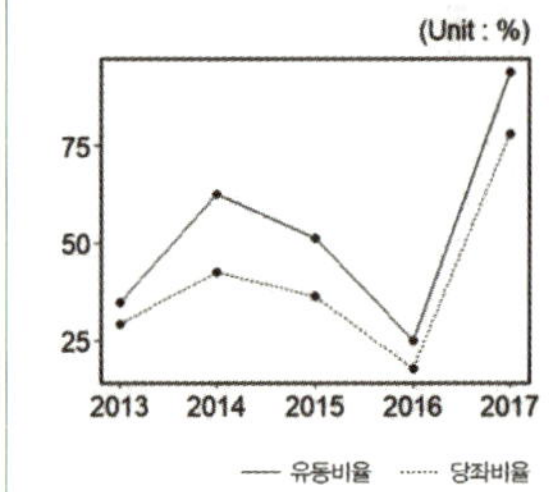

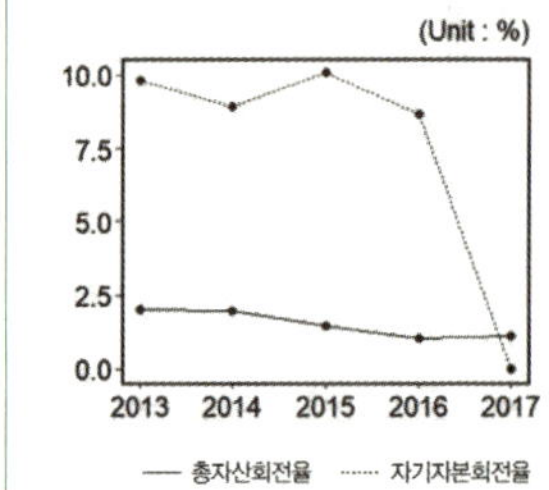

74 ㈜만석닭강정(80563) MANSUK 외

설립일	2012.03.21	대표이사	곽승연
업종	치킨 전문점	업종코드	56193
소재지	강원도 속초시 중앙로	주요브랜드	만석닭강정

	2013	2014	2015	2016	2017
재무상태표					(단위: 백만 원)
유동자산	–	–	–	12,108	7,421
당좌자산	–	–	–	12,108	7,421
재고자산	–	–	–	0	0
비유동자산	–	–	–	2,485	1,329
투자자산	–	–	–	1,369	43
유형자산	–	–	–	1,002	1,225
무형자산	–	–	–	3	0
자산총계	–	–	–	14,593	8,750
유동부채	–	–	–	1,047	2,426
비유동부채	–	–	–	0	62
자본	–	–	–	13,546	6,262
부채 및 자본합계	–	–	–	14,593	8,750
손익계산서					(단위: 백만 원)
매출액	–	–	–	15,233	13,839
매출원가	–	–	–	6,152	6,129
매출총손익	–	–	–	9,081	7,710
판매비 및 관리비	–	–	–	4,605	4,268
영업손익	–	–	–	4,476	3,442
법인세비용차감전순손익	–	–	–	4,574	3,267
법인세비용	–	–	–	992	551
계속사업이익	–	–	–	3,581	2,716
중단사업손익	–	–	–	0	0
당기순손익	–	–	–	3,581	2,716
현금흐름표					(단위: 백만 원)
영업활동순현금흐름	–	–	–	3,224	4,938
투자활동순현금흐름	–	–	–	−3,600	4,944
재무활동순현금흐름	–	–	–	0	−10,000
성장성비율					(단위: %)
총자산증가율	–	–	–	0	−40.04
매출액증가율	–	–	–	0	−9.16
수익성비율					(단위: %)
총자산순이익률	–	–	–	49.08	23.27
자기자본순이익률	–	–	–	52.87	27.42
매출액영업이익률	–	–	–	29.38	24.87
매출액순이익률	–	–	–	23.51	19.63
레버리지비율					(단위: %)
부채비율	–	–	–	7.73	39.73
이자보상비율	–	–	–	–	–
비유동비율	–	–	–	18.34	21.22
비유동장기적합률	–	–	–	18.34	21.01
유동성비율					(단위: %)
유동비율	–	–	–	1,156.78	305.88
당좌비율	–	–	–	1,156.78	305.88
현금비율	–	–	–	7.79	11.11
활동성비율					(단위: 회)
총자산회전율	–	–	–	2.09	1.19
자기자본회전율	–	–	–	2.25	1.4
비유동자산회전율	–	–	–	12.26	7.26
재고자산회전율	–	–	–	0	0
생산성비율					(단위: %)
총자본투자효율	–	–	–	51.47	69.84
설비투자효율	–	–	–	749.42	541.78
부가가치의 구성					(단위: 백만 원)
영업잉여	–	–	–	4,599	3,628
인건비	–	–	–	2,645	2,772
금융비용	–	–	–	−123	−183
감가상각비	–	–	–	162	152

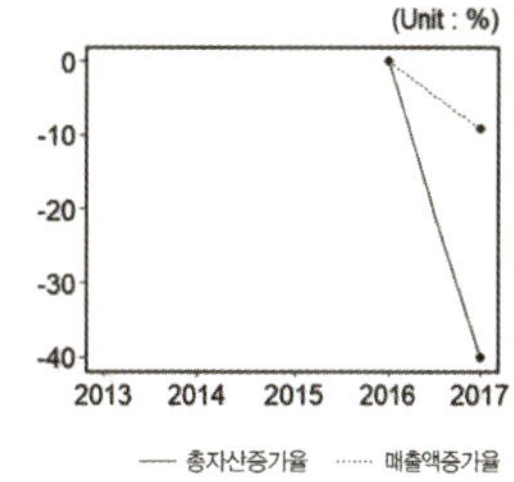

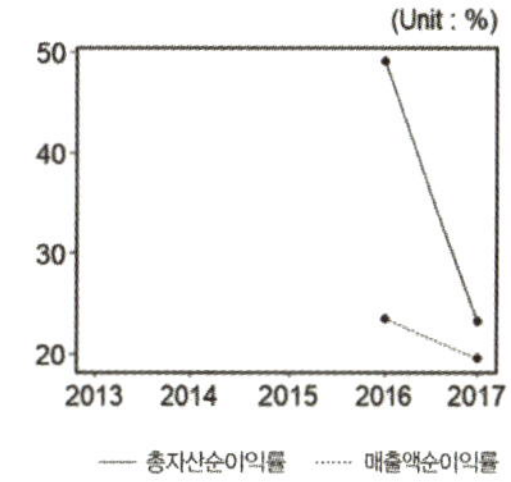

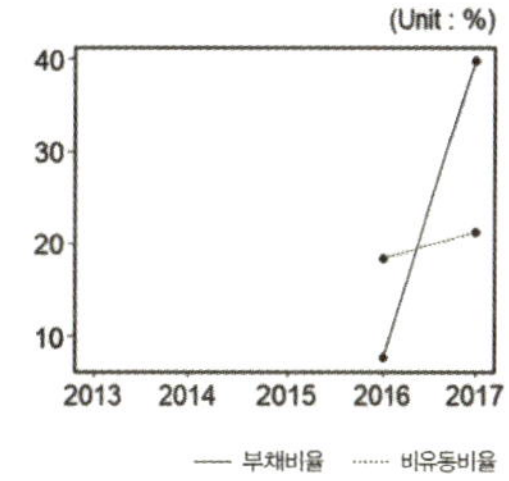

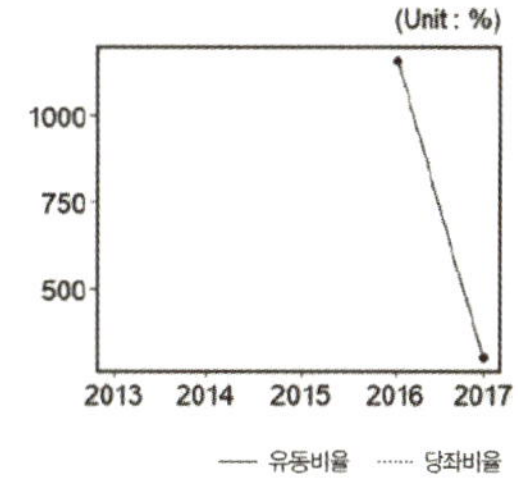

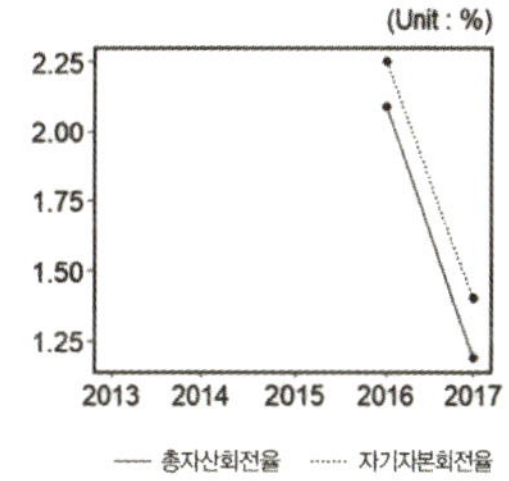

75 ㈜부자되세요(074680) Buja Co.,Ltd 외

설립일	2011.08.01	대표이사	박현종
업종	한식 육류 요리 전문점업	업종코드	56113
소재지	서울시 영등포구 국제금융로	주요브랜드	창고43

	2013	2014	2015	2016	2017
재무상태표					(단위: 백만 원)
유동자산	–	–	3,740	7,562	4,512
당좌자산	–	–	3,458	7,267	4,140
재고자산	–	–	282	295	372
비유동자산	–	–	12,873	15,407	19,624
투자자산	–	–	5	22	15
유형자산	–	–	4,050	6,145	8,708
무형자산	–	–	6,357	6,340	6,326
자산총계	–	–	16,613	22,969	24,136
유동부채	–	–	2,221	11,117	4,779
비유동부채	–	–	8,273	1,244	5,118
자본	–	–	6,119	10,609	14,239
부채 및 자본합계	–	–	16,613	22,969	24,136
손익계산서					(단위: 백만 원)
매출액	–	–	18,960	24,880	27,952
매출원가	–	–	6,807	8,355	9,283
매출총손익	–	–	12,154	16,525	18,670
판매비 및 관리비	–	–	8,743	10,546	12,987
영업손익	–	–	3,410	5,979	5,683
법인세비용차감전순손익	–	–	2,886	5,459	5,505
법인세비용	–	–	477	902	1,810
계속사업이익	–	–	2,409	4,557	3,696
중단사업손익	–	–	0	0	0
당기순손익	–	–	2,409	4,557	3,696
현금흐름표					(단위: 백만 원)
영업활동순현금흐름	–	–	2,656	6,231	4,659
투자활동순현금흐름	–	–	-1,593	-2,988	-3,500
재무활동순현금흐름	–	–	0	0	-4,000
성장성비율					(단위: %)
총자산증가율	–	–	0	38.26	5.08
매출액증가율	–	–	0	31.22	12.35
수익성비율					(단위: %)
총자산순이익률	–	–	29	23.03	15.69
자기자본순이익률	–	–	78.74	54.48	29.75
매출액영업이익률	–	–	17.99	24.03	20.33
매출액순이익률	–	–	12.71	18.32	13.22
레버리지비율					(단위: %)
부채비율	–	–	171.49	116.52	69.5
이자보상비율	–	–	6.49	11.16	13.2
비유동비율	–	–	210.37	145.23	137.81
비유동장기적합률	–	–	89.44	129.99	101.38
유동성비율					(단위: %)
유동비율	–	–	168.39	68.03	94.42
당좌비율	–	–	155.69	65.37	86.64
현금비율	–	–	71.66	78.33	68.32
활동성비율					(단위: 회)
총자산회전율	–	–	2.28	1.26	1.19
자기자본회전율	–	–	6.2	2.97	2.25
비유동자산회전율	–	–	2.95	1.76	1.6
재고자산회전율	–	–	134.41	86.18	83.79
생산성비율					(단위: %)
총자본투자효율	–	–	57.28	58.92	61.76
설비투자효율	–	–	234.94	220.22	171.18
부가가치의 구성					(단위: 백만 원)
영업잉여	–	–	2,887	5,460	5,269
인건비	–	–	3,298	3,995	4,821
금융비용	–	–	524	520	414
감가상각비	–	–	1,131	1,473	1,830

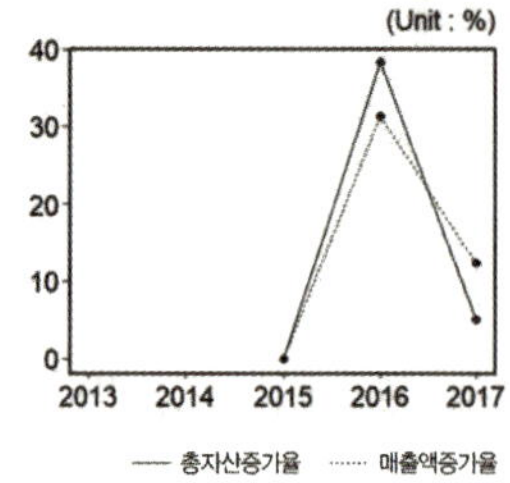

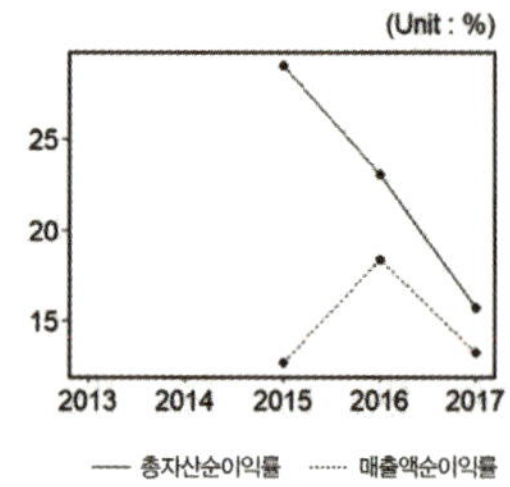

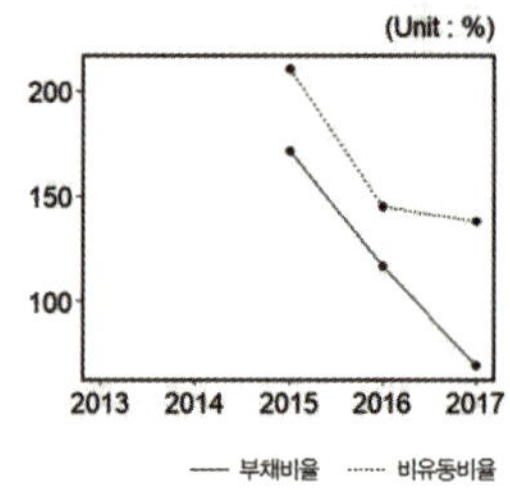

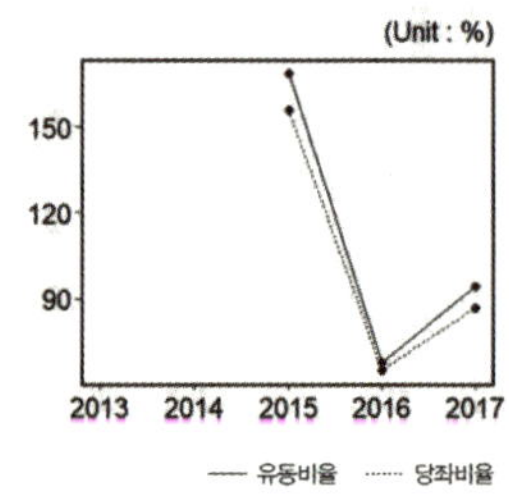

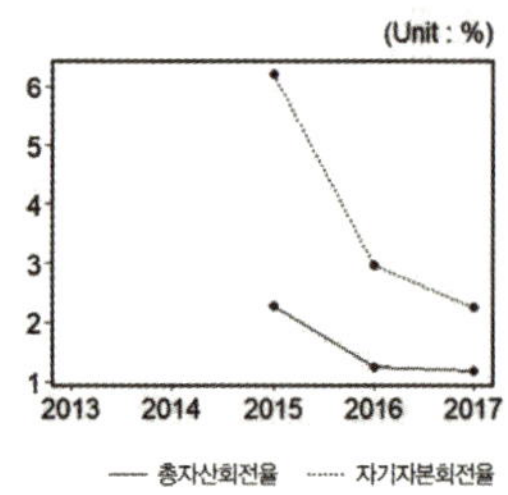

76 ㈜비케이알(064614) BKR CORPORATION 외

설립일	2012.11.21	대표이사	문영주
업종	피자, 햄버거, 샌드위치 및 유사 음식점업	업종코드	56192
소재지	서울특별시 영등포구 국회대로	주요브랜드	버거킹

	2013	2014	2015	2016	2017
재무상태표					(단위: 백만 원)
유동자산	23,474	31,143	30,680	29,682	51,999
당좌자산	17,023	23,421	21,057	17,589	39,789
재고자산	6,452	7,721	9,623	12,093	12,210
비유동자산	53,063	54,861	64,293	257,034	260,939
투자자산	163	123	143	83	23
유형자산	16,048	18,984	29,664	36,217	42,573
무형자산	2,050	1,820	1,190	184,557	178,813
자산총계	76,537	86,003	94,973	286,716	312,938
유동부채	30,881	41,519	41,528	51,975	59,558
비유동부채	9,675	18,328	22,645	17,057	106,445
자본	35,981	26,156	30,801	217,684	146,935
부채 및 자본합계	76,537	86,003	94,973	286,716	312,938
손익계산서					(단위: 백만 원)
매출액	212,287	252,576	278,519	253,165	345,851
매출원가	75,878	91,843	106,063	92,451	134,104
매출총손익	136,410	160,733	172,456	160,714	211,747
판매비 및 관리비	127,608	148,579	160,318	149,961	210,275
영업손익	8,801	12,154	12,138	10,753	1,473
법인세비용차감전순손익	8,296	13,166	11,147	10,915	-4,617
법인세비용	1,766	2,991	2,503	2,873	-458
계속사업이익	6,530	10,175	8,644	8,041	-4,159
중단사업손익	0	0	0	0	0
당기순손익	6,530	10,175	8,644	8,041	-4,159
현금흐름표					(단위: 백만 원)
영업활동순현금흐름	15,300	21,364	14,366	21,283	10,550
투자활동순현금흐름	-9,876	-8,759	-14,224	-211,388	-18,207
재무활동순현금흐름	0	-10,000	-4,000	200,630	27,954
성장성비율					(단위: %)
총자산증가율	15.51	12.37	10.43	201.89	9.15
매출액증가율	940.5	18.98	10.27	-9.1	36.61
수익성비율					(단위: %)
총자산순이익률	9.15	12.52	9.55	4.21	-1.39
자기자본순이익률	20.2	32.75	30.35	6.47	-2.28
매출액영업이익률	4.15	4.81	4.36	4.25	0.43
매출액순이익률	3.08	4.03	3.1	3.18	-1.2
레버리지비율					(단위: %)
부채비율	112.71	228.81	208.35	31.71	112.98
이자보상비율	180.91	51.97	19.75	76.44	0.61
비유동비율	147.47	209.74	208.74	118.08	177.59
비유동장기적합률	116.22	123.33	120.3	109.5	102.98
유동성비율					(단위: %)
유동비율	76.02	75.01	73.88	57.11	87.31
당좌비율	55.12	56.41	50.71	33.84	66.81
현금비율	54.46	49.41	32.93	35.78	59.45
활동성비율					(단위: 회)
총자산회전율	2.97	3.11	3.08	1.33	1.15
자기자본회전율	6.57	8.13	9.78	2.04	1.9
비유동자산회전율	4.61	4.68	4.67	1.58	1.34
재고자산회전율	33.6	35.64	32.12	23.32	28.46
생산성비율					(단위: %)
총자본투자효율	127.49	136.5	130.68	39.66	43.79
설비투자효율	608.01	638.77	481.3	320.38	332.06
부가가치의 구성					(단위: 백만 원)
영업잉여	9,101	12,044	11,668	11,244	-84
인건비	47,054	59,694	68,886	63,892	84,527
금융비용	-56	85	471	-491	1,557
감가상각비	5,553	5,739	6,285	7,803	12,796

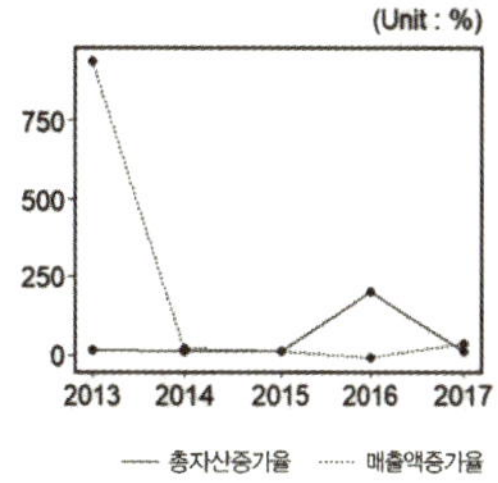

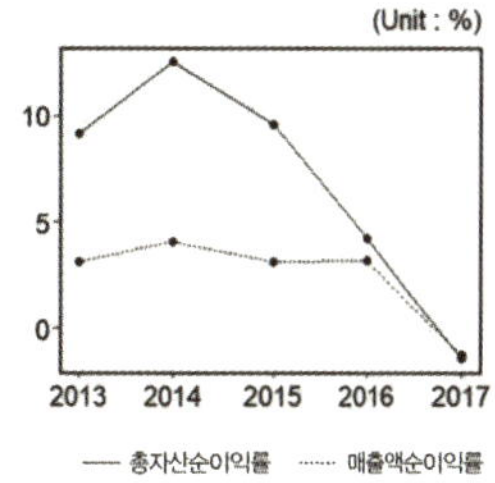

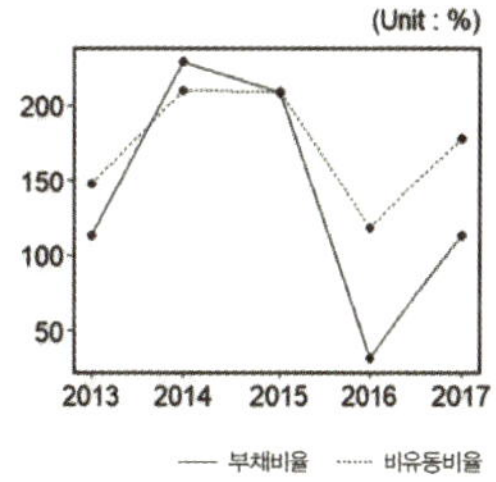

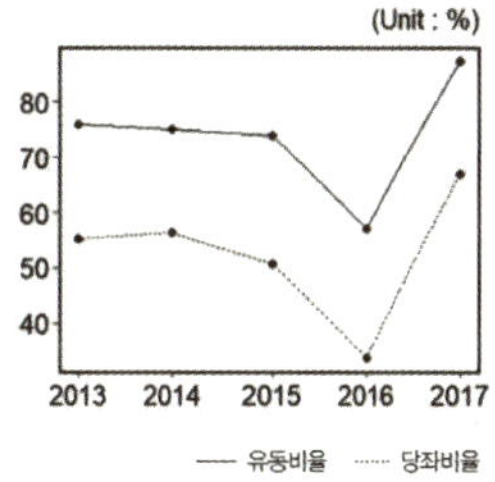

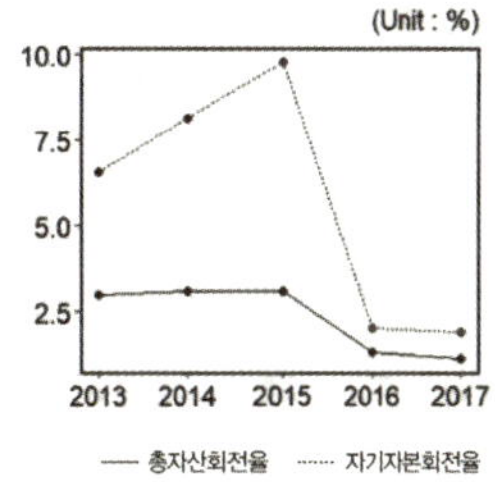

정직하고 투명한 기업

77 ㈜삼원가든(026354) Samwon Garden 외

설립일	1987.08.11	대표이사	이진애
업종	한식 육류 요리 전문점업	업종코드	56113
소재지	서울시 강남구 신사동	주요브랜드	삼원가든

	2013	2014	2015	2016	2017
재무상태표					(단위: 백만 원)
유동자산	2,326	2,546	7,896	8,486	6,330
당좌자산	1,559	1,873	6,412	6,867	5,109
재고자산	767	674	1,484	1,619	1,220
비유동자산	37,342	38,855	39,103	42,510	42,868
투자자산	4,752	6,542	5	5	800
유형자산	31,068	31,118	32,473	35,610	34,969
무형자산	1,088	863	3,338	2,721	1,914
자산총계	39,668	41,401	46,999	50,996	49,198
유동부채	16,311	15,189	23,749	23,773	21,835
비유동부채	6,530	5,973	10	11	1,009
자본	16,827	20,239	23,240	27,212	26,353
부채 및 자본합계	39,668	41,401	46,999	50,996	49,198
손익계산서					(단위: 백만 원)
매출액	20,092	20,247	21,959	43,353	39,885
매출원가	0	0	0	0	0
매출총손익	20,092	20,247	21,959	43,353	39,885
판매비 및 관리비	16,404	15,749	17,384	37,730	37,849
영업손익	3,688	4,498	4,575	5,623	2,037
법인세비용차감전순손익	3,376	4,265	3,616	5,088	-556
법인세비용	731	903	753	1,116	294
계속사업이익	2,645	3,362	2,864	3,972	-850
중단사업손익	0	0	0	0	0
당기순손익	2,645	3,362	2,864	3,972	-850
현금흐름표					(단위: 백만 원)
영업활동순현금흐름	2,920	3,343	-1,987	6,611	1,911
투자활동순현금흐름	-2,693	-2,092	-1,239	-3,029	-3,688
재무활동순현금흐름	-1,505	-1,001	4,002	0	-400
성장성비율					(단위: %)
총자산증가율	3.07	4.37	13.52	8.5	-3.53
매출액증가율	-4.31	0.77	8.46	97.43	-8
수익성비율					(단위: %)
총자산순이익률	6.77	8.29	6.48	8.11	-1.7
자기자본순이익률	15.33	18.14	13.17	15.75	-3.17
매출액영업이익률	18.36	22.22	20.83	12.97	5.11
매출액순이익률	13.16	16.6	13.04	9.16	-2.13
레버리지비율					(단위: %)
부채비율	135.74	104.56	102.23	87.4	86.69
이자보상비율	6.22	8.77	11.49	12.32	4.28
비유동비율	221.91	191.98	168.26	156.22	162.67
비유동장기적합률	159.88	148.23	168.19	156.16	156.67
유동성비율					(단위: %)
유동비율	14.26	16.76	33.25	35.69	28.99
당좌비율	9.56	12.33	27	28.89	23.4
현금비율	45.77	51.61	26.47	66.84	55.21
활동성비율					(단위: 회)
총자산회전율	0.51	0.5	0.5	0.88	0.8
자기자본회전율	1.16	1.09	1.01	1.72	1.49
비유동자산회전율	0.56	0.53	0.56	1.06	0.93
재고자산회전율	32.02	28.11	20.35	27.94	28.1
생산성비율					(단위: %)
총자본투자효율	33.33	32.37	27.79	46.56	37.92
설비투자효율	42.55	43.06	40.23	66.68	53.35
부가가치의 구성					(단위: 백만 원)
영업잉여	3,143	3,993	4,173	5,176	1,585
인건비	7,183	6,651	6,692	12,551	12,483
금융비용	545	504	386	446	455
감가상각비	309	495	669	2,135	2,317

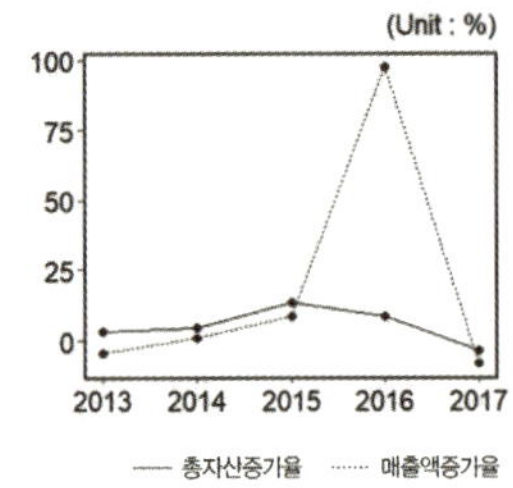

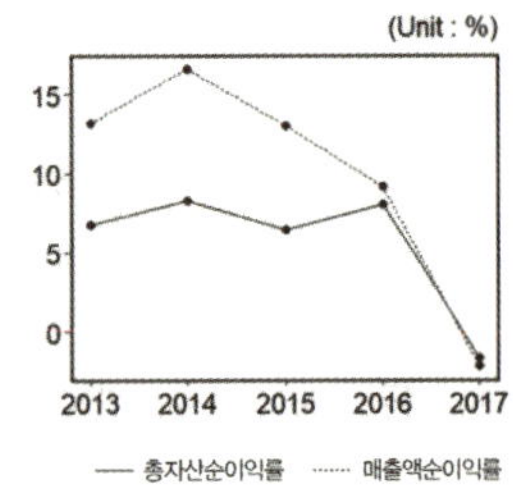

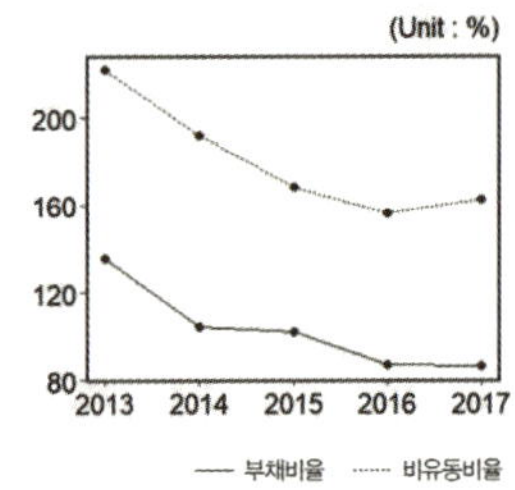

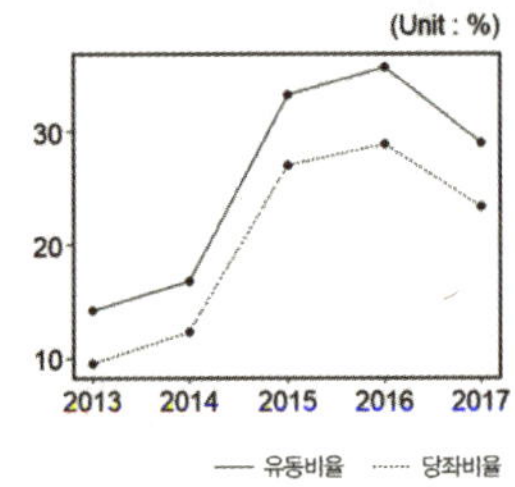

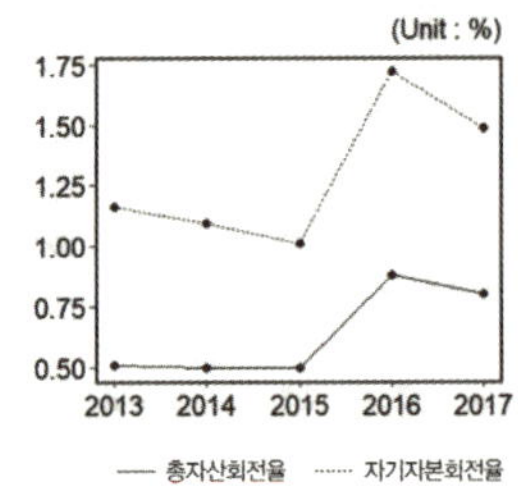

78 ㈜설빙(74483) sulbing 외

설립일	2013.08.21	대표이사	정용만
업종	기타 비알코올 음료점업	업종코드	56229
소재지	서울시 강남구 테헤란로	주요브랜드	설빙

	2013	2014	2015	2016	2017
재무상태표					(단위: 백만 원)
유동자산	–	16,265	15,659	17,647	17,962
당좌자산	–	16,241	15,659	17,588	17,842
재고자산	–	24	0	59	120
비유동자산	–	3,885	2,991	3,398	3,047
투자자산	–	486	183	1,198	1,163
유형자산	–	1,242	721	434	479
무형자산	–	32	56	45	27
자산총계	–	20,150	18,650	21,045	21,009
유동부채	–	7,234	4,618	5,218	4,757
비유동부채	–	0	0	42	0
자본	–	12,915	14,033	15,785	16,252
부채 및 자본합계	–	20,150	18,650	21,045	21,009
손익계산서					(단위: 백만 원)
매출액	–	20,188	12,213	9,588	11,771
매출원가	–	499	1,352	1,508	2,989
매출총손익	–	19,689	10,861	8,080	8,782
판매비 및 관리비	–	3,730	9,616	7,802	7,769
영업손익	–	15,958	1,244	277	1,013
법인세비용차감전순손익	–	15,691	1,386	473	1,106
법인세비용	–	3,432	269	126	681
계속사업이익	–	12,259	1,117	347	426
중단사업손익	–	0	0	0	0
당기순손익	–	12,259	1,117	347	426
현금흐름표					(단위: 백만 원)
영업활동순현금흐름	–	10,557	1,462	4,695	4,280
투자활동순현금흐름	–	-7,971	-3,381	566	-3,989
재무활동순현금흐름	–	-257	0	-4,855	0
성장성비율					(단위: %)
총자산증가율	–	0	-7.44	12.84	-0.17
매출액증가율	–	0	-39.5	-21.49	22.76
수익성비율					(단위: %)
총자산순이익률	–	121.68	5.76	1.75	2.02
자기자본순이익률	–	189.84	8.29	2.33	2.66
매출액영업이익률	–	79.05	10.19	2.89	8.61
매출액순이익률	–	60.73	9.15	3.62	3.62
레버리지비율					(단위: %)
부채비율	–	56.01	32.91	33.33	29.27
이자보상비율	–	–	–	–	–
비유동비율	–	30.08	21.32	21.53	18.75
비유동장기적합률	–	30.08	21.32	21.47	18.75
유동성비율					(단위: %)
유동비율	–	224.83	339.1	338.17	377.62
당좌비율	–	224.5	339.1	337.04	375.11
현금비율	–	19.98	8.49	9.84	11.29
활동성비율					(단위: 회)
총자산회전율	–	2	0.63	0.48	0.56
자기자본회전율	–	3.13	0.91	0.64	0.73
비유동자산회전율	–	10.39	3.55	3	3.65
재고자산회전율	–	1,701.08	1,029.12	325.8	131.88
생산성비율					(단위: %)
총자본투자효율	–	86.67	34.15	23.04	22.51
설비투자효율	–	1,406.20	883.44	1,117.67	987.83
부가가치의 구성					(단위: 백만 원)
영업잉여	–	16,002	1,463	560	2,714
인건비	–	1,219	3,824	3,476	3,003
금융비용	–	-44	-218	-283	-149
감가상각비	–	265	519	368	307

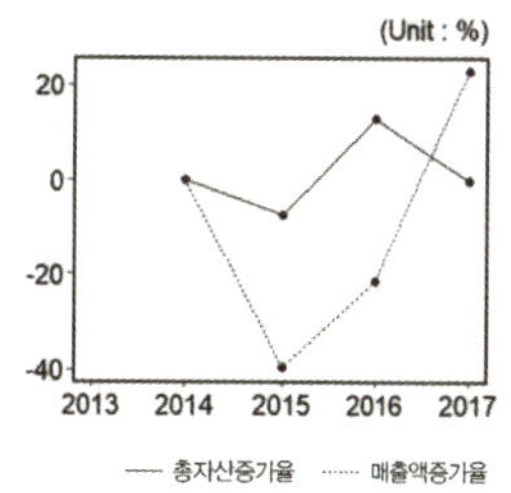

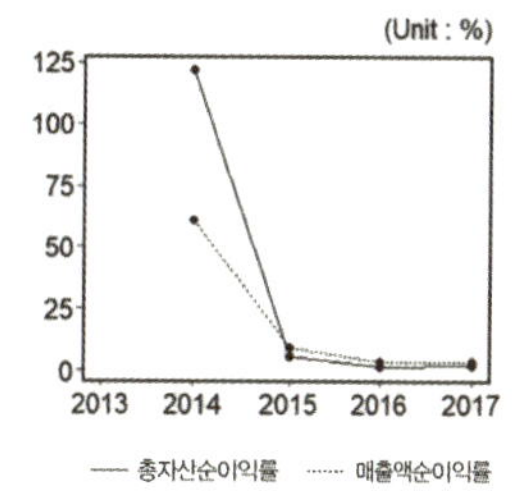

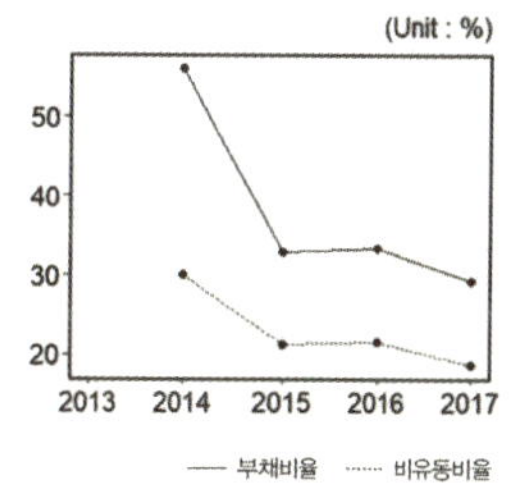

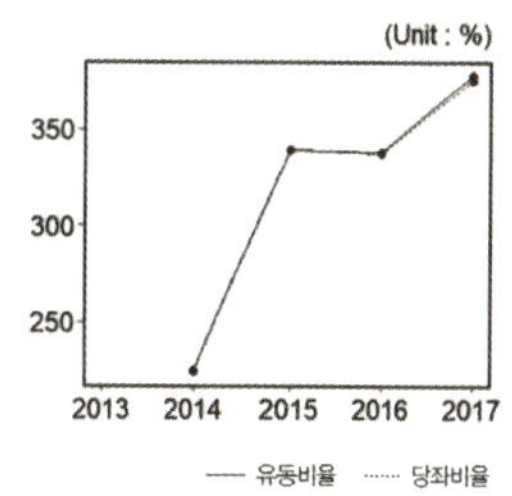

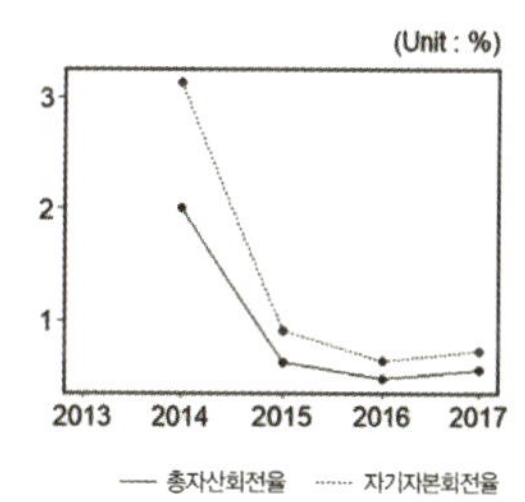

79 ㈜스타벅스커피코리아(015790) Starbucks Coffee Korea Co., Ltd. 외

STARBUCKS

설립일	1997.09.10	대표이사	이석구
업종	커피 전문점	업종코드	56221
소재지	서울시 중구 소공로	주요브랜드	스타벅스

	2013	2014	2015	2016	2017
재무상태표					(단위: 백만 원)
유동자산	42,881	51,846	51,114	68,636	92,151
당좌자산	25,894	17,850	26,954	33,555	58,218
재고자산	16,988	33,996	24,160	35,081	33,932
비유동자산	258,914	336,633	398,156	438,419	509,638
투자자산	3	3	3	3	3
유형자산	118,657	159,919	184,532	186,048	210,970
무형자산	5,548	6,121	8,061	13,521	16,056
자산총계	301,796	388,479	449,270	507,055	601,788
유동부채	107,283	202,616	234,993	237,454	250,408
비유동부채	52,645	16,993	23,380	22,357	28,783
자본	141,868	168,870	190,897	247,244	322,598
부채 및 자본합계	301,796	388,479	449,270	507,055	601,788
손익계산서					(단위: 백만 원)
매출액	482,177	617,095	773,900	1,002,814	1,263,460
매출원가	214,722	272,186	350,753	444,819	562,634
매출총손익	267,455	344,909	423,147	557,995	700,826
판매비 및 관리비	235,351	304,694	376,006	472,731	586,420
영업손익	32,104	40,215	47,141	85,264	114,406
법인세비용차감전순손익	32,502	40,128	37,972	85,360	118,656
법인세비용	6,888	9,358	9,686	20,109	28,140
계속사업이익	25,615	30,770	28,286	65,251	90,516
중단사업손익	0	0	0	0	0
당기순손익	25,615	30,770	28,286	65,251	90,516
현금흐름표					(단위: 백만 원)
영업활동순현금흐름	77,012	85,334	112,112	166,673	172,079
투자활동순현금흐름	-78,640	-118,528	-108,826	-98,568	-136,601
재무활동순현금흐름	9,370	25,832	-832	-70,000	-25,000
성장성비율					(단위: %)
총자산증가율	22.39	28.72	15.65	12.86	18.68
매출액증가율	23.33	27.98	25.41	29.58	25.99
수익성비율					(단위: %)
총자산순이익률	9.34	8.92	6.75	13.65	16.33
자기자본순이익률	19.68	19.8	15.72	29.79	31.77
매출액영업이익률	6.66	6.52	6.09	8.5	9.05
매출액순이익률	5.31	4.99	3.66	6.51	7.16
레버리지비율					(단위: %)
부채비율	112.73	130.05	135.35	105.08	86.54
이자보상비율	14.76	16.87	20.56	69.23	286.96
비유동비율	182.5	199.34	208.57	177.32	157.98
비유동장기적합률	133.11	181.12	185.81	162.62	145.04
유동성비율					(단위: %)
유동비율	39.97	25.59	21.75	28.91	36.8
당좌비율	24.14	8.81	11.47	14.13	23.25
현금비율	20.51	2.76	7.6	2.9	13.53
활동성비율					(단위: 회)
총자산회전율	1.76	1.79	1.85	2.1	2.28
자기자본회전율	3.7	3.97	4.3	4.58	4.43
비유동자산회전율	2.11	2.07	2.11	2.4	2.67
재고자산회전율	26.35	24.21	26.61	33.86	36.61
생산성비율					(단위: %)
총자본투자효율	69.7	69.17	71.59	86.21	90.94
설비투자효율	183.77	175.96	183.29	241.33	271.82
부가가치의 구성					(단위: 백만 원)
영업잉여	33,509	41,689	48,710	88,791	118,782
인건비	67,135	87,032	108,101	142,403	186,646
금융비용	-1,405	-1,474	-1,568	-3,527	-4,376
감가상각비	34,647	45,298	58,418	66,352	73,769

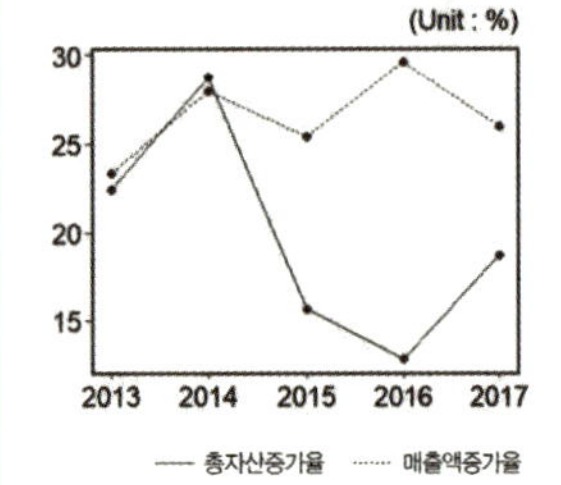

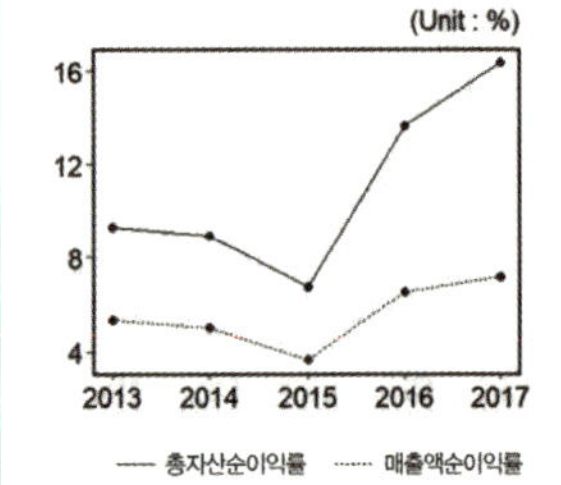

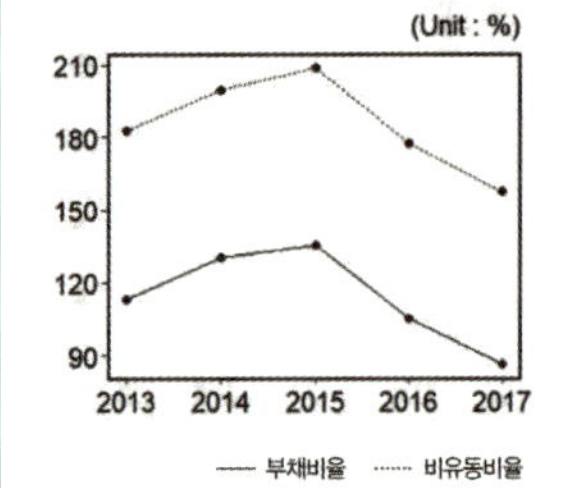

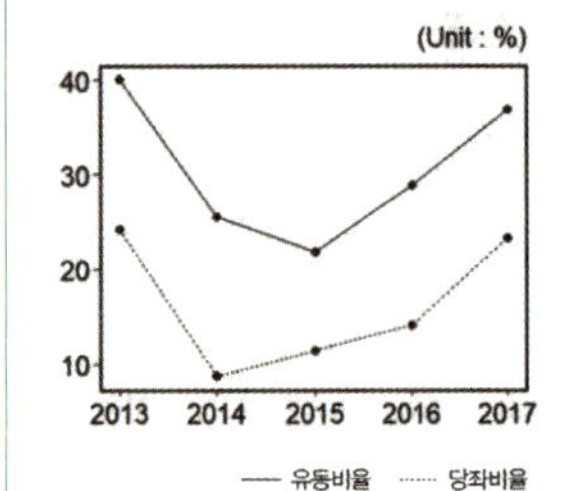

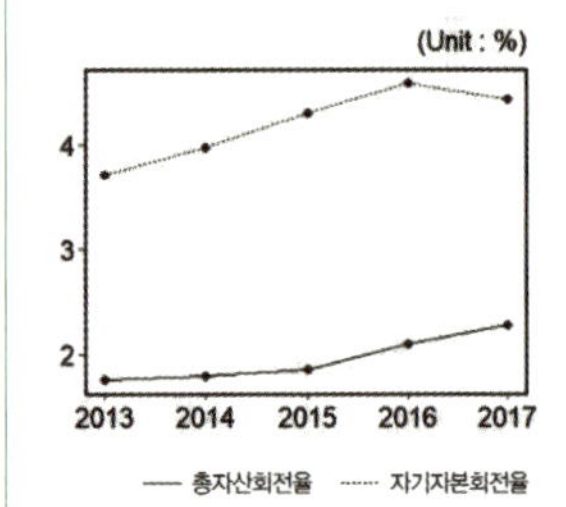

80 ㈜식의(69716) SIKEUI Co.,Ltd			외
설립일	2010.01.11	대표이사	박정수, 장철용, 김영균
업종	서양식 음식점업	업종코드	56123
소재지	경기도 성남시 수정구 성남대로	주요브랜드	플로렌스, 보일드브로커리

	2013	2014	2015	2016	2017
재무상태표					(단위: 백만 원)
유동자산	2,458	1,303	1,441	926	1,265
당좌자산	2,110	910	973	748	1,094
재고자산	349	393	468	178	170
비유동자산	6,537	8,513	9,493	8,882	7,613
투자자산	0	0	1,835	1,875	1,885
유형자산	4,082	5,389	5,173	4,614	3,301
무형자산	416	373	0	0	9
자산총계	8,996	9,816	10,934	9,807	8,877
유동부채	3,228	3,419	4,984	4,198	3,447
비유동부채	1,154	1,157	1,909	1,817	1,531
자본	4,613	5,240	4,041	3,793	3,899
부채 및 자본합계	8,996	9,816	10,934	9,807	8,877
손익계산서					(단위: 백만 원)
매출액	21,386	24,990	24,541	24,121	20,021
매출원가	0	0	0	0	0
매출총손익	21,386	24,990	24,541	24,121	20,021
판매비 및 관리비	19,910	24,240	25,432	24,246	19,237
영업손익	1,476	750	-890	-125	784
법인세비용차감전순손익	1,481	686	-1,211	-248	307
법인세비용	282	59	-11	0	0
계속사업이익	1,199	627	-1,200	-248	307
중단사업손익	0	0	0	0	0
당기순손익	1,199	627	-1,200	-248	307
현금흐름표					(단위: 백만 원)
영업활동순현금흐름	2,586	2,222	101	1,722	1,610
투자활동순현금흐름	-2,851	-3,508	-2,548	-1,074	-519
재무활동순현금흐름	833	-83	2,298	-637	-1,022
성장성비율					(단위: %)
총자산증가율	0	9.12	11.39	-10.3	-9.48
매출액증가율	0	16.85	-1.8	-1.71	-17
수익성비율					(단위: %)
총자산순이익률	26.66	6.67	-11.56	-2.39	3.28
자기자본순이익률	51.98	12.73	-25.85	-6.34	7.97
매출액영업이익률	6.9	3	-3.63	-0.52	3.92
매출액순이익률	5.61	2.51	-4.89	-1.03	1.53
레버리지비율					(단위: %)
부채비율	95.01	87.32	170.59	158.59	127.67
이자보상비율	34.86	16.29	-12.55	-0.87	6.37
비유동비율	141.72	162.46	234.93	234.18	195.24
비유동장기적합률	113.36	133.07	159.56	158.34	140.19
유동성비율					(단위: %)
유동비율	76.14	38.11	28.91	22.06	36.68
당좌비율	65.34	26.61	19.53	17.82	31.75
현금비율	67.81	22.85	9.23	15.56	16.83
활동성비율					(단위: 회)
총자산회전율	4.75	2.66	2.37	2.33	2.14
자기자본회전율	9.27	5.07	5.29	6.16	5.21
비유동자산회전율	6.54	3.32	2.73	2.63	2.43
재고자산회전율	122.68	67.38	57.03	74.75	115.11
생산성비율					(단위: %)
총자본투자효율	124.98	129.52	101.49	121.52	119.8
설비투자효율	275.43	235.94	216.61	258.33	322.15
부가가치의 구성					(단위: 백만 원)
영업잉여	1,435	705	-961	-267	663
인건비	6,875	8,239	8,212	7,650	6,621
금융비용	41	45	71	143	121
감가상각비	1,277	1,550	1,583	1,736	1,282

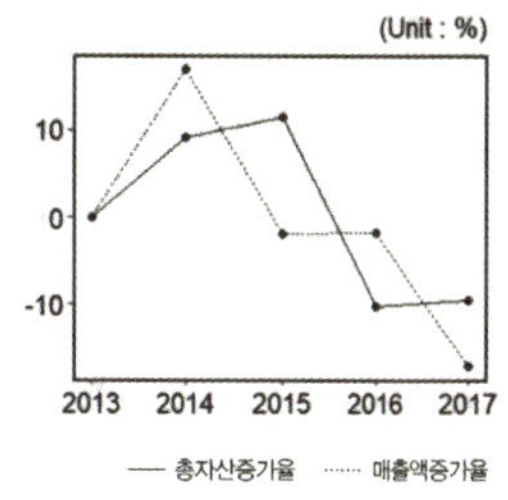

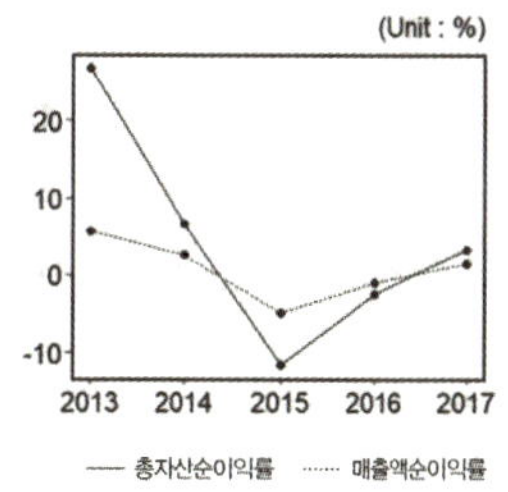

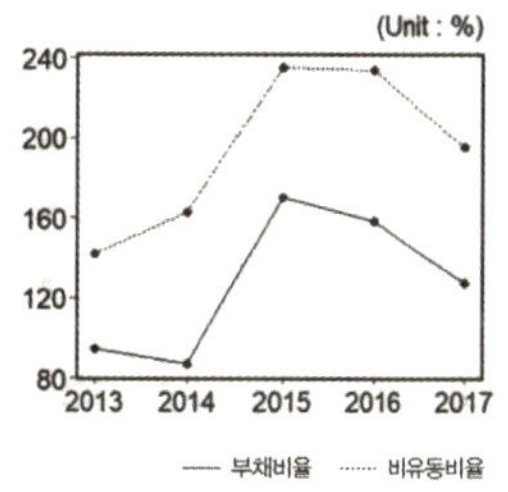

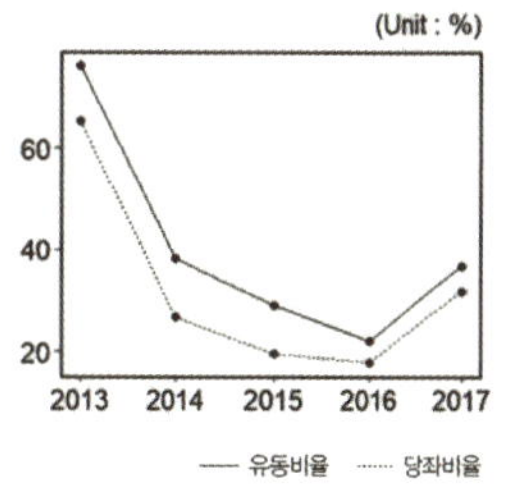

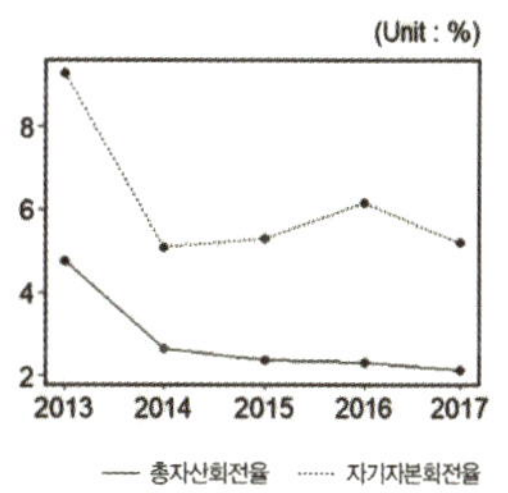

81 ㈜썬앳푸드(018185) SUN@FOOD 외

설립일	1995.06.09	대표이사	남케롤라인충
업종	다업종기업	업종코드	56300
소재지	서울시 중구 장충동	주요브랜드	시추안하우스, 비스트로서울, 모던룰랑

	2013	2014	2015	2016	2017
재무상태표					(단위: 백만 원)
유동자산	5,902	34,594	17,533	8,295	5,363
당좌자산	4,841	34,456	17,247	8,079	5,133
재고자산	1,061	138	287	216	230
비유동자산	37,044	20,565	22,992	28,547	29,253
투자자산	445	5,379	6,858	7,044	6,935
유형자산	22,732	9,861	10,668	17,875	18,825
무형자산	1,255	336	380	248	174
자산총계	42,947	55,159	40,525	36,841	34,617
유동부채	17,814	13,226	1,822	1,765	1,574
비유동부채	1,007	342	500	324	870
자본	24,126	41,591	38,203	34,752	32,173
부채 및 자본합계	42,947	55,159	40,525	36,841	34,617
손익계산서					(단위: 백만 원)
매출액	71,316	13,779	13,758	16,475	14,935
매출원가	35,580	7,771	8,141	9,299	8,341
매출총손익	35,736	6,007	5,617	7,177	6,594
판매비 및 관리비	34,103	11,463	9,188	9,178	9,414
영업손익	1,633	-5,456	-3,571	-2,001	-2,819
법인세비용차감전순손익	298	30,097	-4,469	-2,704	-2,078
법인세비용	186	6,921	-1,070	679	-8
계속사업이익	113	23,176	-3,399	-3,383	-2,069
중단사업손익	0	2,656	0	0	0
당기순손익	113	25,831	-3,399	-3,383	-2,069
현금흐름표					(단위: 백만 원)
영업활동순현금흐름	3,018	2,659	-10,073	-625	-1,488
투자활동순현금흐름	-2,530	-31,600	11,503	143	-40
재무활동순현금흐름	600	32,724	-3,000	0	-524
성장성비율					(단위: %)
총자산증가율	-3.12	28.44	-26.53	-9.09	-6.04
매출액증가율	-6.42	-80.68	-0.15	19.75	-9.35
수익성비율					(단위: %)
총자산순이익률	0.26	52.66	-7.1	-8.75	-5.79
자기자본순이익률	0.47	78.61	-8.52	-9.27	-6.18
매출액영업이익률	2.29	-39.6	-25.95	-12.15	-18.88
매출액순이익률	0.16	187.47	-24.7	-20.53	-13.86
레버리지비율					(단위: %)
부채비율	78.01	32.62	6.08	6.01	7.6
이자보상비율	3.34	-15.3	-58.77	-4,708.25	-
비유동비율	153.55	49.45	60.18	82.14	90.93
비유동장기적합률	147.4	49.04	59.4	81.39	88.53
유동성비율					(단위: %)
유동비율	33.13	261.56	962.45	469.87	340.78
당좌비율	27.18	260.51	946.7	457.66	326.17
현금비율	22.74	14.81	20.28	37.04	19.03
활동성비율					(단위: 회)
총자산회전율	1.63	0.28	0.29	0.43	0.42
자기자본회전율	3	0.42	0.34	0.45	0.45
비유동자산회전율	1.93	0.48	0.63	0.64	0.52
재고자산회전율	69.65	22.97	64.69	65.57	67.02
생산성비율					(단위: %)
총자본투자효율	61.6	73.32	4.38	11.22	13.87
설비투자효율	117.66	410.12	27.01	23.13	25.5
부가가치의 구성					(단위: 백만 원)
영업잉여	1,360	-5,402	-3,075	-1,799	-2,687
인건비	16,320	5,856	4,276	4,452	4,769
금융비용	273	-55	-496	-133	-132
감가상각비	4,345	2,989	1,187	1,186	1,099

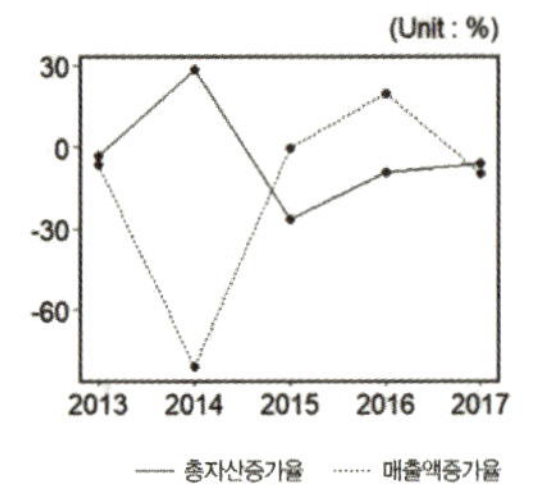

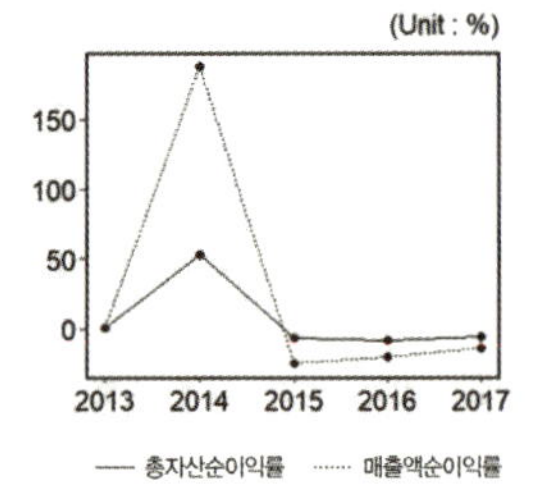

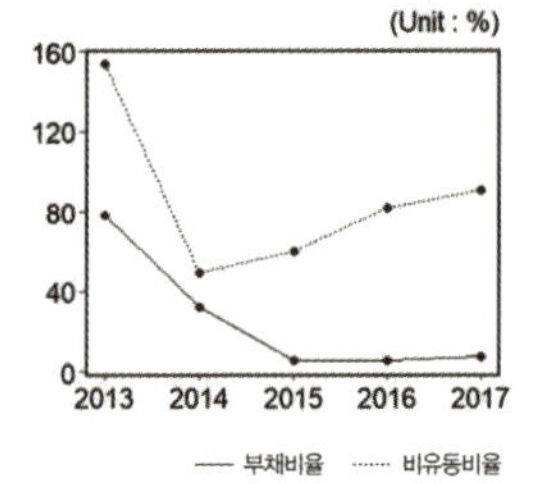

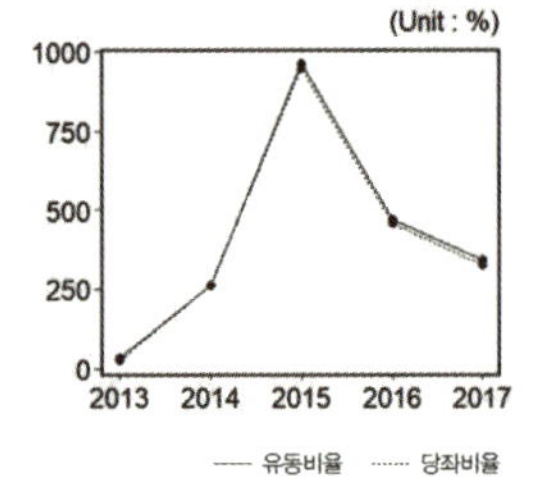

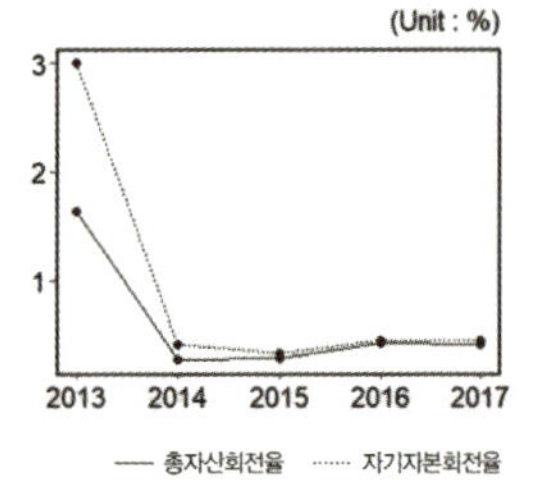

82 ㈜아모제에프앤엘(069753) AMOJE F&L Inc. 외

설립일	2012.09.03	대표이사	신희호
업종	서양식 음식점업	업종코드	56123
소재지	서울특별시 강남구 언주로	주요브랜드	엘레나가든, 오므토토마토, Som.c

	2013	2014	2015	2016	2017
재무상태표					(단위: 백만 원)
유동자산	2,758	2,040	2,409	829	451
당좌자산	2,758	2,040	2,409	829	451
재고자산	0	0	0	0	0
비유동자산	9,352	11,183	14,576	16,070	15,765
투자자산	0	5,653	10,190	15,546	15,546
유형자산	8,825	4,919	4,017	268	109
무형자산	0	0	0	0	0
자산총계	12,110	13,223	16,985	16,899	16,216
유동부채	11,615	12,373	16,285	16,496	15,224
비유동부채	389	340	263	78	39
자본	106	510	438	325	954
부채 및 자본합계	12,110	13,223	16,985	16,899	16,216
손익계산서					(단위: 백만 원)
매출액	30,738	19,966	14,072	8,872	3,042
매출원가	28,111	21,345	16,096	9,888	2,822
매출총손익	2,626	-1,379	-2,025	-1,016	220
판매비 및 관리비	2,768	1,678	1,644	1,022	57
영업손익	-141	-3,057	-3,669	-2,038	163
법인세비용차감전순손익	-311	404	-72	-113	629
법인세비용	0	0	0	0	0
계속사업이익	-311	404	-72	-113	629
중단사업손익	0	0	0	0	0
당기순손익	-311	404	-72	-113	629
현금흐름표					(단위: 백만 원)
영업활동순현금흐름	3,762	-1,191	-2,136	-345	1,129
투자활동순현금흐름	-7,655	95	-1,102	74	136
재무활동순현금흐름	3,899	1,167	3,500	240	-1,506
성장성비율					(단위: %)
총자산증가율	0	9.19	28.45	-0.51	-4.04
매출액증가율	0	-35.04	-29.52	-36.95	-65.71
수익성비율					(단위: %)
총자산순이익률	-5.14	3.19	-0.48	-0.67	3.8
자기자본순이익률	-586.2	131.12	-15.29	-29.58	98.37
매출액영업이익률	-0.46	-15.31	-26.07	-22.98	5.36
매출액순이익률	-1.01	2.02	-0.51	-1.27	20.67
레버리지비율					(단위: %)
부채비율	11,315.05	2,493	3,782.03	5,102.89	1,600.46
이자보상비율	-0.43	-8.36	-9.91	-3.71	0.3
비유동비율	8,815.62	2,192.92	3,331.40	4,947.68	1,653.20
비유동장기적합률	1,888.88	1,315.75	2,080.43	3,988.83	1,588.56
유동성비율					(단위: %)
유동비율	23.74	16.49	14.79	5.02	2.96
당좌비율	23.74	16.49	14.79	5.02	2.96
현금비율	0.2	3.79	14.1	37.28	15.09
활동성비율					(단위: 회)
총자산회전율	5.08	1.58	0.93	0.52	0.18
자기자본회전율	579.49	64.82	29.7	23.28	4.76
비유동자산회전율	6.57	1.94	1.09	0.58	0.19
재고자산회전율	0	0	0	0	0
생산성비율					(단위: %)
총자본투자효율	22.11	23.23	10.94	8.54	0.85
설비투자효율	30.34	62.45	46.27	538.62	126.94
부가가치의 구성					(단위: 백만 원)
영업잉여	-469	-3,366	-3,804	-2,337	812
인건비	827	297	113	36	0
금융비용	327	310	370	549	-661
감가상각비	1,804	2,045	1,448	972	169

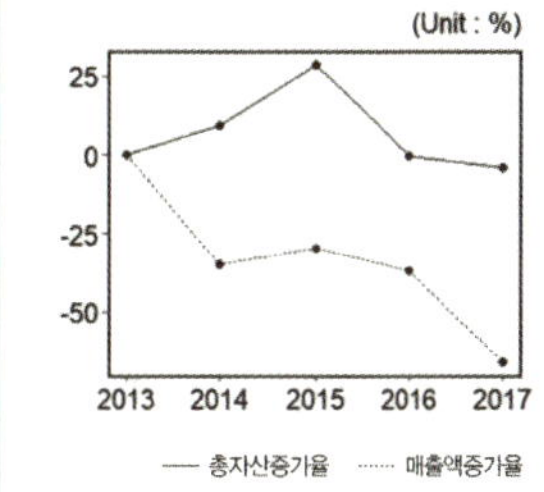

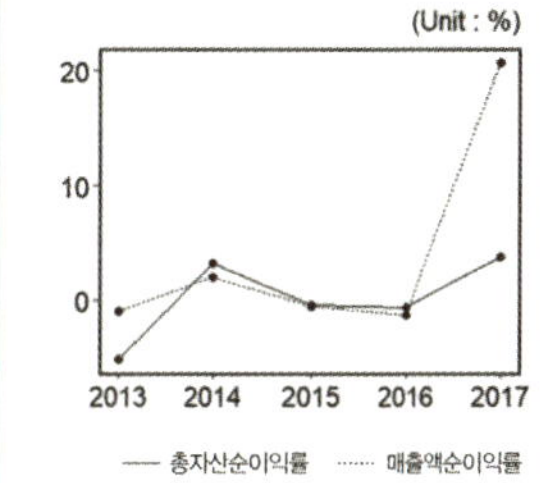

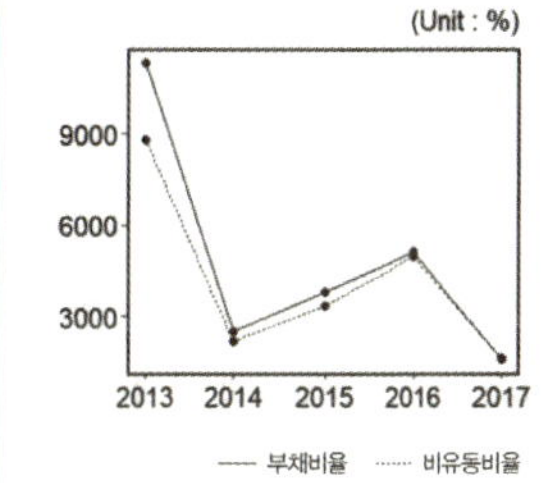

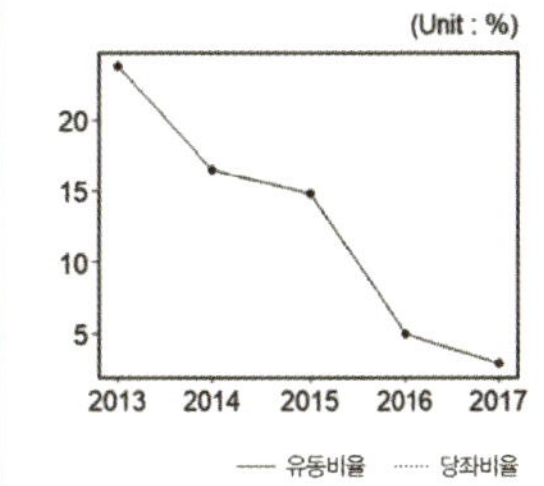

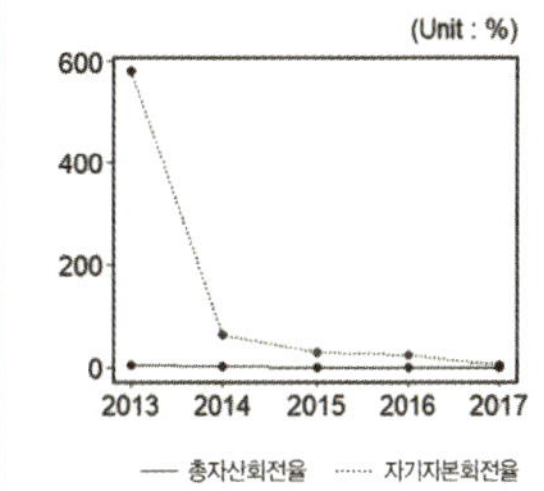

83 ㈜안스(076668) ANS CO., LTD			외
설립일	2015.08.21	대표이사	안복현
업종	제과점업	업종코드	56191
소재지	인천광역시 연수구 청명로	주요브랜드	안스베이커리

	2013	2014	2015	2016	2017
재무상태표					(단위: 백만 원)
유동자산	–	–	380	527	1,070
당좌자산	–	–	368	410	903
재고자산	–	–	12	116	167
비유동자산	–	–	8,808	8,863	8,590
투자자산	–	–	0	0	0
유형자산	–	–	8,413	8,458	8,180
무형자산	–	–	0	0	0
자산총계	–	–	9,188	9,390	9,660
유동부채	–	–	1,878	1,797	2,115
비유동부채	–	–	6,474	6,483	6,274
자본	–	–	837	1,109	1,271
부채 및 자본합계	–	–	9,188	9,390	9,660
손익계산서					(단위: 백만 원)
매출액	–	–	2,387	9,157	9,288
매출원가	–	–	1,287	5,503	5,616
매출총손익	–	–	1,100	3,654	3,672
판매비 및 관리비	–	–	716	3,138	3,219
영업손익	–	–	384	516	453
법인세비용차감전순손익	–	–	356	366	301
법인세비용	–	–	69	94	139
계속사업이익	–	–	287	272	162
중단사업손익	–	–	0	0	0
당기순손익	–	–	287	272	162
현금흐름표					(단위: 백만 원)
영업활동순현금흐름	–	–	594	881	877
투자활동순현금흐름	–	–	−8,496	−670	−229
재무활동순현금흐름	–	–	7,999	−158	−316
성장성비율					(단위: %)
총자산증가율	–	–	0	2.19	2.88
매출액증가율	–	–	0	283.59	1.43
수익성비율					(단위: %)
총자산순이익률	–	–	6.25	2.93	1.7
자기자본순이익률	–	–	68.58	27.98	13.61
매출액영업이익률	–	–	16.08	5.64	4.88
매출액순이익률	–	–	12.02	2.97	1.74
레버리지비율					(단위: %)
부채비율	–	–	997.78	746.44	659.88
이자보상비율	–	–	14.71	2.62	2.43
비유동비율	–	–	1,052.35	798.97	675.68
비유동장기적합률	–	–	120.48	116.74	113.85
유동성비율					(단위: %)
유동비율	–	–	20.25	29.3	50.61
당좌비율	–	–	19.61	22.83	42.7
현금비율	–	–	25.61	28.58	45.03
활동성비율					(단위: 회)
총자산회전율	–	–	0.52	0.99	0.98
자기자본회전율	–	–	5.7	9.41	7.8
비유동자산회전율	–	–	0.54	1.04	1.06
재고자산회전율	–	–	396.81	142.65	65.48
생산성비율					(단위: %)
총자본투자효율	–	–	10.11	35.65	32.94
설비투자효율	–	–	11.04	39.58	38.9
부가가치의 구성					(단위: 백만 원)
영업잉여	–	–	358	322	269
인건비	–	–	357	1,625	1,586
금융비용	–	–	26	197	186
감가상각비	–	–	83	625	507

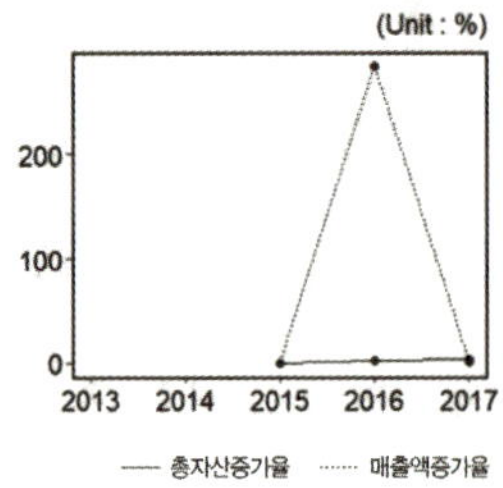

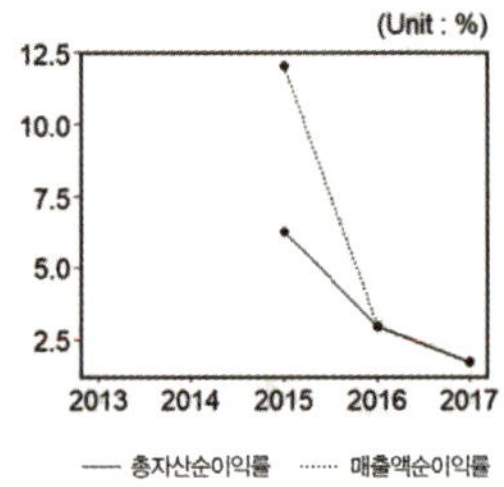

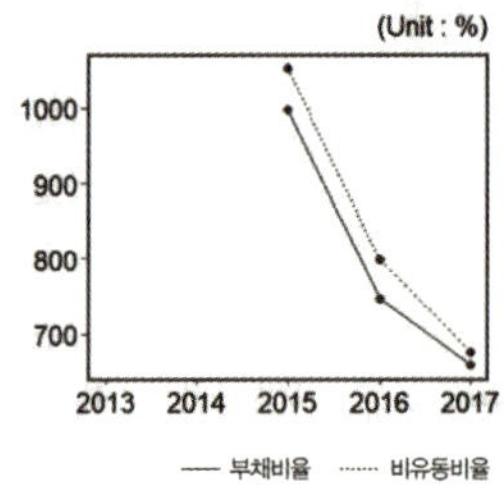

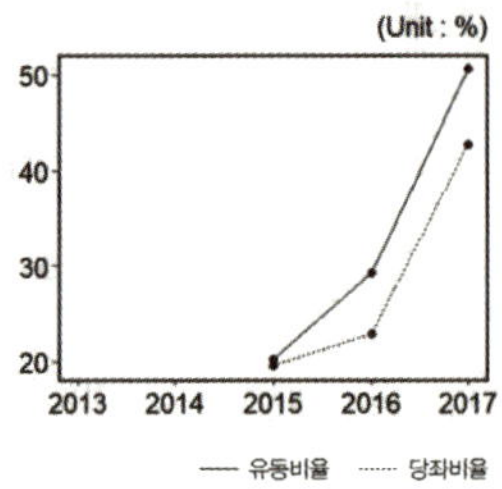

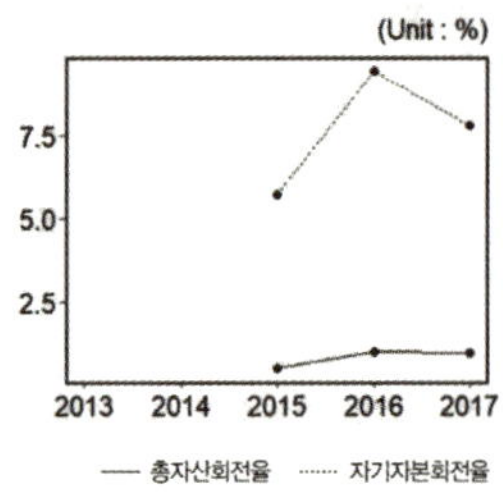

84 ㈜에땅(048624) ETANG CORPORATION 외

설립일	2001.12.19	대표이사	공재기
업종	피자, 햄버거, 샌드위치 및 유사 음식점업	업종코드	56192
소재지	서울시 양천구 신월동	주요브랜드	피자에땅, 오븐에빠진닭, 본능족으로

	2013	2014	2015	2016	2017
재무상태표					(단위: 백만 원)
유동자산	19,925	16,255	13,653	9,478	10,463
당좌자산	19,136	15,219	12,719	8,681	9,773
재고자산	789	1,036	934	797	690
비유동자산	13,623	33,396	46,442	43,790	43,922
투자자산	885	1,017	855	295	349
유형자산	9,277	28,903	42,698	41,856	42,237
무형자산	552	361	204	86	29
자산총계	33,548	49,650	60,096	53,268	54,384
유동부채	10,465	12,776	13,526	26,114	25,127
비유동부채	3,806	14,319	23,238	3,559	3,780
자본	19,277	22,556	23,331	23,596	25,477
부채 및 자본합계	33,548	49,650	60,096	53,268	54,384
손익계산서					(단위: 백만 원)
매출액	70,657	69,162	61,076	49,394	39,857
매출원가	49,866	48,552	41,868	32,163	25,607
매출총손익	20,791	20,609	19,208	17,231	14,250
판매비 및 관리비	15,262	16,930	17,878	16,226	13,568
영업손익	5,529	3,680	1,330	1,005	682
법인세비용차감전순손익	6,195	4,445	2,041	940	2,080
법인세비용	1,801	916	1,115	175	198
계속사업이익	4,394	3,529	926	764	1,881
중단사업손익	0	0	0	0	0
당기순손익	4,394	3,529	926	764	1,881
현금흐름표					(단위: 백만 원)
영업활동순현금흐름	7,052	5,843	3,686	-5,040	3,608
투자활동순현금흐름	-4,276	-14,970	-11,001	2,402	-2,792
재무활동순현금흐름	-1,100	9,536	9,064	-500	-420
성장성비율					(단위: %)
총자산증가율	15.57	48	21.04	-11.36	2.09
매출액증가율	1.01	-2.12	-11.69	-19.13	-19.31
수익성비율					(단위: %)
총자산순이익률	14.04	8.48	1.69	1.35	3.5
자기자본순이익률	24.85	16.87	4.04	3.26	7.67
매출액영업이익률	7.82	5.32	2.18	2.04	1.71
매출액순이익률	6.22	5.1	1.52	1.55	4.72
레버리지비율					(단위: %)
부채비율	74.03	120.13	157.57	125.75	113.46
이자보상비율	89.58	16.99	4.01	1.88	1.32
비유동비율	70.67	148.06	199.05	185.59	172.4
비유동장기적합률	59.02	90.57	99.73	161.26	150.12
유동성비율					(단위: %)
유동비율	190.4	127.23	100.94	36.3	41.64
당좌비율	182.86	119.12	94.03	33.24	38.89
현금비율	19.91	26.93	44.86	31.43	32.25
활동성비율					(단위: 회)
총자산회전율	2.26	1.66	1.11	0.87	0.74
자기자본회전율	4	3.31	2.66	2.11	1.62
비유동자산회전율	5.32	2.94	1.53	1.09	0.91
재고자산회전율	85.82	75.78	61.99	57.07	53.63
생산성비율					(단위: %)
총자본투자효율	43.7	26.12	20.5	16.97	17.05
설비투자효율	188.84	59.52	28.85	21.6	22.65
부가가치의 구성					(단위: 백만 원)
영업잉여	5,861	3,833	1,210	526	139
인건비	6,087	5,835	5,543	4,140	3,804
금융비용	-282	-55	120	479	483
감가상각비	930	792	1,058	2,242	1,869

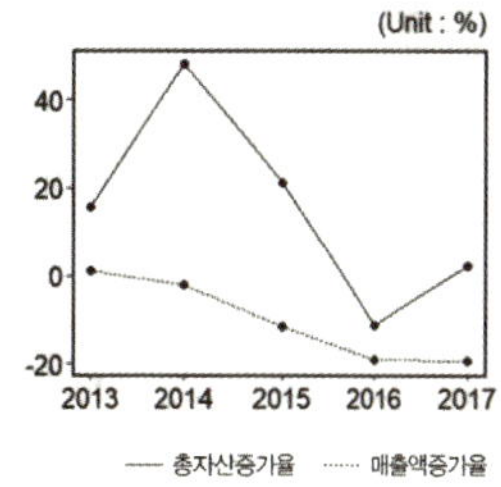

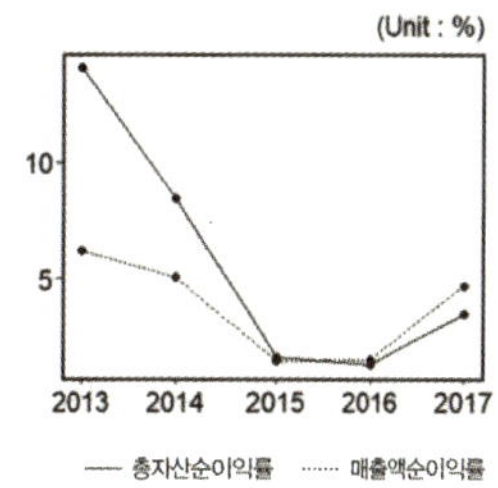

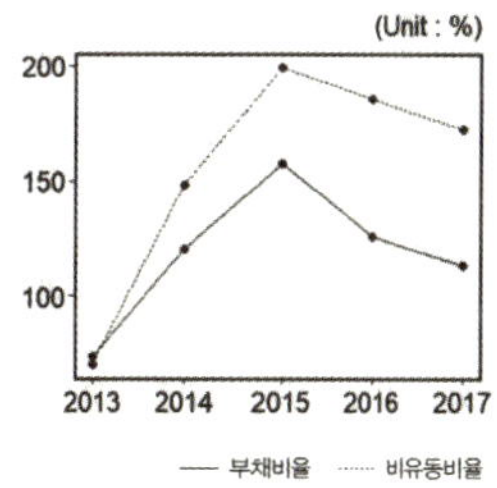

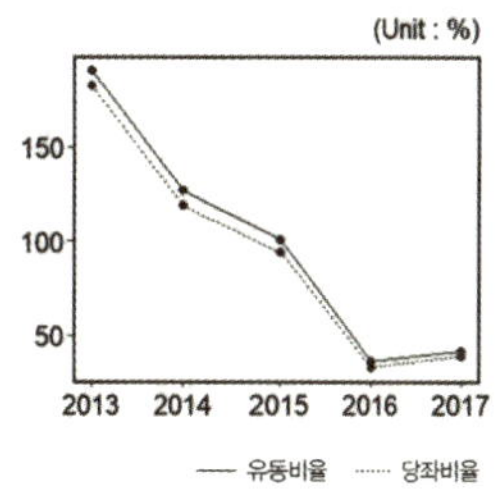

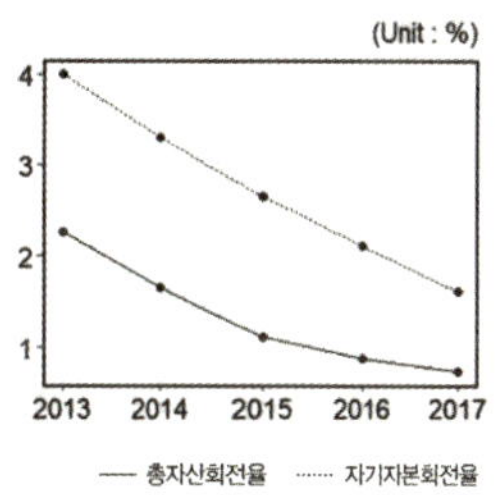

85 ㈜에이치앤디이(027462) H&DE Corporation

설립일	1986.10.15	대표이사	박영철
업종	간이 음식 포장판매 전문점업	업종코드	56199
소재지	서울시 강남구 대치동	주요브랜드	통빱

	2013	2014	2015	2016	2017
재무상태표					(단위: 백만 원)
유동자산	6,591	5,146	6,161	4,551	4,630
당좌자산	5,127	4,034	4,785	3,466	3,650
재고자산	1,465	1,112	1,375	1,085	980
비유동자산	77,778	69,697	69,409	69,708	66,887
투자자산	3,336	3,444	2,778	3,091	1,372
유형자산	43,708	42,877	42,164	41,319	40,527
무형자산	909	531	502	546	762
자산총계	84,370	74,843	75,569	74,259	71,517
유동부채	30,620	21,212	22,347	20,279	14,386
비유동부채	9,761	9,408	8,685	9,002	11,758
자본	43,989	44,223	44,537	44,977	45,373
부채 및 자본합계	84,370	74,843	75,569	74,259	71,517
손익계산서					(단위: 백만 원)
매출액	132,790	104,933	117,869	108,773	115,329
매출원가	85,454	66,761	76,987	73,928	81,402
매출총손익	47,336	38,172	40,882	34,845	33,927
판매비 및 관리비	44,681	36,680	36,763	33,187	32,495
영업손익	2,655	1,492	4,119	1,658	1,432
법인세비용차감전순손익	39	1,943	1,883	2,418	2,226
법인세비용	2	509	448	977	449
계속사업이익	37	1,434	1,435	1,441	1,777
중단사업손익	0	0	0	0	0
당기순손익	37	1,434	1,435	1,441	1,777
현금흐름표					(단위: 백만 원)
영업활동순현금흐름	4,344	1,547	5,224	1,776	2,030
투자활동순현금흐름	-14,823	7,411	-3,628	-1,386	1,994
재무활동순현금흐름	9,875	-9,125	-1,220	-1,400	-4,380
성장성비율					(단위: %)
총자산증가율	73.68	-11.29	0.97	-1.73	-3.69
매출액증가율	-22.3	-20.98	12.33	-7.72	6.03
수익성비율					(단위: %)
총자산순이익률	0.06	1.8	1.91	1.92	2.44
자기자본순이익률	0.11	3.25	3.23	3.22	3.93
매출액영업이익률	2	1.42	3.49	1.52	1.24
매출액순이익률	0.03	1.37	1.22	1.32	1.54
레버리지비율					(단위: %)
부채비율	91.8	69.24	69.68	65.1	57.62
이자보상비율	2.74	1.7	7.66	3.95	3.3
비유동비율	176.82	157.6	155.85	154.98	147.42
비유동장기적합률	144.71	129.96	130.41	129.14	117.08
유동성비율					(단위: %)
유동비율	21.53	24.26	27.57	22.44	32.18
당좌비율	16.74	19.02	21.41	17.09	25.37
현금비율	25.65	29.61	30.84	19.55	11.53
활동성비율					(단위: 회)
총자산회전율	2	1.32	1.57	1.45	1.58
자기자본회전율	3.92	2.38	2.66	2.43	2.55
비유동자산회전율	2.26	1.42	1.69	1.56	1.69
재고자산회전율	89.05	81.44	94.76	88.43	111.74
생산성비율					(단위: %)
총자본투자효율	16.98	19.63	21.22	21.15	20.9
설비투자효율	32.78	34.26	38.03	38.01	36.89
부가가치의 구성					(단위: 백만 원)
영업잉여	1,738	704	3,719	1,332	1,091
인건비	11,301	10,057	11,761	11,071	10,545
금융비용	892	782	404	344	347
감가상각비	1,364	1,229	1,236	1,053	947

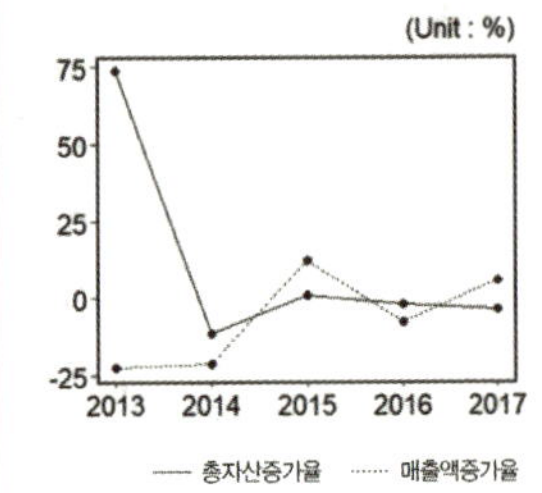

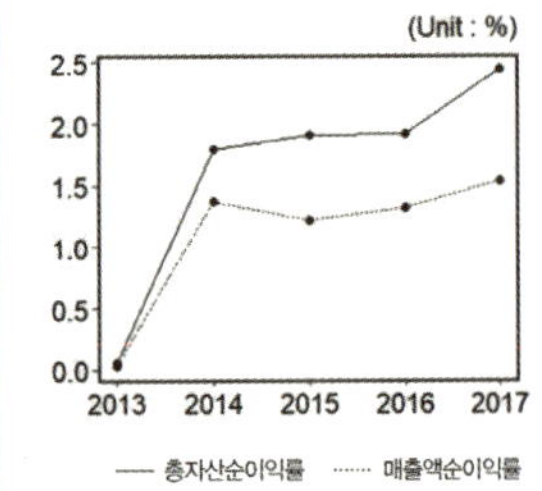

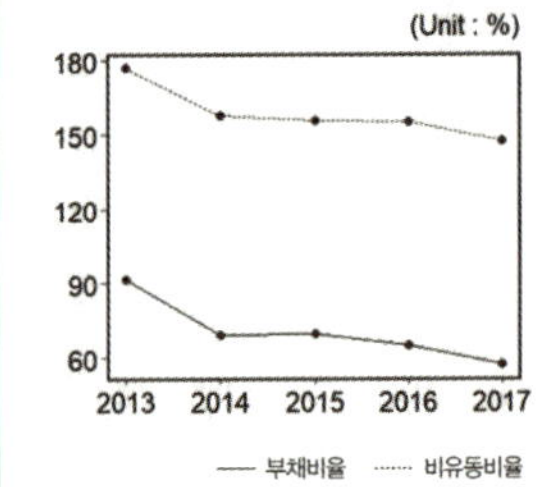

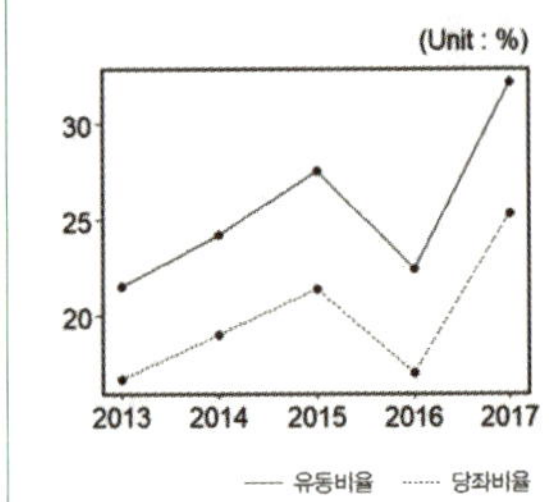

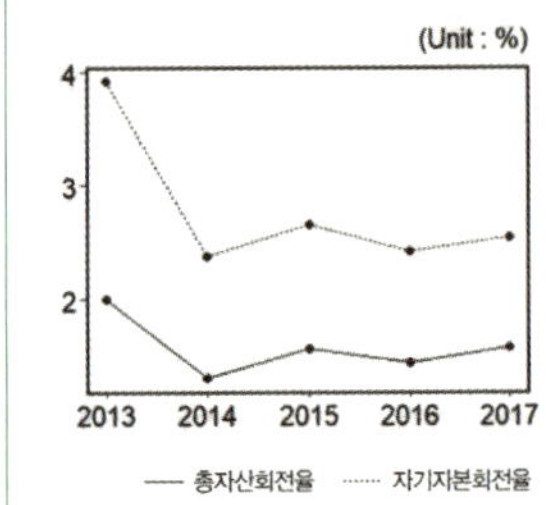

ENTAS

86 ㈜엔타스시스템(062157) Entasystem.Co.,Ltd.			외
설립일	2007.12.10	대표이사	박노봉
업종	한식 일반 음식점업	업종코드	56111
소재지	인천광역시 연수구 동춘동	주요브랜드	삿뽀로, 경복궁, 고구려

	2013	2014	2015	2016	2017
재무상태표					(단위: 백만 원)
유동자산	7,142	17,275	22,352	24,871	26,480
당좌자산	6,809	16,877	21,796	24,480	26,013
재고자산	334	398	556	390	467
비유동자산	13,809	25,740	25,266	23,165	22,659
투자자산	0	0	210	445	705
유형자산	6,617	9,484	8,876	6,416	5,610
무형자산	454	312	179	68	13
자산총계	20,952	43,016	47,618	48,036	49,139
유동부채	6,139	21,012	24,884	24,975	25,896
비유동부채	739	5,133	4,078	3,239	1,665
자본	14,074	16,871	18,655	19,822	21,579
부채 및 자본합계	20,952	43,016	47,618	48,036	49,139
손익계산서					(단위: 백만 원)
매출액	43,635	51,324	57,510	56,738	56,999
매출원가	0	0	0	0	0
매출총손익	43,635	51,324	57,510	56,738	56,999
판매비 및 관리비	40,166	47,665	54,978	53,917	53,390
영업손익	3,468	3,659	2,533	2,821	3,609
법인세비용차감전순손익	3,473	3,556	2,428	1,893	3,563
법인세비용	620	896	644	727	1,806
계속사업이익	2,853	2,659	1,784	1,166	1,757
중단사업손익	0	0	0	0	0
당기순손익	2,853	2,659	1,784	1,166	1,757
현금흐름표					(단위: 백만 원)
영업활동순현금흐름	5,810	7,377	8,356	6,211	4,444
투자활동순현금흐름	-2,951	-28,654	-7,644	-3,231	3,673
재무활동순현금흐름	0	17,815	-504	-1,644	-733
성장성비율					(단위: %)
총자산증가율	18.5	105.31	10.7	0.88	2.3
매출액증가율	8.28	17.62	12.05	-1.34	0.46
수익성비율					(단위: %)
총자산순이익률	14.77	8.31	3.94	2.44	3.62
자기자본순이익률	22.55	17.19	10.04	6.06	8.49
매출액영업이익률	7.95	7.13	4.4	4.97	6.33
매출액순이익률	6.54	5.18	3.1	2.06	3.08
레버리지비율					(단위: %)
부채비율	48.87	154.96	155.25	142.34	127.72
이자보상비율	36.7	8.83	3.81	4.93	6.85
비유동비율	98.12	152.57	135.44	116.87	105.01
비유동장기적합률	93.23	116.98	111.14	100.45	97.49
유동성비율					(단위: %)
유동비율	116.35	82.22	89.82	99.58	102.26
당좌비율	110.91	80.32	87.59	98.02	100.45
현금비율	69.88	8.85	7.77	12.35	39.49
활동성비율					(단위: 회)
총자산회전율	2.26	1.6	1.27	1.19	1.17
자기자본회전율	3.45	3.32	3.24	2.95	2.75
비유동자산회전율	3.19	2.6	2.26	2.34	2.49
재고자산회전율	146.17	140.29	120.59	119.93	132.89
생산성비율					(단위: %)
총자본투자효율	105.59	61.29	60.44	58.79	58.13
설비투자효율	347.45	278.43	324.26	440.19	509.18
부가가치의 구성					(단위: 백만 원)
영업잉여	3,443	3,525	2,416	2,765	3,589
인건비	12,069	14,862	17,821	17,962	17,293
금융비용	25	134	117	56	20
감가상각비	2,695	3,169	3,581	3,482	2,808

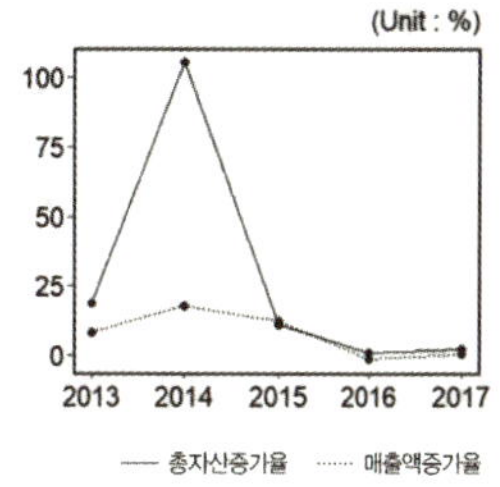

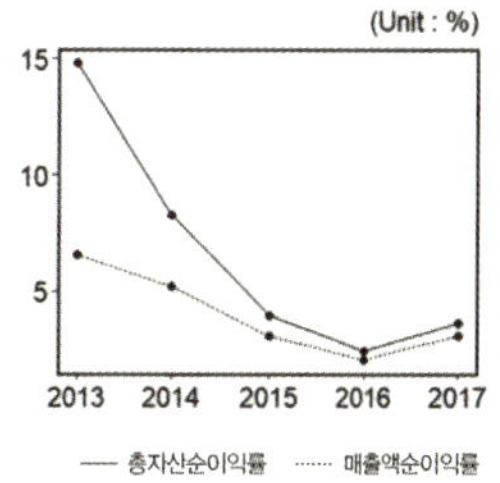

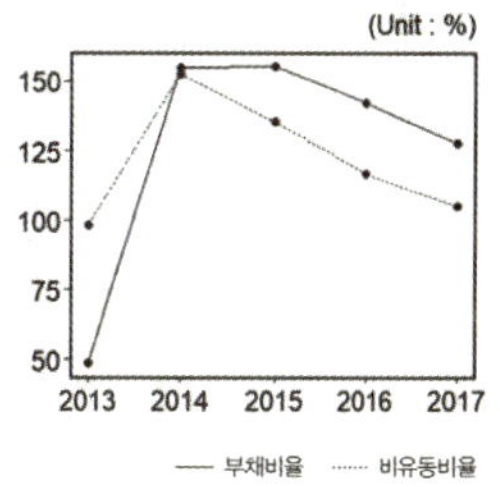

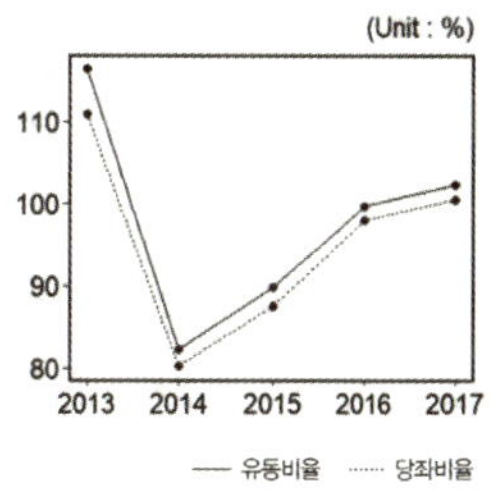

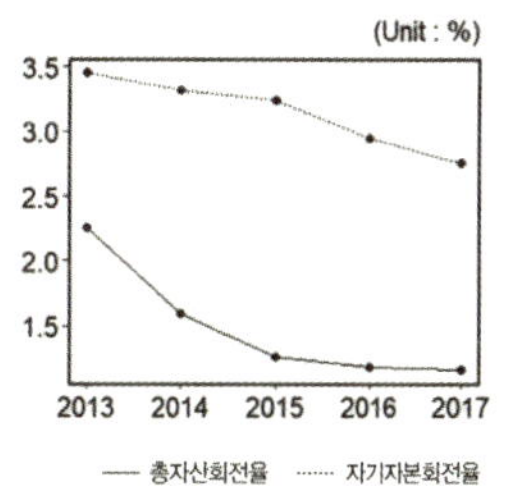

Mad for Garlic

87 ㈜엠에프지코리아(069399) MFG Korea Co. Ltd			외
설립일	2014.08.05	대표이사	한종문
업종	서양식 음식점업	업종코드	56123
소재지	서울시 강남구 압구정로	주요브랜드	메드포갈릭

	2013	2014	2015	2016	2017
재무상태표					(단위: 백만 원)
유동자산	-	4,035	5,012	4,471	6,858
당좌자산	-	3,238	3,856	3,644	6,116
재고자산	-	798	1,156	828	742
비유동자산	-	26,766	25,864	29,372	29,261
투자자산	-	0	0	2,821	5,521
유형자산	-	16,034	14,522	13,733	11,628
무형자산	-	548	655	955	728
자산총계	-	30,801	30,876	33,843	36,119
유동부채	-	7,287	11,705	13,129	14,304
비유동부채	-	5,317	1,695	2,986	1,748
자본	-	18,198	17,476	17,728	20,067
부채 및 자본합계	-	30,801	30,876	33,843	36,119
손익계산서					(단위: 백만 원)
매출액	-	24,364	67,505	77,353	79,652
매출원가	-	12,627	36,461	43,607	43,360
매출총손익	-	11,737	31,044	33,746	36,292
판매비 및 관리비	-	10,889	29,564	31,734	32,939
영업손익	-	848	1,480	2,012	3,353
법인세비용차감전순손익	-	549	-1,242	590	2,817
법인세비용	-	44	-473	138	540
계속사업이익	-	504	-769	452	2,277
중단사업손익	-	0	0	0	0
당기순손익	-	504	-769	452	2,277
현금흐름표					(단위: 백만 원)
영업활동순현금흐름	-	1,706	4,184	5,272	5,517
투자활동순현금흐름	-	-3,286	-5,949	-7,189	-4,301
재무활동순현금흐름	-	3,000	2,000	1,000	1,250
성장성비율					(단위: %)
총자산증가율	-	0	0.24	9.61	6.72
매출액증가율	-	0	177.07	14.59	2.97
수익성비율					(단위: %)
총자산순이익률	-	3.27	-2.49	1.4	6.51
자기자본순이익률	-	5.54	-4.31	2.57	12.05
매출액영업이익률	-	3.48	2.19	2.6	4.21
매출액순이익률	-	2.07	-1.14	0.58	2.86
레버리지비율					(단위: %)
부채비율	-	69.26	76.68	90.9	79.99
이자보상비율	-	46.33	11.27	13.29	17.84
비유동비율	-	147.09	147.99	165.68	145.81
비유동장기적합률	-	113.83	134.91	141.8	134.13
유동성비율					(단위: %)
유동비율	-	55.38	42.82	34.06	47.95
당좌비율	-	44.43	32.94	27.75	42.76
현금비율	-	35.19	33.01	16.49	46.71
활동성비율					(단위: 회)
총자산회전율	-	1.58	2.19	2.39	2.28
자기자본회전율	-	2.68	3.78	4.39	4.21
비유동자산회전율	-	1.82	2.57	2.8	2.72
재고자산회전율	-	61.08	69.1	77.99	101.5
생산성비율					(단위: %)
총자본투자효율	-	25.08	67.07	72.57	76.42
설비투자효율	-	48.29	142.61	181.65	237.35
부가가치의 구성					(단위: 백만 원)
영업잉여	-	830	1,360	1,932	3,289
인건비	-	3,896	13,301	14,879	15,459
금융비용	-	18	119	80	63
감가상각비	-	1,479	3,707	3,483	3,494

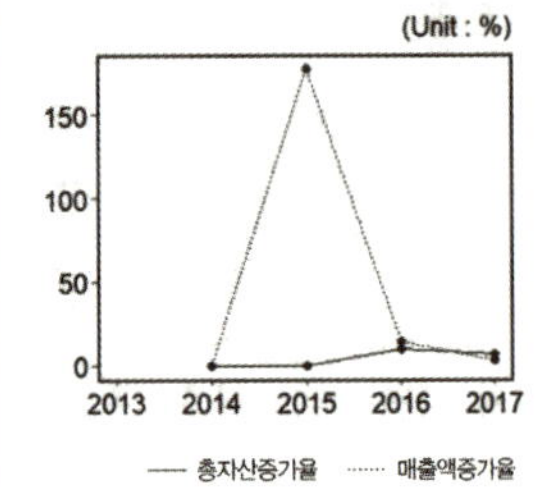

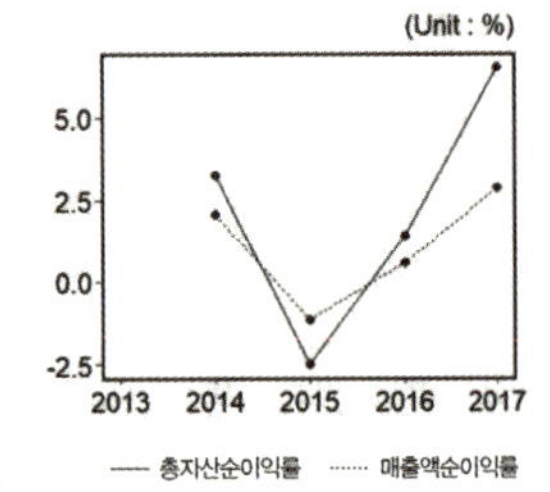

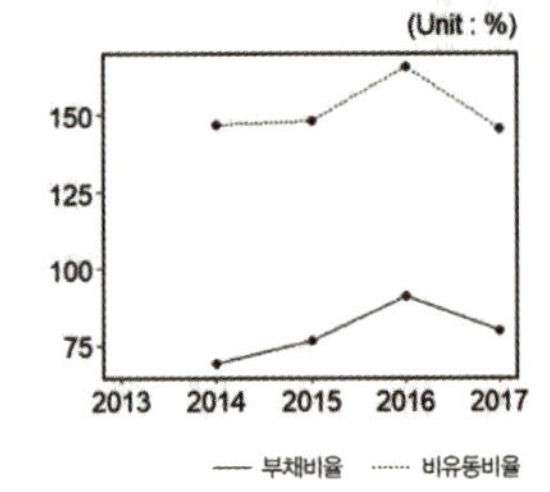

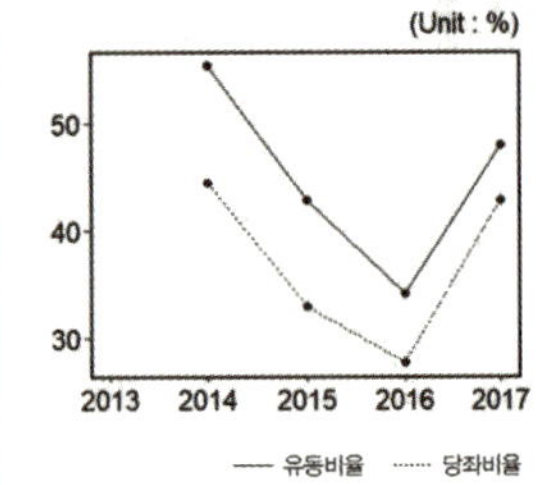

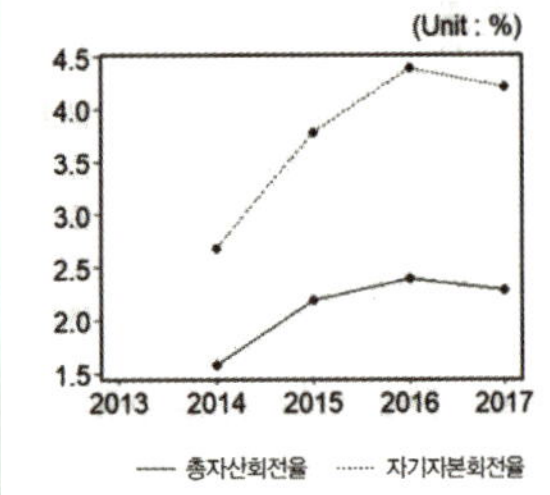

88 ㈜엠파이어에프앤비(066687) empirefnb 외

설립일	2012.05.02	대표이사	박상원
업종	서양식 음식점업	업종코드	56123
소재지	부산시 북구 만덕대로	주요브랜드	폴라렉스뷔페

	2013	2014	2015	2016	2017
재무상태표					(단위: 백만 원)
유동자산	161	148	140	205	181
당좌자산	123	119	109	182	160
재고자산	37	29	31	23	20
비유동자산	12,774	12,941	12,516	12,130	11,752
투자자산	1	6	31	56	1
유형자산	12,712	12,890	12,450	12,054	11,732
무형자산	7	5	4	2	1
자산총계	12,935	13,089	12,656	12,336	11,933
유동부채	5,632	12,072	5,252	4,961	12,054
비유동부채	7,101	814	7,340	7,305	353
자본	201	203	65	69	-474
부채 및 자본합계	12,935	13,089	12,656	12,336	11,933
손익계산서					(단위: 백만 원)
매출액	4,992	4,046	6,383	6,485	5,492
매출원가	3,147	2,587	3,630	3,848	3,465
매출총손익	1,845	1,459	2,753	2,637	2,027
판매비 및 관리비	2,138	2,275	2,519	2,239	2,228
영업손익	-293	-815	234	398	-202
법인세비용차감전순손익	240	2	-138	5	-544
법인세비용	48	0	0	0	0
계속사업이익	191	1	-138	5	-544
중단사업손익	0	0	0	0	0
당기순손익	191	1	-138	5	-544
현금흐름표					(단위: 백만 원)
영업활동순현금흐름	-81	-490	-23	249	-408
투자활동순현금흐름	-106	-617	-105	-25	49
재무활동순현금흐름	144	1,113	130	-208	380
성장성비율					(단위: %)
총자산증가율	-3.34	1.19	-3.3	-2.53	-3.26
매출액증가율	99.16	-18.96	57.78	1.6	-15.32
수익성비율					(단위: %)
총자산순이익률	1.46	0.01	-1.07	0.04	-4.48
자기자본순이익률	181.27	0.74	-103.47	7.22	0
매출액영업이익률	-5.88	-20.15	3.67	6.14	-3.67
매출액순이익률	3.84	0.04	-2.17	0.07	-9.9
레버리지비율					(단위: %)
부채비율	6,324.09	6,352.54	19,514.77	17,684.99	0
이자보상비율	-0.62	-1.63	0.6	1.22	-0.62
비유동비율	6,344.23	6,379.57	19,397.29	17,489.16	0
비유동장기적합률	174.93	1,273.09	169.04	164.49	0
유동성비율					(단위: %)
유동비율	2.85	1.23	2.67	4.14	1.5
당좌비율	2.19	0.99	2.08	3.67	1.33
현금비율	2.48	6.94	9.14	13.92	27.45
활동성비율					(단위: 회)
총자산회전율	0.38	0.31	0.5	0.52	0.45
자기자본회전율	47.26	20.02	47.75	96.88	0
비유동자산회전율	0.39	0.31	0.5	0.53	0.46
재고자산회전율	102.76	122.52	214.06	240.82	253.03
생산성비율					(단위: %)
총자본투자효율	15.84	14.9	14.33	15.34	11.36
설비투자효율	16.12	15.13	14.57	15.7	11.55
부가가치의 구성					(단위: 백만 원)
영업잉여	-769	-1,315	-153	71	-526
인건비	829	758	902	1,038	1,143
금융비용	476	500	387	327	325
감가상각비	421	448	529	398	329

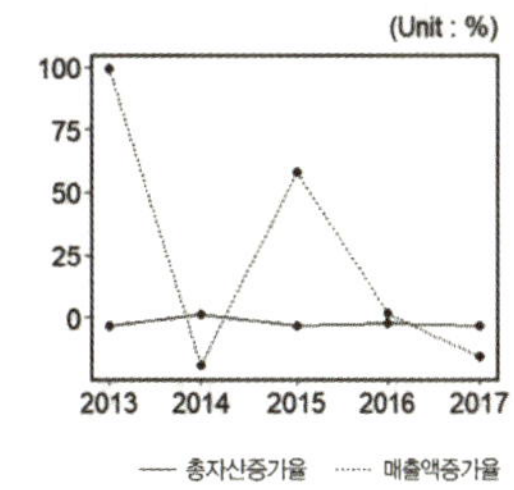

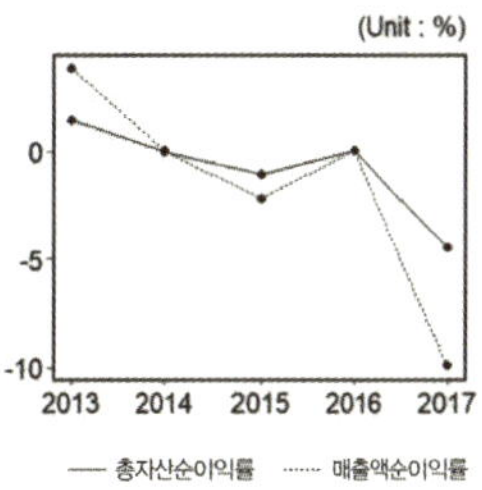

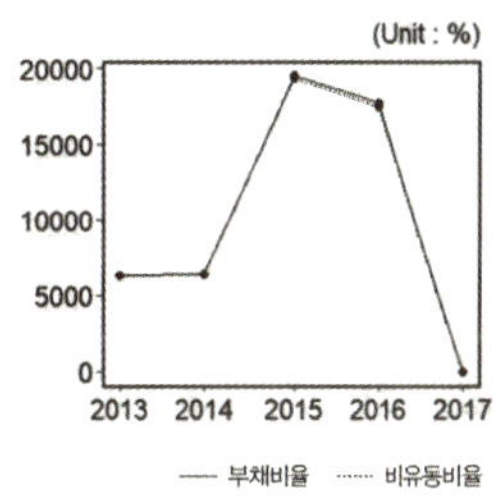

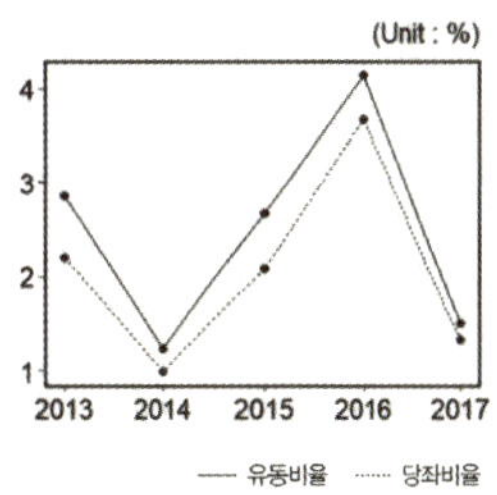

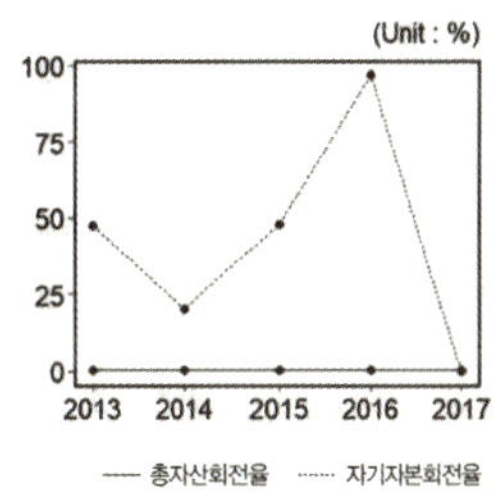

89 ㈜온누리푸드시스템(060936) Onnuri Food System

외

설립일	2007.03.30	대표이사	강계숙
업종	한식 일반 음식점업	업종코드	56111
소재지	경기 화성시 향남읍	주요브랜드	온누리장작구이, 온누리진흙구이, 온누리누룽지백숙

	2013	2014	2015	2016	2017
재무상태표					(단위: 백만 원)
유동자산	5,730	5,646	4,953	5,958	7,032
당좌자산	4,872	4,687	2,880	4,497	6,736
재고자산	858	959	2,073	1,460	296
비유동자산	7,777	7,752	9,827	9,596	9,400
투자자산	4,732	4,629	4,678	4,629	4,632
유형자산	2,843	2,649	4,736	4,609	4,478
무형자산	50	42	32	22	12
자산총계	13,506	13,398	14,780	15,554	16,432
유동부채	1,959	772	679	510	574
비유동부채	0	0	0	150	150
자본	11,547	12,626	14,101	14,894	15,708
부채 및 자본합계	13,506	13,398	14,780	15,554	16,432
손익계산서					(단위: 백만 원)
매출액	17,812	13,722	14,714	12,251	10,004
매출원가	14,085	10,195	10,483	8,637	7,039
매출총손익	3,727	3,527	4,232	3,614	2,965
판매비 및 관리비	3,292	2,213	2,516	2,635	1,949
영업손익	435	1,313	1,716	979	1,016
법인세비용차감전순손익	627	1,383	1,818	991	1,020
법인세비용	164	304	344	198	206
계속사업이익	463	1,079	1,474	793	814
중단사업손익	0	0	0	0	0
당기순손익	463	1,079	1,474	793	814
현금흐름표					(단위: 백만 원)
영업활동순현금흐름	3,047	-938	961	2,200	2,444
투자활동순현금흐름	-2,510	553	185	-92	8
재무활동순현금흐름	0	-165	0	150	0
성장성비율					(단위: %)
총자산증가율	10.98	-0.8	10.31	5.24	5.64
매출액증가율	-20.4	-22.96	7.23	-16.74	-18.34
수익성비율					(단위: %)
총자산순이익률	3.61	8.02	10.46	5.23	5.09
자기자본순이익률	4.09	8.93	11.03	5.47	5.32
매출액영업이익률	2.44	9.57	11.66	7.99	10.16
매출액순이익률	2.6	7.86	10.02	6.47	8.14
레버리지비율					(단위: %)
부채비율	16.97	6.11	4.82	4.43	4.61
이자보상비율	14.36	-	-	-	-
비유동비율	67.35	61.4	69.69	64.43	59.84
비유동장기적합률	67.35	61.4	69.69	63.79	59.28
유동성비율					(단위: %)
유동비율	292.46	731.42	729.44	1,167.26	1,224.56
당좌비율	248.66	607.19	424.17	881.17	1,173.09
현금비율	20.41	10.98	35.66	67.55	92.11
활동성비율					(단위: 회)
총자산회전율	1.39	1.02	1.04	0.81	0.63
자기자본회전율	1.57	1.14	1.1	0.85	0.65
비유동자산회전율	2.34	1.77	1.67	1.26	1.05
재고자산회전율	14.48	15.1	9.71	6.94	11.4
생산성비율					(단위: %)
총자본투자효율	23.81	22.41	26.17	18.94	16.24
설비투자효율	113.09	113.32	81.67	63.9	59.59
부가가치의 구성					(단위: 백만 원)
영업잉여	677	1,379	1,706	974	1,031
인건비	2,356	1,209	1,627	1,609	1,391
금융비용	-46	-59	-11	-2	-5
감가상각비	210	368	298	216	141

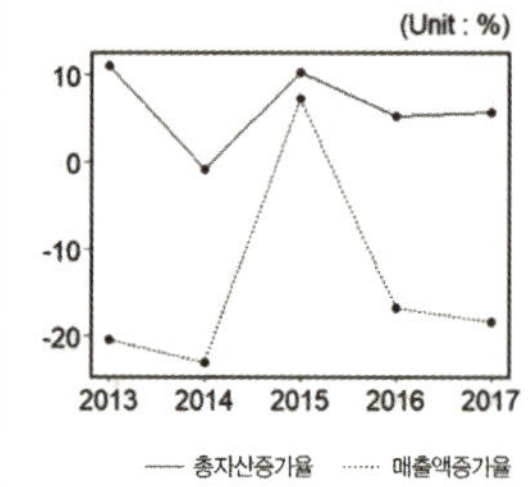

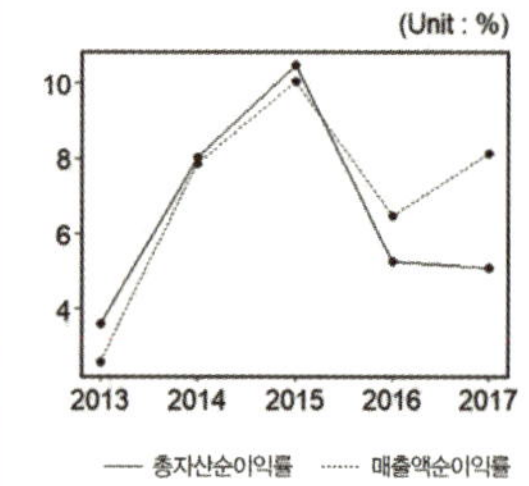

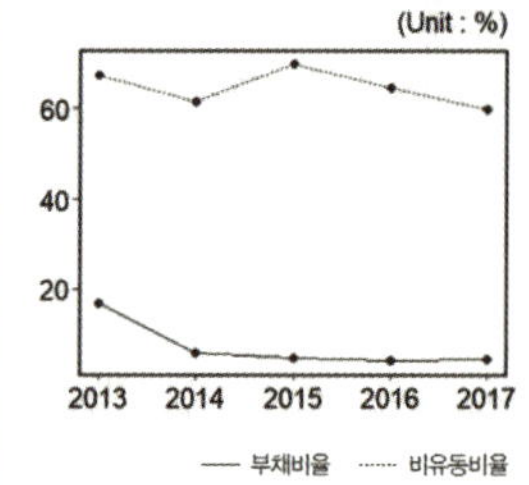

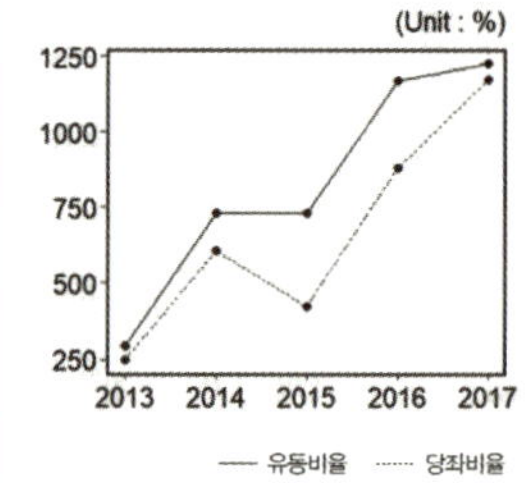

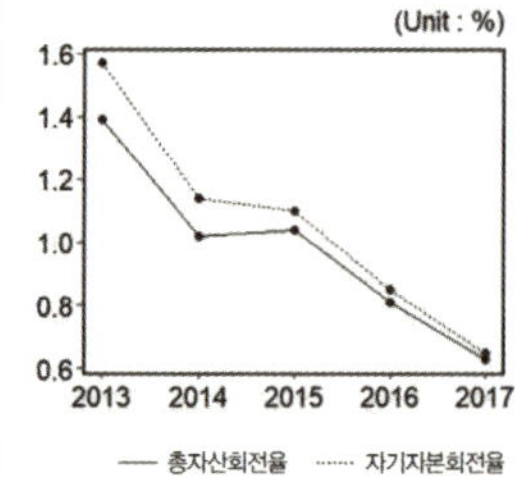

90 ㈜이비가푸드(72988) 외

설립일	2011.04.20	대표이사	권순창
업종	중식 음식점업	업종코드	56121
소재지	대전시 서구 계룡로	주요브랜드	이비가짬뽕

	2013	2014	2015	2016	2017
재무상태표					(단위: 백만 원)
유동자산	–	958	2,118	842	1,261
당좌자산	–	826	1,759	739	1,185
재고자산	–	132	359	103	76
비유동자산	–	12,248	11,996	11,232	10,486
투자자산	–	34	100	163	205
유형자산	–	6,928	6,971	6,716	6,453
무형자산	–	4,779	4,269	3,760	3,260
자산총계	–	13,206	14,114	12,073	11,747
유동부채	–	3,489	6,129	3,268	2,911
비유동부채	–	8,269	4,397	4,052	3,097
자본	–	1,448	3,588	4,754	5,740
부채 및 자본합계	–	13,206	14,114	12,073	11,747
손익계산서					(단위: 백만 원)
매출액	–	10,874	24,058	19,037	17,696
매출원가	–	6,206	16,254	11,597	10,464
매출총손익	–	4,668	7,804	7,440	7,233
판매비 및 관리비	–	3,381	5,016	5,850	5,813
영업손익	–	1,287	2,788	1,590	1,420
법인세비용차감전순손익	–	964	2,694	1,499	1,261
법인세비용	–	284	555	333	275
계속사업이익	–	680	2,140	1,166	986
중단사업손익	–	0	0	0	0
당기순손익	–	680	2,140	1,166	986
현금흐름표					(단위: 백만 원)
영업활동순현금흐름	–	3,086	2,726	412	2,120
투자활동순현금흐름	–	-1,371	-681	-200	-176
재무활동순현금흐름	–	-1,407	-909	-1,416	-1,305
성장성비율					(단위: %)
총자산증가율	–	0	6.88	-14.46	-2.7
매출액증가율	–	0	121.24	-20.87	-7.04
수익성비율					(단위: %)
총자산순이익률	–	10.3	15.67	8.91	8.28
자기자본순이익률	–	93.96	85	27.96	18.79
매출액영업이익률	–	11.84	11.59	8.35	8.02
매출액순이익률	–	6.25	8.89	6.13	5.57
레버리지비율					(단위: %)
부채비율	–	812.25	293.41	153.97	104.66
이자보상비율	–	5.82	36.41	30.27	30.05
비유동비율	–	846.06	334.38	236.27	182.69
비유동장기적합률	–	126.05	150.24	127.55	118.67
유동성비율					(단위: %)
유동비율	–	27.46	34.55	25.75	43.32
당좌비율	–	23.69	28.69	22.61	40.71
현금비율	–	39.54	71.55	36.99	75.36
활동성비율					(단위: 회)
총자산회전율	–	1.65	1.76	1.45	1.49
자기자본회전율	–	15.02	9.56	4.56	3.37
비유동자산회전율	–	1.78	1.98	1.64	1.63
재고자산회전율	–	165.16	98.03	82.41	197.88
생산성비율					(단위: %)
총자본투자효율	–	23.33	41.58	45.98	46.56
설비투자효율	–	44.48	84.19	82.66	86.07
부가가치의 구성					(단위: 백만 원)
영업잉여	–	1,067	2,713	1,542	1,386
인건비	–	1,077	1,772	2,610	2,881
금융비용	–	221	75	48	34
감가상각비	–	568	920	930	804

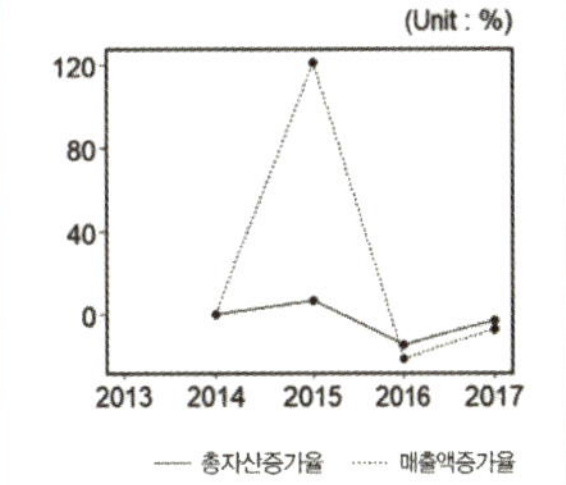

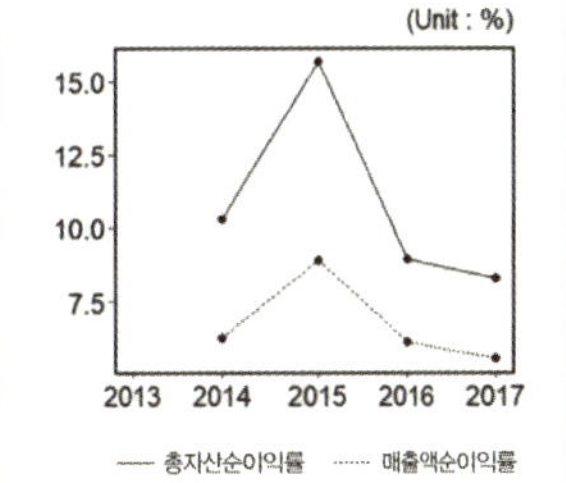

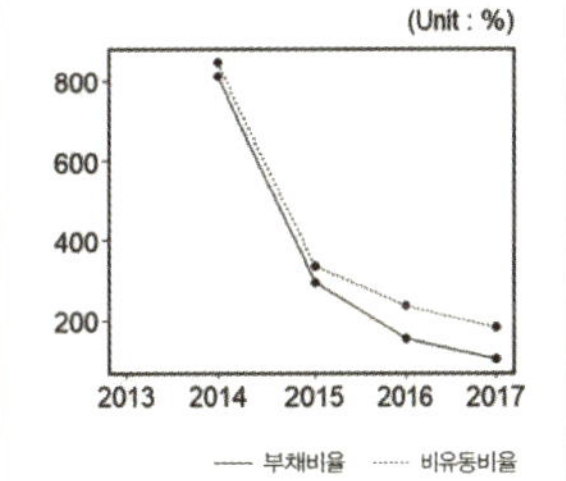

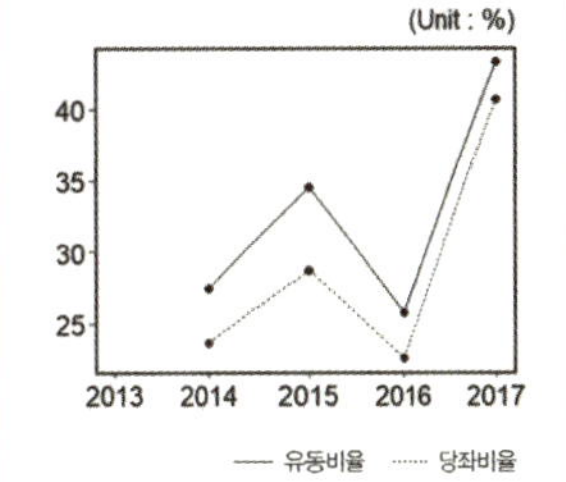

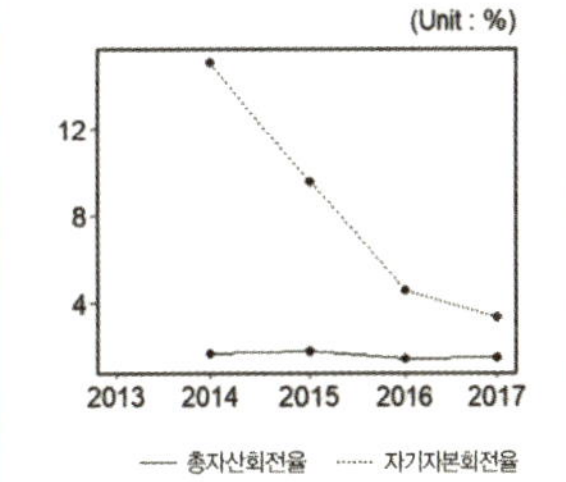

91 ㈜이원(018408) EWON CO., LTD 외

설립일	1988.04.04	대표이사	김진학
업종	기타 주점업	업종코드	56219
소재지	인천광역시 계양구 효성동	주요브랜드	투다리, 토대력, 라쿠엔

	2013	2014	2015	2016	2017
재무상태표					(단위: 백만 원)
유동자산	1,903	1,324	1,153	790	843
당좌자산	1,625	1,052	810	444	575
재고자산	278	272	343	346	268
비유동자산	10,090	13,007	11,191	10,809	10,429
투자자산	1,229	2,742	4,241	3,845	3,845
유형자산	8,674	9,833	6,848	6,882	6,502
무형자산	77	326	0	0	0
자산총계	11,993	14,331	12,344	11,599	11,273
유동부채	7,156	11,333	9,449	9,353	9,622
비유동부채	2,303	435	107	272	319
자본	2,534	2,563	2,788	1,974	1,331
부채 및 자본합계	11,993	14,331	12,344	11,599	11,273
손익계산서					(단위: 백만 원)
매출액	5,066	5,069	4,955	4,228	3,885
매출원가	2,590	2,255	2,214	2,246	1,927
매출총손익	2,476	2,814	2,741	1,982	1,958
판매비 및 관리비	2,359	2,666	3,139	2,543	2,285
영업손익	117	148	-398	-561	-327
법인세비용차감전순손익	163	28	240	-814	-643
법인세비용	0	0	15	0	0
계속사업이익	163	28	226	-814	-643
중단사업손익	0	0	0	0	0
당기순손익	163	28	226	-814	-643
현금흐름표					(단위: 백만 원)
영업활동순현금흐름	169	2,153	-2,230	-215	551
투자활동순현금흐름	-657	-3,040	2,254	-387	-412
재무활동순현금흐름	484	837	118	500	-175
성장성비율					(단위: %)
총자산증가율	5.05	19.49	-13.86	-6.04	-2.82
매출액증가율	26.46	0.06	-2.25	-14.67	-8.11
수익성비율					(단위: %)
총자산순이익률	1.4	0.22	1.69	-6.8	-5.62
자기자본순이익률	6.53	1.11	8.43	-34.19	-38.89
매출액영업이익률	2.32	2.93	-8.04	-13.28	-8.42
매출액순이익률	3.22	0.56	4.55	-19.25	-16.54
레버리지비율					(단위: %)
부채비율	373.26	459.24	342.75	487.59	746.76
이자보상비율	0.41	0.44	-1.77	-2.03	-0.96
비유동비율	398.15	507.58	401.39	547.57	783.41
비유동장기적합률	208.6	433.95	386.6	481.25	631.89
유동성비율					(단위: %)
유동비율	26.6	11.68	12.2	8.45	8.76
당좌비율	22.71	9.28	8.57	4.75	5.98
현금비율	4.67	2.96	15.7	10.08	5.22
활동성비율					(단위: 회)
총자산회전율	0.43	0.39	0.37	0.35	0.34
자기자본회전율	2.02	1.99	1.85	1.78	2.35
비유동자산회전율	0.5	0.44	0.41	0.38	0.37
재고자산회전율	17.62	18.43	16.11	12.27	12.66
생산성비율					(단위: %)
총자본투자효율	13.33	12.91	18.33	8.87	10.62
설비투자효율	18.43	18.82	37.01	14.95	18.41
부가가치의 구성					(단위: 백만 원)
영업잉여	-165	-160	-567	-828	-666
인건비	658	923	974	729	751
금융비용	288	311	205	267	340
감가상각비	334	431	634	771	693

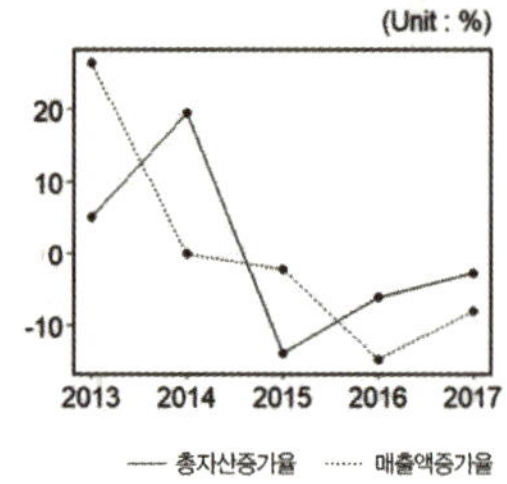

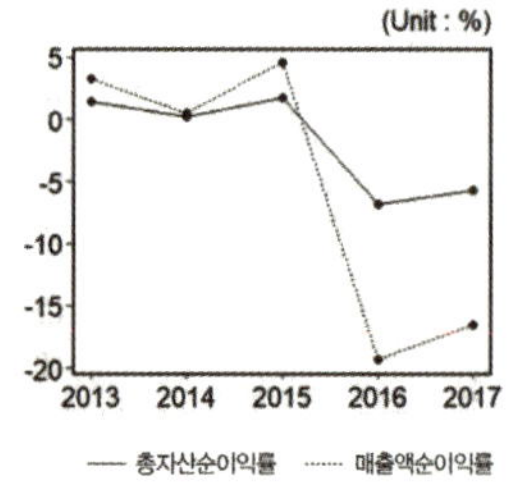

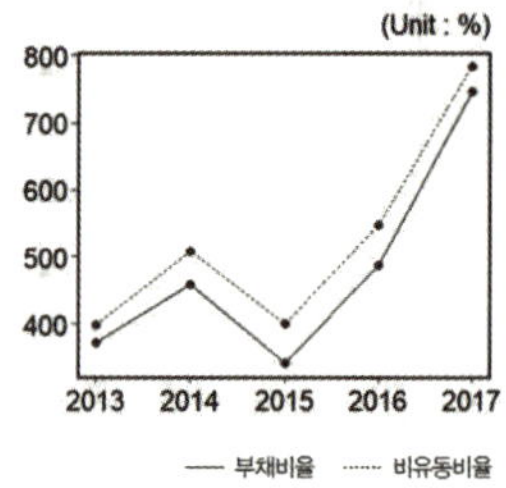

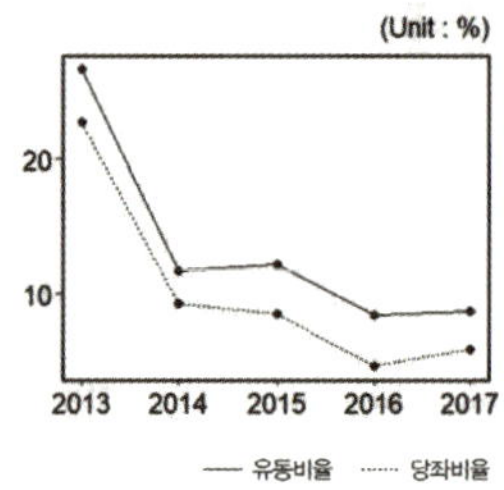

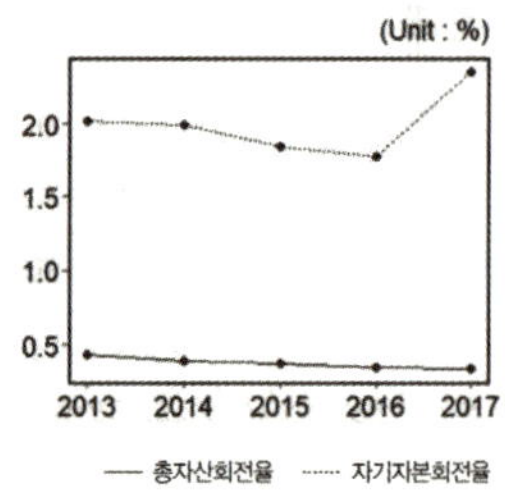

(주) 이티앤제우스	92 ㈜이도감농업회사법인(051910) ET & ZEUS Inc. 외			
	설립일	2006.04.13	대표이사	정인태
	업종	한식 육류 요리 전문점업	업종코드	56113
	소재지	서울시 서초구 양재2동	주요브랜드	불고기브라더스, 철판&부대찌개, 고기극장

	2013	2014	2015	2016	2017
재무상태표					(단위: 백만 원)
유동자산	3,446	2,986	1,499	1,294	994
당좌자산	2,918	2,627	1,322	1,156	876
재고자산	528	359	177	139	118
비유동자산	29,271	17,060	7,909	6,715	4,541
투자자산	679	664	25	25	25
유형자산	16,437	6,167	3,488	2,551	1,573
무형자산	276	142	90	36	18
자산총계	32,717	20,047	9,408	8,010	5,535
유동부채	24,726	27,467	15,249	8,316	9,192
비유동부채	6,778	4,267	1,929	2,840	3,615
자본	1,213	-11,688	-7,771	-3,147	-7,272
부채 및 자본합계	32,717	20,047	9,408	8,010	5,535
손익계산서					(단위: 백만 원)
매출액	50,010	42,228	25,386	17,966	12,479
매출원가	24,416	21,310	12,479	8,566	5,936
매출총손익	25,594	20,918	12,908	9,400	6,543
판매비 및 관리비	27,456	24,851	14,871	9,927	9,043
영업손익	-1,862	-3,933	-1,963	-527	-2,501
법인세비용차감전순손익	-3,484	-12,900	4,119	-576	-4,125
법인세비용	0	0	0	0	0
계속사업이익	-3,484	-12,900	4,119	-576	-4,125
중단사업손익	0	0	0	0	0
당기순손익	-3,484	-12,900	4,119	-576	-4,125
현금흐름표					(단위: 백만 원)
영업활동순현금흐름	1,256	1,362	-5,525	-1,541	-3,248
투자활동순현금흐름	-3,361	1,061	9,233	455	351
재무활동순현금흐름	2,479	-2,387	-4,138	1,268	2,737
성장성비율					(단위: %)
총자산증가율	-7.24	-38.73	-53.07	-14.86	-30.89
매출액증가율	-3.25	-15.56	-39.88	-29.23	-30.54
수익성비율					(단위: %)
총자산순이익률	-10.25	-48.9	27.97	-6.62	-60.9
자기자본순이익률	-157.74	0	0	0	0
매출액영업이익률	-3.72	-9.31	-7.73	-2.93	-20.04
매출액순이익률	-6.97	-30.55	16.23	-3.21	-33.05
레버리지비율					(단위: %)
부채비율	2,598.27	0	0	0	0
이자보상비율	-1.09	-2.65	-1.94	-1.37	-9.02
비유동비율	2,414.08	0	0	0	0
비유동장기적합률	366.31	0	0	0	0
유동성비율					(단위: %)
유동비율	13.94	10.87	9.83	15.57	10.81
당좌비율	11.8	9.57	8.67	13.9	9.53
현금비율	15.4	19	9.18	24.71	16.17
활동성비율					(단위: 회)
총자산회전율	1.47	1.6	1.72	2.06	1.84
자기자본회전율	22.64	0	0	0	0
비유동자산회전율	1.66	1.82	2.03	2.46	2.22
재고자산회전율	90.39	95.22	94.76	113.91	97.16
생산성비율					(단위: %)
총자본투자효율	58.67	37.11	170.95	89.61	46.02
설비투자효율	116.78	120.62	461.11	281.38	161.97
부가가치의 구성					(단위: 백만 원)
영업잉여	-3,524	-5,398	-2,975	-905	-2,522
인건비	11,506	9,847	6,479	4,296	3,734
금융비용	1,695	1,465	1,012	381	277
감가상각비	4,175	3,849	1,407	1,110	874

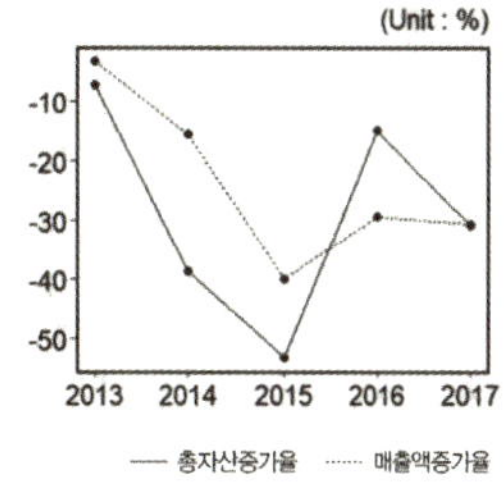

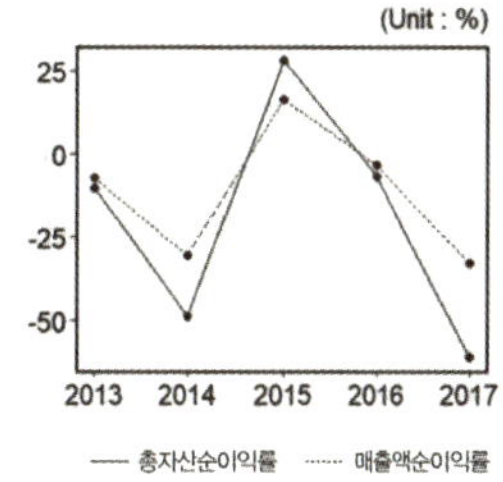

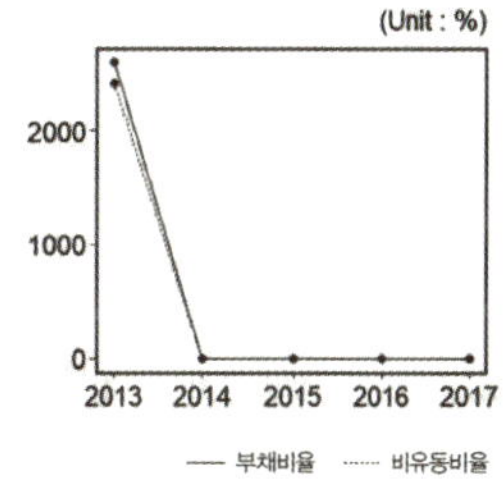

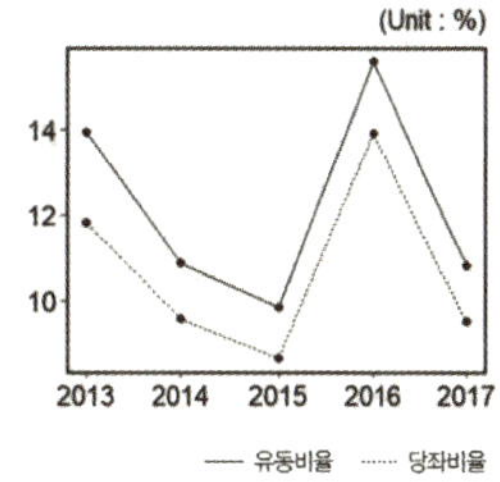

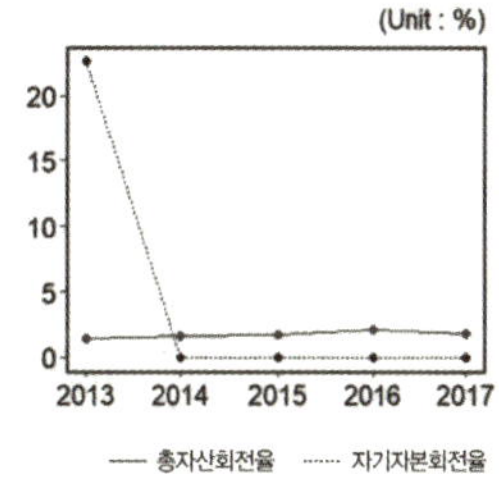

93 ㈜제이알더블유(072749) JRW, INC. 외

설립일	2006.10.11	대표이사	이지용
업종	서양식 음식점업	업종코드	56123
소재지	서울특별시 마포구 백범로	주요브랜드	온더보더

	2013	2014	2015	2016	2017
재무상태표					(단위: 백만 원)
유동자산	–	1,352	1,755	2,982	2,710
당좌자산	–	1,160	1,539	2,785	2,497
재고자산	–	192	216	197	213
비유동자산	–	6,943	6,720	6,520	8,451
투자자산	–	0	0	30	1,059
유형자산	–	3,982	3,800	3,474	3,922
무형자산	–	417	336	290	334
자산총계	–	8,295	8,476	9,502	11,160
유동부채	–	5,952	5,476	5,596	7,024
비유동부채	–	554	665	835	942
자본	–	1,789	2,335	3,071	3,194
부채 및 자본합계	–	8,295	8,476	9,502	11,160
손익계산서					(단위: 백만 원)
매출액	–	15,856	20,006	22,581	26,172
매출원가	–	13,239	16,320	17,950	21,581
매출총손익	–	2,617	3,686	4,631	4,591
판매비 및 관리비	–	2,600	2,997	3,840	3,544
영업손익	–	17	689	791	1,048
법인세비용차감전순손익	–	124	709	993	552
법인세비용	–	42	164	257	228
계속사업이익	–	82	545	736	323
중단사업손익	–	0	0	0	0
당기순손익	–	82	545	736	323
현금흐름표					(단위: 백만 원)
영업활동순현금흐름	–	879	1,572	1,866	1,560
투자활동순현금흐름	–	-2,156	-752	-732	-3,677
재무활동순현금흐름	–	950	-550	-200	800
성장성비율					(단위: %)
총자산증가율	–	0	2.18	12.11	17.45
매출액증가율	–	0	26.17	12.88	15.9
수익성비율					(단위: %)
총자산순이익률	–	1.99	6.5	8.19	3.13
자기자본순이익률	–	9.21	26.45	27.23	10.32
매출액영업이익률	–	0.11	3.44	3.5	4
매출액순이익률	–	0.52	2.73	3.26	1.23
레버리지비율					(단위: %)
부채비율	–	363.55	263.02	209.44	249.42
이자보상비율	–	0.14	4.88	7.8	8.45
비유동비율	–	387.97	287.83	212.32	264.58
비유동장기적합률	–	296.29	224.05	166.91	204.3
유동성비율					(단위: %)
유동비율	–	22.72	32.05	53.29	38.58
당좌비율	–	19.49	28.1	49.77	35.55
현금비율	–	21.96	32.33	50.36	6.81
활동성비율					(단위: 회)
총자산회전율	–	3.82	2.39	2.51	2.53
자기자본회전율	–	17.72	9.7	8.35	8.36
비유동자산회전율	–	4.57	2.93	3.41	3.5
재고자산회전율	–	164.97	97.9	109.25	127.74
생산성비율					(단위: %)
총자본투자효율	–	23.25	31.94	36.53	26.59
설비투자효율	–	48.43	71.25	99.9	75.66
부가가치의 구성					(단위: 백만 원)
영업잉여	–	-97	556	700	939
인건비	–	874	921	1,487	1,276
금융비용	–	114	133	91	109
감가상각비	–	724	856	812	965

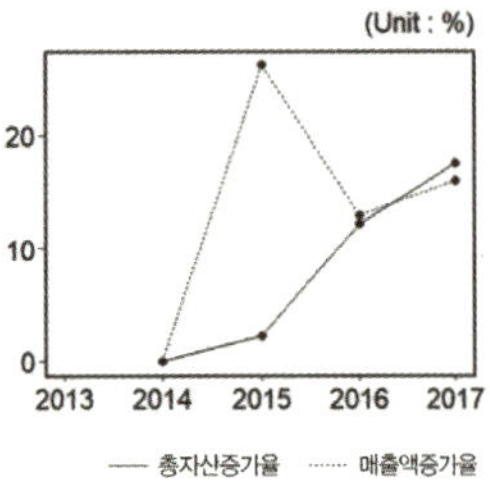

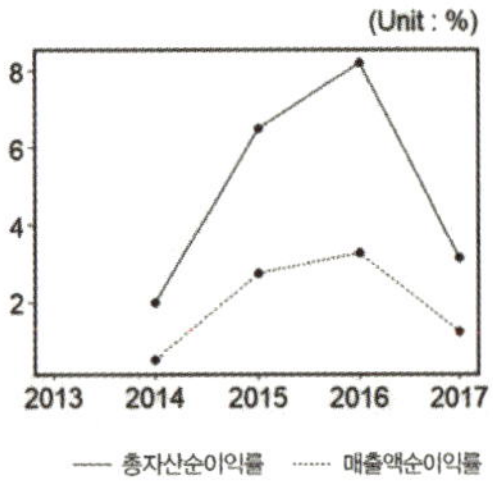

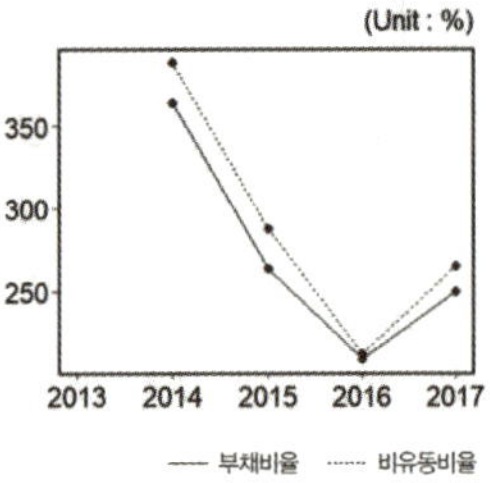

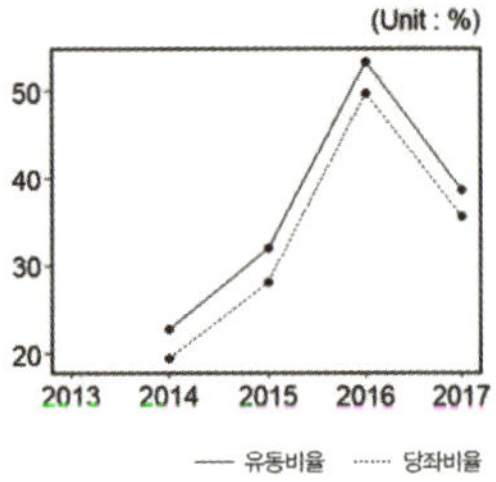

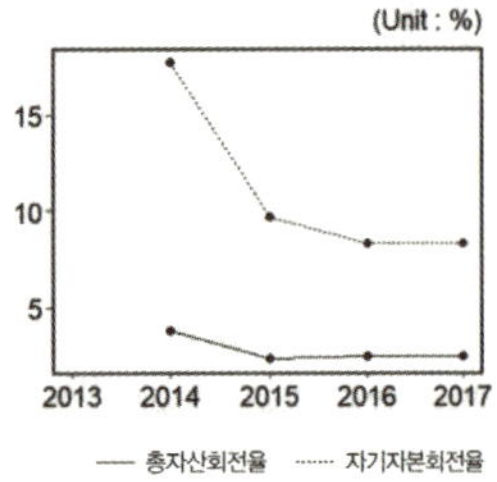

94 ㈜죠스푸드(070639) JAWSFOOD Co.,Ltd 외

설립일	2011.09.15	대표이사	나상균
업종	김밥 및 기타 간이 음식점업	업종코드	56194
소재지	서울특별시 강남구 영동대로	주요브랜드	죠스떡볶이, 바르다김선생

	2013	2014	2015	2016	2017
재무상태표					(단위: 백만 원)
유동자산	6,776	5,206	2,099	3,821	2,868
당좌자산	6,758	5,206	2,099	3,821	2,868
재고자산	17	0	0	0	0
비유동자산	23,742	27,764	27,052	29,061	30,113
투자자산	30	368	152	0	3
유형자산	21,043	25,013	24,856	28,421	29,730
무형자산	660	702	590	276	147
자산총계	30,518	32,970	29,150	32,881	32,981
유동부채	4,456	7,068	5,097	9,980	10,114
비유동부채	18,322	16,984	16,698	16,945	16,737
자본	7,739	8,918	7,355	5,957	6,131
부채 및 자본합계	30,518	32,970	29,150	32,881	32,981
손익계산서					(단위: 백만 원)
매출액	56,029	59,239	42,707	34,000	29,913
매출원가	43,891	46,311	32,235	26,301	23,214
매출총손익	12,138	12,928	10,472	7,699	6,699
판매비 및 관리비	6,724	9,235	8,682	8,817	5,326
영업손익	5,414	3,694	1,790	-1,118	1,373
법인세비용차감전순손익	5,821	4,670	1,899	-1,713	209
법인세비용	1,204	942	451	-315	35
계속사업이익	4,617	3,728	1,448	-1,398	174
중단사업손익	0	0	0	0	0
당기순손익	4,617	3,728	1,448	-1,398	174
현금흐름표					(단위: 백만 원)
영업활동순현금흐름	7,016	3,059	890	-499	1,519
투자활동순현금흐름	-19,194	-7,622	2,455	-4,350	-1,418
재무활동순현금흐름	16,560	-739	-3,430	5,000	-100
성장성비율					(단위: %)
총자산증가율	0	8.03	-11.58	12.8	0.3
매출액증가율	0	5.73	-27.91	-20.39	-12.02
수익성비율					(단위: %)
총자산순이익률	30.26	11.75	4.66	-4.51	0.53
자기자본순이익률	119.3	44.77	17.79	-21.01	2.87
매출액영업이익률	9.66	6.24	4.19	-3.29	4.59
매출액순이익률	8.24	6.29	3.39	-4.11	0.58
레버리지비율					(단위: %)
부채비율	294.32	269.71	296.31	451.98	437.97
이자보상비율	12.84	5.73	3.51	-2.17	2.38
비유동비율	306.77	311.34	367.77	487.84	491.19
비유동장기적합률	91.1	107.19	112.46	126.89	131.69
유동성비율					(단위: %)
유동비율	152.06	73.65	41.18	38.29	28.35
당좌비율	151.67	73.65	41.18	38.29	28.35
현금비율	80.36	2.75	2.77	5.48	7.32
활동성비율					(단위: 회)
총자산회전율	3.67	1.87	1.37	1.1	0.91
자기자본회전율	14.48	7.11	5.25	5.11	4.95
비유동자산회전율	4.72	2.3	1.56	1.21	1.01
재고자산회전율	6,461.68	6,831.90	0	0	0
생산성비율					(단위: %)
총자본투자효율	34.55	36.26	28.5	14.23	9.62
설비투자효율	50.11	47.84	33.5	17.01	11.9
부가가치의 구성					(단위: 백만 원)
영업잉여	5,074	3,207	1,304	-1,562	871
인건비	3,327	5,388	4,496	4,552	1,356
금융비용	340	499	473	444	504
감가상각비	412	658	674	571	453

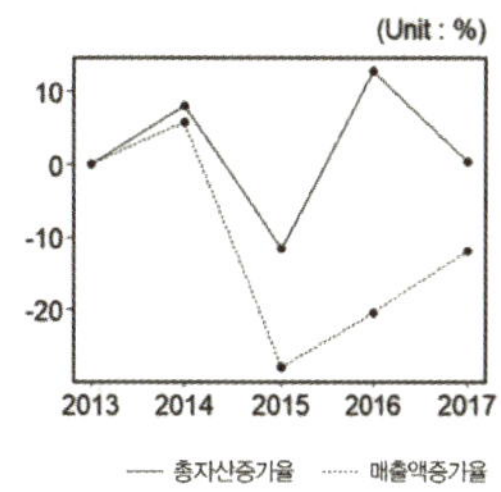

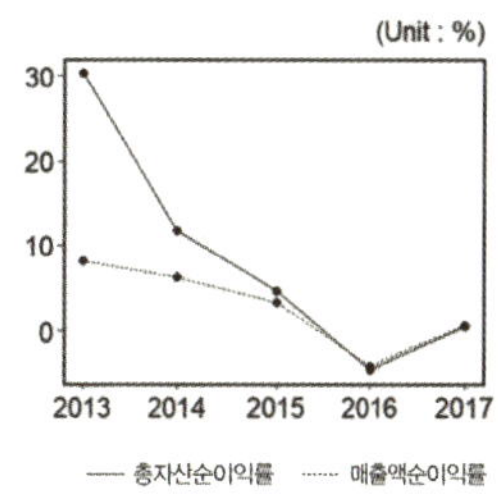

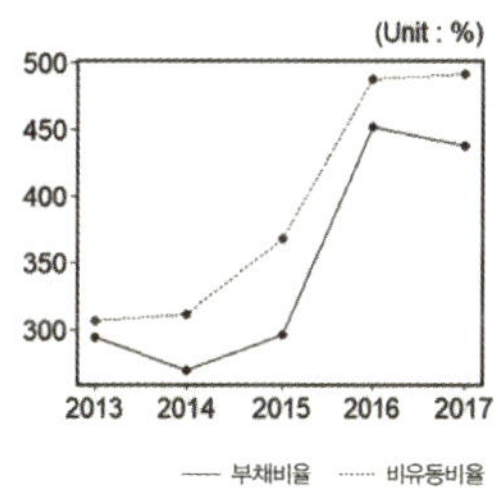

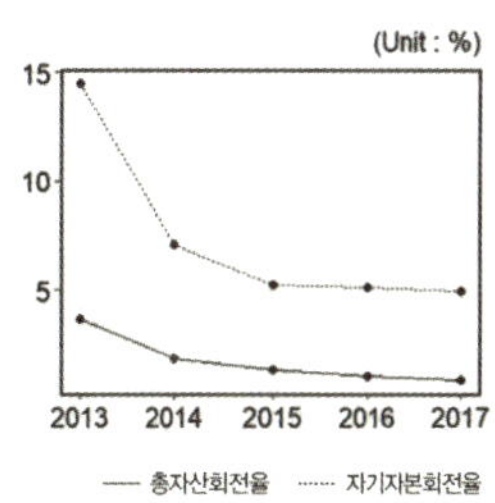

95 ㈜즐거운세상(078649) Funworld Inc. 외

바르미 샤브샤브 칼국수

설립일	2003.02.06	대표이사	서기수
업종	다업종기업	업종코드	56300
소재지	대구광역시 수성구 달구벌대로	주요브랜드	바르미샤브샤브칼국수, 바르미스시뷔페, 산따마르게리타

	2013	2014	2015	2016	2017
재무상태표					(단위: 백만 원)
유동자산	–	–	15,714	7,993	10,715
당좌자산	–	–	14,657	7,018	9,710
재고자산	–	–	1,057	975	1,005
비유동자산	–	–	114,124	121,569	149,585
투자자산	–	–	558	1,016	1,260
유형자산	–	–	110,599	117,971	145,706
무형자산	–	–	8	6	6
자산총계	–	–	129,838	129,563	160,300
유동부채	–	–	36,026	14,893	79,433
비유동부채	–	–	86,210	103,525	47,030
자본	–	–	7,602	11,144	33,837
부채 및 자본합계	–	–	129,838	129,563	160,300
손익계산서					(단위: 백만 원)
매출액	–	–	51,296	67,041	68,395
매출원가	–	–	24,300	25,647	25,605
매출총손익	–	–	26,996	41,393	42,790
판매비 및 관리비	–	–	20,626	35,759	35,996
영업손익	–	–	6,371	5,635	6,795
법인세비용차감전순손익	–	–	5,900	2,366	2,329
법인세비용	–	–	1,273	822	412
계속사업이익	–	–	4,627	1,544	1,918
중단사업손익	–	–	0	0	0
당기순손익	–	–	4,627	1,544	1,918
현금흐름표					(단위: 백만 원)
영업활동순현금흐름	–	–	9,131	3,536	5,560
투자활동순현금흐름	–	–	−101,725	−20,351	−10,500
재무활동순현금흐름	–	–	102,388	9,344	6,407
성장성비율					(단위: %)
총자산증가율	–	–	0	−0.21	23.72
매출액증가율	–	–	0	30.69	2.02
수익성비율					(단위: %)
총자산순이익률	–	–	7.13	1.19	1.32
자기자본순이익률	–	–	121.75	16.47	8.53
매출액영업이익률	–	–	12.42	8.41	9.93
매출액순이익률	–	–	9.02	2.3	2.8
레버리지비율					(단위: %)
부채비율	–	–	1,608.01	1,062.61	373.74
이자보상비율	–	–	12.38	1.42	1.75
비유동비율	–	–	1,501.29	1,090.88	442.07
비유동장기적합률	–	–	121.65	106.02	184.98
유동성비율					(단위: %)
유동비율	–	–	43.62	53.67	13.49
당좌비율	–	–	40.69	47.12	12.22
현금비율	–	–	70.61	45.35	47.53
활동성비율					(단위: 회)
총자산회전율	–	–	0.79	0.52	0.47
자기자본회전율	–	–	13.5	7.15	3.04
비유동자산회전율	–	–	0.9	0.57	0.5
재고자산회전율	–	–	97.07	65.99	69.09
생산성비율					(단위: %)
총자본투자효율	–	–	15.89	24.23	19.9
설비투자효율	–	–	18.66	26.74	22.3
부가가치의 구성					(단위: 백만 원)
영업잉여	–	–	5,886	1,790	3,071
인건비	–	–	9,227	15,702	16,882
금융비용	–	–	508	3,882	3,832
감가상각비	–	–	2,107	4,540	3,980

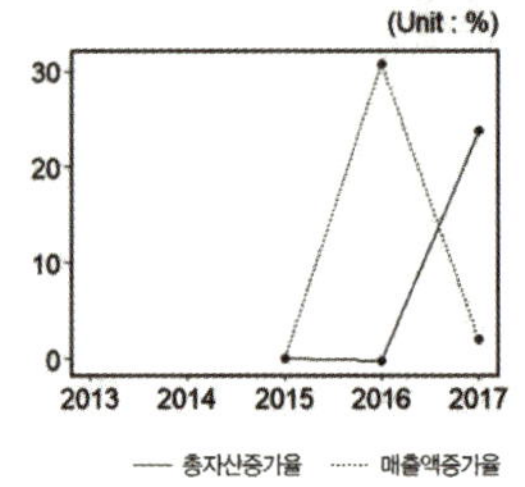

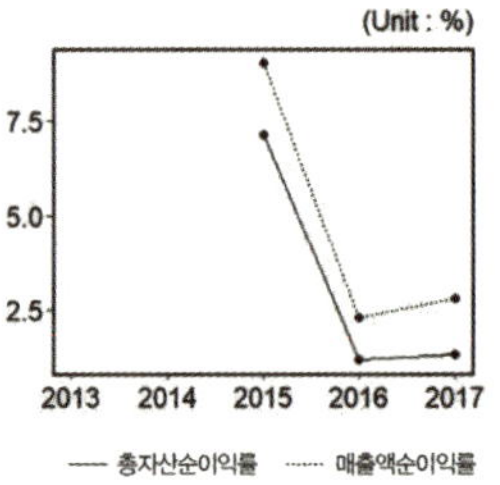

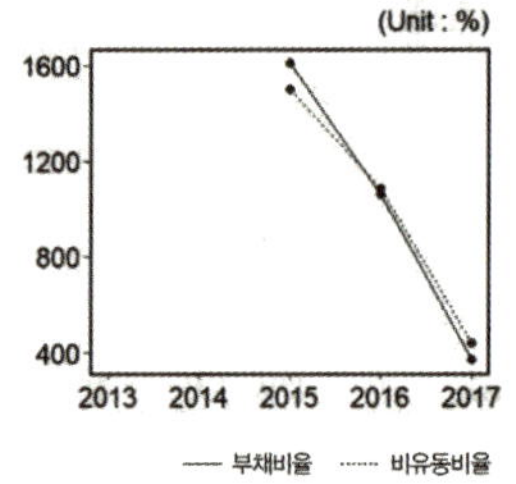

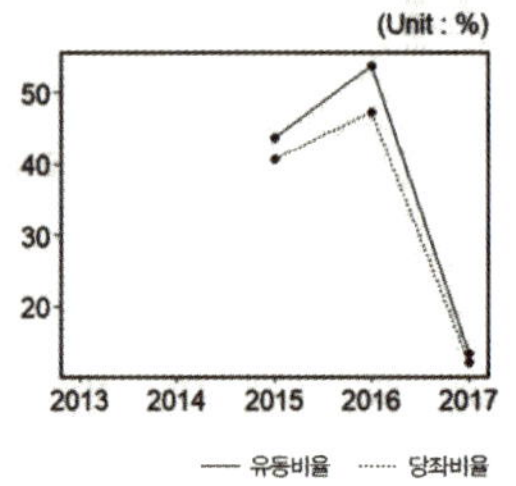

96 ㈜지앤푸드(060956) Corporation GN FOOD 외

설립일	2007.03.26	대표이사	홍경호
업종	치킨 전문점	업종코드	56193
소재지	서울시 양천구 공항대로	주요브랜드	굽네치킨, 인생막창, 94street

	2013	2014	2015	2016	2017
재무상태표					(단위: 백만 원)
유동자산	3,918	7,862	5,618	7,134	9,395
당좌자산	3,444	7,161	4,898	6,251	8,850
재고자산	474	701	720	883	545
비유동자산	10,836	17,570	18,550	36,225	42,969
투자자산	2,166	1,942	2,908	12,464	12,680
유형자산	5,587	13,222	14,160	21,932	27,241
무형자산	494	370	118	411	367
자산총계	14,754	25,432	24,168	43,359	52,364
유동부채	10,785	15,182	12,460	26,624	26,003
비유동부채	1,132	4,544	4,167	143	346
자본	2,837	5,706	7,541	16,593	26,015
부채 및 자본합계	14,754	25,432	24,168	43,359	52,364
손익계산서					(단위: 백만 원)
매출액	80,021	88,956	98,403	146,964	159,075
매출원가	60,685	63,590	69,738	103,878	113,720
매출총손익	19,337	25,366	28,665	43,086	45,354
판매비 및 관리비	13,675	20,794	23,036	29,012	30,893
영업손익	5,662	4,573	5,629	14,074	14,462
법인세비용차감전순손익	4,601	3,631	4,556	12,017	13,653
법인세비용	946	763	1,720	2,965	3,230
계속사업이익	3,655	2,868	2,836	9,051	10,423
중단사업손익	0	0	0	0	0
당기순손익	3,655	2,868	2,836	9,051	10,423
현금흐름표					(단위: 백만 원)
영업활동순현금흐름	3,642	7,733	3,432	21,400	12,351
투자활동순현금흐름	225	-8,527	-3,016	-20,855	-9,569
재무활동순현금흐름	-4,535	3,830	-2,825	-804	-1,164
성장성비율					(단위: %)
총자산증가율	-13.6	72.37	-4.97	79.41	20.77
매출액증가율	-0.98	11.17	10.62	49.35	8.24
수익성비율					(단위: %)
총자산순이익률	22.97	14.27	11.43	26.81	21.78
자기자본순이익률	362.06	67.15	42.81	75.01	48.92
매출액영업이익률	7.08	5.14	5.72	9.58	9.09
매출액순이익률	4.57	3.22	2.88	6.16	6.55
레버리지비율					(단위: %)
부채비율	420	345.73	220.48	161.32	101.28
이자보상비율	14.3	11.74	22.21	77.38	76.94
비유동비율	381.9	307.94	245.98	218.32	165.17
비유동장기적합률	273	171.43	158.44	216.45	163
유동성비율					(단위: %)
유동비율	36.33	51.78	45.09	26.8	36.13
당좌비율	31.93	47.16	39.31	23.48	34.04
현금비율	2.04	39.64	12.6	6.29	21.99
활동성비율					(단위: 회)
총자산회전율	5.03	4.43	3.97	4.35	3.32
자기자본회전율	79.26	20.83	14.86	12.18	7.47
비유동자산회전율	6.82	6.26	5.45	5.37	4.02
재고자산회전율	148.85	151.35	138.43	183.34	222.85
생산성비율					(단위: %)
총자본투자효율	85.96	47.41	54.49	51.65	44.85
설비투자효율	453.51	91.2	93.01	109.87	89.1
부가가치의 구성					(단위: 백만 원)
영업잉여	5,421	4,306	5,484	14,185	14,552
인건비	6,178	6,608	6,991	9,017	8,462
금융비용	240	274	154	-84	-92
감가상각비	1,231	1,146	1,242	1,224	1,222

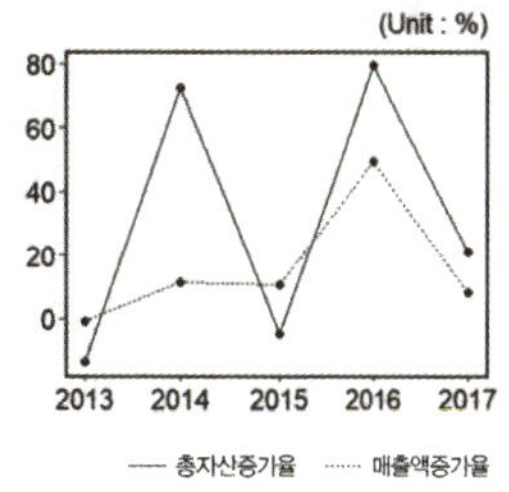

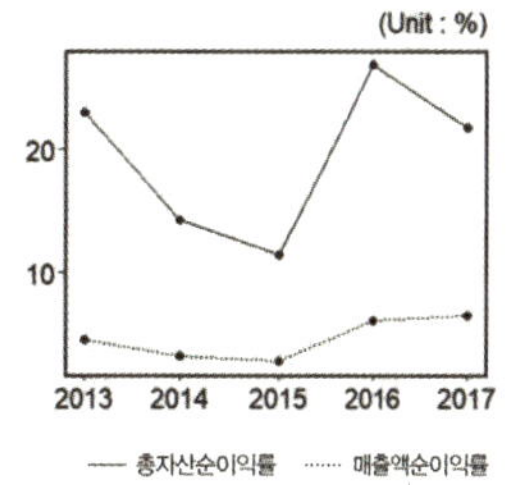

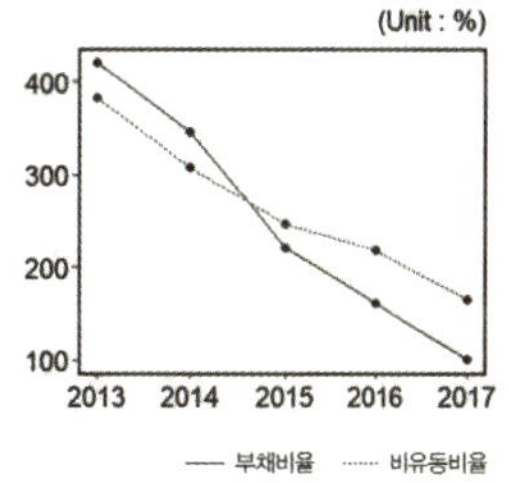

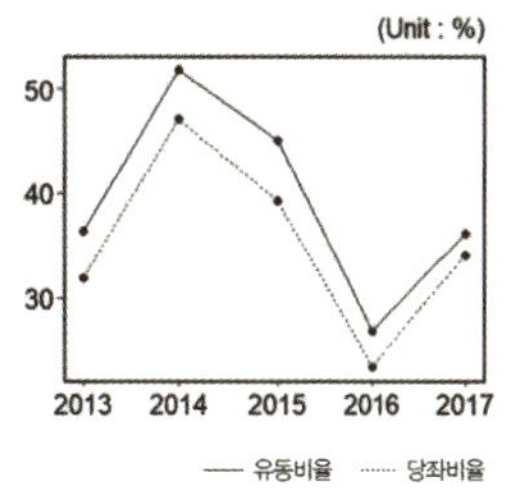

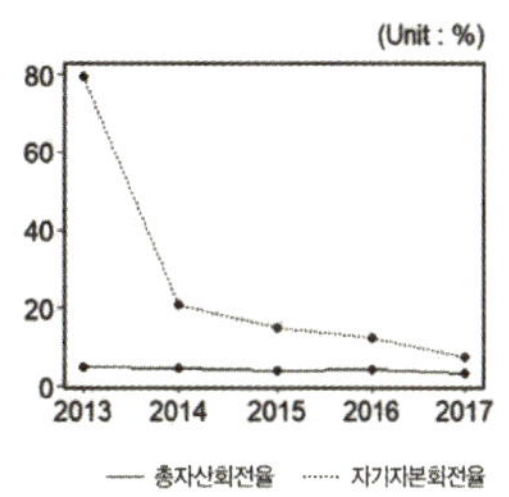

97 ㈜카페베네(061374) Caffe Bene

외

설립일	2008.12.01	대표이사	김선권
업종	커피 전문점	업종코드	56221
소재지	서울시 강남구 영동대로	주요브랜드	카페베네

	2013	2014	2015	2016	2017
재무상태표					(단위: 백만 원)
유동자산	43,456	64,518	39,131	30,572	8,798
당좌자산	37,466	55,740	29,780	25,297	6,490
재고자산	5,990	8,778	9,351	5,276	2,308
비유동자산	121,484	98,882	71,145	56,176	23,438
투자자산	44,259	45,961	29,135	16,042	1,938
유형자산	69,853	45,934	35,350	28,590	18,999
무형자산	5,033	3,487	1,778	923	309
자산총계	164,939	163,400	110,276	86,749	32,236
유동부채	77,794	81,726	58,190	61,294	36,861
비유동부채	59,506	61,528	43,325	24,387	26,234
자본	27,639	20,146	8,761	1,068	-30,860
부채 및 자본합계	164,939	163,400	110,276	86,749	32,236
손익계산서					(단위: 백만 원)
매출액	176,255	128,959	110,110	76,579	46,069
매출원가	122,314	86,366	73,008	49,763	28,672
매출총손익	53,942	42,593	37,102	26,816	17,397
판매비 및 관리비	50,485	37,647	41,484	27,371	19,607
영업손익	3,457	4,946	-4,382	-555	-2,210
법인세비용차감전순손익	-1,004	-8,855	-36,019	-22,459	-35,619
법인세비용	242	-1,357	-2,020	1,741	3,264
계속사업이익	-1,246	-7,497	-33,999	-24,200	-38,883
중단사업손익	0	0	0	0	0
당기순손익	-1,246	-7,497	-33,999	-24,200	-38,883
현금흐름표					(단위: 백만 원)
영업활동순현금흐름	6,374	662	-296	2,200	-8,306
투자활동순현금흐름	-23,620	-901	16,870	-5,311	9,640
재무활동순현금흐름	-7,443	475	-21,329	7,497	-5,998
성장성비율					(단위: %)
총자산증가율	-7.76	-0.93	-32.51	-21.34	-62.84
매출액증가율	-16.41	-26.83	-14.62	-30.45	-39.84
수익성비율					(단위: %)
총자산순이익률	-0.73	-4.57	-24.85	-24.57	-65.36
자기자본순이익률	-4.41	-31.38	-235.23	-492.4	0
매출액영업이익률	1.96	3.84	-3.98	-0.72	-4.8
매출액순이익률	-0.71	-5.81	-30.88	-31.6	-84.4
레버리지비율					(단위: %)
부채비율	496.76	711.08	1,158.69	8,021.61	0
이자보상비율	0.65	0.77	-0.72	-0.2	-1.24
비유동비율	439.53	490.82	812.05	5,259.35	0
비유동장기적합률	139.4	121.07	136.59	220.69	0
유동성비율					(단위: %)
유동비율	55.86	78.94	67.25	49.88	23.87
당좌비율	48.16	68.2	51.18	41.27	17.61
현금비율	12.15	8.57	1.98	16.92	5.79
활동성비율					(단위: 회)
총자산회전율	1.03	0.79	0.8	0.78	0.77
자기자본회전율	6.24	5.4	7.62	15.58	0
비유동자산회전율	1.47	1.17	1.3	1.2	1.16
재고자산회전율	30.58	17.46	12.15	10.47	12.15
생산성비율					(단위: %)
총자본투자효율	21.15	11.48	-6.39	-2.88	-66.15
설비투자효율	95.54	40.93	-19.94	-8.82	-112.64
부가가치의 구성					(단위: 백만 원)
영업잉여	-74	1,856	-5,968	-2,873	-1,843
인건비	19,985	11,828	12,398	10,267	7,183
금융비용	4,141	5,292	5,916	2,256	1,687
감가상각비	7,457	7,850	6,742	4,101	3,204

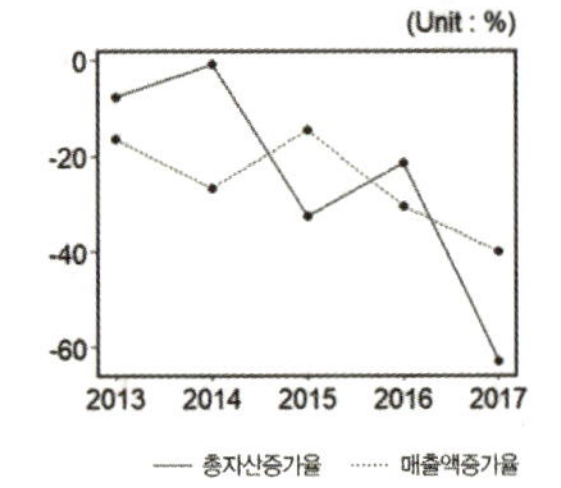

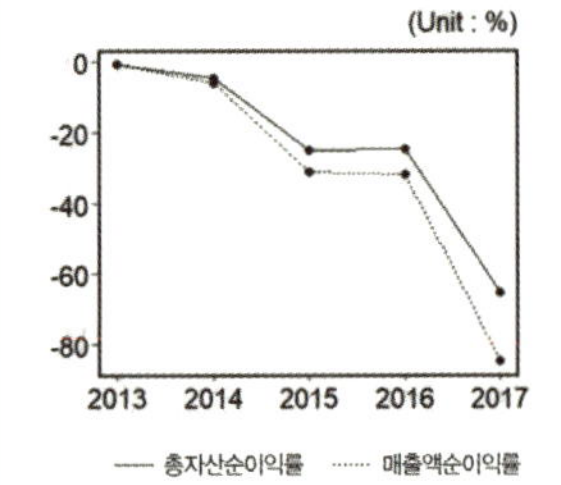

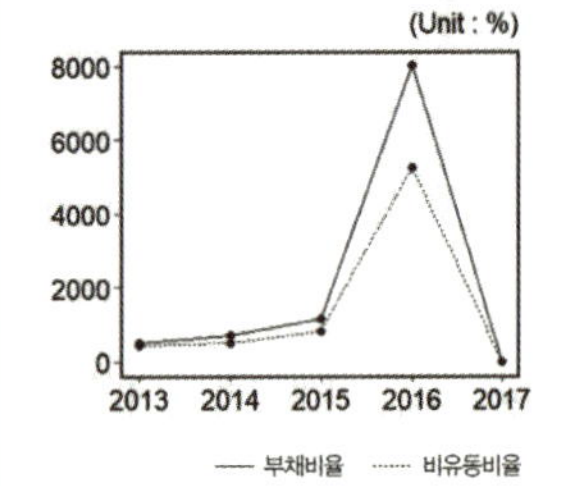

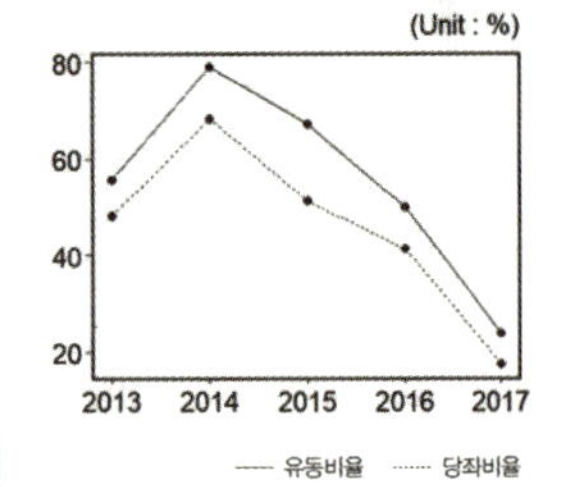

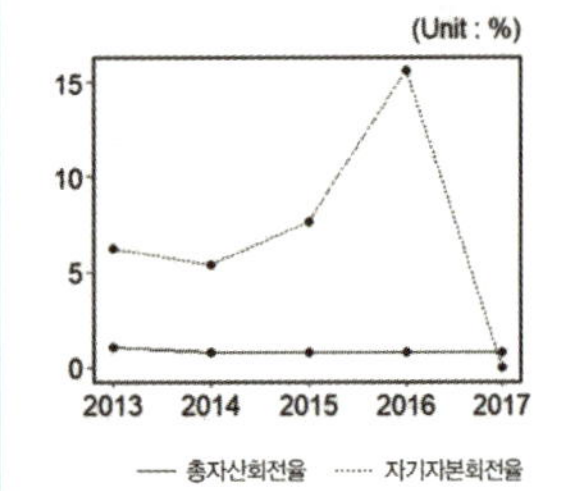

98 ㈜케이에프씨코리아(40809) KFC Korea Co., Ltd. 외

설립일	2004.12.28	대표이사	엄익수
업종	피자, 햄버거, 샌드위치 및 유사 음식점업	업종코드	56192
소재지	서울특별시 종로구 창경궁로	주요브랜드	KFC

	2013	2014	2015	2016	2017
재무상태표					(단위: 백만 원)
유동자산	29,793	20,761	20,166	17,945	18,720
당좌자산	27,874	18,690	17,637	15,706	16,697
재고자산	1,919	2,071	2,528	2,239	2,023
비유동자산	49,478	62,345	69,369	60,184	53,607
투자자산	442	362	363	509	702
유형자산	21,642	27,557	32,001	26,844	21,638
무형자산	569	526	865	681	375
자산총계	79,271	83,106	89,535	78,129	72,327
유동부채	26,279	25,003	30,331	35,955	49,527
비유동부채	11,407	10,980	11,608	12,094	11,836
자본	41,586	47,123	47,596	30,080	10,963
부채 및 자본합계	79,271	83,106	89,535	78,129	72,327
손익계산서					(단위: 백만 원)
매출액	156,839	161,911	174,735	177,025	161,379
매출원가	41,338	42,437	47,979	50,944	44,184
매출총손익	115,501	119,474	126,756	126,081	117,196
판매비 및 관리비	103,902	112,598	125,649	138,344	134,537
영업손익	11,599	6,876	1,107	-12,262	-17,341
법인세비용차감전순손익	13,528	6,291	872	-15,845	-18,827
법인세비용	2,906	1,382	-95	3,144	0
계속사업이익	10,623	4,910	967	-18,989	-18,827
중단사업손익	0	0	0	0	0
당기순손익	10,623	4,910	967	-18,989	-18,827
현금흐름표					(단위: 백만 원)
영업활동순현금흐름	-3,702	7,091	7,423	-6,127	-9,603
투자활동순현금흐름	-8,589	-13,892	-11,099	-6,561	-1,998
재무활동순현금흐름	-84,500	0	1,000	13,196	11,413
성장성비율					(단위: %)
총자산증가율	-53.44	4.84	7.73	-12.74	-7.43
매출액증가율	10.02	3.23	7.92	1.31	-8.84
수익성비율					(단위: %)
총자산순이익률	8.51	6.05	1.12	-22.65	-25.03
자기자본순이익률	13.56	11.07	2.04	-48.89	-91.74
매출액영업이익률	7.4	4.25	0.63	-6.93	-10.75
매출액순이익률	6.77	3.03	0.55	-10.73	-11.67
레버리지비율					(단위: %)
부채비율	90.62	76.36	88.11	159.74	559.71
이자보상비율	89.92	66.76	4.91	-18.04	-21.56
비유동비율	118.98	132.3	145.75	200.08	488.96
비유동장기적합률	93.37	107.3	117.17	142.7	235.12
유동성비율					(단위: %)
유동비율	113.37	83.04	66.49	49.91	37.8
당좌비율	106.07	74.75	58.15	43.68	33.71
현금비율	40.37	25.17	12.65	18.72	8.96
활동성비율					(단위: 회)
총자산회전율	1.26	1.99	2.02	2.11	2.15
자기자본회전율	2	3.65	3.69	4.56	7.86
비유동자산회전율	3.18	2.9	2.65	2.73	2.84
재고자산회전율	90.69	81.17	75.99	74.27	75.73
생산성비율					(단위: %)
총자본투자효율	102.5	95.68	95.68	101.91	102.65
설비투자효율	375.44	288.55	267.69	296.61	343.12
부가가치의 구성					(단위: 백만 원)
영업잉여	13,319	7,935	2,013	-12,822	-17,527
인건비	35,084	35,915	42,298	50,250	50,659
금융비용	-1,720	-1,059	-906	560	186
감가상각비	6,492	7,697	8,728	9,584	8,025

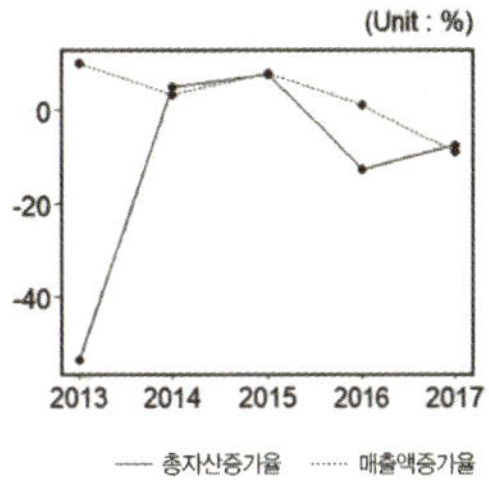

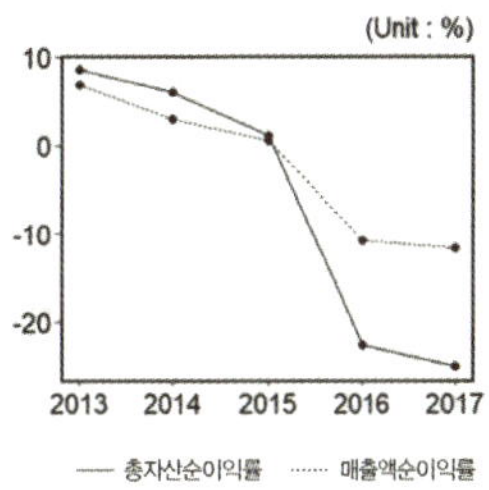

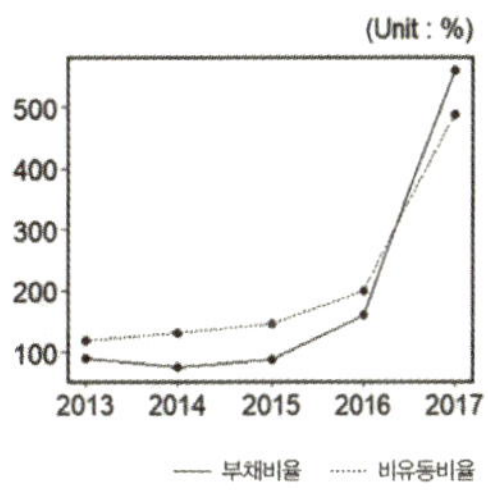

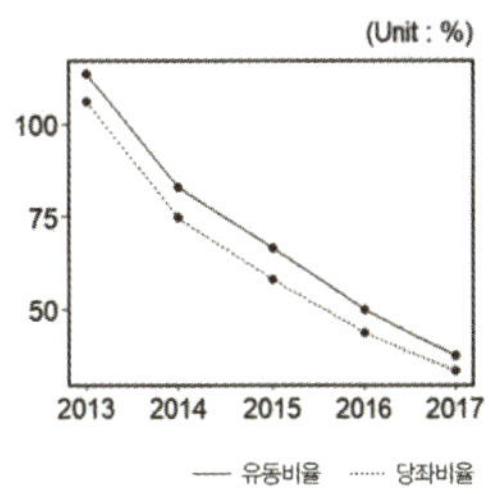

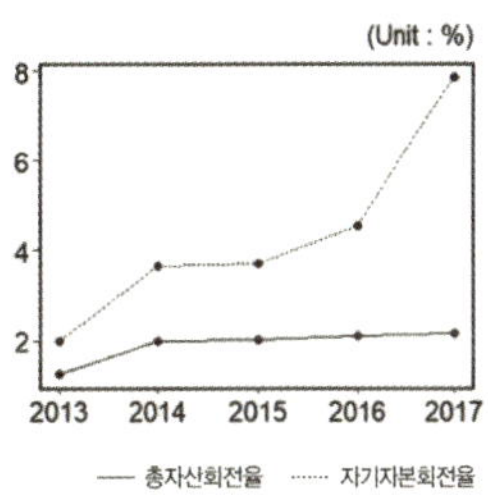

99 ㈜터존(064934) TERZONE 외

설립일	2008.11.28	대표이사	김옥원
업종	서양식 음식점업	업종코드	56123
소재지	부산광역시 해운대구 에이펙로	주요브랜드	터존뷔페

	2013	2014	2015	2016	2017
재무상태표					(단위: 백만 원)
유동자산	225	552	465	203	10,244
당좌자산	224	552	465	203	10,244
재고자산	1	1	0	0	0
비유동자산	11,826	11,492	12,140	15,756	8,132
투자자산	0	0	700	4,700	3,615
유형자산	11,808	11,489	11,440	11,056	4,517
무형자산	0	0	0	0	0
자산총계	12,051	12,044	12,605	15,960	18,376
유동부채	5,006	4,769	4,740	73	3,002
비유동부채	4,329	4,294	5,229	13,246	3,120
자본	2,717	2,981	2,635	2,641	12,253
부채 및 자본합계	12,051	12,044	12,605	15,960	18,376
손익계산서					(단위: 백만 원)
매출액	6,282	5,912	1,320	405	528
매출원가	2,864	2,467	441	0	0
매출총손익	3,419	3,445	879	405	528
판매비 및 관리비	2,787	2,702	928	306	243
영업손익	632	743	-49	98	285
법인세비용차감전순손익	292	630	-106	12	12,695
법인세비용	60	125	0	6	2,983
계속사업이익	233	504	-106	6	9,712
중단사업손익	0	0	0	0	0
당기순손익	233	504	-106	6	9,712
현금흐름표					(단위: 백만 원)
영업활동순현금흐름	759	776	923	18	1,295
투자활동순현금흐름	-7	-38	-785	-4,003	19,014
재무활동순현금흐름	-1,212	-380	-534	4,080	-20,361
성장성비율					(단위: %)
총자산증가율	-5.93	-0.05	4.65	26.62	15.14
매출액증가율	-6.43	-5.9	-77.68	-69.35	30.53
수익성비율					(단위: %)
총자산순이익률	1.87	4.18	-0.86	0.04	56.57
자기자본순이익률	9.3	17.7	-3.76	0.22	130.42
매출액영업이익률	10.05	12.56	-3.72	24.25	54.07
매출액순이익률	3.7	8.53	-8	1.4	1,839.47
레버리지비율					(단위: %)
부채비율	343.61	304.08	378.32	504.34	49.97
이자보상비율	8.12	10.51	-0.86	0.71	2.61
비유동비율	435.32	385.55	460.68	596.65	66.36
비유동장기적합률	167.86	157.96	154.37	99.18	52.89
유동성비율					(단위: %)
유동비율	4.5	11.58	9.81	279.57	341.19
당좌비율	4.48	11.57	9.81	279.57	341.19
현금비율	20.81	73.32	1.9	50.71	0.49
활동성비율					(단위: 회)
총자산회전율	0.51	0.49	0.11	0.03	0.03
자기자본회전율	2.51	2.08	0.47	0.15	0.07
비유동자산회전율	0.52	0.51	0.11	0.03	0.04
재고자산회전율	6,585.21	7,738.11	5,075.58	0	0
생산성비율					(단위: %)
총자본투자효율	18.5	20.32	4.73	2.68	70.33
설비투자효율	18.88	21.3	5.21	3.86	286.14
부가가치의 구성					(단위: 백만 원)
영업잉여	554	672	-105	-40	207
인건비	1,229	1,115	302	11	25
금융비용	77	71	56	138	79
감가상각비	367	374	138	118	98

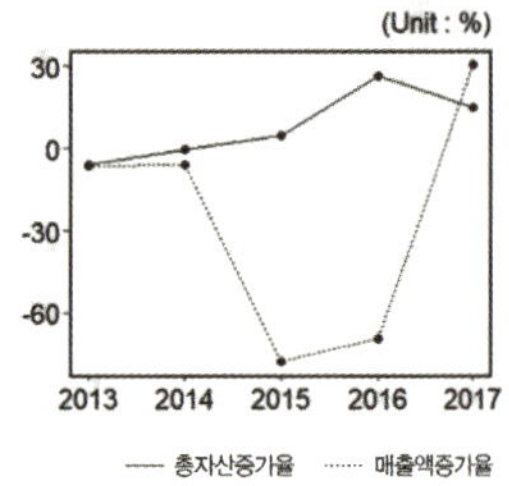

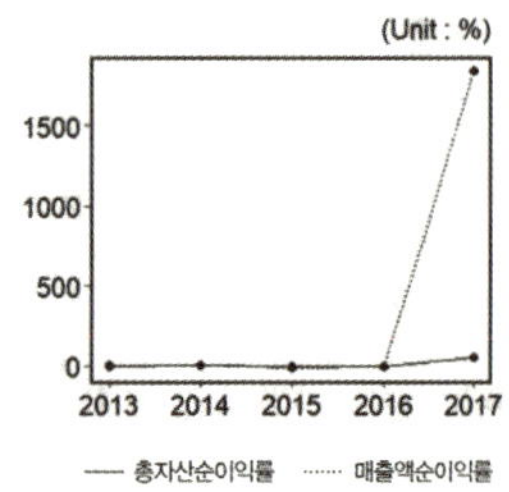

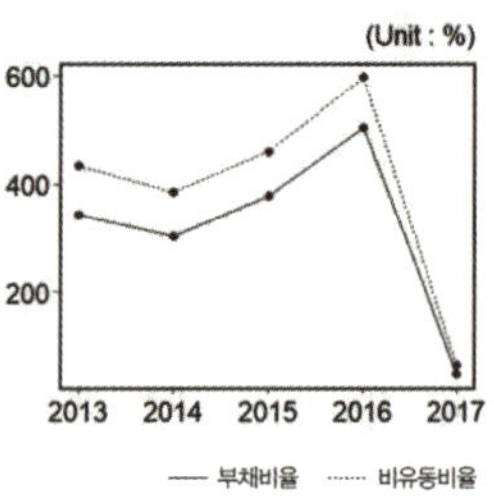

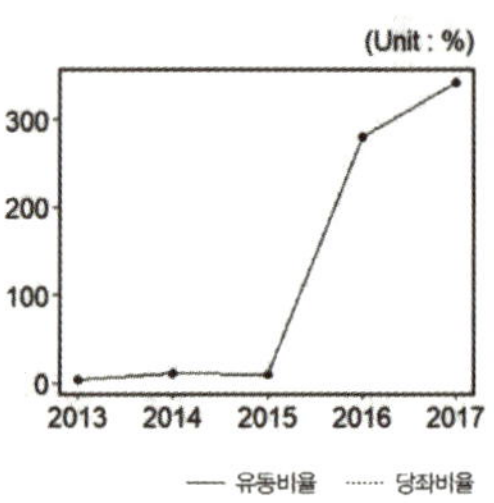

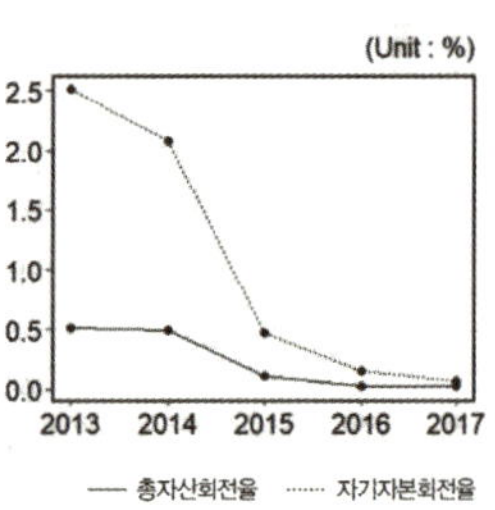

100 ㈜토다이코리아(059460) Todai Korea Ltd. 외

설립일	2008.02.19	대표이사	김한스형민
업종	일식 음식점업	업종코드	56122
소재지	서울특별시 구로구 새말로	주요브랜드	토다이

	2013	2014	2015	2016	2017
재무상태표					(단위: 백만 원)
유동자산	10,811	10,204	24,502	25,447	15,067
당좌자산	9,037	8,160	21,422	22,030	12,717
재고자산	1,775	2,044	3,080	3,417	2,350
비유동자산	24,063	40,605	46,468	43,551	51,981
투자자산	66	0	0	19	2,705
유형자산	18,400	17,367	20,615	19,211	22,713
무형자산	533	15,810	18,233	15,667	13,104
자산총계	34,874	50,809	70,971	68,998	67,048
유동부채	18,993	26,487	24,027	23,583	29,347
비유동부채	1,459	9,013	22,247	21,179	19,177
자본	14,423	15,309	24,696	24,237	18,524
부채 및 자본합계	34,874	50,809	70,971	68,998	67,048
손익계산서					(단위: 백만 원)
매출액	49,585	65,873	74,366	75,712	79,980
매출원가	29,894	39,405	42,799	44,168	49,036
매출총손익	19,691	26,469	31,568	31,545	30,944
판매비 및 관리비	19,626	24,058	28,687	29,654	33,767
영업손익	65	2,411	2,881	1,890	-2,823
법인세비용차감전순손익	39	1,236	354	-348	-5,735
법인세비용	-109	218	294	-46	-178
계속사업이익	149	1,018	60	-303	-5,556
중단사업손익	0	0	0	0	0
당기순손익	149	1,018	60	-303	-5,556
현금흐름표					(단위: 백만 원)
영업활동순현금흐름	1,694	8,648	7,305	6,582	6,187
투자활동순현금흐름	-8,090	-19,436	-12,343	-3,735	-16,261
재무활동순현금흐름	6,808	9,609	18,060	-2,555	639
성장성비율					(단위: %)
총자산증가율	27.09	45.69	39.68	-2.78	-2.83
매출액증가율	1.59	32.85	12.89	1.81	5.64
수익성비율					(단위: %)
총자산순이익률	0.48	2.38	0.1	-0.43	-8.17
자기자본순이익률	1.04	6.85	0.3	-1.24	-25.99
매출액영업이익률	0.13	3.66	3.87	2.5	-3.53
매출액순이익률	0.3	1.55	0.08	-0.4	-6.95
레버리지비율					(단위: %)
부채비율	141.8	231.9	187.37	184.68	261.95
이자보상비율	0.2	3.59	2.06	0.88	-1.25
비유동비율	166.84	265.24	188.16	179.69	280.61
비유동장기적합률	151.52	166.95	98.99	95.89	137.88
유동성비율					(단위: %)
유동비율	56.92	38.52	101.98	107.91	51.34
당좌비율	47.58	30.81	89.16	93.42	43.33
현금비율	48.92	40.28	69.92	68.47	53.02
활동성비율					(단위: 회)
총자산회전율	1.59	1.54	1.22	1.08	1.18
자기자본회전율	3.46	4.43	3.72	3.09	3.74
비유동자산회전율	2.29	2.04	1.71	1.68	1.67
재고자산회전율	45.71	34.5	29.03	23.31	27.74
생산성비율					(단위: %)
총자본투자효율	40.32	37.45	31.7	33.2	30.67
설비투자효율	76.42	109.56	109.14	119.24	90.52
부가가치의 구성					(단위: 백만 원)
영업잉여	-192	1,948	1,515	-38	-5,045
인건비	7,024	7,684	8,785	9,463	11,260
금융비용	259	617	1,322	1,959	2,206
감가상각비	3,388	4,757	6,346	6,481	6,808

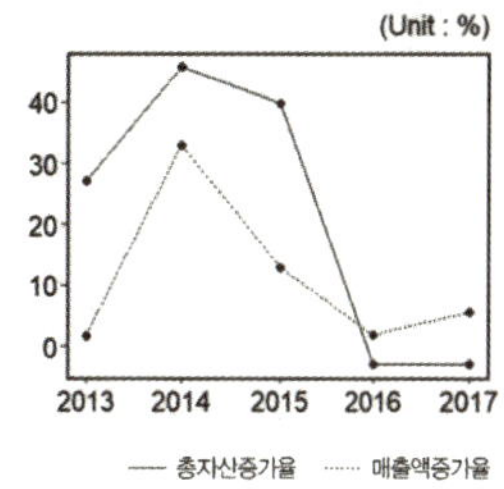

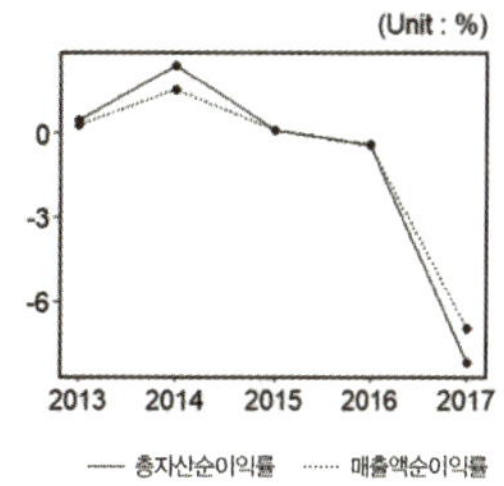

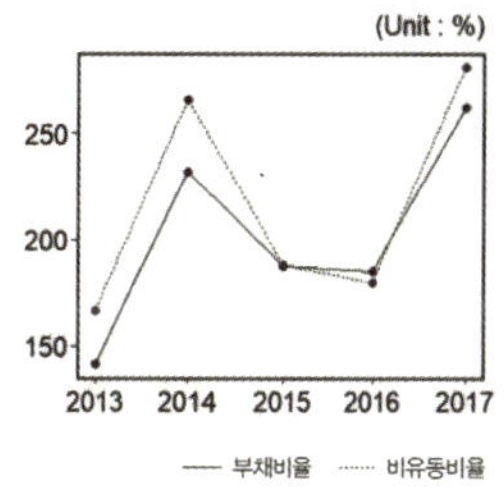

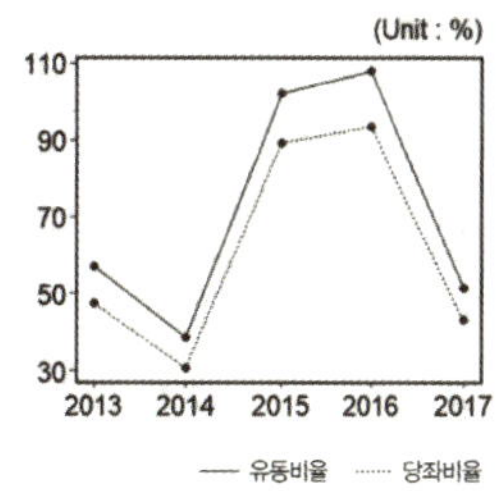

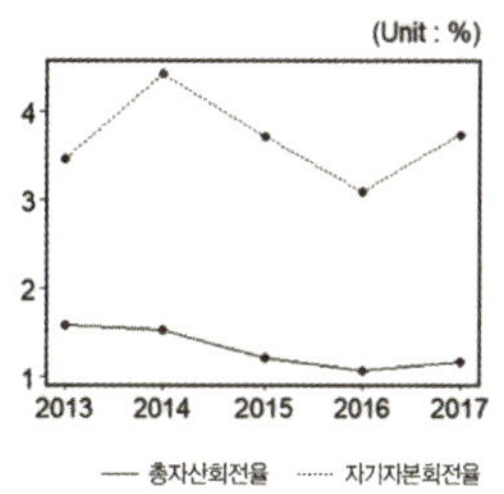

101 ㈜푸른에프앤디(014934) Pureun F&D Co., Ltd. 외

설립일	1986.06.19	대표이사	이운성
업종	일식 음식점업	업종코드	56122
소재지	서울특별시 서초구 강남대로	주요브랜드	가츠라, 고엔키친, 멘동

	2013	2014	2015	2016	2017
재무상태표					(단위: 백만 원)
유동자산	4,015	4,047	3,597	3,066	3,436
당좌자산	348	298	569	251	720
재고자산	3,667	3,749	3,028	2,815	2,716
비유동자산	14,947	16,270	24,396	22,911	26,350
투자자산	6,517	7,996	14,659	13,175	16,726
유형자산	7,950	7,795	9,328	9,326	9,215
무형자산	0	0	0	0	0
자산총계	18,962	20,318	27,993	25,977	29,786
유동부채	3,110	2,281	2,340	954	750
비유동부채	373	408	510	746	630
자본	15,480	17,629	25,143	24,277	28,406
부채 및 자본합계	18,962	20,318	27,993	25,977	29,786
손익계산서					(단위: 백만 원)
매출액	8,581	9,918	10,960	10,578	10,085
매출원가	10,017	8,938	10,010	9,665	9,220
매출총손익	-1,435	980	950	913	865
판매비 및 관리비	496	536	503	541	536
영업손익	-1,932	444	447	372	329
법인세비용차감전순손익	-1,824	672	1,235	988	1,669
법인세비용	82	0	0	187	283
계속사업이익	-1,906	672	1,235	801	1,386
중단사업손익	0	0	0	0	0
당기순손익	-1,906	672	1,235	801	1,386
현금흐름표					(단위: 백만 원)
영업활동순현금흐름	26	-180	2,008	311	1,620
투자활동순현금흐름	-10	197	-1,824	-333	-951
재무활동순현금흐름	0	0	-180	0	-360
성장성비율					(단위: %)
총자산증가율	1.34	7.15	37.77	-7.2	14.66
매출액증가율	-11.08	15.58	10.51	-3.48	-4.66
수익성비율					(단위: %)
총자산순이익률	-10.12	3.42	5.11	2.97	4.97
자기자본순이익률	-11.7	4.06	5.78	3.24	5.26
매출액영업이익률	-22.51	4.47	4.08	3.51	3.26
매출액순이익률	-22.21	6.78	11.27	7.57	13.74
레버리지비율					(단위: %)
부채비율	22.49	15.25	11.34	7	4.86
이자보상비율	-	-	-	130.83	210.74
비유동비율	96.56	92.29	97.03	94.37	92.76
비유동장기적합률	94.29	90.21	95.1	91.56	90.75
유동성비율					(단위: %)
유동비율	129.11	177.46	153.69	321.48	457.88
당좌비율	11.18	13.06	24.3	26.28	95.92
현금비율	2.72	3.11	3.6	3.52	12.13
활동성비율					(단위: 회)
총자산회전율	0.46	0.5	0.45	0.39	0.36
자기자본회전율	0.53	0.6	0.51	0.43	0.38
비유동자산회전율	0.58	0.64	0.54	0.45	0.41
재고자산회전율	2.37	2.67	3.23	3.62	3.65
생산성비율					(단위: %)
총자본투자효율	-4.9	7.46	5.51	6.84	6.27
설비투자효율	-11.69	19.44	16.53	19.06	20.27
부가가치의 구성					(단위: 백만 원)
영업잉여	-1,930	551	1,105	817	1,442
인건비	399	369	413	470	480
금융비용	-2	-2	-658	-445	-1,113
감가상각비	495	475	550	764	832

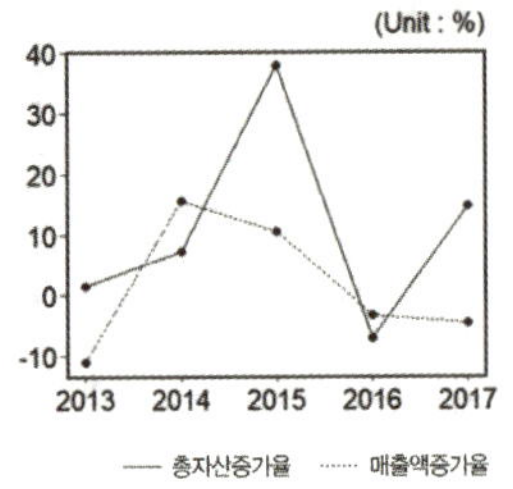

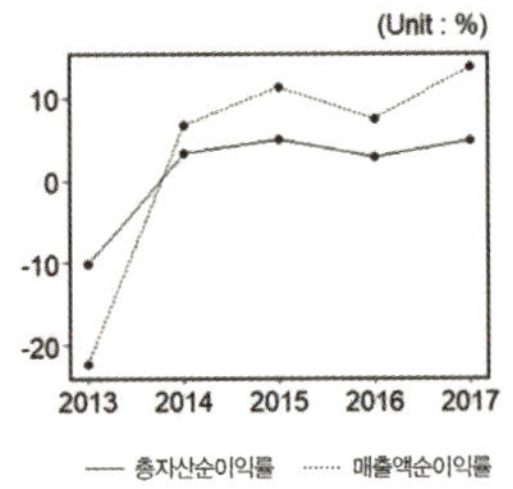

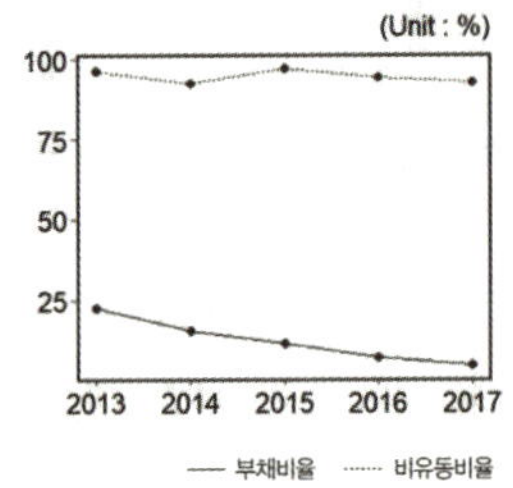

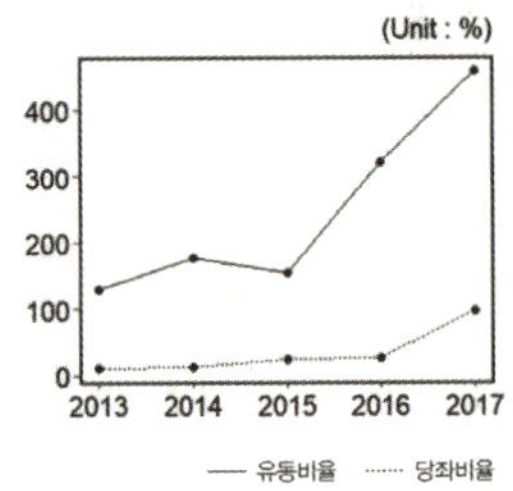

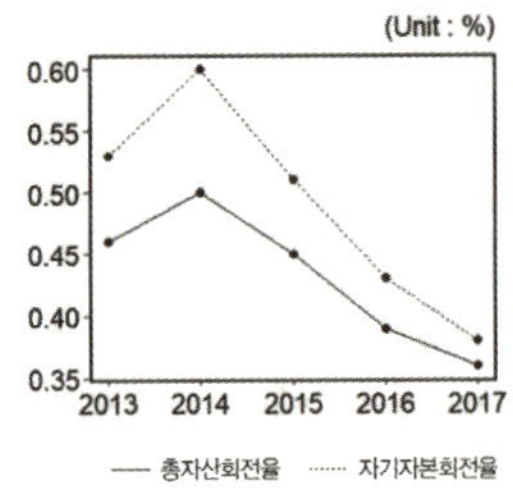

Planfood 딴딴한 기업 - (주)프랜푸드	102 ㈜프랜푸드(067605) PLANFOOD CO.,LTD.			외
	설립일	2007.04.02	대표이사	옥광세
	업종	치킨 음식점	업종코드	56193
	소재지	대구시 북구 검단북로	주요브랜드	땅땅치킨

	2013	2014	2015	2016	2017
재무상태표					(단위: 백만 원)
유동자산	5,558	5,942	4,771	4,917	5,920
당좌자산	4,155	2,764	1,747	2,182	2,454
재고자산	1,403	3,178	3,024	2,735	3,466
비유동자산	9,900	12,073	12,168	12,210	12,659
투자자산	489	484	664	944	1,253
유형자산	9,298	11,444	11,321	11,015	11,155
무형자산	6	19	32	38	44
자산총계	15,458	18,015	16,939	17,128	18,579
유동부채	4,943	8,059	4,996	6,024	11,046
비유동부채	4,509	4,203	5,460	4,485	1,085
자본	6,005	5,753	6,483	6,618	6,449
부채 및 자본합계	15,458	18,015	16,939	17,128	18,579
손익계산서					(단위: 백만 원)
매출액	47,208	43,150	38,160	36,049	35,965
매출원가	38,240	33,592	29,675	27,453	27,554
매출총손익	8,968	9,558	8,485	8,596	8,410
판매비 및 관리비	6,552	8,368	6,891	7,558	7,598
영업손익	2,416	1,190	1,595	1,038	813
법인세비용차감전순손익	2,198	424	1,481	763	485
법인세비용	517	177	251	128	154
계속사업이익	1,680	248	1,230	635	330
중단사업손익	0	0	0	0	0
당기순손익	1,680	248	1,230	635	330
현금흐름표					(단위: 백만 원)
영업활동순현금흐름	2,659	313	1,059	1,576	547
투자활동순현금흐름	−2,850	−2,629	−515	−853	−743
재무활동순현금흐름	1,340	1,685	−1,168	−788	630
성장성비율					(단위: %)
총자산증가율	44.69	16.54	−5.97	1.11	8.47
매출액증가율	45.37	−8.6	−11.56	−5.53	−0.23
수익성비율					(단위: %)
총자산순이익률	12.86	1.48	7.04	3.73	1.85
자기자본순이익률	31.61	4.21	20.11	9.7	5.05
매출액영업이익률	5.12	2.76	4.18	2.88	2.26
매출액순이익률	3.56	0.57	3.22	1.76	0.92
레버리지비율					(단위: %)
부채비율	157.4	213.15	161.28	158.78	188.11
이자보상비율	10.01	4.66	5.51	4.28	3.24
비유동비율	164.85	209.87	187.69	184.49	196.31
비유동장기적합률	94.15	121.27	101.88	109.97	168.05
유동성비율					(단위: %)
유동비율	112.44	73.73	95.5	81.62	53.59
당좌비율	84.06	34.29	34.96	36.22	22.21
현금비율	29.38	16.85	7.91	6.36	12.61
활동성비율					(단위: 회)
총자산회전율	3.61	2.58	2.18	2.12	2.01
자기자본회전율	8.88	7.34	6.24	5.5	5.5
비유동자산회전율	5.52	3.93	3.15	2.96	2.89
재고자산회전율	40.56	18.84	12.3	12.52	11.6
생산성비율					(단위: %)
총자본투자효율	29.35	17.48	25.24	20.98	18.49
설비투자효율	48.79	27.51	37.77	32.63	30.79
부가가치의 구성					(단위: 백만 원)
영업잉여	2,703	1,084	1,290	670	570
인건비	1,664	1,854	1,860	2,029	2,043
금융비용	241	244	282	238	250
감가상각비	279	409	453	360	398

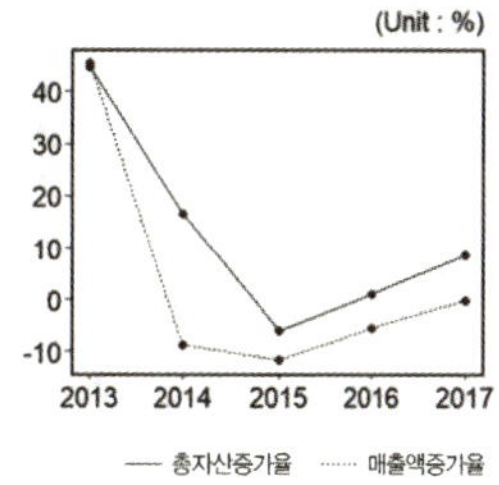

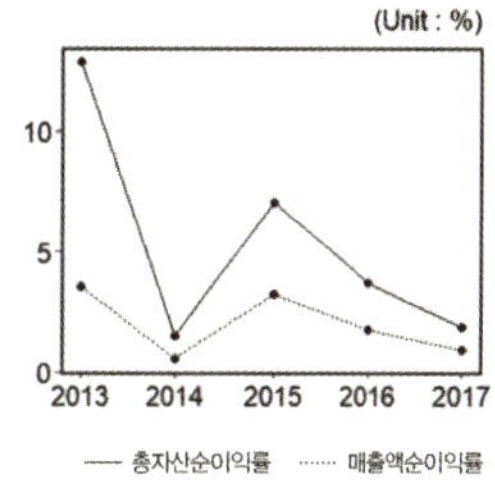

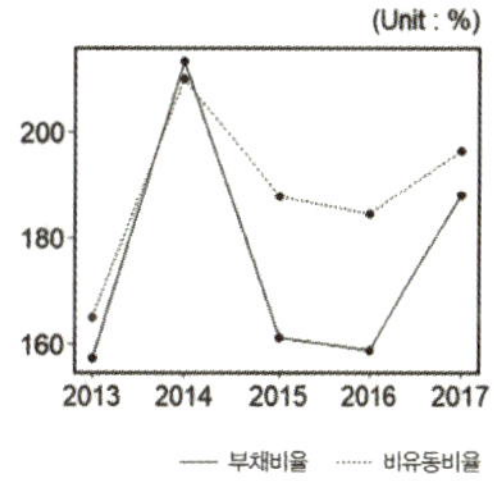

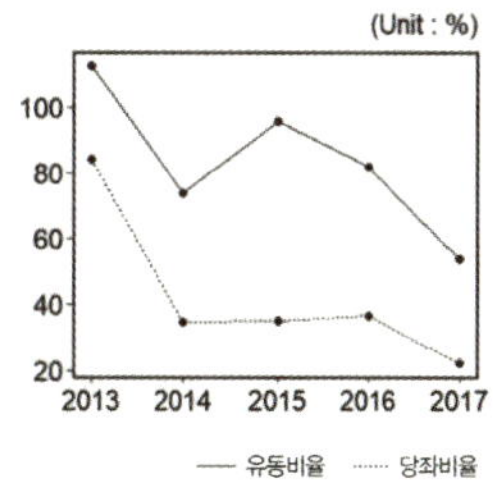

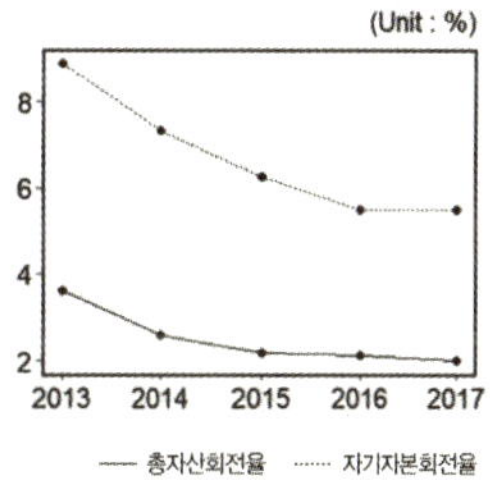

103 ㈜하누소(064762) HANUSO Co.,Ltd. 외

설립일	2010.05.01	대표이사	장세은
업종	한식 일반 음식점업	업종코드	56111
소재지	서울시 도봉구 노해로	주요브랜드	하누소, 함경면옥, 고스라니

	2013	2014	2015	2016	2017
재무상태표					(단위: 백만 원)
유동자산	268	308	474	618	945
당좌자산	141	150	181	268	674
재고자산	128	159	293	350	271
비유동자산	13,562	13,577	13,198	13,002	12,777
투자자산	200	225	119	133	119
유형자산	12,803	12,662	12,547	12,423	12,315
무형자산	150	280	442	338	234
자산총계	13,831	13,885	13,671	13,620	13,721
유동부채	8,972	8,926	8,696	8,643	8,519
비유동부채	2,756	2,689	2,533	2,223	2,041
자본	2,102	2,271	2,442	2,754	3,162
부채 및 자본합계	13,831	13,885	13,671	13,620	13,721
손익계산서					(단위: 백만 원)
매출액	7,663	7,749	7,567	8,186	7,969
매출원가	4,027	3,601	3,623	4,061	3,807
매출총손익	3,636	4,148	3,944	4,125	4,162
판매비 및 관리비	3,618	3,382	3,208	3,365	3,351
영업손익	17	766	736	760	811
법인세비용차감전순손익	-448	170	172	312	408
법인세비용	0	2	0	0	0
계속사업이익	-448	168	172	312	408
중단사업손익	0	0	0	0	0
당기순손익	-448	168	172	312	408
현금흐름표					(단위: 백만 원)
영업활동순현금흐름	271	-121	491	-165	461
투자활동순현금흐름	-178	-259	176	-39	-381
재무활동순현금흐름	-152	386	-657	256	-62
성장성비율					(단위: %)
총자산증가율	-0.98	0.39	-1.54	-0.38	0.75
매출액증가율	6.03	1.12	-2.35	8.18	-2.65
수익성비율					(단위: %)
총자산순이익률	-3.22	1.21	1.25	2.28	2.99
자기자본순이익률	-19.26	7.69	7.29	11.99	13.8
매출액영업이익률	0.23	9.88	9.73	9.29	10.18
매출액순이익률	-5.85	2.17	2.27	3.81	5.12
레버리지비율					(단위: %)
부채비율	557.87	511.53	459.79	394.57	333.91
이자보상비율	0.03	1.39	1.49	1.85	2.27
비유동비율	645.1	597.95	540.4	472.14	404.04
비유동장기적합률	279.16	273.77	265.25	261.23	245.57
유동성비율					(단위: %)
유동비율	2.99	3.45	5.45	7.15	11.09
당좌비율	1.57	1.68	2.08	3.1	7.91
현금비율	5.01	6.65	6.49	13.39	10.55
활동성비율					(단위: 회)
총자산회전율	0.55	0.56	0.55	0.6	0.58
자기자본회전율	3.29	3.54	3.21	3.15	2.69
비유동자산회전율	0.56	0.57	0.57	0.62	0.62
재고자산회전율	79.15	54.09	33.53	25.49	25.68
생산성비율					(단위: %)
총자본투자효율	16.17	20.01	19.89	21.96	22.31
설비투자효율	17.47	21.94	21.68	24.07	24.86
부가가치의 구성					(단위: 백만 원)
영업잉여	-523	216	244	350	459
인건비	1,616	1,631	1,648	1,821	1,860
금융비용	540	550	492	410	352
감가상각비	314	207	196	252	239

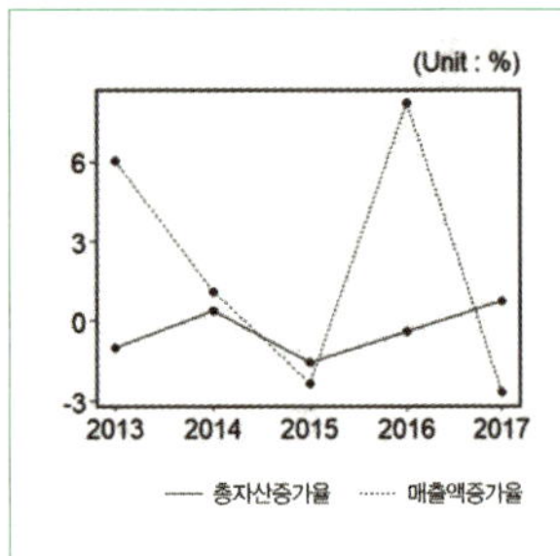

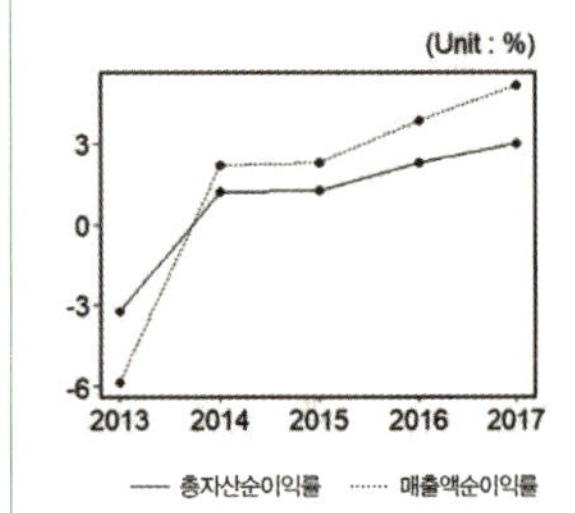

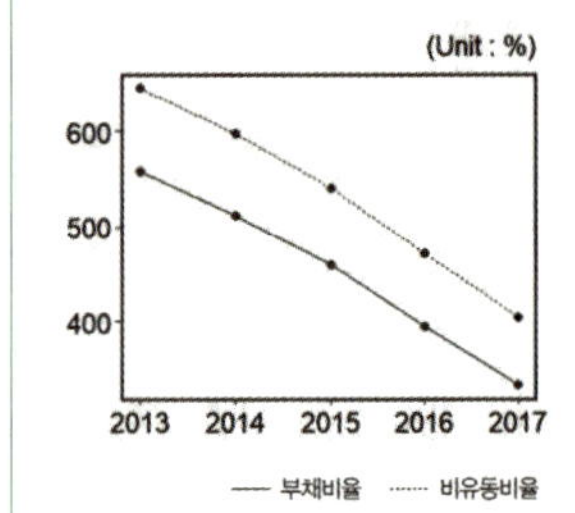

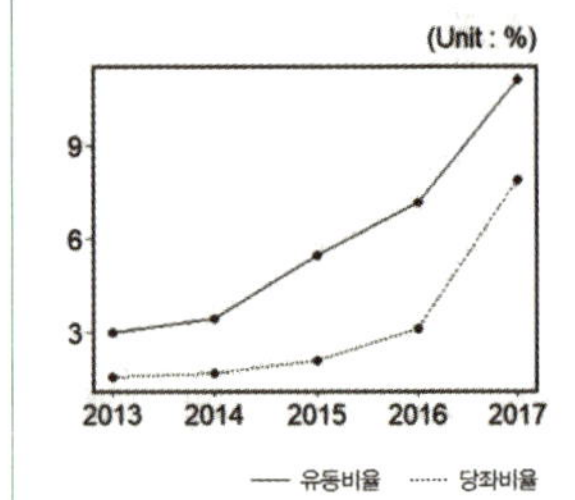

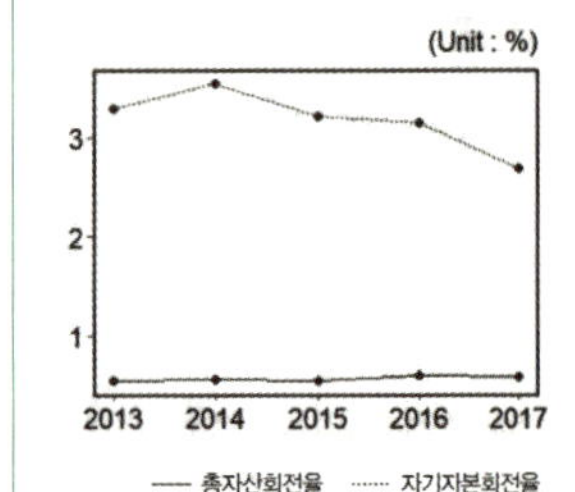

104 ㈜현성에프엔티(073198) HYUNSUNG F&T CO.,LTD. 외

설립일	2007.04.25	대표이사	곽하섭
업종	서양식 음식점업	업종코드	56123
소재지	광주광역시 서구 상무연하로	주요브랜드	톤페, 타노시미, 그리씨니비엔날레

	2013	2014	2015	2016	2017
재무상태표					(단위: 백만 원)
유동자산	–	1,838	4,023	2,967	664
당좌자산	–	682	1,550	686	147
재고자산	–	1,155	2,473	2,281	517
비유동자산	–	5,739	8,469	9,993	9,083
투자자산	–	0	0	0	0
유형자산	–	4,315	7,461	9,201	8,584
무형자산	–	65	46	47	48
자산총계	–	7,576	12,492	12,960	9,747
유동부채	–	2,792	8,830	6,703	6,657
비유동부채	–	7,066	3,628	6,219	5,458
자본	–	-2,281	34	38	-2,368
부채 및 자본합계	–	7,576	12,492	12,960	9,747
손익계산서					(단위: 백만 원)
매출액	–	3,384	6,001	4,393	1,264
매출원가	–	752	1,986	1,522	2,118
매출총손익	–	2,633	4,015	2,871	-854
판매비 및 관리비	–	2,555	3,186	2,659	1,748
영업손익	–	78	829	212	-2,602
법인세비용차감전순손익	–	-68	758	60	-2,406
법인세비용	–	0	37	56	0
계속사업이익	–	-68	722	4	-2,406
중단사업손익	–	0	0	0	0
당기순손익	–	-68	722	4	-2,406
현금흐름표					(단위: 백만 원)
영업활동순현금흐름	–	-1,122	-282	808	-102
투자활동순현금흐름	–	-2,278	-2,295	-1,399	303
재무활동순현금흐름	–	3,335	2,526	593	-199
성장성비율					(단위: %)
총자산증가율	–	0	64.88	3.75	-24.79
매출액증가율	–	0	77.32	-26.81	-71.23
수익성비율					(단위: %)
총자산순이익률	–	-1.8	7.19	0.03	-21.19
자기자본순이익률	–	0	0	11.4	0
매출액영업이익률	–	2.3	13.82	4.82	-205.84
매출액순이익률	–	-2.02	12.03	0.09	-190.37
레버리지비율					(단위: %)
부채비율	–	0	36,633.71	33,899.71	0
이자보상비율	–	0.51	5.01	1.1	-12.17
비유동비율	–	0	24,903.29	26,217.19	0
비유동장기적합률	–	0	231.25	159.71	0
유동성비율					(단위: %)
유동비율	–	65.81	45.56	44.26	9.97
당좌비율	–	24.44	17.56	10.24	2.2
현금비율	–	2.94	0.08	0.17	1.1
활동성비율					(단위: 회)
총자산회전율	–	0.89	0.6	0.35	0.11
자기자본회전율	–	0	0	121.81	0
비유동자산회전율	–	1.18	0.84	0.48	0.13
재고자산회전율	–	5.86	3.31	1.85	0.9
생산성비율					(단위: %)
총자본투자효율	–	27.27	26.83	18.21	-6.89
설비투자효율	–	49.75	52.71	25.65	-7.82
부가가치의 구성					(단위: 백만 원)
영업잉여	–	-73	672	27	-2,802
인건비	–	1,368	1,699	1,363	808
금융비용	–	151	165	193	214
감가상각비	–	379	440	582	661

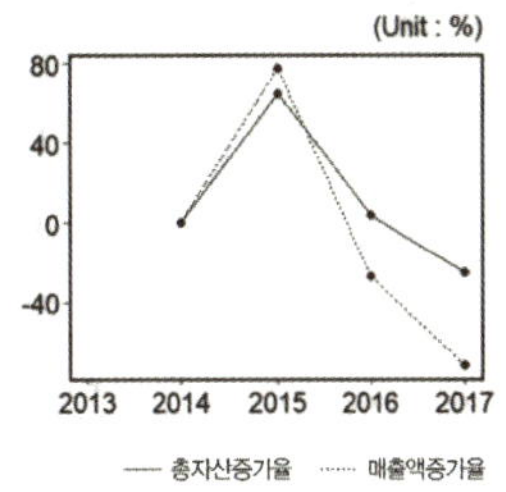

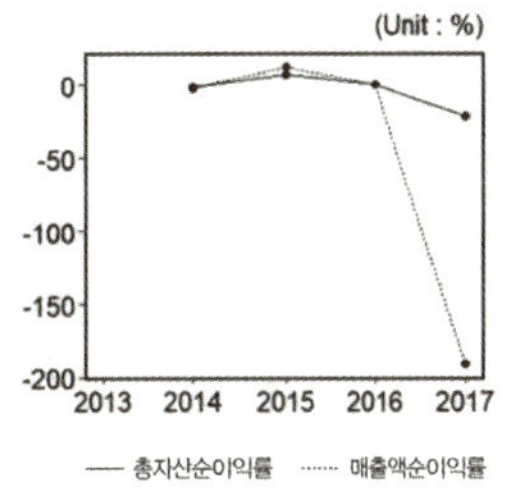

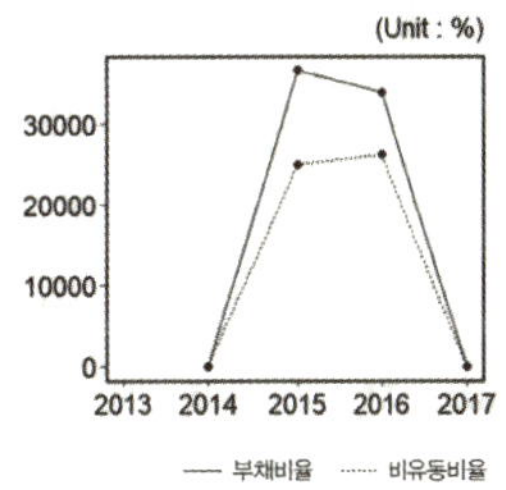

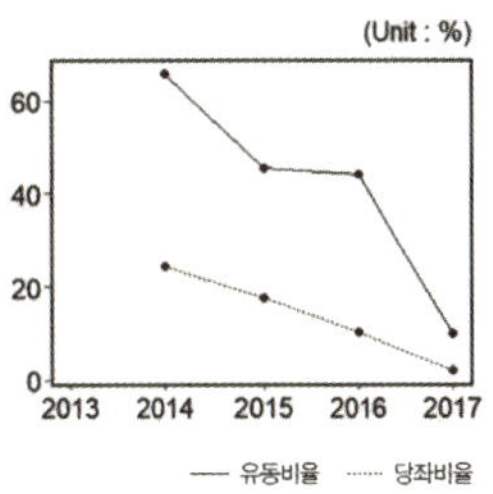

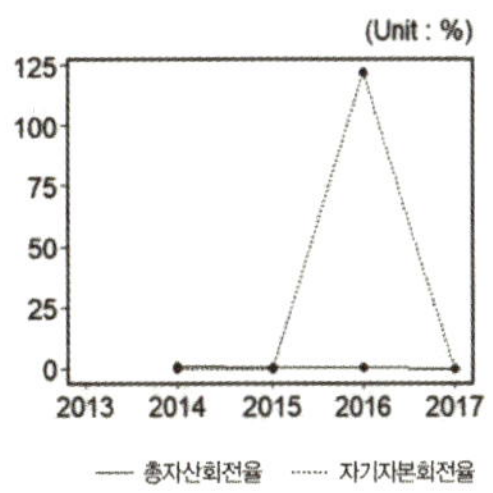

105 청오디피케이㈜(014427) DOMINO'S PIZZA KOREA

외

설립일	1989.09.29	대표이사	오광현
업종	피자, 햄버거, 샌드위치 및 유사 음식점업	업종코드	56192
소재지	서울특별시 강남구 언주로	주요브랜드	도미노피자

	2013	2014	2015	2016	2017
재무상태표					(단위: 백만 원)
유동자산	41,087	40,207	55,924	56,633	54,650
당좌자산	40,161	38,275	54,242	54,679	52,737
재고자산	925	1,931	1,682	1,954	1,912
비유동자산	38,039	96,372	97,764	116,569	123,962
투자자산	5,358	8,835	11,545	16,155	18,621
유형자산	21,152	66,879	66,128	82,522	90,678
무형자산	1,967	9,789	8,276	6,832	4,247
자산총계	79,126	136,578	153,688	173,202	178,612
유동부채	28,103	37,045	41,298	59,879	47,408
비유동부채	3,286	27,122	21,951	6,371	13,062
자본	47,737	72,412	90,439	106,952	118,142
부채 및 자본합계	79,126	136,578	153,688	173,202	178,612
손익계산서					(단위: 백만 원)
매출액	159,126	180,583	195,397	210,259	219,784
매출원가	97,010	119,330	122,670	128,247	131,240
매출총손익	62,116	61,253	72,728	82,011	88,543
판매비 및 관리비	50,857	47,998	49,959	55,862	59,018
영업손익	11,258	13,255	22,768	26,149	29,525
법인세비용차감전순손익	12,394	14,323	23,633	27,629	30,778
법인세비용	5,635	2,757	5,606	6,743	7,589
계속사업이익	6,759	11,566	18,027	20,886	23,190
중단사업손익	0	0	0	0	0
당기순손익	6,759	11,566	18,027	20,886	23,190
현금흐름표					(단위: 백만 원)
영업활동순현금흐름	11,207	16,886	27,774	30,322	27,604
투자활동순현금흐름	-9,146	-49,905	-8,422	-23,551	-12,767
재무활동순현금흐름	40	26,990	-5,000	-5,857	-17,386
성장성비율					(단위: %)
총자산증가율	12.12	72.61	12.53	12.7	3.12
매출액증가율	17.8	13.48	8.2	7.61	4.53
수익성비율					(단위: %)
총자산순이익률	9.03	10.72	12.42	12.78	13.18
자기자본순이익률	15.24	19.25	22.14	21.16	20.6
매출액영업이익률	7.08	7.34	11.65	12.44	13.43
매출액순이익률	4.25	6.41	9.23	9.93	10.55
레버리지비율					(단위: %)
부채비율	65.75	88.61	69.94	61.94	51.18
이자보상비율	4,776.60	31.73	31.75	58.92	69.79
비유동비율	79.69	133.09	108.1	108.99	104.93
비유동장기적합률	74.55	96.82	86.99	102.86	94.48
유동성비율					(단위: %)
유동비율	146.2	108.53	135.42	94.58	115.28
당좌비율	142.91	103.32	131.34	91.32	111.24
현금비율	63.39	49.78	61.45	62.3	59.89
활동성비율					(단위: 회)
총자산회전율	2.13	1.67	1.35	1.29	1.25
자기자본회전율	3.59	3.01	2.4	2.13	1.95
비유동자산회전율	4.54	2.69	2.01	1.96	1.83
재고자산회전율	165.98	126.43	108.14	115.65	113.69
생산성비율					(단위: %)
총자본투자효율	47.58	30.96	36.43	36.32	38.75
설비투자효율	192.95	63.22	84.67	76.47	79.94
부가가치의 구성					(단위: 백만 원)
영업잉여	11,879	13,701	22,951	26,523	29,562
인건비	22,898	22,964	25,526	29,373	32,338
금융비용	-611	-453	-166	-361	-18
감가상각비	2,662	5,069	6,540	5,671	5,680

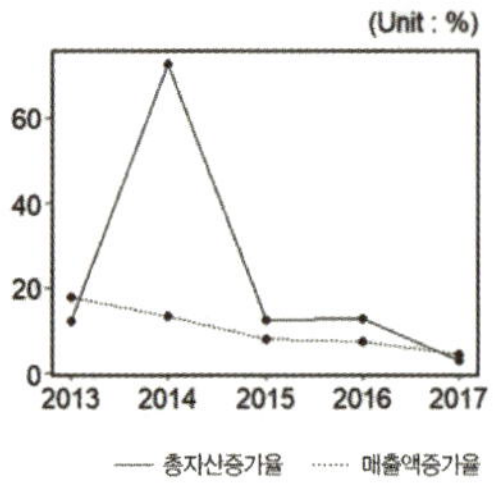

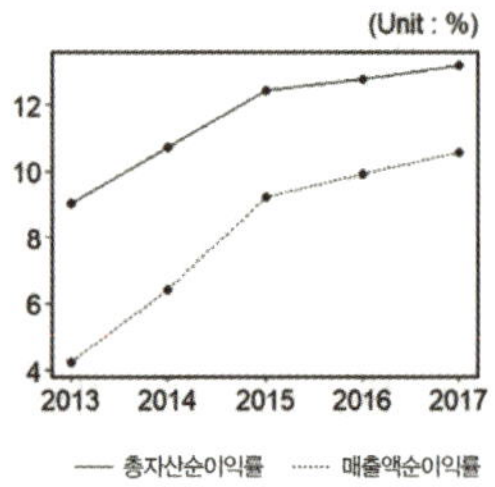

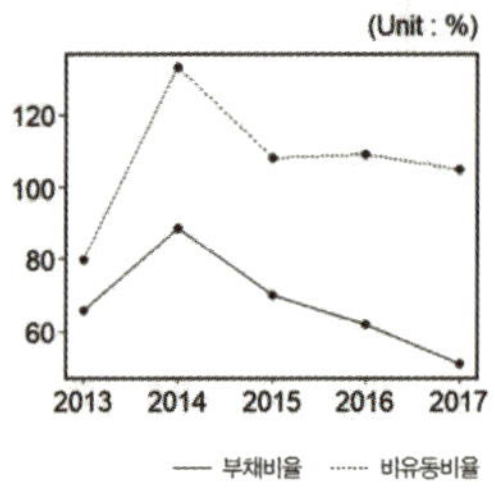

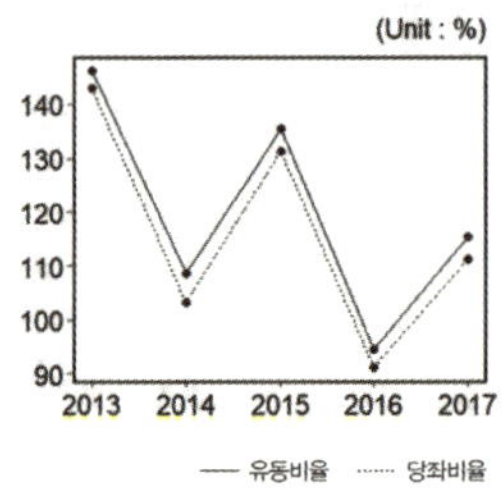

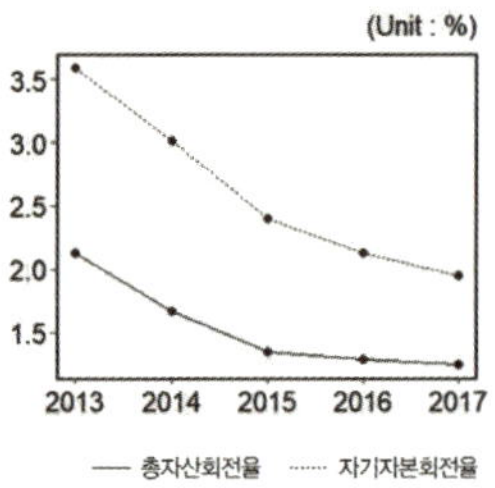

106 커피스미스에프씨㈜(81319) coffeesmith 외

설립일	2010.12.23	대표이사	손태영
업종	커피 전문점	업종코드	56221
소재지	서울특별시 강남구 테헤란로	주요브랜드	커피스미스, 커피스미스드래프트

	2013	2014	2015	2016	2017
재무상태표					(단위: 백만 원)
유동자산	–	–	–	3,992	5,755
당좌자산	–	–	–	3,626	4,838
재고자산	–	–	–	366	917
비유동자산	–	–	–	6,692	6,247
투자자산	–	–	–	57	5
유형자산	–	–	–	1,388	657
무형자산	–	–	–	26	0
자산총계	–	–	–	10,684	12,002
유동부채	–	–	–	6,823	9,191
비유동부채	–	–	–	250	481
자본	–	–	–	3,610	2,330
부채 및 자본합계	–	–	–	10,684	12,002
손익계산서					(단위: 백만 원)
매출액	–	–	–	11,960	12,581
매출원가	–	–	–	5,549	4,326
매출총손익	–	–	–	6,411	8,254
판매비 및 관리비	–	–	–	6,006	7,650
영업손익	–	–	–	405	604
법인세비용차감전순손익	–	–	–	360	495
법인세비용	–	–	–	91	102
계속사업이익	–	–	–	269	393
중단사업손익	–	–	–	0	0
당기순손익	–	–	–	269	393
현금흐름표					(단위: 백만 원)
영업활동순현금흐름	–	–	–	-1,058	-143
투자활동순현금흐름	–	–	–	47	-1,253
재무활동순현금흐름	–	–	–	766	455
성장성비율					(단위: %)
총자산증가율	–	–	–	0	12.34
매출액증가율	–	–	–	0	5.19
수익성비율					(단위: %)
총자산순이익률	–	–	–	5.04	3.46
자기자본순이익률	–	–	–	14.9	13.23
매출액영업이익률	–	–	–	3.39	4.8
매출액순이익률	–	–	–	2.25	3.12
레버리지비율					(단위: %)
부채비율	–	–	–	195.93	415.05
이자보상비율	–	–	–	4.1	3.93
비유동비율	–	–	–	185.36	268.08
비유동장기적합률	–	–	–	173.35	222.2
유동성비율					(단위: %)
유동비율	–	–	–	58.5	62.62
당좌비율	–	–	–	53.14	52.64
현금비율	–	–	–	38.83	10.6
활동성비율					(단위: 회)
총자산회전율	–	–	–	2.24	1.11
자기자본회전율	–	–	–	6.63	4.24
비유동자산회전율	–	–	–	3.57	1.94
재고자산회전율	–	–	–	65.32	19.61
생산성비율					(단위: %)
총자본투자효율	–	–	–	43.31	53.59
설비투자효율	–	–	–	333.33	978.41
부가가치의 구성					(단위: 백만 원)
영업잉여	–	–	–	328	511
인건비	–	–	–	2,240	3,142
금융비용	–	–	–	77	99
감가상각비	–	–	–	0	174

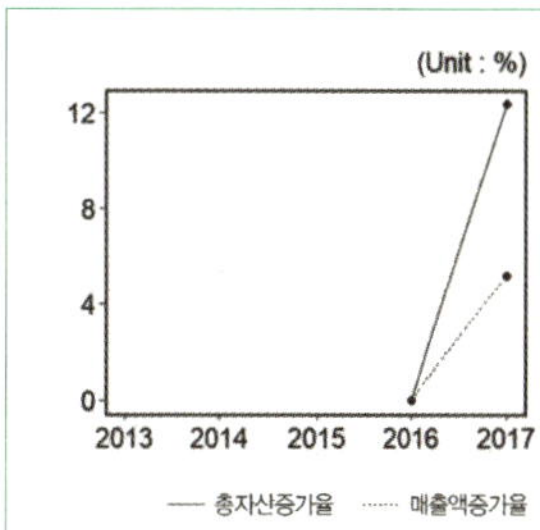

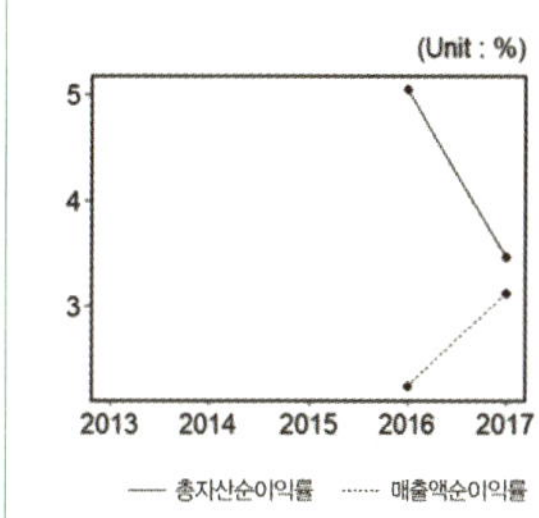

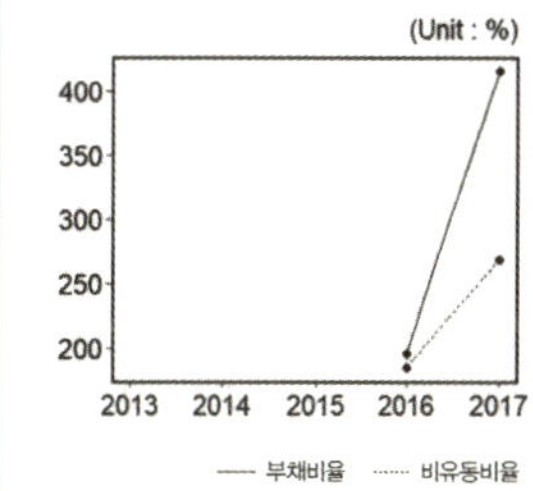

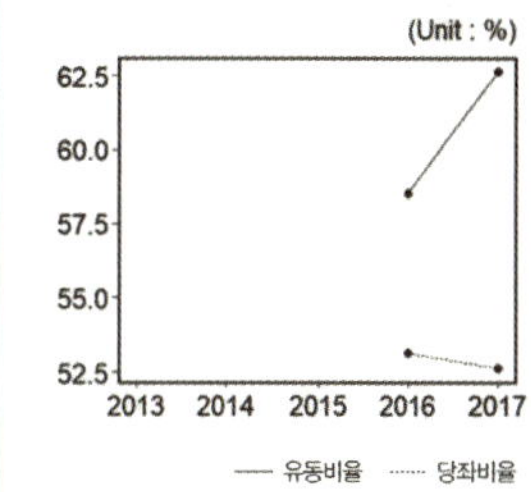

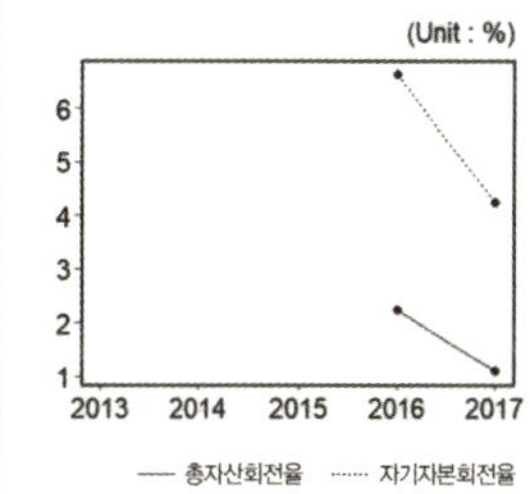

107 한국파파존스㈜(053721) pjikorea.,ltd 외

설립일	2002.12.18	대표이사	서창우
업종	피자, 햄버거, 샌드위치 및 유사 음식점업	업종코드	56192
소재지	서울특별시 강남구 신사동	주요브랜드	파파존스

	2013	2014	2015	2016	2017
재무상태표					(단위: 백만 원)
유동자산	6,238	6,270	6,985	6,212	5,901
당좌자산	4,409	5,114	5,855	4,533	4,960
재고자산	1,828	1,156	1,131	1,679	941
비유동자산	3,079	3,571	3,824	4,508	4,782
투자자산	0	0	0	0	370
유형자산	1,616	2,553	2,784	3,569	3,630
무형자산	162	79	3	2	1
자산총계	9,317	9,840	10,809	10,721	10,684
유동부채	5,928	4,406	5,397	5,098	3,819
비유동부채	2,772	4,775	4,666	4,876	6,035
자본	616	660	746	747	830
부채 및 자본합계	9,317	9,840	10,809	10,721	10,684
손익계산서					(단위: 백만 원)
매출액	27,651	28,753	32,710	32,864	34,912
매출원가	14,760	16,245	17,760	17,796	19,672
매출총손익	12,892	12,508	14,950	15,068	15,240
판매비 및 관리비	12,689	12,209	14,646	15,011	15,041
영업손익	203	299	304	57	199
법인세비용차감전순손익	30	44	86	47	54
법인세비용	0	0	0	46	-30
계속사업이익	30	44	86	1	84
중단사업손익	0	0	0	0	0
당기순손익	30	44	86	1	84
현금흐름표					(단위: 백만 원)
영업활동순현금흐름	143	1,594	361	521	1,473
투자활동순현금흐름	-120	-1,069	-1,087	-1,537	-1,436
재무활동순현금흐름	0	300	510	470	-180
성장성비율					(단위: %)
총자산증가율	1.58	5.62	9.85	-0.82	-0.34
매출액증가율	11.47	3.98	13.76	0.47	6.23
수익성비율					(단위: %)
총자산순이익률	0.33	0.45	0.83	0.01	0.78
자기자본순이익률	5.01	6.83	12.26	0.12	10.61
매출액영업이익률	0.73	1.04	0.93	0.17	0.57
매출액순이익률	0.11	0.15	0.26	0	0.24
레버리지비율					(단위: %)
부채비율	1,412.38	1,391.98	1,349.51	1,335.87	1,186.73
이자보상비율	0.77	1.21	1.22	0.22	0.78
비유동비율	499.81	541.36	512.79	603.84	575.99
비유동장기적합률	90.87	65.7	70.66	80.19	69.67
유동성비율					(단위: %)
유동비율	105.22	142.31	129.42	121.85	154.53
당좌비율	74.38	116.08	108.48	88.91	129.89
현금비율	12.12	25.21	19.54	13.18	11.46
활동성비율					(단위: 회)
총자산회전율	2.99	3	3.17	3.05	3.26
자기자본회전율	46.01	45.08	46.55	44.04	44.28
비유동자산회전율	8.71	8.65	8.85	7.89	7.52
재고자산회전율	16.53	19.27	28.61	23.39	26.65
생산성비율					(단위: %)
총자본투자효율	77.3	71.08	73.93	78.21	76.67
설비투자효율	445.62	274.02	287.05	234.91	249.01
부가가치의 구성					(단위: 백만 원)
영업잉여	-50	70	71	-186	-9
인건비	5,465	5,305	5,980	6,357	5,783
금융비용	253	229	233	243	244
감가상각비	463	577	833	845	1,162

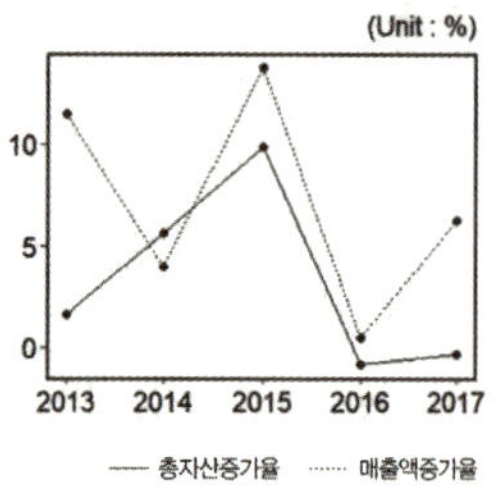

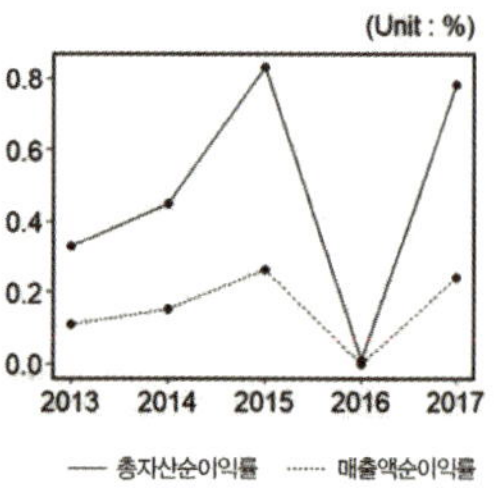

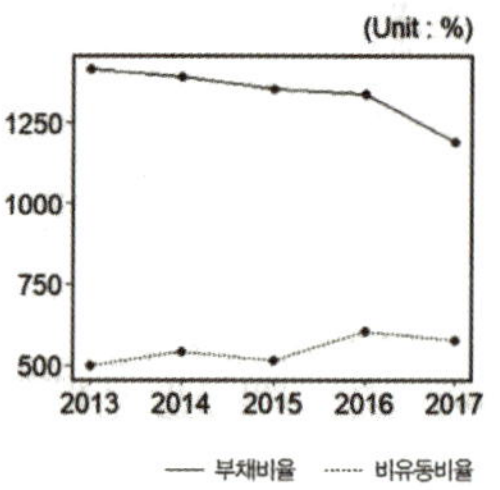

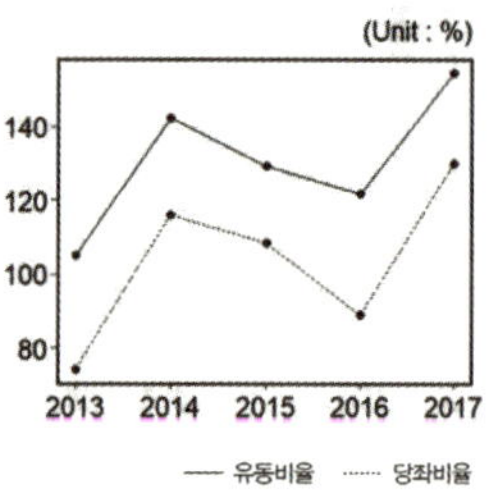

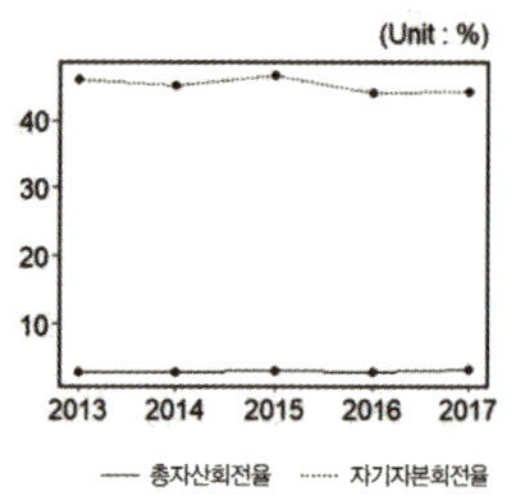

108 한서외식산업㈜(058960) hanseo restaurants & services co.,ltd			외
설립일	2009.02.16	대표이사	조의제
업종	한식 일반 음식점업	업종코드	56111
소재지	서울특별시 강남구 도산대로	주요브랜드	보다, 한우리한정식, 소나무

	2013	2014	2015	2016	2017
재무상태표					(단위: 백만 원)
유동자산	8,598	9,111	9,390	9,535	7,096
당좌자산	8,502	8,997	9,278	9,435	7,039
재고자산	96	115	112	99	57
비유동자산	14,315	14,351	13,986	14,019	16,725
투자자산	1,080	644	644	644	2,766
유형자산	11,407	11,858	11,537	11,798	11,675
무형자산	1	0	1	1	1
자산총계	22,914	23,462	23,376	23,554	23,821
유동부채	2,246	1,158	1,035	1,382	1,210
비유동부채	1,118	1,131	1,388	1,394	1,530
자본	19,550	21,173	20,952	20,778	21,081
부채 및 자본합계	22,914	23,462	23,376	23,554	23,821
손익계산서					(단위: 백만 원)
매출액	8,365	9,388	8,843	7,114	7,610
매출원가	1,935	2,196	2,101	1,757	1,945
매출총손익	6,430	7,191	6,743	5,357	5,665
판매비 및 관리비	6,619	7,323	6,883	5,827	6,235
영업손익	−189	−132	−140	−470	−570
법인세비용차감전순손익	1,386	1,771	216	−211	−333
법인세비용	16	171	197	−37	115
계속사업이익	1,370	1,600	19	−174	−449
중단사업손익	0	0	0	0	0
당기순손익	1,370	1,600	19	−174	−449
현금흐름표					(단위: 백만 원)
영업활동순현금흐름	2,419	799	718	336	189
투자활동순현금흐름	−2,840	−408	−697	−660	15
재무활동순현금흐름	−470	23	−240	0	−240
성장성비율					(단위: %)
총자산증가율	6.97	2.39	−0.37	0.76	1.13
매출액증가율	3.55	12.23	−5.8	−19.56	6.98
수익성비율					(단위: %)
총자산순이익률	6.18	6.9	0.08	−0.74	−1.89
자기자본순이익률	7.21	7.86	0.09	−0.83	−2.14
매출액영업이익률	−2.25	−1.4	−1.58	−6.61	−7.49
매출액순이익률	16.38	17.04	0.21	−2.45	−5.9
레버리지비율					(단위: %)
부채비율	17.2	10.81	11.57	13.36	13
이자보상비율	−	−18,792.14	−	−	−
비유동비율	73.22	67.78	66.75	67.47	79.34
비유동장기적합률	69.26	64.34	62.6	63.23	73.97
유동성비율					(단위: %)
유동비율	382.85	786.86	907.06	690.08	586.34
당좌비율	378.57	776.95	896.25	682.88	581.63
현금비율	9.73	13.72	10.98	7.42	9.48
활동성비율					(단위: 회)
총자산회전율	0.38	0.4	0.38	0.3	0.32
자기자본회전율	0.44	0.46	0.42	0.34	0.36
비유동자산회전율	0.59	0.65	0.62	0.51	0.5
재고자산회전율	97.95	89.13	78.08	67.33	97.26
생산성비율					(단위: %)
총자본투자효율	24.14	28.09	24.97	18.91	19.94
설비투자효율	48.48	55.58	50.59	37.74	40.68
부가가치의 구성					(단위: 백만 원)
영업잉여	1,198	1,099	10	−339	−443
인건비	4,111	4,284	4,057	3,544	3,762
금융비용	−1,386	−1,230	−150	−132	−127
감가상각비	303	410	363	284	335

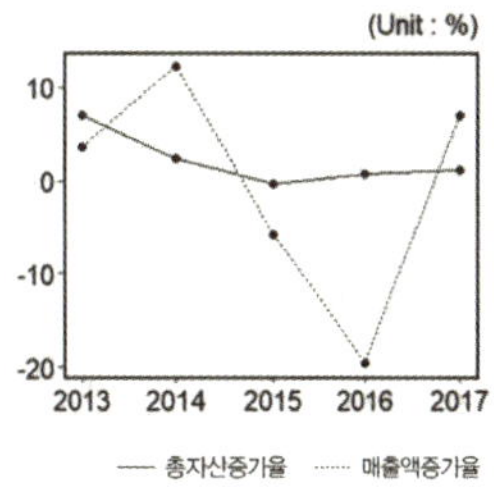

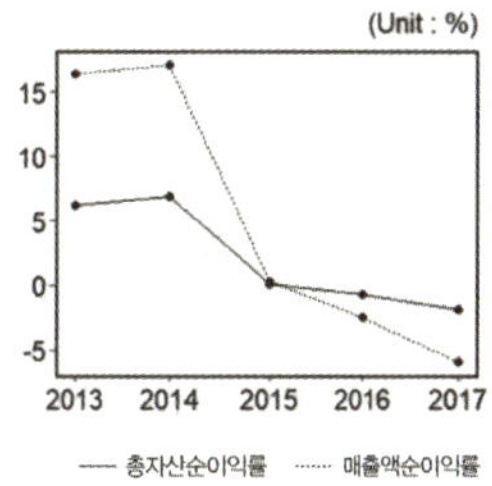

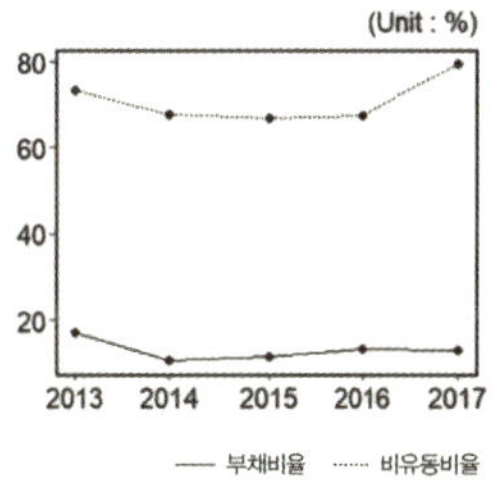

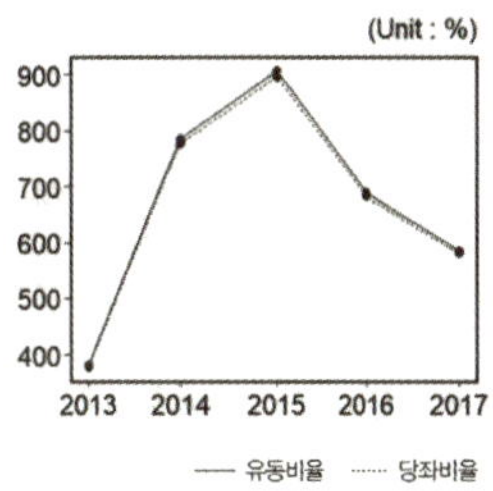

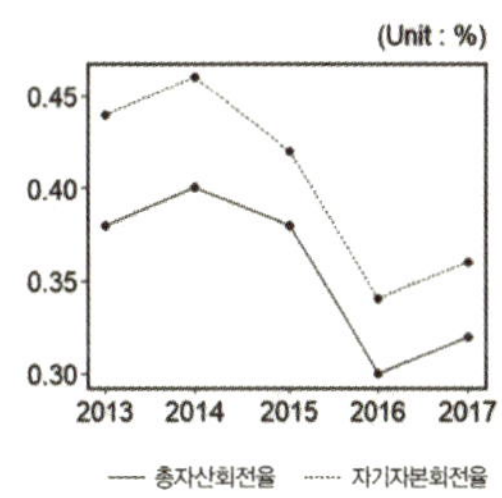

109 한우리외식산업㈜(027607) HANWOORI RESTAURANTS & SERVICES CO.,LTD 외

설립일	1988.03.11	대표이사	조용훈
업종	한식 일반 음식점업	업종코드	56111
소재지	서울특별시 강남구 논현동	주요브랜드	한우리한정식, 보다, 소나무

	2013	2014	2015	2016	2017
재무상태표					(단위: 백만 원)
유동자산	4,687	5,089	5,493	6,206	7,454
당좌자산	4,585	4,935	5,284	5,996	7,277
재고자산	103	153	209	210	178
비유동자산	14,026	15,281	16,063	16,247	16,651
투자자산	22	0	0	0	0
유형자산	13,339	14,357	14,771	14,840	15,106
무형자산	0	4	3	23	141
자산총계	18,714	20,369	21,556	22,453	24,105
유동부채	1,455	1,793	1,867	1,971	2,795
비유동부채	1,470	1,503	1,905	1,552	1,279
자본	15,788	17,073	17,785	18,930	20,030
부채 및 자본합계	18,714	20,369	21,556	22,453	24,105
손익계산서					(단위: 백만 원)
매출액	11,259	12,629	17,184	18,378	19,444
매출원가	2,438	2,695	4,225	4,967	5,317
매출총손익	8,821	9,933	12,959	13,411	14,128
판매비 및 관리비	7,613	8,381	11,723	11,963	12,216
영업손익	1,208	1,552	1,237	1,448	1,912
법인세비용차감전순손익	1,316	1,624	1,278	1,450	1,776
법인세비용	275	339	266	304	376
계속사업이익	1,041	1,284	1,012	1,146	1,400
중단사업손익	0	0	0	0	0
당기순손익	1,041	1,284	1,012	1,146	1,400
현금흐름표					(단위: 백만 원)
영업활동순현금흐름	1,484	1,716	2,069	2,349	3,109
투자활동순현금흐름	-300	-1,736	-1,480	-2,345	-2,438
재무활동순현금흐름	-718	0	-300	0	-300
성장성비율					(단위: %)
총자산증가율	3.65	8.85	5.83	4.16	7.36
매출액증가율	3.88	12.17	36.07	6.95	5.8
수익성비율					(단위: %)
총자산순이익률	5.66	6.57	4.83	5.21	6.01
자기자본순이익률	6.75	7.82	5.81	6.24	7.19
매출액영업이익률	10.73	12.29	7.2	7.88	9.83
매출액순이익률	9.25	10.17	5.89	6.23	7.2
레버리지비율					(단위: %)
부채비율	18.53	19.31	21.21	18.61	20.34
이자보상비율	296.13	-	-	-	-
비유동비율	88.84	89.51	90.32	85.83	83.13
비유동장기적합률	81.27	82.26	81.58	79.32	78.14
유동성비율					(단위: %)
유동비율	322.08	283.73	294.3	314.82	266.67
당좌비율	315.02	275.18	283.08	304.15	260.31
현금비율	21.67	19.59	23.41	20.78	22.27
활동성비율					(단위: 회)
총자산회전율	0.61	0.65	0.82	0.84	0.84
자기자본회전율	0.73	0.77	0.99	1	1
비유동자산회전율	0.79	0.86	1.1	1.14	1.18
재고자산회전율	108.08	98.59	94.76	87.58	100.19
생산성비율					(단위: %)
총자본투자효율	39.98	41.07	51.13	51.11	49.73
설비투자효율	56.09	58.27	74.61	77.34	79.35
부가가치의 구성					(단위: 백만 원)
영업잉여	1,285	1,639	1,293	1,504	1,970
인건비	4,812	5,060	6,992	7,140	7,144
금융비용	-76	-87	-56	-57	-59
감가상각비	350	408	852	916	861

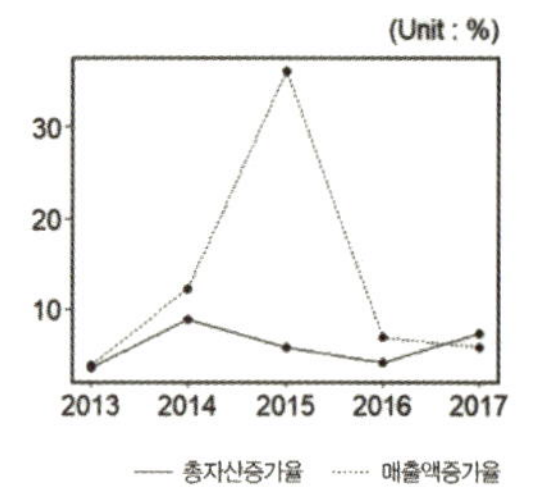

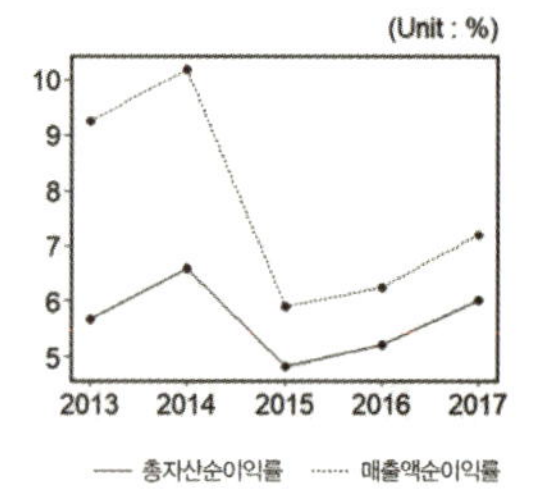

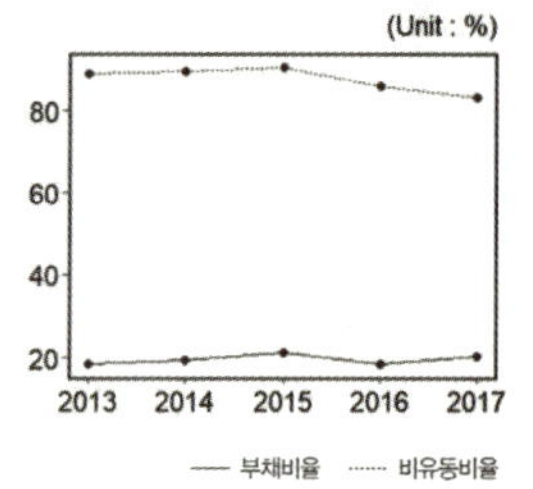

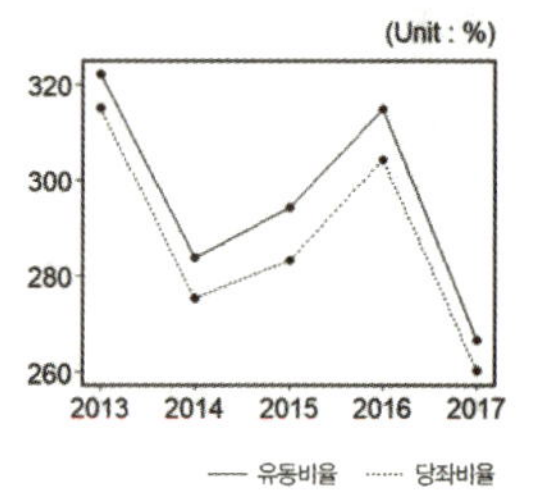

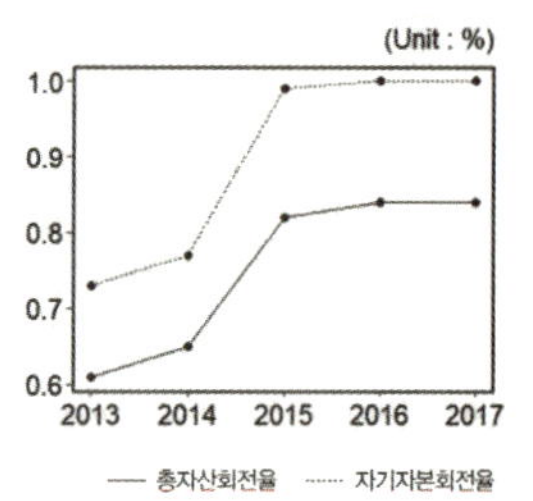

(주)케이비엠	110 ㈜케이비엠(075905) KBM Co., Ltd		외	
	설립일	2012.09.21	대표이사	한석균
	업종	김밥 및 기타 간이 음식점업	업종코드	56194
	소재지	부산시 해운대구 센텀서로	주요브랜드	고봉민김밥

	2013	2014	2015	2016	2017
재무상태표					(단위: 백만 원)
유동자산	–	–	12,405	14,042	5,905
당좌자산	–	–	12,405	14,042	5,905
재고자산	–	–	0	0	0
비유동자산	–	–	7,216	8,891	18,142
투자자산	–	–	105	1,866	10,445
유형자산	–	–	6,755	6,359	6,625
무형자산	–	–	0	0	0
자산총계	–	–	19,621	22,933	24,047
유동부채	–	–	4,519	6,960	3,070
비유동부채	–	–	3,474	131	3,205
자본	–	–	11,628	15,842	17,772
부채 및 자본합계	–	–	19,621	22,933	24,047
손익계산서					(단위: 백만 원)
매출액	–	–	56,074	57,698	57,172
매출원가	–	–	46,810	48,650	49,102
매출총손익	–	–	9,264	9,048	8,070
판매비 및 관리비	–	–	2,356	3,733	4,984
영업손익	–	–	6,907	5,315	3,086
법인세비용차감전순손익	–	–	7,003	5,337	2,744
법인세비용	–	–	1,578	1,122	813
계속사업이익	–	–	5,425	4,214	1,930
중단사업손익	–	–	0	0	0
당기순손익	–	–	5,425	4,214	1,930
현금흐름표					(단위: 백만 원)
영업활동순현금흐름	–	–	6,291	4,007	3,854
투자활동순현금흐름	–	–	-7,284	-2,309	-10,159
재무활동순현금흐름	–	–	2,980	-348	-55
성장성비율					(단위: %)
총자산증가율	–	–	–	16.88	4.86
매출액증가율	–	–	–	2.90	-0.91
수익성비율					(단위: %)
총자산순이익률	–	–	55.30	19.81	8.22
자기자본순이익률	–	–	93.32	30.68	11.48
매출액영업이익률	–	–	12.32	9.21	5.40
매출액순이익률	–	–	9.68	7.30	3.38
레버리지비율					(단위: %)
부채비율	–	–	68.75	44.76	35.31
이자보상비율	–	–	176.57	57.10	34.29
비유동비율	–	–	62.06	56.12	102.08
비유동장기적합률	–	–	47.78	55.66	86.49
유동성비율					(단위: %)
유동비율	–	–	274.50	201.75	192.31
당좌비율	–	–	274.49	201.74	192.31
현금비율	–	–	66.99	68.79	55.89
활동성비율					(단위: 회)
총자산회전율	–	–	5.72	2.71	2.43
자기자본회전율	–	–	9.64	4.20	3.40
비유동자산회전율	–	–	15.54	7.16	4.23
재고자산회전율	–	–	253,153.72	126,531.14	243,802.69
생산성비율					(단위: %)
총자본투자효율	–	–	45.87	36.56	24.73
설비투자효율	–	–	133.22	131.86	89.78
부가가치의 구성					(단위: 백만 원)
영업잉여	–	–	6,907	5,274	3,899
인건비	–	–	1,483	2,225	2,425
금융비용	–	–	9	42	-12
감가상각비	–	–	162	503	514

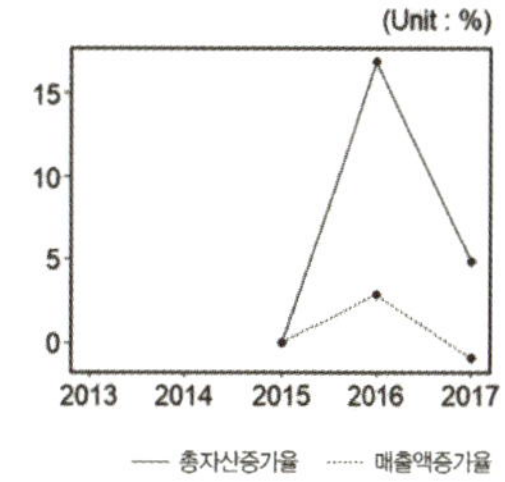

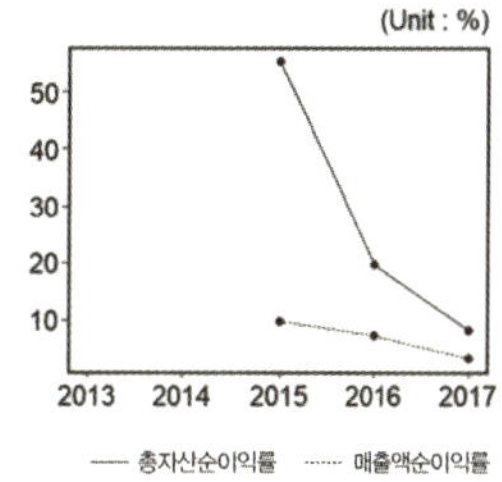

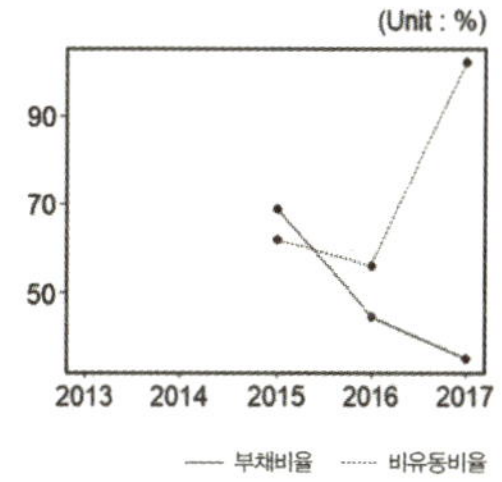

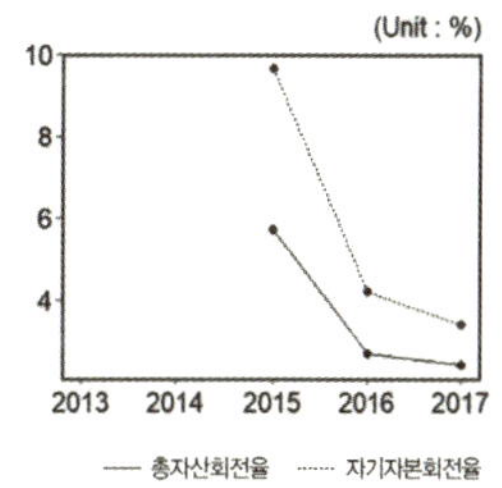

111 ㈜하남에프앤비(083169) Hanamfnb 외

HANAM F&B

설립일	2012.06.05	대표이사	장보환
업종	한식 육류 요리 전문점업	업종코드	56113
소재지	경기도 하남시 덕풍로	주요브랜드	하남돼지집

	2013	2014	2015	2016	2017
재무상태표					(단위: 백만 원)
유동자산	–	–	–	3,431	5,470
당좌자산	–	–	–	3,398	5,291
재고자산	–	–	–	33	180
비유동자산	–	–	–	9,902	10,376
투자자산	–	–	–	269	7,228
유형자산	–	–	–	7,644	946
무형자산	–	–	–	352	266
자산총계	–	–	–	13,333	15,846
유동부채	–	–	–	3,751	4,884
비유동부채	–	–	–	4,722	5,026
자본	–	–	–	4,859	5,936
부채 및 자본합계	–	–	–	13,333	15,846
손익계산서					(단위: 백만 원)
매출액	–	–	–	24,241	22,911
매출원가	–	–	–	14,094	14,731
매출총손익	–	–	–	10,147	8,180
판매비 및 관리비	–	–	–	6,107	5,997
영업손익	–	–	–	4,040	2,183
법인세비용차감전순손익	–	–	–	3,478	1,952
법인세비용	–	–	–	578	875
계속사업이익	–	–	–	2,900	1,077
중단사업손익	–	–	–	0	0
당기순손익	–	–	–	2,900	1,077
현금흐름표					(단위: 백만 원)
영업활동순현금흐름	–	–	–	3,440	2,741
투자활동순현금흐름	–	–	–	-7,641	-2,186
재무활동순현금흐름	–	–	–	4,864	170
성장성비율					(단위: %)
총자산증가율	–	–	–	0	18.85
매출액증가율	–	–	–	0	-5.49
수익성비율					(단위: %)
총자산순이익률	–	–	–	43.50	7.38
자기자본순이익률	–	–	–	119.36	19.95
매출액영업이익률	–	–	–	16.67	9.53
매출액순이익률	–	–	–	11.96	4.70
레버리지비율					(단위: %)
부채비율	–	–	–	174.39	166.95
이자보상비율	–	–	–	21.31	13.13
비유동비율	–	–	–	203.78	174.79
비유동장기적합률	–	–	–	103.34	94.65
유동성비율					(단위: %)
유동비율	–	–	–	91.46	112.01
당좌비율	–	–	–	90.58	108.32
현금비율	–	–	–	31.64	33.11
활동성비율					(단위: 회)
총자산회전율	–	–	–	3.64	1.57
자기자본회전율	–	–	–	9.98	4.24
비유동자산회전율	–	–	–	4.90	2.26
재고자산회전율	–	–	–	1,459.13	215.06
생산성비율					(단위: %)
총자본투자효율	–	–	–	57.65	41.82
설비투자효율	–	–	–	101.94	822.66
부가가치의 구성					(단위: 백만 원)
영업잉여	–	–	–	4,205	2,066
인건비	–	–	–	3,094	3,666
금융비용	–	–	–	158	132
감가상각비	–	–	–	587	497

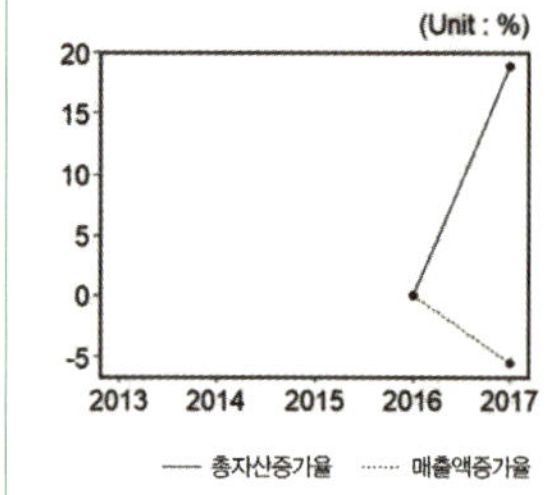

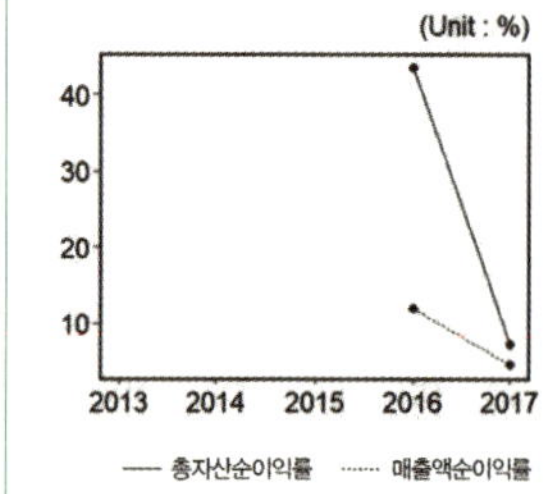

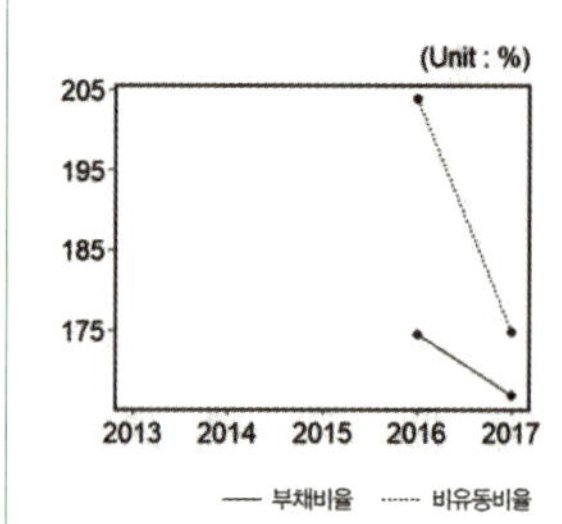

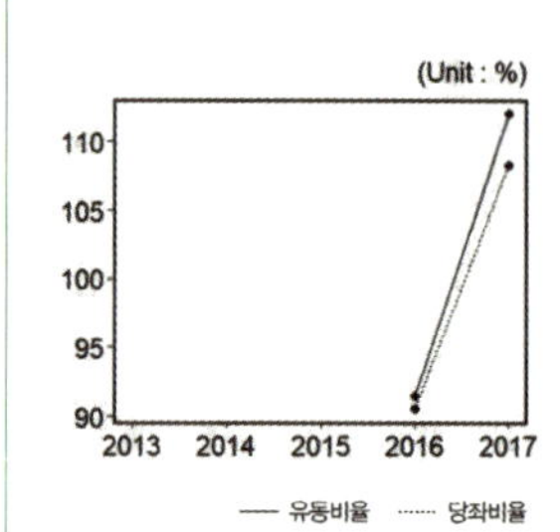

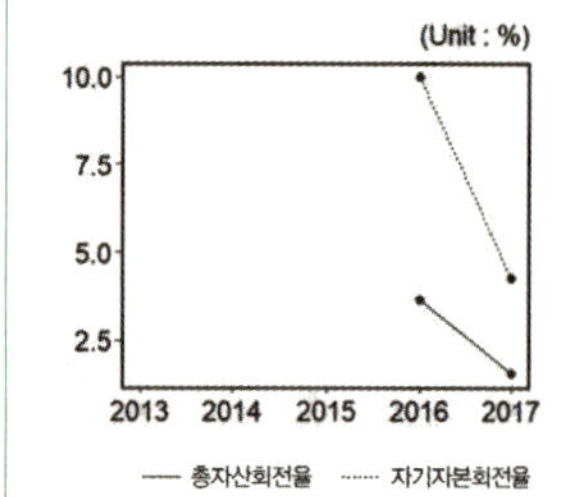

112 ㈜엠피그룹(065150) MP Group Inc. 코

설립일	1995.09.07	대표이사	최병민
업종	피자, 햄버거, 샌드위치 및 유사 음식점업	업종코드	56192
소재지	서울시 서초구 효령로	주요브랜드	미스터 피자, 마노핀, 식탁

	2013	2014	2015	2016	2017
재무상태표					(단위: 백만 원)
유동자산	14,538	25,247	12,943	15,050	9,706
당좌자산	13,126	22,364	11,576	13,317	8,338
재고자산	1,412	2,882	1,367	1,733	1,368
비유동자산	54,960	57,828	87,259	84,217	54,431
투자자산	8,247	9,676	32,519	30,306	25,772
유형자산	29,316	28,040	30,186	29,402	8,406
무형자산	4,371	4,426	5,453	4,103	1,974
자산총계	69,498	83,074	100,203	99,266	64,136
유동부채	37,932	33,044	45,264	55,190	46,016
비유동부채	5,658	4,663	13,427	12,853	3,660
자본	25,908	45,367	41,511	31,223	14,460
부채 및 자본합계	69,498	83,074	100,203	99,266	64,136
손익계산서					(단위: 백만 원)
매출액	170,323	142,889	110,334	97,058	81,521
매출원가	103,407	86,964	61,015	51,150	43,615
매출총손익	66,916	55,925	49,320	45,908	37,906
판매비 및 관리비	61,974	54,171	56,579	54,815	48,894
영업손익	4,941	1,754	-7,259	-8,907	-10,988
법인세비용차감전순손익	4,662	1,280	-6,908	-16,247	-15,184
법인세비용	1,002	348	-1,222	-3,077	375
계속사업이익	3,659	932	-5,686	-13,169	-15,558
중단사업손익	0	0	0	0	0
당기순손익	3,659	932	-5,686	-13,169	-15,558
현금흐름표					(단위: 백만 원)
영업활동순현금흐름	3,724	335	-3,591	-7,651	-11,528
투자활동순현금흐름	-3,643	-9,621	-24,375	-6,674	29,841
재무활동순현금흐름	-1,216	17,369	17,823	14,000	-17,953
성장성비율					(단위: %)
총자산증가율	-6.69	19.53	20.62	-0.93	-35.39
매출액증가율	-3.62	-16.11	-22.78	-12.03	-16.01
수익성비율					(단위: %)
총자산순이익률	5.08	1.22	-6.2	-13.2	-19.04
자기자본순이익률	14.58	2.61	-13.09	-36.21	-68.11
매출액영업이익률	2.9	1.23	-6.58	-9.18	-13.48
매출액순이익률	2.15	0.65	-5.15	-13.57	-19.09
레버리지비율					(단위: %)
부채비율	168.25	83.12	141.39	217.92	343.53
이자보상비율	61.63	50.1	-25.02	-8.01	-2.47
비유동비율	212.14	127.47	210.21	269.72	376.41
비유동장기적합률	174.11	115.59	158.83	191.07	300.39
유동성비율					(단위: %)
유동비율	38.33	76.4	28.59	27.27	21.09
당좌비율	34.6	67.68	25.57	24.13	18.12
현금비율	19.94	43.49	6.47	3.41	8.99
활동성비율					(단위: 회)
총자산회전율	2.37	1.87	1.2	0.97	1
자기자본회전율	6.79	4.01	2.54	2.67	3.57
비유동자산회전율	3.11	2.53	1.52	1.13	1.18
재고자산회전율	48.85	66.55	51.93	62.61	52.59
생산성비율					(단위: %)
총자본투자효율	51.77	37.83	25.42	17.23	25.45
설비투자효율	122.73	112.06	86	59.02	206.57
부가가치의 구성					(단위: 백만 원)
영업잉여	5,004	1,572	-7,378	-9,765	-14,427
인건비	20,639	20,096	21,345	21,142	17,947
금융비용	-49	-80	119	1,075	4,404
감가상각비	4,104	3,967	4,016	4,298	3,563

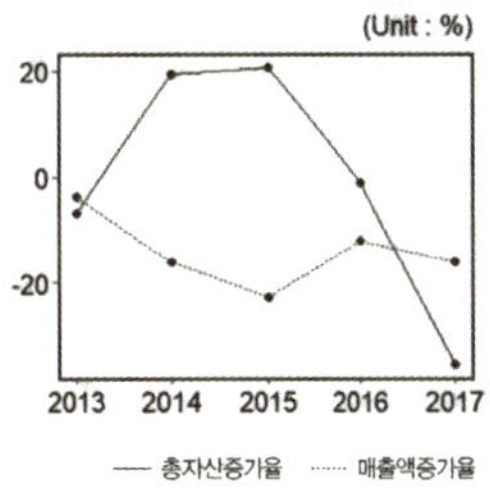

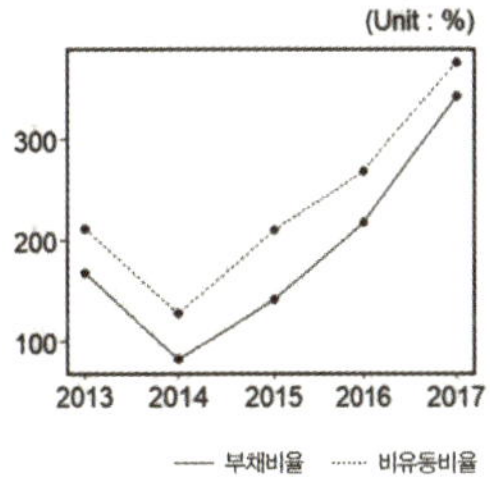

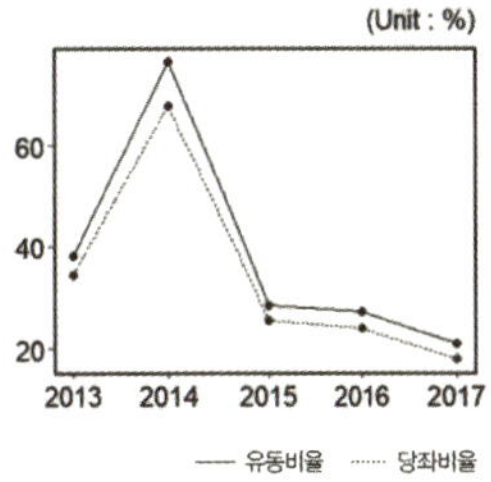

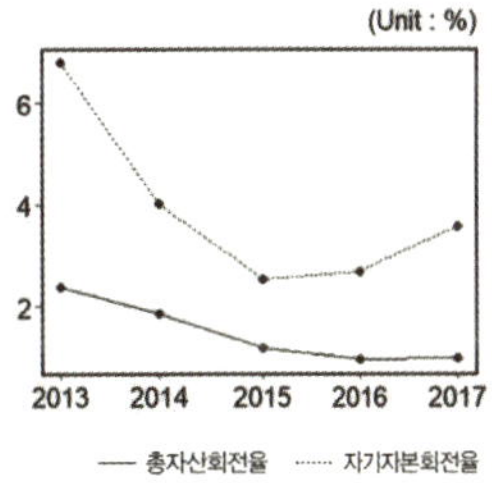

해마로푸드서비스(주)

113 해마로푸드서비스㈜(220630) Haimarrow Food Service Co., Ltd.			코
설립일	2015.05.19. / 2015.08.28	대표이사	정현식
업종	치킨 전문점	업종코드	56193
소재지	서울시 강동구 성내동 성내로6길	주요브랜드	맘스터치

	2013	2014	2015	2016	2017
재무상태표					(단위: 백만 원)
유동자산	–	–	0	40,482	50,233
당좌자산	–	–	0	28,477	38,328
재고자산	–	–	0	12,005	11,905
비유동자산	–	–	0	34,623	51,676
투자자산	–	–	0	2,960	17,056
유형자산	–	–	0	29,027	30,930
무형자산	–	–	0	932	1,668
자산총계	–	–	0	75,105	101,909
유동부채	–	–	0	24,048	19,053
비유동부채	–	–	0	7,653	26,415
자본	–	–	0	43,404	56,441
부채 및 자본합계	–	–	0	75,105	101,909
손익계산서					(단위: 백만 원)
매출액	–	–	0	201,871	223,574
매출원가	–	–	0	149,426	161,342
매출총손익	–	–	0	52,445	62,233
판매비 및 관리비	–	–	0	35,188	47,707
영업손익	–	–	0	17,257	14,526
법인세비용차감전순손익	–	–	0	12,241	13,508
법인세비용	–	–	0	2,945	3,197
계속사업이익	–	–	0	9,296	10,310
중단사업손익	–	–	0	0	0
당기순손익	–	–	0	9,296	10,310
현금흐름표					(단위: 백만 원)
영업활동순현금흐름	–	–	0	19,946	–5,801
투자활동순현금흐름	–	–	0	–14,471	–17,459
재무활동순현금흐름	–	–	0	14,658	12,710
성장성비율					(단위: %)
총자산증가율	–	–	–	0	35.69
매출액증가율	–	–		0	10.75
수익성비율					(단위: %)
총자산순이익률	–	–	–	12.38	11.65
자기자본순이익률	–	–		21.42	20.65
매출액영업이익률	–	–	–	8.55	6.5
매출액순이익률	–	–		4.6	4.61
레버리지비율					(단위: %)
부채비율	–	–		73.04	80.56
이자보상비율	–	–		73.85	20.99
비유동비율	–	–		79.77	91.56
비유동장기적합률	–	–		67.81	62.37
유동성비율					(단위: %)
유동비율	–	–		168.34	263.65
당좌비율	–	–		118.42	201.17
현금비율	–	–	–	53.97	22.41
활동성비율					(단위: 회)
총자산회전율	–	–	–	2.69	2.53
자기자본회전율	–	–	–	4.65	4.48
비유동자산회전율	–	–	–	5.83	5.18
재고자산회전율	–	–		16.82	18.7
생산성비율					(단위: %)
총자본투자효율	–	–	–	27.21	30.93
설비투자효율	–	–		70.91	101.95
부가가치의 구성					(단위: 백만 원)
영업잉여	–	–	0	17,147	14,075
인건비	–	–		8,386	13,590
금융비용	–	–		110	453
감가상각비	–	–		1,415	2,201

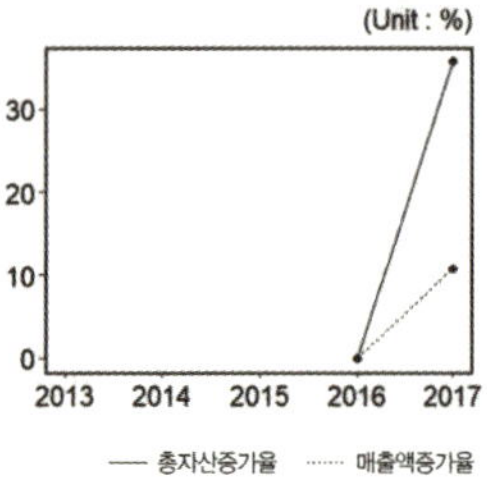

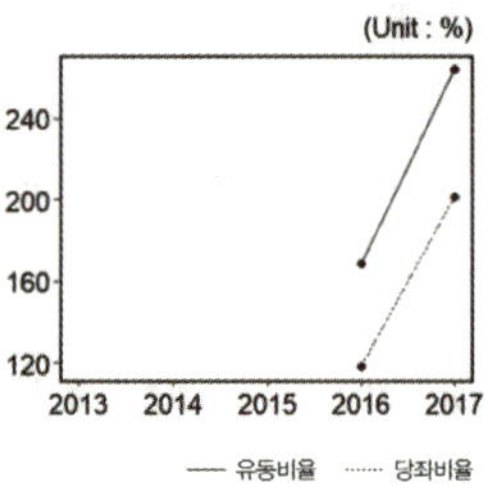

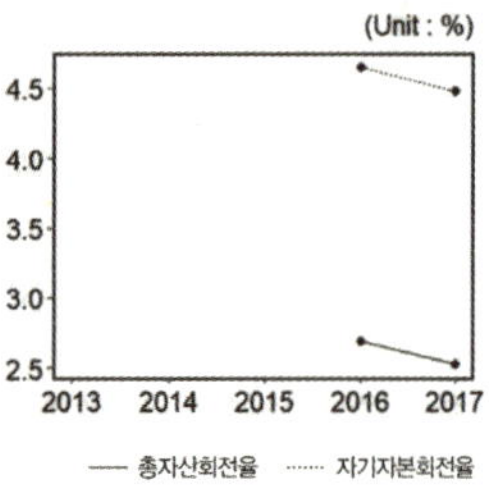

부록 II

경영분석 지표 해설

Business Analysis of Korean Food Service Company

1. 성장성에 대한 지표 Indicators Concerning Growth

기업의 자산 등 경영규모와 기업활동의 성과가 전년에 비해 얼마나 증가했는지를 나타내는 지표로, 기업의 경쟁력이나 미래의 수익창출능력을 간접적으로 나타낸다.

1.1 총자산증가율 (Growth Rate of Total Assets)

기업의 총자산이 얼마나 증가했는가를 나타내는 비율로, 기업의 전체적인 성장성을 측정하는 지표이다.

$$\text{총자산증가율} = \left(\frac{\text{당기말총자산}}{\text{전기말총자산}} \times 100\right) - 100$$

1.2 매출액증가율 (Growth Rate of Sales)

전기 매출액에 대한 당기 매출액의 증가율로 기업의 외형 신장세를 판단하는 대표적인 지표이다.

$$\text{매출액증가율} = \left(\frac{\text{당기매출액}}{\text{전기매출액}} \times 100\right) - 100$$

2. 수익성에 대한 지표 Indicators Concerning Income and Expenses

일정 기간 기업의 경영성과를 측정하는 비율로, 투자된 자본 또는 자산, 매출 수준에 상응하여 창출한 이익의 정도를 나타낸다. 참고로 저량(stock)개념의 대차대조표 항목과 유량(flow)개념의 손익계산서 항목을 동시에 고려하는 혼합비율의 경우 대차대조표 항목은 기초잔액과 기말잔액을 평균하여 사용한다.

2.1 총자산순이익률 (Net Income to Total Assets)

당기순이익의 총자산에 대한 비율로, ROA(Return on Assets)로 알려져 있다. 기업의 계획과 실적 간 차이 분석을 통한 경영활동 평가나 경영전략 수립 등에 많이 사용한다.

$$\text{총자산순이익률} = \frac{\text{당기순이익}}{\text{총자산(평균)}} \times 100$$

2.2 자기자본순이익률 (Net Income to Stockholders' Equity)

자기자본에 대한 당기순이익의 비율을 나타내는 지표로, ROE(Return on Equity)로 널리 알려져 있다. 자본 조달 특성에 따라 동일한 자산구성하에서도 서로 상이한 결과를 나타내므로 자본구성과의 관계도 동시에 고려해야 한다.

$$\text{자기자본순이익률} = \frac{\text{당기순이익}}{\text{자기자본(평균)}} \times 100$$

2.3 매출액영업이익률 (Operating Income to Sales)

기업의 주된 영업활동에 의한 성과를 판단하기 위한 지표이다. 제조 및 판매 활동과 직접 관계된 순수한 영업이익만을 매출액에 대비하며 영업수익성을 나타낸다.

$$\text{매출액영업이익률} = \frac{\text{영업이익}}{\text{매출액}} \times 100$$

2.4 매출액순이익률 (Net Income to Sales)

매출액에 대한 당기순이익의 비율을 나타내는 지표이다.

$$매출액순이익률 = \frac{당기순이익}{매출액} \times 100$$

3. 레버리지에 대한 지표 Indicators Concerning Leverage Analysis

레버리지에 대한 분석은 기업 경영의 안정성, 타인자본에 대한 지불능력, 타인자본 사용에 따른 손익확대 효과, 자본의 조달 및 운용, 경영성과에 대한 파악이 가능한 지표들로 구성되어 있다.

3.1 부채비율 (Debt Ratio)

$$부채비율 = \frac{유동부채+비유동부채}{자기자본} \times 100$$

부채비율은 타인자본과 자기자본 간의 관계를 나타내는 대표적인 안정성 지표로, 이 비율이 낮을수록 재무구조가 건전하다고 할 수 있다. 타인자본은 차입금, 회사채, 매입채무, 미지급금, 부채성충당금 등의 부채를 말하며 1년 이내에 지급기일이 도래하는 부채는 유동부채, 1년 이후에 지급기일이 도래하는 부채는 비유동부채이다. 경영자 입장에서는 단기채무 상환의 압박을 받지 않고 투자수익률이 이자율을 상회하는 한 타인자본을 계속 이용하는 것이 유리하다. 그러나 채권회수의 안전성을 중시하는 채권자는 부정적일 수 있는데, 그 이유는 기업의 부채비율이 지나치게 높을 경우 추가로 부채를 조달하는 것이 어려울 뿐만 아니라 과다한 이자비용의 지급으로 수익성도 악화되어 지급불능 사태에 직면할 가능성이 높아지기 때문이다.

3.2 이자보상비율 (Interest Coverage Ratio)

이자보상비율은 이자지급에 필요한 수익을 창출할 수 있는 능력을 측정하기 위한 지표로, 이자부담능력을 판단하는 데 유용하다.

$$이자보상비율 = \frac{영업이익}{이자비용} \times 100$$

3.3 비유동비율 (Non- Current Ratio)

$$비유동비율 = \frac{비유동자산}{자기자본} \times 100$$

기업자산의 고정화 위험을 측정하는 비율로, 운용기간이 장기에 속하는 비유동자산을 어느 정도 자기자본으로 충당했는가를 나타내는 지표이다. 비유동비율은 일반적으로 100%이하를 양호한 상태로 보고 있는데 이는 장기적으로 자금이 고착되어 있는 비유동자산에 대한 투자를 가급적 상환기간이 없는 자기자본으로 충당하는 것이 기업의 장기 안정성을 위해 바람직하다고 판단하기 때문이다.

3.4 비유동장기적합률 (Non-Current Assets to Stockholders' Equity and Non-Current Liabilities)

$$비유동장기적합률 = \frac{비유동자산}{자기자본+비유동부채} \times 100$$

자기자본 및 비유동부채가 비유동자산에 어느 정도 투입되어 운용되고 있는가를 나타내는 지표로 운용자금 조달의 적정성과 투하자본의 고정화 정도를 측정하는 데 사용된다. 일반적으로 비유동자산에 대한 투자는 자기자본의 범위 내에서 이루어지는 것이 안정적이나, 현실적으로 거액의 설비투자를 필요로 하는 산업의 경우 부족한 자금을 자기자본으로만 충당하는 데 어려움이 있다. 따라서 소요자금의 일부를 타인자본으로 충당하더라도 단기부채보다는 비교적 상환 기간이 긴 장기부채로 조달하게 되면 안정성을 유지할 수 있다고 볼 수 있으며, 그러한 의미에서 100%이하를 표준비율로 보는 것이 일반적이다.

3.5 부채레버리지비율 (Leverage ratio)

기업의 부채에 대한 의존도를 나타내는 지표이다. 자기자본순이익률 계산 시 활용되어 기업의 부채의 존도가 자기자본순이익률 변화에 어떠한 영향을 미쳤는지 파악할 수 있다.

$$\text{부채레버리지비율} = 1 + \frac{\text{부채}}{\text{자기자본}}$$

3.6 결합레버리지도 (DCL: Degree of Combined Leverage)

기업은 일반적으로 영업활동을 영위하기 위해 영업고정비를 수반하는 자산을 보유하고, 재무고정비를 수반하는 타인자본을 사용한다. 이에 따라 발생하는 고정비가 기업의 수익성에 미치는 효과는 결합레버지도를 통해 분석할 수 있다. 결합레버리지도는 영업레버리지도와 재무레버리지도의 곱으로 측정할 수 있으며 결합레버리지 효과는 매출액이 일정한 비율로 변화할 때 주당순이익의 변화율이 확대되어 나타나는 효과를 의미한다.

$$\text{결합레버리지도} = \frac{\text{주당순이익의 변화율}}{\text{매출액의 변화율}}$$

3.7 영업레버리지도 (DOL: Degree of Operating Leverage)

매출액 변화에 대한 영업이익 변화의 크기, 즉 영업고정비에 의한 손익확대효과의 정도를 측정하는 지표이다.

$$\text{영업레버리지도} = \frac{\text{영업이익의 변화율}}{\text{매출액의 변화율}}$$

3.8 재무레버리지도 (DFL: Degree of Financial Leverage)

재무고정비로 인해 발생하는 손익확대효과의 정도를 측정하는 지표이다.

$$\text{재무레버리지도} = \frac{\text{주당순이익의 변화율}}{\text{영업이익의 변화율}}$$

4. 유동성에 대한 지표 Indicators Concerning Liquidity

4.1 유동비율 (Current Ratio)

단기채무에 충당할 수 있는 유동자산이 얼마나 되는가를 평가하여 기업의 단기지급능력을 판정하는 대표적 지표이다. 유동비율이 높을수록 단기지급능력이 양호하다고 볼 수 있으나 과다한 유동자산 보유는 자산운용 효율성을 떨어뜨려 수익성을 저해한다.

$$\text{유동비율} = \frac{\text{유동자산}}{\text{유동부채}} \times 100$$

4.2 당좌비율 (Quick Ratio)

유동부채에 대한 당좌자산의 비율로, 유동자산 중 현금화되는 속도가 늦고 현금화의 불확실성이 높은 재고자산 등을 제외시킨 당좌자산을 유동부채에 대응시킴으로써 단기채무에 대한 기업의 지급능력을 파악하는 데 사용된다. 산성시험비율(Acid test ratio)또는 신속비율이라고도 하는 이 비율은 기업의 유동성분석을 위한 보조지표로 사용되고 있다.

$$\text{당좌비율} = \frac{\text{당좌자산}}{\text{유동부채}} \times 100$$

4.3 현금비율 (Cash Ratio)

유동부채에 대한 현금 및 현금성자산의 비율로, 당좌자산 중 현금 및 현금성자산으로 유동부채를 상환할 수 있는 초단기 채무지급능력을 파악하는 지표이다. 2007년부터 회계기준이 변경되어 단기금융상품을 현금 및 현금성자산에서 단기투자자산으로 분류한다.

$$\text{현금비율} = \frac{\text{현금 및 현금성자산}}{\text{유동부채}} \times 100$$

5. 활동성비율 Indicators Concerning Activity

활동성에 대한 지표는 기업에 투하된 자산이나 자본이 얼마나 활발하게 운용되었는가를 나타낸다.

5.1 총자산회전율 (Total Assets Turnover)

총자산이 1년 동안 몇 번 회전했는가를 나타내는 비율로, 기업에 투하한 총자산의 운용효율을 총괄적으로 표시하는 지표이다.(총자산=총자본)

$$\text{총자산회전율} = \frac{\text{매출액}}{\text{총자산(평균)}}$$

5.2 자기자본회전율 (Stockholders' equity turnover)

자기자본이 1년 동안 몇 번 회전했는가를 나타내는 비율로, 자기자본 이용의 효율성을 측정하는 지표이다.

$$\text{자기자본회전율} = \frac{\text{매출액}}{\text{자기자본(평균)}}$$

5.3 비유동자산회전율 (Non-Current Assets Turnover)

비유동자산의 효율적 이용도를 나타내는 지표이다. 자본의 고정화 정도를 판단하는 수단이 되며 유동성 분석에 있어서도 유용한 보조지표로 이용될 수 있다.

$$\text{비유동자산회전율} = \frac{\text{매출액}}{\text{비유동자산(평균)}}$$

5.4 재고자산회전율 (Inventories Turnover)

재고자산의 회전속도, 즉 기업이 보유중인 재고가 매출액으로 변화하는 속도를 말한다. 일반적으로 이 비율이 높을수록 재고자산의 관리가 효율적으로 이루어지고 있음을 나타낸다. 그러나 재고를 정

$$\text{재고자산회전율} = \frac{\text{매출액}}{\text{재고자산(평균)}}$$

상적인 영업활동에 필요한 적정수준 이하로 유지하여 수요변동에 적절히 대처하지 못하는 경우에도 이 비율은 높게 나타날 수 있으므로 해석에 유의할 필요가 있다. 재고자산회전율에 대한 상대적인 차이에 대해서는 실제로 재고자산이 효율적으로 관리되었는지, 생산기간이 단축되어 재공품이 감소하였는지, 기업의 재고보유 방침이 바뀌었는지, 또한 재고자산 평가방법을 다르게 채택하고 있는지를 비교 분석하여 판단해야 할 것이다.

6. 생산성에 관한 지표 Indicators Concerning Productivity

기업활동의 성과 및 효율을 측정하고 개별 생산요소의 기여도 및 성과배분의 합리성 여부를 규명하기 위한 지표이다. 생산성에 관한 지표는 곧 경영합리화의 척도라고 할 수 있으며, 생산성 향상으로 얻은 성과에 대한 분배의 기준이 된다. 최근에는 기업경영의 성과를 부가가치 생산성이라는 개념으로 측정하는 것이 일반적이다.

6.1 노동장비율 (Property, Plant andequipment per capital)

생산과정에서 종업원 한 사람이 어느 정도의 노동장비를 이용하고 있는가를 나타내는 지표이다.

$$\text{노동장비율} = \frac{\text{[유형자산}-\text{건설 중인 자산]의 평균}}{\text{종업원수(평균)}}$$

6.2 자본집약도 (Total assets per capital)

종업원 한 사람이 어느 정도의 자본을 보유하고 있는가를 나타내는 지표로, 노동장비율의 보조지표로 이용된다.

$$\text{자본집약도} = \frac{\text{총자본(평균)}}{\text{종업원수(평균)}}$$

6.3 총자본투자효율 (Gross value-added to total assets or Productivity of capital)

자본생산성(Productivity of capital)을 측정하는 지표로, 기업에 투자된 총자본이 1년 동안 어느 정도의 부가가치를 산출했는가를 나타낸다. 이 비율이 높으면 총자본이 효율적으로 운용되었음을 의미한다.

$$\text{총자본투자효율} = \frac{\text{부가가치}}{\text{총자본(평균)}} \times 100$$

6.4 설비투자효율 (Gross value-added to property, plant and equipment)

기업에서 실제로 사용되고 있는 유형자산(유형자산–건설중인 자산)이 어느 정도의 부가가치를 생산하였는가를 나타내는 지표로, 총자본투자효율의 보조지표로 이용된다. 또한 '설비투자효율×노동장비율 = 종업원 1인당 부가가치'로 표시되므로 노동생산성의 변동요인분석에도 이용된다.

$$\text{설비투자효율} = \frac{\text{부가가치}}{\text{[유형자산}-\text{건설 중인 자산]의 평균}} \times 100$$

7. 부가가치의 구성 Composition of Gross Value-Added

부가가치(value-added)는 생산 과정에서 새로 덧붙인 가치로 회사의 이익을 주주에게 귀속되는 순이익(net income)에 국한하지 않고 광범위한 이해관계자(stakeholders)에게 귀속되는 모든 이익을 측정한 것이다.

7.1 영업잉여 (Operating Surplus)

영업잉여 = 영업손익+대손상각비−금융비용

영업손익에 대손상각비를 가산하고 금융비용을 차감한 잔액을 말한다. 금융비용을 차감해 이를 구분명기한 것은 타인자본에 대한 대가를 명확히 보여주기 위한 것이다.

7.2 인건비 (Employment Costs)

판매비와 관리비 중 급여, 퇴직급여, 복리후생비 항목과 제조원가명세서 중 노무비, 복리후생비 항목의 합계액을 인건비로 한다.

7.3 금융비용 (Interest Expenses)

차입금이나 회사채발행 등에 대한 대가로 지급되는 이자비용을 말한다.

7.4 감가상각비 (Depreciation)

판매관리 부문과 제조 부문에서 발생된 감가상각비를 말한다.

8. 현금흐름분석 Indicators Concerning Cash flow

현금흐름표를 이용해 현금흐름의 내용과 변동원인, 현금창출능력 등에 대한 정보를 파악할 수 있다.

8.1 영업활동순현금흐름 (Cash flows from Operating activities)

기업의 주요 수익창출활동, 제품 및 상품의 생산과 판매활동, 관리활동을 통해 기업의 현금흐름이 원활한지 파악하는 지표이다. 영업활동에서 발생하는 현금흐름의 금액은 기업이 외부의 재무자원에 의존하지 않고 영업을 통해 차입금 상환, 영업능력 유지, 배당금 지급 및 신규투자 등에 필요한 현금흐름을 창출하는 정도에 대한 중요한 지표가 된다.

8.2 투자활동순현금흐름 (Cash flows from Investing activities)

장기성 자산 및 현금성자산에 속하지 않는 기타 투자자산의 취득과 처분을 통해 발생하는 현금흐름을 보여주는 지표이다.

8.3 재무활동순현금흐름 (Cash flows from Financing activities)

차입금의 조달 및 상환, 주식발행 등 기업의 자금조달활동으로 발생하는 현금흐름을 나타내는 지표이다.

8.4 잉여현금흐름 (FCF: free cash flow)

잉여현금흐름 = 세후영업현금흐름 − 총투자액(투하자본증가액)

세후영업현금흐름에서 미래 가치창출을 위한 투자액을 차감한 현금흐름을 말한다.

최규완

경희대학교 호텔관광대학 Hospitality 경영학부 교수로 재직하고 있으며, 경희대학교 관광대 학원 부원장, 국민연금기금운용위원회위원, 한국외식산업정책학회 부회장 직을 맡고 있다. 삼성경제연구소(SERI) 금융증권실, 경제동향실, 국내경제실, 경영전략 T/ F 등에서 연구와 기업컨설팅을 수행했고, Great Human Software Co. Ltd. 경영총괄이사, 재무담당이사 그리고 한국외식산업연구원 부원장직을 역임했다. 주요 연구 분야는 재무관리, 전략경영, 브랜드경영, 비즈니스애널리틱스(경영 분야), 창업, 프랜차이즈, Hospitality 산업분석(산업 분야) 등이다. 『OECD가입과 한국경제의 자유화』(1995), 『IMF와 기업경영』(1998)을 출간했으며, Journal of Productivity Analysis, The Service Industries Journal, International Journal of Hospitality Management, Cornell Hospitality Quarterly, Tourism Economics 등 다수의 SSCI 저널에 논문을 발표했다.

장수청

미국 퍼듀대학교 호텔관광대학 교수로 재직하고 있으며, 재무관리와 경영전략, 소비자 행동분석 등을 연구, 강의하고 있다. SSCI급 국제저널에 180여 편의 논문을 출간 했으며, 'Michael Olsen 연구 업적상', 'Bradford Wiley 그 해의 최우수 논문상'과 '국제학회 최우수 논문상'을 20여 회 수상했다. 2009년 『월간 조선』 '해외학계를 주름잡는 한국인'으로 선정됐으며, 2011년 국제학술지 Journal of Hospitality and Tourism Research 에서 호텔관광경영 연구 분야 최고 기여자로 선정됐다. 한국외식산업연구원 원장, 아시아태평야관광학회(Asia Pacific Tourism Association) 학술 부문 의장, 한국외식산업정책학회 회장을 역임 했으며, 저서로 Planning Research in Hospitality and Tourism이 있다.

방도형

서울대학교 경영대학 경영학과 박사과정에 재학 중이며, 주요 연구 분야는 서비스 운영 관리, 수익경영, 비즈니스 애널리틱스이다.

서현우

경희대학교 호텔관광대학 Hospitality 경영학부를 졸업하고 씨제이푸드빌㈜에서 경영관리 업무를 담당했다.

외식기업 경영분석 2018

초판1쇄 인쇄　2018년 11월 30일
초판1쇄 발행　2018년 11월 30일

지은이　최규완, 장수청, 방도형, 서현우
펴낸이　조인원
펴낸곳　경희대학교 출판문화원
주소　서울시 동대문구 경희대로 26
전화　02-961-0106~8, 팩스 02-961-0291
설립　1960년 9월 16일 제5-8호
등록　1977년 11월 8일 제6-5호
홈페이지　www.khupress.com
전자우편　press@khu.ac.kr

ISBN 978-89-8222-6076-6 (93320)

※ 책 내용 관련 문의 : 저자 방도형(bdh718@snu.ac.kr)